Carl Schmitt – Briefwechsel
mit einem seiner Schüler

# Carl Schmitt – Briefwechsel mit einem seiner Schüler

Herausgegeben von Armin Mohler
in Zusammenarbeit mit Irmgard Huhn
und Piet Tommissen

Akademie Verlag

Die Deutsche Bibliothek – CIP-Einheitsaufnahme

**Schmitt, Carl:**
Carl Schmitt – Briefwechsel mit einem seiner Schüler / hrsg. von Armin Mohler. In Zusammenarbeit mit Irmgard Huhn und Piet Tommissen. – Berlin : Akad. Verl., 1995
ISBN 3-05-002773-8
NE: Mohler, Armin [Hrsg.]; Schmitt, Carl: [Sammlung]


Der Akademie Verlag ist ein Unternehmen der VCH-Verlagsgruppe.

Gedruckt auf chlorfrei gebleichtem Papier.
Das eingesetzte Papier entspricht der amerikanischen Norm ANSI Z.39.48 – 1984 bzw. der europäischen Norm ISO TC 46.



Satz: Hans Herschelmann
Druck: GAM Media GmbH, Berlin
Bindung: Dieter Mikolai, Berlin

Printed in the Federal Republic of Germany

# Carl Schmitt – Briefwechsel mit einem seiner Schüler

Herausgegeben von Armin Mohler
Akademie Verlag: Berlin 1995
ISBN 3-05-002773-8

Berichtigungen:

| | |
|---|---|
| S. 45, 4. Abs., 2. Zeile: | statt Paetel richtig: Pechel |
| S. 122, 1. Abs., 3. Zeile v. u.: | statt Petrus richtig: Petras |
| S. 135, 2. Abs., 2. Zeile: | statt Wäterlin richtig: Wälterlin |
| S. 178, 7. Zeile: | statt Maran richtig: Mahan |
| S. 212, Ziffer 1, letzte Zeile: | statt Böhlhaus richtig: Böhlaus |
| S. 290, 5. Zeile: | statt Kurt richtig: Kunrat |
| S. 300, Gedicht, 3. Vers: | statt modernen richtig: modernden |
| S. 301, Anm. 361, Satz 2 und 3 müssen lauten: | Nicht Ernst-Wolfgang Böckenförde, sondern Joseph H. Kaiser ist durch Carl Schmitt testamentarisch zum Testamentsvollstrecker für den wissenschaftlichen Nachlaß eingesetzt worden. J. H. Kaiser nimmt diese Aufgabe seit dem Tode von Carl Schmitt wahr. |
| S. 336, Ziffer 2, 2. Zeile: | statt Gross richtig: Groh |
| S. 461: | statt Friedrich, Otto (Flick-Konzern) 364, richtig: Flick, Otto Friedrich 364 |

Gewidmet

Frau Anni Stand

zum 18. Mai 1995

Frau Anni Stand, 1915 in Hildesheim geboren, hatte bei ihrem Bekanntwerden mit der Familie Schmitt bereits einen festen Beruf: sie war Gutssekretärin. Im Deutschland zwischen den beiden Weltkriegen gibt es zwei Fachschulen, welche Gutssekretärinnen ausbilden. Die eine ist der Landwirtschaftlichen Fakultät der Universität Halle angeschlossen; die andere findet sich im Lette-Haus in Berlin, einem auf den Sozialpolitiker Wilhelm Adolf Lette (1799–1868) zurückgehenden Pionierinstitut zur „Förderung der Erwerbstätigkeit des weiblichen Geschlechts“. Frl. Anni besteht ihr Examen in Berlin und beginnt ihre berufliche Tätigkeit auf großen Rittergütern – eine Welt, die ihr bald vertraut wird. Es war ein Glücksfall für die Familie Schmitt, daß sie mit 23 Jahren auch die Großstadt kennenlernen wollte: sie antwortete auf das Inserat dieser Professorenfamilie, welche stets wachsende gesellschaftliche Verpflichtungen zu bewältigen hatte und deshalb das mit Zeugnissen seiner hochadligen Arbeitgeber versehene Fräulein gleich engagierte. „Fräulein Anni“ schwankte allerdings zwischen den Rittergütern, die bessere Aufstiegsmöglichkeiten boten, und dem Flair der Frau Duschka. Ob es der Professor war, der die salomonische Lösung fand? Man einigte sich darauf, daß die Arbeitgeber auf dem Lande Fräulein Anni für besonders wichtige Festivitäten im Dahlemer Haus des Professors freigaben. So riß denn das Band zwischen Stadt und Land nach 1938 nicht ab (was in Zeiten knapper werdender Nahrungsmittel seine besonderen Vorzüge hatte). Doch nach seinem Sturz, nach dem Rückzug in die beengten Plettenberger Verhältnisse konnte sich Carl Schmitt kein Frl. Anni mehr leisten. Nach dem Tod von Frau Duschka im Jahr 1950 wird das Leben für den Professor schwieriger. Die beiden Schwestern und die Tochter Anima kümmern sich um ihn. Frl. Anni hält sich längere Zeit in England auf. Doch dann kann sie dem Flehen ihrer Freundin Anima nicht widerstehen, welche studieren möchte. Frl. Anni verzichtet auf ihre anderen Pläne, kommt Weihnachten 1952 nach Plettenberg, schafft dem Professor wieder ein Heim und wird ihm von nun an bis zu seinem Tode als seine Hausdame zur Seite stehen. Wenn Carl Schmitt in seinen späten Jahren Erstaunliches geschrieben hat, was uns heute noch bewegt, so ist das gewiß das Werk eines großen Meisters. Soweit andere Menschen daran ihren Anteil haben, ist in erster Linie diese tapfere und selbstlose Frau Anni Stand zu nennen. Sie ist am 18. Mai 1995 in Plettenberg, in Carl Schmitts letzter Behausung „San Casciano“, 80 Jahre alt geworden.

# Geleitwort

Der am Ostermontag 1985, knapp vor seinem 98. Geburtstag, in seinem Geburtsort Plettenberg verstorbene Professor für Staatsrecht und Völkerrecht Carl Schmitt bewegt nach wie vor die Gemüter. Die Reaktion auf seine Schriften und seine Handlungen ist vielfältig; die Spanne reicht von Entrüsteten, für die er der Teufel in Person bleibt, über viele Zwischenstufen bis hin zu jenen Lesern, die ihn für einen der subtilsten, noch keineswegs ausgeloteten Geister dieses Jahrhunderts halten.

Bei einer solchen Spannweite der Reaktionen wundert es nicht, daß Carl Schmitt heute zum meistdiskutierten Rechtsgelehrten geworden ist – und das weit über Deutschland hinaus. In den Hochschulen rund um den Erdball hat er inzwischen sogar Martin Heidegger aus der Rolle des am intensivsten unter die Lupe genommenen zeitgenössischen Denkers aus Deutschland verdrängt. Die Flut der Sekundärliteratur über Carl Schmitt hat seit seinem Tod ein Ausmaß erreicht, das auch ein Spezialist kaum mehr zu überblicken vermag.

In einer solchen Situation blühen Mythen, positive wie negative, auf. Der Mensch Carl Schmitt droht hinter seiner Wirkung zu verschwinden. Die posthum unter dem Titel „Glossarium" veröffentlichten „Aufzeichnungen der Jahre 1947–1951" (1991 bei Duncker & Humblot erschienen) geben zwar einen jähen Einblick in die Seele und das Denken Schmitts unmittelbar nach der Entlassung aus der amerikanischen Haft und unter der Erfahrung, wie man aus einer Persönlichkeit des öffentlichen Lebens zu einem Geächteten wird. Der Monolog des „Glossarium" ist das Zeugnis dieser Zäsur in Schmitts Leben und als solches unersetzlich.

Carl Schmitt war jedoch für die Rolle eines einsamen Wolfes nicht geeignet. Bis in sein hohes Alter hinein war er von einer erstaunlichen Neugier (im guten Sinne des Wortes). Er suchte unablässig nach neuen menschlichen Kontakten. Seine Freunde sagten ihm nach, daß er „ohne das Gespräch gar nicht denken" könne. So sehr er auch immer auf gutbürgerliches Aussehen hielt – manchmal konnte er einem schon wie ein Indianer vorkommen, der den Horizont nach Rauchzeichen absucht.

Es ist die große Lebensleistung des späten Carl Schmitt, daß er den Status eines „Geächteten in einer sauerländischen Kleinstadt" von sich abzuschütteln vermochte. Nicht nur mit Büchern wie dem „Nomos der Erde" (1950), der „Politischen Theologie

II" (1970) oder dem „Gespräch über die Macht" (1954), in dem sogar Kanzler-Kandidaten Rat suchten. Erstaunlich war das, was Schmitts Feinde spöttisch und neidisch zugleich die „Wallfahrten nach Plettenberg" nannten.

Zwar lebte Carl Schmitt in den ersten drei bis vier Jahren nach der Entlassung aus der Haft (1947) noch recht einsam in seinem Geburtsort und Refugium Plettenberg – aber da waren die Deutschen ohnehin mit dem Wiederaufbau ihrer Häuser und ihrer Existenzgrundlagen beschäftigt. Dann sprach sich bald herum, daß der „Don Capisco" (Ernst Jüngers Spitzname für C. S.) nach wie vor ein Meister des Gesprächs sei. Der stetig steigende Strom der Besucher begann mit Studenten, Künstlern und Spätheimkehrern, für die das Gespräch mit dem zierlich gebauten großen Mann eine Art von Initiation war. Es folgten die jüngeren Politiker und die Zeitungsleute, schließlich Männer der Wirtschaft, die nach Rat im Netz der neuen Gesetze suchten. Und wenn sogar „Persönlichkeiten des öffentlichen Lebens" auftauchten, so waren sie froh, fern der großstädtischen Redaktionen in einem stillen Landgasthof mit Carl Schmitt ein „Gespräch über die Lage" führen zu können. Und dieser Strom hielt bis über Schmitts 90. Geburtstag hinaus an.

Einen erheblichen Anteil an dieser Lebensleistung haben Carl Schmitts Briefe. Er war sein Leben lang ein passionierter Schreiber von Briefen, und das im wörtlichen Sinne. Ein Brief ist für ihn keine Fortsetzung eines Tagebuches, und er ist überhaupt kein Baustein zu einem künftigen Buch. Für Schmitt taugt ein Brief weder als Rundbrief noch als Urkunde oder Dokument – das gibt er schon damit zu erkennen, daß bei ihm getippte Briefe, welche Durchschläge erlauben, selten sind. Der Regelfall ist, daß der Empfänger eines Briefes von Carl Schmitt einen handschriftlichen Originalbrief in Händen hat. Damit zeigt Schmitt, daß das Schreiben eines Briefes für ihn die Fortsetzung (oder die Eröffnung) eines konkreten Gespräches mit andern Mitteln ist. Das macht das Authentische, die Spontaneität der Schmitt-Briefe aus.

Der Autor, der sich in seinen Büchern so strikt hinter sein Werk zurücknimmt, zeigt sich in seinen Briefen zwar nicht unverhüllt, aber weniger verhüllt. Wer, wie der Herausgeber dieses Briefbandes, der altmodischen Meinung ist, daß die Person des Autors ein legitimer Schlüssel, neben anderen, zu dessen Werk ist, kann die Veröffentlichung der verschiedenen Schmittschen Briefwechsel nur begrüßen. Allerdings weiß er auch, daß gerade die auf die Person gerichtete Unbedingtheit des Korrespondenten Schmitt die Veröffentlichung solcher Editionen erschwert. Der in das Nordrhein-Westfälische Hauptstaatsarchiv in Düsseldorf integrierte NACHLASS CARL SCHMITT ist zwar im Besitz von 19000 Briefen und Karten *an* C. S., dem aber nur eine kärgliche Zahl an Briefen *von* C. S. gegenübersteht. Ob man je eine größere Zahl von Korrespondenzen Carl Schmitts lesen kann, ist zunächst in die Hand der Besitzer der Originalbriefe gegeben.

Bisher konnte Professor Piet Tommissen in den Bänden I bis IV seiner verdienstvollen Buchreihe „Schmittiana / Beiträge zu Leben und Werk Carl Schmitts" (1988–1994) eine Anzahl von kleineren Briefwechseln mit C. S. herausgeben. Das vorliegende Buch ist die erste Veröffentlichung einer umfänglicheren Korrespondenz.

Sie geht auf die Anregung von Professor Paul Noack zurück, dem der Schreibende seine Briefe von Carl Schmitt zur Arbeit an seiner C. S.-Biographie zur Verfügung gestellt hatte. Noack hielt den Briefwechsel Schmitt-Mohler aus vier Gründen für gut geeignet als erste voluminösere Edition dieser Art. Erstens umfasse er einen längeren Zeitraum von Schmitts Leben (1947 bis 1980). Zweitens lebe der eine Partner noch, was die Kommentierung der Briefe erleichtere. Drittens gebe eine solche Korrespondenz des Meisters mit einem seiner Schüler mehr her über seine Lebensumstände und sei ungezwungener als die Auseinandersetzung mit einem gleichrangigen Gelehrten über abstraktere Dinge. Viertens aber werfe Mohlers Balance zwischen seinem Idol Ernst Jünger und seinem Lehrer Carl Schmitt gleich Licht auf zwei große Männer.

Der Nachlaßverwalter von Carl Schmitt, Professor Dr. Joseph H. Kaiser, emer. Ordinarius für öffentliches und Völkerrecht an der Universität Freiburg, war so freundlich, die in Mohlers Besitz befindlichen Briefe von Carl Schmitt zur Veröffentlichung freizugeben. Weiter hat er die zum NACHLASS CARL SCHMITT gehörenden Briefe Mohlers an Carl Schmitt, von denen Mohler nur einen einzigen in Kopie besitzt, diesem zur Verarbeitung in die Edition zur Verfügung gestellt. Der Schreibende dankt dem Nachlaßverwalter für die ihm zugeteilte, ehrenvolle Aufgabe – er sucht ihr nach Kräften nachzukommen.

Die Gefühle, die mich bei dieser Edition bewegen, sind nicht leicht zu beschreiben. Ein junger Politologe scheint das bemerkt zu haben und kommt mir mit einer nüchternen Formel zu Hilfe. Es ist Dirk van Laak in seinem aufregenden Buch „Gespräche in der Sicherheit des Schweigens / Carl Schmitt in der politischen Geistesgeschichte der frühen Bundesrepublik“ (Berlin 1993, S. 262). Van Laak setzt an bei der Spannung zwischen Ernst Jünger und Carl Schmitt und fährt fort: „ … zwischen der spannungsgeladenen ‚Männerfreundschaft‘ beider hatte sich Mohlers Bildungsweg vollzogen und sein Selbstbewußtsein ausgeprägt. Zwischen beiden war er in das Herz des deutschen Konservatismus vorgestoßen.“

München, im Januar 1995 Armin Mohler

# Was der Leser wissen muß

## I

Dieses Buch enthält den von 1948 bis 1980 andauernden Briefwechsel zwischen Carl Schmitt (1888–1985) und einem seiner Schüler, Armin Mohler (geb. 1920). Das Gewicht liegt auf Carl Schmitt: von ihm sind alle vorhandenen Briefe und Karten (die letzteren oft ebenso inhaltsreich wie die Briefe) vollständig abgedruckt. Die Stellen, an welchen ausnahmsweise etwas weggelassen wurde – unter Rücksicht auf noch lebende Personen oder auf deren ausdrücklichen Wunsch – sind mit dem Zeichen <…> markiert.

## II

Die Briefe und Karten von Armin Mohler an Carl Schmitt sind durch Kursivdruck von den Schmittschen Texten unterschieden. Sie werden in der Regel nur soweit auszugsweise zitiert, wie es für das Verständnis des von Carl Schmitt Gesagten notwendig ist; selten werden diese Briefe ganz abgedruckt.

## III

Für die Kommentierung ist Armin Mohler verantwortlich. Um der Lesbarkeit willen erscheinen diese Kommentare und bio-bibliographischen Daten in Petit-Schrift jeweils am Ende der Seite. Das setzte eine gewisse Selektion dieser Anmerkungen voraus – sie wird im Anhang begründet.

## IV

Die Briefe und Karten von Carl Schmitt und die Auszüge aus der Post von Mohler unterliegen einer gemeinsamen, durchgehenden Numerierung, ebenso die Kommentare (= „Anmerkungen“). Hinweise auf andere Textstellen innerhalb des Buches werden mit Hilfe dieser Numerierung – der betreffenden Zahl und vorangesetztem „Nr.“ bzw. (bei Anmerkungen) „Anm.“ – vorgenommen.

## V

Um die Kommentare von einer Überlastung durch bibliographische Hinweise zu bewahren, sind im Anhang des Buches Bibliographien der drei am häufigsten erwähnten Autoren (C. S., Ernst Jünger, Mohler) eingerichtet. Von ihren Büchern werden in den Kommentaren nur der Name des Autors, der Kurztitel des Buches und das Erscheinungsjahr genannt – alle genaueren Angaben können im Anhang nachgeschlagen werden. Von den drei dort untergebrachten Bibliographien ist die von C. S. die umfangreichste: sie stellt nicht nur alle selbständigen Schriften von C. S. von 1910 bis heute vor, sondern auch alle Aufsätze, die er seit dem Beginn des vorliegenden Briefwechsels (1948) veröffentlicht hat. Außerdem wird die wichtigste Sekundärliteratur über C. S. vorgeführt. Die beiden anderen Bibliographien beschränken sich fast ausschließlich auf die selbständig erschienenen Bücher (die von Ernst Jünger nur bis zum Tode seines Antipoden C. S.).

## VI

Das Personenregister am Ende des Buches dient dem Zurechtfinden im Buch. Es erfaßt auch die Personen, welche nicht identifiziert werden konnten. Schlüsselpersonen wurden, wo das nötig (und möglich) war, in Kurzporträts dargestellt – diese werden durch Kursivdruck der betreffenden Seitenzahl von den übrigen Anmerkungen unterschieden.

## VII

Insbesondere an jüngere Leser richtet sich der Hinweis, daß es in den Jahren, in denen dieser Briefwechsel einsetzt, noch keine Photokopierapparate im heutigen Sinne gab. Wer einen Text weitergeben wollte, ohne das Original aus der Hand zu geben, war auf Abschrift angewiesen – Wiedergaben mit Hilfe der normalen Photoapparate von damals waren zeitraubend und teuer. Das erklärt, weshalb in den frühen Nachkriegsjahren ungewöhnlich viel Zeit verwendet wurde auf die Weitergabe von Briefen, Zeitungsausschnitten und sonstigen Texten oder warum dringlich um Rückgabe gebeten wurde.

## VIII

Das Buch enthält weder eine Biographie von Carl Schmitt noch eine Deutung seines Werkes. Vielleicht aber finden sich in ihm einige Bausteine zum einen wie zum andern.

# Zeichen und Abkürzungen

| | |
|---|---|
| ( ) | Runde Klammern innerhalb der Brieftexte, |
| * | Sternchen für Fußnoten und |
| … | Punkte *ohne* jede Klammer sind den Autoren vorbehalten |

| | |
|---|---|
| <…> | Spitze Klammern mit drei Punkten bezeichnen Auslassungen des Herausgebers |
| [ ] | eckige Klammern kennzeichnen Zusätze des Hrsg.'s |
| [?] | eckige Klammern mit Fragezeichen unmittelbar hinter einem Wort signalisieren immer nur die Unsicherheit der Lesart |
| [..?..] oder [..?] | eckige Klammern mit Punkten und Fragezeichen stehen für ein unlesbares oder nur z. T. lesbares Wort |
| — — — | gestrichelte Linie trennt jeweils den Brief von den Anlagen |

| | |
|---|---|
| hs | handschriftlich bzw. handgeschrieben |
| ms | maschinenschriftlich bzw. maschinegeschrieben |
| AK | Ansichtskarte |
| B | Brief |
| BK | Briefkarte |
| DS | Drucksache |
| PK | Postkarte |
| Tel | Telegramm |

# Übersicht über die am häufigsten auftretenden Personen

## Plettenberg

| | Abk. | auch genannt: |
|---|---|---|
| Prof. Dr. iur. *Carl Schmitt* (1888–1985) | C. S. | „Don Capisco“ |
| Frau *Duschka Schmitt*, geb. Todorovič (1903–1950), 2. Gattin von C. S., verheiratet seit 1926 | | Frau Duschka, C. S. spricht sie als „Frau Schmitt“ an |
| *Anima Schmitt* (1931–1983), spätere Anima Schmitt de Otero; einziges Kind der Familie, seit 1957 verheiratet mit: | | Anima |
| Prof. Dr. iur. *Alfonso Otero Valera* (geb. 1925), Professor an der Universität von Santiago de Compostela | | Alfonso |
| Frau *Anni Stand* (geb. 1915), 1938–1947 in die Familie aufgenommen, von 1952 bis zum Tode von C. S. Hausdame in Plettenberg | | Frl. Anni |

Nachbarliche Freunde der Familie:

| | | |
|---|---|---|
| *Ernst Hüsmert* (geb. 1928), Dipl. Ing. | | Ernst |
| *Peterheinrich Kirchhoff* (1885–1973), Fabrikant und CDU-Bundestagsabgeordneter | | |

## Wilflingen

| | | |
|---|---|---|
| *Ernst Jünger* (geb. 1895) | E. J. | „Capitano“ |

| | | |
|---|---|---|
| Frau *Greta Jünger*, geb. von Jeinsen (1906–1960), 1. Gattin von E. J., verheiratet seit 1925 | | Frau Greta |
| *(Carl) Alexander Jünger* (1934–1993), 2. Sohn von E. J., Arzt, Patenkind von C. S. | | Alexander |
| Dr. iur. *Friedrich Georg Jünger* (1898–1977), Bruder von E. J., Lyriker und Erzähler | F. G. J. | |

## Basler Trias

Gerhard Nebel erfand diesen Namen für drei Studenten (zwei Basler und der Winterthurer Hürsch), die in den frühen Nachkriegsjahren ihren deutschen Idolen Ernst und Friedrich Georg Jünger, Gottfried Benn und Carl Schmitt in ihrer etwas bedrängten Lage zu Hilfe kamen: sie organisierten unter schweizerischen Lesern dieser Autoren den Versand von Care-Paketen und Einladungen in die Schweiz, stellten Kontakte zu Verlegern her und brachten mit Hilfe ihrer Schweizer Pässe Post unzensiert ins Ausland. Auch Nebel erhielt Pakete und Einladungen.

| | | |
|---|---|---|
| Dr. phil. *Hans Fleig* (1916–1988), Auslandsberichterstatter und später Auslandsredakteur der Zürcher Tageszeitung „Die Tat“ | H. Fl. u. H. F. | |
| Frau *Oie Fleig* (1921–1981), die estnische Gattin von H. Fl. | | |
| Frau *Jutta Fleig* (geb. 1949), Tochter von H. und Oie Fl. | | |
| *Erhard Hürsch* (geb. 1920), Weltreisender, „fotografierender Journalist“ | | Erhard |
| *Dr. phil. habil. Armin Mohler* (geb. 1920), Sekretär von Ernst Jünger 1949–1953, 1953–1961 Pariser Korrespondent von „Die Tat“ (Zürich) sowie 1955–1960 auch von „Die Zeit“ (Hamburg). Geschäftsführer der Carl Friedrich von Siemens Stiftung 1961–1985 in München. Gleichzeitig 1963–1985 Ständiger Mitarbeiter von „Die Welt“. Seit 1949 verheiratet mit: | AM | Arminius |
| Frau *Edith Mohler*, geb. Weiland (geb. 1921) | | |
| *Gert Mohler* (geb. 1954) und | | Gert |
| *Wulf Mohler* (geb. 1956): die beiden Söhne der Familie Mohler | | Wulf |

Außerdem

| | |
|---|---|
| *Dr. phil. Gerhard Nebel* (1903–1974), Altphilologe, bis 1933 Studienrat, dann freier Schriftsteller, Schwerpunkte: Religionsphilosophie und Reiseberichte | G. N. |
| *Ernst Niekisch* (1889–1967), politischer Schriftsteller | E. N. |

*Vittorio Klostermann*, Verleger

*Dr. Ewald Katzmann*, Verleger (Heliopolis-Verlag)

*Ernst Klett*, Verleger

*Günther Neske*, Verleger

*Heinrich Seewald*, Verleger

# Briefwechsel
# Carl Schmitt / Armin Mohler 1949–1980

Carl Schmitt erteilt im Sommer 1951 seinem Schüler Armin Mohler eine Privatvorlesung im Vorgarten des Hauses von Dr. Schranz in Siedlinghausen
(Fotos: Dr. med. Veronica Runte-Schranz, Münster/Westfalen)

Plettenberg,
4/XII 52.

Lieber Armin Mohler, diese letzten Wochen ging es mir ziemlich schlecht. Es geht auch jetzt noch nicht gut. Ich schreibe aber heute unter einem so nebensächlichen Impuls, dass der Brief tatsächlich zustande zu kommen scheint. Ich habe eine Bitte an Sie: In Zürich ist Sartre's »Räderwerk« (l'engrenage) aufgeführt worden. Wälterlin, der Intendant, soll im Programmheft einen Aufsatz veröffentlicht haben, über die forensische Entlarvung der Schuld. Das interessiert mich brennend und ich möchte diesen Aufsatz haben. Könnten Sie mir dazu helfen, wie Sie mir schon so oft geholfen haben? An Hans Fleig mag ich nicht schreiben. Er antwortet seit langem nicht mehr und hat auch die Zusendung des Hamlet-Buches (das er, als einer der allerersten, schon vor 2 Monaten erhalten hat) unbeantwortet gelassen. Ich verstehe es, dass er schweigt; die Hetze ist wieder mächtig im Gange; der SPD-Arndt[x] schwingt das Schächtmesser und spielt den Hecht im Karpfenteich der Bonner Republik, was angesichts der allgemeinen Verkarpfung nicht schwierig ist. Ich will damit nicht gesagt haben, dass Hans Fleig von dieser Verkarpfung berührt sei; im Gegenteil, öfters hörte ich von seinen Aufsätzen, die mir so gut schienen, dass ich nahe daran war, Sie darum zu bitten. Aber ich kenne die Rücksichten, die er nehmen muss.

x) das ist des Deibels Vaterland?

Sie hatten die Freundlichkeit an den Heidelberger Prof. Kind zu schreiben (wegen des Hamlet-Buches); ich habe noch nichts von ihm gehört, und kann mich nicht gut als Erster an ihn wenden, weil dann Frau Radbruch und andere Heidelberger Virtuosen des Charaktermordes das als würdelose Anbiederung der Welt bekannt geben könnten. Im übrigen kennen Sie meine tiefe Gewissheit, dass alles, vor allem aber Bücher, zur rechten Stunde an mich kommt und zu mir kommt.

Ohne mehr für heute, lieber Armin Mohler,
bleibe ich, in der Hoffnung, dass Sie die
Erfüllung meines obigen väterlichen Wunsches
ohne grosse Mühen integrieren können,
mit herzlichen Grüssen Ihr alter

Carl Schmitt.

Der Briefwechsel Eschweiler - A. E. Günther über das Konkordat von 1933 interessiert mich brennend. Das diesbezügliche Kapitel in Papens Memoiren (wichtiger noch als Salomons Fragebogen) S. 313 ff. werden Sie kennen.

Der DIN-A4-Brief Nr. 98 (4. 12. 52), der für die Reproduktion leicht verkleinert werden mußte, ist ein gutes Beispiel für die Schönheit und den Schwung der Schrift von Carl Schmitt. Beides hat er bis in seine letzten Lebensjahre aufrechterhalten können.

Die unter Nr. 48 (27. 4. 50) eingereihte Ansichtskarte (14 x 9 cm) zeigt einen Ausblick von Plettenberg in nordwestlicher Richtung. Auf einer Fläche von 9 x 7 cm vierzehn lesbare Sätze unterzubringen, hat Carl Schmitt sicherlich Spaß gemacht.

*Nr. 1*
*B/ms*

*Lieber Herr Professor,* *Basel, 10. 8. 48*

*meine Reise ist zu Ende und ich bin heil nach Basel zurückgekehrt. Als ich bei Konstanz wieder schweizerischen Boden betrat, war ich prall gefüllt mit Eindrücken und Erlebnissen und ich hätte wohl nicht mehr hineinstopfen können.* <...>
*An die vier Tage die ich bei Ihnen verbringen durfte, denke ich mit grosser Dankbarkeit zurück. Sie waren anstrengend und gespannt für mich und so bin ich denn auch beide Male*[1] *nicht zu lange geblieben. Wenn ich auch zu vielen Räumen, in denen Sie heimisch sind, noch keinen Zugang habe, so hoffe ich doch, dass Sie gespürt haben, dass es nicht ein Versuch an einem völlig untauglichen Objekt war. Ich spüre, dass viel davon in mir weiterwirken wird und vielleicht erst nach langer Zeit an die Oberfläche steigt.*

*In jenem Brief von Hans Fleig vom 12. Juni steht über das Widmungs-Exemplar der Däubler-Schrift*[2]*: „Das Büchlein mit der Widmung Don Capiscos kam im rechten Augenblick. Es bedeutet mir so viel, wie dir die erste Zeile des Capitano*[3]*. Vielleicht noch mehr. Dieser beschreibt im Rhodos-Tagebuch die Genugtuung, die ein Mensch empfindet, wenn er nach vielen Jahren der Arbeit und der Beschäftigung mit einem Käfer eines Tages das Tier in Händen hält. Don Capisco war mir seit Jahren ein Pol, um den ich immer wieder kreiste. Es ist merkwürdig, welche Kräfte der Anziehung eine solche Arbeit entbindet ... Wenn du Erhard schreibst, dann teile ihm von der Däubler-Schrift mit. Und wenn Erhard zufällig wieder mit dem Autor zusammenkommt, dann soll er ihm ein Wort von mir ausrichten, aus dem hervorgeht, was mir diese Schrift bedeutet, die so manche Sphären verbindet und mir darum teuer ist. Vielleicht würde ich den Mut aufbringen, dem Autor selber zu schreiben, wenn ich seine Adresse hätte. Vielleicht ist es aber auch gut so."*

---

1 Am Anfang meiner Beziehung zu Carl Schmitt steht mein schweizerischer Freund Erhard Hürsch: er wohnte damals in Berlin, hatte einen Passierschein der amerikanischen Militärverwaltung und kannte bereits Gottfried Benn, die Brüder Jünger und eben C. S. Erhard hatte mir mitgeteilt, daß C. S. sich über meinen Besuch freuen würde. Meine Einreisepapiere für die englische Besatzungszone verschaffte ich mir durch die Annahme der Einladung zu einer CVJM-Tagung in Münster/Westfalen. Da ich an der Universität Basel an einer Dissertation über „Die Konservative Revolution in Deutschland 1918–1932" saß, dehnte ich die Fahrt zu einer Rekognoszierungsreise zu Überlebenden dieser „Konservativen Revolution" in Nordwestdeutschland aus. Am längsten blieb ich bei C. S. (der damals noch völlig isoliert war): er behielt mich gleich zwei Tage bei sich und beharrte darauf, daß ich auf der Rückreise nochmals zwei Tage bei ihm einkehre.

2 Gemeint ist Schmitts Buch „Theodor Däublers ‚Nordlicht'" von 1916 (vgl. die C. S.-Bibliographie im Anhang).

3 „Capitano" = Ernst Jünger, anklingend an das von Jünger geprägte Pseudonym „Don Capisco" für C. S.

*Bei meiner Rückkehr fand ich hier einen Brief Fleigs von Mitte Juli, in welchem er mir mitteilt, dass ihn Geldmangel hindert, nach Deutschland zu fahren. Das Leben in England ist sehr teuer.*

*Der Brief nach Coimbra ist heute abgegangen. Den Waschzettel*[4] *zum Hobbes-Buch habe ich an Fleig geschickt. Das Gutachten gebe ich ihm erst in Basel zur Aufbewahrung, da ich es nicht den Zufälligkeiten der Post aussetzen möchte.*

*Grüßen Sie bitte Frau Schmitt von mir, der ich für ihre Gastfreundschaft nochmals herzlich danken möchte, und Ihre Tochter!*

*Mit dankbaren Grüssen bin ich*
*Ihr Armin Mohler*

Nr. 2
B/hs

Plettenberg, den 29. August 1948

Lieber Herr Mohler!

vielen Dank für die guten Nachrichten Ihres Briefes vom 10. August, besonders für die Mitteilung über Hans Fleig. Jetzt wächst meine Erwartung, wann und wo und wie er mir einmal in persona begegnet. Auch für die Besorgung des „Salus ex captivitate“[5] an meinen portugiesischen Freund danke ich Ihnen bestens.
Sie werden sich jetzt auf Ihre Dissertation[6] konzentrieren. Ich würde mich freuen, über deren weitere Entwicklung gelegentlich ein Wort der Mitteilung zu bekommen. Zur Zeit ist ein Freund von mir, der zu Ihrem Thema sehr viel weiss, in Genf: Dr. Heinrich Oberheid[7], 35 rue des Vallandes bei H. Bierenstahl. Ich habe Ihnen den Namen einmal

4 Vgl. Anlage zu Nr. 9.
5 Später lautete der Titel „Ex Captivitate Salus“.
6 Vgl. die Mohler-Bibliographie im Anhang.
7 H. Oberheid: Die Schar der „Schmittianer“, die sich nach der Haftentlassung von Carl Schmitt im Jahre 1947 teils wieder, teils neu um ihren Meister zu sammeln begann, setzte sich aus eigenwilligen und aus ungewöhnlichen Männern und Frauen zusammen. Und das konnte bei einem so geächteten Meister gar nicht anders sein. Der Eigenwilligste unter ihnen war wohl Heinrich Oberheid (1895–1977). Das begann schon äußerlich: mit seiner mächtigen Gestalt und seinem dunklen Vollbart, seinen blitzenden Augen wirkte er zunächst wie eine Mischung aus Rasputin und Rübezahl. Schon der Umstand, daß er einer der ganz wenigen war, der C. S. mit Du anreden konnte, gab ihm einen Nimbus. Er war sozusagen der Zeremonienmeister und der Schlichter der so verschiedenartigen Männer, sie sich angesammelt hatten. Dirk van Laak („Gespräche in der Sicherheit des Schweigens“, 1993) umreißt sein Leben so: „Heinrich Oberheid war Sohn eines Bahnbeamten aus Mühlheim, absolvierte eine kaufmännische Ausbildung im Sekretariat von Hugo Stinnes, studierte Theologie, wurde später Bischof und führender Funktionär der ‚Deutschen Chri-

genannt, und will ihm für alle Fälle auch Ihren Namen nennen. Er bleibt einige Wochen in Genf und kommt wahrscheinlich auch einmal nach Basel. Er ist evangelischer Theologe und war zuletzt in amerikanischer Kriegsgefangenschaft. Das Urbild eines Lutheraners; er vermag jede Katastrophe zu überglauben.

Seit Jahren suche ich eine Strassburger Dissertation aus dem Jahre 1689, die mir für das Francisco de Vitoria-Kapitel meines „Nomos" noch fehlt: De Europaeorum ad Indorum Regiones jure, contra Franciscum de Vitoria, von Joh. Paul Silberrad, unter dem Vorsitz von Joh. Joach. Zentgrav. Soeben höre ich, dass sie in der Universitätsbibliothek Basel ist (ob unter Silberrad oder Zentgrav weiss ich nicht), 38 kleine Oktav-Seiten. Was würde eine Photokopie kosten? Evtl. könnte Heinrich Oberheid sie mir mitbringen.

Peter Schifferli[8] hat mir wieder sehr nett geschrieben und sogar ein Paket geschickt. Sprechen Sie, wenn Sie Oberheid treffen sollten, ganz offen mit ihm. Ich bin gegenüber Menschen, die ich nicht persönlich kenne, ganz hilflos. Ein Prof. William Ebenstein von der Princeton-University hat eine dicke Zusammenstellung über Staatstheorien veröffentlicht, die zu Erziehungszwecken nach Deutschland importiert wird: Man and the State, N. Y. 1947. Er druckt u. a. auch 3 Seiten des Begriffs des Politischen ab (Überschrift: Gouvernment by force and lies), und sagt von C. S.: His brilliance is surpassed only by his lack of character; in 1919 he was a Communist, from Communism he evolved into Social Democrat etc.; total annihilation of the enemy etc. Dieses letzte ärgert mich, weil ich ein so schönes Kapitel über den justus hostis geschrieben habe. Jedenfalls steht das Klischee fest. Ich dachte an Hans Barth, Gustav Radbruch und sagte mir: If C. S. is not what they (Ebenstein, H. Barth etc.) say he is – what are they? Leider höre ich nichts von Erhard Hürsch. Ich habe hier Hindemiths Tonsatzlehre für seinen Bruder, den Musiker, bereitliegen. E. J. ist zum 50. Geburtstag seines Bruders F. G. nach Überlingen gereist. Gerhard Nebel[9] habe ich lange nicht mehr gesehen. In

---

sten'; baute nach 1945 die deutschen Filialen der kanadischen Stahlhandelsfirma Coutinho-Caro auf, kaufte die Firma Henschel in Kassel auf und war materiell fortan sorgenfrei; er und seine Frau unterstützen Carl Schmitt auch finanziell ..." Über Oberheid liegt eine höchst materialreiche 270 Seiten starke Biographie von Heiner Faulenbach von 1992 (vgl. Bibliographie Carl Schmitt im Anhang) vor.

8 P. Schifferli, Leiter des Arche-Verlages in Zürich (wichtigster Autor: Friedrich Dürrenmatt), suchte in Westdeutschland ausgesperrte Autoren (Brüder Jünger, Benn, C. Schmitt) zu gewinnen.

9 Gerhard Nebel spielte in dem kulturellen Vakuum zwischen dem deutschen Zusammenbruch und der Konsolidierung der Bundesrepublik in Westdeutschland eine nicht unbedeutende Rolle. Er hatte sich im Dritten Reich nicht belastet – daß er gegen Ende der 30er Jahre in seinem ersten (Reise-)Buch „jüngerte", galt damals noch beinahe als Widerstandsakt. Er verfügte über eine schlagfertige Rhetorik, die ihn zu einem gefürchteten Debattenredner machte. Und vor allem brillierte Nebel durch eine phänomenale Fähigkeit, sich die verschiedensten Bildungsgüter in Blitzesschnelle anzueignen. Daß der Altphilologe eine Stunde lang aus dem Gedächtnis griechische Dichtung rezitierte, war sozusagen selbstverständlich. Jene Schweizer, die ihn mitten in der Besatzungszeit nach Basel und Zürich eingeladen hatten, waren recht erstaunt über diesen in Dessau

der Illustrierten Wochenzeitung „Der Spiegel" vom 14. 8. 1948 (Hannover) steht ein „Brief ins Blaue", das authentische Dokument heutigen deutschen Geistes, wichtiger und zugleich sympathischer als irgend etwas, was mir bisher in dem Zwielicht einer lizenziierten Öffentlichkeit begegnet ist.

Herzliche Grüsse Ihr
C. S.

*Nr. 3*
*B/ms*

*Lieber Herr Professor,* *Basel, 7. 9. 48*

*Ihr Brief vom 29. 8. hat mich sehr gefreut. Ich habe mich sogleich auf die Suche nach der Dissertation von Silberrad gemacht und sie denn auch in unserer Universitätsbibliothek gefunden. Fotokopieren ist teuer*[10] *und zum Abschreiben würde es wegen des Lateins und wegen der komplizierten Typographie viel Zeit brauchen, ungeachtet der bloss 38 Seiten. Aber ich habe einen guten Ausweg gefunden. Dr. Albert Hofmann*[11] *(Oberwilerstrasse 11, Bottmingen bei Basel), ein Chemiker aus dem Jünger-Kreis, dem Sie durch die „Strahlungen" trotz seiner juristischen Unberührtheit zu einem lebendigen Begriff geworden sind, hat das Büchlein durchfotografiert. Ein entfernterer Freund von mir, Schmitthenner*[12] *aus Heidelberg, fährt übrigens in nächster Zeit in seine Heimat zurück und wird von sich hören lassen. <...>*
*Gestern war ich in Zürich und sah kurz Schifferli. Er sagte, es sei vollkommen umöglich, Sie zu verlegen in nächster Zeit. Von Bekannten höre ich, dass er herumspricht, er überlege sich, ob er „C. S. übernehmen" wolle. Sie werden in Kirchhorst*[13] *und bei Hürsch dasselbe Urteil über ihn hören wie von mir: nicht völlig negativ, aber wenig*

---

geborenen Gast. Gerhard Nebel hatte sich vorher einige Tage im Ruhrgebiet in eine wunderbarerweise nicht verbrannte Bibliothek gesetzt. Die schweizerischen Gastgeber überraschte es, als der Gast von drüben nicht nur über die Schweizer Geschichte, Verfassung, Wirtschaft und Kunst, sondern auch über die Fauna, Flora und Geologie besser Bescheid wußte als sie. In all dem, was Gerhard Nebel tat, war etwas Forciertes, ja Gewaltsames. Gegen Ende seines Lebens versuchte er in einer Reihe dicker Bücher, die griechische Antike, die Götter der Germanen und ein streng lutherisches Christentum unter einen Hut zu bringen ...

10 Damals verstand man unter „Fotokopieren" das gewohnte Photographieren – die billige, auf anderer Technik beruhende Photocopy von heute war damals in Deutschland noch nicht bekannt.

11 Schweizer Chemiker, bekannt als Entdecker der Droge LSD.

12 Walter Schmitthenner, der spätere Althistoriker.

13 Kirchhorst, ein Dorf im Moorgebiet nordöstlich von Hannover, war von 1939 bis 1950 Wohnsitz von Ernst Jünger. Er siedelte in die französische Zone, um sich den englischen Schikanen zu entziehen. In der französischen Besatzungszone hatten die deutschen Emigranten kaum Einfluß.

*Positives. Ich nehme an, dass er den Sensationswert schätzen würde, etwas von Ihnen zu „haben". Er liebt den „Betrieb". Dass er ein Paket geschickt hat, liegt wohl daran, dass er berechtigte Vorwürfe über Geiz gegenüber deutschen Autoren einstecken musste. Ich glaube aber, dass Sie vorläufig ihm gegenüber nicht in eine Zwangslage kommen: 1. können Sie, auch nach Sch.'s Worten, vorläufig gar nicht verlegt werden,*[14] *2. ist der „Nomos", der für die Publikation in Frage käme, noch gar nicht beendet.* <...>

*Mit herzlichen Grüssen an Sie und die Ihren*

*Ihr Armin Mohler.*

*Nr. 4*
*B/ms*

*Lieber Herr Prof. Schmitt,* *Basel, 16. 9. 48*

*heute habe ich mich von Freund Schmitthenner verabschiedet, der noch diese Nacht nach Heidelberg zurückfährt. Die Dissertation von Silberrad ist sehr schön herausgekommen, bloss konnte man sie nicht binden, da links kein Rand gelassen wurde.* <...>

14 Der zweite „große alte Herr" unter den Schmittianern war der Kirchenrechtler Hans Barion (1899–1973). Er wurde von den jüngeren Adepten Carl Schmitts genau so geachtet wie Heinrich Oberheid, war aber von diesem knorrigen Volkstribun grundverschieden. Der Kanonist Barion, durch und durch Wissenschaftler, kam uns vor wie ein Prälat des 17. Jahrhunderts. Er sprach leise und präzise, und wo es nötig war, konnte er scharf werden, ohne die Stimme zu erheben. Seine Schlagfertigkeit war so sprichwörtlich wie seine detaillierte Kenntnis aller großen Opern der Musikgeschichte. Ich mußte an ihn denken, wenn Schifferli mit seiner Spürnase sagte, daß die Befassung mit Schmitt und dessen Freunden nicht nur ihre politischen, sondern auch kirchlichen Schwierigkeiten mit sich brächte. Zunächst wußte ich nur, daß der katholische Geistliche Barion kein kirchliches Amt mehr ausübe und als „Privatgelehrter" zu gelten habe. Erst später erfuhr ich, daß die Theologische Fakultät München 1938 geschlossen wurde, weil Kardinal Faulhaber den mit der Amtskirche zerfallenen Barion dort nicht auf einem Lehrstuhl sehen wollte. Da die Regierung es aber mit dem Kardinal nicht verderben wollte, wurde Barion aus dem Verkehr gezogen. Drei Jahrzehnte später wollte der Schreibende, der als Leiter der Siemens Stiftung Redner von links und rechts holte, wenn sie nur etwas Gescheites zu sagen hatten, auch Barion ans Katheder einladen. Er bat den Sprecher der katholischen Kirche im Bayerischen Senat, Vizepräsident der zweiten bayerischen Kammer und der Stiftung durchaus wohlgesonnen, diesen Abend selbst zu leiten oder einen anderen „Mentor" vorzuschlagen. Die Antwort war: „Wenn Barion in Ihrer Stiftung spricht, wird kein katholischer Geistlicher mehr das schöne Haus Ihrer Stiftung am Schloßrondell betreten." Barion mußte wieder ausgeladen werden. (Zu dem Wälzer mit Barions wichtigsten Schriften, „Kirche und Kirchenrecht" sowie einer Darstellung des „Falls Barion" vgl. Bibliographie C. S.)

*Gestern abend habe ich, nachdem ich Sie nun kennengelernt habe, das C. S.-Kapitel in Franz Bleis „Zeitgenössische Bilder" (1940 Amsterdam, Allert de Lange) nochmals gelesen. Es steht Wahres und Falsches kunterbunt gemischt darin, und alles hat einen bösartigen Ton. Und mit der – 1940! – öffentlichen Erwähnung Ihrer Gegnerschaft gegen den Nationalsozialismus hat er Sie doch gewiss in Gefahr gebracht. <...>*
*Fleig war inzwischen in London bei der Nachlassverwalterin Däublers. Schon vor ein paar Wochen schrieb er mir: „1943 erschien in London in deutscher Sprache ein Büchlein in 240 Exemplaren: Theodor Däubler, Ein Requiem. (Von Frau Toni Sussmann.) Das Büchlein enthält sehr viele interessante Details (ich besitze es seit kurzem), aber ungefähr alle zwei Seiten heisst es:*

*‚Toni, glaubst du an mich?'*

*‚Ja, Theo, ich glaube an dich.'*

*In dem Stil geht das weiter. Zum aus der Haut fahren." Nun schreibt er:*
*„Ich war einen Abend lang, bis nach Mitternacht bei Frau Toni Sussmann, seiner (= Däublers: AM) geistigen Witwe (wie sie sich selber betrachtet), von der ich Dir schon einmal geschrieben habe. Sie behauptet (und hat das auch in ihrem Requiem geschrieben) dass sie zwei Jahre nach Däublers Tod ihm persönlich in Florenz begegnet ist und dass er ihr dort noch etwas ins Ohr geflüstert hat, was er auf dem Totenbett vergessen hatte." Frau S. sei bereits 70 Jahre alt, ihr Mann 80, und in Bezug auf Däublers Nachlass sei sie recht hilflos. Es befinde sich unter anderem das unveröffentlichte letzte vollendete Werk „Heimgang der Stämme" darin. Fleig erhielt eine Menge Abschriften und Durchschläge von Unveröffentlichtem. Ein Neffe Däublers namens Rolf Stein sei auch da, befinde sich zur Zeit in Italien, komme aber bald wieder nach London. Ebenso der Verleger Hegner, der mit Frau S. befreundet sei. „Mehr interessieren wird dich, dass Frau S. eine lebenslange Freundin von Hans Blüher ist und mit ihm in Briefwechsel steht. Blüher war die ‚Schicksalswaage', die zwischen ihr und Däubler spielte." Er hätte sich 1917 geweigert, die beiden miteinander bekannt zu machen, obwohl beide es wünschten. Es gehe Blüher heute schlecht, er habe Tbc erwischt und hungere. Frau S. sei auch mit Pannwitz, Barlach und Käthe Kollwitz befreundet (resp. befreundet gewesen). Von Barlach hat sie Fleig massenhaft Briefe zur damaligen politischen Lage unter Hitler gezeigt.*[15]

15 Susman – Sussmann: Als AM sein Studium an der Universität Basel begann, stellte er sich unter dem Namen Sussmann/Süssmann hochgebildete und einfühlsame Frauen vor, welche Dichter und Denker um sich sammelten. Basel und Zürich beherbergten damals zahlreiche Intellektuelle aus dem jüdischen Flügel des George-Kreises, und mit ihnen war auch Margarete Susman (1872–1965) gekommen, mit der schon Stefan George das Gespräch gesucht hatte und die sich noch nach Kriegsende eines Paul Celan annahm. Als AM später über Frau Susman hörte, daß ihr einmal gleich zwei bedeutende Köpfe, der Dichter Theodor Däubler und der Philosoph der Jugendbewegung, Hans Blüher (1888–1955), den Hof gemacht hätten, regte ihn das zu Betrachtungen über die geistige Spannweite dieses weiblichen Gurus an. Professor Piet Tommissen, der beste Detailkenner der Welt um Carl Schmitt, holte jedoch bei Durchsicht der Druckfahnen zu die-

*Zu Däubler habe ich übrigens nun zum ersten Mal echten Zugang gefunden. In Brittings neuer Anthologie „Lyrik des Abendlands“ stiess ich auf das Gedicht „Ein Lauschender auf blauer Au“, das mich erschlagen hat.*

*Überhaupt beginnen sich die Anstösse meiner Reise auszuwirken und mir neue Bereiche zu erschliessen. So lese ich z. B. nach meinem Besuch in Plettenberg Ihre Schriften anders. In meiner Dissertation bin ich auf die Neutralisierung gestossen, die Seeckt in seinem Ressort durchgeführt hat und die ihn 1923 Buchrucker fallen lassen liess. Ich las daraufhin Ihre drei kleinen Arbeiten zur Neutralisierung*[16] *(von 1929, 1930, 1931) nochmals und bemerkte zu meinem Erstaunen, dass sie mir nun viel durchsichtiger wurden. Wieso haben Sie dort Seeckts Versuch weggelassen? Rechneten Sie das einfach zur Neutralisierung innerhalb des Beamtentums oder hatte das einen anderen Grund? Und wo in Ihrem Werk gehen Sie ausserdem noch auf diesen Komplex der Neutralisierung näher ein? Eben bin ich dran, den „Begriff“*[17] *in der Hanseaten-Ausgabe von neuem zu lesen und es erschliessen sich mir auch hier neue Schichten. Das ist aber auch gefährlich für mich, denn wie die Reise komplizieren mir solche neuen Anstösse das bisher gewonnene Bild und verzögern den Abschluss der Dissertation weiter.* <...>

Nr. 5
B/hs

Pl. 23/9 48

Lieber Herr Mohler!

Vorgestern erhielt ich die kostbare Sendung von Herrn Schmitthenner aus Heidelberg (die Photokopie der Diss. Silberrad, herrlich, die Zeichnung von Däubler, die nicht nur wegen der Handschrift Hardekopfs für mich sehr wertvoll ist und Ihren Aufsatz zum 50. von F. G. Jünger, worüber unten). Ihre beiden Briefe (vom 7. und 16. September) sind ebenfalls gut und pünktlich hier eingetroffen. Ich bin durch Ihre Hilfsbereitschaft und die Fülle Ihrer Nachrichten tief beeindruckt und danke Ihnen tausendmal. Aber mein erstes Wort der Erwiderung betrifft doch Ihre Dissertation, die jetzt allmählich fertig sein sollte und statt dessen durch immer neue Ausuferungen bedroht ist. Ich habe selber zu viele ausgezeichnete Doktoranden gehabt, um angesichts Ihrer beiden

---

sem Buch dessen Herausgeber wieder auf den Boden herunter: bei Däubler und Blüher habe es sich um Frau Toni Sussmann (1874–1967) gehandelt ...

16 Arbeiten zur Neutralisierung: „Die europäische Kultur im Zwischenstadium der Neutralisierung“ (1929); „Das Problem der innerpolitischen Neutralität des Staates“ (1930); „Die neutralen Größen im heutigen Verfassungsstaat“ (1931) – alle in Schreibmaschinenabschrift zirkulierend.

17 C. S., „Der Begriff des Politischen“ (dritte Fassung 1933).

Schreiben nicht in pädagogische Unruhe zu geraten und mich nach Hilfe umzuschauen. Da finde ich denn im Bereich Ihrer sämtlichen Mitteilungen nur einen einzigen Lichtpunkt: Ihre Mitteilung bezüglich Ihrer Freundin. Der pädagogische Zweck heiligt alle Mittel, selbst die Gefährdung männerbündischer Grundsätze. Ich setze also meine Hoffnungen auf Ihre Freundin, der es gelingen möge, Sie zu einem (wenn auch nur dezisionistischen) Sprung ins Reich der Examensethik anzutreiben.
Was im übrigen die Ethik des Männerbundes angeht, so enthalten Ihre Nachrichten über Däubler und Blüher ja katastrophale Enthüllungen. Der Antisemit (er lehnte das Wort, mit Recht, ab, weil er ein zu bewusster Judengegner war) und Antifeminist Blüher, und der arme Theodor Däubler in solcher Beleuchtung, das kann einem weh tun.* Schon aus Gründen der Freundesliebe empfinde ich den heftigsten Wunsch, jenes „Requiem" der Frau Sussmann kennen zu lernen. Ich vermute, dass Sie meine Camp-Notiz „Zwei Gräber"[18] vom August 1946 durch Gerhard Nebel erhalten haben. Däubler liegt in Berlin in einem Grabe, das rechts und links von den beiden für Frau Sussmann und ihren Mann reservierten Grabplätzen liegt, und zwar so, dass das Ganze als eine gemeinsame Grabstätte erscheint. Nach 1934 wurden die Sussmanns in der Gräberliste gestrichen und eine Schwester Däublers, Edith, dafür eingesetzt. Wie es sich heute verhält, weiss ich nicht. Ich war im Winter 46/47 zuletzt am Grabe Däublers (auf dem Friedhof an der Heerstrasse in Berlin). Es wäre für mich (immer im Hinblick auf jene Notiz „Zwei Gräber") von Bedeutung, zu wissen, ob die[?] Grab[..?] auch in dem „Requiem" erzählt und gebührend umrahmt ist. Es sollte mich nicht wundern. Wenn Sie meine Camp-Notiz vom August 1946 gelesen haben, werden Sie meinen Wunsch, das Sussmannsche „Requiem" kennen zu lernen, wohl verstehen, noch mehr aber den weit gewichtigeren Wunsch, Hans Fleig meine „Zwei Gräber" zugänglich zu machen.

*Aus Däublers Gedicht „Vernichtung":
Ich höre eine Heimat rufen,
Es täuscht mich keine Weiberlüge.
Ich habe keinen Wahn

Ihr Aufsatz über F. G. Jünger hat mich natürlich an unser Gespräch über den Kreislauf erinnert. Mir kommen alle diese kyklischen Bilder vor wie die ziemlich kleine Glasglocke, zu der sich einem auf hoher See der Horizont verengert, wenn man nur noch Wasser und keinen Strich Land mehr sieht. Aber wie dem auch sei, Ihr Aufsatz gibt ein sehr klares Bild. Die Verse, die Sie zitieren sind schön, aber sie sind Sprache und nicht

18 C. S.' Aufzeichnung „Zwei Gräber", die er im amerikanischen Internierungslager 1946 geschrieben hatte, ging, wie so vieles damals, als Schreibmaschinenabschrift um. Es handelt sich um die Gräber von Theodor Däubler und Heinrich von Kleist auf Berliner Friedhöfen. Kleists Selbstmord wie auch die vielen Selbstmorde nach dem Einmarsch der Roten Armee regten C. S. zu Meditationen über diese Todesart an. Dieser Essay wurde in Schmitts Sammelband „Ex Captivitate Salus" (1950) übernommen.

Wort. Wenn sie ganz einfach werden, werden sie doch nicht Element und nicht Sakrament, ihre Einfachheit bleibt in dem Bereich der „edlen Einfalt und stillen Grösse". Ich weiss, dass das ausserordentlich schön ist. Aber nachdem Sie ein Gedicht von Däubler kennen gelernt haben, begreifen Sie wohl eher mein Anliegen. Ich freue mich unendlich darauf, einmal mit Ihnen über Verse von Däubler zu sprechen. Das sind wirklich welturanische Strahlungen, wie für Däubler schliesslich die ganze Erde zum Nordlicht, das heisst zu einer kosmischen Strahlung wird. Das Gedicht „Ein Lauschender auf blauer Au" dürfte man eigentlich nicht isolieren; es steht in dem Abschnitt „Der flammende Lavabach", in dem auch das bekannte Gedicht „Der Nachtwandler" steht, und „Der Blinde" und über ein Dutzend ungeheuerlichster Gedichte. Vielleicht werden Sie es eines Tages lesen.

Und aus Versuchen würden Wunderblumen schlagen

Das Buch von Karl Löwith[19] ist mir bekannt. Ich habe es in meinem Vortrag über „Donoso Cortés[20] in gesamteuropäischer Interpretation" in Madrid (31. Mai 1944 vor der Academia de Jurisprudencia y Legislación) behandelt. Der Vortrag ist auch heute noch von Bedeutung. Löwith soll sich in einem Aufsatz während des Krieges über mich geäussert haben; er legte früher Wert auf mein Urteil.
Zu dem Thema „Neutralisierung und Wehrmacht" vor 1933 füge ich eine kleine Notiz bei. Ich fürchte nur immer, Sie zu neuen Digressionen von Ihrer Dissertation zu veranlassen. Bei dem Aufsatz von Franz Blei in den „Zeitgenössischen Bildern" handelt es sich wahrscheinlich um einen zuerst im „Christlichen Ständestaat" Ende 1936 erschienenen Aufsatz „Der Fall C. S.", der unmittelbar nach meiner Diffamierung durch das Schwarze Corps (Dez. 1936) erschien und allerdings für mich lebensgefährlich war. Blei, der Jahre lang bei mir im Hause Gast gewesen war, hatte keinen Grund oder Anlass, mich in eine solche Gefahr zu bringen. Es war vielleicht nur das Literatenhafte Bedürfnis, über eine damals aktuelle Angelegenheit mitzureden und sich informiert zu zeigen.

Aber nochmals: primum promoveri, deinde vivere!

Herzlich Ihr

Carl Schmitt

19 Karl Löwith, „Von Hegel zu Nietzsche" (1941). Dieses Buch eines Emigranten war in den ersten Nachkriegsjahren der maßgebende Einstieg in die Geschichte der Philosophie.

20 C. S. schreibt diesen Namen in der Regel ohne Akzent.

Frau Schmitt und Anima legen grossen Wert darauf, dass ich ihre Grüsse nicht vergesse!

Betrifft: Die Stellung der Reichswehr bis 1933 im Rahmen meiner Neutralisierungs-Konstruktionen.

Mit Seeckt habe ich nicht in persönlichen Beziehungen oder sachlicher Zusammenarbeit gestanden. Meine Theorie des Art. 48 der Weimarer Verfassung hat erst 1929 zu einer persönlichen Zusammenarbeit mit der Reichswehr geführt, die allerdings sehr eng wurde und zu einer persönlichen Freundschaft mit zwei bedeutenden Mitarbeitern des Generals Schleicher führte, nämlich mit dem damaligen Hauptmann im Reichswehrministerium Erich M. Marcks (Juli 1932–Jan. 1933 Pressechef bei Schleicher, Juni 1944 in den ersten Tagen der Invasion als Komm. General einer Besatzungsarmee in der Normandie gefallen) und dem damaligen Hauptmann (ebenfalls RWM) Eugen Ott (seit 1934 erst deutscher Militärattaché, dann Botschafter in Tokio).
Die 3 Darlegungen über Neutralisierung von 1929–31 stehen im Zusammenhange mit dieser Zusammenarbeit. Dazu kommt, sozusagen als Punkt auf dem I, der Aufsatz „Weiterentwicklung des totalen Staats in Deutschland", vom Januar 1933"[21] (Positionen und Begriffe S. 185) der gedanklich und verfassungsgeschichtlich ganz ausserordentlich wichtig ist, weil er den dialektischen Punkt des Umschlags in aller Schärfe herausarbeitet und die nochmalige Auflösung des Reichstags durch Schleicher vorbereiten sollte, die dann, durch die Entlassung Schleichers und die Ernennung Hitlers, diesem in die Hände gespielt wurde (Reichstagsauflösung vom 1. Febr. 1933). Die Aufsätze von 1929/31 stehen in dem systematischen Zusammenhange des Kapitels „Die konkrete Verfassungslage der Gegenwart" in dem 1931 erschienenen Buch „Der Hüter der Verfassung".
Die Reichswehr ist mit grosser Sorgfalt aus diesen veröffentlichten Darlegungen weggelassen. Ihre Erwähnung hätte die ganze Meute der Linkspresse entfesselt. Andererseits genügte es, die Reichswehr nicht zu nennen, weil die Meute eben nur auf Signale und Stichworte reagiert. So erklärt es sich, dass an manchen Stellen die Frage nach der Reichswehr sich geradezu aufdrängt (z. B. in dem Abschnitt S. 149ff. des „Hüters der Verfassung"), ohne dass der Name fällt. Dass die Reichswehr der eigentliche Träger der „Neutralisierung" war, weit mehr und weit präziser als das zivile Beamtentum, verstand sich damals für jeden Kenner ganz von selbst. Die Abstützung der Neutralisierungskonstruktion von der zivilen Seite her geschah ebenfalls mit vollem Problembewusstsein, durch einen anderen persönlichen Freund von mir, den Staatssekretär im Rfinanzministerium, Joh. Popitz, der meinem Buch „Der Hüter der Verfassung" durch

21 Hier setzt C. S. die Anführungsstriche anders: „Weiterentwicklung des totalen Staats in Deutschland, vom Januar 1933".

einen Aufsatz in der „Germania“ vom 19. April 1931, zu einem grossen Erfolg verhalf (Den Aufsatz, der ein grosses verfassungsgeschichtliches Dokument ist, habe ich noch im Original des Zeitungsblattes).
Erich Marcks, Eugen Ott und Erwin Planck waren damals als die „Drei Musketiere“ Schleichers hinter den Kulissen sehr berühmt.
Der letzte Versuch, der Reichswehr zu Hilfe zu kommen, ist meine Schrift: Staatsgefüge und Zusammenbruch des Zweiten Reiches (1934); hier damals[22] war die Neutralisierung aber schon in die Totalisierung umgeschlagen und der Versuch hatte etwas Verzweifeltes. Nicht der (neutrale) Staat, sondern die Partei vollzog die Totalisierung. Die meisten Menschen diesseits des eisernen Vorhanges haben heute noch nicht begriffen, dass der totale Staat eine höchst liberale Angelegenheit ist im Vergleich zur totalen Partei.
Die dialektische Entwicklung von der Neutralität zur Totalität ist ein atemberaubender Vorgang, über den ein Hegelianer in Verzückung geraten müsste. Umso ernster meine Warnung vor der Versuchung, sich darauf einzulassen. Es genügt, die 6 Seiten des beigefügten Aufsatzes zu lesen. Die Modell-Situation, die sich in der Tschechoslowakei, im heutigen Frankreich und in Italien wiederholt, ist mit verfassungsjuristischen Mitteln klarer herausgearbeitet als es ein Historiker oder ein Soziologe vermocht hätte. Vielleicht teilt oder versteht Hans Fleig meinen Fach-Stolz. Im übrigen bleibe ich der am wenigsten rechthaberische Mann der Welt und hüte mich vor allen Anwandlungen die diesen entwaffnenden Record gefährden könnten.

*Nr. 6*
*B/ms*

*Lieber Herr Professor,* *Basel, 5. 10. 48*

*Ihr Brief vom 23. 9. und die Botschaft von Nebels Geburtstag haben mir grosse Freude gemacht. Dass Sie mir wegen der Arbeit an meiner Dissertation ein wenig den Kopf gewaschen haben, war richtig und nötig. Der Fehler ist wohl, dass ich ein Thema gewählt habe, mit dem ich persönlich zu sehr verbunden bin, sodass die Arbeit alle die Schwankungen zu spüren bekommt, denen ich ausgesetzt bin. Und meine Deutschland-Reise hat mich nun einmal stark aus dem Gleichgewicht gebracht. Da wächst eben die Versuchung, die Dinge von selbst auspendeln zu lassen und nichts zu übereilen. Vor allem auch, weil ja nach dem bisherigen Plan die Wiederkehr-Idee das geheime Zentrum der Arbeit werden sollte. Ihre Ablehnung dieser Idee hat mich da recht unsicher gemacht. Und zwar nicht als Ablehnung an sich, sondern weil ich bei Ihnen – im Gegen-*

22 „damals“ steht im Original über dem Wort „hier“, ohne daß „hier“ gestrichen wurde, trotzdem ist es wohl nicht ergänzend, sondern eher korrigierend zu verstehen.

*satz zu anderen, welche sie auch abgelehnt haben (Nebel, Gremmels u. a.) – nicht übersehe, aus welcher Position heraus sie abgelehnt wird. Das scheint mir überhaupt bei aller Klarheit das Verwirrende Ihrer Schriften zu sein, dass Ihre Position dabei anscheinend stets verhüllt bleibt. Es fehlt damit ein Bezugspunkt, der einem bei der Wanderung durch diese Landschaft eine sichere Orientierung gibt. Damit will ich Ihnen selbstverständlich keine Schuld an Verzögerungen geben. Denn auch für die geistigen Abenteuer, in die ich mich einlasse, bin ich selbst verantwortlich. <...>*

*Dass die Weglassung von Seeckt usw. bei den Neutralisierungen weder ein Uebersehen noch eine andere Deutung sein konnte, ahnte ich wohl. Ich bin über Ihre Zusammenstellung zu diesem Punkte sehr froh. Von Ott sah ich mehrere Male Fotos in der Presse und seither interessiere ich mich, auf Grund des physiognomischen Eindrucks, für seine Person, habe aber bisher nicht viel über ihn erfahren können. Dass er zu Schleichers Kreis gehörte, wird mir erst durch Sie bekannt.*

*Weshalb legen Sie auf die Person Hardekopfs solchen Wert? Ich weiss von ihm nur, dass er der Uebersetzer Gides ist und seit langem in Zürich in der Emigration lebt. Hat er eine Bedeutung, die darüber hinausgeht?*

*Die Sie interessierenden Nachrichten über Frau Sussmann, das Grab in Berlin usw. werde ich über Fleig zu erfragen suchen. Ihre „Zwei Gräber" besitze ich und Fleig kennt sie auch. Es scheint, dass Fleig zögert, Ihnen zu schreiben. Ich erinnere mich, dass Sie mir von Ihrem eignen Zögern gegenüber Binding[23] berichteten, und Sie werden das deshalb verstehen. <...>*

Nr. 7
B/hs

Plettenberg, den 16. Oktober 1948

Lieber Herr Mohler,

Erhard Hürsch war von Sonntag (10. Okt.) abend bis Mittwoch mittag hier. Für mich waren das wundervolle Tage, am meisten, weil ich mit ihm über seine Gedichte und die von Gottfried Benn sprechen konnte. Es gibt für mich keine grössere Freude als solche Gespräche. Mittwoch mittag fuhren wir, mit einem befreundeten jungen Juristen, nach Wuppertal zu Gerhard Nebel, der uns mit Begeisterung empfing. Ich war mitgefahren, weil ich von Nebels Geburtstag her noch Sorge um seine Gesundheit hatte. Umso grösser die Freude, als ich hörte und sah, dass kein Grund zur Besorgnis mehr besteht. Der Nachmittag bei Nebel war herrlich. Nebel will nächstens im Rundfunk über Theodor Däubler sprechen.
Ihren Brief vom 5. Oktober brachte Hürsch mir mit. Vielen Dank! Für die Beantwortung bin ich etwas benommen, weil ich eigentlich alles schon Erhard Hürsch erzählt

23 Gemeint ist hier nicht der Jurist Karl B., sondern der Schriftsteller Rudolf G. B.

habe. Besonders Ihrer Bemerkung über meine eigene, stets „verhüllte“ Position, welche „Verhüllung“ nur die andere Seite der mir öfters nachgerühmten Klarheit und Präzision ist, denn „Deutlichkeit ist eine gehörige Verteilung von Licht und Schatten“ (ein von Goethe zitierter Ausspruch J. G. Hamanns), ein Satz den ich Ihnen auch für die Abfassung Ihrer Dissertation ans Herz legen möchte. Dann haben wir viel über Ihr „Unterlaufen“ des Leviathan gesprochen. Ich glaube ich verstehe Sie darin sehr gut. Ich bin ja selber ein Fachmann dieses Unterlaufens. Vielleicht ist Gremmels[24] nicht soweit davon entfernt wie Sie denken. Dass sein Leviathan ein Kaninchen ist, wird er wohl selber wissen. Darüber dass man solche magischen Namen wie L. nicht vergeblich führen darf, habe ich ihn ernstlich belehrt. Der Titel: Die totale Demobilmachung wäre viel besser und wirksamer gewesen ohne die Beschwörung des Schattens, den der Name des L. wirft. Dass ein „Unterlaufen“ nur möglich ist, wenn man auch darüber steht, versteht sich für einen Eingeweihten eigentlich von selbst. Das liegt ja schon in dem Satz, den ich so gern zitiere: Erobern kann nur derjenige, der seine Beute besser kennt als sie sich selbst. Im andern Falle, nämlich ohne Überlegenheit, würde das Unterlaufen praktisch nur dazu führen, dass der sich tot stellende Käfer so plattgewalzt wird, dass er nur noch als Lesezeichen verwendbar wäre. Das Problem des „deutschen Buddhismus“[25] ist nur zum Teil ein Problem der eigenen „Vernichtigung“; zum andern ist es die Frage, wie man der Gefahr entgeht, der Gefangene seiner eigenen Tarnungen zu werden. Auch das gehört noch zu dem grossen Problembereich: Unterlaufen des Leviathan.

Leider habe ich Ott noch nicht erreichen können. Ich freue mich auf den Augenblick, in dem Sie diesen ungewöhnlichen, bedeutenden Mann persönlich kennen lernen und hoffe, wenn auch etwas gegen die Hoffnung, dass das einmal eintritt.

Bei Dr. Hofmann werde ich mich bedanken. Besten Dank für die Adresse und auch für den Hinweis auf das Buch von Rudolf Todt.

Darf ich jetzt nochmals Ihre Hilfsbereitschaft in Anspruch nehmen? Der beil. Brief ist für meinen Freund Javier Conde Professeur de la Faculté de droit, Université Madrid, bestimmt. Diese Adresse (französisch oder spanisch) genügt. Ich wäre Ihnen dankbar,

---

24 Dr. Heinrich Gremmels (1913–1977) wurde 1940 von C. S. in Berlin promoviert, diente 1939 bis 1941 im gleichen niedersächsischen Regiment wie Ernst Jünger, wurde nach Kriegsende Stadtdirektor in Königslutter. Gremmels wurde im Kreis um C. S. bekannt durch zweierlei: erstens durch sein 1948 in der Reihe „Schriften der Zeit“ des Marées-Verlags, Wuppertal, erschienenes Buch „Der Leviathan und die totale Demobilmachung“ – eine genau auf die damaligen Unsicherheiten zielende Schrift von 132 Seiten. Zweitens fiel auf, daß er in jenen ersten Nachkriegsjahren meist zusammen mit seinem Freund Gerhard Nebel auftrat. Gremmels und Nebel schienen sich ideal zu ergänzen und erinnerten an die von Ernst Jünger eingeführte Unterscheidung zweier Typen: „Der Gattung der Skrupulanten, welche die Dinge mit den feinsten Gewichten wägt, entspricht eine andere, die nur mit Bergeslasten hantiert und die man als die der Posaunisten bezeichnen kann“ („Das abenteuerliche Herz“, zweite Fassung 1938, S. 219).

25 Vorwurf von AM, viele Deutsche würden sich, wenn es ihnen schlecht geht, in eine Art von „deutschem Buddhismus“ flüchten.

wenn Sie den Brief dort adressieren und nach Madrid schicken könnten. Auch würde ich gern versuchen, Conde ein Exemplar Ex captivitate Salus zukommen zu lassen. Soll ich Ihnen eins schicken; ferner (auf deutsch) meinen Vortrag über Donoso Cortés, den ich am 31. Mai 1944 in Madrid (auf spanisch) gehalten habe und den Sie noch nicht kennen, aber doch einmal lesen müssten. Das alles ist viel Arbeit für Sie, aber ich bitte Sie, es einfach abzulehnen, wenn es Sie in Ihrer Examensvorbereitung unterbricht.
Eine weitere Bitte betrifft die Frage, ob Sie eine Nummer des „Reich" vom März oder April 1942 mit meinem Aufsatz „Beschleuniger wider Willen" auftreiben könnten? Im Gespräch mit Hürsch kam die Rede darauf, ich habe kein Exemplar mehr und suche ihn verzweifelt.
Sie schreiben nichts von Oberheid. Vielleicht ist es nicht zu einem Kontakt gekommen. Das wäre kein Grund zum Ärger. Es ist immer ein Risiko des Misslingens bei solchen Begegnungen.
Examen d'abord! Schreiben Sie bald wieder Ihrem

C. S.

*Nr. 8*
*B/ms*

*Lieber Herr Professor,* *Basel, 19. 10. 48*

*Freund Erhard ist schrecklich vergesslich. Ich trug ihm nämlich auf, Ihnen zu berichten, dass ich hier einen schönen Tag mit Dr. Oberheid verbracht habe. Im Brief vergass ich das zu erwähnen. Oberheid hat ein selten mephistophelisches Aeusseres und ich hätte niemals einen Pastor in ihm vermutet, denn bei einem evangelischen Priester ist diese Verbindung ja wohl seltener als bei einem katholischen. Er <…> wusste mir viel Wertvolles zu sagen. Leider hat hie und da sein Gedächtnis ausgesetzt. Oberheid führte das auf eine Geisteskrankheit zurück, die ihn, wie er mir erzählte, im amerikanischen Gefangenenlager zeitweise gepackt hatte und von der er sich immer noch nicht ganz geheilt fühlt. <…>*

*Abends, nach der Arbeit an der Dissertation, lese ich Ihre Schriften wieder und diejenigen, die ich noch nicht kenne, neu. Ich schrieb Ihnen ja schon, dass sie mir seit dem Plettenberger Besuch klarer geworden sind. Eine Ausnahme macht bloss der „Leviathan", der mir immer noch sehr verwirrend bleibt, und zwar nicht nur dort, wo, wie beispielsweise am Schluss des zweiten Kapitels, ein ganzes Feld bloss angedeutet wird. <…> Erstaunt hat mich das Auftreten Guénons*[26]*. Kennen sie das gesamte Werk*

26 René Guénon (1866–1951), französischer Esoteriker, der in Kairo als Muslim starb. AM wurde von dem schweizerischen (daher das „unser") Lyriker Siegfried Lang (1887–1970) in Guénons Werk eingeführt.

*dieses seltsamen Mannes? Siegfried Lang, einer unserer wenigen ernsthaften Dichter, hat mich vor einiger Zeit etwas in die Gedankenwelt dieses Denkers eingeführt.*

*In dem Dorf oder besser Vorort Allschwil bei Basel wohnt ein Arzt Dr. Hermann Augustin, der von Zeit zu Zeit seltsame, etwas verworrene Bücher schreibt. Das letzte hiess „Dante/Goethe/Stifter". Nun arbeitet er wieder an einem grossen Werk, das dem Element des Wassers gewidmet ist und, wie ich höre, um Dante/Goethe/Melville kreisen soll. Ein mir befreundeter Buchhändler hat ihm nun Ihr „Land und Meer" verschafft, das ihn sehr begeistert. Er ist ein Schriftsteller, bei dem sich unter ermüdendem Wust oft ganz herrliche Perlen finden. <...>*

Nr. 9
B/hs

Plettenberg, den 4. Dezember 1948

Lieber Herr Mohler!

Seit Wochen warte ich auf Erhard Hürsch. Ich war vorige Woche in Wuppertal, um Ernst J. und Gerhard N. zu treffen, habe sie aber beide verfehlt. Frau Nebel erzählte mir, dass H. in Berlin krank geworden sei. Das macht mir natürlich einige Sorge. Wir hoffen immer noch, ihn vor Weihnachten hier auftauchen zu sehen.

Stossvers eines alten Professors:
Oft denke ich voll Seelenpein:
Wie weit mag Mohler's Arbeit sein?

Ihren Brief vom 19. Oktober habe ich noch nicht beantwortet. Ich schicke Ihnen heute den Donoso-Vortrag vom 31. Mai 1944 (es ist für mich schwierig, Abschriften zu beschaffen, deshalb hat es solange gedauert) und fühle, wie schwer es ist, mich verständlich zu machen. Dass mein „Leviathan" voller Esoterik ist[27], habe ich Ihnen schon ge-

27 Der „Leviathan" von C. S. voller Esoterik? Sein Buch „Der Leviathan in der Staatslehre des Thomas Hobbes" (1938) ist wohl das am schwierigsten zu entziffernde Buch von C. S. Im Hist. Wb. d. Phil. stellt Robert Hepp ihn so vor: „Leviathan (hebr. Liwjatan) ein im Buch Hiob neben dem Landtier Behemoth genanntes Seeungeheuer ..." Vergröbert könne man B. und L. für Verkörperungen der Landmacht und der Seemacht nehmen. Für andere sei L. der leibhaftige Satan, das Böse schlechthin. Es habe sich jedoch in der Nachfolge von Hobbes der Sprachgebrauch eingebürgert, unter L. die künstliche Ordnung des Staates zu verstehen, welche der von B. verkörperten natürlichen Anarchie, dem Kampf aller gegen alle, ein Ende macht. In der liberalen Gesellschaft von heute werde L. meist als Kürzel für die den Menschen bedrückende „staatliche Allmacht" verwendet.

sagt; erinnern Sie sich nur an den „Waschzettel", oder an die Schlusssätze des Vorwortes. Das gehört aber zum „Unterlaufen". Von Guénon kenne ich vieles, aber leider nicht alles. Persönlich habe ich ihn nicht gesehen, wohl aber zwei Freunde von ihm. Es wird Sie interessieren, dass der Baron Julius Evola ein unbedingter Adept von Guénon war. Ich weiss auch nicht, ob G. noch lebt. Nach den letzten, allerdings schon einige Jahre alten Nachrichten, wohnte er in Kairo bei islamischen Freunden.
Vielen Dank für die Mitteilung über H. Augustin! Sein neues Buch möchte ich gern lesen. Diese Art von Autoren liebe ich mehr als die chemisch Reinen. Wie wäre ich sonst in Däublers Opus eingedrungen? Der Aufsatz „Staatliche Souveränität und freies Meer" ist ein Vortrag, der am 7. Februar 1941 auf einer Historiker-Tagung in Nürnberg gehalten wurde und in der Sammlung „Das Reich und Europa" bei Koehler & Amelang in Leipzig 1941 erschienen ist. Von der Parodie „Schattenrisse" (1913) lege ich ein Exemplar für Sie zurecht, für den Fall, dass Erhard Hürsch noch soviel Platz in seinem Gepäck hat.
Ganz besonderen Dank für die Besorgung des Briefes an Conde! Ich habe noch keine Antwort von ihm. Aber die Nachkommen des Cid sind ebensowenig grosse Briefschreiber wie ihr grosser Ahne.
Sie haben mir lange nichts von H. Fleig erzählt. Wann sehen Sie ihn wieder? Und wie weit ist er mit seinem Däubler-Aufsatz? Was werden Sie in den Weihnachtsferien tun? Der Ansatz unseres Gespräches, das im Sommer dieses Jahres begann, wirkt in mir weiter. Ich verliere meine Zeit und gewinne meinen Raum. Oft habe ich Sehnsucht, das Gespräch fort zu setzen, gerade weil keiner von uns beiden weiss, wohin es führt. Machen Sie mir die Freude und geben Sie mir bald wieder Nachricht von Ihnen und sein Sie herzlich gegrüsst von Ihrem

C. S.

— — — — — —

[ms]

Vom Verlag nicht verwendeter [sog.] Waschzettel Carl Schmitts zum Leviathan-Buch:

„Vorsicht!

Hast Du vielleicht schon einmal etwas von dem grossen „Leviathan" gehört und drängt es Dich, in diesem Buch zu lesen? Vorsicht, mein Lieber! Dieses ist ein durch und durch esoterisches Buch, und seine immanente Esoterik steigert sich in demselben Masse, in dem Du in das Buch eindringst. Lass also besser die Hände davon! Leg es wieder zurück, an seine Stelle! Fass es nicht wieder an, mit Deinen Fingern, mögen sie nun gewaschen und gepflegt oder zeitgemäss blutig und gefärbt sein! Warte ab, ob dieses Buch Dir wieder begegnet und ob Du zu jenen gehörst, denen sich seine Esoterik öffnet! Die Fata libellorum und die Fata ihrer Leser gehören auf geheimnisvolle

Weise zusammen. Ich sage Dir das in aller Freundschaft. Dräng Dich nicht in Arcana, sondern warte, bis Du in gehöriger Form eingeführt und zugelassen wirst. Du könntest sonst einen Deiner Gesundheit schädlichen Wutanfall bekommen und versuchen, etwas zu vernichten, was jenseits aller Vernichtbarkeit steht. Das wäre nicht gut für Dich. Lass also Deine Hände davon und leg das Buch an seine Stelle zurück!

Aufrichtig Dein guter Freund
Benito Cereno

11. Juli 1938
Bestätigt Juni 1945
(„sieben Jahre sind rum").“

*Nr. 10*
*B/ms*

*Lieber Herr Professor,* *Basel, 7. 12. 48*

*Der Schüler denkt im Kämmerlin:*
*Wie bring ich's dem Professor bei,*
*dass, mangels guter Zauberei,*
*ich immer noch nicht fertig bin?*

*zu seiner Entlastung legt er aber eine Foto des neuen Rektors der Basler Universität ab 1. 1. 49 bei. Dieser Ordinarius für neuere deutsche Literaturgeschichte ist der einzige hiesige Professor, zu dem ich ein tieferes Verhältnis gehabt habe. Ich habe mich aber seit meinem Deutschland-Jahr von ihm gelöst und er hasst mich tief und innig. Kurz nach meinem letzten Brief bin ich <...> zur Besprechung meines Examens zu ihm gegangen und er hat sich glatt geweigert, mich zu prüfen. <...>*[28]

*Muschg war übrigens befreundet mit Hermann Augustin und war einer der wenigen, der Zutritt zum „Himmel“ hatte. Das Haus Augustins ist so eingerichtet: unten die „Hölle“ = die Praxis, darüber das „Fegefeuer“ = die Wohnung, ganz oben der „Himmel“ = die Bücherei. In der Bücherei steht eine Orgel, auf der spielte Augustin Muschg vor. Später kam es zum Bruch. Nun hat Muschg vor 14 Tagen seine Summa herausgegeben (was mir das Examen erleichtern wird). Er nennt sie „Tragische Literaturgeschichte“ (!) und sie reicht von den alttestamentarischen Propheten bis zum*

28 AM hat diese Tragikomödie unter dem Titel „Eine Promotion in Basel“ festgehalten in seinem Aufsatzband „Tendenzwende für Fortgeschrittene“ (1978). Rektor der Universität war der Germanist Walter Muschg (1898–1965), Verfasser der genialischen „Tragischen Literaturgeschichte“ (1948).

*(zerrissenen) Thomas Mann. Dort heisst es über Stifter: „Er war jetzt bettlägerig und arbeitete die 'Mappe meines Urgrossvaters' um, indem er besonders den bizarren Anfang, den Selbstmord des Doktors Augustinus, auf später verschob ...“ Der Augustin in jener Erzählung Stifters ist jedoch nicht Doktor. Man suchte dem Arzt einzureden, dass Muschg sich eben verschrieben habe, doch Dr. Augustin wehrte ab: er kenne Muschg besser.*

*Ueber Augustins Buch habe ich Ihnen übrigens ungenau berichtet. Ein „Fegefeuer“-Bekannter von ihm hat mir die Idee des Buches nun genauer mitgeteilt. In einem Schema ausgedrückt:*

| | | |
|---|---|---|
| *Das Meer (Melville)* | } | *das Ganze eine Art Dämonologie,* |
| *Der Dämon (Nietzsche)* | | |
| *Der Glanz (Dante)* | | |

*Der Aufbau symphonisch („das Meer rauscht durch alle drei Abschnitte“) <...>*

*Sie fragen nach Hans Fleig. Er hat mir eben geschrieben: „Wie du in deinem letzten Brief richtig vermutetest, habe ich C. S. noch nicht geschrieben. Es braucht bei mir leider immer sehr lange, bevor ich einen solchen Kontakt aufzunehmen wage. Man weiss nie, wo es hinführt. Und es braucht grosse Energie – Energie, die ich, wie ich befürchte, nicht habe. Verstehst du: es müsste sich um eine wirkliche Kontaktnahme handeln, d. h. ich müsste mich wirklich anstrengen. Ich habe aber bis an den Rand meiner Energien damit zu tun, mit der täglichen Zeitungsflut fertig zu werden und nicht zu ersaufen. Du musst mir glauben, dass der Ersaufungstod mir täglich droht. Wenn ich drei Tage die Zeitungen nicht verarbeite, schlägt die Flut über meinem Haupte zusammen – unrettbar, hoffnungslos, nichts mehr zu machen: lasciate ogni speranza ... Das ist das Fürchterliche an diesem Beruf. <...> Zum Glück ist es seit einigen Tagen ziemlich neblig. Dann sieht man die Welt nicht mehr.*[29] *Nur noch bis zu den Häusern vis-à-vis. So wird England beinahe schön. <...>“*

*Guénon lebt noch in Kairo. Ich bin etwas misstrauisch gegen ihn, obwohl ich ihn kaum kenne. „Deutscher Buddhismus“ und anderes ... Aus Evola komme ich auch noch nicht ganz draus. <...>*

*Oberheid war nochmals hier und ich machte mit ihm einen schönen Spaziergang am frühwinterlichen Rhein, ehe er zu Salin zum Essen ging. O. umriss sehr schön die Lage des Protestantismus in Deutschland. Er macht sich keine Illusionen – das schätze ich an ihm. <...>*

29 Es war die Tragik von Fleig, daß er – begnadeter und vielgelesener Journalist – sich von diesem Beruf sein Leben lang nicht lösen konnte. Außer seiner Dissertation liegt kein Buch von ihm vor. – Nach Durchsehen der Druckfahne zu dieser Anmerkung schrieb Piet Tommissen am 8. 2. 95 an Mohler: „Mir gegenüber hat C. S. mindestens zweimal dasselbe über Sie gesagt!“

*Nr. 11*
*B/hs* *[Basel,] 18. 12. 48*

*Lieber Herr Professor,*

*<...> Hans Fleig schreibt mir: „Ich habe heute den Entschluss gefasst, Carl Schmitts Adresse in mein Notizbüchlein zu schreiben. Es ist komisch genug, dass Polytheismus physisch möglich ist, weil die Götter nicht so viel von einem verlangen. Aber mit mehr als einem Menschen intensiv verkehren ist ermüdend, oder unmoralisch, oder irgendwie sonst verdächtig." <...>*

*Ihr Cortés-Vortrag ist für mich recht beunruhigend geworden, und steht damit nicht allein unter Ihren Schriften. Zu Ihren anderen Gaben muss ich Ihnen die eines Banderilleros zuteilen. Ich habe bisher 1848 nicht die gleiche Bedeutung zugemessen wie den Jahren 1789, 1881, 1914. <...>*

Nr. 12
B/hs

Pl. 22/12 48.

Lieber Armin Mohler!

Die Photographie, die Ihrem Brief vom 7/12 beilag, muss ich als Nachweis voller Entlastung anerkennen. Im übrigen hat Ihr Freund Hans Fleig natürlich recht. Aber wer einmal begonnen hat, in dem Spiel der sogenannten Lebens- und Berufsbewährung mitzuspielen, soll auch gut spielen. Eine tiefere Moral war mit meinen Besorgnissen um Ihr Examen nicht verbunden. Sie sagen, es sei schwierig aus einer Autobiographie eine Dissertation zu machen. Schwierig, aber notwendig und sozusagen Ehrensache. Oder wollen Sie tatsächlich in der Autobiographie stecken bleiben? Erst nach dieser Bemerkung von Ihnen wird es ernst.
Ich bin hier in einem Zustand des Wartens. Erstens auf Erhard Hürsch, der vor Weihnachten kommen wollte und bisher nicht gekommen ist. Ihre Mitteilung über seine Erkrankung in Berlin macht uns alle besorgt. Wir haben ihn liebgewonnen. Er ist nämlich wirklich ein Dichter und in dem „Gestirn" sind herrliche Sätze. Ich möchte eines Tages seinen terranen „Astrismus" mit dem kosmischen Däublers näher vergleichen. Können Sie diesen Vergleich nicht einem Ihrer Literarhistoriker als Dissertationsthema vorschlagen? Wenn Hürsch kommt, sage ich ihm noch einiges dazu.
Dann warte ich auf Ernst Jüngers „Strahlungen"[30]. Für Ihr Archiv schicke ich Ihnen einen Zeitungsaufsatz, der mir vor einigen Tagen von unbekannter Seite zugeschickt

30 Ernst Jünger, „Strahlungen", 1949 (vgl. die Jünger-Bibliographie im Anhang) – der langerwartete Schlußband von Jüngers Kriegstagebüchern.

wurde. Die Publikation der „Strahlungen“ wird das Signal zu einer General-Debatte geben. Das dicke Buch von Gerhard Nebel[31] wird dann auch wohl da sein.
Den für 1913 symptomatischen Ulk „Schattenrisse“ schicke ich Ihnen mangels eines wirklichen Weihnachtsgeschenkes. Das meiste ist heute unverständlich, einiges wirkt noch, wenn man sich mit einigen Flaschen guten Weines in die für Anspielungen nötige Aufgelockertheit hineinversetzt hat. Das ganze ist Bierzeitung und Dadaismus avant la lettre. Aber auf Thomas Mann sind wir nicht hereingefallen. Antrieb war die Wut über die stupide Uninteressiertheit, mit der das damalige literarische Deutschland auf ein Werk wie Däublers Nordlicht reagierte. Wer hätte damals ahnen können, dass es der Thomas Mann'schen Selbstenthüllungen von 1945 bedurfte, ehe man diesen ehrbaren Hochstabler allgemein als das erkannte, was er immer gewesen ist?
Ich habe noch eine Bitte an Hans Fleig. Im Jahre 1931 ist in London in der Sammlung „The Unicorn“ (herausgegeben von Christopher Dawson) eine (von mir nicht autorisierte) englische Übersetzung meiner Schrift „Römischer Katholizismus und politische Form“ erschienen. Verlag Sheed & Ward, 31 Paternoster Road, London E. C. 4. Titel: The Necessity of Politics (nicht von mir autorisiert). Könnte Hans Fleig ohne Mühe ein oder zwei Exemplare besorgen? Und wenn er Christopher Dawson trifft, der ziemlich bekannt ist, ihn daraufhin ansprechen? Schliesslich ist das droit moral des Autors ein sozusagen unveräusserliches und unentziehbares Recht, das selbst einem Diffamierten und Discriminierten noch zustehen müsste.
Das beiliegende Schreiben ist für Señor Antonio Tovar, Ladislao Martínez 1066 in Martínez F. C. C. A, República Argentina bestimmt. Ich kann von hier aus keine Luftpostsendung vornehmen. Würden Sie das für mich übernehmen? Freilich weiss ich nicht, was es kostet, und vielleicht ist Ihnen damit zuviel zugemutet. Das müssen Sie mir dann einfach sagen. Umso mehr, als ich Ihnen noch einen weiteren, spanischen Brief in einiger Zeit in gleicher Weise anvertrauen möchte, wenn ich Ihre Zustimmung dazu habe.
Heinrich Oberheid ist vorige Woche nach Hause (Godesberg) zurückgekehrt. Auf seinen Bericht bin ich sehr neugierig. Ich treffe ihn aber erst im Januar.
Wir alle – Frau Schmitt, Anima und ich – wünschen Ihnen zu Weihnachten und zum Neuen Jahr alles Gute. Wir würden uns sehr freuen, wenn wir im kommenden Jahr die Möglichkeit hätten, Sie wiederzusehen. Vielleicht führt uns ein guter Stern wieder zusammen zu einem guten Gespräch. Das wäre allmählich notwendig, denn solche geistesgeschichtlichen Runen wie der Donoso-Vortrag lassen sich im Grunde überhaupt nicht anders als im Gespräch verstehbar machen.

Ich bleibe stets Ihr

Carl Schmitt.

31 Gerhard Nebel, „Ernst Jünger. Abenteuer des Geistes“ (Wuppertal 1949).

Nr. 13
B/hs

Pl. 24/12 48

Lieber Armin Mohler!

Ihr Brief vom 18. Dezember traf gleichzeitig mit einem Brief von Erhard Hürsch hier ein. Erhard kommt erst im Januar, wahrscheinlich erst Ende Januar. Der Brief, den er einem Bekannten nach dem Westen mitgegeben hat, ist voller Nachrichten, die im Ganzen die Sorge um seine Krankheit beheben.
Ihr Weihnachtsgruss traf pünktlich ein. Ich erwidere ihn herzlich, auch für Frau Schmitt und Anima. Ihre Mitteilung über Hans Fleig gehört zu meiner Weihnachtsfreude. Die neue Rolle des banderillero registriere ich zu den übrigen. Das Wichtigste: man muss seinen Feinden unbegreiflich bleiben.
Bitte erklären Sie mir doch, wenn auch nur mit einer Andeutung, was das Jahr 1881 in der Reihe 1789, 1881, 1914 für Sie bedeutet. Was meine Auffassung von 1848 angeht, so ist es für mich nur als Ausbruch und nur als pathognomischer Moment bedeutungsvoll.
In diesen Tagen der Wintersonnenwende erinnere ich mich daran, dass wir beide uns erst in diesem Sommer kennen gelernt haben. Jetzt stehen Sie mir schon sehr nah und Erhard Hürsch liebe ich, wie man nur einen Dichter lieben kann. Die wunderbare Freigebigkeit, die einen alten Mann wie mich mit solchen Begegnungen beschenkt, wird Ihnen in Ihren Jahren noch nicht zum Bewusstsein kommen. Ich will es aber doch nicht unausgesprochen lassen. „Fühle, wen du dir gewinnest".
Noch ein Wort des Dankes für Ihre Mühe um meine Korrespondenz in den hispanischen Raum. Könnten Sie den Donoso-Aufsatz an Prof. Javier Conde, Jur. Fakultät der Universität Madrid schicken? Ich gebe Erhard Hürsch eine neue Abschrift mit. Dann wollte ich Ihnen noch vorschlagen, keine Porto-Gutscheine mehr nach Deutschland zu schicken. Das Missverhältnis der beiderseitigen Wertberechnungen ist zu gross. Ein Schweizer Franken ist ein vielfaches als Kaufpotenzial im Verhältnis zu den 60 Pfennig, die die deutsche Post für zwei Gutscheine gibt (hier kostet ein Hühnerei 1.20 DM). Verzeihen Sie, dass ich davon spreche, aber gegenüber dem Leviathan sind wir doch Schicksalsbrüder.
Kommen Sie gut in das Neue Jahr, lieber Armin Mohler, schreiben Sie mir oft und vernachlässigen Sie keine Möglichkeit, dass wir uns wiedersehen.

Ich bleibe mit vielen Grüssen und Wünschen
stets Ihr
Carl Schmitt.

*Nr. 14*
*B/ms*

*Lieber Herr Professor,* *Basel, 4. 1. 49*

*<...> Die „Schattenrisse" haben mir grosse Freude gemacht! In einem Zuge habe ich sie durchgelesen und finde nicht bloss die angemerkten Stellen auch heute noch lesenswert. Aber es sind irgendwie keine Parodien. Die Grundfarbe ist anders. Man sollte vielleicht einen Vergleich mit Bleis „Bestiarium" durchführen – dann käme der Unterschied wohl deutlich heraus.*

*Warum das Jahr 1881? „Ich erzähle nunmehr die Geschichte des Zarathustra. Die Grundkonzeption des Werks, der Ewige-Wiederkunfts-Gedanke, diese höchste Formel der Bejahung, die überhaupt erreicht werden kann –, gehört in den August des Jahres 1881." <...>*[32]

Nr. 15
B/hs

Pl. 17/1 49

Lieber Armin Mohler!

Jetzt wird es Zeit, dass ich Ihnen schreibe, wenn es auch nur ein Wort der Empfangsbestätigung für Ihre drei Sendungen und des Dankes für Ihre Bemühungen ist. Alle drei Sendungen (3 Aufsätze von Hans Fleig, ein Brief vom 4. Januar und die Übermittlung des Briefes von Conde aus M.) sind gut und pünktlich hier eingetroffen.
Die drei Aufsätze[33] von Hans Fleig sind für mich zu einer aufregenden Begegnung geworden. Seit den besten Artikeln von Paul Scheffer[34] (im früheren Berl. Tageblatt) habe ich das nicht mehr erlebt. Aber Fleig ist viel moderner, beziehungsvoller, „velociferischer" (ein Wort Goethes) als Paul Scheffer; die mindestens sieben Hintergründe integrieren sich müheloser, ich meine das Aktuell-tagespolitische, das Weltgeschichtli-

32 Das Jahr 1881: Nietzsches Proklamation der Ewigen Wiederkunft, von AM aufgefaßt als Beginn der Moderne.

33 Aus der Zürcher Tageszeitung „Die Tat" (gegründet von dem Reformer Gottlieb Duttweiler), deren Londoner Korrespondent Fleig damals war.

34 Paul Scheffer, Chefredakteur des „Berliner Tageblatt", – es wird später noch in Zusammenhang mit seinem Schützling Margret Boveri von ihm die Rede sein – hat Anfang der 20er Jahre auch C. S. unter seine Fittiche genommen. Dieser berichtete gern über den engen Kontakt mit Scheffer, der ihn u. a. vom Segen kurzer Absätze in den Manuskripten überzeugte.

che, das Soziologische, Moralisch-Ethische, Geistesgeschichtliche, Weltanschauliche und Metaphysische, das durch einen hohen Grad ironievoller Bewusstheit fermentiert wird. Das hatte ich wirklich nicht erwartet.
Es wäre wunderbar, wenn sich die in Basel verortete Trinität einmal bereitfände, eine Ferntagung hier im Sauerland anzuberaumen. Auf Erhard Hürsch warten wir sehnlichst; hoffentlich hält er, was er angekündigt hat und kommt er Ende Januar.
Zur Belebung der Däubler-Arbeit von Hans Fleig lege ich die Photographie eines Däubler-Porträts bei, das zur Zeit in Hagen i. W. auf einer Ausstellung hängt. Es hat Fehler, z. B. wirkt die wohl Chagallisch gemeinte linke Hand wie ein Fremdkörper. Aber es ist eine Symphonie der grossen Däubler-Begeisterung, die im westfälischen Industriegebiet herrscht. Der Maler heisst Wilhelm Wessel und lebt in Iserlohn. Er war einige Jahre mit Däubler in Byzanz und Griechenland. Das Bild ist in diesem letzten Jahr aus der Erinnerung gemalt. Der Name des Malers braucht keine antifaschistischen Affekte zu entfesseln, denn sein Träger ist glorreich entnazifiziert.
Von W. Wessel[35] erhielt ich auch das Dez. Heft 1947 der Deutschen Rundschau (Herausg. Paetel) geliehen, mit einem Romankapitel, das Ernst Barlach über Däubler geschrieben hat. In dem gleichen Heft steht von E. Salin „Irrgang der Wissenschaft", der den Mangel an Christentum beklagt, der sich seit einiger Zeit so bedauerlich bemerkbar gemacht hat und zu den Ursachen des Nazismus gehört.
Damit ständen wir in der Nähe Ihres Datums 1881. Bleiben wir aber lieber beim korrigierten „Irrgang". Wir wollen hoffen, dass sich die Welt bald bessert und Harmonie und Frieden die letzten Hindernisse der universalen Glückseligkeit schnell und möglichst schmerzlos zunichte machen. Dazu eignet sich das „Christentum" ganz vorzüglich, besonders das „beyond the line". Sin mas por hoy, lieber Armin Mohler. Es wäre gut, wenn wir uns bald wiedersehen könnten. Interessiert Sie ein Aufsatz von Kurt Hiller aus der „Weltbühne" vom Oktober 1932, der gegen O. Paetel und noch viel böser gegen mich gerichtet ist? Gehört Paetel nicht in Ihre Dissertation?

Ich freue mich über jede Zeile von Ihnen und bleibe Ihr

Carl Schmitt.

P.S. Zwei Verse:
Der Feind ist unsere eigene Frage als Gestalt,
Und er wird uns, wir ihn, zum selben Ende hetzen.

Was bedeuten und woher stammen diese Verse? Intelligenzfrage an jeden Leser der kleinen Schrift: Der Begriff des Politischen. Wer die Frage nicht aus eigenem Geist be-

35 Der Maler Wilhelm Wessel (1904–1971) ist C. S. zweifach verbunden: erstens als Sauerländer (aus Iserlohn), zweitens durch seine Wanderfreundschaft mit Theodor Däubler. Frau Irmgard W. gilt als eine der begabtesten westdeutschen Malerinnen der Jahrhundertmitte.

antworten kann, sollte sich hüten, über jene kleine Schrift mitzureden. Wohlgemeinter Rat an Figuren wie Kurt Hiller, Hans Barth, William Ebenstein etcpp.

— — — — — —

[ms]

*Völkerrecht der Zukunft im Unterricht der Zukunft.*

1. Kapitel: Der gerechte Krieg.

*Fritz:* Jetzt sage ich aber: Nie wieder Krieg!
*Lehrer:* Bravo, mein lieber Fritz! Aber hör mal bitte einen Augenblick zu! Wir sind uns doch wohl darüber einig, dass man Recht tun muss und Unrecht nicht dulden darf?
Fritz: Gewiss.
Lehrer: Verbrechen müssen bestraft, Uebeltäter müssen unschädlich gemacht werden.
Fr. Klar.
L. Nun kommt es leider vor, dass Verbrecher die Macht an sich reissen, sei es mit List und Tücke, sei es mit Gewalt. Es gibt Uebeltäter, die ganze Länder und Völker beherrschen.
Fr. Schlimm genug.
L. Die müssen dann natürlich umso gründlicher bestraft und unschädlich gemacht werden.
Fr. Unbedingt.
L. Wenn nun so ein mächtiger Verbrecher sich wehrt, muss man vielleicht sogar Krieg mit ihm führen.
Fr. Krieg?
L. Jawohl, Fritz, Krieg. Hab nur keine Angst. Eigentlich ist das gar kein Krieg. Es ist nur eine Art Rechtsverwirklichung. Es ist dasselbe wie eine Zwangsvollstreckung. So etwas machen die Vollstreckungsbeamten jeden Tag.
Fr. Na ja, aber doch nicht mit Atombomben.
L. Sicher nicht. Aber das macht juristisch keinen Unterschied. Du sollst ja gerade juristisch denken lernen. Juristisch ist das gar kein Krieg.
Fr. Wenn aber auf beiden Seiten große Heere mit allen Waffen gegen einander kämpfen? Das soll kein Krieg sein?
L. Meinetwegen nenn es Krieg. Du mußt dann jedenfalls zugeben, dass es ein gerechter Krieg und eine gute Tat ist.
Fr. Schön.
L. Die guten und gerechten Menschen tun sich zusammen und bestrafen die bösen und ungerechten.
F. Sehr schön.
L. Wenn dann der Bösewicht besiegt ist, muß er büssen.
Fr. Mit Recht.

L. Bedenke aber auch, lieber Fritz, die Unkosten eines solchen Krieges. Der Gerechte kann doch nicht umsonst Krieg führen. Bedenke ferner, dass solche Verbrecher immer wieder rückfällig werden. Der Gerechte muss sich also auch gegen Rückfälle sichern. Das alles kostet heutzutage viel Geld. Wir müssen uns also gründliche Entschädigungen, Wiedergutmachungen, Schmerzensgelder, Kautionen, Pfänder und Sicherungen geben lassen.
Fr. Ausgezeichnet.
L. Siehst du, mein lieber Fritz, das ist doch alles gar nicht schwer zu begreifen. Wer es nicht begreift, ist offenbar dumm oder frech. Vermutlich ist er selber ein Verbrecher, den wir am besten gleich im Voraus unschädlich machen.
Fr. Bravo!
L. So, Fritz, jetzt können wir schon unsere ersten völkerrechtlichen Grundsätze aufstellen. Also: Der Krieg wird abgeschafft und streng verboten. Nur gerechte Kriege sind erlaubt. Sie sind sogar Pflicht jedes anständigen Menschen. Gerechte Kriege sind solche Kriege, die von gerechten Menschen aus einem gerechten Grunde gegen solche Menschen geführt werden, die Unrecht tun.
Fr. Das kann man wohl sagen: Gerechte Kriege sind solche Kriege, die von solchen Menschen gegen solche geführt werden. Vollkommen klar.
L. Du siehst, mein lieber Fritz, das Völkerrecht ist gar nicht so schwer. Das schwierigste Problem haben wir jetzt schon gelöst. Ich kann dir sagen, dass alle grossen Denker aller Zeiten unsere Auffassung teilen. Theologen aller Konfessionen, Philosophen, Juristen und Menschenfreunde aller Art gehen mit uns einig.
Fr. Wunderbar. Dann wird es ja wohl bald Frieden geben.
L. Wird es auch. Es gibt nur noch einige Schädlinge und Verbrecher. Sie sind das letzte Hindernis des Weltfriedens. Gegen sie werden wir demnächst einen gerechten Krieg führen.
Fr. Großartig! Also auf in den gerechten Krieg!

Weihnachten 1948

Nr. 16
B/hs

Pl. 25/2 49

Lieber Herr Mohler!

Allerherzlichsten Dank für die beiden inhaltvollen Karten vom 18. und 19.! Primum promoveri, deinde vivere! Von Gerhard Nebel habe ich seit seiner Rückkehr aus Basel nichts mehr gehört, doch habe ich durch den Verlag die Tagebücher „auf ausonischer

Erde“[36] erhalten. Nicht einmal eine solche Verunstaltung wie die auf S. 161 kann meine Sympathie für Nebel ändern. Ich möchte ihm nur ein schönes geistesgeschichtliches Kolleg über den ihm anscheinend noch nicht zum Bewusstsein gekommenen Begriff der „Meinung“ (opinio) halten.
Unendlichen Dank für die Besorgung des Ms an Javier! Das war für mich seit Jahren die erfreulichste Nachricht; diese Karte möchte ich noch beim Weltgeist abgeben, und zwar auf spanisch. Hat eigentlich Hans Fleig ein Exemplar bekommen? Wenn Sie ihm schreiben, teilen Sie doch bitte mit, dass ich in Hamburg bei Herrn Dr. Max Sidow die Totenmaske Däublers gesehen habe; sie ist aber nicht mehr porträt-ähnlich geworden, weil sie zu spät (am 2. oder 3. Tage) gemacht worden ist.
Leider ist von Javier noch nichts hier angekommen, weder ein Brief, noch ein Paket. Briefe erwarte ich nicht viele, weil die Spanier schreibfaul sind. Das Paket scheint verloren gegangen zu sein, ebenso wie, leider, das Ihrige vom 9. Dezember. Unser – Frau Schmitt's, Anima's und mein – Dank ist derselbe, lieber Herr Mohler. Wir wollen uns nicht ärgern.
Ich schicke Ihnen hier den beregten[?] Artikel von Kurt Hiller mit der Bitte um spätere Rückgabe (er ist mir als eines der vielen Beispiele für die Unterstellung des Wortes und Begriffes „Vernichtung“ von dokumentarischem Wert; als Beispiel für die selbstgerechte Naivität, mit der der Feind in einen Verbrecher verwandelt wird und als Beispiel für die Unfähigkeit zu dem Begriff des justus hostis). Ich hatte übrigens vor 14 Tagen bei den Dominikanern in Walberberg ein langes friedliches Gespräch mit P. Stratmann, der auf S. 499 von Hiller apostrophiert ist. Vielleicht lässt Hillers Feind-Gezappel Sie ahnen, welcher wunderbaren Dialektik der Begriff „Feind“ fähig und bedürftig ist.
Damit soll es für heute genug der Unterbrechung Ihrer Dissertations-Askese sein. Es bereitet mir ein unermessliches Vergnügen, Sie mir in Ihrer Studierstube vorzustellen, als hundertprozentigen nichts-als-Doktor-Arbeiter der Stirn und der Schreib-Faust. Gut so. Deinde vivere! Wer aber „Leben“ sagt ist schon gerichtet, meint Gottfried Benn.
Ich überlasse mich oft der fröhlichen Erwartung, dass wir uns irgendwie in diesem Jahre wiedersehen werden. Das Alter gewährt mir, als rührende Kompensation für körperliches und anderes Missgeschick, die schönsten Kranichzüge nicht nur des Geistes sondern auch der Phantasie.
Schliesslich noch eine Frage: ich höre, dass 1946 eine gute Edition von Hobbes' Leviathan, durch Michael Oakeshott bei Blackwell in Oxford erschienen ist, kann aber nicht erfahren wie teuer. Darf man Hans Fleig dieserhalb bemühen; der momentane Kurs der D-Mark könnte einen kühn machen. Leider habe ich keinen Bekannten in England, an den ich mich wenden könnte. Fragen Sie also Hans Fleig erst einmal nach

36 Gerhard Nebel, „Auf ausonischer Erde / Latium und Abruzzen“ (ital. Tagebuch 1943–1944), Wuppertal 1949.

dem Preis, und nach dem Editor. Das Interesse an Hobbes wächst erstaunlich. Ich habe gerade eine gute italienische Edition von de Cive durch Norberto Bobbio (Turin 1948) erhalten.

Nun aber entschieden Adieu! Ich bleibe mit herzlichem Dank
und Gruss

stets Ihr

Carl Schmitt.

*Nr. 17*
*B/ms*

*Mein lieber Herr Professor,* *Basel, 28. 2. 49.*

*<...> Was Sie über „Meinung" (opinio) andeuten, interessiert mich. Bisher habe ich in Ihren Werken noch nichts Ausdrückliches darüber gefunden. Was Gerhard Nebel in der „Ausonischen Erde" auf S. 161 über Sie sagt, fand ich einseitig und gewaltsam, aber insofern positiv und mutig, als es endlich an öffentlicher Stelle einmal ein gutgemeintes Wort über Sie ist. Das heisst doch schon viel, meine ich. Der Begriff „Meinung" ist da wohl irreführend. Aber dass man mit Ihnen wie mit niemandem sonst in Ihrer Höhenlage ein Gespräch führen kann, das habe ich ja letzten Sommer selbst erlebt. – Uebrigens sprach ich mit Nebel über jenen verborgenen Kern, von dem Ihre Analysen ausgehen, und er sagte dazu sehr Schönes und mir richtig Scheinendes.*

*Im Mai ist im Markgräflerland um Basel Hebeltag.*[37] *Die Basler dürfen da ohne besonderes Visum die umliegenden Dörfer aufsuchen, und Gerhard Nebel will bei dieser Gelegenheit in Haltingen seine Basler Freunde treffen. Er beabsichtigte, dazu Sie, Ernst Jünger und Speidel heranzuschleppen. Da die beiden Letzteren ohnehin im nächsten halben Jahr hierherkommen und wir nicht so viele dort unterbringen können und ausserdem ein Massenmeeting nicht nach unserem Geschmack ist (es kämen nämlich aus Basel ebenfalls viele), haben wir gebremst. Da jedoch Sie kaum in die Schweiz kommen können – wollen Sie sich da Gerhard Nebel und seiner Frau nicht*

---

37 Der alljährlich am 10. Mai – Geburtstag von Johann Peter Hebel (1760–1826) – in Hausen (Kreis Lörrach) zu feiernde Hebeltag vereint jeweils alemannisch Sprechende aus dem Breisgau, dem Sundgau und der Nordwest-Schweiz in der Erinnerung an den einzigen deutschen Mundartdichter, der in die Weltliteratur hineinragt. Der Hebeltag 1949 hatte für die „Region" am Rheinknie besondere Bedeutung, weil die französische Besatzungsmacht zum ersten Mal seit Kriegsende den Schweizern den Zugang zu den geliebten Weinbergen des Markgräfler Landes öffnete. Die Basler Zugangsstraßen zur deutschen Grenze wurden von Unversöhnlichen mit „Wir fahren heim ins Reich!" beschmiert.

*anschliessen? Drei Personen könnten wir bei unseren Haltinger Bekannten schon unterbringen. Es wäre schön, wenn ich mit Ihnen einen Gang durch das Markgräfler Weinland machen könnte. Ueberlegen Sie sich das einmal und schreiben Sie mir gelegentlich, was Sie davon halten.* <...>

Nr. 18
B/hs

Pl. 5/3 49.

Mein lieber Armin Mohler!

Ihr Brief vom 28/2 ist gestern hier eingetroffen; er hatte etwas Aufenthalt. Ich beantworte ihn nur mit diesem beigefügten Diskussions-stück aus dem Jahre 1930 (von der Tagung der deutschen Soziologen in Berlin), um Ihre Frage wegen des Begriffes „Meinung“ nicht lange liegen zu lassen; diese Frage ist nämlich vielleicht auch für Ihre Dissertation von Bedeutung. Doch hoffe ich, dass die letzten 20 Seiten Ihrer Arbeit inzwischen geschrieben und diese damit abgeschlossen ist, was sie auch bleiben soll.
Der Laufzettel nach Ihrem verloren gegangenen Weihnachtspaket ist ebenfalls gestern eingetroffen. Wegen des Hebel-Tages in Haltingen schreibe ich noch. Auch Dr. Albert Hofmann schrieb mir davon. Mit Ihnen durch das Markgräfler Weinland zu gehen, erscheint mir wie ein Märchentraum.
Auf Erhard warten wir sehnsüchtig. Er hat neulich bei uns wunderbar Flöte gespielt; hat er Ihnen davon erzählt? Was Sie von Hans Fleig schreiben, macht mich traurig, mehr des allgemeinen Menschenschicksals wegen, als aus Mitleid mit einem Individuum. Aber solche Tribulationen stehen solchen Menschen wie Fleig zu. Das hat etwas mit seinem wissenden Stil zu tun. Man kann da nicht viel helfen, oft ist ein Zuruf sogar schädlich. Natürlich kann man viel helfen, aber nicht durch Aktivität oder Einmischung oder Beredung.
Die P. S. Verse meines vorvorigen Briefes sind aus dem „Sang an Palermo“ von Theodor Däubler.
Ich habe über Tübingen (durch Maiwald) ein Heft der Rivista mit der Tocqueville-Notiz bekommen und mich unglaublich gefreut. Das klingt auf Spanisch ganz herrlich. Schicken Sie bitte ein Exemplar in meinem Auftrag an Ortega y Gasset, der sicher über Javier zu erreichen ist, und behalten Sie für alle Fälle 3 Exemplare dort.
Dieser Brief ist länger geworden als er sollte oder durfte. Der tiefere Anstoss immer weiter zu schreiben liegt bei mir darin, dass ich den lebhaftesten Wunsch habe, mit Ihnen zu sprechen, und dass Sie diesen latent immer vorhandenen Wunsch durch Ihre Bemerkung zu dem Worte „Meinung“ zu einem plötzlich auflodernden Feuer geschürt haben. Von der „Meinung“ aus lässt sich auch ein Urteil über die verschiedenen Arten

von Tagebüchern gewinnen, deren grösste Gefahr darin besteht, dass Sie einfach eine Mischung von Pepysme[38] und Opinionisme werden.
Tausend Dank für Ihren Brief und die Mühe, die Sie mit mir haben! Alle guten Wünsche für Ihre Dissertation und das Examen! Wird dieses bei der Hebel-Tagung schon absolviert sein?

Ex toto corde Ihr

C. S.

Notabene für alle (legalen und sonstigen) Leser dieses Briefes: die beiliegenden Blätter sind Belege für eine im Rahmen der Diskussion des deutschen Soziologen-Tages 1930 getane Bemerkung; sie sind gedruckt bei Mohr in Tübingen, in den Verhandlungen der Tagung der deutschen Soziologischen Gesellschaft und 1931 erschienen; sie enthalten weder staats- noch volks- noch menschheits-feindliche Ideen und bedeuten für mich persönlich das letzte (Hand:) Exemplar des Beleges für jene Diskussions-Bemerkung.

— — — — — —

[ms]

Beitrag:
Carl Schmitt: Diskussionsbeitrag zum Deutschen Soziologentag
in Berlin vom September 1930 (Thema: Presse).
Abschrift nach den von C. S. korrigierten Korrekturfahnen des 1931 bei Mohr in Tübingen erschienenen Berichtes [vier ms Seiten A4], abgedruckt in: Schriften der deutschen Gesellschaft für Soziologie, Bd. VII, S. 56–58 (Tübingen 1930).

Nr. 19
B/hs

Pl. 24/3 49

Mein lieber Armin Mohler!

Tausend Dank! Ich bestätige: 1) die Drucksache vom 6/7 März (Fleig zupft einen Ausbund von respectability am Bart; übrigens ist der Artikel selbst sehr gut und inhaltreich) und 2) Ihren Einschreibebrief vom 19/3, mit den Anlagen, vor allem den beiden

38 „Pepysm“: nach dem berühmten englischen Tagebuchschreiber Samuel Pepys (1633–1703); im Mund von C. S. ein Schimpfwort, das die manierierte Verspieltheit und Ichbezogenheit der meisten Tagebuchschreiber treffen soll.

Fotos von Hans Fleig, die ich mit dem nächsten Brief zurücksenden werde, um den Besuch in Plettenberg, den er damit in effigie macht, noch etwas zu verlängern.
Von Erhard erhielt ich vor 3 Tagen einen Brief aus Wiesbaden; er kommt auf der Fahrt nach Berlin leider nicht nach Pl. Er kündigt die Sendung der Rivista und zweier Briefe an, die wohl dieser Tage hier eintreffen werden. Der „Beschleuniger" hat sich gefunden; ich habe schon eine Photokopie für Sie, die Sie bei passender Gelegenheit erhalten werden. Dass Sie um C. S. einen weiten Bogen machen[39], ist richtig und vernünftig. Mit dem Krim-Gutachten sollen Sie Hans Fleig nicht in London belästigen. Nebel soll ich diesen Samstag anlässlich einer Däubler-Tagung in Werdohl sehen.
Es haben sich begründete Hoffnungen ergeben, die auf die Möglichkeit meines Erscheinens zum Hebel-Tage hindeuten. Wann findet diese Tagung statt? Sollte dann der Alpdruck des Doktor-Examens von Ihnen abgefallen sein, so wäre das eine wundervolle Ferienreise für uns beide. Ein deutscher Verlag hat mich nach Freiburg eingeladen, sodass die Reisekosten kein Hindernis mehr sind.
Ich schicke heute einen Zinnbecher an mein Patenkind[40] in Ravensburg zur Konfirmation. Auf den Becher habe ich eingravieren lassen: Vetus melius est (Luc. 5, 39). Schlagen Sie einmal die Luther-Übersetzung dieser Stelle auf, die Übersetzung von melius wird Ihnen Freude machen. Im übrigen sind diese Worte ein echtes Orakel.
Dass Sie mich jener Verse aus dem „Sang an Palermo" fähig hielten, freut mich; es ist übrigens keineswegs „falsch", das zu glauben. Ich freue mich in besonderer Weise über solche Vermutungen; ebenso wie ich mich heute morgen unendlich gefreut habe, als ich für den Autor eines Ausspruchs gehalten wurde, den ein junger Jurist vor kurzem tat: die Griechen, die Juden und die Römer haben ihren grössten Mann getötet, Sokrates, Christus und Julius Cäsar; aber die Überlegenheit der Römer zeigt sich darin, dass sie ihren Mann nicht justizförmig getötet haben.

Herzlich Ihr

C. S.

Nr. 20
B/hs

Plettenberg, 5/4 49

Mein lieber Armin Mohler,

drei Empfangsbestätigungen sind seit meinem letzten, hoffentlich gut eingetroffenen Brief vom 24. März inzwischen fällig geworden. Ihre Beta[41]-Abschrift über Bruno

---

39 AM im genannten Brief vom 19. März 49: „... In meiner Dissertation mache ich übrigens wohlweislich einen Bogen um C. S., begründe das sogar ausdrücklich." (S. 75 der Erstauflage.)

40 Alexander Jünger.

41 Ottomar Beta, deutscher Bodenreformer gegen Ende des 19. Jahrhunderts.

Bauer, ein für mich ganz kostbares Geschenk, dann Hans Fl.'s Privy-Council-Aufsatz, der mein Juristen-Gemüt aufs stärkste angesprochen hat, und schliesslich das gestern hier erscheinende Päckchen mit gutem Fett, über das Frau Schmitt als Ostergeschenk besonders glücklich ist, weil sie jetzt wieder Kuchen backen kann, während es im Weihnachtskuchen längst verzehrt wäre. Vielen Dank!
Die beiden Fotos von Hans Fl. schicke ich hiermit zurück, hoffend, dass der effigie-Besuch ein Omen für sein baldiges persönliches Eintreffen sein werde.
Maiwald[42], der dieser Tage in die Schweiz reisen will, soll Ihnen eine Fotokopie des „Beschleunigers" übermitteln, ferner einen (anonymen) Abdruck des Donoso-Vortrages für Hans Fl.
Weitere Unterbrechungen Ihrer Examensexerzitien versage ich mir, in der Erwartung, dass diese Last bald von Ihnen abgefallen sein wird. Ich wünsche Ihnen und Ihren Freunden ein schönes Osterfest und bleibe in allen Jahreszeiten unveränderlich Ihr

C. S.

Nr. 21
PK/hs

[Pl. 7/4 49]

Lieber Herr Mohler,

vielen Dank für Ihre Karte vom 3/4! Es wäre herrlich, wenn die Begegnung am Hebel-Tag glücken würde, besonders wenn H. Fl. käme.
Tovar Separata etc. sind sämtlich gut angekommen, ebenso der (sehr dichte und füllige) Nebel-Aufsatz. Vielen Dank! In meinem gestrigen Brief bitte ich diese Empfangsbestätigungen zu ergänzen.

Herzliche Grüsse Ihres

Pl. 7/4 49 C. S.

42 Serge Maiwald, Gründer der Zeitschrift „Universitas", die er C. S. zur Verfügung stellt (u.a. für anonyme Rezensionen).

Nr. 22
Kopie[43]/ms

Plettenberg
22/4 49.

Mein lieber Armin Mohler!

Wiederum muss ich Ihre Exerzitien durch eine Kette von Empfangsbestätigungen unterbrechen. An erster Stelle steht natürlich die Anzeige vom Erscheinen der neuen Erdenbürgerin. (Warum kann man „Erdenbruder" sagen, aber nicht gut „Erdenschwester"?) Ich denke mit tiefer Rührung an die kleine Jutta Kersti Oie[44], und erinnere mich meiner analogen Rolle im Jahre 1931, als ich meine Tochter Anima begrüsste. Schreiben Sie bitte Hans Fleig in meinem Namen die Glückwünsche von uns dreien – Frau Schmitt, Anima und mir – für Mutter und Kind. Sagen Sie ihm gelegentlich von mir privatim etwa noch folgendes: Selbst im Herz eines situationsbewussten Chaopoliten erwachen mildere Gefühle, wenn er ein so junges Mädchen unsern Höllenraum betreten sieht. Selbst ein Invalide des globalen Weltbürgerkrieges empfindet die Milliarden Möglichkeiten eines solchen neuen Menschenlebens wie das Auftauchen einer neuen Welt. Jedes Mädchen taucht aus diesem Ozean der posibilidades auf wie eine ἀναδυομένη, als Freundin, Gattin, Mutter oder Schwester. Die Beziehung des Vaters zur Tochter ist aber die erstaunlichste, rätselhafteste, hilfloseste und schönste aller denkbaren menschlichen Beziehungen. Ein Sohn ist bestenfalls eine Dublette des Vaters, ὁμοούσιος oder ὁμοιούσιος. Eine Tochter ist das ganz andere. Über und hinter allen Individual-Schicksalen steht diese sublimste und intensivste aller Bindungen. Zu den drei Wünschen, die ich noch für mein diesseitiges Dasein habe, gehört der Wunsch, mit Hans Fleig über dieses wunderbare Thema sprechen zu können, über das filiaque, statt des filioque.

Ferner muss ich mich für das Exemplar der „Necessity"[45] bedanken und für die Mühe, die H. F. sich damit in London gemacht hat. Ich schicke die Briefe nächstens zurück, weil ich sie noch einigemale lesen möchte. Diese ganze Necessity-Ausgabe, die Art der Uebersetzung, die Zerstörung sorgfältig überlegter und wohlgelungener Gedankenreihen, alles das ist scheusslich und schändlich. Eine solche Ausgabe machen und verantworten heisst das droit moral de l' auteur mit Füssen treten. Soll ich Ihnen das Exemplar zurückschicken? Gut, dass ich dieses Exemplar gesehen habe. Es tut mir nur leid, dass Hans F. soviel Arbeit damit gehabt hat und sogar Auslagen. Er darf sich jetzt mit diesem missratenen Ausflug des „Römischen Katholizismus" in eine

43 Das Original dieses Briefes hat AM bereits 1949 Hans Fleig überlassen, an den er ja offensichtlich gerichtet war.

44 Jutta Kersti Oie = Jutta Fleig.

45 Vgl. Nr. 12.

fremde Welt nicht länger befassen. Auch nicht mit der Leviathan-Ausgabe von Oakeshott; ich habe sie mir jetzt durch einen Hamburger bestellt. Mit lebhaftester Freude dagegen las ich den Aufsatz in der „Tat“ vom Freitag, den 15. April. Der „Griff“, mit dem er eine unfassbar komplexe Materie begrifflich zu fassen weiss, ist ganz grossartig. Für einen alten Experten wie mich ist es eine Freude das zu sehen. Es gibt ja nicht nur das bösartige Auguren-Lächeln, sondern auch das reine Auguren-Berufsglück, das jedem andern Berufsglück überlegen ist. Sie werden kaum ahnen können, welche Fülle von Fragen und Antworten sich in diesen wenigen Zeilen Fleigs mit kurzer Verbeugung dem Leser vorstellt und sich sofort diskret zurückzieht. So ähnlich denke ich mir einen Vortrag von Descartes vor der Königin Christine.
Die Karte aus dem Wallis (Martigny) könnte wirklich aus Spanien stammen. Besten Dank! Ob ich am 22. Mai zum Hebeltag reisen kann, steht noch nicht fest; ich gebe Ihnen darüber noch Nachricht. Von Javier erhielten wir am 20. April das erste Paket: 2 l schönstes Oel (über die Firma Berger in Lörrach). Es traf nicht mehr zu den westlichen, wohl aber für Frau Schmitt zu den orthodoxen Ostern ein, die dieses Jahr am 24/25. April unseres Kalenders stattfinden. Unsere Freude ist natürlich sehr gross. Ich habe ihm direkt geschrieben und hoffe, dass ihn die Empfangsbestätigung erreicht.
Die grosse Zahl der in diesem Brief enthaltenen Empfangsbestätigungen und Dankesbezeugungen hat fast etwas Beschämendes für mich. Ich wollte, ich könnte Sie und alle meine Freunde so einladen, wie ich das früher konnte. Das nicht mehr zu können, macht mich besonders traurig. Aber auch dafür gilt der Vers: (So) treiben uns lächelnd hinaus die Götter.

Immer Ihr

Carl Schmitt.

Nr. 23
B/hs

Pl. 11/5 49.

Mein lieber Armin Mohler!

Vor und über jedem andern Gedanken: wie weit mag Mohlers Arbeit sein?
Ich wollte eigentlich eine Nachricht über dieses Zentral- und General-Thema abwarten, aber inzwischen, d. h. seit meinem letzten Schreiben vom 22. oder 23. April sind wiederum soviele Empfangsbestätigungen fällig geworden, dass ich gar nicht anders kann, als Ihnen ein paar Zeilen zu senden. Auch bin ich Ihnen noch eine Mitteilung wegen des Hebel-Tages schuldig; diese, höchst traurig, will ich gleich vorwegnehmen: es wird mir leider nicht möglich sein, um den 22. Mai nach Süddeutschland zu reisen. Der Gedanke, infolgedessen auch Hans Fleig zu verfehlen, Dr. Hofmann nicht zu sehen und das Gespräch mit Ihnen über unendlich viele Dinge zu versäumen, das alles

ist schwer zu ertragen. Aber wenn ich auf eine so schöne und inhaltreiche, zugleich so verlockende Begegnung verzichten muss, so wird das Ihnen schon die harten Hindernisse andeuten, die sich hier in den Weg stellen. Seien wir also nicht unphilosophisch und lassen wir uns nicht besiegen.
Nun die Empfangsbestätigungen: alles ist pünktlich und richtig eingetroffen. 1) Den Brief vom 25. April will ich nicht im Einzelnen beantworten. Ich füge nur, im Verfolg Ihres Postscriptums 3 kleine Fotos für Hans Fl. bei; andere habe ich nicht mehr, d. h. einige grössere, die Frau Schmitt verwahrt, kann er sich ansehn, wenn er nach Pl. kommt. 2) Das Sussmannsche Requiem! Es bedrückt mich, dass Hans Fl. soviel Last und Umstände gehabt hat, es zu beschaffen, ich danke ihm für die Widmung, deren Tröstungsversuch mich insofern tröstet, wie es in dem beil. Aufsätzchen zum 60. Geburtstag von Franz Blei angedeutet ist; aber ich bin doch noch für einige Zeit zerschmettert von diesem scabreusen Machwerk weibischer Anmassung, Einschaltung und Einnistung in das verfallende Haus einer medialen, in Sternenrhythmen vibrierenden Seele. 3) Heute morgen traf aus Weil a. Rh. ein kg. Margarine hier ein. Das ist für uns ein grosses Geschenk und Frau Schmitt lässt Ihnen tiefgerührt dafür danken. Sofort bedauern wir wieder, dass keiner von Ihnen hier ist, dem man einen schönen Kuchen backen könnte, weder Sie, noch Erhard (von dem wir seit Mitte März nichts mehr gehört haben) noch Hans Fl.
Den beil. Aufsatz aus der Frk. Ztg. von 1931 sollen Sie gelegentlich einmal lesen. Ich erinnere mich, dass Sie mir von einem Aufsatz Franz Blei's über mich erzählten. Wahrscheinlich kenne ich diesen Blei'schen Aufsatz und habe ihn sogar. Dieses also ist ein Aufsatz von mir über Franz Blei, und es erhebt sich die Frage, welche Art von „Verständnis" des Einen vom Andern die höhere Stufe erreicht hat. Verwahren Sie diese Kleinigkeit gut, lieber Armin Mohler, ich zeige sie Ihnen, weil ich den lebhaftesten Wunsch habe, mit Ihnen zu sprechen. Vorige Woche war ich einige Stunden in Elberfeld bei Gerhard Nebel; dadurch ist jener Wunsch noch grösser geworden.
Eine einzige Zeile über den Stand Ihrer Promotion würde meiner brennenden Neugierde wohltun.

Von ganzem Herzen Ihr

C. S.

2 Briefe von H. F. an Sie aus London mit allerbestem Dank zurück!

— — — — — —

[ms]

Aufsatz:
<u>Carl Schmitt: „Franz Blei"</u>
[Manuskript, drei ms Seiten A4, erschienen in:]
Frankfurter Zeitung, Literaturblatt, Ostern 22. 3. 31

*Nr. 24*
*B/ms*

*Lieber Herr Professor,* *Basel, 23. 5. 49.*

*<...> Hier kommt auch Ihr Aufsatz über Franz Blei zurück. Ich habe ihn abgetippt und Hans Fleig einen Durchschlag davon gesandt, weil ich ihn für eines Ihrer funkelndsten Stücke halte. Allerdings wäre mir nicht lieb, wenn ein solcher Aufsatz über mich geschrieben würde. Er ist vielmehr eine Hinrichtung als das, was Blei über Sie geschrieben hat. Und Blei war ja gescheit genug, um damals Ihr Stück in der „Frankfurter Zeitung" von Ostern 1931 zu verstehen. Er wird sich damit getröstet haben, dass nur er selbst ausser dem Autor merke, dass es eine Hinrichtung sei. Es ist auch eine „negative Autobiographie" von Ihnen selbst!*
*Zu meiner Arbeit. Die Dissertation selbst ist schon seit drei oder vier Wochen fertig. Aber in der Reinschrift stecke ich erst auf Seite 80 (von etwa 300). Am Samstag bin ich zu Jaspers, dem Korreferenten, zitiert, dem ich nicht bekannt bin. Sie sehen also: es geht voran. <...>*

Nr. 25
B/hs

Plettenberg, 31/5 49

Mein lieber Armin Mohler!

Erst die ordnungsgemässen Bestätigungen:
1) Ihre 2 Briefe vom 13/5 (mit dem Foto von Ihnen und Gerhard Nebel) und vom 23/5 (mit dem F. Blei-Aufsatz);
2) Ihre 3 Drucksachen 11/5 (H. Fl. Aufsatz: Europa wird im Schatten geboren), 11/5 (Fl. als skeptischer Engel am Grabe, von Auferstehung nichts feststellen könnend), 24/5 (Fl. Angelsächsische Vision, fabelhaft);
3) Abschrift des C. S. Aufsatzes von Fr. Blei und Exemplar des Weltwochen-Artikels von 1940, erhalten durch G. Nebel.

Tausend Dank! Inzwischen kam, gleichzeitig mit dem Engel am Grabe, ein sehr schöner Brief von H. Fl. aus London, für mich eine gewaltige Freude. Von Erhard dagegen ist nichts zu verspüren. Dass Ihre Dissertation inzwischen vollendet ist, darf ich wohl annehmen. Auf weitere Berichte zu diesem Thema bin ich aufs höchste gespannt.
Vielen Dank für den Bericht über die Haltinger Tagung! Gerhard Nebel hat mir kurz darüber geschrieben und das Nähere einer mündlichen Erzählung vorbehalten. Ich weiss aber noch nicht, wann ich ihn treffe. Morgen reise ich über die Pfingsttage bis

Mitte Juni an den Mittel-Rhein, wo ich Günther Krauss[46] und andere Freunde sehen soll, darunter auch Heinrich Oberheid. Haben Sie schon Pläne für die Zeit nach Ihrem Doktorexamen?
Für die Abschrift des Aufsatzes von F. Blei bitte ich Dr. Albert Hofmann oder seiner Sekretärin meinen besten Dank zu übermitteln. Was ist eigentlich der Sinn dieser Publikation gewesen? Ich muss Ihnen gestehen, dass der arme Blei mir leid tat, als ich den Aufsatz las. Im übrigen ist er mir als Dokument von Wert; ebenso der Aufsatz in der Weltwoche.
Lesen Sie in Ihrem Nordlicht Bd. 2 S. 553 das Gedicht „Nordschein"!

Mit herzlichen Wünschen für ein schönes Pfingstfest bleibe ich

Ihr

Carl Schmitt

— — — — — —

AK/hs[47]

Der Blick aus dem Fenster meines Arbeitszimmers.

Armin Mohler zur Erinnerung an seinen Besuch im Sommer 1948 und in Erwartung seines Besuches 1949!

Pfingsten 1949 C. S.

„Wie leicht die Heimat ist –
das Sein ohne Gebärde."
(Nordlicht II 542)

46 Günther Krauss (1911–1989), Rechtsanwalt, im Kreis um C. S. wohl der „Entschiedenste" (er leitete längere Zeit einen Verein zur Wiedereinführung der Todesstrafe). Näheres in dieser Fundgrube: Dirk van Laak, „Gespräche" (1993), S. 246–250. Dort auch ausführliche Porträts anderer „Schmittianer": Ernst Forsthoff, Rolf Schroers, Rüdiger Altmann, Nicolaus Sombart, Hanno Kesting, Hermann Lübbe, Roman Schnur, Jürgen Seifert, Armin Mohler.

47 Dieser Text steht auf einer dem Brief beiliegenden Ansichtskarte von Plettenberg.

Nr. 26
AK[48]/hs

[Walberberg, 7/6 49]

Herzliche Grüsse! Erhard H. wird Ihnen das Weitere berichten! Vielen Dank, nochmals, für die Sendungen des letzten Monats! Stets Ihr

C. S.

*Nr. 27*
*B/ms*

*Mein lieber Herr Professor,* *Basel, 11. 6. 49*

*<…> Heute nur schnell das Examens-Bulletin: Letzten Dienstag gab ich die Diss (d. h. den Text; der wissenschaftliche „Apparat" mit Anmerkungen und Bibliographie folgt übermorgen) bei Schmalenbach, Jaspers und (fakultativ)*[49] *Salin ab. Wegen Jaspers machte ich mir etwas Sorgen, da er ja merken wird, was gemeint ist. Aber er rief mich schon nach zwei Tagen an und sagte, er hätte die Diss fast völlig durchgelesen (300 Seiten!). Der Inhalt seines sehr herzlichen Telefonats (ich stellte mich bloss einmal eine Viertelstunde bei ihm vor, sonst kennt er mich nicht) war etwa: Sie kennen ja wohl ein wenig meine Bücher und werden darum wissen, wo ich mit Ihnen nicht einiggehe. Aber es ist keine Frage, dass Ihre Arbeit von mir nicht etwa angenommen würde. Ich schreibe das Gutachten sofort nach dem Gutachten des Hauptreferenten (Schmalenbach) und werde alles tun, dass Sie dieses Semester noch steigen. Ausserdem erkundigte er sich, ob ich bereits eine Druckmöglichkeit hätte. Ich war platt ob so viel Entgegenkommen, wo doch deutliche Spitzen gegen seine Nietzsche-Deutung in der Diss sind. Schmalenbachs Zustimmung ist zögernder, doch hab ich sie auch schon, obwohl er noch nicht durch ist. So melde ich mich übermorgen formell beim Dekan an und steige Ende Juni oder in den ersten Tagen des Juli ins Mündliche.*
*Nach dem Examen, wohl auf den 1. September, werde ich Sekretär und Mädchen für alles in Ravensburg. Wenn alles klappt. Dies unter uns.*[50]

---

48 Dieser Text schließt an an einen Gruß, den Erhard Hürsch am 7. 6. 49 auf einer Ansichtskarte vom Kloster Walberberg von seinem Besuch bei C. S. schreibt.

49 Der Nationalökonom Edgar Salin (1892–1974), Mitbegründer der Friedrich List-Gesellschaft, selber der Konservativen Revolution zuzurechnen, war der eigentliche Doktorvater von AM. Aus taktischen Gründen befürwortete er jedoch Karl Jaspers als Korreferenten.

50 AM war vom Herbst 1949 bis Sommer 1953 Sekretär von Ernst Jünger, erst in Ravensburg und ab Sommer 1950 in Wilflingen am Südfuß der Schwäbischen Alb. Das brachte AM in eine besondere Beziehung zu Günther Krauss. Dieser war zwar nie Assistent von C. S., aber doch einer seiner

*Ich bin sehr glücklich, dass sich das Helle des Universitätstunnelausgangs in der Ferne ankündigt! Sie haben mit Ihren Mahnungen keinen geringen Anteil daran. Dafür danke ich Ihnen von Herzen! <...>*

*Nr. 28*
*AK/hs*

*Mein lieber Herr Professor,* *Basel, 29. 6. 49.*

*wenn ich seit einer Stunde Doktor bin, so habe ich das nicht zuletzt Ihnen und Ihrer Fürsorge zu verdanken. Die Professoren berieten eine ganze Stunde (!), ob sie mir den Doktor geben können und verliehen ihn mir zuletzt mit dem Prädikat „cum laude" – ich hatte zum mindesten mit „magna" gerechnet. Der Dekan sagte in seiner Begründung, dass die Arbeit eine ungerechtfertigte Entlastung gewisser Autoren (= u. a. Don Capisco) sei. <...>*

*[Hinzugefügt von Erhard Hürsch:*
*Heute mit Armin in Basel. Morgen nach Paris. EH.]*

---

engsten Mitarbeiter. Das war wohl der Grund, weshalb er glaubte, Mohler warnen zu müssen, der nach Ravensburg unterwegs war, um dort seine Stelle als Sekretär von Ernst Jünger anzutreten: „Mohler – ich fürchte, daß Sie da einen großen Fehler machen – Sekretär seines Idols werden – das kann nur mit einer Katastrophe enden ..." Krauss sagte das, weil er bei C. S. zu oft ein jähes Fallenlassen von zunächst überschwänglich Begrüßten miterlebt hatte (und es schwang bei ihm zugleich etwas von eigenen Enttäuschungen mit). Mohler hatte damals bereits beide großen Männer kennengelernt und ließ sich deshalb nicht beirren. Gewiß war er von C. S. mit einer Herzlichkeit empfangen, die der trockene Niedersachse Jünger gar nicht kannte. Aber mit seinem Alemannen-Instinkt wußte AM die Schutzzone zu schätzen, die Ernst Jünger für sich und für die andern um sich legte, damit man sich nicht zu nahe kam. In Plettenberg wäre er sicher nicht vier Jahre geblieben wie in Ravensburg/Wilflingen. Und wenn in Mohlers späterem Leben Ernst Jünger mehr als ein Jahrzehnt den Verkehr abbrach, so hatte Mohler sich das selbst eingebrockt: er hatte öffentlich gegen Jüngers Selbstverstümmelung, vorgenommen an seinem Frühwerk, protestiert. Das war dem Meister zuviel Erziehung von seiten seines Sekretärs.

Nr. 29
B/hs

Plettenberg, den 2. Juli 1949

Mein lieber Armin Mohler!

Aus erleichtertem Herzen meine Gratulation zur Promotion! Die Nachricht hat mich beglückt, in ihrem sachlichen Inhalt, wie auch in allen ihren Begleiterscheinungen, einschliesslich der schönen Karte mit dem Basler heiligen Georg[51], der den Drachen des Verfolgungswahns und der moralischen Diskriminierungssucht so stilgerecht überwindet, und bis zu dem Datum des Examens, welches Datum in mir Gefühlserinnerungen und Erinnerungsgefühle an meine Promotion in Strassburg vom 24. Juni 1910 wachrief; denn schliesslich ist vom Johannistag zum Peter- und Paulstag kein so grosser Unterschied. Das Beste ist aber Ihr „Auf Wiedersehen bald!", das mich hoffen lässt, Sie in absehbarer Zeit wieder zu treffen und von Ihnen mündlich noch mehr zu erfahren. Sie erwähnen die Bemerkung des Dekans über die „ungerechtfertigten Entlastungen". Ich hoffe, dass Sie, wie versprochen, mir und meinem Namen aus dem Wege gegangen sind. Man soll die kleinen Leute nicht reizen. Im Gegenteil. Man soll ihnen nachgeben. Ich bin zwar kein Hebräer[52], aber ich lese gern das Buch Jona, und der Vers 12 aus dem Kap. 1 dieses Buches ist schon lange eines meiner situationsgegebenen Lieblingszitate.
Erhard ist also nach Frankreich abgereist! Seine Mitteilungen beschränkt er im Machthaber-Stil auf kurze Stichworte, bei Gelegenheit, wenn ihm anderweitige Schriftstükke zur Signierung unterbreitet werden. Haben Sie Ihre Pläne für die nächste Zukunft mit ihm besprechen können? Wann und wie wird die Dissertation gedruckt?
In diesem Monat wird es ein Jahr, dass Sie bei uns zu Besuch waren. Hoffentlich sehen wir uns diesen Sommer oder Herbst! Wird Hans Fleig nicht auf den Kontinent kommen? Ich überlege, ob ich ihm einen jungen Freund schicken soll, der nächste Woche nach Oxford und Cambridge fährt.
Heute will ich, der guten Ordnung wegen, noch die beiden Schreiben vom 11. und 17. Juni bestätigen, mit besonderem Dank dafür, dass Sie trotz der Examens- und Termins-Bedrängnis Zeit für eine Nachricht fanden. Dann muss ich noch die Glückwünsche von Frau Schmitt und Anima übermitteln.
Geniessen Sie jetzt die gerechtfertigte Entlastung nach einer solchen Parforce-Leistung und seien Sie herzlich gegrüsst von Ihrem

Carl Schmitt.

---

51 Neoklassizistische Bronze-Statue in der Stadtmitte von Basel, um 1923, von Carl Burckhardt.
52 C. S. schreibt „Ebräer".

*Nr. 30*
*B/ms*

*Mein lieber Herr Professor,* *Basel, 8. 7. 49.*

*seit langem zum ersten Mal wieder kann ich in Ruhe Briefe schreiben. Seit meinem Examen faulenze ich in den Tag hinein und bereite mich mit der linken Hand ein wenig auf meine Uebersiedlung vor.* <...>

*Von der Promotion haben Sie bereits gehört. Ich habe sie nun ziemlich verdaut. Einen faden Nachgeschmack hinterlässt die Verdrehung eines Examens in ein Inquisitionsgericht. Jener Herr, dessen Foto ich Ihnen einmal schickte, fand mich des Doktortitels unwürdig und beinahe wäre es überhaupt nicht zum Examen gekommen. Bloss durch Zuziehung zweier unparteiischer Professoren konnte der Dekan das Examen überhaupt ermöglichen. Die Beratung dauerte bis tief ins Mittagessen hinein, was bei uns etwas Ungewöhnliches ist.*

*Die Vorwürfe gegen die Dissertation waren: 1. sie sei eine ungerechtfertigte Entlastung. 2. sei ich in der Sprache zu sehr dem Beschriebenen verfallen und nehme auch sonst keinen philosophischen Standpunkt „darüber" ein. 3. sei die zentrale These (über Nietzsche und die Wiederkehr) falsch, d. h. Schmalenbach behauptete das Gegenteil und Jaspers sagte, man könne keines von beidem behaupten. Salin hingegen, den ich ursprünglich als Korreferenten angestrebt hatte, hält meine These für richtig und lächelt über die Philosophen. Als viertes kommt etwas hinzu, was mich denn doch etwas erstaunte. Ich habe nämlich in meiner Dissertation zweierlei unternommen. Im zentralen Kapitel gebe ich eine These. In den übrigen Kapiteln aber gliedere ich den Stoff und füge ausserdem eine 126seitige Bibliographie bei. Ich glaube, dass meine Arbeit, selbst wenn die These falsch sein sollte (wovon ich aber je länger desto weniger überzeugt bin), gerade durch diese zweite Hälfte, welche die erste wissenschaftliche Deskription des Stoffes ist und die weitere Forschungsarbeit ermöglicht, ihren Wert behält. Gegenüber dieser „Philologie" war nun aber auf philosophischer Seite eine deutliche Geringschätzung zu spüren. Schmalenbach sagte sogar, er hätte meine Dissertation höher bewertet trotz der falschen These, wenn ich jenes zentrale Kapitel allein abgeliefert hätte. Er bewundere zwar meine Gelehrsamkeit, doch schätze er diese Art von Wissenschaft nicht sehr hoch. So bin ich also ein gelehrter Trottel.*[53] *Ich glaube aber, dass ein wenig philologische Kleinarbeit auch der Philosophie nichts schaden könnte.* <...>

*Auf Sie gehe ich in der Dissertation, wie ich früher schon schrieb, nicht näher ein. Das einzige Alinea, das von Ihnen handelt, begründet, weshalb ich nicht auf Sie eingehe. – Mein „Auf Wiedersehen bald!" bezieht sich auf meinen Plan, vor meinem Ra-*

53 Daß die Dissertation von AM durch zwei Philosophieprofessoren – Herman Schmalenbach und Karl Jaspers – begutachtet wurde, lag daran, daß es 1949 an der Basler Universität noch keine „Politologie" gab.

*vensburger Stellenantritt (auf den 1. September) die Tagung Leeps*[54] *zu besuchen. Das möchte ich vor allem deshalb tun, um Sie und Günther Krauss, den ich kennenlernen möchte, zu besuchen. <...>*

*Ich hoffe, dass Sie dieser Brief auf Ihren Geburtstag noch erreicht. Mein Geburtstagswunsch gilt Ihnen und Ihrem Werk in einem.*

*Grüssen Sie mir auch Frau Schmitt und Ihre Tochter, deren Gratulation mich sehr gefreut hat! <...>*

*Nr. 31*
*B/ms*

*Mein lieber Herr Professor,* *Basel, 13. 7. 49.*

*<...> Ausserdem möchte ich Ihnen noch von einem Besuch berichten, der in die Wochen vor dem Examen fiel. Es war der Psychiater Dr. Adolf Weizsäcker aus Tübingen, früher Berlin – ein seltsamer Mensch, der mehr als Psychologe ist. In meinem Zimmer sah er Ihre Foto hängen, schaute sie lange an und sagte dann: diesen Menschen kenne ich. Ich nannte Ihren Namen, worauf er sich sofort an das einzige Mal erinnerte, wo er Sie gesehen hatte. Anfang der 20er Jahre in München im psychologischen Seminar eines Professors, dessen Namen ich wieder vergessen habe. Sie hätten dort, als junger Professor, einen Vortrag über die Heiligen und deren Verehrung gehalten. W. schilderte diesen Vortrag, der doch fast 30 Jahre zurückliegt, so plastisch, dass ich Sie zu sehen glaubte. Weiter erzählte er mir, dass Sie Theodor Haeckers Konversion, und zwar durch die Schriften Kardinal Newmans, verursacht haben sollen. Stimmt das? Ich hörte hier zum ersten Mal davon. <...>*

Nr. 32
B/hs

Plettenberg, den 15. August 1949.

Mein lieber Armin Mohler!

Seit langem wartete ich auf die Nachricht von Ihrem Besuch in Plettenberg. Heute morgen erhielt ich Ihren Brief vom 11/8 und bin glücklich, dass Sie wirklich kommen. Es ist soviel zu besprechen, dass mir die Feder aus der Hand fällt. Ich bin den ganzen Monat August hier in Plettenberg, Anfang September möchte ich wieder nach Walber-

54 Die Wuppertaler Tagungen von „Der Bund", geleitet von Hans-Jürgen Leep, waren damals ein recht geachtetes Forum für Literatur und Geisteswissenschaften in Westdeutschland.

berg, aber ich richte mich nach Ihnen. Es wäre mir lieber, wenn wir uns in Plettenberg träfen, mindestens einen Tag, womöglich noch mehr. Günther Krauss will am 28. August hierher kommen. Sie müssen ihn sehen. Ich habe noch einen jungen Freund, den ich Ihnen zeigen möchte, Hanno Kesting[55] aus Wetter a. d. Ruhr; er studiert Philosophie in Heidelberg und arbeitet an einer Dissertation über Geschichte und Geschichtlichkeit bei Heidegger.

Es ist schön, dass Sie Pate über (so sagt man hier) die kleine Jutta Fleig werden sollen. Ich bin in der Lage, Ihnen eine Einführung in die Rechte, Pflichten, Freuden und Leiden des Patentums zu geben.

Kommen Sie bald, lieber Armin Mohler, und seien Sie herzlich gegrüsst von

Ihrem

Carl Schmitt.

PS.

I) Die beiden Hefte (Donoso-Aufsatz) bitte ich an

1) Prof. Alexander P. d'Entrèves
Magdalen College, Oxford,
2) Prof. Alvaro d'Ors[56],
Facaltad de Derecho, Universidad de Santiago de Compostela España zu senden (bei der letzten Adresse empfiehlt es sich, España zu unterstreichen; einmal ist eine Sendung, trotz des Vermerks España, nach Santiago in Chile gegangen!).

II) Haben Sie noch 1 Exemplar Land & Meer? Dann würde ich Sie bitten, es an den I 2 genannten Alvaro d'Ors zu schicken; ich gebe Ihnen hier ein Exemplar zurück.

III. Hat Erhard Ihnen erzählt, wie er es mit der Kaffee-Gabe gemacht hat? Wenn es 1) in jeder Hinsicht genau so nochmals gemacht werden kann und 2) Ihnen in keiner Weise lästig ist, möchte ich gerne dasselbe wiederholen; es hat nämlich gut geklappt. Mit der Bedingung, dass Sie sich in der Tracasserie Ihrer Umsiedlung nicht auch noch damit belasten dürfen, ist es mir ernst.

IV. Das Buch von Rudolf Diels „Lucifer ante portas" Inter. Verlag Zürich habe ich hier.

---

55 Hanno Kesting, (1925–1975), vgl. van Laak, op. cit., S. 271–276. Eine außerordentliche, aber sensible Begabung, sowohl von C. S. gefördert wie von Arnold Gehlen. Von Kesting stammt die Bezeichnung von C. S. als „unser aller Avancierriese". Früher Tod nach einer Operation.

56 Alvaro d'Ors (geb. 1915) gehört zum engeren Kreis der Freunde von C. S. in Spanien. Professor der Jurisprudenz in Santiago de Compostela, besonders Kenner des römischen Rechts. Er ist Sohn eines der bedeutenden Schriftsteller des Landes in diesem Jahrhundert: Eugenio d'Ors.

Nr. 33
DS

[Pl., 30/8 49]

Carl Schmitt, Die Formung des französischen Geistes durch den Legisten, Sonderdruck aus DEUTSCHLAND – FRANKREICH, Vierteljahresschrift des DEUTSCHEN INSTITUTS / PARIS, Hanseatische Verlagsanstalt Hamburg, 1. Jahr, Nr. 2, 1942, [mit der Widmung:]

Armin Mohler
Pl. 30/8 49 C. S.

Wehrlos reiche Frucht der Jahre.

Nr. 34
DS

[Plettenberg, 30/8 49]

„Disputation über den Rechtsstaat" von Günther Krauß und Otto von Schweinichen, mit einer Einleitung und einem Nachwort von Carl Schmitt, Hanseatische Verlagsanstalt Hamburg, 1935, [mit der Widmung:]

Denn es entrinnt, was auch die Lippe spricht, ihrer Vergangenheit die Zukunft nicht.

Plettenberg C. S.
30/8 49

Nr. 35
DS

[o. O., 31/8 49]

Carl Schmitt, „Das Reichsstatthaltergesetz" in der Reihe: Das Recht der nationalen Revolution, Heft 3, Berlin 1933, [mit der Widmung:]

Armin Mohler

31/8 49 C. S.

Nr. 36
B/hs

Plettenberg, 16/9 49.

Mein lieber Armin Mohler,
gestern abend bin ich aus Walberberg hierher zurückgekehrt und fand Ihr Schreiben vom 8/9 hier vor. Heute morgen traf auch die Samstag-Nummer der „Tat“ mit den beiden Aufsätzen (von Hans Fleig und über Theodor Däubler) ein. Vielen herzlichen Dank! Ein Kg. herrlichen Kaffees ist vor einigen Tagen angekommen.
Ich hatte mich damals, Anfang September, unmässig darüber gefreut, Sie unerwartet doch noch einmal wiederzusehen, als Sie mit Gerhard Nebel und den beiden andern Besuchern bei mir erschienen. Nachträglich hat doch eine gewisse Traurigkeit überwogen, weil das Gespräch zu tumultuarisch war und ich eigentlich kein rechtes Wort mit Ihnen sprechen konnte. Ich habe nicht einmal erfahren, wie Ihre Darlegungen über Gottfried Benn in Wuppertal verlaufen sind. In Walberberg traf ich einen alten Gottfried-Benn-Freund und Kenner, Dr. Kurt Zierold, den geschäftsführenden Vizepräsidenten der Notgemeinschaft der deutschen Wissenschaft, der mir viel von Benn erzählte, wodurch ich von neuem an meine Unterlassung erinnert wurde.*

> * [Dazu Nachtrag am unteren Rand der Seite:] In Walberberg hatte ich auch Besuch von einem jungen Spanier, Rafael Calvo Serer, der mit Werner Kaegi befreundet ist und dem Kaegi einen Aufsatz über J. Burckhardt für die spanische Zeitschrift „Arbol“ geschrieben hat.

Hoffentlich haben Sie sich in Ravensburg gut zurechtgefunden und wird der grosse Entschluss, der Sie dorthin geführt hat, in allen Hinsichten durch seine Früchte bestätigt[57]. Unser Gespräch auf dem Wege nach Ohle geht mir noch immer nach. Ich würde mich über den etwas ausführlicheren Bericht, von dem Sie in Ihrem Brief sprechen, sehr freuen, aber Sie sollen sich nicht damit beeilen. Es genügt, dass Sie sich meiner erinnern und wissen, wie sehr ich mich Ihnen, besonders seit Ihrem letzten Besuch in Plettenberg, verbunden fühle, so dass ich mich sogar für berechtigt halte, manchmal auch in Sorge an Sie zu denken.
Alles was Hans Fleig schreibt, lese ich jetzt mit neuer Teilnahme. Ein junger Freund, Prof. Hans Schneider[58] aus Göttingen, war in diesen Wochen in England und hat auch

57 AM hat inzwischen seine Doppelfunktion als Sekretär von Ernst Jünger und als Lektor des Heliopolis-Verlages übernommen. In diesem von Dr. Ewald Katzmann geleiteten Verlag erscheinen ab 1948 die nächsten Bücher von E. Jünger.

58 Hans Schneider, geboren 1912 in Berlin, Ordinarius des öffentlichen Rechts in Tübingen 1951, dann Heidelberg; war unter den Juristen, seit einer gemeinsamen Zeit in Berlin, C. S. freundschaftlich und zuverlässig verbunden.

Hans Fleig besucht. Das Merkwürdige daran ist, dass Hans Schneider, der uns von Berlin her seit langem kennt (er war 9 Monate im Gefängnis, während ich im Camp war) und mit Frau Schmitt in Zeiten der Erprobung öfters zusammengekommen ist, wörtlich schreibt: „Er (H. Fl.) hat übrigens eine reizende Frau, eine Esthin[59], die er nach dem Kriege auf ihrem Fluchtweg über Deutschland kennen gelernt hat. Sie erinnerte mich ganz unglaublich an Frau Schmitt". Diese Sätze wollte ich Ihnen doch nicht vorenthalten.
Sie meinen in Ihrem Brief, ich sei etwas unvorsichtig gewesen. Das mag wohl sein. Aber Sie dürfen nicht glauben, dass ich dabei mein Unterscheidungsvermögen verliere. Ich bin ratlos, das dürfen Sie nie vergessen, und das bedeutet mehr, als auf den ersten Blick zu sehen ist; es kam damals, bei dem Professoren-Besuch hinzu, dass ich durch den anwesenden Göttinger Professor, gerade wieder einige fühlbare Bestätigungen dieser Situation des Exul-in-Patria erhalten hatte. Dann freut es einen, den Spielraum der Unvorsichtigkeit auszumessen.
Ich füge ein Exemplar „Land & Meer" für Katzmann[60] bei und verspreche Ihnen, den Versuch zu machen, den Verlegern zu schreiben. Ich bin im Sommer 1948, als ich einen kleinen Vorstoss unternahm, von der Stuttgarter Vertretung (Reclam-Verlag GmbH, Stuttgart, Gutbrodstr. 101) an die Leipziger Firma Philipp Reclam jr. in Leipzig verwiesen worden. Ich habe eine Antwort erhalten, die auf die Denazifizierung anspielte, und habe deshalb nicht mehr geantwortet. Ich fürchte, dass es sinnlos ist, mit diesen Menschen zu verhandeln. Denselben Eindruck habe ich von Duncker & Humblot. Aber, wie gesagt, ich verspreche Ihnen, einen Versuch zu machen.**

> ** [Dazu Nachtrag am Seitenrand:] Mit der „Frist für den Drucker" ist nichts gewonnen, weil diese Verleger in der Zwischenzeit immer Gelegenheit und Vorwand genug hatten, um neu zu drucken; auch sind die schwarzen Listen noch immer in Gültigkeit.

Anima ist nach Italien gereist und hat eine begeisterte Karte aus Assisi-Perugia geschrieben.
Besten Dank dafür, dass Sie meine Grüsse an Jüngers übermittelt haben! Frau Schmitt wird nächste Woche nach Heidelberg in die Klinik von Prof. Siebeck reisen. Ich bleibe dann einige Wochen alleine in meinem Sauerländer Versteck, was meinen mönchischen Neigungen entspricht und mir nicht schwer wird. Auf die erste Nachricht, die Erhard Hürsch von jenseits der Linie gibt, bin ich brennend neugierig.

Mit vielen herzlichen Grüssen, auch von Frau Schmitt, bleibe ich Ihr

Carl Schmitt.

---

59 Alte Schreibweise statt heute: „Estin".

60 Katzmann erbot sich, C. S. bei der Loslösung seiner Schrift „Land und Meer" aus dem Reclam-Verlag/Leipzig behilflich zu sein.

PS. Wäre es für Sie eine grosse Belastung und Störung, wenn Sie mir die Stelle über Kyklisches Denken aus Ihrer Diss. abschrieben, die Otto Weininger betrifft? Auch das Weininger-Zitat? Wenigstens in den entscheidenden Stichworten?

*Nr. 37*
*B/ms*

*Mein lieber Herr Professor,* *Ravensburg, 19. 9. 49.*

*<…> Vielen Dank für Ihren Brief vom 16.9. und das Exemplar von „Land und Meer" – Letzteres sende ich mit gleicher Post an Dr. Katzmann weiter und bitte ihn, Ihnen zu schreiben, was er nach seinen praktischen Erfahrungen der letzten Zeit für das Richtige hält. Vielleicht kann er Ihnen da einen Weg empfehlen, der weniger Schwierigkeiten mit sich bringt. Es wäre für mich eine grosse Freude, Sie in „meinem" Verlag zu wissen, und auch Ernst Jünger war sofort dafür und will alles von Ihnen beim Verlag befürworten. Er frug mich sogar nach dem „Nomos der Erde". Es scheint, dass er aus dem Verlag einen „Qualitäts-Verlag" machen will mit einer sehr strengen Auswahl der Autoren, worin ich ihn natürlich nach Kräften unterstütze. Schreiben Sie also vorerst nicht an Reclam, sondern warten Sie Dr. Katzmanns Schreiben ab. <…>*
*Ernst Jünger beschäftigt sich sehr mit Ihnen, und ich finde, Sie beide sollten sich mehr sprechen als bloss durch Briefe und Mittelspersonen im Kontakt bleiben. Von Ihren polit. Befürchtungen anlässlich der „Strahlungen" erzählte ich ihm, und er kam noch einen Tag später darauf zurück. Aber das ist ein Thema, das dem mündlichen Bericht vorbehalten sei. <…>*

Nr. 38
B/hs

Plettenberg, den 3. Oktober 1949

Mein lieber Armin Mohler!

Bei der Nachricht von Ihrer Ende dieses Monats stattfindenden Trauung habe ich wieder besonders stark empfunden, wie nahe Sie mir seit Ihrem letzten Besuch in Plettenberg stehen. Sie wissen, dass wir alle drei, Frau Schmitt, Anima und ich, bei diesem wichtigen Anlass mit allen guten Wünschen an Sie denken werden. Ich habe Anima im Zusammenhang mit Ihrer Mitteilung den gemeinsamen Gang durch Feuer und Wasser in Mozarts „Zauberflöte" erklärt und war von neuem ergriffen von diesem mysterienhaften Spiel, auch von dem Text, insbesondere der vorangehenden Stelle: nun trennet uns kein Schicksal mehr. Sollte es sich ergeben, dass wir Sie mit Ihrer Frau einmal hier

in Plettenberg bei uns sehen könnten, so wären wir darüber hocherfreut. Wir kennen sie ja schon etwas.
Vielen Dank für Ihren Brief vom 29/9 und die Mitteilung der Antwort von Hans Fleig. Ich weiss, dass wir uns nahe stehen. Wir werden uns bestimmt eines richtigen Tages auch persönlich sehen und sprechen. Das alles trägt seine Fügung in sich und man soll nichts mehr wollen und planen. Den Aufsatz „England und Deutschland" vom 26. September müsste ich aber haben. Ist es ganz unmöglich, noch ein Exemplar zu besorgen? Sie können nicht ahnen, was er für mich bedeutet. Ich erhielt ihn, als ich gerade eine Schrift des englischen Generals und Juristen J. H. Morgan gelesen hatte (The Great Assize, bei John Murray, Albemarle Street W1 in London 1948 erschienen), eine erstaunliche Bestätigung meines Gutachtens über die Kriminalisierung des Angriffskrieges vom Sommer 1945. Eigentlich müsste ich Hans Fleig darüber schreiben. Ihr Exemplar erhalten Sie bald zurück; ebenso den Cromwell-Artikel. Von Albert Hofmann erhielt ich den Mutterkorn-Aufsatz, eine phantastische Angelegenheit. Ich habe Prof. Siebeck in Heidelberg darauf aufmerksam gemacht einen langjährigen Freund, in dessen Klinik (Ludolf Krehl-Klinik) Frau Schmitt zur Zeit in Behandlung ist.
Lieber Armin Mohler, darf ich Ihnen zu Ihrer Trauung ein Buch schenken? Es ist ein Buch, das ich sehr liebe, ein Dokument der Bildung und unverfälschten Humanität, zugleich aber auch besten deutschen Soldatentums: Moltkes Briefe aus der Türkei. Ich weiss nicht, ob Sie heute schon alles das in diesem Buche finden werden, was ich als 60jähriger Invalide darin finde. Aber es kommt auch nicht darauf an. Betrachten Sie es als ein Zeichen meiner Freundschaft und sehen Sie in der Zusendung den Ausdruck meines Wunsches, Ihnen zu Ihrer Hochzeit wenigstens mit der Geste eines Geschenkes zu gratulieren. Sagen Sie bitte auch Ihrer Frau unsere Glückwünsche und seien Sie herzlich gegrüsst von Ihrem

Carl Schmitt.

*Nr. 39*
*B/ms*

*Ravensburg, 27. 10. 49.*

*Mein lieber Herr Professor,*

*<...> Von Professor Brecht habe ich erfahren, dass Frau Schmitt heute operiert wird. Ich bin in Gedanken bei ihr und wünsche ihr und Ihnen von Herzen, dass alles gut geht.*

*Die Wünsche, die Sie meiner Frau und mir zu unserer Hochzeit gesandt haben, habe ich dankbaren Herzens aufgenommen. <...>*

*Was eine Gabe wie Moltkes Briefe aus der Türkei bedeutet, weiss ich wohl, und ich rechne es Ihnen sehr hoch an, dass Sie sich um meinetwillen davon getrennt haben!*

*Ich besass dieses Buch noch nicht, obwohl ich es mir schon lange gewünscht hatte, und musste mir bisher mit der Auswahl der Sammlung Dieterich, die natürlich gar nicht genügt, durchhelfen. <...>*

*Ernst Jünger denkt sehr viel an Sie und spricht oft mit mir von Ihnen. Ein Besucher erzählte ihm von dem Vitoria-Aufsatz und will ihm diesen schicken. Wollen Sie ihm nicht den Cortés-Aufsatz zusenden? Er kennt ihn auch noch nicht und würde ihn gerne lesen. Ueberhaupt liegt ihm ebenso viel wie mir daran, dass Sie im Heliopolis-Verlag vertreten sind. Wie steht es nun mit „Land und Meer" – haben Sie inzwischen etwas erreichen können? Halten Sie mich bitte darüber auf dem laufenden. <...>*

*Nr. 40*
*B/ms*

*Ravensburg, 16. 11. 49.*

*Mein lieber Herr Professor,*

*bei meiner Rückkehr von Paris nach Ravensburg war es für mich eine grosse Freude, von Ernst Jünger zu hören, dass die Operation von Frau Schmitt geglückt ist! Richten Sie ihr bitte meine herzlichen Genesungswünsche aus und berichten Sie mir doch bitte, wie es Ihrer Frau geht. Dass die Operation nicht leicht war, hörte ich schon von Jünger.*

*Ebenso freute es mich, dass Sie und Jünger sich wieder einmal jenseits der Sphäre der Zwischenträgerei getroffen und gemessen haben. E. J. war recht beeindruckt, wenn auch eine beidseitige Reserve geblieben zu sein scheint. In einem Brief schrieb E. J.: „In Werdohl und Plettenberg sah ich Carl Schmitt, der sich einer stets wachsenden geistigen Potenz erfreut. Wir hatten unter Beisitz von Gerhard Nebel ein Symposion, bei dem manches Glas geleert wurde. Freilich scheint ein gewisser geistiger Rang es mit sich zu bringen, dass man wie in Panzerschiffen an einander vorbeidefiliert, wenngleich mit blumengeschmückten – doch erhöht auch das die Sympathie."*

*Ich bin gerade dabei E. J.'s Brief-Journal*[61] *genau zu lesen und Sie tauchen da immer wieder auf – viel mehr als in „Gärten und Strassen" und als in „Strahlungen". Neben dem Bruder gibt es keine andere geistige Potenz, die so in sein Leben hineinwirkt. Der Brief über den „Begriff", den Sie mir zeigten, ist übrigens nicht der erste – es geht ihm ein Dankbrief für die „Politische Romantik" voraus, der allerdings nicht so vorbehaltlos ist wie jener.*

61 Das „Briefjournal" ist ein Manuskript von E. Jünger, das nie veröffentlicht wurde. Es ist eine Sammlung von Briefen Jüngers in zwei Bänden: „Briefe an Friedrich Georg Jünger 1912–1945" und „Verschiedene Briefe 1928–1945".

*Auf jeden Fall bin ich auch ganz persönlich froh, dass Sie sich wieder getroffen haben. Die Begegnung mit Ihnen war für mich entscheidend. Und es ist mir nicht unwesentlich, wie sich meine Vorbilder verstehen. <...>*

*Mit E. J. habe ich nun die Sie betreffenden Verlagspläne durchgesprochen. Wir möchten Ihnen Folgendes vorschlagen: Einmal muss der Hase aufgescheucht werden – darum kommen Sie nicht herum. Und der richtige Zeitpunkt dazu ist ja wohl jetzt da. Am besten bringt man zuerst etwas Kleineres – etwa „Land und Meer" (wie steht es mit Ihren Bemühungen darum?) oder eine Sammlung Ihrer kleinen Aufsätze. Trotz Kogonscher und Thiemescher Stänkereien. Allerdings müssten wir dem Verleger sagen können, dass er für das Risiko, das er eingeht, dafür dann auch Hoffnung auf das Gesamtwerk hätte. Was meinen Sie dazu? Schreiben Sie mir doch bitte bald, wie Sie sich dazu stellen. <...>*

*Nr. 41*
*BK/ms*

*Ravensburg, 28. 11. 49.*

*Mein lieber Herr Professor,*

*<...> Schreiben Sie mir doch bitte, wie es Ihrer Frau geht. Und auch, was Sie von unseren Verlagsplänen halten. E. J. ist von Ihren beiden Aufsätzen (Cortés und Vitoria) begeistert, und sagte, er wolle für Sie eintreten, wo und wann es nötig sei. <...>*

Nr. 42
B/hs

Plettenberg, 30. Nov. 49.

Mein lieber Armin Mohler!

Ihre drei Sendungen (16/XI, 18/XI, 28/XI) sind gut angekommen. Vielen Dank. Das Bild der kleinen Jutta und ihrer Mutter schicke ich hier mit besonderem Dank zurück. Ihr Patenkind hat schon eine Stirn. Grüssen Sie Hans Fleig herzlich von mir; ich wünsche ihm schöne Weihnachtsferien in seiner Heimat.
Die Exzerpte aus Weininger verleibe ich meinem Hausschatz ein. Die Nachricht von Erhard Hürsch ist sensationell, wie von ihm zu erwarten. Inzwischen bekam ich einen schönen Brief von dem Maler Werner Heldt[62] aus Berlin, der sich offenbar mit Hürsch

62 C. S. schätzte den Maler Werner Heldt (1904–1954) sehr hoch; er besaß Bilder von ihm. Die anderen „Hausmaler" bei Schmitts waren Werner Gilles (1894–1961) und Ernst Wilhelm Nay (1902–1968).

gut angefreundet hat. Zu der Gottfried-Benn-Verehrung Erhards schreibt Heldt: Das ist der Tribut, den die Jugend dem Alter zahlt, das es nicht mehr so gut hat; es ist auch etwas Vatermord dabei.
Etwas Vatermord ist auch in der Heliopolis-Besprechung der Südd. Zeitung (von Friedhelm Kemp), die ich dieser Tage las. Oder besser: viel Vatermord. Grausam und jede Schwäche sofort registrierend. Ich weiss, dass Ernst Jünger gegen solche Stiche immun ist, weiss aber nicht, ob es nicht manchmal besser wäre, nicht immun zu sein. Ich möchte ihm nicht meine eigene grenzenlose Verwundbarkeit empfehlen oder meine Begabung für eine stärkende Ohnmacht. Aber er weiss wohl nicht, wie kalt er wirkt.
Es macht mich traurig, dass ich nicht mit Ihnen sprechen kann. Mein horror scripti wird umso grösser, je mehr ich zu sagen habe, auch, je besser ich es zu sagen wüsste. Die ganze Situation, die durch Strahlungen und Heliopolis[63] entstanden ist, verdient eine nüchterne Besprechung. Es ist der Eindruck entstanden, als habe Ernst Jünger den Versuch gemacht dreimal (Marmorklippen, Strahlungen, und Heliopolis) durch denselben Fluss zu gehen. Halten Sie mich bitte über diese Entwicklung etwas auf dem Laufenden, wenn Ihnen das nicht zuviel Mühe macht. Ich sitze hier abseits von der Publizität und bekomme nicht viel zu Gesicht. Doch ist meine Liebe zu Jünger gross und demgemäss auch meine Hellhörigkeit für Gefahren.
Ich hoffe, dass Ihre Arbeit gut veröffentlicht wird. Hat Klett sie nicht bringen wollen? Von Reclam kann ich nur melden, dass er nicht daran denkt „Land und Meer“ zurückzugeben. Die juristische Belehrung, die Katzmann mir freundlicherweise erteilt hat, sagte mir nichts Neues und geht an der Situation vorbei. Reclam sitzt noch auf mindestens 20 000 Exemplaren, die er nach seiner Ausbombung neu gedruckt hat. Es wäre Unsinn, sie ihm abzukaufen.
Im übrigen ist meine Lage als Autor prekär. Die Asylschändung, die sich Kogon, Thieme und von der Heydte geleistet haben, findet man in Deutschland halb so schlimm; über Unrecht regt sich bei uns niemand mehr auf, kaum noch, wenn es einen selber trifft. Eine rein juristische Sache (Lage der Rechtswissenschaft) will Maiwald in Tübingen riskieren. Das gibt dann wohl das Signal zu einem Parsentanz[64] auf meinem Grabe. Rebus sic stantibus wüsste ich nicht, was Katzmann mit mir anfangen soll. Oft zitiert sich eine Stimme in mir die Verse:

Geh schweigend unter, trage zu den Toten
Dein unentdecktes, unbegriffenes Herz.

Aber das ist aus 1805, also nicht mehr die Lage. Wann reisen Sie in die Weihnachtsferien?

63 E. Jüngers „Strahlungen“ waren inzwischen zu einem Bestseller geworden und hatten ihn von neuem zu einem der führenden Autoren werden lassen – etwas, wovon C. S. in seinem Fach nur träumen konnte. Im gleichen Jahr 1949 erschien ein zweites Buch von Jünger, der utopische Roman „Heliopolis“ (im gleichnamigen Verlag). C. S. erkannte sofort, daß die Meinungen über dieses Buch geteilt waren – selbst im traditionellen Lager der Jünger-Leser.

64 Gemeint ist „Tanz der Juden“.

Frau Schmitt soll Mitte Dezember aus Heidelberg zurückkommen; sie hat sich von der Operation anscheinend gut und schnell erholt. Ich würde gern mehr von Ihnen hören, lieber Herr Mohler. Herzliche Grüsse

Ihr C. S.

Jüngers Brief über die Pol. Romantik[65] würde ich gern wieder lesen; ich kann mich nicht daran erinnern. Meine Pol. Romantik hat den Okkasionalismus als philosophisch-existenzielle Kategorie entdeckt. Heute wird mir das in zahlreichen Büchern aus der Hand genommen, von René König, Annie Kraus[66] etc. Kennen Sie Jerôme Hamer: Karl Barth, l'occasionalisme théologique de Karl Barth (Lausanne – Paris 1949)?

Nr. 43
B/hs

Plettenberg, den 20. Dezember 1949.

Mein lieber Armin Mohler!

Unsere Wünsche für die Festtage – herzliche Wünsche für Sie und Ihre Frau von Duška,[67] Anima und mir – sollen Sie noch pünktlich erreichen. Deshalb schreibe ich heute direkt nach Basel, wo Sie vermutlich in diesen Tagen eintreffen werden oder schon eingetroffen sind. Sie haben mich oft durch die Pünktlichkeit Ihrer Korrespondenz be-

---

65 Ernst Jüngers berühmter Brief an C. S. vom 14. 10. 1930, mit seiner heftigen Zustimmung zum „Begriff des Politischen", gilt meist als erster Brief Jüngers an C. S. Es gibt jedoch einen früheren Brief Jüngers, vom 2. 8. 1930, in dem er sich für die Zusendung der „Politischen Romantik" (1919) von C. S. bedankt. Seine Zustimmung ist noch von Fragen durchsetzt, doch endet der Brief Jüngers an den sieben Jahre älteren Carl Schmitt mit den Sätzen: „Ich bin Ihnen zu Dank verpflichtet, denn Sie haben mir den Blick für manche Dinge recht geschärft. Vor allem müssen wir uns entscheiden, Ihr Buch ist ein schönes Beispiel hierfür. Was mich an ihm besonders berührt hat, das ist die Aufforderung zur Verantwortung, die überall hinter den Zeilen steht. Von hier aus, von der strengen Zucht des Geistes und des Gefühls wird eine neue deutsche Politik überhaupt erst möglich sein." Es gilt darauf zu achten, daß diese Zustimmung zur „Entscheidung" mit dem landläufigen „Dezisionismus" nicht identisch ist. (Sie gehören gar nicht auf die gleiche Ebene. Der zweite Begriff ist rein motorisch.)

66 C. S. schreibt „Annie Krauss".

67 Wenn Carl Schmitt von seiner Frau schreibt, schreibt er in der Regel von „Frau Schmitt" (auch im Gespräch sprach er sie mit „Frau Schmitt" an), nur sechsmal in den hier wiedergegebenen Briefen schreibt er von „Duška" (in Nr. 43, 54, 172, 224, 252, 271). In der einschlägigen Literatur dagegen (s. Noack, op. cit., oder van Laak, op. cit.) lesen wir den Namen „Duschka Schmitt", und der ist auch amtlich belegt, so jedenfalls – nach frdl. Auskunft von Piet Tommissen in seinem Brief vom 21. 2. 1995 – in der Sterbeurkunde.

schämt. Erlauben Sie mir also diesesmal, dass ich der Pünktliche bin, und erlauben Sie mir ausserdem, dass ich Sie für diese Zeit Ihres Basler Aufenthaltes von allen Ihren Briefpflichten dispensiere. Ihr Guthaben, oder sagen wir etwas würdiger, Ihr opus operatum ist gross genug dafür. Sie werden allen Ihren Verpflichtungen gegen mich dadurch Genüge getan haben, dass Sie Hans Fleig meine Grüsse und Wünsche sagen und ihm von mir erzählen. Ein Aufsatz wie der über die „Gefahren des angelsächsischen Parlamentarismus" muss eine alte, erprobte Kassandra wie mich in grösste Erregung versetzen und zu den heftigsten Wünschen nach einer Unterhaltung treiben, besonders über das Ende des Mythos vom „Législateur" und darüber, dass die Rechtswissenschaft es nicht nötig hat, mit diesem Législateur zu sterben, dafür allerdings ins Exil gehen muss. Ich kann mich nicht enthalten, Ihnen für Hans Fleig die beil. Notiz zu schicken, die gerade geschrieben war, als ich seinen Aufsatz erhielt.

Ich muss Ihnen, wenn ich auf dieses letzte Jahr zurückblicke, doch ein Wort der Freundschaft aussprechen, lieber Armin Mohler. In diesem Jahr sind die Keime, die im vorangehenden Jahre zuerst entstanden, mächtig gewachsen. Ich möchte, dass dieses schöne Wachstum sich fortsetzt und steigert. In solchen Gedankengängen erinnere ich mich immer wieder unseres Gespräches auf dem Wege nach Ohle, vom Ende August. Sie erzählten mir von Ihren deutschen Erfahrungen. Ich weiss nicht, ob Sie alles gehört haben, was ich Ihnen dazu sagte oder sagen wollte. Das ist aber auch gleich. Denn in solchen Gesprächen kommt es nicht auf Explizierungen an. Worauf es mir ankommt, und weshalb ich Ihnen dieses heute schreibe ist mein Wunsch und meine Bitte, dass dieses Gespräch nicht aufhören möge. Wenn Sie mich schon als Don Capisco bezeichnen, dann dürfen Sie dabei nicht glauben, dass diese Fähigkeit und Bereitschaft zum „Verstehen" sich nur auf Gedankenspiele beziehe. Es ist eine oft drückende Last. Vergleichen Sie nur einmal das, was Franz Blei über mich schreibt mit dem, was ich über ihn geschrieben habe und sagen Sie sich selbst, auf wessen Seite das grössere Verständnis, aber auch die grössere Liebe ist.

Aber Sie sollen Ihre Weihnachtsferien ausnutzen und nicht mit Problemen beschwert werden. Sagen Sie also Ihrer Frau die Weihnachtsgrüsse und -wünsche unserer kleinen, dreiköpfigen Familie, ebenso unsere Grüsse und Wünsche für Hans Fleig's ebenfalls dreiköpfige Familie, und seien Sie selber, lieber Armin Mohler, für Ihre Besuche, Gespräche und Briefe dieses Jahres auf das herzlichste bedankt von Ihrem alten und unveränderlichen

Carl Schmitt.

*Nr. 44*
*B/hs*

*Mein lieber Herr Professor,* *Ravensburg, 19. 3. 50.*

*heute nachmittag hat mir Alexander seine Fotos gezeigt, und da war eine darunter, welche Sie und E. J. in Rambouillet zeigt*[68]*, aufgenommen am 19. 10. 41. Er gab sie mir mit und erlaubte mir, davon für mich eine Kopie machen zu lassen. Heute abend sass ich mit Pfarrer Gestrich*[69] *und dem Lyriker Fritz Diettrich, der sich nun auch hier niedergelassen hat, beim Wein, und wir kamen auf Däubler zu sprechen, den Diettrich sehr liebt. Dabei fiel auch Ihr Name, denn Diettrich wusste von Ihrer Freundschaft zu Däubler. Vor wenigen Tagen sprach ich, als E. J. und Alexander weg waren, mit Frau Jünger über Sie und ihren Besuch in Plettenberg.*
*Dies alles hat den Anstoss gegeben, dass ich Ihnen endlich den Brief schreibe, den ich so lange schon mit mir herumtrage. Seit Neujahr bin ich ein wenig in Arbeit ersoffen, musste auch mein Buch für Vorwerk fertigmachen (nächste Woche soll ich endlich die ersten Fahnen kriegen). Aber das ist nicht der Grund, weshalb ich Ihnen so lange nicht geschrieben habe. <…>*
*Aber wie gesagt, dass ich Ihnen nicht geschrieben habe, obwohl es mich dazu drängte, lag an anderem. Wie soll ich es sagen? Vielleicht damit, dass in meinem Zimmer in Basel an der einen Wand eine Foto von E. J. hängt, an der anderen schräg gegenüber die Ihre, die einmal in der „Weltwoche" erschien. (Meine Frau sagte: die beiden schauen einen immer an.) Sie wissen, was E. J. für mich bedeutet. Wie bestimmend jedoch Sie für mich geworden sind, weiss ich erst, seit sich das Gespräch vom Weg nach Ohle*[70] *in mir ausgewirkt hat (was einige Zeit brauchte). Ich verstehe wohl viel in Ihren Büchern nicht, was mir wegen meiner Ausbildung verschlossen ist. Aber es gibt ja noch andere Wege, Sie zu verstehen. Die Auswirkungen des Gesprächs nach Ohle – so gut wie ich mich sonst mit E. J. verstehe, in politicis reden wir leider meist aneinander vorbei, und mir scheint oft, dass er mich nicht verstehen will. – Was soll ich noch zu dem Bild von den beiden Fotos in meinem Zimmer hinzu sagen? Vielleicht, dass in meinem Verhältnis, zu einem von Ihnen beiden, zu E. J., zur Liebe noch etwas hinzukommt: dass ich*

68 Die berühmte gemeinsame Fotografie von Ernst Jünger (in Uniform mit Pour le Mérite, lächelnd) und C. S. (natürlich in Zivil, eher zurückhaltend, an Jünger vorbeiblickend), nebeneinander in einem Boot sitzend, auf dem Lac de Rambouillet am 19. 10. 1941.

69 Pfarrer Wolf Gestrich (1910–1980), evangelischer Stadtpfarrer im vorwiegend katholischen Ravensburg.

70 Ohle: Ein Ort in der Umgebung von Plettenberg. Auf einem langen Spaziergang dorthin war AM Objekt einer von C. S. meisterlich geübten Kunst: im Partner bereits vorhandene Bruchstücke von Gedanken und Gefühlen sachte zusammenzufügen – genau das Gegenteil von Indoktrination, am ehesten der Hebammenkunst vergleichbar. Das Thema: wie hat sich der Deutsche in dem seit 1914 andauernden Krieg gegen Deutschland zu verhalten? Das weitere Leben von AM hat sich nach dieser „Erhellung" ausgerichtet.

*nämlich sein Lehensmann bin. Ich will nicht mehr schreiben. Sie werden darum verstehen, was ich sage, wenn ich schreibe, dass ich in diesen Wochen oft wie gelähmt war. Und mit Frau Gretha*[71] *hoffe ich, dass dieser Druck weicht.* <...>

Nr. 45
B/hs

Pl. 22/3 50.

Mein lieber Armin Mohler!

Im Augenblick ist mir das Wichtigste meine grosse Freude über Ihren Brief vom 19/3, die Freude über das Faktum eines Briefes von Ihnen. Ich lese ihn oft und denke mir so unendlich viel, dass ich vor dem Versuch einer Niederschrift meiner Gedanken erlahme. Aber in unserm Falle bedarf es auch keiner solchen Protokolle. Sie sollen heute eine sofortige Antwort erhalten; darauf kommt es jetzt alleine an.
Unsere Reisepläne für April sind sehr gefährdet. Es wird vielleicht nur zu einem Aufenthalt von Frau Schmitt in der Heidelberger Klinik kommen. Ich hatte daran gedacht, nach Ravensburg zu kommen. Aber das ist jetzt fast unmöglich geworden, aus äusserlichen Gründen, weil ich statt dessen echte Geschäftsreisen machen muss um Weib und Kind zu ernähren. Kommen Sie nicht einmal wieder hierher? Speidel war angeblich in Wuppertal, ich habe aber keine Einladung erhalten und nichts mehr davon gehört. Eine Reise nach Hamburg und Göttingen hat mich furchtbar angestrengt.
Wir haben hier in Plettenberg Sehnsucht nach Ihnen und Erhard Hürsch. Was Sie über Hans Fleig berichten, macht mich traurig. Wer ist der Deutschland-Korrespondent Allemann[72]? Der Aufsatz ist gut, morphologisch, nicht ontologisch. Wie soll denn das Gesicht eines Volkes aussehen, zu dessen Norm der Rache nehmende Emigrant erhoben ist? Für Kirschweng lege ich den Gesang des 60jährigen bei; sagen Sie ihm gelegentlich, dass die sibyllinischen Dichter Theodor Däubler und Konrad Weiß sind. Ein Exemplar meiner Däubler-Schrift lege ich ebenfalls bei, für Herrn Diettrich. Vor einer Woche hat der Internationale Universitäts-Verlag in Tübingen (ein neuer Verlag) meinen Vortrag über die Lage der Europäischen Rechtswissenschaft herausgebracht. Hans Fleig hat gleich ein Exemplar erhalten. Ich weiss nicht recht, ob ich Ihnen eins schikken soll. Der ganze Vorgang läuft in grosser Entfernung von mir ab. Von dem zu erwartenden Skandal lasse ich mich überrollen, nach der von Ihnen stets empfohlenen Methode. Im Heliopolis-Verlag hätte die Schrift unmöglich erscheinen können. Sie ist

71 Frau Gretha Jünger, eng befreundet mit Frau Duschka Schmitt.

72 Fritz R. Allemann, angesehener schweizerischer Auslandskorrespondent in Bonn, beantwortete die Frage eines seiner Blätter nach den drei bedeutendsten Deutschen so: Adenauer – Heisenberg – Ernst Jünger.

überhaupt keine buchhändlerische Freude und auch ein Katzmann hätte von dieser kommerziellen Distel keine DM-Feigen sammeln können. Auf meiner Hamburger Reise las ich das dicke Buch von Sartre, l'Etre et le Néant, 722 Seiten. Was soll ich dazu sagen? Nicht anzuraten ist jeder Frass denen die träumen.
Mit grösster Freude vernahm ich, dass Sie schon die Fahnen Ihres Buches bekommen. Dieser Vorwerk[73] hat eine merkwürdige Funktion in den Plänen des Weltgeistes im Allgemeinen und des deutschen Geistes im Besonderen.
Grüssen Sie Ihren Seigneur und Frau Gretha von Frau Schmitt und mir! Auch Carl Alexander, wenn er noch dort ist. Ich habe mir Montherlants Jeunes Filles, Pitié pour les femmes, Démon du Bien und die Lépreuses beschafft und gelesen. Schliesslich doch nur Strindbergiaden.
Ich bleibe stets Ihr
Carl Schmitt.

*Nr. 46*
*B/ms*

*Ravensburg, 2.4.50.*

*Mein lieber Herr Professor,*

*Ihr Brief hat mir sehr grosse Freude gemacht. Ich habe ihn auch meinem Herrn und Meister zugänglich gemacht, der sich freute, so wieder von Ihnen zu hören, und auch Frau Gretha. Wollen Sie nicht Ihre neue Schrift Ernst Jünger senden? Er hat eben in Weinreichs „Deutschem Zeit-Archiv" einen Ausschnitt aus dem Schlusswort gelesen, und ich glaube, dass er die Schrift gern ganz lesen würde.*
*<...> Der Sohn meines Hausherrn[74] hat eben glänzend das Referendarexamen in Tübingen bestanden und ist nun hier am Landgericht tätig; gleich anschliessend den Dr. iur. zu machen verbietet ihm seine materielle Lage. Er ist ein begeisterter Leser von Ihnen und hat Ihre Verfassungslehre sozusagen wörtlich abgeschrieben. Auf seinen*

73 Ein so emphatischer Ausruf von C. S. über einen Verleger ist eine Seltenheit. Aber die Herren kannten sich. Der Verlag Friedrich Vorwerk war klein, aber nur zum Schein. Jeder wußte, daß Friedrich Vorwerk (1893–1969) im Vorfeld des Evangelischen Verlagswerkes in Stuttgart tätig war und von dem großen Bruder Manuskripte druckte, die nicht so evangelisch waren – etwa die Dissertation Mohlers mit ihrem Lobgesang auf die Ewige Wiederkehr. Friedrich Vorwerk war ein schweigsamer Mann, der auch über die kleinste Bewegung im Spannungsfeld zwischen Publizistik und Politik informiert war. Wo ein neuer Schachzug auf diesem Gebiet geplant wurde, war er bei den vorbereitenden Sitzungen dabei, bei der öffentlichen Gründung aber blieb er in der Kulisse. Als C. S. während der Kriegsjahre vergeblich die Hanseatische Verlagsanstalt in Hamburg zu seinem Hausverlag zu machen suchte, war Vorwerk in der Führung dieses Konzernes.

74 = „Der Sohn meines Vermieters": Referendar Richard Moosmann.

*kürzlichen fünften Hochzeitstag hat ihm seine Frau einen Teil dieser Abschrift sauber getippt. Er hat sich sämtliche bei mir liegenden CSiana geholt und studiert sie eifrig.* <...>

*Aus Ihrem Brief haben Jüngers und ich leider feststellen müssen, dass Frau Schmitt wieder in die Heidelberger Klinik muss. Wir wünschen ihr von Herzen alles Gute! Auch wäre es schön, wenn Sie trotz der angedeuteten Schwierigkeiten einen Besuch in Ravensburg ermöglichen könnten. Sie wären alle herzlich willkommen!* <...>

Nr. 47
B/hs

Pl. 15/4 50.

Mein lieber Armin Mohler!

Ihren schönen und inhaltreichen Brief vom 2/4 und die Zusendungen der Artikel von Hans Fleig und Allemann sowie die Abschrift des Briefes von E. J. an E. N.[75] beantworte ich auf eine nicht sachgemässe, ungerechte Weise mit einer Art Geschäftsbrief. Ich will meine heutige Sendung an Sie aber auf jeden Fall expedieren, weil ich heute nachmittag und in den folgenden Tagen viel Besuch bekomme und Gefahr besteht, dass ich meinen Dank und meine Antwort auf den berühmten Tag X vertage, wenn mein momentaner Anlauf ergebnislos bleibt.

In den Evolutionen des objektiven Geistes werde ich jetzt wieder an eine heisse Stelle geworfen. Die Publikation über „die Lage der Europäischen Rechtswissenschaft" ist darin nur ein Moment, ebenso die (ohne mein Betreiben erfolgte) Publikation an auffälligster Stelle der „Universitas". Dazu kommt eine grosse spanische Publikation eben heraus: „El Pensamiento juridico-politico de Carl Schmitt" von dem Prof. der Jur. Fakultät Santiago de Compostela, José Caamaño Martinez, mit einem Vorwort des Rektors der Universität Santiago, Erscheinen eines sehr bedeutenden Buches über „die Bildlichkeit der wortgebundenen Musik Bachs" von Arnold Schmitz, mit Widmung an mich, viele andere Symptome (von denen die Stelle im Nachruf auf H. Laski ein Beispiel ist), sodass ich annehmen muss, dass jetzt etwas in Gang kommt. Das Beste in solchen Fällen ist eine kräftige Ohnmacht. Dementsprechend verhalte ich mich nichtverhaltend. Benn scheint in die Knie gegangen zu sein.

Ein Industrieller in der Nachbarschaft hat den Wunsch, Jünger und Speidel Mitte Mai zu besuchen und fragt mich, ob ich ihn begleiten möchte. Das wäre eine Möglichkeit, im Wagen nach Süddeutschland zu fahren. Es wäre aber auch eine gewisse Abhängigkeit. Ich hesitiere noch. Das Dilemma ist hart. Von Speidel erhielt ich einen schönen

75 E. N. = Ernst Niekisch. Zwischen dem Nationalbolschewisten und C. S. gab es zeitlich weit zurückreichende Antipathien, die nicht nur politischer Art waren.

Brief. Traurig, dass ich ihn in Wuppertal nicht sah. Klett bittet mich um den Text der Rede ü.[?] Donoso[?], die G. Nebel herausgibt. Merkwürdige Ehre wird mir da zuteil. Nebel spricht zur Eröffnung der W. Wessel & Frau Ausstellung in Wuppertal. Ich habe seit einem halben Jahr nichts mehr mit Nebel zu tun.[76] Mit Victor Leemans wieder in Kontakt zu kommen, wäre für mich eine grosse Freude.

Jetzt meine Bitten, lieber Armin Mohler. Ich schicke Ihnen in diesem Päckchen 1) ein in Leder (kein Menschenleder!) gebundenes Büchlein, mit der Bitte es über die Schweiz an D. José Lois ESTEVEZ in LA ESTRADA (Pontevedra) España zu schikken; 2) einen Brief an meinen Freund Javier Conde in Madrid, Plaza de la Marina Española, mit der Bitte, ihn ebenfalls über die Schweiz zu schicken, damit er nicht in Deutschland oder von unbefugter Seite gelesen wird; Sie selber sollen ihn lesen. Dann habe ich noch 3) einen Wunsch und eine Frage: ob Sie mir noch einmal, wie früher, eine Kaffee-Sendung aus der Schweiz besorgen könnten? Sämtliche 3 Items, vor allem das letzte, sollen Ihnen keine Unterbrechung Ihrer Arbeit und dürfen Ihnen keine Auslagen machen, die ich Ihnen nicht zurückgebe.

Vorigen Mittwoch ist Frau Schmitt wieder nach Heidelberg gereist. Es ging Ihr seit Februar wieder schlechter. Ich habe jetzt den Nomos der Erde einem Kölner Verleger verkauft, um die nächsten Monate zu ertragen. Wie weit ist die Drucklegung Ihres Buches? Die kleine Schrift über Däubler können Sie Diettrich schenken, wenn er ihrer würdig ist. In welchem Ort in der Nähe von Plettenberg ist ten Holder[77] aufgewachsen? Von Erhard Hürsch habe ich lange nichts mehr gehört. Ob ihm wohl ein neues Gedicht gelungen ist? Wann werde ich nun Hans Fleig persönlich kennen lernen? Dass wir, lieber Armin Mohler, Sie und ich uns diesen Sommer sehen müssen, steht fest. Ich bin auch im Gefühl ganz sicher, dass es dazu kommt. Grüssen Sie Frau Gretha und Ernst Jünger und sagen Sie meinem Patenkind, dass ich über seinen Entschluss, nach

---

76 Gerhard Nebels bereits erwähnte Fähigkeit, Geistiges sozusagen spielerisch zu „inhalieren", erschwerte die Existenz dieses Hochbegabten erheblich. Er nahm immer wieder große Autoren so intensiv in sich auf, daß er in ihrem Stil zu schreiben und zu reden begann, ja sogar ihre Lebensführung zu übernehmen versuchte. Soweit es sich nicht um Tote wie Luther handelte, sondern um lebende Autoren, mußte das früher oder später zu einem Knatsch führen – es sei nun, daß Nebel den Nachgeahmten lästig fiel oder daß ihn selber das übergeworfene Gewand zu stören begann. Im Briefwechsel zwischen Heidegger und Jaspers stößt man auf Einigkeit der beiden großen Philosophen, daß man sich diesen rührigen Studenten etwas fernhalten wolle. Jünger konnte sich Spaß mit Nebel leisten – über seinen „unsichtbaren niedersächsischen Wall" kam ohnehin keiner hinweg. Schmitt jedoch war verletzlicher, konnte auch Bemerkungen nicht unterdrücken wie die, daß Nebel zu den Leuten gehöre, „die Poseidon anrufen, wenn sie einen Hering gegessen haben". Nebel selbst war sich bewußt, daß er nicht zu den „Ganzgroßen" vom Kaliber eines Heidegger oder Jünger gehörte – daher sein zwiespältiges Verhalten zu ihnen. Er war imstande, sie innerhalb einer Woche in den Himmel zu heben und zu verlästern.

77 Clemens ten Holder (1903–1952), Lyriker, Übersetzer von Léon Bloy.

Salem zu gehen, sehr froh bin. Dass Sie Hans Fleig die Foto aus Rambouillet geschickt haben, ist schön. Sein Aufsatz Vaterland-Geistesland ist aufregend.

Ihnen und Ihrer Frau herzliche Grüsse und die besten Wünsche. Ich bleibe stets Ihr
Carl Schmitt.

Nr. 48
AK/hs

[Plettenberg,] 27. 4. 50

Mein lieber Armin Mohler! Hier[78] haben Sie einen Blick auf unseren Weg nach Ohle aus dem Fenster meines Arbeitszimmers. Heute erhielt ich Ihre beiden Sendungen, die Abschrift der Briefe von E. H., Ihren Aufsatz über Möglichkeiten der deutschen Lyrik (wird extra genau gelesen!) und die Artikel von H. Fl. Die Notiz über Nebel und die Rieselfelder stand in der Neuen Zeitung[79] etwa 22. 4. Frau Schmitt will Anfang Mai nach Pl. zurückkehren. Hoffentlich geht es. Die Nachricht über die Drucklegung Ihres Buches macht mir grosse Freude. Victor Leemans[80] hat mir geschrieben; ich schicke ihm die Artikel von H. Fl., er verdient es (beide H. F. und[?] V. L. verdienen es). Ihrer Frau herzlichen Dank für die Besorgung! Ich schicke Ihnen als Drucksache einige kleine Sonderdrucke für den Sohn Ihres Hausherrn; ich hätte ihm seinen Namen darauf geschrieben, aber ich bin nicht sicher, ob er (der Name Moosmann?) und es (das Schreiben meines Namens) richtig ist. Dass im Nebelschen Panoptikum jetzt E. J. mit diesem „Maler- und Künstler-Ehepaar“ W. Arm in Arm gezeigt wird, kann einem weh tun. Wegen meines Nomos dürfen Sie nicht traurig sein, lieber Armin Mohler. In Sachen der Publikation der „Lage der E. R.“ herrscht Stille. Alter Hass braut Gift und Tücke. Ich bekam einen Brief über die Strahlungen von einem 40jährigen N. S. G. Neeße[81]. Interessiert Sie das? Soll ich Ihnen für Kaffee 10 M schicken? oder mehr? Schreiben Sie das

wieder Ihrem alten C. S.

---

78 Dieser Text steht in „Miniaturschrift“ (25 Zeilen auf 6,8 cm) auf einer Ansichtskarte von Plettenberg und Umgebung, wohl Luftaufnahme.

79 Ein Zeitungsausschnitt „Rieselfelder des Sprachkotes“ über Nebels Eröffnungsrede für eine Ausstellung des Maler-Ehepaares Wilhelm und Irmgard Wessel war ohne Angabe der Zeitung bis nach Ravensburg gelangt.

80 Victor Leemans, Verfasser des Buches „Carl Schmitt / Bijdrage tot de sociologie van staat en politiek“ (Antwerpen 1933).

81 Gottfried Neeße (1911–1987), Jurist, ehem. höherer NS-Funktionär, nach dem Krieg Verfasser eines Buches über Heraklit.

[auf der Bildseite am unteren Rand neben einem x:] Mein Arbeitszimmer, [am oberen Rand neben einem Hinweis-Pfeil:] Ohle [und der Text:] Welches Datum hat Ihr Geburtstag? Herzlichen Glückwunsch!

Nr. 49
AK/hs

[o. O.,] 11.5.50

Lieber Armin Mohler, den Dank für Ihre Karte aus Basel schicke ich Ihnen von einer Wanderung im Sauerlande. Über den Gruss Ihrer Frau habe ich mich besonders gefreut. Es tut mir leid, dass Sie wegen des K. Umstände hatten; ich schreibe Ihnen noch darüber. Ich werde im Mai leider nicht mehr nach Süddeutschland reisen können. Gebhard[82] hat mich zum 20/5 nach Wuppertal eingeladen; doch kann ich auch dieser Einladung nicht folgen. Viele Grüsse Ihres alten C. S.

Im sogenannten Hochland wird es immer schwüler,
Man paart dort Konrad Weiß mit Else Lasker-Schüler.

Von Hans Fleig erhielt ich einen [..?..] Brief.

Nr. 50
B/hs

Plettenberg, 21/5 50

Mein lieber Armin Mohler!

Eben sehe ich eine Ankündigung Ihres Buches im Fr. Vorwerk Verlag, mit dem Vermerk: Sonderausgabe, nicht durch den Buchhandel zu beziehen. Das hat mich natürlich sehr interessiert. Wie steht es eigentlich damit? Ich habe Ihnen heute wieder viele Sendungen zu bestätigen: Drucksachen mit dem Aufsatz von Fr. Bondy (über Hausensteins Baudelaire-Übersetzung und mit der komischen Vertauschung von Carl und Carlo), den Aufsatz von H. Fleig My house is my castle, die argentinische Drucksache, und schliesslich das Liebesgabenpaket mit Kaffee, das wunderbar ist. Seien Sie bitte nicht böse, wenn ich diesem Brief formlos 10 DM beifüge, als Anzahlung auf Ihre Extra-Auslagen, die wahrscheinlich viel grösser gewesen sind.

82 Klaus Gebhard, Industrieller und Kunstsammler in Wuppertal, hilfreich bei manchen kulturellen Unternehmungen.

Es ist so viel zu fragen und zu erzählen, dass ein Brief versagen muss. Sie selber werden auch viel Arbeit haben. Wie lange bleibt Ernst Jünger im Ausland und werden Sie ihn begleiten? Wie geht es Frau Jünger und Carl Alexander? Von Rfds. Moosmann[83] erhielt ich einen schönen Brief, der mir grosse Freude gemacht hat. Lassen Sie sich durch Moosmann einmal die Nr. der N. Jur. Wochenschrift vom 15/5 50 zeigen mit einem Artikel des Herausgebers „Carl Schmitt redivivus?" Kennen Sie eine Mailänder Wochenzeitung Il Borghese, herausgegeben von Longanesi? Haben Sie einmal meine Notizen vom April 1947 (Nürnberg, Einzelhaft) gelesen? Ich habe eine Abschrift machen lassen, die ich H. Fleig schicken möchte. Doch würde ich auch gerne Ihre Meinung hören.
Frau Schmitt leidet noch an Interkostalneuralgie, schmerzhaft aber nicht gefährlich. Anima hat den von der Kultusministerin von Nordrhein-Westfalen gestifteten Goethe-Preis für 6 Bühnenbilder erhalten; offenbar hat niemand geahnt, dass sie das Kind eines Teufelsanbeters ist. Der Name Schmitt ist sehr zu empfehlen.
Herzliche Grüsse und Wünsche für Sie und Ihre Frau von uns allen in Plettenberg! Wir hoffen alle, Sie beide im Sommer oder Herbst bei uns zu sehen.

Ich bleibe Ihr

Carl Schmitt.

*Nr. 51*
*B/hs*

*Mein lieber Herr Professor,* *Ravensburg, 2. 6. 50.*

*mehrfach bin ich an Sie erinnert worden: in Basel, wohin ich E. J. begleitete, erzählte Frau Meerwein von ihrem Zusammentreffen mit Frau Schmitt; bei meiner Rückkehr fand ich Ihren Brief vor; Moosmann brachte mir den in seiner Ambivalenz aufschlussreichen Aufsatz Lewalds; gestern kam vom Drucker Ihre „Lage der europäischen Rechtswissenschaft", über die ich mich riesig freute! – hoffentlich sehe ich Sie bald, sodass ich Sie um Ihre Zueignung bitten darf. Vielen herzlichen Dank dafür!*

*Es lastete vieles Unausgesprochenes auf unserem Briefwechsel. Auch Frau Jünger hat Ihnen noch nicht geschrieben. Es gibt Dinge, die man aussprechen möchte, und die man doch in ihrer und auch in meiner Lage nicht aussprechen kann. Ich hoffe aber, dass es andere Wege gibt, die Sie die herzliche Verbundenheit spüren lassen, mit der wir beide stets Ihrer gedenken.*[84] <...>

---

83 Richard Moosmann, junger Referendar in Ravensburg, der C. S. hoch verehrte und später in Ravensburg eine erfolgreiche Richterlaufbahn einschlug.

84 Die mehr und mehr sich häufenden Spannungen zwischen C. S. und E. Jünger, wie sie 1991 durch die posthume Veröffentlichung der Schmittschen Aufzeichnungen „Glossarium" weltweit be-

*Wissen Sie schon von unserem Wohnungswechsel? Der alte Dr. Franz Freiherr von Stauffenberg hat Jünger sein leerstehendes Schloss Wilflingen, bei Riedlingen, mitten in den Wäldern, zum Wohnen angeboten. Wir haben zugesagt und ziehen Ende Juli ein. Endlich einmal genügend Platz – auch Familie Mohler erhält eine Wohnung drin. Das Haus voll alten Möbeln und Bildern (Fam. Mohler kann sich ihre Möbel aussuchen – meine Frau war schon dort und ist begeistert), dazu moderner Komfort. St. ist der Vater des St. von der „Deutschen Union“, doch wohnt der Junge anderswo. <...>*

Nr. 52
B/hs

Plettenberg, 7. Juni 1950.

Mein lieber Armin Mohler!

Alle unsere besten Wünsche zum Wohnungswechsel! Übermitteln Sie sie bitte auch Ihrer Frau und Frau Jünger!
Was arbeiten Sie eigentlich jetzt im Rahmen ihrer eigenen Gedanken? Oder gehen Sie ganz in der Tagesarbeit unter? Nichts würde mich mehr interessieren als ein Wort über das Wachstum Ihrer Gedanken. Nichts deprimiert mich mehr als wenn ich um mich herum die begabtesten jungen Menschen in der Tagesarbeit ersticken sehe. Wie ist es mit Moosmann, über dessen Brief ich mich so gefreut habe.

Fortsetzung am 8. Juni
Heute morgen traf ein Brief von Erhard Hürsch aus Rio ein, gleichzeitig mit Ihrer Sendung. Wir freuen uns alle, Erhard Hürsch bald wiederzusehn. Werden Sie nicht auch im Sommer hierher kommen? Zuerst aber muss ich Ihnen, nachträglich, zu Ihrem Geburtstag gratulieren, auch im Namen von Frau Schmitt und Anima. Ich schicke Ihnen als Geburtstagsgruss die beiliegenden Notizen aus der Zelle im Nürnberger Gefängnis, vom April 1947. Aber ich möchte Ihnen ein viel schöneres Geschenk machen, wenn mir das möglich wäre. Leider wirken sich solche Angriffe und Verfolgungen wie die in der Deutschen Univ. Ztg, oder in der NJW, oder in der NZZ (Hans Barth am 19/5) unmittelbar ökonomisch aus und machen mir das Leben schwer. Das ist natürlich auch ihr eigentlicher Sinn. So bin und bleibe ich ein armer alter Mann und kann meinen Freunden nicht einmal ein Geschenk machen.

---

kannt wurden, waren schon 1950 spürbar. Allerdings, je nach Person, in verschiedener Intensität. Ernst Jünger wurden sie in ihrem ganzen Umfang erst durch das „Glossarium“ bewußt – die Briefe von C. S. an E. J. änderten sich in ihrem freundschaftlichen Ton nicht bis zu Schmitts Tod. Einiges sickerte jedoch schon früh über Drittpersonen durch.

Der Ausspruch, den Gerhard Nebel vor seinen Geburtstagsaufsatz für Thomas Mann[85] gesetzt hat, stammt, wie Sie wissen, aus dem Jahre 1912. Nebel hat mich natürlich nicht gefragt; er hat sich seit Anfang November vorigen Jahres ganz von mir zurückgezogen und mir kein Wort mehr gesagt oder geschrieben. Die Auswirkungen jenes Mottos sind sehr gross. Ich habe gestern und heute schon 10 Zuschriften aus ganz Deutschland bekommen. Die Verfolger wetzen die Messer und der Tanz auf meinem Grabe soll beginnen. Es ist mir aber ganz unmöglich, Nebel deshalb böse zu sein. Dieses unheilbare enfant terrible bleibt sich derartig treu, dass ich im Grunde gerührt bin, auch wenn er mir einen Streich spielt. Meine Art der Wehrlosigkeit gehört wohl auch zum Don Capisco-Schicksal. Keine Phantasie der Welt hätte sich eine raffiniertere Methode, meinen Namen provokant in die Welt zu rufen, aushecken können, wie sie Nebel hier, ich bin sicher in voller Unschuld, fertiggebracht hat. Es ist für mich handgreiflich, dass es sich bei alledem um den Entwicklungsprozess objektiver Mächte handelt, den ich nur durch ein perfektes „Horchen und Leiden" bestehen kann. Auch die Verfolger, auch der an seiner Hexenverfolgungslibido leidende arme Hans Barth, auch der Bösewicht Erich Kaufmann, sie erscheinen mir alle als Andabaten (so hiessen die Gladiatoren, die mit verbundenen Augen in der Arena kämpften) sie wissen nicht, was sie treffen, wenn sie auf mich einschlagen. Die Wut über den Geburtstagsartikel Nebels wird sich nur gegen mich entladen, nicht gegen Nebel, aber ich halte es für ganz undenkbar, dass er das einkalkuliert haben sollte.
Das ganze objektive Problem dieser sog. come backs, erst Ernst Jünger, dann Heidegger, dann Gottfried Benn, jetzt meine Wenigkeit, ist geistesgeschichtlich und soziologisch äusserst lehrreich. Wir müssen uns einmal darüber ausführlich besprechen. Ich müsste Ihnen sonst endlose Briefe schreiben und ich weiss, dass Sie genug Arbeit und wenig Zeit haben. Von Hans Fleig erhielt ich einen wunderschönen Brief, aus dem ich Ihnen die Stelle über meine Schrift abschreiben lasse und beifüge. Sehr schön ist auch ein Brief des Göttinger Ordinarius für Verfassungs- und Verwaltungsrecht, Prof. Werner Weber, an den Herausgeber der Deutschen Universitätszeitung; ich lege ihn ebenfalls bei.
Nun sind das inzwischen soviele Beilagen geworden, dass es schon etwas zuviel ist. Der „Wetterbericht" besteht nur aus Anlagen. Das ist nicht richtig. Ich dränge Sie aber nicht und Sie können sich Zeit lassen für die Lektüre.
Der 10 DM-Schein hat nun eine Reise von Plettenberg nach Ravensburg und zurück gemacht. Seien Sie mir nicht böse deswegen. Ich habe keine Beziehung zum Geld und

85 C. S. hatte die Fähigkeit, ihm nicht sympathische Zeitgenossen mit Etiketts zu versehen, die ihm die Getroffenen nie verziehen. Für Thomas Mann fand er es schon vor dem Ersten Weltkrieg. In seinen mit seinem Freund Fritz Eisler unter dem Pseudonym Johannes Negelinus Mox Doctor verfaßten Literatur-Parodien „Schattenrisse" (1913) legt er dem Verfasser der „Buddenbrooks" diese Selbstdarstellung in den Mund: „... Ist es mir doch Schicksal und Beruf, das, was alle wissen, ebenfalls nicht zu übersehen und diese Sonderstellung niemandem zu verschweigen ..." Das setzte Nebel als Motto vor seinen Aufsatz über Th. Mann.

schicke so etwas wie ein paar Zigaretten. Davon macht man doch auch kein Aufhebens, ob man sie nun gibt oder nimmt.[86] Aber ich weiss, dass dahinter ein Problem steckt und die Angst Erhards vor dem Geldverdienen-Müssen bedrückt mich sehr. Vielleicht ist es doch nicht so schlimm, etwas für ihn zu finden. Der Brief an Sie ist (begreiflicherweise) direkter als der an mich; ich bin Ihnen sehr dankbar, dass Sie ihn mir zu lesen gegeben haben.
In Paris habe ich eine neue, grosse Freundin. Sollte Erhard über Paris zurückkommen, so muss er sie aufsuchen: Madame Michelle Ponceau, die Witwe des vor einiger Zeit verstorbenen Philosophen Amédée Ponceau, des Verfassers des posthum erschienenen Buches „Timoléon". Ich bin glücklich über diese unerwartete Freundschaft. Vor einigen Tagen erhielt ich einen grossartigen Brief von ihr über „Ex captivitate salus". Soviel Verständnis und Erkenntnis habe ich in Deutschland nirgendwo gefunden. Interessant ist eine Bemerkung des Briefes, in der es heisst: ils (ihre (Mme Ponceau's) Freunde) vous (mich) admirent sans vous aimer, à cause de „l'étiquette" attachée à votre nom. Das ist so treffend und unauffällig gesagt, wie es nur eine Pariserin vermag. Der Mythos „Carl Schmitt", an dessen Fabrikation einige Dutzend Teufel ununterbrochen arbeiten, wird als étiquette attachée à mon nom bezeichnet.
Wann erscheint nun Ihr Buch? Der Vermerk „ausserhalb des Buchhandels" war unglücklich und irreführend neben der Ankündigung Ihres Buches gedruckt. Umso besser, dass das jetzt geklärt ist. Wird Hans Fleig nicht einmal bald nach Deutschland kommen? Kommt Erhard Hürsch erst nach Deutschland, bevor er in die Schweiz reist (er schrieb, dass er im Juli bei uns sein werde)? Ende Juli wollen Sie den grossen Wohnungswechsel vornehmen; dann können wir wohl nicht damit rechnen, dass Sie mit Erhard Hürsch zusammen hier sind.

Herzliche Grüsse von uns allen!
Stets Ihr
Carl Schmitt.

P. S. Wer ist Peter Dürrenmatt[87], der den ausführlichen Aufsatz über E. J. Strahlungen im Sonntagsblatt der Basler Nachrichten 4/6 50 geschrieben hat?

---

86 Bezieht sich auf dieses Postskriptum von AM: „Nehmen Sie es mir nicht übel, wenn ich Ihnen die 10 DM wieder zurücksende in diesem Umschlag. Ich möchte nicht solche ‚geschäftlichen Beziehungen' mit Ihnen haben. Wenn Sie der Kaffee ‚drückt', so wird es ja auch wieder einmal eine Gelegenheit geben, wo ich Sie um eine Gefälligkeit bitten kann." Das war wohl ungeschickt – aber wir ahnten damals, daß C. S. „von der Hand in den Mund leben" mußte.

87 Peter Dürrenmatt, Onkel des Dichters Friedrich Dürrenmatt, liberalkonservativer Publizist in Basel.

— — — — — —

1. [ms] Weisheit der Zelle. [sechs ms Seiten, oben auf der ersten Seite hs:]

Armin Mohler
zu seinem Geburtstag im Mai 1950
von Carl Schmitt

2. [ms] Aus einem Brief von Dr. Hans Fleig, London (England-Korrespondent der Schweizer Tageszeitung „Die Tat" Zürich.)
[Darin bedankt sich H. Fleig für die Zusendung der Schrift über „Die Lage der europäischen Rechtswissenschaft", geht auf einige neue Deutungen und Erkenntnisse von C. S. ein und bedauert, seine juristische Bibliothek nicht zur Hand zu haben:] „Wäre ich in Basel, dann würde ich den anmassenden Versuch einer Kritik wagen."
3. [ms] Abschrift eines Briefes von Prof. Dr. Werner Weber an Professor Dr. Ludwig Raiser, Göttingen – eine ms Seite –
[W. Weber wendet sich damit an den Mitherausgeber der „Deutschen Universitätszeitung" und nimmt kritisch Stellung zu einem anonymen Redaktionsbeitrag über Carl Schmitt in Heft 9 (S. 7), in dem in polemischer Form offensichtlich versucht werde, den Leser vor schon erschienenen wie auch zukünftigen wissenschaftlichen Veröffentlichungen dieses Gelehrten zu warnen.]

*Nr. 53*
*B/ms*

*Wilflingen, 21. 8. 50.*

*Mein lieber Herr Professor,*

*heute war ein junger englischer Dozent hier, der an der Universität Birmingham bei Prof. Roy Pascal habilitiert ist und eine Arbeit über E. J. plant. Die Germanistische Abteilung Pascals unterscheidet sich darin von denen anderer englischer Universitäten, dass sie eine Art „Deutschlandkunde" sein will: nicht allein die Literatur, sondern ebensosehr Geschichte oder Wirtschaft oder Staatsrecht Deutschlands sollen einbezogen werden. Dadurch hat sie natürlich einen stärkeren Einfluss auf die Meinungsbildung als andere Depts of German.*

*Der junge Dozent selbst heisst Brian Coghlan, ist katholisch und von rein irischer Abstammung, wenn auch in England geboren. Er ist ein recht sympathischer, etwas schwerfälliger und bullenhafter keltischer Mann von etwa Mitte dreissig, scharf Anti-Labour, und für deutsche Probleme und Problematik erstaunlich aufgeschlossen.*

*Ich stelle ihn Ihnen vor, weil er mich fragte, ob er Sie wohl besuchen dürfte. Er hat sich schon stark mit Ihnen beschäftigt und sein Wunsch nach einem Besuch bei Ihnen* *entspringt nicht bloss der Neugier. <...> Mit Ernst Jünger hat Coghlan nicht über Sie gesprochen, und weiss nicht, dass zwischen Ihnen beiden Spannungen bestehen – oder darf ich sagen bestanden haben?*

*Zu diesem Punkte übrigens: schrieb ich Ihnen schon, dass E. J. „Ex Captivitate Salus" für eines Ihrer schönsten Bücher hält? <...>*

Nr. 54
B/hs

Plettenberg, 3. Oktober 1950

Mein lieber Armin Mohler!

Heute muss ich Ihnen endlich ein Wort schreiben, sei es auch nur, um zu sagen, dass Ihre und Frau Jüngers liebevolle Freundschaft mir in diesen Tagen ein Wort des sonst allweisen Goethe widerlegt, der behauptet hat, Trost sei ein absurdes Wort. Ich erfahre durch Sie und Frau Jünger, dass Trost einen Sinn hat und will Ihnen das wenigstens sagen und aussprechen. Natürlich müssen wir alles weitere einer mündlichen Besprechung überlassen. Über Ihr Buch[88] muss ich tagelang mit Ihnen sprechen. Ihre Widmung stärkt und steigert unsere Freundschaft. Ich habe ein Exemplar des Buches, das ich in Heidelberg bei Forsthoff sah, Frau Schmitt in der Klinik gezeigt, und sie hat es noch in die Hand genommen[89]. Ich lese jetzt in diesen Tagen hier in Plettenberg viel darin, unter allen Gesichtspunkten gleichzeitig: als Beteiligter, als Experte, als alter Lehrer, als Situationsgenosse, und als Ihr Freund, und muss Ihnen sagen, dass es ein sehr gutes, ja ein bedeutendes Buch ist. Über Zehrers Besprechung im Sonntagsblatt war ich wegen des Schlussabsatzes, der ungerecht ist, ärgerlich; ich werde ihm das auch sagen oder bald schreiben. Das Buch ist nicht verfrüht, und seine disziplinierte Sachlichkeit ist nicht mit neutraler Unbeteiligtheit zu verwechseln. Es hat mir leid getan, dass Zehrer[90], den ich schätze, hier etwas ausgeglitten ist. Man wird viel zu dem Thema des „Kairós" eines solchen Buches sagen können, auch die Frage: verfrüht oder nicht? kann man erörtern, aber Zehrer kanzelt Sie als jungen Mann ab, und das ist gegenüber einem solchen Zeugnis deutschen Gerechtigkeitssinnes, wie es Ihr Buch unbestreitbar ist, nicht gerecht und nicht ganz fein. Ich finde sogar eine Don Capisco-Anlage in diesem Buche dokumentiert. Ihr entzückender Don Capisco-Traum gehört

88 Die Buchhandelsausgabe der „Konservativen Revolution" – auf 1950 vordatiert.

89 Nach Bericht von C. S. sagte Frau Duschka dabei: „Nach diesem Buch werden die nächsten Verfolgungen durchgeführt."

90 Die These des Buches, daß christlich und konservativ nicht zu vereinen seien, reizte Zehrer im „Sonntagsblatt" (1. 10. 50) zu dem Ausruf, „daß das Konservative ohne das Christentum der Dame ohne Unterleib ähnelt".

wohl in diesen Zusammenhang. Natürlich werden Sie mein Büchlein Ex Captivitate von mir bald bekommen; ich bin durch die Spannung, die mich in diesen Wochen beherrscht, nicht zu einem sichern Wort der Widmung gekommen. Das Donoso-Büchlein, das ebenfalls fertig ist, erhalten Sie auch, ebenso in 2–3 Wochen, den Nomos der Erde. Bei Ihrem Schwiegervater in Basel werde ich mich – auch in Anima's Namen – für die freundlichen Kaffeepäckchen bedanken. Hans Fleig bitte ich von mir zu grüssen. Dass Rychner eine so alte Motte ist, wusste ich nicht; lassen wir ihn den Moder seiner Informiertheit weiter fressen. Sehr leid tut es mir, dass wir solange kein Wort von Erhard Hürsch gehört haben; wir hatten doch eine grosse Sympathie für ihn und liebten ihn als einen Dichter. Frau Schmitt hat nach ihm gefragt, aber ich konnte nur sagen, dass ich nichts von ihm gehört habe.
Es ist möglich, dass ich noch einmal nach Heidelberg fahre. Die arme Duška meinte zwar: wer mich liebt, muss wünschen, dass es bald zu Ende ist mit diesem qualvollen Leiden; sie dachte, diesen Sonntag oder Montag wäre es soweit. Aber ihr Herz ist unglaublich stark und so kann es noch einige Zeit dauern, obwohl alles vorbereitet ist. Ich grüsse Sie in einer durch die Erfahrungen der letzten Wochen und durch Ihr schönes und bedeutendes Buch stark und sicher gewordenen Freundschaft, lieber Armin Mohler, und bitte Sie auch Ihre Frau und Frau Gretha Jünger meine Grüsse zu sagen. Von ganzem Herzen Ihr

Carl Schmitt.

Nr. 55
B/hs

Auf der Reise nach
Heidelberg
14/11 50

Mein lieber Armin Mohler, endlich muss ich Ihnen doch Ihr Exemplar von Ex Captivitate Salus schicken und für Ihre Schreiben und Grüsse danken, (auch für die Grüsse Ihrer Frau) die Sie mir im Laufe der letzten Wochen übersandt haben. Es wird mir schwer, jetzt Briefe zu schreiben; das ist zwischen uns auch nicht nötig. Oft denke ich an Sie und sehne mich, Sie zu sehen und zu sprechen. Der etwas phantastische Gedanke, wir könnten uns vielleicht anlässlich meines jetzigen Besuches in Heidelberg sehen (ich bleibe bis Sonntag dort) treibt mich, Ihnen zu schreiben. Aber Sie wissen ja, was „Reisepotenzial" ist, nicht nur das Geld für die Fahrkarte und Aufenthalt, sondern auch Kleider, Wäsche, Gesundheit (ich werde von schlimmen rheumatischen Schmerzen geplagt), alles das ist ja auch „Potenzial". Ich möchte wissen, wie sich das Schicksal Ihres Buches entwickelt und was Sie heute denken. Dann fängt es an mich zu quälen, dass man nichts mehr von Erhard Hürsch hört. Sollte es ihm schlecht gehen, so müsste er sich doch erst recht bei uns melden. Den Brief von Hans Fleig gebe ich mit vielem Dank zurück. Ist er schon in Zürich? Der äussere Anlass meiner jetzigen Reise ist nicht eine plötzliche Änderung im Befinden meiner Frau (das scheint unverändert zu sein) sondern eigentlich etwas sehr Schönes: ich bringe ihr das erste fertige Exemplar des „Nomos der Erde", für das ich ihr auf dieser Reise folgende Widmung gemacht habe:

Trotz Terror und trotz Heldenklau,
Trotz Bomben und trotz Morgenthau,
Trotz Automatik und Verrat,
Trotz Nürnberg und trotz Stacheldraht,
Trotz alledem entstand dies Buch
Und wuchs ein Segen aus dem Fluch.

Nun müssten natürlich einige Verse kommen, die von Frau Schmitt sprechen, denn Sie war die Segenstifterin. Aber wenn ich das richtig sagen könnte, wäre ich ein Dichter und kein Jurist. Doch werden Sie auch schon aus den erbrachten Versen meine Genugtuung entnehmen und verstehen, dass ich jetzt gern zur Begrüssung dieses neuen Geisteskindes mit Ihnen ein Glas Wein tränke.

Wie geht es bei Jüngers? Frau Gretha Jünger brauche ich nicht zu schreiben; sie weiss von selbst, wie es steht. Ernst Jünger wird sich in seine Arbeit vertiefen, und Carl Alexander wird sich mit der Schule herumschlagen. Den Nomos schicke ich, wenn ich meine Autoren-Exemplare habe.

Ihnen allen meine herzlichen Grüsse und Wünsche! Lesen Sie gelegentlich in Ex Captivitate Salus als wären es an Sie persönlich gerichtete Briefe, und wissen Sie, dass ich Sie zu den lebenden Freunden zähle, denen damit ein Zeichen gegeben ist.

Immer Ihr
Carl Schmitt.

— — — — — —

C. S., „Ex Captivitate Salus" [mit der Widmung:]

Für Armin Mohler,
meinen Freund, der die Schrift
der Geleitbriefe des Geistes
zu lesen weiß.
November 1950
Carl Schmitt

*Nr. 56*
*B/hs*

*Mein lieber Herr Professor,* *Wilflingen, 20. 11. 50*

*mit Ihrer Zueignung von „Ex Captivitate Salus" haben Sie mir eine sehr, sehr grosse Freude gemacht! Und zwar darum, weil ich in diesem Band wohl am reinsten und unmittelbarsten finde, was für mich Ihre Gabe an mich so anders Gearteten und aus so anderen Bahnen Kommenden ist. Zweierlei ist es, was ich Ihnen, Ihren Büchern und vor allem dem Zusammensein mit Ihnen zu verdanken habe: im Vordergrund die Schärfung des Blicks für das Politische schlechthin, und dahinter die beginnende Aufschliessung der Welt, die für Sie mit den Namen Däublers und Konrad Weiß umrissen ist. Die Verbindung beider Fähigkeiten, der Blick in beide Schichten der Wirklichkeit zugleich, das ist für mich Don Capisco; und in „Ex Captivitate Salus" ist das Ineinanderübergehen, das Sichdecken von beidem das, was mich am meisten erschüttert.* <...>

*Nur eine Bitte, die ich Sie recht aufzufassen bitte: Sie haben mir auch den „Cortés" und den „Nomos" ins Aussicht gestellt. Der Umkreis Ihrer Verpflichtungen ist aber so gross, dass ich Ihre Widmung von „Ex Captivitate Salus" als für alle drei Bände zusammen geltend auffassen möchte, und Sie bitte, mich die beiden anderen Bücher selbst erwerben zu lassen. Ihre Bücher sind auch so ein Geschenk für mich.* <...>

Nr. 57
B/hs

Plettenberg, den 1. Dezember 1950

Mein lieber Armin Mohler!

Vorige Woche bin ich aus Heidelberg hierher zurückgekehrt. Frau Schmitt wird schwächer und schwächer. Ich hoffe aber immer noch, sie in der zweiten Hälfte Dezember wiederzusehen[91], nach dem 13. Dezember (an dem ich in Düsseldorf im Rhein-Ruhr-Club einen Vortrag über „die Einheit der Welt" halten soll). Für Ihr

91 Zwei Tage nach dem Schreiben dieses Briefes, am 3. 12. 1950, ist Frau Duschka Schmitt mit 47 ½ Jahren in einer Heidelberger Klinik gestorben. Sie wurde nach Plettenberg überführt, wo sie auf dem Friedhof von Eiringhausen ihre letzte Ruhestätte fand. C. S. verzichtete zunächst auf die Errichtung eines Grabsteins oder einer anderen Markierung. (Das geschah offenbar entgegen ursprünglicher Absicht, denn C. S. hatte, wie Piet Tommissen mitteilt, mit dem Bildhauer Heinz Holthaus einen Grabstein vereinbart.) Wenn man von C. S. dorthin geführt wurde, stand man vor grünem Rasen – er begründete das mit der Befürchtung, das Grab könnte geschändet werden.

Schreiben vom 20. November und die Überlassung der „Urteile“ über Ihr Buch vielen Dank! Was Sie von der „Entscheidung“ schreiben beunruhigt mich nur deshalb, weil ich als Dezisionist, Entscheidungen nur im extremsten, unausweichlichsten Notfall treffe. Ich verstehe nicht recht, was an meiner Donoso-Widmung E. J. habe verletzen oder enttäuschen können. Doch sind leider die unvermeidlichen Missdeutungen die beliebtesten Mittel des Weltgeistes und der Vorsehung.

Die beiden Bände „Urteile“ schicke ich hier mit grösstem Dank zurück. Das alles ist spannend, lebendig und Ihre Zusammenstellung scheint mir eine neue, überaus aktuelle Form zu sein, die sich gegenüber der Lüge und Verstellung des heutigen publizistischen Betriebes und seiner Pseudo-Öffentlichkeit als notwendig erweist. Es wäre zu überlegen, ob man diese Art von Dokumentierung nicht noch weiter fortsetzen könnte, und ob man nicht versuchen wollte, den Ansatz zur Kristallisierung neuer Formen der Erörterung weiter zu treiben. Die Verschiedenheiten der Leser, Gegensätze im Stil wie die von Steinbömer und Schumacher, aber auch sachliche Informationen, alles kommt zusammen. Ich erinnere mich nicht, irgendeine Besprechung irgendeines Buches gelesen zu haben, die mich so gefesselt hätte wie die Lektüre dieser Zusammenstellung von Urteilen über Ihr Buch. Das ist wirklich ein Colloquium, das sich der Vergiftung unserer heutigen Öffentlichkeit entzieht.

Ich kann nicht alles aufschreiben, was ich Ihnen erzählen würde, wenn Sie hier wären. Ganz aufs Geratewohl schreibe ich z. B. zu S. 14 (Hans Schwarz): ich habe der Witwe Moeller van den Brucks eine Rente des preussischen Staates verschafft, etwa seit 1936/37, obwohl Moeller mir ganz wesensfremd war und die Witwe, eine Baltin, das Wort „Kathole“ vernichtender zu gebrauchen wusste als ein Nazi das Wort „Jude“, oder ein Nutzniesser des Zusammenbruchs das Wort „Nazi“. Oder: zu S. 32 (Burckhardt): wenn man H. St. Chamberlain sagt, taucht in Wahrheit das Judenproblem auf, wie es sich seit Bruno Bauer für das evangelische Christentum stellt. Oder S. 30 (Klostermann): Kl. hat mich (wie ein Dutzend anderer Verleger) um das Ms. des Nomos gebeten; hat er das, wie die meisten andern, getan, um es in die Hand zu bekommen und meinen Verfolgern zu zeigen? Das würde mir leid tun. Ferner: Dr. Günther Krauss ist nicht mein „junger Phae[..?]“[92]. Etc. Etc. Vielen Dank für die Überlassung solcher Dokumentation und weiter guten Erfolg für Ihr Buch und Ihre Arbeit! Dann noch vielen Dank für die beiden Photos von Wilflingen und für den Aufsatz Futurapolis von Hans Fleig. Ist es denkbar, dass ein solches Prachtstück des Wissens, der Ironie und des Stils in einer deutschsprachigen Tageszeitung zu finden ist, und nicht einmal im Schutz des Alibis des Feuilletons? Sondern ganz vorn an der Spitze auf der ersten Seite? Unwahrscheinlich, unglaublich, unerhört. Gibt es nicht jetzt eine bessere Möglichkeit, Hans Fleig einmal zu sehen, nachdem er in Zürich ist! Ich möchte wissen, ob der

92 Hier verhindert ein kleiner Tintenklecks das Entziffern der letzten Buchstaben. Die vorausgehende Kennzeichnung „jung“ läßt vermuten, daß es „Phaedon“ heißen soll und damit eine Anspielung auf den griech. Philosophen Phaidon vorliegt, der sich als junger Mensch dem Sokrates angeschlossen hatte und als sein Lieblingsschüler gilt.

Greven Verlag ihm anständige, gebundene Exemplare meiner 3 Bücher geschickt hat, nicht nur „Besprechungsexemplare“ mit dem Aufdruck „Besprechungsexemplar“ und der drohenden Mahnung, die Bücher zurückzuschicken, wenn keine Besprechung „erfolgt“. Das ist zu meiner persönlichen Blamage in einigen Fällen geschehen und war mir sehr peinlich. Ich schicke Fleig gern von mir aus ein Exemplar und schreibe ihm auch gern eine Widmung hinein. Der Nomos ist jetzt erschienen, und von einer besorgniserregenden Aktualität, an der ich unschuldig bin und die ich mit allen Zäunen und Kulissen zu umgeben versucht habe. Werden Sie Weihnachten in Basel sein? Ihrem Schwiegervater habe ich noch nicht einmal gedankt für seine Kaffee-Sendung im Sommer. Dem Weihnachtsfest sehen Anima und ich mit Traurigkeit entgegen. Dass Sie nicht an Frau Schmitt schreiben, ist richtig; es bedarf dessen auch nicht; wir denken in unveränderlicher Liebe an Sie.
Wann kommen Jüngers zurück? Ein Bekannter, Dr. Müller-Henneberg aus Wiesbaden, schrieb mir, dass er Ernst Jünger gestern (30/XI) besuchen wollte. Grüssen Sie alle herzlich, Ihre Frau, Carl Alexander, und sagen Sie Frau Jünger, dass wir uns über das Foto, auf dem Sie zu dritt sind, sehr gefreut haben. Ich bleibe immer Ihr

Carl Schmitt.

PS. Den beil. Aufsatz schicke ich unter dem Eindruck der in den Urteilen immer wieder auftauchenden falschen Antithese: Kyklos-Linie als Kriterium des Gegensatzes Heidentum-Christentum. Solche Antithesen sind nur ein Zeichen dafür, dass das Christentum heute Judentum geworden ist, eine Episode in der Geschichte des Judentums. Das ist es auch bei Löwith. Das unbesiegte Christentum ist bei Konrad Weiß und daher heute suspekt und in die Krypta gedrängt.
Haben Sie noch 1) ein Exemplar meines Aufsatzes von 1942: Beschleuniger wider Willen? 2) ein Exemplar von Hans Fleig's Nachruf auf Harold Laski (März 1950)?

— — — — — —

C. S., „Drei Stufen historischer Sinngebung“ in: Universitas, 5. Jg., Heft 8, 1950, S. 926ff., [mit der Widmung:]

Für Armin Mohler als Gruss
eines nicht-entchristeten Sündenbocks
zum Thema: Kyklos.
30/XI 50. C. S.

[Unterhalb des Titels hs:] (Von der Redaktion improvisierter Titel, ganz falsch; es handelt sich weder um „Stufen“ noch um „Sinngebung“). [Und S. 927 sind in dem hier wiederholten Titel die letzten drei Worte gestrichen und ersetzt, so daß die Überschrift nun lautet:] „Drei Möglichkeiten eines christlichen Geschichtsbildes“.

*Nr. 58*
*B/ms*

*Mein lieber Herr Professor,* *Wilflingen, 10.12. 50.*

*heute Mittag ist Frau Gretha*[93] *zurückgekehrt und hat uns viel von Ihnen und Anima und Oberheid und Barion erzählt. Sie hat uns auch die beiden wunderbaren Aufnahmen Ihrer Frau aus Heidelberg gezeigt. Nach all dem ist es schwer, in einer Korrespondenz einfach weiterzufahren als ob nichts geschehen wäre*[94].
*Ihr langer Brief vom 1.12. erreichte mich erst, nachdem die Nachricht aus Heidelberg eingetroffen war. Ich legte ihn beiseite, doch will ich nun die Fragen beantworten, die Sie mir dort stellten <...>*

*<...> in diesem Falle muss ich mehr sagen, als ich es in solchen Fällen sonst tue. Nebel unterlässt keine Gelegenheit, Sie in widerlicher Weise schlecht zu machen und vor allem über Ihr schönes Buch „Ex Captivitate Salus" herzuziehen. Er steht nicht an, Sie laut einen „potentiellen Massenmörder" (wörtlich) zu nennen. Vor drei oder vier Wochen noch, als ihm der Zustand von Frau Schmitt längst bekannt war, hat er – und das trage ich ihm am meisten nach – sich noch in widerlicher Weise über Frau Schmitt lustig gemacht. Nun höre ich von Frau Gretha, dass er sich unter Berufung auf Frau Schmitts Schicksal wieder bei Ihnen eingeschlichen hat. Damit er sein Wort einhalten konnte, irgendjemandem den „alten Schmitt" vorzuführen. Um durch den Wein Ihre Wachsamkeit einzuschläfern und Sie Dinge sagen zu lassen, die er dann wieder gegen Sie verwenden kann. Um auf Sie einzupoltern und nachher, da Lautstärke nicht Ihre Sache ist, zu sagen: dem Schmitt habe ich es aber wieder einmal gegeben. <...> Ich diskutiere nicht mehr mit ihm, setze mich, wenn ich in eine Gesellschaft komme, wo er auch ist, an den anderen Tisch. Dass es soweit gekommen ist, liegt vor allem an seinen Wühlereien gegen Sie. Er weiss das auch und lässt darum keine Gelegenheit vergehen, laut Sie zu schmähen, wenn ich in der Nähe bin – er weiss, dass mich das wild macht <...>*

---

93 Rückkehr von Frau Gretha Jünger vom Begräbnis in Plettenberg.

94 C. S. hat seine Freunde und Bekannten bitten lassen, sie möchten auf Beileidsbriefe verzichten und sich so verhalten, als ob Frau Duschka noch am Leben sei.

*Nr. 59*
*B/hs*

*Mein lieber Herr Professor,* *Wilflingen, 17. 1. 51.*

*Waldemar Gurian*[95] *hat mir seinen Besuch angekündigt. Brieflich hat er auf Sie angespielt, scheint Sie auch persönlich zu kennen, doch werde ich über seine Stellung Ihnen gegenüber nicht ganz klug. Wie soll ich mich verhalten? <...>*

Nr. 60
B/hs

Plettenberg, 21/1 51.

Mein lieber Armin Mohler,

es quält mich schon seit Wochen, dass ich guten und treuen Freunden wie Ihnen und Gretha Jünger nicht schreibe und die schönsten Briefe und Sendungen ohne Antwort lasse. Auch heute schreibe ich nur als Zeichen des guten Willens zum Schreiben. Bei Ihren Schwiegereltern habe ich mich erst vorgestern bedankt. An Hans Fleig habe ich noch nicht geschrieben, und weder einen längeren Brief vom 8/12 noch seinen Beileidsbrief beantwortet. Alles das bedrückt mich sehr.

Was Sie mir über G. Nebel mitgeteilt haben ist noch trauriger als Sie wissen. Ich habe ihn damals in Werdohl getroffen, weil Gremmels dabei war. Dieser bestätigt mir alles, findet es aber „dionysisch" und in Ordnung.

Ihren Zerberus-Aufsatz habe ich mit grossem Vergnügen gelesen. Anima findet die Zeichnung in der Weltwoche sehr schlecht und schwach; die 3 Köpfe des Höllenhundes hätten viel individueller herauskommen müssen. Übrigens hat Anima vorgestern mit dem schriftlichen Abitur begonnen: erster Tag: Deutsch; grosser Klassenaufsatz mit dem Thema: Wie würden Sie den Fall des Steges von Masirah in Ernst Jüngers Heliopolis, Kapitel In der Kriegsschule, beantworten? Ich hoffe, dass es mir gelingt, den Aufsatz von Anima zu bekommen (die Abitur-Aufsätze werden sonst nicht herausgegeben oder gezeigt). Herzlichen Dank für das Exemplar von Ortners Erzählungen[96] mit den sehr stimmungsvollen Illustrationen Mandelslohs! Vor allem auch für Ihre Widmung, über die wir noch sprechen müssen.

---

95 AM hatte in seiner Dissertation das unter dem Pseudonym „Walter Gerhart" erschienene Buch von Waldemar Gurian „Um des Reiches Zukunft" (Freiburg i. Br.1932) als erstes Buch von Rang über die Konservative Revolution hervorgehoben.

96 Ortners Erzählungen: ein Kapitel aus Ernst Jüngers Roman „Heliopolis", das als illustrierter Sonderdruck erschien.

Ich habe Sehnsucht nach einem Gedicht von Erhard Hürsch. Was macht er eigentlich? Sie fragen mich nach Waldemar Gurian. Er gehörte 1924–28 in Bonn zu einem Kreis junger Leute, die mir nahestanden. 1928 hat er sich voller Hass von mir getrennt, plötzlich und in einem unerwarteten, aber offensichtlich aus der Tiefe seines Wesens kommenden Ausbruch. 1933 ist er emigriert und hat immer eifrig Material gegen mich gesammelt und verbreitet. Er gehört jetzt zu Maritain, einem meiner Verfolger, zu dem Jesuitenpater Walsh (der 1945/46 Haushofer in [..?..] vernommen und während ich im Camp war, verleumderische Reden gegen mich gehalten hat; Haushofer, ein alter, gebrochener Mann, hat sich das Leben genommen; bei mir wäre die Vernehmung durch Walsh anders verlaufen). Gurian hat ein grosses Institut an einer katholischen Universität in Indianapolis, eine Zeitschrift für Politik etc. Sehen Sie ihn sich an; er sucht wohl neues Material über mich, soweit er sich noch oder wieder für mich interessiert. Er ist regelmässiger Mitarbeiter des „Rheinischen Merkur", der neulich den Aufsatz eines Dr. Rosenbaum gegen Ex Captivitate Salus veröffentlicht hat, um mich beim rheinischen Katholizismus abzuwürgen, womit er aber nur offene Türen einrannte. Kurz, sagen Sie ihm, ich wäre ein christlicher Epimetheus[97] und er, Gurian, als Christ müsste doch wissen, was das ist.
Damit sind wir bei unserem Thema. Für die Juden ist das Christentum eine Episode in ihrer Geschichte; sie fühlen sich heute als Sieger, und sind es auch. Le Christ est toujours dans l'agonie. Kennen Sie Goethes Ausspruch über die Verhöhnung Christi am Kreuze?
Zu „Konservativismus": lesen Sie bitte S. 65 meines Donoso-Büchleins; zu „Kyklisch" den Nomos der Erde S. 246 Anm.
In der Kunsthalle Basel ist eine Ausstellung von Wandteppichen aus Angers, die mich brennend interessiert. Ich habe meine Reise nach Paris im Oktober 1941 gemacht, um diese Wandteppiche zu sehen, was mir damals nicht gelungen ist. Glauben Sie, ich könnte Herrn Hofmann bitten, mir einen Katalog und Fotos zu besorgen?
Zu Fotos: für die Fotos der sterbenden Frau Schmitt gilt wohl nicht Ernst Jüngers Bemerkung Strahlungen S. 67 unten?
Herzliche Grüsse Ihnen, Frau Gretha Jünger und Carl Alexander. Auch Anima lässt vielmals grüssen. Ich bleibe Ihr alter

Carl Schmitt.

---

97 Epimetheus ist im griechischen Mythos der Mann, der „erst nachher statt vorher überlegt". Konrad Weiß (1880–1940), welcher am Ende des Zweiten Weltkrieges Theodor Däubler aus der Rolle des Schmittschen Leib-Dichters verdrängte, gab 1933 mit seinem Buch „Der christliche Epimetheus" dem Namen den Sinn eines Christentums, das nicht dem Judentum entsprungen sei. Gurian war Jude und katholischer Konvertit.

Nr. 61
B/hs

Plettenberg, 5.3. 51

Mein lieber Armin Mohler!

Endlich muss ich Ihnen danken für Ihre Sendung vom 15/2 (mit der von E. J. an Sie geschickten Karte eines Teppichs von Angers, die ich gern behalte). Die beiden Briefe von Hans Fleig und Erhard Hürsch schicke ich hier mit vielem Dank zurück. Von Hans Fleig erhielt ich inzwischen 2 Briefe; leider kann er meiner Einladung zu einer 300 Jahr-Feier des Leviathan in Werdohl (1651 erschienen, 5. April Geburtstag von Thomas Hobbes) nicht folgen. Auch Norberto Bobbio aus Turin kann nicht kommen, sodass ich den Tag wohl einsam und sozusagen unter vier Augen mit dem Leviathan begehen muss. Den Aufsatz über den völkerrechtlichen Status Deutschlands (aus der „Tat") habe ich ebenfalls mit vielem Dank erhalten. Ferner die Abschrift des Briefes an Max Rychner, der aber wohl nicht genug Witz und Humor hat, um Ihnen zu antworten.
Werden Sie im Laufe des Sommers hierher kommen? Ich habe viel auf dem Herzen, das ich mit Ihnen besprechen müsste. Vielleicht komme ich im März oder April noch einmal bis Frankfurt, aber von dort bis Riedlingen ist es noch weit. Anima, die am 15. März Termin für das Mündliche hat, will Ende März gleich nach München. Meine Spanienreise (Mitte April) hängt noch an der Frage, ob ich von den Deutschen einen Pass bekomme.
Dies zur „Lage". Viele Grüsse, auch von Anima, an Sie, Gretha und Ernst Jünger, und Carl Alexander. Vor allem aber herzlichsten Dank für den Gruss, den Ihre Frau mir sandte und den ich mit allen guten Wünschen erwidere, besonders für die neue Wohnung!

Stets Ihr

Carl Schmitt.

Nr. 62
AK/hs

[o. O./Spanien,] Mai 1951

Lieber Armin Mohler, seit über einen Monat bin ich jetzt in diesem wunderbaren Land und feiere meine Wiederbegegnung mit der Universität und der juristischen Fakultät auf die grossartigste Weise, in Madrid, Barcelona, Santiago, Sevilla und Murcia. (In

Barcelona hat vor einigen Tagen ein Kollege vom öffentlichen Recht in der Aula Magna vor über 1000 Studenten der Rechtswissenschaft den „Gesang des 60jährigen“ vorgetragen und interpretiert). Dreimal bin ich nach Ihrem Buch K. R. gefragt worden; ich werde Ihnen nach meiner Rückkehr (im Juni) einige Adressen sagen; das Interesse ist sehr gross. Hier begegnete ich auch einem Exemplar einer Baseler Dissertation von 1945: Nomos und Physis, von Felix Heinimann aus Bennwil (Baselland). Kennen Sie den Verfasser? Im Sommer müssen wir uns unbedingt sehen, auch Hans Fleig muss ich endlich sprechen. Inzwischen herzliche Grüsse und Wünsche Ihnen und Ihrer Frau, Ernst Jünger und Frau Jünger und Carl Alexander. Ich bleibe stets Ihr alter

C. S.

Habe ich mich schon für die Mitteilung Ihres Briefes an Klett bedankt? Wenn nicht, hole ich das hiermit nach!

Nr. 63
B/hs

Plettenberg, den 15. Juni 1951.

Mein lieber Armin Mohler,

Ihr Schreiben vom 10/6 und die Beilagen fand ich vorgestern bei meiner Rückkehr hier vor. Ich bin über die Nachricht von Ihrer Krankheit sehr erschrocken. Wenn nur wirklich „der Höhepunkt überschritten“ ist, wie Sie es schreiben!
Es wäre jetzt Zeit, dass wir uns sehen und sprechen. Das Schreiben fällt mir sehr schwer; es ist mir im Grunde unmöglich. Ich habe vor, Javier Conde Ende Juni in Wiesbaden bei Hans Freyer zu treffen; wenn er Zeit hat, dann nach Wilflingen zu fahren, komme ich mit ihm; sonst hoffe ich auf Ihren baldigen Besuch in Plettenberg. Am 10. Juli denke ich hier zu sein. Oder sollen wir uns von Kassel aus in Siedlinghausen treffen? Das wäre keine schlechte Idee.
Über die Kons. Rev. hört man viel; aber die Fronten sind verwirrt. Über Brackelmanns in Madrid muss ich Ihnen erzählen. W. Hipplers Aufsatz enthält manche treffenden Sätze. Den Aufsatz von H. Barth in der NZZ vom 9/6 (gegen den christlichen Epimetheus) werden Sie gelesen haben. Hans Fleig muss ich jetzt endlich persönlich kennen lernen. In Granada im Hotel Inglaterra sah ich einen double von Erhard Hürsch in einer deprimierenden Situation. Nicolaus Sombart hat mir das letzte Mal (in Frankfurt, April 1951) gut gefallen. Den „Fragebogen“[98] habe ich noch nicht gelesen. Am 15/6

98 Damit ist natürlich der autobiographische Bestseller „Der Fragebogen“ (1951) von Ernst von Salomon gemeint. Es gab vorher schon gegen die Siegermächte in Ost und West gerichtete Literatur. Zu großen Auflagen kam es erst durch zwei Autoren, die ihre Kritik in Komik zu verpacken wußten: von Salomon und dann ein Jahr später Joachim Fernau mit „Deutschland, Deutschland über alles …“ (1952).

soll in der „Gegenwart“ eine Auseinandersetzung von Michael Freund mit mir erscheinen. Am 19/6, abends 22.15 sendet der Frankfurter Sender mein Gespräch mit Walter Warnach.
Ich bin von dem Gegensatz meiner Existenz in Spanien und der in meinem Vaterlande noch wie betäubt.
Viele Grüsse Ihnen allen und auf ein gutes Wiedersehen!

Ihr alter
Carl Schmitt.

Besonderen Dank für den Zeitungsausschnitt vom Bilderteppich von Angers.

Nr. 64
PK/hs

[Plettenberg, 30/6 51]

Mein lieber Armin Mohler,
also Montag, den 9. Juli, in Siedlinghausen! Teilen Sie an Dr. Schranz mit wann Sie mit der Bahn in Bestwig ankommen, das liegt auf der Strecke Kassel-Arnsberg und ist für Siedlinghausen besser gelegen als Brilon-Wald. Ich werde wahrscheinlich schon am Sonntag den 8. in Siedl. sein. Wenn es für Sie nur gesundheitlich nicht zu anstrengend ist! Vor Vollbärten habe ich keine Angst[99]. Ehe Sie den Vollbart Däublers erreicht haben werden, muss noch viel Zeit vergehen.
Auf ein gutes Wiedersehen in Siedlinghausen! Ihnen und ganz Wilflingen herzliche Grüsse

Ihres alten
C. S.

30/6 51 Ich schreibe gleichzeitig nach Guntershausen.

Nr. 65
PK/hs

[Plettenberg, 30/6 51]

Mein lieber Armin Mohler,
also 9. Juli Siedlinghausen[100]! Teilen Sie nach Siedl. mit, wann und wie Sie ankommen; mit der Bahn am besten in Bestwig (Strecke Kassel-Arnsberg); das liegt günsti-

---

99 AM mußte kurzzeitig aus medizinischen Gründen Vollbart tragen.

100 Siedlinghausen war damals ein idyllischer Ort im Sauerland (also in Carl Schmitts Heimat), südwestlich von Brilon. Eingeladen hatte der Arzt Dr. Franz Schranz (1894–1961). Sein Haus war

ger (für die Bahn) als Brilon-Wald. Ich freue mich, Sie wiederzusehen und hoffe, dass Sie die Reise gesundheitlich gut überstehen. Stets Ihr alter

30/6 51 C. S.

Nr. 66
AK/hs

[Pl. 4/7 51]

Mein lieber Armin Mohler,
ich werde wahrscheinlich schon am Samstag abend in Siedlinghausen sein, jedenfalls am Sonntag nachmittag. Wenn Sie schon Sonntag oder Samstag kommen könnten, wäre das schön. Dr. Schranz ist telefonisch unter Nr: 26 (Siedlingh. Kreis Brilon) zu erreichen. Herzliche Wünsche für Ihre Gesundheit und Ihren Erfolg und auf ein gutes Wiedersehen!

Stets Ihr
Pl 4/7 51 Carl Schmitt.

Nr. 67
B/hs

Pl. 17/7 51.

Mein lieber Armin Mohler!

Ihre Karte aus Wiesbaden ist gestern angekommen; vielen Dank! Schade, dass es mit Suhrkamp nichts geworden ist. Doch sollte man darüber auch nicht allzu traurig sein. Ich habe leider vergessen, Erhard Hürsch zu fragen, wo er am 31. Mai (Donnerstag) abends etwa 10 Uhr war und was er da tat. Das war nämlich der Augenblick, in dem ich in Granada im Hotel Inglaterra seinen Doppelgänger sah und sehr erschrak.
Ich schicke Ihnen die Karte des Spaniers, der gern ein Exemplar Ihrer Konservativen Revolution hätte. Ein anderes Exemplar müssen Sie an Herrn Brackelmanns schicken,

---

seit den 30er Jahren und bis zu seinem Tod ein Refugium für Philosophen, Dichter, Musiker und bildende Künstler, die fern vom großstädtischen Betrieb in Ruhe arbeiten wollten. Daran erinnert die Epistel „An Dr. Schranz in Siedlinghausen" (1943) von Friedrich Georg Jünger. Schranz errichtete dort neben seiner Praxis eines jener informellen Begegnungszentren, die damals einem echten Bedürfnis entsprachen – das Schranzsche wirkte bis weit über das Sauerland hinaus.

Biblioteca del Consejo de Investigaciones Cientificas, Serrano 117, Madrid. Der Marqués de Valdeiglesias ist übrigens ein besonders sympathischer Typ; er war mit Maeztu befreundet (dem spanischen Charles Maurras).
Haben Sie unter den Heften des Deutschen Volkstums auch das vom Januar 1930? Es scheint mir besonders interessant zu sein: ein Aufsatz von A. E. Günther über die Entstehung des Judentums; ferner von Kellinghusen (Mitarbeiter des Tymbos für W. Ahlmann[101]) über Niedersächsischen und preussischen Konservativismus. Im eben erschienenen Heft der „Friedenswarte" von Hans Wehberg steht ein grosser Aufsatz von 10 Seiten über „Jus publicum Europaeum", eine im Grunde sehr respektvolle, objektive Würdigung des Nomos der Erde, die Hans Fleig in seinen Zürcher Diskussionen vielleicht sehr erwünscht kommt. Ich habe ihn gebeten, mir das Heft zu besorgen.
Der hessische Rundfunk wird das Gespräch über Geschichtsphilosophie zwischen Warnach und mir am 10. August, 21.15 nochmals über Ultrakurzwelle senden. Anima freut sich ungeheuer auf den Besuch in Wilflingen.
Hoffentlich sind Sie beide heil und gesund an Ihren Reisezielen angekommen. Sagen Sie bitte Ernst Jünger, Frau Gretha und Carl Alexander meine herzlichsten Grüsse und seien Sie selbst, mit Ihrer Frau, vielmals gegrüsst von Ihrem alten

Carl Schmitt.

Morgen, Mittwoch abend, höre ich mit Herrn Kirchhoff den Marquis Posa von Mathias Wieman[102] in Recklinghausen.

Nr. 68
B/hs

Plettenberg, den 25. 8. 1951.

Mein lieber Arminius,

ich müsste Ihnen dankbaren Herzens eine lange, spezifizierte Liste von Empfangsbestätigungen schicken: für viele Zeitungsausschnitte und Abschriften; auch bin ich Ihnen längst einen Brief schuldig, vor allem eine Antwort auf die Frage, wann ich Sie in Wilflingen besuche. Erlauben Sie mir bitte heute, dass ich jene Dankesschuld mit ei-

101 „Tymbos für Wilhelm Ahlmann" ist der Titel des 1951 bei de Gruyter, Berlin, erschienenen Gedenkbuches für den Bankier Ahlmann (1895–1944), der in die Vorbereitung des gescheiterten Aufstandes vom 20. Juli 1944 verwickelt war und, zum Schutz seiner Familie, Selbstmord verübte. C. S. gehörte dem Freundeskreis um Wilhelm Ahlmann an und steuerte für das Gedenkbuch den Aufsatz „Recht und Raum" bei.

102 Der Schauspieler Mathias Wieman (1902–1969) war sowohl im Haus Jünger wie im Haus Schmitt ein gern gesehener Gast und Freund, weil er privat kein Schauspieler war.

nem pauschalen Wort vorläufig wenigstens anerkenne, und dass ich Ihnen für den zweiten Punkt eine baldige Mitteilung verspreche. Ich warte nämlich noch auf Nachricht über den Termin des Besuches, den ein belgischer Freund, Victor Leemans, angekündigt hat und der mir sehr wichtig ist.

Ihren Aufsatz über E. von Salomons „Fragebogen" halte ich für ein Meisterstück. Er ist eine vorbildliche Besprechung (für den bösartigen falschen Titel sind Sie sicher nicht verantwortlich) als Information über die Lage und den Inhalt einer Publikation, dabei sorgfältig aufgebaut und Satz für Satz gut geschrieben. Der Schluss ist etwas schwach im Vergleich zu dem vorangehenden Ganzen. Ich habe die Besprechung mehrmals gelesen und vielen Bekannten gezeigt.

Von Hans Fleig interessiert mich nach wie vor alles, solche Aufsätze wie „Aufwertung der Neutralität" und „Demokratie und Aussenpolitik" natürlich besonders. Wer hat die Glosse über Theodor Däubler in der „Tat" geschrieben? Die Notiz über die Tischgespräche Hitlers ist zu kurz. Gurians „disappointment" macht mir Spass. Übrigens hat er (sowohl wie Rosenbaum) Sie offenbar freundlich behandeln wollen. H. J. Schoeps schickte mir seinen Donoso-Aufsatz, mit „besten Empfehlungen", wofür ich ihm mit einem Brief gedankt habe. Kennen Sie ihn eigentlich persönlich? Ich bin überrascht, dass er sich an der gegen meine Bücher gerichteten Verschwörung des Totschweigens nicht beteiligt. Im Augustheft der „Universitas" steht eine sehr wichtige und bedeutende Besprechung des „Nomos der Erde" durch Carl Brinkmann (in Tübingen). Im selben Heft hat Nebel eine Besprechung Löwiths veröffentlicht, mit Anzüglichkeiten auf Ernst Jünger, den er als „Krypto-Hegelianer" entlarven möchte.

Anima hat mir soviel Schönes über ihren Aufenthalt in Wilflingen erzählt, dass ich Ihnen allen gerührt danken muss. Ich schicke Ihnen die Fotokopie einer Jugendsünde, für Ihre Sammlung, oder die eines andern, wenn Sie ihn für einen mehr daran interessierten Sammler halten.

Ihnen und Ihrer Frau, lieber Armin Mohler, sowie Gretha, und Ernst Jünger und Carl Alexander herzliche Grüsse von Anima und von Ihrem

Carl Schmitt.

— — — — — —

Abschrift eines Briefes vom 27. 7.51 von Egon Vietta aus Stade an C. S.

[Er dankt in einem ausführlichen Schreiben für die Zusendung des „Nomos".]

Nr. 69
B/ms

Prof. Dr. Carl Schmitt[103] Plettenberg II (Westf.), den 3. 9. 51
Brockhauserweg 10

Mein lieber Armin Mohler,

Anima hat, von der Thielicke-Besprechung Gerhard Nebels in der FAZ vom 1. September angeregt, die beiliegende Illustration zu der genialen Strippen-Theologie entworfen, damit sich auch der theologisch weniger Gebildete eine kleine Vorstellung davon machen kann und selbst Krypto-Hegelianern die Ausrede genommen wird, die Frohe Botschaft nicht verstanden zu haben. Nein! Wer jetzt noch nicht in Strippen denkt, hat es sich selber zuzuschreiben. Er kann sich nicht mehr auf ignorantia invicibilis berufen.
In der „Zeit" vom 30. August 1951 steht ein Aufsatz von Herbert Fritsche über unsern Tymbos für Wilhelm Ahlmann, (Ein blinder Seher), der Ihnen nicht entgangen sein wird, und dessen konkrete Motive wahrscheinlich ausserordentlich interessant zu wissen wären.
Ich habe von Prof. Carl Brinkmann mehrere Exemplare seiner Nomos-Besprechung erhalten und füge eines für Sie bei. Bei der grossen Bedeutung, die Brinkmann heute in der internationalen Organisation der Wissenschaft hat, und bei seinen intensiven Beziehungen zur amerikanischen Soziologie ist die Besprechung besonders wichtig. Natürlich wird auch sie totgeschwiegen werden, aber sie ist nun doch einmal in der Welt. An Hans Fleig habe ich ebenfalls ein Exemplar geschickt.
Von Gretha Jünger bekam ich eine schöne Karte aus Goslar. Ich warte immer noch auf Nachricht von Victor Leemans, um Ihnen dann Näheres über meine Reisepläne schreiben zu können.
Gestern und vorgestern hatten wir Besuch von Nicolaus Sombart und seinem Freund, Hanno Kesting, aus Heidelberg. Wir haben sehr intensive geschichtsphilosophische Gespräche geführt, die bestimmt so wichtig waren, wie die der Wuppertaler Tagung über Geschichtsphilosophie, die in diesen Tagen stattfindet und bei der auch Prof. Franz Joseph Brecht sprechen wird.
Von H. J. Schoeps[104] erhielt ich einen Brief, dessen Abschrift ich beifüge. Ich hatte ihm geschrieben, dass seine Bemerkung über mich, in der ich als „Torpedierer der

103 Dies ist der erste Brief mit gedrucktem Briefkopf. C. S. wird dieses Briefpapier 1953 öfter benutzen, und zwar meist für maschinegeschriebene Briefe.

104 AM kann aus seiner Erinnerung an den großen deutschen Patrioten Hans-Joachim Schoeps (1909–1980) sagen, daß für diesen antiliberalen Monarchisten und lebenslangen Bündischen das Wort „Torpedieren" nicht pejorativ, sondern lobend für C. S. gemeint war.

Weimarer Verfassung“ bezeichnet werde, schon deshalb unzutreffend sei, weil das Weimarer System den klarsten Selbstmord der Verfassungsgeschichte begangen hat. Ihnen und Ihrer verehrten Frau, Ernst Jünger und Carl Alexander die herzlichsten Grüsse von Anima und Ihrem alten

Carl Schmitt.

— — — — — —

Der o. gen. Brief von Prof. Schoeps vom 23. 8. 51. [Darin heißt es u. a.:]

„Bei der Lektüre Ihres Briefes bekam ich die Empfindung, Ihnen wehgetan zu haben. Das wollte ich mit der fraglichen Bemerkung nicht. Meine Wertschätzung Ihrer Person und denkerischen Leistung ist durch die Wahl Ihrer politischen Positionen niemals tangiert worden. Ich habe stets bei allem, was ich von Ihnen las, das Gefühl grosser Klarheit und Unabhängigkeit Ihres Denkens gehabt und dass ein Gespräch mit Ihnen hohe Fruchtbarkeit haben würde. Als Zeichen verehrungsvoller Gesinnung darf ich mir erlauben, Ihnen mit gleicher Post meine Rede über die ‚Ehre Preussens‘ zu übersenden. <…>“

2. Kopie einer Buchbesprechung zu Carl Schmitt, Der Nomos der Erde, Greven-Verlag, Köln 1950, von Prof. Dr. Brinkmann, Tübingen, in „Universitas“, August-Heft 1951, S. 907–909.

*Nr. 70*
*B/hs*

*Mein lieber Herr Professor,* *Wilflingen, 10. 9. 51*

*<…> Ja, mit Anima haben wir uns prima verstanden. Vor allem auch, weil wir so falsche Vorstellungen voneinander hatten. Sie stellte sich meine Frau als Blaustrumpf vor, und mich haben Sie abscheulicherweise früher Ihrer Tochter als Muster vorgehalten – welch ein Bild sie von mir hatte von daher, ist leicht zu denken. Und uns wiederum war Anima als ein Wesen geschildert worden, das mit Ben Akiba-Lächeln durch die Welt wandle und das nichts mehr erschüttern könne. Ich brachte das zwar nicht zusammen mit meiner Erinnerung an den Backfisch, der mit grossen Augen in Plettenberg am Tische sass und nicht Piep sagte. Aber wir waren doch auf das Schlimmste gefasst. <…>*

Nr. 71
B/hs

Plettenberg II, 17. 10. 1951.

Mein lieber Armin Mohler!

Inzwischen haben sich meine Briefschulden ins Unermessliche vermehrt (vermeert) und ich mache einige hilflose Gesten gegenüber meinen Haupt-Gläubigern, zu denen Sie gehören. Ich schicke ein paar Ausschnitte mit vielem Dank zurück; Sie haben erreicht, dass mich das Problem des Kyklismus weiter quält. Ungeheuerlich ist der Aufbruch, der sich mit der Entdeckung von Hegels Phänomenologie des Geistes verbindet, sogross, wie der mit der Entdeckung Hölderlins um 1905 beginnende Aufbruch. Schade, dass Sie keine Zeit haben, Alexandre Kojève, Introduction à la lecture de Hegel, Paris (Gallimard) 1950 zu lesen.
Jetzt beginnt die 2. Hälfte Oktober und wir haben uns in diesen letzten Monaten doch noch nicht gesehen. Auch von Hans Fleig, bei dem ich allerdings briefverschuldet bin, höre ich nichts mehr. In Le Monde las ich, dass Céline in Paris einen Prozess führt wegen der Stelle über ihn in E. J. Strahlungen. Darüber wüsste ich gern näheres; die Stelle kenne ich. Von Frau Jünger bekam ich einen schönen Brief; aber es ist doch traurig, dass wir uns solange nicht gesehen haben. Ich schicke Ihnen gleichzeitig 2 Exemplare des Aufrufs von Bert Ibsenstein[105]; vielleicht geben Sie sie an Interessenten weiter. Herr Ibsenstein wird sich sehr freuen, Sie auf seiner Burg Ohle zu begrüssen.
Ich kann mir denken, lieber Armin Mohler, dass Sie viel Arbeit haben und will Sie nicht aufhalten. Ich habe den Eindruck, dass die „Konservative Revolution" sich als Buch und als Leistung durchgesetzt hat. Jetzt muss natürlich der zweite Stoss folgen.
Anima ist sehr fleissig und macht Bühnenbilder und Kostüme zum Hamlet. Sie lässt alle Wilflinger herzlich grüssen. In 10–14 Tagen trampt sie nach München zurück. Schreiben Sie mir doch bitte gelegentlich einige Ihrer „Geliebten Verse" auf. Ich würde heute nennen

1) Th. Däubler: „Oft"
(Warum erscheint mir immer wieder etc.)
2) K. Weiß: „Willst Du umsonst gewesen sein
Du selig silberblauer Tag?
3) August Stramm: Patrouille
(Steine feinden
Fenster grinst Verrat etc.)

---

105 „Bert Ibsenstein" ist das Pseudonym von C. S. auch für manche seiner Gedichte; später schreibt er übrigens statt dessen „Ipsenstein".

Heute beklagen sich die Deutschen über den Kunstraub, den die Russen und andere Sieger an ihnen begehen, und ahnen nicht, dass sie mit ihrem Verzicht auf Hegel diese Auswirkung ihres Verzichts im Voraus ermächtigt haben.

Herzliche Grüsse Ihres alten

Carl Schmitt

Eben erhalte ich einen Brief (von Peter Scheibert[106]) über den Waldgang[107] (…"versuche mir über die Simplifikation hinter der brillanten Analyse klar zu werden" schreibt er) und stelle fest, dass ich noch kein Exemplar erhalten habe. Oh tempora, o mores! Die französische Ausgabe der Strahlungen habe ich mir über einen Pariser Bekannten bestellt.

— — — — — —

[ms]

AUFRUF
an alle wohlgesinnten Leser von historischen Werken
und lyrischen Gedichten!

Ich habe beschlossen, Sammler zu werden. Ich sammle zwei Arten von Objekten, beide von konkurrenzloser Einfalt, sodass Schwierigkeiten nicht zu befürchten sind.

Ich sammle
1. irreale Bedingungssätze bei Historikern;
2. aparte Reime bei Lyrikern.

Beispiel zu 1: Wenn die Religionsgesetze der Kaiser Konstantin und Theodosius nicht ergangen wären, würde die römisch-griechische Religion noch bis heute leben. Jakob Burckhardt, Weltgeschichtliche Betrachtungen, Ausgabe Kröner S. 57

106 Peter Scheibert (1915–1995), Ordinarius für Osteuropäische Geschichte in Marburg, beherrschte mehr als ein Dutzend Sprachen.

107 Ernst Jüngers Buch „Der Waldgang" (1951) gilt als Lehre einer besonderen Art des Anarchismus. Es ist sein erstes politisches Buch seit dem „Arbeiter" (1932). Hier kommen sich E. J. und C. S. in die Quere: es geht darum, ob man den Leviathan unterlaufen könne.

Beispiel zu 2: Blinder Bissen wölbt sich ohne Gröbe
Doch, genährt mit nichts wie die Amöbe
liess ich, auch wenn ich ihn näher höbe
(folgt noch ein Reim: verschöbe).
R. M. Rilke, Späte Gedichte, 1934. Vasen-Bild.

Ich bitte die wohlgesinnten Leser, in Betracht kommende Stücke freundlichst mitzuteilen.

und Lyriker des laufenden Jahrhunderts werden bevorzugt behandelt.

September 1951.

C. S.

*Nr. 72*
*B/ms*

*Wilflingen, 19. 10. 51*

*Mein lieber Herr Professor, in Eile: E. J. ist erst gestern abend aus Florenz zurückgekehrt und hat noch niemandem ein Freiexemplar des „Waldgangs" geschickt. Selbstverständlich schickt er Ihnen eines – es ist ja seine erste politische Schrift seit dem „Arbeiter". – Von Célines*[108] *Prozess erfahren wir erst durch Sie. Banine, die gegen Jüngers Willen das Pseudonym Merline in „Céline" umgeändert hat, schrieb nichts davon. E. J. war gleich bei Erscheinen sehr ärgerlich und hat Banine zur Rede gestellt. So sieht die Stelle ja wie eine Denunziation aus. Er hatte sich damals auch gleich bei Céline entschuldigt und ihm jede mögliche Rehabilitation zugesagt. Dies in Eile – alles Uebrige später, nach meiner Reise, oder noch besser: mündlich.* <...>

108 Dieser Streit zwischen Ernst Jünger und Louis-Ferdinand Céline über ein gelüftetes Pseudonym für letzteren in Jüngers Pariser Tagebüchern ist eine verworrene Geschichte, die immer wieder in der Presse auftaucht.

*Nr. 73*
*B/ms*

*Wilflingen, 9. 11. 51.*

*Mein lieber Herr Professor,*

*<…> Hier in Wilflingen fand ich auch den neuen C. S.-Prospekt vor, den ich grossartig finde! (Wenn auch das Fehlen des „Il est si doux“*[109] *wirklich eine schmerzliche Lücke ist …) <…>*
*Im Lauf des letzten Jahres sind doch wichtige Veränderungen an die Oberfläche getreten. Die beiden wichtigsten Punkte: 1) der „20. Juli“ scheint wirklich zur Dreyfus-Affäre der deutschen Republik zu werden, wie Jünger das formuliert hat; 2) scheint mir ein deutliches Abrutschen des Nationalismus in den Osten feststellbar zu sein. Ich traf Leute, die Ihr ganzes bisheriges Leben dem Kampf gegen den Bolschewismus gewidmet hatten und die nun plötzlich mit dem Osten (auch in dieser Form) gegen den Westen gehen wollen. Aufschlussreich dafür auch das beiliegende Salomon-Interview von Stéphane (der ein Buch über Malraux, T. E. Lawrence und Salomon geschrieben hat, mit Vorwort von Sartre), das seltsamer Weise in Deutschland noch niemand zu kennen scheint. <…> Die Salomon-Diskussion in Köln muss für Salomon, auch nach Zeugnis ihm günstig gesinnter Menschen, katastrophal gewesen sein.*

*Das Rundfunkgespräch über „Konservativ – revolutionär“, das am 18. 12. gesendet wird, war sehr aufschlussreich für mich. Nicht nur wegen meiner Stimme, über die ich entsetzt bin: diesen affektierten Affen hätte ich nicht wiedererkannt, wenn er nicht meine Argumente vorgetragen hätte. <…>*

*Haben Sie den „Waldgang“ gut erhalten? Ich bin wahnsinnig gespannt, was Sie davon halten. (Ich werde Ihre Meinung nicht weitergeben, wenn sie negativ ist.) Manches bleibt noch offen in der Schrift, aber Jünger scheint mir drin doch seine alte Nase für Kommendes bewiesen zu haben. Die Aufnahme – keine Aufnahme seiner anderen Bücher seit 1945 ist damit vergleichbar – zeigt, dass er gut gezielt hat. Am schärfsten reagierten bisher Zeitungen vom besonderen Charakter etwa der „Welt“ …*
*<…>*
*PS. Die Foto auf dem Prospekt ist gewiss taktisch sehr gut gewählt. Die aus der „Weltwoche“, die bei mir im Zimmer hängt, ist mir aber doch lieber, weil sie auch die weniger harmlosen Seiten an Ihnen zeigt, weil sie zeigt, dass Sie auch „ein Beeser sein können“.*

109 Das sagte eine Französin über C. S.

Nr. 74
B/ms

Pl. 12. 11. 51.

Mein lieber Armin Mohler!

Haben Sie bei Ihrem Aufenthalt in der Schweiz Erhard Hürsch gesehen? Mich beschäftigt immer noch der Doppelgänger, den ich am 31. Mai abends 1/2 10 in Granada im Hotel Inglaterra gesehen habe. Ich möchte feststellen, was Erhard um diese Stunde gemacht hat.
Und haben Sie Hans Fleig gesehen? Ich habe ihm in Gedanken ganze Abhandlungen geschrieben. Insbesondere ist das Thema Souveränität dadurch, dass Schumacher[110] meine Definition übernahm (Souverän ist, wer den Ausnahmezustand entscheidet) heftig akut geworden. Uebrigens hat er mich dabei durchaus sachlich mit Quellenangabe ohne jede gehässige Bemerkung zitiert, sodass das Geschrei, das einige Blätter darüber gemacht haben („Der geplünderte Staatsrechtslehrer") ganz sachwidrig und gegen meinen Stil ist.
Das Interview Stéphanes mit Salomon ist aufregend. Frage nur, wieweit S. es als authentisch anerkennen würde. Ich schicke es, im vollen Bewusstsein seiner Kostbarkeit, hiermit eingeschrieben wieder zurück. Ich füge eine Seite aus der Kölner Ill. Zeitung „Lies mit!" vom 3. 11. bei. Günther Krauss ist dort unvergleichlich gut getroffen. Er war übrigens der einzige, der in der Diskussion für S. eintrat, war aber sehr enttäuscht von seinem Helden, der sich ohne Ueberlegenheit und ohne Schwung verteidigt habe. Die Sache war von der Gegenseite gut organisiert. Wenn ich anwesend gewesen wäre, hätte es wahrscheinlich eine Saalschlacht gegen die minimale Minderheit gegeben. Ich hätte wahrscheinlich gesagt: Früher, i. 19. Jahrhundert, ersetzte die Anglophilie das politische Denken. Aber das war wenigstens noch Philie. Heute ersetzt der Antifaschismus sogar jede Anwandlung des Wunsches, politisch zu denken. Umso besser, dass ich nicht anwesend war. Die beigefügte Seite der Ill. Zeitung wäre übrigens ein Kabinettstück in einer neuen Auflage des „Gesichts der Demokratie"[111].
Ihr Bericht über das Rundfunkgespräch ist entzückend und verdiente, einem grösseren Hörer- und Leserkreis bekannt zu werden. Auf die „Gretchenfrage" nach dem grossen Modell-Konservativen Stahl haben Sie gut geantwortet. Ich habe mir für alle Fälle die Antwort überlegt: Stahl ist kein alltäglicher Fall des Konservativismus; lesen Sie nur einmal den Band der Stahl-Biographie von Masur! Am 18. 12. werden wir also aufpas-

110 Der Sozialistenführer Kurt Schumacher, bis zu seinem Tod 1952 nationalster deutscher Politiker.

111 „Das Gesicht der Demokratie. Ein Bilderwerk zur Geschichte der deutschen Nachkriegszeit" (1931), hrsg. von Edmund Schultz (1901–1965), Einleitung von F. G. Jünger, Musterbeispiel der im Jünger-Kreis virtuos entwickelten Kampfbücher in Bildern.

sen. Aber ich komme wahrscheinlich am 7./8. 12. nach Frankfurt und Darmstadt und bemühe mich immer noch mit dem Plan einer Süddeutschland-Reise.
Schranz und Kirchhoff dürfen Sie nicht böse sein. Es ist einfach die Schlamperei im täglichen Betrieb beschäftigter Leute. Ich werde mit jedem dieser Beiden sprechen. Die Siedlinghauser Fotos habe ich auch noch nicht erhalten.
Vorige Woche habe ich Prof. Schoeps persönlich kennen gelernt; darüber gelegentlich mehr. Er hat mir gut gefallen.
Der Waldgang zeigt wirklich die Klaue des Löwen und zugleich die stellvertretende Bedeutung Jüngers für Deutschland. Darin und in zahlreichen treffenden Sätzen ist das Buch gross. Viele Einzelheiten finde ich schwach. Die Antithese „Schiff" und „Wald" halte ich nicht für gut, sogar für störend und verunglückt. Im übrigen befinde ich mich mit meiner Spezialität Völkerrecht und Verfassung eo ipso seit zwei Jahrzehnten im Wald.
Mit Ihrer Bemerkung zu dem Prospekt C. S. haben Sie mein Herz erfreut. Hoffentlich schickt Ihnen Greven noch einige Exemplare. Ich füge heute eins für Dr. Zihlmann[112] bei, wobei ich Ihnen die Entscheidung darüber anheimgebe, ob ihm damit nicht zuviel Problematik zugemutet wird. Ich kenne ihn nicht persönlich; seine Dissertation ist intelligent und aufgeschlossen. Die gegenwärtige deutsche Kontroverse und der grosse Haken der Verhandlungen Deutschlands mit den Kommissaren, der Fall des „Notstandes" – siehe oben Souveränitätsproblem – müssten ihn eigentlich sehr beschäftigen.
Was sagt Frau Jünger zu dem Prospekt und der Foto? Der Aufsatz 300 Jahre Leviathan (vielen Dank für den Natan-Aufsatz aus der NZ, der nicht dumm ist) soll noch einmal in der Universitas erscheinen.[113] Der Versuchung, dem Titel noch den Zusatz „300 Jahre Sündenbock" hinzuzufügen, habe ich widerstanden.
Ich füge noch 2 Zeitungsausschnitte bei, mit deren Rückgabe ich im Rückstand bin. Sie können nicht ermessen welche erquickende Speise Ihre Zusendungen für mich sind. Ich weiss nicht, ob Sie den beil. Ibsenstein schon kennen. Inzwischen habe ich auf unwahrscheinlichen Umwegen eine Foto des sterbenden Däubler und ein Kinderbild von ihm aus Triest erhalten. So etwas vermeidet anscheinend doch den Weg zu Toni Sussmann und kommt lieber zu mir.

[hs am Rande dieses Absatzes:] H. Fleig, Das Dividuum ist sehr bedeutend. Aber schon Konrad Weiß nennt sich ein Dividuum!

Ohne mehr für heute! Herzlichste Grüsse Ihnen und Ihrer Frau (Anima ist gut in München angekommen) und Ernst und Frau Jünger sowie dem Sorgenkind Carl Alexander!

Hic et nunc et semper et ubique

Ihr alter

Carl Schmitt.

112 Dr. Rudolf Zihlmann (Luzern), Jurist, arbeitete damals über Schmitts „Begriff des Politischen".
113 Der Aufsatz erschien zunächst in: Die Tat (Zürich), später in der Zeitschrift „Universitas".

[hs:]

1) Schliesslich noch ein Ausschnitt aus der NZ von Weyrauch, einem der giftigsten Ernst-Jünger-Verfolger

2) Es ist allen aufmerksamen Lesern des Prospekt C. S. aufgefallen, wie grossartig die Sätze von Ernst Jünger alles andere – Nein wie Ja – sprachlich und gedanklich überragen; staunenswert wie eine Situation und ein Schicksal in ein paar sachlichen Worten erschöpfend klargestellt wird.

— — — — — —

1. Gottfried[114]

Gleitend auf schwülen Daktylen
mischt hier ein Kosmopolit
hochpietistisches Fühlen
in sein exotisches Lied.

Grell mexikanische Gamben
tätowieren die Haut,
während in Blankversenjamben
still ein Vergissmeinnicht blaut.

Bert Ibsenstein.

2. Ausschnitt aus der NZ vom 20/21. 10. 51 / Nr. 247 mit der Überschrift „Weyrauch ruft zur Hilfe für die jüdische Bevölkerung auf" und der hs Bemertkung von C. S.: „Parsophilie genügt nicht!"

*Nr. 75*
*B/ms*

*Mein lieber Herr Professor,* *16. 11. 51.*

*<…> Über die Parsophilen-Pflaume musste Jünger, der gestern zurückkam, schmunzeln. Auch über den Prospekt*[115] *mit dem „Das sind so Missgeschicke …" Seit längerer*

114 Zielt auf Gottfried Benn (verfaßt von C. S.).

115 Der Prospekt „Carl Schmitt – Nein und ja" des Greven Verlages, Köln, zitiert unter den Ja-Stimmen diese von Ernst Jünger: „Carl Schmitt ist unter allen Geistern, die ich kennenlernte, jener,

*Zeit ist er nicht mehr so empfindlich auf alles, was Sie kritisch andeuten, aber hellhörig darauf nach wie vor. Als ich das merkte, zeigte ich ihm auch Ihre Briefstelle über den „Waldgang“. Er las sie sehr genau und ohne Kommentar.*

*Übrigens bat ihn Nebel über Gebhard um eine Unterredung, aber Jünger scheint keine Lust zu einer Wiederaufnahme der Beziehungen zu haben. „Der will von mir leben und zugleich auf mich schimpfen. Beides aufs Mal ist etwas viel.“ Heute kam ein Bericht aus Sizilien von einem jungen Kunsthistoriker: „Habe Nebel kennengelernt. Er säuft masslos, gibt antikisch sein sollende Brocken von sich und schimpft auf Ernst Jünger.“ <…>*

*Von Jünger höre ich, dass Frau von Schnitzler ein Meeting geistiger Grossmächte veranstalten will. C. S. + Benn + Jünger. Jünger soll Benn einladen. Bin gespannt wie das raus käme. Und zugleich skeptisch. Nicht alle Grosskopfeten haben politische Intelligenz. Weshalb z. B. Benn in seiner Lyrik-Rede dem Heidegger eins auswischen musste, nachdem Heidegger ihn in Vorlesungen und auch sonst ständig zitiert, ihn auch für die Limes-Anthologie ausgelesen hatte, ist mir unverständlich. <…>*

*Nr. 76*
*B/ms*

*Wilflingen, 6. 12. 51.*

*Mein lieber Herr Professor,*

*es wird Sie interessieren, was Dr. Stengel-v. Rutkowski, ein Arzt und früher in der SS-Führung, zu dem C. S.-Prospekt schreibt, den ich einem Brief an ihn beigelegt hatte: „Haben Sie herzlichen Dank für den Carl Schmitt-Prospekt! Er ist mir aus den Jahren vor 35 aus der negativen Reputation bei „uns“ und dann natürlich aus den „Strahlungen“ ein gewisser Begriff. Gelesen habe ich noch keine Zeile von ihm. Die meisten Zeitgenossen halten ihn wohl für eine gewissenlose Intelligenzbestie, was er aber nach der Sympathie Jüngers und Mohlers für ihn kaum sein dürfte. Rein physiognomisch, nach dem Prospekt-Foto finde ich hat sein „Antlitz“ etwas Unumzirktes, Unenergisch-Unbestimmtes. Aber nach einem Foto und erst recht einem Foto allein darf man nicht urteilen. Ich bleibe also unvoreingenommen, bis ich ihn selbst lese oder sehe.“*
*Ich finde die Foto ja auch nicht gerade die günstigste, weil irgendein Ausweichen drin ist. Die Foto aus der „Weltwoche“, die ich besitze, ist viel besser.*

---

der am besten definieren kann. Als klassischer Rechtsdenker ist er der Krone zugeordnet und seine Lage wird notwendig schief, wo eine Garnitur des Demos die andere ersetzt. Das sind so Mißgeschicke des Berufs.“ – C. S. konnte sehr bald der Versuchung nicht widerstehn, von diesen drei Sätzen nur den dritten zu zitieren, der in dieser Isolierung einen Ruch von Infamie bekam.

*Stengel-v. Rutkowski, Spätheimkehrer aus Russland, hatte übrigens noch dieses Jahr (1951!) einen tollen Entnazifizierungs-Prozess in Hessen (er lebt in Marburg von Arbeitslosen-Unterstützung), in dem ein im Nordland-Verlag erschienener Gedichtband Hauptanklagepunkt war. Als er sich weigerte, zur Verhandlung zu kommen, weil man ihm seinen Verteidiger nicht zulassen wollte, wurde er zwei Tage lang in seiner Wohnung belagert ...*
*In der Beilage finden Sie noch ein Exemplar meines Eid-Artikels, falls Sie jemand wissen, der sich dafür interessiert. Fleig rügt mit Recht, dass die letzte Präzision und Rasanz drin fehle. Vor allem merke ich jetzt, dass man scharf zwischen ethischen und patriotischen Motiven des Eidbruchs scheiden muss. <...>*

*PS. Ich habe den Brief selbst nochmals geöffnet, um den vergessenen Artikel einzulegen. – Von Kirchhoff kam ein netter Brief. Grüssen Sie Oberheid von mir!*

Nr. 77
B/hs

Plettenberg, 26/12 51.

Mein lieber Armin Mohler,

Anima und ich sind noch voll des Lobes für Wilflingen und voller Dankbarkeit für die dort genossene Gastfreundschaft, an der Sie und Ihre Frau einen so wesentlichen Anteil haben. So erinnern wir uns Ihrer in diesen Feiertagen, sprechen viel von Ihnen beiden und wünschen Ihnen ein gutes neues Jahr. Die Gästebuch-Eintragungen sind wie Keime, die erst langsam aufgehen. „Und was du tust (und auch: was du schreibst) sagt erst der andre Tag". Mich beschäftigt und quält die Eintragung Jüngers in das Buch von Anima: Achillesfersen sollst Du suchen, aber an Wunden sollst Du nicht rühren, wenn Du sie nicht heilen kannst. Offenbar habe ich an eine Wunde gerührt. Das ist es was mich quält. Aber welche Wunde? Jünger hat ja das zweite Gesicht und hört was man sagen will. Ich hatte einmal im Gespräch (spät nachts) die Frage auf der Zunge, die auf S. 37 (Mitte) in Ex Captivitate angedeutet ist. Aber ich weiss bestimmt, dass ich sie nicht ausgesprochen habe. Trotzdem könnte es sein, dass er sie vernommen hat. An Alfred Andersch, der mir zu Weihnachten schrieb, habe ich Ihren Artikel über den 20. Juli geschickt, weil ihn das Thema „Fahnenflucht" beschäftigt. Zum „Eid" fällt mir ein, dass ich in Wilflingen vergessen habe, Sie auf die Stelle S. 22 oben des „Begriffs des Politischen" hinzuweisen. Wollen Sie sich mit der Frage des Eides noch weiter befassen? In der Diss. von Ernst Friesenhahn (Bonn 1928) werden Sie viel Material finden.

Ich wünsche Ihnen schöne Tage in Ihrer Heimat. Grüssen Sie bitte Ihre Frau von mir und auch von Ihrer begeisterten Freundin Anima!
Ich bleibe diesseits und jenseits der Linie

Ihr alter

Carl Schmitt

PS.
1) Frage:
Hat Wilhelm Tell an dem Rütli-Schwur teilgenommen?

2) Grossartig: Die deutsche Bernanos-Ausgabe „Das Haus der Lebenden und der Toten" von C. H. Eickert, bei Schwan (Düsseldorf) eben erschienen.

3) Besten Dank für das Paket (Bücher und ein Paar Schuhe) aus Wilflingen!

4) Bitte:
Das beil. Exemplar des Bert Ibsenstein'schen Aufrufs einer passenden Stelle in Basel zu überreichen.

— — — — — —

Abschrift einer Buchbesprechung von Nicolaus Sombart zu Max Weber: Gesammelte Aufsätze zur Wissenschaftslehre, zweite Auflage, besorgt von Johannes Winckelmann, Verlag J. C. B. Mohr (Paul Siebeck) 1951 [drei ms Seiten A4 ]

*Nr. 78*
*B/hs*

*Mein lieber Herr Professor,* *Siena, 16. 1. 52.*

*<…> Natürlich habe ich auch in „Ex Captivitate" die Frage nachgeschlagen, von der Sie mir in Ihrem Brief nach Basel schrieben. Es ist also die Frage, welche in dem Buch selbst schon mit dem Namen E. J. verknüpft ist. Ich glaube aber nicht, dass das E. J.'s Achillesferse ist.*

*Jünger kennt ja in dem Sinne keine Wandlung, höchstens eine Ausweitung. Da er die Einmaligkeit nicht kennt, gilt das Verhältnis Antwort – Frage – Situation auch nicht für ihn. Wenn man ihm von dieser Seite her beizukommen sucht, sieht man mei-*

*ner Meinung nach an ihm vorbei. Jünger hat keinen Sinn für das Geschichtliche, er sieht nur die unveränderlichen Dinge. <...> So unsinnig es ist, wenn der eine dem andern seine „Wandlungen" vorwirft, so unsinnig wäre es, wenn der andere Anstoss nähme, dass solche Wandlungen nicht mitvollzogen werden. Sie beide müssen sich nun einmal damit abfinden, dass Sie die beiden Möglichkeiten des deutschen Geistes heute paradigmatisch verkörpern. Und ich vermute, dass dies, abgesehen vom Menschlichen, eine der Hauptanziehungskräfte zwischen Ihnen ist. Wenn einer von Ihnen sich im Gespräch der absoluten und nicht graduellen Andersartigkeit des Andern nicht bewusst ist, muss das Gespräch scheitern. Sie können das gleiche Wort verwenden und etwas völlig anderes meinen! <...>*

*Der gleiche Gegensatz übrigens zwischen der Kunst Klopstocks und etwa Friedrich Georg Jüngers auf der einen und Däublers und Konrad Weiß' auf der anderen Seite. Däubler und Weiß verwirklichen sich immer sozusagen „punktuell" oder (vielleicht besser:) „einmalig", während auf der Klopstock-Seite der Akzent auf dem Durchgehenden, Bleibenden ruht. <...> Rhythmus aber ist Wiederholung, ist Wiederkehr. Wer weiss, was Geschichtlichkeit ist, kann nicht mehr tanzen, kann sich nicht rhythmisch bewegen. Der will keine neue Steinzeit. <...>*

Nr. 79
B/hs

Pl. 2/2 52

Mein lieber Armin Mohler,

für eine Menge schönster Sendungen habe ich Ihnen zu danken, aber das schönste sind doch die Gedichte von Wilhelm Lehmann und Ihre Auswahl des 30 Jährigen.[116] Ich erquicke mich an diesen herrlichen Gedichten, wie ein Hungriger an einer guten Speise. Die Zeilen, die Sie mir in das Exemplar der „Antwort des Schweigens" geschrieben haben, treffen mich so direkt, dass sie sofort ein Gespräch mit Ihnen entfesseln. Das war allerdings auch schon mit Ihrem Brief aus Italien der Fall. Schon deshalb dürften Sie nicht sagen, dass Sie auf der Italien-Reise nicht „gearbeitet" haben.
Das Bild vom Grabe Machiavellis ist sehr deutlich; das Grab ist kein Grab sondern ein Ruhmesdenkmal für einen Namen. Piero della Francesca war der grösste Maler für Theodor Däubler. Lesen Sie einmal im Nordlicht I. Teil (S. 243f.) die Verse (Terzinen) über ihn. Woher stammt die entzückende Graphik mit dem Reiter, dessen Pferd an der Leine trabt oder vielmehr galoppiert, und was bedeutet es? (auf Ihrem Brief vom 28/1).

116 Auswahl des 30jährigen: von AM getippte Anthologie seiner Lieblingsgedichte von Klopstock bis zur Gegenwart.

Von meiner Rede über die Einheit der Welt ist im Merkur nur der 1. Teil abgedruckt, übrigens genügt das auch. An W. Lehmann in Erlenbach habe ich den Aufruf von Bert Ibsenstein geschickt. Das Gedicht von Ernst Hüsmert[117] in der FAZ vom 19/1 werden Sie gesehen haben. Sie müssen mir darüber schreiben. Allmählich verbreitet sich der Sinn für den Reim. Stefan George ist gerade im Reim solider als Rilke. Dieser hat nur „aparte“ Reime*. Geradezu wunderbar, wie Wilhelm Lehmann die Bissprobe des Reimes besteht. Aber alle Gedichte Ihrer Auswahl ebenfalls, wobei nur 3 (Herr der Insel, Feuersteine und Schlange) sich ihr entziehen (alle drei trotzdem sehr schöne Gedichte). Ich behalte Ihre Auswahl noch etwas hier. Wir müssten einen Wettstreit der Auswahlen veranstalten. Es ist grossartig, was alles dabei zutage tritt, besonders wenn ich mich Ihrer ersten Auswahl erinnere. Ich möchte auch Mathias Wieman einschalten und ihn veranlassen, einmal eine solche Auswahl vorzutragen statt des Standard-Repertoires mit Hölderlin & Bergengruen.
Ich habe Sie einmal auf die Wochenzeitung „Rivarol“[118] aufmerksam gemacht. Beil. schicke ich, mit der Bitte um Rückgabe, einen Brief aus Paris, den mir ein Bekannter überlassen hat. Die Exemplare der im Brief genannten Zeitungen habe ich hier; sie stehen Ihnen zur Verfügung, wenn Sie dafür Interesse haben.
Wie geht es meinem Patenkind Carl Alexander? Ist er jetzt in München, Anima schrieb, dass sie ihn noch nicht gesehen hat und zweifelt, ob er überhaupt nach M. gekommen ist. Bleibt es bei dem Plan, dass die jungen Leute sich um die Faschingszeit in Wilflingen treffen?
Über den Waldgang wird unendlich viel geschrieben und geredet. Heute morgen wurde mir erzählt, dass Werner Finck gestern (Samstag) abend im NWR darüber gesprochen habe; ironisch und mit dem Versuch, seine Überlegenheit zu zeigen. Sie werden den Text wohl erhalten.
Ich habe Ihnen zwei Aufsätze geschickt, die merkwürdigerweise, ohne jede Synchronisierung, gleichzeitig erschienen sind: in Christ & Welt und im Fortschritt; beide überschneiden sich nicht, was ich besonders beachtenswert finde. Prof. Forsthoff (Heidelberg) vermutete, der Verfasser des Aufsatzes im Fortschritt sei G. Nebel!

117 Ernst Hüsmert, als Diplom-Ingenieur in Plettenberg tätig, ließ sich, als Freund des Hauses, von C. S. im Verfassen grotesker Gedichte anstecken. Seine Verdienste um C. S. sind groß. Daß dieser bis fast zuletzt in seinem Hause leben konnte, hatte er zwar in erster Linie der aufopfernden Tätigkeit seiner Hausdame Anni Stand zu verdanken. Sie konnte sich aber in allen Situationen, die einen Mann erforderten, auf Ernst Hüsmert verlassen. Die C. S.-Forschung ist diesem Mann zu besonderem Dank verpflichtet. Wir verdanken Hüsmert eine ergreifende Darstellung der letzten vier Lebensjahre von C. S. Daß Schmitts einziges Kind, Anima Schmitt de Otero, noch vor ihrem Vater starb, war ein Schlag, von dem sich Carl Schmitt nicht mehr erholen konnte. Von da ab begann sich sein Leben zu verdüstern. (Hüsmerts Bericht ist 1988 unter dem Titel „Die letzten Jahre von Carl Schmitt“ in Band 1 der von Professor Tommissen herausgegebenen Buchreihe „Schmittiana“. erschienen.)

118 1951 gegründete rechte Wochenzeitung in Paris, mit großer Auflage.

Welch ein Irrtum! Nebel hält sich zu den 45ern[119] – von allem andern abgesehen. Verfasser ist ein alter Journalist, Dr. Rudolf Fischer, Verfasser des Romans: Söhne ohne Väter.
Sagen Sie bitte Ihrer Frau und Frau Gretha Jünger meine besten Grüsse und Empfehlungen. Ich würde gern mehr hören über Wilflingen, aber ich weiss, dass alles dort beschäftigt und in Anspruch genommen ist. Trotzdem sollten Sie mir bald wieder schreiben!

Semper et ubique Ihr

Carl Schmitt.

* Die Bert Ibsenstein-Sammlung erhielt aus Heidelberg folgenden
Beitrag: An dem Tisch mit Früchten und Gemüsen
freute sie sich mit und sah nicht ein
Dass das Wasser ihrer Tränendrüsen
Blut geworden war mit diesem Wein

(R. M. Rilke, letzte Strophe des
Gedichts: Die Hochzeit zu Kana)

*Nr. 80*
*B/ms*

*Mein lieber Herr Professor,* *Wilflingen, 28. 2. 52.*

*dieser Brief enthält ein interessantes Dokument: einen vierseitigen Brief meines Rabbinerfreundes aus Jerusalem über C. S. Was sagen sie dazu, dass Sie zum Geburtshelfer der Verfassung Israels geworden sind? Wenn Sie mir den Brief zurückschicken – wollen Sie ein paar Stichworte notieren, wie Sie einem solchen Angriff sich stellen würden? Taubes*[120] *weiss, dass ich Sie kenne, und wird wohl auch annehmen, dass ich Ihnen den Brief zeige. (Ich wies ihn auf Sie hin, als er mich vor etwa zwei Jahren fragte, was an Wichtigem im heutigen Deutschland zu finden sei, ausserdem auf Benn, Blüher, Heidegger, die Jüngers, und, wenn ich mich recht erinnere, Hans Henny Jahnn.)*
<...>

119 „Die 45er": von C. S. verwendete Bezeichnung für seine Landsleute, die von der Niederlage profitierten (konnte sich nicht durchsetzen wie „die 68er").

120 Nach der Begegnung mit Alexandre Kojève war diejenige mit Jacob Taubes (1923–1987) für den späten C. S. der wichtigste Kontakt mit einem jüdischen Denker – wobei T. zugab, ein Nachfolger von Kojève zu sein (vgl. das Taubes-Porträt von AM in: Criticón, 1987, Heft 103). Den oben genannten Brief findet der Leser als Anlage zu Nr. 83.

Nr. 81
DS

[o. O., 19/3 52]

Carl Schmitt, „Rechtsstaatlicher Verfassungsvollzug“, März 1952[121]

[Auf dem Titelblatt hs:] Herzlicher Gruss und ein
aufrichtiges „Brief folgt“!
19/3 52. C. S.

*Nr. 82*
*B/ms*

*Mein lieber Herr Professor,* *Wilflingen, 7. 4. 52.*

*die gemeinsame Karte mit Knoll aus München werden Sie erhalten haben. Die „Tafelrunde“[122] hatte mich dorthin zu einem Vortrag über die „Konservative Revolution“ eingeladen. Die „Tafelrunde“ ist die gesellige Seite des Dinges, das seriös als „Gesellschaft für Wehrkunde e.V.“ firmiert. Viel Adel, alte Offiziere, Herren aus allenmöglichen Berufen, Ansätze zu einem „Herrenklub“. Die hervorragenden Mitglieder: General Engelmann, SS-General Steiner, Prinz Burchard von Preußen, Ewald von Kleist (Sohn des April 45 hingerichteten Kleist-Schmenzin, engster Freund von Claus Stauffenberg), mein Landsmann Dr. Franz Riedweg (Stabschef der Germanischen SS). Wie Sie der Zusammensetzung entnehmen können: ein Kreis, der unwesentliche Bürgerkriegsfronten zu überbrücken sucht. Knoll wurde vom Prinzen von Preußen mitgebracht (der ein kluger, nichtvertrottelter Hohenzoller ist). Geschäftsleiter der Gesellschaft: der Ihnen bekannte Jurist Prof. W. Classen. Ich schreibe Ihnen das alles darum, weil die Leute in diesen Tagen an Sie schreiben und Sie sehr wahrscheinlich auch zu einer Aussprache einladen möchten. Und ich möchte Ihnen doch recht empfehlen, diese Einladung anzunehmen, da mir der Kreis wertvoll zu sein scheint und aufgeschlossen ist.*
*Weiter habe ich Verbindung mit dem „Deutschen Institut für Zeitgeschichte“ (vormals: für Geschichte des Nationalsozialismus) in München aufgenommen und war angenehm überrascht. Im Verlauf der Kämpfe um das Institut sind die Kogon-Leute raus-*

121 Vgl. Anm. 125.
122 Die „Tafelrunde“ in München war typisch für die unverkrampfte Atmosphäre der frühen Nachkriegsjahre: alter Adel und junge Leute aus der Wirtschaft, Männer des 20. Juli und loyal gebliebene Soldaten, selbst aus den beiden SS-Blöcken, fanden sich zu einem neuen Anfang. Die international angesehene „Gesellschaft für Wehrkunde“ ist aus ihr hervorgegangen.

*geflogen und der jetzige Leiter Dr. Mau (der zum Kreis C. F. v. Weizsäcker/Dr. Becker (Verteidiger des alten Weizsäcker)/junger Picht gehört) ist ein recht vernünftiger Mann. Das Institut ist weder ein verlängertes Propagandaministerium noch eine weitere Anklagebehörde, sondern scheint sich nun nach turbulenten Anfängen zu etwas Vernünftigem zu entwickeln.*[123] *Voraussichtlich werde ich lose mitarbeiten. Darüber einmal mündlich. Vielleicht könnten Sie die Einladung nach München zu einem Besuch in Wilflingen benützen?*
*Uebrigens besuchte ich auch Britting*[124] *in München – das war das Schönste an meiner Münchner Fahrt! Ein prächtiger Kerl, von dem ich Ihnen auch viel erzählen muss.*
<...>

Nr. 83
B/hs

Plettenberg, den 14. April 1952

Mein lieber Armin Mohler,

seit Wochen, ja seit Monaten habe ich den festen Vorsatz, Ihnen zu schreiben, und es ist ein kleines Wunder, dass ich jetzt tatsächlich damit anfange. Die Erklärung des Wunders liegt darin, dass Ernst Jüngers Mitteilung von Ihrem Geburtstag (12. April) mich so beeindruckt hat, dass ich wenigstens ein Wort der Gratulation schreiben muss. Am 12. – Karsamstag – wollten wir den Ibsenstein einweihen; abends 6 Uhr sollte die Feier stattfinden; Ernst Hüsmert hatte auch an diesem Tag Geburtstag; Anima und der Bildhauer Holthaus sollten mitwirken und Anima eine Flasche Trittenheimer Laurentiusberg an den Felsen werfen, um die Taufe zu vollziehen. Da erschienen zwei Yogis, verwickelten uns in ein Gespräch, das Wetter änderte sich plötzlich und die ganze Zeremonie wurde auf unbestimmte Zeit vertagt. Vielleicht bedeutet das, dass Sie bei der Einweihung des Ibsensteins dabei sein müssen.
Das Gutachten[125] in der Hessischen Sozialisierungsfrage hat mich einige anstrengende Wochen gekostet. Ich habe es gemacht, wie ein altes Rennpferd eine Hürde nimmt; es

123 Die geschilderte Entwicklung im „Institut für Zeitgeschichte" wurde bald durch den jähen Tod des unersetzlichen, noch von der Jugendbewegung der 20er Jahre geprägten Dr. Mau abgebrochen.

124 Georg Britting (1891–1964) – in dem der Architektur und der Musik zugewendeten Stamm der Baiern (mit i!) hat dieser Lyriker und Erzähler den Seltenheitswert eines großen Dichters.

125 C. S. verfaßte ein Gutachten für die Buderus'schen Eisenwerke, das sich als wirksame Waffe im Kampf gegen die Verstaatlichungswünsche der Hessischen Regierung erwies. Diese mühsame Arbeit war zugleich für C. S. ein persönlicher Freiheitsschlag – zwar wurde er dadurch nicht reich, aber er war nun wenigstens von der krassen Misere befreit. (Veröffentlicht unter dem Titel „Rechtsstaatlicher Verfassungsvollzug", Wetzlar im März 1952.)

ging einfach nicht anders und ich konnte mich nicht drücken, ohne meinen Feinden einen Triumph in die Hände zu spielen. Das wollte ich nicht und so ist es denn gelungen. Wenn Sie jemand wissen, den das Gutachten interessiert und der Jurist genug ist um es zu verstehen (ich musste mir jeden Effekt und jede Pointe versagen, was bei dem aufregenden Thema eine besondere Form der Askese bedeutete), so sagen Sie es mir bitte; ich habe noch einige Exemplare und die Angelegenheit ist wichtig genug.
Die Folge dieser parforce-Leistung war, dass ich die letzten Wochen ziemlich apathisch herumlief und viel Amontillado trank. Anima ist hier, sie kann aber erst im Herbst nach Darmstadt und will im Sommer nach Hamburg. Sie übersetzt mit grossem Fleiss das Buch von Lilian Winstanley über Hamlet[126]. Die Übersetzung muss im Juni fertig sein.
Mein lieber Arminius, ich weiss gar nicht, wo ich mit meinen Mitteilungen, Empfangsbestätigungen, Dankesworten und Antworten an Sie beginnen soll. Vor mir liegen 3 inhaltreiche Schreiben von Ihnen: vom 7. 2. , 28. 2., 7. 4. ; dazu Drucksachen und Hinweise aller Art. Ich schicke hier einiges zurück. Wenn ich zu allem ausführlich Stellung nehmen sollte, gäbe es ein dickes Buch. So zu dem hervorragenden Aufsatz von Golo Mann, anlässlich dessen ich mich frage, ob man ihm nicht doch den Nomos der Erde schicken könnte, oder wenigstens den Aufsatz über die „Einheit der Erde", der auf Mehrere einen besonders grossen Eindruck gemacht hat. Ein ganz erstaunliches, grosses Dokument ist der Brief von Jacob Taubes, den ich mir habe abschreiben lassen. Ich habe ihn eigenen urteilsfähigen Bekannten gezeigt; alle waren davon ergriffen. Ein alter, überaus gebildeter und erfahrener Journalist aus der alten Monarchie (Rudolf Fischer) sagte nach der Lektüre: Holt's mir die Juden wieder her! Ich könnte Ihnen noch vieles von der Wirkung dieses Briefes erzählen. Aber ich bin sicher, dass er den Nomos der Erde nicht gelesen hat, sonst wäre er auf das Johannes-Zitat auf S. 33 eingegangen. Ich möchte ihm gern alle 3 Publikationen schicken lassen, aber nicht von mir aus. Soll ich es in Ihrem Namen tun? Die Prägung „Politische Theologie" stammt tatsächlich von mir.
Damit breche ich für heute ab. Schreiben Sie mir bald wieder, vor allem auch was Sie jetzt arbeiten.
Ich grüsse das gastliche Haus in Wilflingen und bleibe

Ihr alter

Carl Schmitt

Der Tod von Serge Maiwald hat etwas Mysteriöses; ein Kaspar-Hauser-Schicksal hat sich erfüllt.

---

126 Die deutsche Ausgabe des Buches von Lilian Winstanley, „Hamlet Sohn der Maria Stuart" erschien 1952, von Anima Schmitt übersetzt, im Neske Verlag in Pfullingen.

Anlagen[127]
1) Illyrien (als Geburtstagsgruss!)
2) Nachwort zur Kanne-Biographie[128], Okt. 1918
(zum Thema: ewige Wiederkehr);
3) Brief J. Taubes 14/2 52,
4) Enlog.[?] Prozess (witzig, aber bald
ermüdend);
5) 2 Briefe Sagave (mit der Bitte um Rückgabe);
6) 1 Heft Aussenpolitik (Aufs. Golo Mann)

— — — — — —

1. [in Kopie] C. S., Nachwort zur Kanne-Biographie, Okt. 1918
2. der Brief von J. Taubes:
[Notiz von AM im Briefkopf ms: Dr. Jacob Taubes, ca. 30jährig
Hebrew University, Jerusalem]

den 14. Februar 1952

Lieber Armin,

Deine Zeilen haben mich aufrichtig gefreut, denn ich dachte schon, du hättest mir die Kritik übelgenommen. Ich schrieb das letzte Mal, wenn ich nicht irre, auf air-mail-papier und als der Bogen zu Ende ging war ich erst mit dem „negativen" Teil fertig … Wie gut, dass du die Kritik so freundschaftlich aufgenommen.
in medias res: Carl Schmitt ist (neben Heidegger) die geistige Potenz, die alles Intellectuellengeschreibsel um Haupteslänge überragt. Darüber besteht kein Zweifel. (Nebenbei: der Justizminister Israels hat, als er mit Verfassungsfragen beschäftigt, von der Univ-bibliothek dringend Schmitts Verfassungslehre verlangt. Als sich herausstellte, dass das Buch „oben" d. h. am Scopusberg, wohin wir keinen Zutritt haben, blieb, wurde es speziell durch Soldaten heruntergebracht – Soldaten, die jede vierzehn Tage durch die „Feindeslinien", geschützt von UNO, auf den Scopusberg fahren, um die Enklave: Universitätsgebäude und Spital, die leer stehen, zu bewachen). Dass beide: C. S. und M. H. die nationalsozialistische Revolution begrüsst, ja „mitgemacht" ha-

127 Diese Auflistung der Anlagen steht – wohl aus Platzmangel – oben links auf der ersten Seite über dem Brieftext. Nur zwei von diesen sechs Anlagen liegen heute noch dem Brief bei.

128 Johannes Arnold Kanne (1773 Detmold – 1824 Erlangen) war Professor der Geschichte und zuletzt der orientalischen Sprachen an der Universität Erlangen. C. S. gab 1918, also am Ausgang seiner Sturm-und-Drang-Zeit, im Furche Verlag (Berlin) diese Schrift heraus: „Aus meinem Leben / Aufzeichnungen des deutschen Pietisten Johann Anton Kanne". Sein zweiseitiges Nachwort endet mit den Worten: „… die große Auseinandersetzung mit dem Ungeist des 19. Jahrhunderts war einem anderen vorbehalten, Kierkegaard, der wie ein neuer Kirchenvater die ewig gleiche Wahrheit seinem Zeitalter von neuem artikulierte."

ben, ist für mich noch immer ein Problem, das ich mit Schlagworten wie: niedrig, schweinisch etc. nicht niederschlagen kann. Vor mir liegt eine Notiz über C. S.'s Aufsatz: der Führer schützt das Recht. (Deutsche Juristen Zeitung 1934) und ich weiss mir keinen Rat damit. Worin bestand die „Verführung" des Nationalsozialismus? Dass die liberal-humanistische Welt in ihren Fugen krachte, war das genug Grund in die Arme der Lemuren zu stürzen? Nach Jerusalem gelangte eine kleine Schrift (leider nicht zu mir, sondern zu einem „Gegner" der Deutschen): ex captivitate salus. Andere meinten „empört": zu wenig Schuldbekenntnis, Auskneiferei .... Mir schien es ein erschütternder Bericht, wenn nicht alles klärend, so doch tief in die Seele blicken lassend; noch nie habe ich von einem unserer Generation einen so intimen und doch so noblen (und auch wahrhaftigen) Bericht, ja Selbstabrechnung gelesen. Hätte doch M. H. den Mut gehabt, mit sich so ins Gericht zu gehen, nachdem die Rektoratsrede 1933 und anderes mehr – Verhältnis zu Husserl, Aufsatz in der Studentenzeitung (hast Du dies 'mal gesehen? Könnte ich davon Copie haben? Buber erzählte mir davon, Löwith schrieb in les temps modernes 1947 darüber) etc.... – „bleiben stahn", er hätte der suchenden Jugend Deutschlands dadurch einen besseren Weg gewiesen, als durch den „Feldweg" (ich konnte zuerst nicht glauben, dass diese à la Stifter marinierte Meditation von M. H. stamme und tippte auf einen „Namensvetter", als ich den Aufsatz in der kath. Zeitschrift „Wort u. Wahrheit" sah. Buber aber sagte mir: Taubes, Sie kennen „Sein u. Zeit", Sie kennen nicht H. – und er hat recht gehabt).

Doch das führt uns zurück zu C. S. All das vorausgesetzt, komme ich mit „der Nomos der Erde" nicht zurecht. Zugegeben die Grösse des Themas, zugegeben, dass die europa-zentrische Ordnung des Völkerrechts (nur des Völkerrechts???) untergeht und der „alte Nomos der Erde" versiecht, zugegeben dass „das Denken der Menschen sich wieder auf die elementaren Ordnungen ihres terrestrischen Daseins richten" muss – dann bleibt offen, ob das Werk dem „Thema" und der „gegenwärtigen Situation", die wahrhaftig „überwältigend" sind, gewachsen ist. Warum? Das Wort vom neuen Nomos erinnert (und soll erinnern??) an Joh 13.34: an das Wort von ἐντολῆν καινῆν δίδωμι. – die Parallele ist von C. S. gesehen, denn C. S. sieht „diese einzigartige, alles beherrschende, grosse Parallele zwischen der Gegenwart und der Zeitwende", eine Parallele, die nicht mit den zahllosen sonstigen geschichtlichen Parallelen verwechselt werden darf, von denen es in den Geschichtsbüchern wimmelt, – kann sich aber der neue Nomos der Erde mit dem Nomos Christi messen? Ich kenne den nächsten Einwand (er liegt auf der Hand!): Ja, aber Mensch, wie kannst du „so" vergleichen? Joh 13.34 „gehört" in die Theologie, soweit reicht die Kompetenz der Jurisprudenz nicht! Dann aber bleibt die Lehre vom Recht die Antwort auf „den entscheidenden Fall" schuldig, nämlich die Antwort auf die Frage nach dem Schicksal des Menschen in der Constellation der Tyrannis, der totalen Gewaltherrschaft – und infolgedessen die Antwort auf alle weiteren entscheidenden Fälle. Die Folgerungen aus einem solchen: das Staatsrecht hört hier auf, hat ja C. S. in der Einleitung (1933) zur Polit. Theologie selbst gezogen – das erspart mir die Linien auszuziehen. Die aussenpolitische „Variante" des Völkerrechts steht und fällt mit der Frage: was Recht ist und dazu „muss" C. S.

jetzt – nach der Tyrannis, um einen milden Ausdruck zu gebrauchen, Stellung nehmen. Soll nur das Ausland das „Material" über die KZ und Gaskammern sammeln, oder ist es nicht Aufgabe derer, denen es um Deutschland von innen her geht, 'mal Aug in Aug zu stehen mit dem was im Namen des deutschen Volkes geschehen – und zu klären (wenn möglich): was geschehen und warum es geschehen ist? Das wäre der „Grösse des Themas" vom neuen Nomos der Erde doch entsprechender! Erde und Meer – die Elemente bleiben ohne den Menschen doch „Materie" (nicht einmal „Materie") – Wenn der „Humanismus" abgewirtschaftet hat (von Plato bis Nietzsche – wie Heidegger sagt) so heisst doch das nur, dass die Frage nach dem Menschen sich eben radikaler (als es sich ein Humanismus träumen lässt) stellt. Und wer bestimmt die Trennung der Gebiete: Theologie, Jurisprudenz etc. ...? Das curriculum der Universitäten, der Betrieb der liberalen Gesellschaft? Was ist heute nicht „Theologie" (ausser dem theologischen Geschwätz)? Ist E. Jünger weniger „Theologie" denn Bultmann oder Brunner? Kafka weniger denn Karl Barth? Und sicher muss die Frage nach dem Recht heute „theologisch" gestellt werden: d. h. es muss gefragt werden: wie sieht ein Recht aus, gesetzt dass der Atheismus unser Schicksal ist? Muss ohne göttliches Recht das Abendland in Blut und Wahnsinn ersticken, oder können wir aus uns selbst „aus der terrestrisch-sterblichen Situation des Menschen" Recht und Unrecht scheiden? Die gegenwärtige Situation ist weit schwerer denn die Situation um die Zeitwende, weil wir eben, trotz der momentanen „hausse" an der Religionsbörse (Restaurationsgetue, nichts mehr!) in entscheidendem Sinne post Christum leben (aber die Probleme nicht so „einfach" und so „simpel", wie Petrus – und E. J. es sich vorgestellt haben. Das Minimum an Metaphysik heisst nicht „weniger", sondern „elementarer" in Sachen der Metaphysik).
Mir geht es im Moment (seit eineinhalb Jahren) um das Problem der polit. Theologie, exemplifiziert an Maimonides. Das Problem der polit. Theologie ist ein Treffer ins Schwarze (stammt der Terminus von C. S.?), noch gar nicht ausgenutzt. Politische Theologie ist vielleicht „das" Kreuz aller Theologie; ob sie damit fertig wird? Das Christentum (Augustin vornehmlich) hat das Problem abgelehnt (wie aller Chiliasmus, Antinomismus – hinten rum ist es dann doch ins christl. Bewusstsein, aber mit schlechtem Gewissen). Das Judentum „ist" polit. Theologie – das ist sein „Kreuz", weil Theologie eben doch nicht aufgeht in der Division durch: „politisch", weil das Gesetz eben doch nicht das Erste und Letzte ist, weil es „sogar" zwischen Mensch und Mensch Verhältnisse gibt, die das Gesetz „überschreiten", „übertreten" – Liebe, Erbarmen, Verzeihen (gar nicht „sentimental", sondern „real"). Ich wüsste mit meinem elenden und oft krummen Leben keinen Schritt weiter (weiss auch übrigens nicht, wie einen Schritt weiter zu gehen), ohne an „diese drei" mich zu klammern und das führt mich immer wieder – gegen meinen „Willen" – zu – Paulus.

Herzlich Jacob

P.S. Wenn Du bald schreibst (was nicht anzunehmen ist) so Jerusalem**), nach Juni: 230 Dartmouthstreet, Rochester 7, NY USA

**) Wenn Du kannst, so sende mir E. J: Waldgang und belaste meinen Vater (Dr. T. Bodmerstrasse 12 Zürich) mit den Spesen – schick' es nach USA.

Nr. 84[129]
AK/hs

[Plettenberg, 4/5 52]

Herzliche Grüße! Ich habe Anima nach Hamburg gebracht und spreche jetzt viel mit P. Tommissen; schade, daß Sie nicht dabei sind!

Stets Ihr
Carl Schmitt.

Nr. 85
PK/hs

[Plettenberg, 10/5 52]

Mein lieber Armin Mohler, besten Dank für den Artikel von Allemann aus der „Tat"! Ich habe gerade Besuch von Herrn Tommissen und Frau; wir haben hier eine Woche lang Bibliographie getrieben, aber nicht nur das. In einer sehr bedeutenden Dissertation (Heidelberg) von Hanno Kesting finde ich kritische Äusserungen zu der Begriffsbildung „Konservative Revolution". In dem Blatt „Michael, Katholische Wochenzeitung" Düsseldorf, 27/4 52, kündigt Karl Thieme an, dass eine grosse Aktion gegen C. S. gestartet wird. Auch die Hessen (Art. 41) toben. Impavidum ferient ruinae.
Wie geht es bei Ihnen? Wie Frau Jünger, von der ich lange nichts gehört habe?

Immer Ihr
Carl Schmitt

10/5 52

Nr. 86
AK/hs

Plettenberg II Westfalen
13. 6. 1952

Mein lieber Armin Mohler, seit Wochen bin ich damit beschäftigt, Ihnen lange Briefe zu schreiben, zumindest 20 Items, aber leider nur im Geiste. Heute nur diese schöne Klee-Karte, die eigentlich für Ihre Frau bestimmt ist; der Brief mit den Einzel-Bestätigungen Ihrer Sendungen folgt. Eben lese ich in der „Zeit" vom 12. 6. die Besprechung

129 Dieser Text schließt an an einen Gruß, den Piet Tommissen am 4.5.52 auf einer Ansichtskarte von seinem Besuch bei C. S. schreibt.

von Godenholm[130], das ich immer noch nicht erhalten habe. In derselben Nummer ist der „Nomos der Erde" behandelt. Golo Mann hat sich im letzten Juni-"Monat" mit einer giftigen Bemerkung gegen mich demaskiert; Art lässt nicht von Art. Neske hat das Hamlet-Manuskript erhalten. Ein Basler namens Rüegg hat ein unsagbar dummes Buch über Shakespeare in der Dalp-Reihe veröffentlicht. Ihre K. R. ist auch in Spanien schon berühmt. Bert Ibsenstein lässt für das wertvolle Reim-Stück bestens danken. Ihnen und Ihrer Frau und Gretha Jünger herzliche Grüsse Ihres alten

Carl Schmitt.

Anima ist seit Dienstag wieder in Hamburg 13, Mittelweg 21, bei Frau Reckato[?]
Der elende Max Rychner sucht sich der Enthüllung seines Eunuchentums [..?..] zu erwehren. Kennen Sie einen Dr. jur. J. J. Spiring, in Zürich?

Nr. 87
AK/hs

Pl. 14/6 52

Mein lieber Armin Mohler,
Ihr Golo hat sich in dem erwähnten Aufsatz (Monat, Juni) einen herrlichen Irrealis geleistet, der der Ipsensteinschen Sammlung einverleibt worden ist. Dieser Test hat sich bewährt. Heute wollte ich Sie bitten, den Aufsatz von Arnold Gehlen im letzten (6.) Heft des „Merkur" zu lesen. Das wäre auch eine Lektüre für E. J. Wäre! Lesen Sie bitte den Aufsatz von Anfang bis zu Ende! Das ist die Antwort auf die Atlantik-Charta und ihre „Freiheit von Not", die Antwort auf das Schamloseste, das jemals über menschliche Lippen gekommen ist. Kein Theologe hat diese Antwort gegeben. Taubes hat recht: heute ist alles Theologie, mit Ausnahme dessen, was die Theologen von sich geben. Nichts gegen Thielicke! Im Gegenteil! Er lebe!

Ihr C. S.

*Nr. 88*
*B/ms*

*Mein lieber Herr Professor,* *Wilflingen, 25. 6. 52.*

*<...> Sie erstaunen wieder darüber, noch kein „Godenholm" bekommen zu haben. Ich wollte Ihnen ein Exemplar schicken, doch war J. dagegen. Darf ich Ihnen offen schreiben warum? Nehmen Sie es mir bitte nicht übel, wenn ich diese Dinge ausspreche.*

130 Ernst Jüngers Erzählung „Besuch auf Godenholm" (1952), welche die Linie des Jüngerschen Symbolismus weiterführt.

*J. scheint zum einen das Gefühl zu haben, Sie nähmen seit langem Bücher von ihm bloss in die Hand, um daran Kritik zu üben. Die unglückselige Wendung des Gespräches in dem Augenblick, als er Ihnen den „Kieselstrand“ schenkte, mag ihn darin bestärkt haben. Zum zweiten die auffällige und sich stets wiederholende Erfahrung, dass C. S.-Anhänger sozusagen immer von einer starken Animosität gegen J. erfüllt sind, während Jünger-Leser als Ganzes im Gegensatz dazu doch gerade einer der stärksten Blöcke sind, welche sich dem Diffamierungsfeldzug gegen Don Capisco entgegenstellen. <…> Sie werden viele Jünger-Leser finden, die mit Spannung Benn lesen, kaum aber einen Benn-Leser, der sich nicht bemüssigt fühlte, Jünger zu attackieren. Das sind Dinge, die Jünger zuletzt natürlich auch einmal auffallen. Und dass Sie nicht für Ihre Anhänger haftbar gemacht werden können, ist auch klar. Aber woher kommt es, dass die C. S.-Anhänger jenes Ressentiment nun einmal fast durchweg haben, während der Jünger-Leser stets an einen Punkt kommt, wo er sagt: Nun muss ich doch endlich etwas von diesem C. S. lesen, das scheint ja einer der wenigen wesentlichen Köpfe dieses Zeitalters zu sein. <…>*[131]

Nr. 89
B/hs

Pl. 29/6 52.

Mein lieber Armin Mohler, alles fliegt jetzt beiseite und bleibt liegen, wo es liegt, damit endlich das seit langem fällige Schreiben an Sie zustande kommt und einige Items ihre Erledigung finden. Zunächst allgemein und pauschal: meinen herzlichsten Dank für die zahlreichen Zusendungen und Informationen, die Sie mir nach Plettenberg schicken wie Raben mit dem Brot! Ich verstehe jetzt die Etymologie der Renaissance-Philologen in Deutschland, die behaupteten, Arminius heisse Hermann; Hermann, mein Rabe.
Sodann beeile ich mich, die 3 gewünschten Items
1) 10 Gedichte Auswahl (Anthologie)
2) Britting Korresp.
3) Heft der Bodensee-Z. mit Fleig-Aufsatz über F. G. J. in der Anlage zurückzusenden. Die Auswahl der 10 Gedichte[132] hat mich und Ernst Hüsmert oft und viel beschäftigt. Sie ist vorzüglich. Ernst Hüsmert's Gedicht (er ist 23 Jahre alt) aus der FAZ vom 14/6 lege ich bei, mit der Bitte um Rückgabe, für den Fall, dass Sie es schon haben. Ferner einen Umschlag, der beweisen soll, dass wir uns in Bottrop über

131 Für AM war es selbstverständlich, daß man Benn, die Brüder Jünger, C. S. mit gleicher Intensität lesen könne, wenn auch nicht alle zur gleichen Zeit.

132 Spiel zwischen C. S., Hüsmert und AM: Aufbau einer idealen Anthologie der deutschen Lyrik durch selektive Wahl.

Michel Dietrich und den Adlerhorst zu informieren suchten; das Ergebnis war negativ und doch lehrreich; die besagte Schrift ist angeblich vergriffen; doch versuchte man so eifrig Namen und Wohnung der Interessenten festzustellen, dass die Inquirentin (Stern) den Eindruck hatte, es entweder mit Fanatikern oder mit Spitzeln zu tun zu haben und sich verdrückte. Für die letzten Gedichte (Steinblüte, Halskette, Mystische Ausfahrt u. a.) vielen Dank! Ich habe darin gelesen und vieles sehr schön gefunden, konnte mich aber noch nicht vertiefen. Das Vorwort zu der Übersetzung des Hamlet-Buches, die Anima gemacht hat, macht immer neue Arbeit; die Shakespearologie ist ein Fass ohne Boden. Die Abschrift des Briefes an Jasper Petersen[133] möchte ich doch mit Ihrer Erlaubnis gelegentlich Nicolaus Sombart zeigen. Er hat in der Literatur zwei sehr gute Aufsätze veröffentlicht, in Nr. 6 (1/6): Amerikanisches Dokument (über James Jones), in Nr. 7 (15/6) Bilanz einer kostspieligen Veranstaltung (von Weinreich in seinem Zeit-Archiv verbreitet). Dann füge ich die (mit Recht) verworfene Fassung des Briefes an Golo Mann bei. Ich stimme Ihrer Frau durchaus zu: so grob darf man nicht werden. Dagegen finde ich Ihre abgesandte Fassung sehr gut. Warten wir ab, wie der Adressat sich bewährt und ob er merkt, dass er hier vor einer Probe steht; seine Situation, fürchte ich, ist stärker als sein Wille zum guten Willen.
Wenn ich Ihnen auf einer Karte zu Thielicke schrieb: Er lebe! so konnte das nur doppelbödige Ironie sein. Ich wiederhole: Er lebe! und bitte Sie, einmal genauer hinzuhören. Auch Spranger lebe! Auch Erich Kaufmann, der jetzt Rundbriefe verschickt, um den von ihm kreierten Prof. Grewe als Nazi und Mitarbeiter von Ribbentrop zu beschimpfen. Sie leben! Ernst Jüngers jüngste Pour le Mérite-Kollegen!
Welche Gedichte von Däubler und Konrad Weiß soll ich Ihnen nun benennen? Ich schreibe (ein Versprechen vom Dezember 1951 einlösend) für Ihre Frau zwei Gedichte auf, die aber für eine Anthologie wohl zu „klein“ sind. Von Däubler vielleicht noch die Droschke? Oder ist sie schon zu beliebt? „Das Gleichnis“ (Nordlicht II, S. 554 Ihrer Ausgabe) können wir wohl nicht wagen? Noch weniger: Nordschein (eod. S. 553). Wie traurig, dass wir nicht einige Tage zu einer Besprechung dieser Angelegenheit haben? Kennen Sie das Kubin gewidmete Gedicht von K. W.[134]? (Herz des Wortes). Über den „Nomos der Erde“ haben sich jetzt auch die „Stimmen der Zeit“ geäussert. Ich lege die Besprechung mit der Bitte um Rückgabe bei. Ferner, ebenfalls M. d. R., eine Notiz über meinen Vortrag in Duisburg, dieses nur, weil mir der Schluss so gut gefällt.
Von Fleig erhielt ich nach langer Zeit ein Schreiben mit dem Heimat-Aufsatz, den (mit dem Tolbuchin[135]-Aufsatz) auf Ihre Veranlassung auch Weinreich geschickt hat; vielen Dank!

133 Dr. Jasper Petersen: damaliger Sekretär von Heinrich Hellwege, dem Vorsitzenden der Deutschen Partei.

134 K. W.: Konrad Weiß.

135 „Tolbuchin“: Pseudonym, unter dem H. Fleig Rußland-Berichte veröffentlichte.

Wissen Sie vielleicht, ob die 400 Mark an Gebhard überwiesen sind? Ich möchte mich bei ihm kurz bedanken, um die Angelegenheit abzuschliessen. Frau Gretha Jünger möchte ich gern bald sehen.
Das Thema der Jünger-Freunde müssen wir besonders besprechen. Ich sehe nicht, dass Ernst Jüngers Freunde wie Niekisch, Klett, Nebel und andere sich mir besonders freundlich zeigen. Im Gegenteil. Dagegen ist in einem Kölner Blättchen „Aufklärung" (die Kiosk-Verkäufer zwinkern einem bei diesem Namen zu; es ist aber nicht pornographisch, sondern politisch; vgl. Lenin „was nicht politisch ist, ist Pornographie") neuerdings (Jahrg. II, 1) in ein und derselben Nummer (dieser Tage in Köln erschienen) ein hasserfüllter Aufsatz gegen E. J. und ein ebensolcher gegen mich abgedruckt („veröffentlicht" wäre übertrieben).
So, lieber Arminius. Ich trinke jetzt einen guten Amontillado, mit dem guten Gewissen eines Menschen, der 15 Items behandelt und sich grosse Mühe gegeben hat. Ihnen und Ihrer Frau herzliche Grüsse

Ihres alten Carl Schmitt.

Noch eine Anlage: Abschrift aus einem Brief von Walter Warnach vom 19/4 52
Noch eine Frage: kennen Sie H. Domizlaff, Nachdenkliche Wanderschaft, 2 Bände (bei Dulk); soll vieles über Däubler, Moeller v. d. Bruck, etc. enthalten.

— — — — — —

1. [ms] Vor noch nicht 4 Jahren:

Zweite Sitzung des Parlamentarischen Rates in Bonn, vom 8. September 1948. Stenographischer Bericht S. 25:
Abg. Dr. Süsterhenn:

> „Wir haben keine Angst vor der von dem mit zwei „t"
> geschriebenen Namensvetter des Kollegen Herrn Carlo Schmid an
> die Wand gemalten Gefahr einer justizförmigen Politik."

2. [ms] Aus einem Brief von Walter Warnach, vom 19. April 1952 zu dem Rechtsgutachten über Art. 41 der Hessischen Landesverfassung, gedruckt unter dem Titel „Rechtsstaatlicher Verfassungsvollzug", Wetzlar März 1952. [3/4 ms Seite A4]

Nr. 90
AK/hs

Pl. 15/7 52

Liebe Frau Edith Mohler, Ihr freundlicher Geburtstagsgruss hat mich besonders gefreut, ich schicke Ihnen hier ein anderes Bild[136], ohne damit Ihre Rechte an dem Klee-Bild mindern zu wollen. Bei Armin werde ich mich für seine grosse Geburtstagssendung extra bedanken, auch für die Léon-Bloy-Bände von E. J. Was sind die Sommer-Reise-Pläne der Wilflinger? Das Gedicht „Oft" (Warum erscheint mir immer wieder) ist von Theodor Däubler, nicht von Konrad Weiß. Aus Wilhelm Lehmann[137] „Noch nicht genug" traf mich die Zeile: „Ich bin die Dauer des Vorbeis" (S. 39). Ihnen allen herzliche Grüsse Ihres

alten Carl Schmitt.

Nr. 91
B/hs

Pl. 18/7 52

Ich beeile mich, mein lieber Armin Mohler, Ihnen den Brief von Golo Mann zurückzusenden. <…> Aber dass ich mir für mich den Satz merken werde: „Dass der amerikanische Idealismus etc. ... einem Deutschen kommt es nicht zu, und unter den Deutschen Schmitt weniger als andern", das lässt sich nicht vermeiden. Hier zeigt sich die anmassende Inkompetenz dieses Mann. Dass ich meine Gedanken, durchaus nicht mit Einschränkung auf den „amerikanischen Idealismus" seit 30 Jahren ausspreche, dass ich sie 1938 in der Schrift über „die Wendung zum diskriminierenden Kriegsbegriff" ex professo dem Hitler-Regime vorgehalten habe, das alles müsste ein Historiker doch wissen, wenn er zu dem Thema so höchstrichterlich mitreden will. Aber die Privilegierung und Selbsterwählung dieser Remigranten verblendet sie, und sie sind nicht mehr imstande, ein Buch von mir mit wissenschaftlicher Kontemplation zu lesen, ohne ihren Monopol-Anspruch einzumischen. Lassen wir dies. – Der Aufsatz von Raymond Aron ist gut, aber am entscheidenden Punkt schonend und von zartester Rücksicht. Immerhin merkt Golo Mann, dass die „moralisch guten Jahre" (wie sein Vater die Zeit von 1933-45 genannt hat) zu Ende sind. Sie alle lebten vom Hass gegen Hitler. Klaus Mann zog die Konsequenz, als Hitler nicht mehr da war – ein Schulbeispiel der Ab-

136 Ansichtskarte von einem Miró-Gemälde.

137 In dem Gedichtband „Noch nicht genug" (1950 im Heliopolis Verlag) von Wilhelm Lehmann (1882–1968) findet sich dieses Zitat auf Seite 39.

hängigkeit vom Feind. Das waren wirklich nicht nur gute, sondern auch fette Jahre. Und wie kennzeichnet Klaus Mann (in seiner Autobiographie) diesen seinen Feind, von dem er für einige Jahre so fett geworden ist: er keift: Hitler, ein Problem?! Gestank war er, Gestank! So wörtlich im Wendepunkt und am Wendepunkt. Das Ganze gäbe eine Illustration zum Begriff des Politischen, eine Anfänger-Übung zur Einführung in den Begriff: Feind. Ich wiederhole, was am Schluss des Nomos steht (und was zu meiner Freude auch der Verfasser des Aufsatzes in der „Zeit" hervorgehoben hat): if the foe is not what they say he is – what are they? Ich weiss was ich getan habe, als ich mit diesem Satze schloss; ich weiss vor allem, was die Education of Henry Adams bedeutet, aus der dieser Satz stammt; und ich warte jetzt ab, ob Golo Mann das alles ebenfalls merken wird, wenn er das Buch tatsächlich lesen sollte.
Nun aber genug davon. Ich habe mich bei Ihnen noch nicht für Ihre Geburtstagswünsche und die Bücher bedankt. Ich musste in der letzten Zeit wieder einige Reisen machen. Das Gewerbe der Verfassungsinterpretation blüht. Deshalb komme ich nicht zu einer gesammelten Korrespondenz. Ich glaube, ich habe Ihnen nicht einmal geschrieben, dass wir die Stelle aus dem Aufsatz Golo Mann über C. S. der Bert Ipsensteinschen Sammlung einverleibt haben; sie schliesst mit einem kapitalen Irrealis und richtet sich dadurch selbst. Unser Prüfstein hat sich hier grossartig bewährt.
Also über Ihre, Ihrer Frau, Frau Grethas, Ernst Jüngers und Carl Alexanders Geburtstagsgrüsse bin ich immer noch hocherfreut und sehr glücklich. Das herrliche Bild von dem Christophorus des Konrad Witz, das Ihre Frau mir geschickt hat, steht in einer heftigen Farben-Konkurrenz mit Paul Klee und andern entfesselten Farben-Künstlern. Den Brief von Petersen werde ich N. S. also nicht zeigen. Sie haben recht, dass man mit Briefen nicht so mitteilsam sein darf. Es ist leider nur so, dass es heute keine Öffentlichkeit mehr gibt und das Wichtige in Briefen gesagt wird. Ein grossartiges Beispiel ist der Brief von Jacob Taubes. Ich habe ihn mehreren Leuten gezeigt und alle waren tief ergriffen, vor allem über die Äusserung zur Lage der Theologie. <…> Ich erhielt dieser Tage 2 Nummern der Argentinischen Juristen Zeitung La Ley vom August 1949 mit einem 5 Seiten langen Aufsatz über eine grosse C. S. Debatte in der Verfassunggebenden Argentinischen Nationalversammlung vom 15.2.1949. Ein Pendant zum Schicksal der Verfassungslehre auf dem Scopusberge bei Jerusalem!
Der ganzen Oberförsterei[138] herzliche Grüsse

138 „Oberförsterei": inzwischen ist es in Wilflingen mit dem Tod des alten Barons von Stauffenberg zu einem Wohnungswechsel gekommen. Als Schwerkriegsbeschädigter hatte er die dem Schloß gegenüberliegende Oberförsterei als kommoderen Wohnsitz vorgezogen und E. Jünger zwei Stockwerke im Schloß zur Verfügung gestellt, die jedoch ohne das entsprechende Personal schwer zu bewirtschaften waren. Friedrich Freiherr Schenk von Stauffenberg (1982 74jährig gestorben), welcher das Erbe des Vaters übernahm, vollzog den Häuserwechsel, und die Literatur ließ sich die Hinweise auf die düstere Gestalt des Oberförsters in Jüngers „Marmorklippen" (1939) nicht entgehen.

von Ihrem alten
Carl Schmitt.
höchst erwartungsvoll wegen Ihrer Anthologie!

Eben kommt ein Telegramm aus Heidelberg: Hanno Kesting hat tatsächlich magna cum laude promoviert; die Arbeit (von der Utopie zur Eschatologie) ist wirklich grossartig und bedeutend; ich schrieb Ihnen, glaube ich, schon davon; ich hätte nicht gedacht, dass die Heidelberger die Arbeit annehmen.

Nr. 92
B/hs

[o. O., 22/7 52]

[139] Mit grossem Interesse (Ihre Arbeitskraft bewundernd) gelesen und mit vielem Dank zurück. Zu beanstanden: S. 8, die Erwähnung des „Faust"; so soll man nicht sprechen, es sei denn für Oberlehrer. Zu S. 3 Kafka-Hamann sehr gut; kennen Sie Günther Anders (Antifa ... Type), über Kafka? bei Beck erschienen; treffend über das „Protokoll-Deutsch" des Verfremdeten, auf das Nicolaus Sombart hereingefallen ist. Besten Dank für die Mitteilung betr. Klaus G.[140]!
Herzliche Grüße Ihres

22/7 52 C. S.
Datum (19/8 52, 22.33)
notiert.
Ich finde „Nasses Brot" ebenfalls erwähnenswert; jedenfalls mehr als Doderer[141]. Haben Sie von Hans Fleig's Besuch bei Anima in Hamburg gehört? Wer ist Walter Haller[142] in Brombach (Taunus), dem Sie meine Adresse gegeben haben? Ich habe ihm S. 65 meines Donoso-Büchleins geschickt.

---

139 Dieser Text muß eine Anlage zu einer Rücksendung o. ä. sein; er ist ohne Anrede.

140 C. S. hatte in Nr. 89 nach einer Geldüberweisung an Klaus Gebhard gefragt. Am 19. 7. teilt AM mit: „eben hat E. J. die DM 400,– an K. G. überwiesen". – Auf diese Mitteilung scheint sich auch der hier folgende Vermerk „Datum ... notiert" zu beziehen, nur daß C. S. 19. 8. statt 19. 7. schreibt, ein Versehen, für das man vielleicht die späte Stunde (22.33) verantwortlich machen könnte.

141 „Doderer": C. S. hat Heimito von Doderer und dessen Mentor Albert Paris Gütersloh gut gekannt, antwortete jedoch auf die Erwähnung ihrer Namen entweder schweigend oder mit abwehrender Geste.

142 Dr. Walter Haller, früherer Bündischer, der sich um eine „konservative Sammlung" mühte.

*Nr. 93*
*BK/ms*

*Wilflingen, 14. 8. 52.*

*Mein lieber Herr Professor,*

*in letzter Zeit wird mehr und mehr das „on dit“ kolportiert, Sie würden Remer und seiner Partei als juristischer Berater dienen. Natürlich dementiere ich diese Meldung, die Ihnen sehr schaden kann, nach Kräften. Ich nehme auch an, dass Sie zu einer solchen Verbindung nicht geeignet wären. Verhalte ich mich richtig? <...>*

Nr. 94
B/hs

Pl. 16/8 52

Lieber Armin Mohler,

wieder häufen sich die Items; eigentlich kein schlechtes Zeichen.

1) mit vielem Dank gebe ich den Brief von Golo Mann zurück; auch für Ihre Antwort auf ihn danke ich Ihnen sehr. Der Brief Golos ist sympathisch und anständig. Aber ich fürchte ebenso wie Sie, dass man ihm solche Anwandlungen von Objektivität bald austreiben wird;
2) der schwarze Kriegs-Einband des Leviathan ist aus Kunstleder; das Buch hatte ursprünglich einen schönen sinnreich-marine-blauen Leinen-Einband; sobald davon ein Exemplar aufzutreiben ist, erhalten Sie es;
3) kennen Sie Emil Barth's kleine Schrift über Trakl? Sehr schön; wichtig, was er über Reime sagt; soll ich sie Ihnen schicken?
4) die Behauptung, ich hätte etwas mit Remer zu tun ist bösartiger Mumpitz. Ich habe weder direkt noch indirekt mit ihm oder seinen Genossen oder seiner Partei zu tun, auch nie gehabt, weder mündlich, noch schriftlich: Wer erfindet das? Stellen Sie doch einmal einen Verbreiter solchen Giftes und fragen Sie ihn nach Einzelheiten und seiner Quelle. Meist ist es die süsse Gewohnheit der Canaille, einen Wehrlosen anzuspucken.
5) Heute steht im Feuilleton der FAZ ein Aufsatz von mir: Das Schauspiel im Schauspiel. Es ist ein herausgeschnittenes Stück aus meinem Vorwort zu der deutschen Ausgabe des Hamlet-Buches von Lilian Winstanley. Sagen Sie mir, ob dieses Stück für sich überhaupt verständlich ist. Das ganze Vorwort werden Sie mit dem Buch erhalten; es ist vielmehr darin als in dem jetzt abgedruckten Stück.

6) Das Symposion zum 65. Geburtstage Hans Freyers in dem wunderbaren Kloster Eberbach (jetzt hessische Staatsdomäne) mit 45er Steinberger (!!) war grossartig: Thema des aufregenden Gespräches (an dem u. a. Gehlen, Hans Barion, Alföldi, der neue Baseler Ordinarius für alte Philologie, Achelis, Gunther Ipsen u. a. teilnahmen): Konservativismus. Das ganze Gespräch ist auf ein Magnetophon-Band aufgenommen worden. Ich möchte Ihnen davon erzählen. Wann kommen Sie einmal?
7) Wem könnte man den Nachruf auf S. Maiwald noch schicken, den ich Ihnen dieser Tage als Drucksache sandte?
8) Ihr Landsmann Rychner hat sich in der Universitas über Godenholm geäussert; im gleichen Ton einer in der Neuen Zeitung. Klare Front.
9) Ein Josef Schelz[143] gründet hier mit Erfolg eine „Sammlung der Kriegsgeneration"; interessiert Sie das?
10) Am 1/9 wird Anima in Darmstadt antreten. Vielleicht fahre ich dann nach Süddeutschland. Kennen Sie einen General Koch-Erpach in Vaihingen (Enz)? Kennt Ernst Jünger ihn? Er war Divisionär in Beuthen 1936/37 und hat mich damals sofort zu einem Vortrag vor seinem Offizier-Korps eingeladen, als ich im Schwarzen Korps angespuckt wurde.
11) Walter Warnach wird ein Buch veröffentlichen: Die Welt des Schmerzes (als Folge des Weltschmerzes);
12) Herzliche Grüsse Ihnen allen von Anima und von Ihrem alten

Carl Schmitt.

Nr. 95
PK/hs

[Plettenberg, 19/9 52]

Lieber Armin Mohler, der Item-Stil ist kein Stil. Aber für einen rechten Brief ist meine Ungeduld zu gross. Ich bis vom 23.–26. September in Frankfurt, Hotel Hessischer Hof, Am Platz der Republik 40. Diese Mitteilung für alle Fälle.
Ganz besonderen Dank für die Gedichte. Ich habe viel dazu zu sagen. Hoffentlich sehen wir uns bald.
Was ist bloss mit Gottfried los? Haben Sie das Gedicht „Keiner weine" in der N Ztg gelesen?

| | |
|---|---|
| Keiner weine | Alles schweige |
| Benn alleine | keiner zeige |
| bohrt das Bindewort. | Lust zu Vatermord. |

Semper et ubique Ihr
19/9 52 Carl Schmitt

143 Josef Schelz = Sepp Schelz.

Nr. 96
PK/hs

[Plettenberg, 13/10 52]

Illustrissimo Arminio, permita que signe en aleman (nachdem die allein passende Anrede auf Deutsch nicht so gut und richtig klingt wie in wälsch), also: mein lieber Arminius, zunächst Glückwunsch und Heil und Segen; dann Dank für Ihre beiden Karten, dann Ausdruck des Bedauerns, dass Sie nicht näher an Ruhr und Rhein kommen, die Brennpunkte der Gegenwärtigen Geschichte; dann Hoffnung, dass es vielleicht doch noch zu einem Wiedersehen kommen möge. Seitdem meine Augen streiken (mit Recht), wird mir das Reisen unendlich schwer. Am 23/10 spreche ich (wie schon mitgeteilt) im Club zu Bremen, am 25/10 fahre ich von dort nach Duisburg (Tagung der Shakespeare-Gesellschaft, Beschwörung der dort massierten Shakespearologie zwecks Rettung unseres schönen Hamlet-Jakob-Buches, dessen Sie offenbar nicht ganz würdig sind[144]; dafür bekommt es dann ihre Frau; am 8/10 spricht Prof. Werner Weber in Köln in unserer Academia Moralis; Sie sind dazu herzlich eingeladen, umsomehr, als 1) das Thema lautet: Staat und Kirche in der Gegenwart, 2) Prof. Werner Weber der beste Laien-Experte auf diesem Gebiet ist, und 3) Sie, mein lieber Arminius, sich auch diese Seite der Welt einmal ansehen sollten. Im übrigen bin ich krank durch die Lektüre des Teiles II des Überleitungsvertrages zum Generalvertrag und durch einen dazu erschienenen Aufsatz im Bonner Bulletin vom 19/9, der uns das Vae Victis als Basis juristischer Argumentation empfiehlt, (Reparationen-Problem und Preisgabe der gesamten deutschen Auslandsvermögen). Im ganz[?] übrigen scheint das ganze deutsche Volk philosemitisch zu werden, wobei sich diese Philie allerdings auf Juden und Araber verteilt. Immerhin ein Fortschritt.
Die Mappe mit Gedichten ist noch bei mir und wird lebhaft erörtert (mit Bert Ipsenstein); der Reim Kreuz – scheut's ist schlecht (in dem „Wald" Gedicht) Vgl. dagegen das Kirchenlied:

Lasst eure Treu nicht wanken,
Lernt still sein, er gebeut's,
und heftet die Gedanken
fest an sein Kreuz:

Dieses Gedicht ist von R. A. Schröder, allerdings nicht von dem Bremer Patriarchen der schönen Künste, sondern von einem nicht dekorierten Kirchenlied-Dichter der Brüdergemeinde.
Trotz allem und trotz alledem: auf ein gutes, baldiges Wiedersehen mit Ihrem alten

C. S.

144 … des Hamlet-Buches offenbar nicht ganz würdig: AM hatte in drei aufeinanderfolgenden Schreiben C. S. seinen Widerwillen gegen das naturalistische Guckkastentheater mitgeteilt.

Eben denke ich daran, dass Sie noch niemals einen Vortrag von mir gehört haben; es wird Zeit, denn bald halte ich keine mehr. Die Ankündigung G. M. im Monat[145] macht mich gespannt; einer muss umfallen: entweder Golo oder der Monat. Sollen wir wetten?

Nr. 97
Tel

Plettenberg, 17. 10. 52

WUNDERBAR ERWARTE SIE HOCHERFREUT SONNTAG = CARL SCHMITT

Nr. 98
B/hs

Plettenberg,
4/XII 52

Lieber Armin Mohler, diese letzten Wochen ging es mir ziemlich schlecht. Es geht auch jetzt noch nicht gut. Ich schreibe aber heute unter einem so nebensächlichen Impuls, dass der Brief tatsächlich zustande zu kommen scheint. Ich habe eine Bitte an Sie: In Zürich ist Sartre's „Räderwerk" (l'engrenage) aufgeführt worden; Wälterlin, der Intendant, soll im Programmheft einen Aufsatz veröffentlicht haben, über die forensische Entlarvung der Schuld. Das interessiert mich brennend und ich möchte diesen Aufsatz haben. Könnten Sie mir dazu helfen, wie Sie mir schon so oft geholfen haben? An Hans Fleig mag ich nicht schreiben. Er antwortet seit langem nicht mehr und hat auch die Zusendung des Hamlet-Buches (das er, als einer der allerersten, schon vor 2 Monaten erhalten hat) unbeantwortet gelassen. Ich verstehe es, dass er schweigt; die Hetze ist wieder mächtig im Gange; der SPD-Arndt* schwingt das Schächtmesser und spielt den Hecht im Karpfenteich der Bonner Republik, was angesichts der allgemeinen Verkarpfung nicht schwierig ist. Ich will damit nicht gesagt haben, dass Hans Fleig von dieser Verkarpfung berührt sei; im Gegenteil, öfters hörte ich von seinen Aufsätzen, die mir so gut schienen, dass ich nahe daran war, Sie darum zu bitten. Aber ich kenne die Rücksichten, die er nehmen muss.

* [am Rand:] Was ist des Deutschen Vaterland?

Sie hatten die Freundlichkeit an den Heidelberger Prof. Kindt[146] zu schreiben (wegen des Hamlet-Buches); ich habe noch nichts von ihm gehört, und kann mich nicht gut als

145 G. M. = Golo Mann; Monat = Zeitschrift „Monat".

146 Vgl. Anm. 153.

Erster an ihn wenden, weil dann Frau Radbruch und andere Heidelberger Virtuosen des Charaktermordes das als würdelose Anbiederung der Welt bekannt geben könnten. Im übrigen kennen Sie meine tiefe Gewissheit, dass alles, vor allem aber Bücher, zur rechten Stunde an mich kommt und zu mir kommt.
Ohne mehr für heute, lieber Armin Mohler, bleibe ich, in der Hoffnung, dass Sie die Erfüllung meines obigen Wäterlin-Wunsches ohne grosse Mühen integrieren können, mit herzlichen Grüssen Ihr alter

Carl Schmitt.

Der Briefwechsel Eschweiler[147]-A. E. Günther[148] über das Konkordat von 1933 interessiert mich brennend. Das diesbezügliche Kapitel in Papens Memoiren (mir wichtiger noch als Salomons Fragebogen) S. 313ff. werden Sie kennen.

— — — — — —

Besprechung des Buches von Carl Schmitt „Der Nomos der Erde im Völkerrecht des Ius Europaeum“, Greven Verlag, Köln 1950, von Prof. Dr. Rolf Stödter, Hamburg. [C. S. hs:] „Präsident des Deutschen Reederverbandes“

[Am oberen Rand der kopierten Seite 290 von C. S. hs:] „Deutsches Verwaltungsblatt, Carl Heymanns Verlag, 67. Jahrg. (1952), Heft 9“

Nr. 99
AK/hs

19/1 53
[Poststempel Darmstadt]

Mein lieber Armin Mohler, leider geht meine jetzige Reise nicht über Heidelberg hinaus. Nach meiner Rückkehr nach Pl'. schreibe ich Ihnen mehr. Herrn von Schrenck-Notzing hoffe ich im Februar in Köln zu treffen. Ihnen und Ihrer Frau herzliche Grüsse Ihres alten

Carl Schmitt
+ Anima

147 Karl Eschweiler (1886–1936), katholischer Professor der systematischen Theologie, gehört zu einem Kreis in seiner Kirche, der, vom Reichsgedanken ausgehend, eine Verbindung zum Nationalsozialismus sucht. Die dominierende Gestalt in diesem Kreis ist Hans Barion. Vgl. Gerhard Reifferscheid, „Das Bistum Ermland und das Dritte Reich“ (1975 / Köln, Bönlau Verlag).

148 Albrecht Erich Günther (1893–1942), jungkonservativer Publizist.

Nr. 100
B/ms

Prof. Dr. Carl Schmitt

Plettenberg II (Westf.)
Brockhauserweg 10
1. 2. 53

Mein lieber Armin Mohler!

Vorgestern bin ich aus meiner Pfalz-Klausur hierher zurückgekehrt. Ich beeile mich, Ihre Karte vom 23. 1. zu beantworten, und schicke den Eschweiler Briefwechsel hiermit zurück. Fleig's „Kentaurus" kann ich im Augenblick nicht finden: es wird fieberhaft gesucht. Der Rundbrief der Deutschen Partei ist schon Anfang Januar an Günther Krauss weitergeschickt worden*: Fluch der Promptheit! Ich werde an Krauss schreiben. Schrenck-Notzing[149] hoffe ich im Februar in Köln zu treffen, er hat mir aus Oberbayern geschrieben.
Anima habe ich in Darmstadt und in Frankfurt getroffen. Sie wird Ihnen allen einiges von mir erzählen, soweit der dortige Faschingstrubel es erlaubt. Ich bin im Augenblick ziemlich in Anspruch genommen und muss übermorgen wieder nach Wetzlar reisen. Deshalb heute nur diese kurze Meldung. Seit langem wollte ich Ihnen ein Gedicht von Warnach[150] schicken, aber in Darmstadt hat Dr. Nette[151] es mir ausgespannt. Eine Abschrift des Hamlet Gedichtes[152] füge ich bei, auf die Gefahr hin, dass Sie schon eine haben. Wie ich höre, war der Anfang des Gedichtes (Deutschland ist Hamlet) ein Lieblingszitat Bethmann-Hollwegs. Vielleicht gewinnen Sie von diesem Punkte her einen Zugang zu dem Ihnen bisher verschlossenen Hamlet Problem. Ich wünsche Ihnen, lieber Armin Mohler und der gesamten Oberförsterei ein fröhliches Faschingsfest und bleibe mit herzlichen Grüssen

stets Ihr alter
Carl Schmitt.

* Irrtum! Inzwischen hier gefunden, vgl. Anlage!

---

149 Caspar Freiherr von Schrenck-Notzing gehört dem Jahrgang 1927, dem ersten „nicht belasteten Jahrgang", an. Er nutzte dies zum einen für die Abfassung der ersten auf Aktenkenntnis beruhenden Geschichte der Umerziehung aus: „Charakterwäsche/ Die amerikanische Besetzung in Deutschland und ihre Folgen" (seit 1965 etwa 18 Auflagen). Zum andern gibt er seit 1970 die konservative Theorie-Zeitschrift „Criticón" heraus.

150 Walter Warnach, Jahrgang 1910, war Mitherausgeber und hervorstechender Mitarbeiter der von Werner von Trott zu Solz begründeten Zeitschrift „Labyrinth", die einen mystischen Katholizismus pflegte.

151 Herbert Nette, Jahrgang 1902, einflußreicher Publizist und Verleger der Nachkriegsjahre, politisch sich bedeckt haltend, schöngeistig recht aktiv.

152 Es handelt sich um das Hamlet-Gedicht von Ferdinand Freiligrath.

[PS hs:]

Dr. Kindt[153] habe ich vorigen Sonntag in Heidelberg kennen gelernt (er ist der Religionslehrer der Kinder meines Freundes Ernst Forsthoff) und mich gut mit ihm unterhalten (nicht Lutheraner).
Für den Zwiebelfisch besonderen Dank! Im Jahrgang 1913 oder 14 findet sich übrigens eine der (seltenen) Besprechungen der „Schattenrisse“!

C. S.

— — — — — —

[ms]

Hamlet, Gedicht von Ferdinand Freiligrath
[11/2 Seiten]

Nr. 101
B/ms

Prof. Dr. Carl Schmitt

Plettenberg II (Westf.)
Brockhauserweg 10
23. 3. 1953

Mein lieber Arminius,

morgen, den 24. März, muss ich für eine Woche in die Gegend von Frankfurt und Wiesbaden reisen. Vorher will ich versuchen, von dem Berg meiner Briefschulden einige Körnchen abzutragen. Die beiden Rezensionen (Andersch und Mühlenfeld[154]) schicke ich Ihnen hier mit vielem Dank zurück. Beide gefallen mir sehr gut. Andersch ist übrigens jetzt in Hamburg am NWDR. An Maximilian Fehle[155] habe ich ein Exemplar des Gutachten über die hessische Sozialisierung geschickt. Er hat noch nicht geantwortet.
<…>

153 Karl Kindt, Verfasser einer monumentalen „Klopstock“-Monographie von 1941, die lutheranischen Glauben mit dem Reichsgedanken zu verschmelzen sucht.

154 Hans Mühlenfeld: Politiker der Deutschen Partei, der sich von einem klugen Ghostwriter Bücher wie „Politik ohne Wunschbilder / Die Konservative Aufgabe unserer Zeit“ (1952) schreiben ließ.

155 Maximilian Fehle, Generalstabsmajor des Jahrgangs 1920, der auf die Jurisprudenz umsteigt.

Aus der Mathilden-Ecke[156] ist nur der bösartigste Stumpfsinn zu erwarten. Das kenne ich längst. Der Chor, der den Hassgesang gegen Carl Schmitt singt, wird dadurch um eine Fistelstimme reicher.
Als Gegengeschenk schicke ich Ihnen einige Zeilen aus dem Gutachten, das der völkerrechtliche Berater des Herrn Bundeskanzlers, Prof. Erich Kaufmann, im Dezember 52 erstattet hat.
Anima, die diese Zeilen auf der Maschine schreibt, hat mir viel von Wilflingen erzählt. Es wird Zeit, dass wir uns wiedersehen. Ich habe für Mitte Mai zwei Einladungen der Evangelischen Akademie Baden angenommen: 7.–10. Mai Herrenalb (dort hoffe ich Sie zu sehen, Thema: Konservativismus); 16.–18. Mai auf der Mainau eine Shakespeare-Tagung, wo ich über Hamlet spreche. Wie der gute Erhard Gayler, der eine Woche bei uns zu Besuch war, mir versicherte, liegt das alles nicht sehr weit von Ihnen entfernt. Deshalb träume ich davon, Sie bei diesem Anlass wiederzusehen.
Anima und ich grüssen Sie und Ihre Frau herzlich und bitten Sie, Frau Gretha Jünger und Ernst Jünger von uns zu grüssen. Wir freuen uns alle riesig auf den Besuch von Frau Jünger im Sommer. Schreiben Sie uns bald wieder und feiern Sie ein schönes Osterfest.

Immer Ihr
Carl Schmitt.

— — — — — —

[ms]

Abschrift

Prof. Dr. Erich Kaufmann, Rechtsgutachten vom 2. Dez. 1952 (Ergänzung zu seinem Rechtsgutachten über den Vertrag betr. die Gründung der Europäischen Verteidigungsgemeinschaft und zum Deutschland-Beitrag, gegen Prof. Ernst Forsthoff)

[Darin heißt es u. a.:] „Hier zeigt sich mit aller Deutlichkeit der Teufelsfuss dieses glänzenden und verführerischen Schriftstellers*. Er schildert den bürgerlichen Rechtsstaat, um ihn ad absurdum zu führen, um ihn von innen so auszuhöhlen. <…> So ist er der Wegbereiter der totalitären Diktatur geworden.“
* (sc. C. S.)

156 „Mathilden-Ecke“: abgeleitet von Mathilde Ludendorff; gemeint ist ein Angriff auf C. S. aus dem Lager der Ludendorffianer.

*Nr. 102*
*B/ms*

*Wilflingen, 5. 4. 53*

*Mein lieber Herr Professor,*

*morgen früh fahre ich für vier Tage weg. Drum reicht es nur zu einem kurzen Brief. Aber ich möchte Ihnen doch vor meiner Abreise mitteilen, welchen Entschluss ich über meine weitere Fahrt gefasst habe. Diesen Sommer siedle ich von Wilflingen nach – Paris über. Als aussenpolitischer Korrespondent der „Tat“*[157]*. Was halten Sie davon? Nicht Fleig hat mich da rein gebracht, sondern der Chefredaktor Dr. Jaeckle, der mich seit Jahren patronisiert. Gerne wäre ich in die Wissenschaft eingestiegen, aber die vernichtenden Gutachten von Gerhard Ritter und Schnabel machen das wohl für längere Zeit unmöglich. Ewig „junger Mann“ bei Jünger bleiben, kann ich mit meinen 33 Jahren auch nicht mehr. Gern verlasse ich Deutschland nicht, aber ich musste diese Gelegenheit ergreifen. Und für immer wird es ja nicht sein.*
*Natürlich möchte ich Sie unbedingt vor meiner Abreise noch sehen. Aber ein Besuch von Ihnen in Wilflingen wäre schwierig, da Sie sich todsicher mit Jünger wieder in die Haare gerieten. <...>*

Nr. 103
B/ms

Prof. Dr. Carl Schmitt

Plettenberg II (Westf.)
Brockhauserweg 10
9. 4. 1953

Mein lieber Armin Mohler,

erstens: herzlichen Glückwunsch!! Diese Aussicht ist ja berauschend!! Sorgen Sie nur dafür, dass wir uns vorher noch einmal sprechen können. Ich bin, wie gesagt, 7.–10. Mai in Herrenalb, 16.–18. Mai Mainau.
Hoffentlich haben Sie ein schönes Osterfest gehabt. Anima und ich grüssen Sie, Ihre Frau und alle Jüngers aufs herzlichste.

Invariabiliter Ihr

Carl Schmitt.

157 Für AM war die Berufung auf den Pariser Posten eine Befreiung: die Balance zwischen Ernst Jünger, dem Idol seiner Jugend (dessen Sekretär er geworden war), und seinem Lehrer Carl Schmitt (dem besten Lehrer, den er je gehabt hatte) war immer schwieriger geworden.

Nr. 104
AK[158]/hs

[Plettenberg,] 12/4 53

Mein lieber Armin Mohler,

An Ihrem Geburtstag trinken wir zu Ihren Ehren, auf Ihre Gesundheit und Ihr Glück einen besonders schönen Moselwein (Zeltinger Schlossberg) und schicken Ihnen und ganz Wilflingen herzliche Grüsse

Ihr

Carl Schmitt

*Nr. 105*
*B/hs*

*Mein lieber Herr Professor,* *Paris, 22. 6. 53.*

*ich bin sehr traurig darüber, dass die erste Nachricht aus meinem neuen Lebensabschnitt an Sie so unerfreulicher Natur sein muss. Es mag ein Fehler gewesen sein, dass ich den Zwiespalt nicht verbarg, in den Sie mich damals gebracht hatten, als es aussah, als hätte ich zwischen meiner Treue zu Jünger und meiner Bindung an Sie zu wählen. Aber ich habe Jünger nichts von dem erzählt, was Sie über ihn gesagt hatten. Überhaupt ist das alles durch Zwischenträgereien und Aufbauschereien, und zwar nicht nur von Seiten <...>, entstanden. Ich finde dieses Gebräu von Ressentiments und Lüge, das von fremder Hand zwischen Sie und mich geschoben wird, zum Kotzen, sodass ich mich nicht weiter verteidigen mag. <...> Ich vertraue darauf, dass sich dieses Gebräu bald von selbst zersetzt und das direkte Vertrauen von Ihnen zu mir nicht weiter stört, und bin in alter Anhänglichkeit und unveränderter Verbundenheit*

*Ihr Armin Mohler*

158 AK mit dem Bild von Kandinsky „Vers le bas".

Nr. 106
B/hs

Prof. Dr. Carl Schmitt

Plettenberg II (Westf.)
Brockhausweg 10
9. VII. 53.

Mein lieber Armin Mohler,

ich bin ganz ausserstande, mich zurechtzufinden, wenn ich solche Briefe wie die letzten von Ihnen und <...> lese. Sie müssten mich längst kennen und wissen, wer ich bin. Alles ergibt sich von selbst, wenn man nicht eitel ist; alles findet sich und kündet sich. Muss ich Ihnen wieder Konrad Weiß zitieren:

Ich erstaune tief in Scheu
wie sich alles fügt,
nicht gewollt und nur getreu
mich kein Ding betrügt.

Schade dass Sie am 11. Juli nicht in Düsseldorf sein können. Leider ist auch Frau Jünger nicht da.
Ich hoffe, dass es Ihnen in Paris gut geht und Sie mit Ihrer Arbeit Erfolg haben. Hans Fleig war neulich ein Wochenende in Plettenberg – ein wunderbares Gespräch, beglückend seine unauffällig durchdringende Klugheit.
Die Bibliographie ist tatsächlich fertig geworden. Sie erhalten sie bald; ich bin gespannt was Sie dazu sagen; seien Sie nicht zu streng!
Den Brief von Jacob Taubes schicke ich mit vielem Dank zurück. Ich möchte sein Buch über Eschatologie gern lesen. Mein für die Ev. Akademia Herrenalb in Baden angekündigter Vortrag über den „Antichrist und was ihn aufhält“ war dem Antichrist zu gefährlich; der Landesbischof von Baden, Bender heisst er, hat ihn im letzten Moment verboten. Ich hätte in meiner Instinktlosigkeit bei diesen Leuten einen Vortrag gehalten! Instinktlos, aber nicht ohne Schutzengel.
Heute feiert Nicolaus Sombart Verlobung in Paris; mit einer Georgierin.
Mit allen guten Wünschen Ihr

Carl Schmitt.

Nr. 107
B/hs

Prof. Dr. Carl Schmitt

Plettenberg II (Westf.)
Brockhauserweg 10
5. August 1953

Mein lieber Armin Mohler, gut, dass wir jetzt Ihre Pariser Adresse wissen! Anima fährt heute mit Heinrich Popitz nach Paris und wird sich bei Ihnen melden. Wir hoffen dass Sie sich gut eingefunden haben und grüssen Sie und Ihre Frau herzlich. Ich muss mich noch für den glänzenden Beitrag[159] zu meinem 65. Geburtstag bedanken, der sich spannend liest und unauffällig erstaunliche Dinge sagt. Das einzige, was ich ändern möchte ist der Titel; meiner Ansicht nach genügt: Variationen über ein ernstes Thema. Den Bericht Barions über den Empfang in Düsseldorf werden Sie erhalten haben: leider hat er Nicolaus Sombart nicht genannt, der eine schöne Rede gehalten hat. Auch der Sketch, den die jungen Leute noch abends aufgeführt haben („Einer bleibt übrig") war sehr witzig und modern. Aber das kann Ihnen Anima alles erzählen. Ich bin sehr begierig, näheres über Ihre Pariser Tätigkeit zu hören. Den Aufsatz von Hans Fleig über die beiden Korea finde ich grossartig.
Herzliche Grüsse und Wünsche Ihnen und Ihrer Frau

von Ihrem alten

Carl Schmitt.

*Nr. 108*
*PK/hs*

*Mein lieber Herr Professor,* *Saulgau, 11. 11. 53.*

*mir ist etwas Erstaunliches passiert, das ich Ihnen sogleich berichten muss. Gestern abend habe ich in Saulgau einen Volkshochschulvortrag über „Die Deutschen, die Franzosen und Europa" gehalten, zu dem zu meinem Schrecken – der Vortrag war ja wirklich nur für eine Volkshochschule gedacht! – auch Ernst Jünger erschien. In seiner Begleitung ein untersetzter, etwas blasser Mann mit dicker Brille. Er stellt sich*

159 Die besonderen Verhältnisse der ersten Nachkriegsjahre erlaubten zum 65. Geburtstag von C. S. am 12. Juli 1953 bloß eine Festschrift in einem Exemplar: die Mitarbeiter lieferten Blätter mit ihrem Beitrag, die dann zu einem Buch gebunden wurden. Der tatsächlich zu komplizierte Titel des AM-Beitrages: „12 literarische Schnittmuster / Unernste Variationen / Johannes Negelinus gewidmet" ( Joh. Negelinus ist das Pseudonym von C. S. für seine „Schattenrisse").

*nach dem Vortrag als „Fischer" vor. Wir sassen dann zusammen mit dem Landrat, der Herr Fischer am anderen Ende des Tisches, und Jünger fragt gelegentlich: Hugo Fischer sieht doch gut aus? Ich falle fast vom Stuhl und schreie: weeer? Hugo Fischer persönlich.*[160]
*Als Begleiter eines kranken Engländers auf der Durchreise in Deutschland nach Terbole bei Rovereto, Gardasee <...>*
*Es suchte seine Fahrt so zu legen, dass er Sie in Plettenberg besuchen könnte – aber sein Patient wollte nicht. H. F. sähe Sie gerne wieder. Nach E. J. ist er ganz konservativ geworden, und geistig fruchtbar wie ehedem. Bei Klostermann liegt ein Mskr. von ihm. <...>*

*Nr. 109*
*B/ms*

*Bourg-la-Reine (Seine), 28. 11. 53.*
*25 rue du Panorama*

*Mein lieber Herr Professor,*

*auf meiner Vortragsreise in Schwaben – die mir übrigens auch die Bekanntschaft mit Sieburg eintrug, der zu meinem Schrecken zu meinem Frankreich-Vortrag (!) gekommen war – habe ich nach gut 6–7 Jahren meinen Landsmann Dr. Peter Schneider wiedergesehen. Sind Sie über ihn im Bilde? Abkömmling einer Zürcher Hochfinanzfamilie (Vater im NZZ-Trust tonangebend), erzgescheit und sympathisch, Sonnyboy mit zertrümmerter Nase (Autounfall), juristische Diss über Troxler, in Tübingen junger Mann von Carlo*[161]*, jetzt tutor im Leibniz-Kolleg. Er berichtete mir, dass er soeben das Manuskript eines umfassenden Buches über Sie abgeschlossen habe. Tendenz anscheinend: faszinierte Ablehnung. Er sagte mir offen: „Wissen Sie, Mohler, das Buch ist das Produkt einer Hassliebe: kein anderer Jurist fasziniert mich so und regt mich zugleich so auf wie C. S.!" Ich habe das Gefühl, dass das Buch wohl ablehnend sein wird, aber den Respekt durchspüren lässt. Sicher auf jeden Fall ist es weder ein plumper Angriff noch eine Schächtung. Mit Schn. selbst würden Sie sich wohl, abgesehen von diesem Spezialfall, glänzend verstehen: er sprüht und hat doch Substanz. Hat also die Vorzüge von Kesting und Krauss ohne deren Nachteile. Skizzierte mir kurz die Grundzüge*

160 Hugo Fischer (1897–1975): das war die Begegnung mit einer Legende. Er war einer der eigenartigsten Köpfe der Konservativen Revolution. Ernst Jünger nannte seine Bücher „versteinerten Kaviar".

161 „Carlo" ist Carlo Schmid (1896–1979), Professor des Völkerrechts und SPD-Politiker, Vater des Asyl-Paragraphen im Grundgesetz. Carlo wähnte sich in einem Konkurrenzverhältnis mit Carl, dieser nahm jedoch den andern nicht ernst und ließ das „o" genüßlich auf der Zunge zergehen.

*des Buches. Kam nicht überall mit, da viel Juristisches. Ein Grundzug, den ich kapierte: welches sind die Dunkelheiten, welche die Geschliffenheiten ausbalancieren bei C. S.? In Summa: meiner Schätzung nach ein Angriff, der ehrt.*
*Wir kamen vom Hundertsten ins Tausendste, ich stets etwas gehandicapt durch mein juristisches Bildungsloch. Ich kam auch darauf, dass er wohl alle Ihre Bücher gründlich kennt, nicht aber viele Ihrer kleinen Schriften. Er hätte sehr gern von mir die kleinen Schriften resp. Separata, die ich habe. Das möchte ich nun aber nicht tun, ohne Sie vorher zu fragen, was Sie davon halten. Ich sagte ihm auch gleich: „Ich kann Ihnen dieses Material nicht geben, ohne vorher C. S. zu fragen, ob er damit einverstanden ist. Denn ich möchte keine Illoyalität begehen."*
*Mit gleicher Post bitte ich Tommissen, Schn. seine Bibliographie zu schicken, denn Schn. ist bibliographisch erschreckend sorglos (erschreckend zum mindesten für Bibliographomanen wie mich und Bibliographissimanen wie T.).*
*Die Begegnung mit Hugo Fischer war wie ein positiver Schock für mich. Ein kleiner bleicher Mann mit dicken Brillengläsern, Riesenkinn, kindlich lächelnd, langsames Tempo weil dahinter alles schon gedacht ist. Intensive geistige Potenz spürbar, obwohl ihn viele für verrückt halten werden. Hat Bedürfnis nach Gespräch mit Ihnen. Erzählte mir von Lob Raymond Arons über den NOMOS, den dieser im „Figaro" besprechen wolle. <…>*

Nr. 110
B/ms

Prof. Dr. Carl Schmitt

Plettenberg II (Westf.)
Brockhauserweg 10
2. 12. 53

Mein lieber Armin Mohler, ich habe mich ausserordentlich gefreut, endlich wieder einmal einen Brief von Ihnen zu erhalten. Eigentlich müßten Sie sich einmal bei meiner grossen Pariser Freundin, Madame Michelle Amédée Ponceau melden, die ich inzwischen im August in Baden Baden kennen und lieben gelernt habe. Adresse: 24, rue de Civry-Paris-16-, Auteuil 48.78. Sie veranstaltet dieser Tage eine Reception zu Ehren ihres verstorbenen Mannes, des Philosophen.
Ihre Mitteilungen über Hugo Fischer und Peter Schneider haben mich natürlich sehr interessiert. Fischer hat inzwischen ausführlich geschrieben. Was Peter Schneider angeht, so hat sich ein gemeinsamer Bekannter, mein Freund und Schüler Gustav v. Schmoller in Tübingen vor etwa einem Jahr bemüht, eine persönliche Begegnung zustande zu bringen. Sie ist aber nicht zustande gekommen. Das, was Sie euphemistisch Hassliebe nennen, verhindert die bedauernswerten Träger solcher Affekte, einem offen ins Gesicht zu sehen. Sie können Herrn Schneider Ihre Sonderdrucke schicken, dagegen habe ich nichts. Die Bibliographie erhalten Sie dieser Tage. Die Habilitation Peter

Schneiders in Tübingen scheint daran zu scheitern, dass Carlo nach Frankfurt gegangen ist und seine jetzt vaterlosen Kinder in Tübingen zurückgelassen hat.
Ich habe Ihnen gestern einen Sonderdruck meines letzten (7.) bisher nicht veröffentlichten Nomos-Corollariums geschickt, in zwei Exemplaren, von denen Sie eins weitergeben können, auch an Peter Schneider, wenn Sie das für sinnvoll halten, oder an Golo Mann; ich habe noch genug Exemplare. Ihr gelehrter Landsmann, Felix Heinimann in Basel hat bereits eins erhalten; ich bin gespannt, ob und wie er reagiert.
Hoffentlich bald mehr! Grüßen Sie Ihre verehrte Frau herzlich von mir!

Unveränderlich
Ihr alter
Carl Schmitt.

Nr. 111
B/ms

Prof. Dr. Carl Schmitt

Plettenberg II (Westf.)
Brockhauserweg 10
26. 12. 53

Mein lieber Armin Mohler!

Gestatten Sie mir zunächst dieses Ausrufungszeichen hinter der Anrede. Ich selber gehörte vor Jahrzehnten zu denjenigen, die sich den kleinen Snobismus leisteten, in Briefen deutscher Sprache nach der Anrede ein Komma zu setzen, was angesichts des deutschen Briefstiles und seiner phonetischen Struktur ganz albern ist. Aber gedankenlos, wie ich homo homini homo nun einmal dahinlebte, habe ich diese falsche Komma-Praxis bis vor kurzem weitergeführt, bis ich auf S. 79 der Strahlungen[162], Datum: Paris, 9. Jan. 42, folgende wesentliche Notiz bemerkte, die mir bisher entgangen war:

> Die ganz kleinen Daten im Fortschritt an Désinvolture. Darunter der Tag, von dem ab ich das Ausrufungszeichen hinter der brieflichen Anrede durch ein Komma ablöste.

Es liegt in der Natur des Fortschritts, daß er keinen Stillstand kennt und meine Rückkehr vom Komma zum Ausrufungszeichen ist nur scheinbar ein Rückschritt, in Wirklichkeit ist sie dialektisch ein großes Datum im Fortschritt. Ob auch in Désinvolture,

162 Mit den Strahlungen meint C. S. natürlich Ernst Jüngers Buch „Strahlungen" (1949), welches das Pariser Tagebuch enthält.

möge die Nachwelt entscheiden. Ich habe genug Désinvolture, um ihr diese Entscheidung unbesorgt zu überlassen.

Nach dieser weihnachtlichen Betrachtung nähere ich mich dem Gegenstand. Ich wünsche Ihnen, auch im Namen Animas (die diesen Brief inspiriert und zu Papier bringt) ein schönes Weihnachtsfest und alles Gute für das kommende Jahr. Wir erinnern uns besonders an Ihre Frau in Basel und hoffen, daß sich die oft sorgenvollen Erwartungen dieser Monate und Wochen in dem Erscheinen eines besonders schönen Erdensohnes auflösen. Geben Sie uns bitte oft Nachricht und übermitteln Sie Ihrer Frau unsere herzlichsten Grüße und Wünsche.

Ich danke Ihnen sehr für Ihren Brief und vor allem auch für die Aufsätze, die Sie mir gelegentlich zugeschickt haben. Ich lese Ihre Berichte, soweit sie mir zugänglich werden (wenn ich sie nicht von Ihnen erhalte, leider nur gelegentlich auf Reisen nach Köln und Frankfurt) stets mit großer Spannung. Besonders Ihren Bericht über den „Feind" und über den Unterschied von juristischer und technischer Bildung der exotischen Völker habe ich im Gedächtnis behalten. Von Fleig höre ich leider nichts mehr. Das tut mir sehr leid. Sein Aufsatz über General Paulus war unheimlich.

Hugo Fischer hat mir aus Italien geschrieben. Ich mag ihn sehr gern, aber der alte Anarchist gefiel mir besser als der marianisch frömmelnde Rom-Reisebegleiter.

Daß Ihnen mein Corollarium NEHMEN / TEILEN / WEIDEN gefällt, macht mir ganz besonders Freude. Wem könnte man es noch schicken?

Felix Heinimann hat sich aus Solothurn, Obachstr. 1, sehr nett bedankt; er ist über diese große Verwertbarkeit griechischer Worte offenbar hocherfreut. Im allgemeinen ist die Wirkung des Aufsatzes sehr stark. Oft beunruhigend stark. Wer weiß, was daraus wird. Die Totschweiger sowohl wie die Totschläger stehen vor einem neuen Problem und der homo homini Radbruch[163] sinnt auf neue Tücken.

Das Buch über den jungen Rilke[164] von Demetz hat hier wie ein Gewitter eingeschlagen. Der Bart ist ab, und Bert Ibsenstein reibt sich die Hände. Er ist ohne Psychoanalyse, ohne Kindheits- oder Tiefseeforschung, nur aus der Betrachtung der aparten Reime heraus, schon längst zu dem richtigen Ergebnis gekommen. Aber wer honoriert ihm das? Wer gibt ihm daraufhin einen Nobelpreis oder auch nur einen Reimforschungsauftrag?

Mir sind die Weihnachtstage verdüstert durch die Lektüre des Karlsruher BVerfG-Urteils über die Beamten vom 17. Dezember. Dieses Urteil geht der bisherigen deutschen Justiz mitten ins Gesicht und dem bisherigen deutschen Beamtentum mitten ins Herz.

---

163 Für C. S. gab es juristische Kollegen, die er haßte oder verachtete. Gustav Radbruch (1878–1949) hingegen war ihm, als Inbegriff des liberalen Dummkopfes, ein Objekt der Komik. C. S. liebte Wortspiele mit dem Namen „Radbruch" – so in dieser Verballhornung des „homo homini lupus" von Hobbes.

164 C. S. respektierte Stefan George. Rilke hingegen war ihm zuwider als ein eitler Dilettant, als bloßes gesellschaftliches Ereignis.

Ich habe die 140 Maschinenseiten lange Begründung ausführlich gelesen und es trotz mehrfacher Anfragen abgelehnt, mich dazu zu äußern.
In der Academia Moralis spricht Schelsky am 9. Januar. Der Korrespondent der Monde, Alain Clément, ist ein großer Schelsky-Verehrer und behandelt Schelsky in seinen Aufsätzen, die jetzt als Sonderveröffentlichung: L'Allemagne d'Adenauer erschienen sind, als seinen Hauptgewährsmann.
Kommen Sie gut ins neue Jahr, lieber Armin Mohler, bleiben Sie gesund, besuchen Sie Madame Ponceau, der ich dieser Tage schreiben werde und die unbedingt wünscht, daß ich an Raymond Aron schreibe, (was sagen Sie dazu?) und geben Sie öfters Nachricht, worüber ich mich stets freue.
Mit einem kräftigen homo homini Radbruch! für das kommende Jahr

stets Ihr

Anima Schmitt
(in Vertretung meines Vaters, dem der Gedanke an seine
Briefe schreibende Tochter der einzige Trost bei einem
Drehplatte-Abendessen bei einem MdB ist.)

PS. Der Deutsche hat jetzt keine Zeit,
Er muß jetzt Kafka lesen;
Er strengt sich an und ist bereit,
An Kafka zu genesen.

PS. 2 Neue Definition der Elite: Elite sind diejenigen, deren Soziologie keiner zu schreiben wagt. Diese Definition hat den Vorteil, daß sie gleichzeitig auch die Soziologie definiert.

*Nr. 112*
*B/ms*

*Bourg-la-Reine (Seine), 7. 1. 54.*

*Mein lieber Herr Professor,*

*mit Furcht und Zittern setze ich auch weiterhin das Komma, das ich schon vor den „Strahlungen" gesetzt habe und das mir seit meiner Schulzeit als angemessen erschienen ist. Es bestätigt sich daran wieder einmal, dass ich ein hoffnungslos für Jüngersche Bahnen Vorbestimmter bin, der allerdings eine unglückliche Liebe für die andere Seite des Tales nicht loskriegt. Hie und da reagiere ich das ab wie in zwei literarischen Texten, die ich über die Festtage verbrochen habe und wo ich mir den Spass leiste,*

*beide Male Don Capisco und Capitano Hand in Hand auftreten zu lassen. Analogiezauber heisst das wissenschaftlich. Die Frage aber, ob man Gewohnheiten auf Grund der „Strahlungen" ändern oder beibehalten soll, eine wahre Doktorfrage, werde ich der Halkyonischen Akademie unterbreiten, welche mit ihrem Patron Otto Erich Hartleben für eine im Kantschen Sinne interesselose Behandlung des Falles bürgt.*
*Ja, ich habe mich sehr gefreut, unter meiner Neujahrspost einen so ausführlichen Brief von Ihnen zu finden! Anima sei Dank! <...>*

Nr. 113
B/ms

Prof. Dr. Carl Schmitt

Plettenberg II (Westf.)
Brockhauserweg 10
7. 2. 54

Mein lieber Armin Mohler,

wir haben hier in Plettenberg und Köln an der Erwartung Ihrer letzten Wochen teilgenommen und die Nachricht von dem Erscheinen des neuen Erdenbürgers Gert Mohler mit ungeheurem Jubelgeschrei begrüßt. Wir gratulieren Ihnen herzlichst mit allen guten Wünschen für Mutter und Kind. Die Frage, ob wir ebenso begeistert geschrien hätten, wenn statt eines Sohnes eine Tochter erschienen wäre, ist bei unserer Ihnen bekannten Ablehnung irrealer Bedingungssätze durchaus unzulässig; außerdem ist sie hier, im Geltungsbereich des Bonner Grundgesetzes, ein Verstoß gegen die Gleichberechtigung der Frau und eine Gefährdung der verfassungsmäßigen Ordnung. Indem der neue Erdenbürger uns durch sein bloßes Erscheinen sovieler Probleme enthebt, steht über seinem Anfang ein guter Stern, der ihn weiter durch sein Leben führen möge.
Ich muß dieser Gratulation gleich eine Reihe von Danksagungen anfügen; das schöne große Photo (Sie sagen die Photo; ich bleibe schon deshalb bei das) des Clemenceau-Porträts von Manet aus dem Louvre, mit dem ich mich täglich unterhalte und das Hannah Arendt in ihr Buch „The burden of our time"[165] hätte aufnehmen müssen; ferner das Bild von Erhard Hürsch'ens Vater, in dessen Miene sich die tiefe Sorge um den sich verlierenden Sohn spiegelt; und mehrere Ausschnitte, besonders den Aufsatz: Frankreich und der Konservativismus*. Wenn Sie wüßten, was solche gelegentlichen Zusendungen für mich in der lautlosen Finsternis meines Plettenberger Daseins bedeuten, würden Sie mich öfters damit bedenken.

165 Englischer Titel des unter dem amerikanischen Titel „The origins of totalitarianism" (1951) berühmt gewordenen Hauptwerkes von Hannah Arendt. Nicht nur in England ist die Intelligentzia in affenartiger Scheu vor dem Wort „totalitär" erstarrt.

* [am Rand hs:] und den Aufsatz über Ernst Jünger.

A propos: Konservativismus: Walter Warnach hatte auf Wunsch und Bestellung des „Hochlandes" einen sehr schönen Aufsatz über Hugo von Hofmannsthal geschrieben, in dem er eine Äusserung Hofmannsthal's aus dem ersten Weltkrieg zitierte, die dahin ging, dass der Krieg 1914 für Mitteleuropa auch eine Auseinandersetzung mit den Ideen von 1789 war. Das genügte, um den Aufsatz zu refüsieren. In dem Aufsatz stehen übrigens großartige Zitate über „Die Macht des Zirkularen", bei denen ich natürlich an Sie dachte und mich im Gespräch mit Ihnen fühlte.

Der Maler[166] Fritz Diettrich, dessen Bekanntschaft ich Ihnen verdanke, hat am Donnerstag, den 28. Januar eine sehr schöne Däubler-Sendung über den Stuttgarter Sender gebracht. Ich bemühe mich, dass der NWDR die Sendung wiederholt. Rilke vergeht, Däubler besteht. Ich lese gerade, dass Georg Heym in einem unveröffentlichten Tagebuch 1910 Rilke „ein geschminktes Frauenzimmer" nennt.

Wenn Sie nach Spanien fahren, müssen Sie Tierno[167] in Madrid oder Salamanca besuchen. Von dem unhöflichen Schrenck habe ich genug. Er soll sich was schämen!

Inzwischen emotioniere ich mich durch verfassungsjuristische Lektüre, insbesondere der neuen Schriftsätze zum EVG von Adolf Arndt, der sich lustig weiter tummelt als Hecht im Bonner Juristenteich und Einäugiger unter den Blinden, die sich mit ihm verbünden um einen normalen Zweiäugigen fernzuhalten.

Uebernächste Woche fahre ich nach Baden-Baden und Tübingen; dort hält Raymond Aron Vorträge; vielleicht lerne ich ihn bei dieser Gelegenheit persönlich kennen.

Aber das Wichtigste ist und bleibt: Hoch lebe unser kleiner Erdenbruder Gert! Und herzliche Wünsche für Sie und Ihre verehrte Frau!

stets Ihr alter und getreuer

[Die Unterschrift fehlt unter
diesem maschinegeschriebenen Brief.]

---

166 Der „Maler" Diettrich muß ein Irrtum von C. S. oder seiner mit der Schreibmaschinen-Abschrift betrauten Tochter Anima sein. Fritz Diettrich (1902–1964) war Lyriker und Essayist; es sind keine Bilder von ihm bekannt. Möglich ist Verwechslung mit dem großen naiven Maler Adolf Dietrich (1877–1932).

167 Enrique Tierno Galván (1918–1986), einer der engsten Freunde von C. S. in Spanien. Zunächst Professor der Rechtswissenschaft an der Universität von Salamanca, Gegner von Franco, nach dessen Tod politische Laufbahn, zuletzt von 1979 bis zu seinem Tod als sozialistischer Bürgermeister von Madrid.

Nr. 114
B/hs

Pl. I* 26/3 54
*Änderung der Ziffer des
Postzustell-bezirks

Mein lieber Armin Mohler,

vorgestern Abend ist Anima zum Besuch ihrer serbischen Verwandten nach Belgrad gefahren. Ich drücke mich einsam in meiner Wohnung herum und will Dienstag, den 30. März, für eine Woche in den Taunus fahren, um einige Tage mit meinem Freunde Arnold Schmitz, dem Musikhistoriker, zu verbringen. Vorher muss ich Ihnen aber noch für zahlreiche Zusendungen danken, für hochinteressante Berichte aus Frankreich, den Aufsatz aus den Burschenschaftlichen Blättern, den Hinweis auf die Bibliographie in der FAZ und alle Ihre Briefe, die für mich eine tröstliche Unterbrechung meiner Einsamkeit sind. Die Verse von Hildebrand, nach denen Sie mich fragen, machen mir viel Freude; „lyrisch" sind sie wohl nicht, weil soviel komprimierte Reflexion im Epigramm landen muss. Die Adresse von Walter Warnach ist: Scheiderhöhe über Siegburg (Rheinland). Warnach ist jetzt in Düsseldorf, ebenso wie Herbert Nette. Herrn Neske traf ich im Februar in Tübingen; er rühmte seinen neuen Autor Sell[168] (Chantal), wobei ich nicht mitkomme. In Tübingen hatte ich zwei schöne, lebendige Gespräche mit Raymond Aron.
Die Academia Moralis[169] war viele Monate gelähmt, weil die Sekretärin, Frau Lewinski (Schwägerin des Berliner Rabbiners Lewinski; Nachfolger von Baeck) krank war; jetzt soll es besser gehen; neue Adresse: Düsseldorf, Kasernenstr. 27, Büro Dr. Oberheid. Letzterer ist immer auf Reisen; zur Zeit in Basel bei Salin.
In Stuttgart lernte ich einen Dr. Alfred Schuler kennen, der bei Hans Barth in Zürich promoviert hat und Sie anscheinend kennt. Wissen Sie etwas von ihm?
Herrn Diettrich werde ich leider verfehlen; er kommt nächste Woche nach Hagen i. W. während ich gerade im Taunus bin; sehr schade. Friedh. Kemp soll zum 14/6 (Todestag) im NWDR über Däubler sprechen; auch macht er (mit Holthusen) eine 600 Seiten starke Auswahl für Kösel (!).
An der Ernst-Jünger-Festgabe[170] würde ich gerne mitarbeiten; und zwar durch eine Auseinandersetzung mit seinem „Gordischen Knoten" (mein Büchlein „Land &

168 „Sell": der 1920 in Neustettin geborene Schriftsteller Hans Joachim Sell, der mit mondän-exotischer Literatur brillierte.

169 Über die „Academia Moralis", die hauptsächlich zur Unterstützung des in materiellen Nöten befindlichen C. S. gegründet wurde, berichten Dirk van Laak (op. cit., S. 52–63) und ausführlicher Wilhelm Schmitz: „Zur Geschichte der Academia Moralis" in: „Schmittiana, Bd. 4", hrsg. v. P. Tommissen, 1994 , S. 119–156.

170 AM hatte seine Einladung zur Teilnahme an einer von ihm herausgegebenen Festschrift zu Ernst Jüngers 60. Geburtstag dringlich erneuert. Sie erschien im Frühjahr 1955 unter dem Titel „Freundschaftliche Begegnungen" bei Klostermann.

Meer" soll im Mai neu erscheinen). Aber ich bin jetzt in einem Jahre 4 x förmlich eingeladen und auf beleidigende Weise wieder ausgeladen worden: 2 x Ev. Akademien, 1 x Darmstädter Gespräche, 1 x Mexico, Deutsche Industrie-Ausstellung. Turpius ejicitur, quam non admittitur hospes. Klostermann informiert sich über mich bei giftgeladenen Remigranten und deren Anhang. Das ist die Lage.
Wenn Sie den Zustand einer heutigen juristischen Fakultät in West-Deutschland kennen lernen wollen, lesen Sie die „Zeit" vom 18. und 25. März über den Skandal Schätzel (Bonn); vor allem Schätzels Antwort ist unglaublich. Greift das niemand bei Ihnen auf? Wie ich höre, wollen holländische Juristen protestieren. Die Vitoria-Übersetzung Schätzels ist ebenso schlimm wie die Grotius-Übersetzung. Es ist der übelste wissenschaftl. Skandal, den ich in meinem ganzen wissenschaftlichen Dasein erlebt habe. Aber Sie dürfen heute „mir" und „mich" verwechseln, ohne sich die Qualifizierung zu einem Ordinarius der Geisteswissenschaften zu verscherzen. Mir ekelt.
Genug davon. Ich hoffe, Ihr Sohn braucht sich über dergleichen nicht mehr zu ärgern. In diesen schönen Frühjahrstagen, an Ihrem Geburtstag und Ostern, werde ich herzlich an Sie und Ihre Familie denken und mir ein Wiedersehen mit Ihnen wünschen.

Immer Ihr getreuer

Carl Schmitt.

— — — — — —

1. [hs] Konrad Weiß

Über die heutigen Konservativen (1933):
„Sie glauben zu haben;
aber der Mensch – wesentlich immer ein Armer –
kann nur mit dem arbeiten, was ihm mangelt."

Der Christliche Epimetheus,
S. 86.

Für Armin Mohler aufgeschrieben, für den 12. April 1954,
am 24. März 1954, mit der Bitte, es beharrlich zu lesen.[171]

Carl Schmitt.

---

171 Der Text ist verdeutlicht bzw. im einzelnen hervorgehoben durch viele (im Original) mehrfarbige Ellipsen.

2. [ms] Abschrift einer Passage aus dem Protokoll der 7. Sitzung des Ausschusses für Rechtswesen und Verfassungsrecht am 19. Febr. 1954, in der der Abg. Dr. Arndt (SPD) von einer Erkenntnis spricht, „die wir den Arbeiten von Carl Schmitt verdanken". Und er fährt fort: „Ich habe gar keine Hemmung, den Teufel zu zitieren; denn manchmal ist auch die Kraft, die stets verneint, eine, die Gutes schafft." [Insgesamt etwa 14 Zeilen.]

*Nr. 115*
*B/ms*

*Bourg-la-Reine (Seine), 20. 4. 54.*

*Mein lieber Herr Professor!*

*<...> Dass Sie an der Festgabe für Jünger mitmachen wollen, freut mich riesig! Freut mich für Jünger, für mich, für die Sache! <...>*
*Dass Sie nicht ausgeladen werden, dafür verbürge ich mich, und auch Klostermann weiss das. Im Uebrigen sehe ich nicht, wer an Ihnen Anstoss nehmen könnte unter den Beiträgern. Es sind keine Spranger-Typen und keine Adornos <...>*
*Der junge Doktor, den Sie in St. kennenlernten – das ist ein Fall für sich. Kritikloser Nachbeter von Adorno-Horkheimer und Bense, mit antifaschistischem Komplex. Arbeitete in der Schweiz gleichzeitig an der „Tat" und am „St. Galler Tagblatt". Als Ihr Leitartikel in der „Tat" erschien, fragte er Fleig, ob Sie C. S. seien. Fleig sagte ja, und Tage darauf erschien eine heftige Polemik im „St. Galler Tagblatt" gegen die „Tat", welche es wage, den bösen C. S. zu drucken ... <...>*

Nr. 116
AK/hs

Baden-Baden, Europ. Hof, 24. 4. 54

Mein lieber Armin Mohler, Ihr Schreiben vom 20. 4. erhielt ich hierher nachgesandt. Ich habe hier Mme Amédée Ponceau getroffen; bei dieser hat sich Herr Adrien Turel[172] vorgestellt, aus Zürich, Leiter eines „Instituts"; wissen Sie etwas von ihm[173]. Dr. Alfred Schuler war mir ins Gesicht überaus liebenswürdig, hat aber nicht mehr von

172 Adrien Turel (1890–1957), schweizerischer Ableger in den Berliner Expressionismus, wo er seine skurrilen Gedanken über die „Querwelten" und die Vierdimensionalität entwickelte. Piet Tommissen meint, daß C. S. sich anscheinend nicht mehr erinnerte, in seiner Berliner Zeit von Turel Briefe bekommen, ja vielleicht mit ihm Gespräche geführt zu haben

173 C. S. schreibt „von mir".

sich hören lassen, obwohl ich ihm Benito Cereno[174] geschenkt habe. Früh krümmt sich, was ein Meister der Tarnung werden will. Das MS des E. J. Beitrages soll bis August fertig werden; also Sie verbürgen sich! Peter Schneider würde ich gerne sehen. Heinrich Popitz[175] hat mir von Alf. Schuler erzählt (vorige Woche); ich habe mir eben die Darmstädter Gespräche gekauft, um Sie, Klickovič, H. Popitz und Tierno zu lesen. Grüssen Sie Ihre Frau und Gert!

Ihr Carl Schmitt

Nr. 117
AK/hs

[Plettenberg,] 28/4 54

Mein lieber Armin Mohler, eben komme ich aus Konstanz hierher nach Plettenberg zurück und finde Ihre Sendung vom 21/4 mit dem Brief von Hennig über Alfred Schuler. Mit vielem Dank für diese (mir praktisch sehr wichtige) Aufklärung schicke ich den Brief sofort zurück. Ich habe von Schuler nichts mehr gehört, auch nicht von Bense. Die Art wie er mir Ihren Namen und den von Heinrich Popitz nannte, hat mich in eine sorglose Unbefangenheit versetzt; wie er das nun weiter verwertet, weiss ich nicht. In Baden-Baden (wo ich Mme Ponceau traf) kaufte ich mir die Darmstädter Gespräche und las mit solchem Vergnügen Ihren und der andern Freunde Beitrag, dass ich Ihnen gleich eine Karte schrieb. Hier in Plettenberg traf ich Anima, die als Philhellenin[176] aus Griechenland zurückgekehrt ist. Ihnen, Ihrer Frau und Gert

herzliche Grüsse von Anima und C. S.

Über Fleig's grossen Aufsatz (vielen Dank) extra!

174 Die Erzählung „Benito Cereno“ (1855) von Herman Melville dürfte das von C. S. meistzitierte Werk der Weltliteratur sein. Die Person des jungen Schiffskapitäns B. C., der von seiner meuternden Mannschaft zur Zusammenarbeit gezwungen wird und diese Demütigung nicht verwinden kann, hat C. S. aufs intensivste beschäftigt.

175 Heinrich Popitz, Jahrgang 1925, Soziologie-Professor. Er war früh „Haussohn“ bei Schmitts, denn sein Vater, der preußische Finanzminister Johannes Popitz (1884–1945), war eng befreundet mit C. S. und wurde als Widerständler hingerichtet.

176 Hier machte sich C. S. milde über seine Tochter lustig – er nahm nur die römische Antike ernst, nicht aber die griechische.

*Nr. 118*
*B/ms*

*Bourg-la-Reine (Seine), 31. 5. 54.*

*Mein lieber Herr Professor,*

*nun kann ich Ihnen endlich berichten, wie die Ernst Jünger-Festschrift aussehen wird*[177]*. Zwei Beiträge werden biographischer Natur sein: Friedrich Georg Jünger berichtet über die Eltern und Speidel über Jüngers Pariser Zeit unter seinem Kommando. Alle übrigen Beiträge sind grundsätzlicher Natur. Eine Art „Pendant" zum mindesten formaler Art könnte zu Ihrem Beitrag vielleicht Sieburgs Beitrag werden, der über Jüngers Verhältnis zur westlichen Welt schreiben will. Benn hat mir etwas „Allgemeines über das literarische und künstlerische Bild Jüngers" versprochen, während Heidegger in einem Brief an Jünger einiges formulieren will, was ihn an dessen Werk beschäftigt. Die beiden Theologen, Hubert Becher S. J. und Hans R. Müller-Schwefe von der Evangelischen Akademie Hofgeismar (Sie sehen, wie ich die bundesrepublikanische Parität respektiere!), werden von ihrem theologischen Standort aus schreiben. Karl Kindt dachte erst an „Theosophen des Luthertums", exemplifiziert an Jünger, hat sich nun aber für „Degen und Feder" entschieden. Jürgen Rausch denkt an eine Ausarbeitung seines Aufsatzes über „Jüngers ‚Arbeiter' zwanzig Jahre später". Als einzige Dame wurde die Gräfin Podewils aufgefordert; sie hat sich aber noch nicht fest entschieden. Einziger Ausländer wird der Brüsseler Germanist Henri Plard, ein Franzose, Gryphius-Spezialist, sein, der über seine Erfahrungen beim Uebersetzen Jüngers berichten wird. Ich selbst mache nicht mit, wie ich erst dachte, da es unter den Nicht-Aufgeforderten zu viel Beleidigte geben wird. Ueber Ihr Mitmachen bekam ich bisher nur erfreute Stimmen zu hören, so vor allem von Friedrich Georg Jünger, der mich dazu beglückwünschte.*
*Inzwischen hat mich Klostermann nach Durchsicht meiner Korrespondenz darauf hingewiesen, dass ich die Sache zu wenig vom verlegerischen Standpunkt behandelt habe. Er ist der Meinung, dass ich die Texte bis etwa gegen Ende August haben müsse, damit ihm genügend Zeit bleibe, für einen schönen Druck zu sorgen und damit jeder Beiträger in Ruhe Korrekturfahnen und Umbruch lesen könne. Ich hoffe, dass Ihnen diese Umdisposition nicht zu ungelegen kommt. <...>*

---

177 Beim Erscheinen 1955 hatte sich nur wenig verändert: Kindt sagte ab wegen Erkrankung, Rausch wegen Zeitmangel. Hinzu kam der deutsch-amerikanische Germanist Gerhard Loose, Verfasser des ersten streng philologischen Buches über Ernst Jünger. Außerdem wurde AM vom Verleger aufgefordert, sich an die alte Regel zu halten, daß der Herausgeber einer Festschrift ebenfalls einen Beitrag schulde.

Nr. 119
B/ms

Plettenberg I, den 3. 6. 54

Lieber Herr Mohler,
tausend Dank für das herrliche Photo, es ist einfach süss! Ich werde es Anima zeigen, die über Pfingsten von Heidelberg kommt. Wir wünschen Ihnen, Ihrer lieben und verehrten Frau und dem kleinen Gert ein schönes und fröhliches Pfingstfest in dem wunderbaren Garten an der Seine.
Was Sie von den Wikingern erzählen[178], erinnert mich daran, daß das Problem von Däublers Nordlicht noch unbekannt geblieben ist. Zum 20. Todestag (14. Juni) will der Nordwestdeutsche Rundfunk abends eine Däubler-Sendung bringen. Ich nehme an von Max Sydow. Wir wollen in Werdohl bei meinem Freund und Nachbarn Peterheinrich Kirchhoff eine Däubler-Tagung veranstalten mit dem Thema: Das Problem einer Däubler-Auswahl. Was ich Ihnen unter dem Eindruck Ihrer Wikinger-Mitteilung heute vor allem sagen möchte, ist dieses: es fällt mir immer mehr auf und wird mir immer unerklärlicher, daß Däubler nach dem ersten Weltkrieg, seit 1920, sang- und klanglos das Nordlicht hat fallen lassen und in den Süden zurückgekehrt ist. Ich habe mehrere Däubler-Kenner deswegen befragt, aber keine einleuchtende Antwort erhalten. Auch mein alter Jugendfreund Franz Kluxen zuckte die Achseln und erklärte es daraus, daß Däubler eben „rein medial" gewesen sei.
Mein Beitrag für die Ernst Jünger Festschrift soll pünktlich erbracht werden. Die Garantie gegen Ausladungen haben Sie übernommen. Von Hofgeismar bin ich auch schon einmal nach förmlicher Einladung wieder ausgeladen worden. Klostermann ist mit Gadamer in Heidelberg befreundet, der seine Berufung nach Heidelberg vor allem seinem Antifaschismus verdankt. Wir werden also sehen. Uebrigens habe ich vor kurzem eine Genugtuung erlebt: ich hatte dem deutschen Ausstellungskommissar in Mexiko, der mich erst zur Annahme seiner Einladung verlockt und dann mit der Begründung, es sei kein Geld da, plötzlich wieder ausgeladen hatte, am 29. 12. 1953 wörtlich geantwortet: Möge diese Ausladung kein böses Omen für Ihre Unternehmung werden. Und siehe da! Die Ausstellung endete – infolge der Abwertung des mexikanischen Pesos – mit einem Verlust von einer Milliarde Pesos, d. h. 336 Millionen DM Verlust für die deutsche Wirtschaft. Möge jeder, der einen alten Mann erst einlädt und nach Annahme der Einladung dann wieder auslädt, in gleicher Weise über die Grundlagen menschlichen Zusammenlebens belehrt werden. (Mindestbuße: 336 Millionen DM!)

178 AM hatte C. S. kurz zuvor über die Ausstellung „Tausend Jahre Wikingertradition" im Louvre berichtet und dabei auf den exzentrischen Reiz einer solchen Veranstaltung am Seine-Ufer hingewiesen. (In der Hohen Zeit der Wikinger fuhren diese auf ihren Schiffen öfters die Seine hinauf, um zu brandschatzen und zu plündern.)

Das Thema des Beitrages selbst ist aufregend genug. Auch mein Vortrag in der Wissenschaftlichen Vereinigung in Konstanz (28. April) und das Rundfunkgespräch über die Macht (22. Juni) das ich gerade vorbereite, sind nur Präliminarien dafür. Wie tief die Auseinandersetzung mit Jünger gehen wird, weiß ich selber noch nicht. Auf alle Fälle soll es dem Jubilar zum Ruhme gereichen. An den Termin (Ende August) hoffe ich mich halten zu können. Möge der Eifer des Verlegers Klostermann, das Manuskript so frühzeitig in der Hand zu haben, nur nicht bedeuten, daß sich noch andere Zensuren einschalten.
Ihr Landsmann, Dr. Peter Schneider, hat eine Besprechung über meine Schrift „Die Lage der Europäischen Rechtswissenschaft" veröffentlicht (in der Zeitschrift für ausländisches und internationales Privatrecht). Mit lauter Fragen, die den Sinn haben, mir das Recht abzusprechen, heute überhaupt noch den Mund aufzutun und mich vor seinen – Peter Schneiders – Richterstuhl zu zerren. Seine Kompetenz als Richter ergibt sich dabei ausschließlich aus seinem antifaschistischen Verfolgungseifer. Auf den Gedanken, daß er einem alten und erfahrenen Juristen gegenüber sich einmal selber nach seiner wissenschaftlichen Kompetenz fragen sollte, ist weder er noch sein Auftraggeber gekommen.
Der Neudruck der Verfassungslehre ist ein herrliches Buch geworden, schöner und stilvoller ausgestattet, als die Ausgabe von 1928. Wie finden Sie die Vorbemerkung? Wissen Sie noch jemand, dem man den Prospekt schicken könnte? Alle meine Freunde sind entzückt. Die Reaktion brütet über finsteren Plänen und plant Fruchtabtreibungen großen Stils. Die „Zeit" hat einen Aufsatz bei einem meiner Freunde bestellt. Eine spannende Situation.
Im Mai-Programm der „Münchener Kammerspiele" ist ein großes Stück meines Vorwortes zu der deutschen Ausgabe von Lilian Winstanley's Buch „Hamlet – Sohn der Maria Stuart" abgedruckt mit dem Vermerk:

> Die Kammerspiele bereiten für die Münchner Festwochen,
> Sommer 1954, eine Aufführung von Shakespeares „Hamlet"
> unter der Regie von Leopold Lindtberg vor.

Hoffentlich trifft dieser Brief Sie alle drei in bester Gesundheit und kommt noch rechtzeitig an, um Ihnen unsere Pfingstgrüße zu übermitteln.

Unverändert Ihr alter

Carl Schmitt.

*Nr. 120*
*B/ms*

*Bourg-la-Reine, 5. Juni 1954.*

*Mein lieber Herr Professor,*

*<…> Was Klostermann betrifft, so unterschätzen Sie wohl ein wenig, dass er zuallererst Verleger ist und sich die Gelegenheit nicht entgehen lassen wird, Carl Schmitt, Heidegger, Benn und Friedrich Georg Jünger in einem Buch vereint herauszugeben. Zudem hat er mich spontan darin bestärkt, Sie aufzufordern, und ich habe ihm dann auch offen gesagt, dass er mich in allen allenfalls daraus entstehenden Schwierigkeiten rückhaltlos unterstützen muss, wenn ich Sie auffordere.*
*Im Uebrigen aber hat bisher, wie ich erwartet hatte, gar niemand an der Mitarbeit von C. S. Anstoss genommen. Denn ich habe absichtlich niemanden aufgefordert, der zur Equipe der Verfolger der Nachkriegsjahre gehört. Bloss eine Schwierigkeit hatte ich erwartet, und die ist glücklicherweise ausgeblieben (dies aber nur ganz unter uns): Benn hat sich in einem Gedicht ziemlich offen über Heidegger lustig gemacht (was mir schon deshalb unverständlich war, als Heidegger ja zu Benns begeistertsten Schrittmachern gehörte), worüber Heidegger sehr ungehalten gewesen sein soll. Zu meiner Freude hat er auf meine Mitteilung, dass Benn mitmacht, keineswegs negativ reagiert. An eine „Zensur" ist in keiner Weise gedacht. Der Wunsch des Verlegers nach der frühen Einreichung des Manuskriptes entspringt seiner Erfahrung mit Festschriften: er möchte endlich einmal eine Festschrift wirklich auf den Geburtstag des Gefeierten herausbringen. Die einzige Zensur liegt in Ihnen selbst, und dass diese funktioniert, ist bei Ihrem wachen politischen Sinn etwas, wovon gar nicht erst gesprochen zu werden braucht. Ich hoffe, dass dies Ihre Bedenken beruhigt. Auf jeden Fall versichere ich Ihnen nochmals, dass ich es auf Biegen und Brechen ankommen lasse, falls wider Erwarten doch jemand auch hier einen „Fall Carl Schmitt" inszenieren möchte (was ich, wie gesagt, <u>nicht</u> erwarte). Dann würde eben keine Ernst Jünger-Festschrift erscheinen – zum mindesten keine von Armin Mohler herausgegebene.*
*Was Peter Schneider betrifft, so bitte ich ihn mit gleicher Post, mir die Besprechung zu schicken. Ich bin gespannt, wie das erste, was ich von ihm über Sie lese, sich zu dem verhält, was er mir mündlich über Sie gesagt hat. <…>*

Nr. 121
B/hs

[o. O.,] 13/6 54

Mein lieber Armin Mohler, in Eile die Empfangsbestätigungen für 2 Sendungen und Anlagen, die ich mit vielem Dank erhalten und zur Kenntnis genommen habe. Vor allem: dem Rechtsanwalt Kelch in Wiesbaden haben Sie m. E. richtig geschrieben. Ich hatte ihm gleich vorsichtig geantwortet, und habe dann einige Monate später erfahren, dass er nur Material-Sammler ist, gegen Heinz[179], den ich nicht kenne. Ich beteilige mich an keiner Verfolgung. Das scheint, wie ich zu meiner Freude sehe, auch Ihr Standpunkt zu sein. Im „Spiegel" stand ein längerer Aufsatz über die Sache Heinz, in der RA Kelch erwähnt war.
Für den Hinweis auf den Druckfehler Kaspar Hauser 1829 (statt 1828) vielen Dank! Man kann nicht oft genug mit der Nase auf solches Pech oder in solches Pech hineingestossen werden. Den Aufsatz über das Buch von Hoffet[180] habe ich mit besonderem Genuss und Gewinn gelesen. Hat es Zweck, sich das Buch zu besorgen? Der Vergleich mit Steding schreckt davon ab. Trotz jenes katastrophalen Druckfehlers und trotz der vernichtenden Auskünfte Neskes über den Absatz des Hamlet-Buches (neulich sagte er mir, er habe noch keine 80 Stück verkauft) hält der Zeitungserfolg an. Diesen Pfingstsonntag hat der Mittag (Düsseldorf) wieder einen grossen Aufsatz über „Hamlet – Sohn der Maria Stuart" gebracht. Sie werden sehen, dass sich diese Formel durchsetzt. In der Besprechung, die Karl Korn dem Buche Eptings[181] „Generation der Mitte" gewidmet hat (F.A.Z 12/6 54), sind Sie vor Blüher als Konservativer genannt. Wenn Sie dieser Marke treu bleiben, werden Sie schnell berühmt, vielmehr: noch berühmter. Konservativ; ich zeige Ihnen, wenn Sie mich einmal besuchen, neue schöne Stellen zu diesem Stichwort im Christlichen Epimetheus von Konrad Weiß.
Vor kurzem war ein alter Freund von Pannwitz, Hanns Meinke, Charon[182]-Mann und Däubler-Freund, in Werdohl zu Besuch. Unsere Däubler-Tagung haben wir auf den September verlegt, wenn Friedhelm Kemp ins Sauerland kommt.

---

179 Friedrich-Wilhelm Heinz (1899–1968), legendärer Freikorpsführer nach 1918, im Zweiten Weltkrieg Dienst unter Canaris und Regimentskommandeur in der Abwehrdivision „Brandenburg", nach 1945 am Wiederaufbau der deutschen Geheimdienste beteiligt und schillernder Nachrichtenhändler nach allen Seiten hin.

180 Frédéric Hoffet (1906–1969), protestantischer Elsässer, von Beruf Rechtsanwalt, legte 1951 mit seiner „Psychanalyse de l'Alsace" eine kühne Analyse der elsässischen Komplexe, zwischen Deutschland und Frankreich, vor.

181 Dr. Karl Epting, Direktor des Deutschen Instituts in Paris während der deutschen Besetzung – ein schönes Beispiel unglücklicher Liebe zu Frankreich.

182 Unter den vielen Dichterschulen zur Zeit des Ersten Weltkrieges war der „Charon" (der Name vom Seelenfährmann, begründet von Otto zur Linde) wohl die erste, die einsah, daß man dem Expressionismus zuneigen konnte, ohne Weltbürger zu sein.

Herzliche Grüsse Ihnen und Ihrer Frau und Guten Tag für den wackeren Gert!

Stets Ihr

Carl Schmitt.

Das Heft der Hist. pol. Z. will ich mir besorgen! Es hat mich sehr gerührt, dass Sie dem armen Tommissen so kameradschaftlich beigesprungen sind. Wer ausser Ihnen hat soviel Sinn für meine Situation?

Nr. 122
PK/hs

[Plettenberg,] 17/6 54

L. A. M. Vielen Dank für Ihre Karte vom 15/6! Den Hoffet brauchen Sie mir nicht zu schicken; doch möchte ich mich nochmals für den vorzüglichen Aufsatz bedanken, der eine solche Lektüre auf eine so interessante Weise überflüssig zu machen weiss. Eptings Buch G. d. M. muss man lesen. Was Ernst Niek.[183] anbetrifft, so ist das Wort „Demagoge“ noch euphemistisch. Auf S. 101 seines Buches hat er einfach eine ganze Seite von Johann von Leers[184] mir angehängt, Worte und Wendungen, die ich nie in den Mund genommen habe, um seinem Zerrbild noch einen extra-starken Effekt zu geben und seinen Lesern einen extra-starken Tobak zu liefern. Schade, dass Sie am Dienstag Abend den Hessischen Rundfunk, Abendstudio, nicht hören können (22.10, Gespräch mit C. S. über die Macht). Dieser Tage besucht mich Winfried Martini. Sehr gefreut habe ich mich über die Bemerkung von Golo Mann zu dem Vortrag Kelsens in Zürich (Monat, Maiheft); aber die armen Schweizer Studenten mussten applaudieren, obwohl ihnen dieser Reine Mief der Reinen Rechtslehre längst zum Halse heraus hängt. Kennen Sie dagegen Hans Huber, Bern? Vortrag: Recht, Staat, Gesellschaft?

Invariablement

C. S.

Stichproben für die unverminderte Aktualität der „Verfassungslehre“

1) Der vorgestrige aufsehenerregende Vortrag von Prof. W. Abendroth (Marburg) über das Streikrecht: dazu vgl. Seite 165 unten der „Verfassungslehre“
2) zu Ihrer Idee vom Eide: vgl. S. 68 der „Verfassungslehre“ etc. etc. Aber dergleichen bemerkt Ihr Landsmann Peter S. nicht; er trägt die Binde des Ketzerrichters und Hexenverfolgers vor seinen Augen.

---

183 „Niek.“ = Niekisch.

184 Johann von Leers (1902–1965), einer der führenden antisemitischen Publizisten des Dritten Reiches. Nach der Niederlage Flucht nach Argentinien, von dort Mitte der 50er Jahre nach Ägypten, wo er Mohammedaner wird und seinen Kampf gegen die Juden fortsetzt.

*Nr. 123*
*PK/ms*

*Mein lieber Herr Professor,* *B-l-R 19. 6. 54.*

*zum Niekisch-Buch: Sie meinen doch die „Massematte"-Geschichte auf S. 201 (nicht 101)? Da staunte ich auch über den Tonfall, der von dem Ihren recht verschieden ist. Ich habe sofort an die „Pol.Lit." einen Brief geschickt mit einer Anmerkung, die an meinen Aufsatz anzuhängen sei. (Hoffentlich ist das Heft nicht schon gedruckt!) Ich weise in der Anmerkung auf die Unterschiebung hin und bemerke, dass so etwas doch im Allgemeinen etwas skeptisch stimme gegen die Zitate, die ja meist nicht belegt sind. Könnten Sie mir vielleicht möglichst bald die Angabe des Beleges bei Leers schicken, damit ich gewappnet bin, wenn Rückfragen kommen? Und haben Sie die betr. Stelle etwa zitiert oder besteht überhaupt kein Zusammenhang mit einem Text von Ihnen? Dumm ist nun, dass ich Leers bisher in mein Quellenstudium nicht einbezogen habe und darum die Stelle nicht selbst kenne. Die distanziert und leidenschaftslos vorgetragene These meines Aufsatzes*[185] *ist, dass der Niekisch von 1945ff. nicht mehr ernst zu nehmen sei. Das ist wirksamer als Polemik.*
*<...> Ist nicht Winfried Martini der Verfasser einer Schrift gegen das Haus Ludendorff, verfasst im Auftrag der Spruchkammer? Oder verwechsle ich ihn? <...>*

Nr. 124
B/hs

Pl. 25/6 54.

Vielen Dank, lieber Herr Mohler, für Ihre Karte vom 21/6. Sie haben natürlich wieder Recht: S. 201 (nicht 101) des Buches von E. N. steht in Frage. Belege Leers'scher Schriften habe ich hier keine; aber das ist ein ganz klarer Fall. Es muss doch noch irgendwo Bibliotheken geben, in denen die Schriften von Leers zu finden sind. Vermutlich meint N. eine Rede oder einen Vortrag, den Leers auf der Tagung „Das Judentum in der Rechtswissenschaft" gehalten hat. Vielleicht will er mir alles anhängen, was dort gesagt worden ist. Leers hat öfters von dieser „Massematte" gesprochen, das war eine seiner „Platten".
Ich habe bei dieser Gelegenheit nochmals in diesem „Reich der niederen Dämonen"

185 Es geht um Niekischs Buch „Das Reich der niederen Dämonen" (1953), eine Auseinandersetzung mit dem Dritten Reich. Dort wird eine grob antisemitische Aussage von Johann von Leers, ohne es belegen zu können, Carl Schmitt untergeschoben.

gelesen; es ist ein Exempel dessen, was man „abgeschlossene Halbbildung“ nennen kann; oder was der wackere Stapel[186] „Mathildismus“* nannte.[187]

*[Nachtrag am Rand:] das gibt es nämlich auch in Rot!

Herr W. Martini war mit seiner Frau hier, einer Tochter des früheren Bonner Kunsthistorikers Clemen[188] (ihr Bruder ist Anglist in München), die ich 1922–24[?], als sie Kind von 8–10 Jahren war, in Bonn kannte. Er sprach von der Ludendorff-Schrift, nach der Sie fragen. Zur Zeit bereitet er ein grosses Buch über „Demokratie“ vor, kritisch; er war auch in Palästina und hat viele jüdische Bekannte. Über seine Vergangenheit bin ich nicht informiert. Er kennt die Leute von der „Zeit“: Tüngel, Bourdin, Petwaidic. Es war mir interessant, ihn zu sehen, weil er mir seit einem Jahre über sein Buch Briefe geschrieben hat und das Thema mich interessiert. Das Rundfunkgespräch (22. 6.) über die Macht ist sehr schön gesprochen und gesendet worden. Neske will es gleich drucken. Ich bin noch nicht entschlossen, wenn es mich auch reizt, den Grospächtern des Themas wie Guardini, Reinhold Schneider, aber auch Bertrand de Jouvenel und G. Ferrero das Konzept zu verderben. Sehr weh hat mir getan, dass F. G. Jünger in seinem Buch über Maschine und Eigentum nur diesen second-hand-Denker Ferrero kennt, während er von Max Weber und mir nichts gelesen hat. Da ist Raymond Aron besser im Bilde.

Ist der Aufsatz „Adenauer sucht Schützenhilfe“ den die FAZ heute aus der „Tat“ abdruckt, ebenfalls von Hans Fleig?

Ich habe die Rede Brünings (Rhein-Ruhr-Club) mit Ergriffenheit gelesen. Offenbar sah er sich ethisch gezwungen, nicht länger zu schweigen. Der Eindruck und die Wirkung sind enorm. Hat Fleig sich schon dazu geäussert?

Haben Sie Peter Schneiders Besprechung meiner Schrift: Die Lage der Rechtwissenschaft gelesen? Kennen Sie Hans Huber, Bern? (Schon einmal gefragt). Unsere Däubler-Tagung haben wir auf Ende September verlegt. Vielleicht kommen Sie dazu nach Werdohl.

Grüssen Sie herzlich Ihre verehrte Frau und streicheln Sie den guten Gert!

Stets Ihr

Carl Schmitt.

---

186 Wilhelm Stapel (1882–1954): führender jungkonservativer Publizist; bekannt für seine Streitbarkeit; gläubiger Lutheraner.

187 „Mathildismus“: ein Spottwort, abgeleitet von Mathilde Ludendorff (1877–1966), der zweiten Gattin des Generals. Es zielt auf die sehr zahlreichen Bücher, welche sie für ihre Glaubensgemeinschaft geschrieben hat.

188 Paul Clemen (1866–1947) war der Denkmalpflege-Clemen, der 1909 geborene Sohn Wolfgang der Shakespeare-Clemen.

*Nr. 125*
*B/ms*

*Bourg-la-Reine (Seine), 26. 6. 54.*

*Mein lieber Herr Professor,*

*vielen herzlichen Dank für Ihren Brief! Nur in aller Eile schnell eine präzise Frage, damit ich gegen Gegenstösse gewappnet bin: findet sich in Ihrem Werk irgendwo ein Hinweis auf Leers' „Massematte"? Haben Sie diese Platte von JvL zitiert oder findet sich das Wort überhaupt nirgends bei Ihnen? Das tönt sehr inquisitorisch – aber Sie wissen ja, dass ich kein Inquisitor bin. Ich muss nur auf jeden Gegenstoss gewappnet sein, damit meine zusätzliche Anmerkung nicht gerade den gegensätzlichen Erfolg hat. <...> Was Ihren Besuch betrifft: für mich ist jemand gerichtet, der auf Wunsch einer Spruchkammer eine ganze Anklagebroschüre zusammenstellte. Selbst wenn sich die Broschüre gegen die Hohe Priesterin der Platitüden richtete. Ich hoffe, dass M. sich nicht ein anderes Mal ein ähnliches Alibi durch einen Dolchstoss gegen Sie verschafft. So unangenehm Ihnen das sein mag: der gemeinsame Feind verbindet Sie mit Mathilde und trennt Sie von dem gewiss klügeren M. Aber das brauch ich ja gerade Ihnen nicht zu erzählen ... Jünger sagte ich damals, dass er trotz allem mit Baeumler in einem Boot sitze, als J. Neskes Aktion gegen B. billigte.*[189] *<...>*

Nr. 126
B/hs

Plettenberg,
den 28/6 54.–1/7 54

28/6 54: Mein lieber Armin Mohler, wie mag das „Herr Mohler"[190] in meinen Brief eingeflossen sein? Mit Martini hat dieser Einfluss nichts zu tun, da können Sie unbesorgt sein.
Also: Sie können sich darauf verlassen, dass sich das Wort „Massematte" nicht in meinem Werk findet, auch nicht als Zitat. Ich habe auch Leers nicht zitiert, jedenfalls nicht mit diesem Wort.

---

189 Die „Hohe Priesterin" ist wieder Mathilde Ludendorff, M. ist Winfried Martini. Der Philosoph Alfred Baeumler (1887–1968) ist in derselben Situation wie C. S.: beide von hoher Intelligenz, beide haben sich mit dem Dritten Reich eingelassen, es verbindet sie die Solidarität der Besiegten. Diese von C. S. vorausgesetzte Solidarität ist jedoch schon damals schwer durchzusetzen. Kann die Ludendorff-Bewegung als totalitär verfolgt werden (Gutachten Martini), obwohl sie von Hitler, dem sie eine lästige Konkurrenz war, an jeder Art von Handeln gehindert wurde?

190 Auf diese Anrede im C. S.-Brief vom 3. 6. 54 (Nr. 119), meinte AM: auch wenn er zehn Söhne hätte, würde das nichts daran ändern, daß er der Adept und C S. der Meister sei.

Könnten Sie mir mitteilen, welchen Umfang der E. J. Aufsatz haben soll, Mindest-Umfang und Maximal-Grösse (ungefähr). Ich vertiefe mich gerade in den „Gordischen Knoten".

1/7 54: Schade, dass Sie im Sommer nicht hierher kommen können!

Den Aufsatz von G. K.[191] über Adenauer kenne ich nicht. Seit 1 1/2 Monaten habe ich nichts mehr von G. K. gehört.

Haben Sie in Le Monde vom 25. Juni auf Seite 3 oder 5 den Artikel von Alain Clément gelesen mit der Bemerkung über Karl[192] Schmitt und seine collusion avec le nazisme?

Hans Huber ist Professor des Öffentlichen Rechts in Bern; er hat am 13. Januar 1954 einen Vortrag über Recht-Staat-Gesellschaft in der Aula der Universität Bern gehalten; er zeigt sich auch über meine neuesten Formulierungen gut informiert, vermeidet es aber, die heiligen Hallen der Berner Aula durch die Nennung meines Namens zu entweihen.

Ich lese Fr. Hielscher, 50 Jahre unter Deutschen, und freute mich S. 438 Ihrem Namen zu begegnen ohne andere Signalisierung als: K. R.[193]

Herzliche Grüsse Ihres alten

Carl Schmitt.

*Nr. 127*
*B/ms*

*Bourg-la-Reine (Seine), 2. 7. 54.*

*Mein lieber Herr Professor,*

*vielen Dank für Ihren Brief! Von der „Politischen Literatur" erhielt ich inzwischen Bescheid, dass die Anmerkung für den Druck des 10.7. auszuliefernden Heftes noch rechtzeitig eingetroffen ist. Ich werde es Ihnen schicken.*
*Für den Beitrag zur Ernst Jünger-Festschrift ist weder ein Minimal- noch ein Maximalumfang festgesetzt, da wir von jedem Beiträger Wesentliches erwarten. Ich schätze jedoch, dass der durchschnittliche Umfang um 20 Druckseiten herum liegen wird. Es sind ja auch nur zwölf Autoren geladen. Insbesondere von Ihnen ist ein Beitrag in jeder beliebigen Länge einer Aufnahme mit Handkuss auch von seiten des Verlegers sicher ...* <...>

191 G. K. dürfte wohl – bei diesem Thema – Günther Krauss gewesen sein.
192 Mit der Hervorhebung der Falschschreibung seines Vornamens (Karl) will Schmitt wohl sanft auf die Liederlichkeit oder Inkompetenz seines französischen Kontrahenten hinweisen.
193 K. R. = Konservative Revolution.

*Nr. 128*
*B/ms*

*Bourg-la-Reine (Seine), 15. 7. 54.*

*Mein lieber Herr Professor,*

*Joseph Drexel, Niekischs Freund und Mäzen, gegenüber hatte ich meiner Enttäuschung über das „Reich der niederen Dämonen" Ausdruck gegeben. In seiner Antwort vom 12. 7. schreibt er, dass er Niekisch wegen Carl Schmitt und Baal Massematte vorige Woche mündlich gefragt habe. „Niekisch erklärte dazu, er besitze den Originalbeleg aus der ‚Frankfurter Zeitung' mit einem Bericht über eine Hochschullehrertagung. In diesem Bericht seien die Ausführungen Carl Schmitts wiedergegeben und in diesem Bericht stehe, Schmitt habe gesagt: Jahwe sei ein Baal Massematte, ein Gott der Diebe. Auch habe Schmitt in dem gleichen Vortrag angeregt, es wäre jetzt Zeit, einmal den ‚Sch …' (der Ausdruck ist mir jetzt wieder entfallen) nachzuforschen. Das seien die Vorfahren rheinischer Juden, die sich im Mittelalter als Diebe und Räuber in ganzen Kolonnen und Gemeinschaften betätigt hätten. Das wollte ich nur des Interesses halber noch hinzugefügt haben."*
*Drexel ist einer der beiden Empfänger der Widmung des Buches, übrigens selbst kein Verfolger. <…>*

*Nr. 129*
*B/ms*

*Mein lieber Herr Professor,* *Basel, 21. 7. 54.*

*für drei Wochen bin ich nun in Basel, um in meiner Bibliothek an einer Arbeit zu sitzen.*
*Vorgestern erhielt ich in Paris noch einen Brief von Niekisch, worin er unter anderem schreibt:*

> *„Ich muss gleich mit der Richtigstellung beginnen und zwar um so mehr, als die falsche Auffassung eines Sachverhaltes durch Sie mehreren Personen mitgeteilt wurde. Diese falsche Auffassung eines Sachverhaltes bringt mich in das Licht, in meinem Buch „Das Reich der niederen Dämonen" unzuverlässig zu sein, ja sogar (nicht vorhandenen) Hassgefühlen unerlaubt nachgegeben zu haben.*
>
> *Es handelt sich, wie Sie sicher schon geahnt haben, um die Frage „Massematte". In meinem Dämonen-Buch wiederhole ich an derbetreffenden Stelle lediglich den Inhalt eines Berichtes, den seinerzeit die Frankfurter Zeitung über einen Vortrag Carl Schmitts vor Hochschullehrern gebracht hatte. Kein Wort, kein eigener Ge-*

*danke von mir wurde hinzugefügt. Ich übernahm lediglich, was die im allgemeinen zuverlässige Frankfurter Zeitung ihren Lesern vorgesetzt hatte. Mir ist das Wort „Massematte" in diesem Zusammenhang zuerst begegnet. Nie hatte ich zuvor dieses Wort gehört. Herr von Leers gehört nicht zu den Autoren, die ich in jener Zeit las; wenn jenes Wort zuerst durch Leers in Umlauf gesetzt wurde, hätte es Schmitt von diesem übernommen. Dafür, dass Schmitt Leersche Gedankengänge und Worte vor einem Publikum von Hochschullehrern verbreitete, kann ich nicht verantwortlich gemacht werden. Herr Schmitt hätte eben solche Reden nicht halten sollen, durch welche er sein Ansehen katastrophal geschädigt hat.*

*In diesem Zusammenhang möchte ich ausdrücklich bemerken, dass mich gegen Schmitt keine Gefühle des Hasses bewegen. Gerade in meinen Darlegungen über Schmitt fehlt nicht meine Anerkennung seiner geistigen Potenz. Ich war seinerzeit tief unglücklich, sehen zu müssen, dass er in der Juristischen Wochenschrift die Mordbuben des 30. Juni 1934 rechtfertigte und dass er überhaupt Hitler, an dessen verbrecherischer Natur ich nie gezweifelt hatte, so grosse Hilfsdienste leistete.*

*Ich hoffe also, Sie durch meine Richtigstellung überzeugt zu haben, dass Ihr gegen mich gerichteter Vorwurf sachlich unbegründet war.*

*Auch Ihre Auffassung, dass das Dämonen-Buch nicht hätte veröffentlicht werden sollen, kann ich nicht teilen usw."*

*Auf diesen Brief hin habe ich Niekisch vorgestern von Paris aus noch Folgendes geschrieben:*

*1. Der „Massematte"-Streit liesse sich sehr leicht dadurch schlichten, dass er seine Unterlagen vorlege.*

*2. Ganz allgemein halte ich es nicht für zulässig, in einem Lebende so scharf angreifenden Buch mit zwei, drei Ausnahmen überhaupt keine Quellenangaben zu geben.*

*3. Ich könne bei seinem Werk nur bis zur „Dritten imperialen Figur" von 1935 mit. Und ich vermisse in seinem Buch an vielen Stellen, so auch bei der brüsken Abstempelung Jüngers, das Bewusstsein, dass der Niekisch von damals genau so im „faschistischen" Kahn gesessen habe wie der Carl Schmitt und der Jünger von damals. (Hier drückte ich mich natürlich nicht so abgekürzt aus.)*

*4. Im Uebrigen halte ich die Jagd nach individuellen „Schuldigen" für geistig nicht erträglich und sogar für der Erkenntnis der Wirklichkeit abträglich.*

*5. Ich stehe in den Sie betreffenden Polemiken ganz auf Ihrer Seite.*

*Auf Niekischs Reaktion bin ich nun gespannt. Von Drexel weiss er schon seit etwa zwei Wochen von meinem Einwand gegen die „Massematte"-Stelle – er hätte also den Beleg schon längst hervorsuchen können, falls vorhanden.*

*Das Heft der „Politischen Literatur" scheint noch nicht erschienen zu sein. Es geht Ihnen zu, sobald ich es habe. <…>*

Nr. 130
B/ms

Plettenberg I, den 26. 7. 54
Brockhauserweg 10

Lieber Armin Mohler,

ich begrüße Sie auf burgundischem Boden und wünsche Ihnen und Ihrer Familie gute Erholung von Babylon! Natürlich regt sich in mir der Wunsch, Sie bei dieser Gelegenheit zu sehen und zu sprechen. Im August weilt in Baden-Baden meine große Pariser Freundin Madame Michelle Amédée Ponceau, Directrice de l'Institut International d'Etudes Humanistes, die Sie anscheinend immer noch nicht kennen gelernt haben. Sie wünscht, daß ich sie in Baden-Baden besuche. Das wird aber vor dem 9. August nicht möglich sein. Ueberlegen Sie doch mal, ob wir uns nicht sehen können. Ich will Sie nicht aus den Armen Ihrer Familie reißen. Sonst würde ich Ihnen vorschlagen, daß Sie als mein Gast nach Plettenberg kommen.
Vielen Dank für Ihre Schreiben, insbesondere das vom 21. Juli! Die Sache Niekisch wird mir allmählich zu dumm. Wenn er keine andere Quelle hat als einen Zeitungsbericht über eine sehr chaotische Tagung, dann soll er das in seinem Buch mitteilen, und nicht hinterher in Privatbriefen. Die Sache erinnert mich aber an eine interessante Angelegenheit, die vor nicht sehr langer Zeit (1952?) in Ihrer „Tat"[194] gespielt hat. Ich habe nämlich auf jener Tagung 1936 erklärt, es sei unsere Pflicht, in exakter rechtsgeschichtlicher Arbeit den Anteil des Judentums an der Geschichte des Verbrechens der letzten Jahrhunderte wissenschaftlich zu untersuchen. Diese Anregung ist auf fruchtbaren Boden gefallen und zwar dort, wo ich es nicht erwartet hatte. Niemand anders als Gustav Radbruch – der homo homini Radbruch – hat mit einem andern Autor zusammen, dessen Namen mir im Augenblick entfallen ist, eine solche Geschichte des Verbrechertums geschrieben. Dieses Werk Radbruchs ist vor etwa 2 Jahren im Literaturblatt der „Tat" ausführlich besprochen und – weil die Juden darin nicht gut genug abschnitten – mit großer Entrüstung als antisemitisches Machwerk angeprangert worden! In Ihrer „Tat"! In einer folgenden Nummer ist das dann ein bißchen zurechtgebogen worden. Aber das Faktum bleibt und es kann Ihnen doch keine große Mühe machen, im Archiv Ihrer Zeitung einmal nachsehen zu lassen. Bei mir herrscht leider eine solche Unordnung, daß ich meine Ausschnitte nicht mehr so schnell herausfinden kann. Aber mein Gedächtnis ist noch gut, und wenn es Ihnen nicht zu viel Umstände

194 Ihre „Tat": AM war damals Pariser Korrespondent der Zürcher Tageszeitung „Die Tat". Er hat nie einer Zeitungsredaktion angehört, war journalistisch stets auf freier Wildbahn tätig. Diese Art von Kollektivverantwortung war AM an C. S. wohlbekannt – sie war ein Teil von dessen kompliziertem, einkreisendem Fechten. Als C. S. das ihn behandelnde Buch von Peter Schneider mißfiel, wurde es zum „Buch Ihres Landsmannes Peter Schneider" …

macht, versuchen Sie doch einmal, jene Besprechung im Literaturblatt der „Tat“ aufzutreiben.
Ihre 5 Punkte an Niekisch sind großartig. Im übrigen sitze ich an meinem E. J. Beitrag, der ganz besonders schön zu werden verspricht.
Titel:

Die geschichtliche Struktur
des heutigen Weltgegensatzes
von Ost und West
Eine Auseinandersetzung mit Ernst Jüngers Schrift
„Der Gordische Knoten“

Achten Sie auf die nächste Nummer der „Zeit“! Herzliche Urlaubswünsche für Sie, Ihre verehrte Frau und dem Kameraden Gert!
Anima erwarte ich für Anfang August.

Stets Ihr
Carl Schmitt.

[PS am Rand hs:] Vielen Dank für den Katalog der Bibliothek Kelsen! Spiegel der langweiligen Leere dieses Neukantianismus!

Nr. 131
PK/hs

[Plettenberg,] 2/8 54

Mein lieber Armin Mohler, ich bin durchaus damit einverstanden, dass der Brief von E. J. zum Begriff des Pol. in Ihrem Dokumentenband[195] gedruckt wird. Vorigen Dienstag hörte ich das Rundfunkgespräch von N. Sombart über Benito Cereno[196]; das letzte Drittel sehr gut. Eine sehr wichtige Sache. Er ging aus von der Stelle in den Strahlungen S. 408 (ist der dort erwähnte Brief von mir an E. J. vom September 1943 noch in Ihrem Archiv? Ein sehr schöner wichtiger Brief, den man veröffentlichen könnte); die Stelle S. 57 der Strahlungen scheint Sombart nicht zu kennen. Den Aufsatz von Tierno Galván aus der Epirrhosis für C. S. hat er ausgiebig benutzt. Haben Sie diesen Aufsatz eigentlich gelesen? Sehr wichtig. Von diesem Aufsatz stammt auch der Titel : B. C.

195 Es handelt sich um den berühmten zweiten Brief von Ernst Jünger an C. S. vom 14. 10. 30. Er betraf dessen „Begriff des Politischen“. AM vermag nicht mehr zu rekonstruieren, wieso sich dieser Brief dann doch nicht in seinem Dokumentationsband „Die Schleife „(1955) findet. Vermutlich war dieser Brief für den schweizerischen Verlag zu „nationalrevolutionär“.

196 „Benito Cereno“: vgl. Anm. 174.

oder der Mythos Europas. N. Sombart hat sich in diesen Tagen in Paris verheiratet (mit Mlle Tamara Koundadzé); la Bénédiction Nuptiale leur a été donnée le 24 juillet 1954 en la Chapelle Sainte Trinité Rue François Gérard Paris 16$^{e}$. Vielen Dank für Ihren Brief; leider sehe ich noch keine Möglichkeit zu einer Begegnung in Süddeutschland. Anima erwarte ich für heute abend. Haben Sie die „Zeit" gesehen, mit der Vorbemerkung von R. T.[197]? „Das ist viel, wahrlich viel" wie Don Carlos sagt. Werden Sie auf Ihrer Reise E. J. sehen? Wird H. Fleig die „Zeit" bemerken? Neske druckt eifrig das „Gespräch über die Macht". Zu traurig, dass ich wegen des E. J. Beitrages nicht mit Ihnen sprechen kann. Es ist vieles zu überlegen; ich kenne meine Oppenheimer. Aber jetzt habe ich einmal begonnen und sage auch B, nachdem ich A gesagt habe. Ich darf aber nichts tun was auch nur entfernt dahin gedeutet werden könnte, dass ich mich einer Zensur oder Bewertung durch irgendeine Stelle oder Person unterwerfe. Es lebe die Freiheit der Söhne des Geistes und alles was aus ihr procedit!

Immer Ihr

C. S.

*Nr. 132*
*B/ms*

*Mein lieber Herr Professor,* *Basel, 7. 8. 54.*

*<...> Sie schreiben, dass Sie nichts tun dürfen, „was auch nur entfernt dahin gedeutet werden könnte, dass ich mich einer Zensur oder Bewertung durch irgendeine Stelle oder Person unterwerfe". Die Bedeutung dieses Satzes übersehe ich nicht ganz. Wie ich Ihnen schon schrieb, liegt die einzige Zensur in Ihnen selbst: Sie wissen selbst, was Sie Ihrer Beziehung zu Ernst Jünger zumuten können, und Sie wissen selbst, was Sie sich, über Ernst Jünger hinaus, in Beziehung auf Ihre eigene delikate Situation auf der Grenze zwischen Oeffentlichkeit und Hintergrund, leisten können und was nicht. Ich bin da ganz sicher, dass Ihr politischer Sinn Sie richtig führt, und mir leuchten Ihre Bedenken nicht ganz ein. Aber wie gesagt: ich übersehe nicht ganz, was Sie mit diesem Satz alles meinen.*

*Uebrigens werde ich der Festschrift eine Vorbemerkung[198] voranschicken, die allen Mitarbeitern vor dem Druck vorgelegt werden wird. Darin wird betont, dass es sich bei der Festschrift nicht um die Manifestation einer „Partei" oder eines „Krei-*

197 R. T.: Richard Tüngel (1893–1970) war Chef des nationalliberalen Flügels in der „Zeit". Er wurde 1957 (u. a. wegen seiner Beziehung zu C. S.) nach längeren Kämpfen von der linksliberalen Fraktion (um Bucerius, die Gräfin Dönhoff und den NS-Wendehals Müller-Marein) aus dem Blatt verdrängt.

198 Zu einer solchen „Vorbemerkung" scheint es nicht gekommen zu sein – AM hätte sie sonst, seiner Gewohnheit entsprechend, in sein Exemplar der Festschrift geklebt.

*ses" handle, sondern dass das einzig Verbindende unter den Mitarbeitern sei, dass Sie Jünger zu seinem 60. Geburtstag einen Gruss schicken wollen. Eine solche Vorbemerkung wird wohl gerade Ihnen recht sein. Die Formulierung werde ich mir noch gründlich überlegen. <...>*

*Nr. 133*
*B/ms*

*Bourg-la-Reine (Seine), 24. 8. 54.*

*Mein lieber Herr Professor,*

*Zu Ihrer persönlichen Unterrichtung erhalten Sie hier die Abschrift eines Briefes an Niekisch. Mir scheint, er hat immer noch nicht begriffen, worum es geht. Unter dem 20. 8. schreibt er mir, er sei „etwas erstaunt darüber, wie Sie ohne weiteres die Version Schmitt sich zu eigen machen und es für denkbar ansehen, dass ich bei der Niederschrift meines Manuskriptes leichtfertig gearbeitet habe. Ich vergegenwärtige mir die Situation, innerhalb deren damals das Manuskript entstand. Täglich schnitt ich die Zeitungen aus, soweit sie brauchbares Material enthielten; ich ordnete dieses Material und während ich schrieb, lag es vor mir. So fand ich auch in der „Frankfurter Zeitung" die Schmitt-Rede. Streng hielt ich mich an diesen Bericht, ich änderte nichts ab und fügte nichts hinzu. Der Name des Herrn von Leers kam in diesem Bericht überhaupt nicht vor. Erst durch Sie habe ich jetzt erfahren, dass Herr von Leers die Gedankengänge vortrug, die auch in dem Bericht über die Schmitt-Rede erschienen. In diesem Fall gibt es für mich nicht die kleinste Unklarheit. Wenn jener Bericht unzutreffend war, so hätte sich Herr Schmitt an die „Frankfurter Zeitung" protestierend wenden können. Er hat es nicht getan, wie ich auf Grund dessen wohl sagen kann, dass ich damals die „Frankfurter Zeitung" täglich mit grösster Aufmerksamkeit verfolgte ... Sie müssen es verstehen, dass ich es nicht ruhig hinnehmen kann, wenn der damalige Nationalsozialist Schmitt sich heute gewissermassen auf meine Kosten, der ich die Schändlichkeiten des Nationalsozialismus in jener Zeit Punkt für Punkt verfolgte und registrierte, reinwaschen möchte."*

*Ich hoffe, dass Sie mit der Antwort einverstanden sind, die ich ihm in dieser Sache schickte. Bei der Abfassung der Antwort ging ich möglichst so vor, dass er nicht weiter ausweichen kann. Nun bin ich gespannt, wie er auf die „Politische Literatur" reagiert, die er bei Abfassung seines Briefes vom 20. 8. noch nicht kannte. <...>*

Nr. 134
PK/hs

[Plettenberg, 26. 8. 54]

Mein lieber Armin Mohler, Zeitschrift mit N-Besprechung und Brief vom 24/8 erhalten, allerbesten Dank! N's Sophisterei ist übel und kaum noch für bona fide zu halten. Ist jeder Unfug, der über einen in einer Zeitung steht, bewiesen, wenn man nicht protestiert hat? Dann ist übermorgen wohl auch der ganze Mist in N's[199] Buch bewiesen, weil es unter meiner Würde ist, dagegen zu protestieren. J'en ai assez. Ihre Besprechung des N-Buches ist vorzüglich. Die Zeitschrift macht überhaupt einen guten Eindruck; ich kannte sie noch nicht. – Das Ms. des E. Jünger-Beitrages ist fertig; etwas über 20 Druckseiten, wie ich schätze. Ich hatte gehofft, Sie würden es sich holen, damit wir es gleich zum Thema eines längeren Gesprächs machen könnten. Wohin soll ich es schicken? – Am 19. August haben wir uns des Geburtstages Ihrer Frau erinnert und herzlich an Sie alle drei gedacht und von Ihnen gesprochen. Wenn Anima nicht geschrieben hat, verdient sie Vorwürfe in ihrer Eigenschaft als angehende Sekretärin, nicht in ihrer Eigenschaft als gute Freundin.
Wessel war gestern hier und erzählte von seinem Besuch bei Ihnen. Die Besprechung Radbruch, Grinner habe ich gefunden (Die Tat 1/12 51); köstlich in dem Zusammenhang Ihres Briefwechsels mit N! Wer ist denn der eifrige Dummkopf „-sk", der sie gezeichnet hat? Viele Grüsse und Wünsche für Sie, Ihre verehrte Frau und Gert von Anima und von Ihrem alten

Carl Schmitt.

199 „N" ist natürlich Ernst Niekisch. Abschließend ist zum Thema Niekisch-v. Leers-Carl Schmitt zu sagen, daß Niekisch in der Folge nie den von ihm behaupteten Zeitungsausschnitt mit dem besagten Inhalt vorlegen konnte. Hätte es diesen Artikel gegeben, so hätte ihn Niekischs Gönner und Freund Joseph Drexel leicht beschaffen können. Drexel war damals der Zeitungskönig von Franken und hätte in kollegialer Zusammenarbeit mit den Kollegen in den Archiven einen solchen Text, wenn es ihn gegeben hätte, dinghaft machen können. – Ein Vierteljahrhundert später mußte sich AM öffentlich gegen drei Sätze über ihn im zweiten Band von Niekischs „Erinnerungen" wehren. In diesen drei Sätzen respektive fünf Buchzeilen fanden sich vier Sachfehler, von denen zwei glatter Unsinn waren. (Belege dafür in AM, „Tendenzwende für Fortgeschrittene", 1974, S. 104.)

*Nr. 135*
*B/ms*

*Bourg-la-Reine (Seine), 27. 8. 54.*

*Mein lieber Herr Professor,*

*dass Sie das Manuskript für die Festschrift fertig haben – das ist eine freudige Nachricht für mich! Schicken Sie es bitte an mich – der Verleger bekommt erst das fertige Manuskript des Bandes zu sehen. Ich werde Ihnen dann gleich ausführlich schreiben; ich bin sehr gespannt darauf. Wären nur alle Mitarbeiter so pünktlich wie Sie! Bisher ist nur das Manuskript von Pater Becher eingetroffen. <...>*

Nr. 136
B/hs

Pl. 30/8 54

Mein lieber Armin Mohler,

ecco! Ich weiss nicht, ob es Ihren Intentionen entspricht, tamen est laudanda voluntas. Ich lese gerade Leo Strauss über „la Tyrannie" (bei Gallimard), mit einem Aufsatz von A. Kojève darin; alles nur eine breite Variation von Ex Captivitate Salus, p. 20/21 (Antwort an K. Mannheim). Für heute nachmittag hat sich Walter Warnach angekündigt. Anima ist gestern nach Italien gereist (für 14 Tage). Interessiert Sie die Schrift von Rudolf Diels zum Falle John? Vorzüglich. Weisen Sie Hans Fleig nachdrücklich darauf hin! In Bonn wird sie viel gelesen und verzweifelt totgeschwiegen.[200]
Herzliche Grüsse Ihnen und Ihrer Frau!
Alles Gute für Sie alle drei!

Stets Ihr alter

Carl Schmitt.

200 Wenn man zu Beginn dieses Briefes liest, was Carl Schmitts Lektüre ist, so schaut man verdutzt auf das Jahr, in dem dieser Brief geschrieben wurde. Vor allem zeugt im Jahr 1954 das Lesen des jüdisch-russisch-französischen Hegelianers Alexandre Kojève (1902–1968) für die erstaunliche Spürnase eines (immerhin) hauptamtlichen Juristen. Die Fachkollegen von Kojève auf den deutschen Lehrstühlen begannen erst Anfang der 90er Jahre zur Kenntnis zu nehmen, was dieser Hegelianer angerichtet hat – und das auch zunächst nur über Kojèves Vulgarisator Fukuyama …

Ich schicke einen Durchschlag (Anima hat sich meine Zustimmung zu ihrer Italien-Reise mit einer parforce-Leistung auf der Schreibmaschine verdient); hoffentlich können Sie es lesen.

*Nr. 137*
*PK/ms*

*Mein lieber Herr Professor,* *B-l-R 1. 9. 54.*

*Ihr Manuskript ist gut angekommen – vielen herzlichen Dank! Heute abend werde ich mit der Lektüre fertig und schreibe dann.*

*Schade, dass Ihre Anmerkungen an den Setzer nur in so feinen Bleistiftzügen geschrieben sind – ich hoffe, der Setzer kann es lesen.*

*Weinreich hat im „Zeit-Archiv"*[201] *einen Ausschnitt aus meinem Niekisch-Aufsatz gebracht und dabei die Sie betreffenden Anmerkungen nachgedruckt. (Z. A. Ausgabe B, Nr. 68 vom 30. 8. 54.)*

*Niekischs Zeitungsausschnitte seien im Kriege verbrannt, höre ich aus seiner Umgebung. <...>*

*Nr. 138*
*B/ms*

*Bourg-la-Reine (Seine), 2. 9. 54.*

*Mein lieber Herr Professor,*

*für Ihren Beitrag zur Ernst Jünger-Festschrift danke ich Ihnen recht herzlich! Ihre Bedenken begreife ich nicht recht. Zum einen ist Ihr Beitrag an sich von grossem Range: ich habe ihn unter vibrierender Spannung gelesen und glaube nicht, dass ihn ein anderer Mitarbeiter übertreffen kann. Zum andern aber passt er sehr gut in die Festschrift, wie Klostermann und ich sie uns vorstellen: sie soll ja nicht der Beweihräucherung dienen, und der bereits eingetroffene Aufsatz von Pater Becher grenzt die Position des Verfassers von der Jüngers ebenso deutlich ab wie Sie die Ihre. Diese Abgrenzung wird ja mit dem grössten Respekt vollzogen. Und sie ist sogar viel weniger „Auseinandersetzung", als ich erwartet hatte: die Auseinandersetzung muss der*

201 Das in Hamburg domizilierte „Zeit-Archiv" von Paul Weinreich (früher im Stab der Hanseatischen Verlagsanstalt) wurde in der Frühzeit der Bundesrepublik von der gebildeten Rechten genau verfolgt. Dieser Presse-Spiegel verstand es virtuos, aus dem chaotischen Strom der Nachrichten die brisanten herauszufischen.

*Leser vollziehen, der bei den verschiedenen Denkschritten die Position von C. S. erkennt und sich die entsprechende von Jünger ins Gedächtnis ruft. Nur an einzelnen und nicht zufälligen Orten knüpfen Sie an der Oberfläche zusammen. Gerade durch diese unterirdische Gedankenführung wird der Essay so „aufregend". Ich finde zum Beispiel, dass gerade dadurch diese unterirdische Spannung aufrechterhalten wird, dass Sie beim Thema des Bilderstreites auf das, was für Jünger daran wesentlich ist und wovon er dann etwa bei der Deutung westlichen und östlichen Fürstentums ausgeht, nämlich die Unterscheidung von „ist" und „bedeutet", explizite gar nicht eingehen. Sie stellen nur Ihre Sicht des Bilderstreites gegenüber. Dadurch entspinnt sich der Dialog. – Jäh ist der Abbruch am Schluss, wo Sie den Leser auf alle Fragen zugeführt haben und ihn nun selbst fragen lassen. – Ich glaube, dass die Art, wie Sie vorgegangen sind, die einzig mögliche war. Alles andere hätte ja zu gegenseitigem Aufrechnen der Positionen führen müssen.*

*<…> Ihr Beitrag hat mich auch ganz persönlich betroffen, da ich ja die Konfrontation Ihres Denkens und dessen von Jünger seit Jahren zu vollziehen suche. Die Fragestellung ist durch ihn wieder ganz frisch in mir aufgeweckt worden. Und ich muss Ihren Beitrag in den nächsten Tagen ein zweites Mal genau durchlesen. Vorläufig beschäftigt mich vor allem, ob nicht in der von Ihnen umrissenen Begegnung von Land und Meer doch auch eine „ungeschichtliche" Polarität mit verborgen steckt. Es kommt ganz auf die scharfe Abgrenzung der „Herausforderung" an. Ich muss darum vor allem Ihre Abgrenzung von Toynbee durchdenken, der ja auch spiralig vorgeht. – Mir scheint, dass in Ihrem Beitrag gegenüber Ihren früheren Schriften zum Thema die Begegnung von Land und Meer um viele Ausblicke bereichert ist. Dumm, dass meine Bibliothek in Basel liegt – ich möchte gerne mit den früheren Stadien vergleichen. <...>*

*Dafür, dass ich einen Band herausgeben darf,*
*in dem dieser Essay von Ihnen enthalten ist,*
*danke ich Ihnen – ich bin stolz darauf! <…>*

Nr. 139
PK/hs

[Plettenberg,] 6/9 54

Mein lieber Armin Mohler, es macht mich sehr glücklich dass Ihnen der E. J. Beitrag gefällt; vielen Dank für Ihre Karte und Ihren Brief (mit der Anlage Lüthy)! Die kleinen Korrekturen werden natürlich berücksichtigt; ich habe hier eine auf besserem Papier geschriebene, deutlichere Kopie, die man dem Setzer geben kann; dort sind auch die Hinweise für den Setzer (kursiv etc.) deutlich lesbar mit Tinte geschrieben. Ich bedaure es nochmals, dass wir nicht über den Beitrag ausführlich sprechen können. Jetzt muss er bleiben wie er ist (kleine Korrekturen natürlich vorbehalten); dass ich am Schluss mit Bezug auf den 247 von Hegels Rechtsphilosophie eine Position beziehe und einen grossen Anspruch anmelde, ist ein wichtiger Vorgang, den man nicht durch weitere Erklärungen abschwächen darf; im Rahmen einer E. J. Ehrung ist er geradezu sensationell. Der ärgerliche Fehler Margaret B.[202] fällt auf das Haupt der Stenotypistin Anima, die sich jetzt unbekümmert in der Toscana herumtreibt. Bald erhalten Sie ein Heft des „Merian" und – hoffentlich – das Machtgespräch. Aber ich will Sie jetzt nicht in Ihrer vielen Arbeit stören. Herzliche Grüsse für Sie, Ihre liebe und verehrte Frau und Gert! Stets Ihr alter

Carl Schmitt.

Herzlichen Gruss aus Ohle und
von dem dortigen Bert Ipsenstein!

*Nr. 140*
*B/ms*

*Bourg-la-Reine (Seine), 10. 9. 54.*

*Mein lieber Herr Professor,*

*heute früh kam das SAUERLAND-Heft des MERIAN, und ich habe Ihren Beitrag*[203] *und hierauf die beiden von Nebel sofort gelesen. Ihr Beitrag hat mir die Gänge mit Ihnen um Plettenberg herum in Erinnerung gerufen, und das Bild der Bruchauser Steine die Fahrt, auf der wir Dr. Schranz begleiteten. Es ist schön, wie Sie mit leichter Hand, wie mit leichter Tusche diese Landschaft umreissen, die ich als von spröder Schwermut getränkt in Erinnerung habe. Durch die Einordnung in Ihr Geschichtsbild nehmen Sie einer solchen Betrachtung Ihrer Heimatlandschaft auch jede Willkür. <...>*
*Haben Sie den Versuch einer Konfrontation C. S.-Ernst Jünger einmal gesehen, den ich im Frühjahr Günther Krauss als eventuellen weiteren Beitrag zur EPIRRHOSIS geschickt habe? Da einerseits nach Krauss' Bericht die Drucklegung der EPIRRHOSIS in absehbarer Zeit nicht möglich ist und andererseits Klostermann insistiert, ich müsse auch einen Beitrag zur Festschrift Jünger schreiben, plane ich, wesentliche Teile davon in einen Aufsatz über Jünger einzuarbeiten, worin ich diesen durch die Abgrenzung von einem geschichtlich Denkenden – C. S. – einerseits und einem universalistisch-abstrakt Denkenden andererseits in seiner Struktur herauszumodellieren suchen würde. Ich müsste dabei allerdings versuchen, nicht in eine jener „kümmerlichen Schul-Antithesen" abzurutschen, vor denen Sie in Ihrem Beitrag warnen. Aber ich bin*

202 In C. S.' Jünger-Manuskript stand „Margaret" statt „Margret" Boveri.
203 C. S., „Welt großartigster Spannung", 1954, S. 3–6.

*mir noch nicht schlüssig, ob ich darüber schreiben soll. Klostermann hält es für notwendig, dass der Herausgeber mit einem Beitrag vertreten ist in diesem Falle, und Friedrich Georg Jünger mahnte auch in der Richtung.* <...>

Nr. 141
B/hs

Plettenberg, 18/9 54

Mein lieber Armin Mohler,

hier ist das Manuskript. Ich bin froh, es abzuliefern, weil ich sonst immer weiter korrigieren würde.
Herzlichsten Dank für Ihr Schreiben zu dem „Merian-Heft"! Auch Hans Fleig hat mir geschrieben, worüber ich mich natürlich besonders gefreut habe.
Soeben erhalte ich von Reclam die Beleg-Exemplare der neuen Ausgabe von „Land und Meer"; ferner von Hillard (Steinbömer)[204] seine Selbstbiographie, in der er seine Bekanntschaft mit mir sorgfältig verschweigt. Zur Strafe findet sich dann in dem Zitat des Däubler-Verses

Alles wird zu eines Balles
Urversuchtem Rundungstraum

der im konkreten Falle eine treffendere Version ergebende Druckfehler

Unversuchtem Rundungstraum.

Der Druckfehler stand schon in dem Vorabdruck im Merkur. Die Sache fiel mir auf, weil die 3 Däubler-Zitate auf dieser Seite genau meine Zitate in den „Zwei Gräbern" sind.
Anima ist noch nicht zurück, der Schlingel.
Ihnen, Ihrer Frau und dem (hoffentlich) braven Gert herzliche Grüsse und Wünsche Ihres alten

Carl Schmitt.

---

204 Gustav Steinbömer (1881–1972), Pseudonym: Gustav Hillard. St. wurde zusammen mit dem Kronprinzen erzogen, was früh Spekulationen über eine hochadelige Herkunft nährte. Bis zum Ende des Zweiten Weltkrieges suchte Steinbömer – als Berufssoldat hatte er es bis zum Major gebracht – als Schriftsteller eine Synthese zwischen Soldatentum und Kultur („Politische Kulturlehre", 1933). Nach der Niederlage begnügte er sich mit der Kultur.

Nr. 142
PK/hs

[Plettenberg, 18. 9. 1954.]

Mein lieber Armin Mohler, soeben habe ich Ihnen das schöngeschriebene Manuskript des E. J. Beitrages Eingeschrieben nach Bourg-la-Reine geschickt; hoffentlich kommt es gut an. Inzwischen las ich noch etwas in Steinbömers Selbst-Biographie und fand S. 296 die Bemerkung: „Am populärsten, ja, fast zum Schlagwort ist dann die Bezeichnung in der berühmten Münchener Universitätsrede (Hofmannsthals) geworden, „,die konservative Revolution'", an die Halbverstand (sic) und Missverstand flink ihre Irrtümer gehängt haben." Sic. Ausserdem auf derselben Seite 326, auf der das Pech mit dem Unversuchten Rundungstraum passiert, etwas noch Schlimmeres:

Die Welt versöhnt und übertönt <u>den</u> Geist. (Statt de<u>r</u> Geist)

Bravo! So ist es! Und unser Autor fügt hinzu:

„Und das ist denn wohl auch der letzte Wunsch, den man für Menschen und Städte aussprechen kann."

Jawohl. Aber wie merkwürdig: zweimal auf derselben Seite eine so tiefsinnige Ersetzung des <u>r</u> durch ein <u>n</u>!! Gerechte Strafe für stillschweigende Entnahmen aus Ex Captivitate! Möge es jedem Schwarz-Entnehmer so gehen! – Ich wollte Sie noch etwas fragen: könnten Sie den Neudruck des Reclam-Heftchens Land & Meer an Golo Mann weitergeben? Oder haben Sie Bedenken? Eventuell schick ich Ihnen das Heftchen. In dem E. J.-Beitrag habe ich natürlich jede Selbst-Zitierung vermieden, obwohl gerade der Hinweis auf „Land & Meer" nahe lag. – Herr Peter Schneider, Ihr Landsmann, hat das Ms. seines C. S. Buches an Prof. E. R. Huber in Freiburg Br. geschickt. – Haben Sie Diels John[205]-Broschüre gelesen? Ich kann sie Ihnen schicken. – Vom Turnvater Jahn zum Tarnbruder John. – In das Macht-Gespräch schreibe ich Ihnen eine schöne Widmung. Soweit für heute! Semper et ubique Ihr alter

Plettenberg, 18. 9. 1954 C. S.

---

205 Otto John, Jahrgang 1909, während des Krieges in einem englischen Desinformationsdienst (unter Sefton Delmer) tätig. Wurde 1950 erstaunlicherweise zum ersten Chef des westdeutschen Verfassungsschutzes ernannt. Im Juli 1954 verschwand er in die DDR und machte von dort aus antiwestliche Propaganda. Ein Jahr später tauchte er wieder in der Bundesrepublik auf und behauptete, man habe ihn in die DDR verschleppt und dort zur Propaganda gezwungen. Der Fall ist auch heute noch nicht eindeutig geklärt.

*Nr. 143*
*B/ms*

*Bourg-la-Reine (Seine), 27. 9. 54.*

*Mein lieber Herr Professor,*

*in der Beilage erhalten sie eine Abschrift aus einem Briefe von Niekisch, der mich heute erreicht hat. Die nicht abgeschriebenen Teile des Briefes haben keinen Bezug auf Sie. Wenn Sie die vermerkten drei Abschriften interessieren, sende ich sie Ihnen auch zu.*

*Niekisch habe ich in meiner Antwort geschrieben, dass es in solchen Fällen üblich sei, in die noch beim Verlag befindlichen Exemplare des Buches einen berichtigenden Zettel einzulegen. Dass er Ihnen eigentlich einen Entschuldigungsbrief schreiben sollte, habe ich ihm hingegen nicht geschrieben – darauf sollte er schon selbst kommen. Und eine öffentliche Richtigstellung des Irrtums würde sich schon ermöglichen lassen, wenn der Wille dazu besteht. <...>*

Nr. 144
B/hs

Pl. 30/9 54.

Mein lieber Arminius,

das entzückende Foto des wackeren Gert und den mir unverständlichen Sportbericht Koblet-Kübler[206] gebe ich gleich an Anima weiter. Sie ist vor 8 Tagen voller Begeisterung aus der Toscana zurückgekommen und am vorigen Montag zu einem Gastspiel als Sekretärin-Volontärin zu Oberheid nach Düsseldorf gefahren (Düsseldorf-Kaiserswerth, Leuchtenberger Kirchweg 47 bei Dr. Oberheid).
In der Angelegenheit Niekisch würde ich nichts mehr tun. Ebensowenig in der Angelegenheit Steinbömer. So verschieden beide sind, von entgegengesetzten Prämissen her behandeln sie mich beide als hors la loi. Ich habe Ihnen die Bemerkungen zu Steinbömer nicht deshalb geschrieben, damit Sie bei ihm vorstellig werden, oder weil ich etwa traurig wäre, in seinem Buche nicht zu figurieren. Ich gehöre wirklich nicht hinein, weder in den dynastischen noch in den jüdischen Olymp, den der Autor vor dem Leser enthüllt. Ich glaube nicht einmal, dass er sich etwas dabei gedacht hat, als er einiges

206 In jenen Jahren verfügte die Schweiz über zwei Weltklasse-Radrennfahrer: den Dandy Koblet und den biederen Kübler, der durch seine Siege bereits zum Besitzer seines halben Dorfes geworden war. Anima und H. Popitz waren Koblet-Fans, AM ein Kübler-Fan.

über Däubler von mir übernahm. Es wird so sein wie bei Jünger: Bekannte wie C. S. sind unersetzlich, weil sie einem die Mühen der Sichtung abnehmen. (Steinbömer würde das allerdings nicht aussprechen.) „Land und Meer“ habe ich Ihnen für Golo Mann als Drucksache geschickt. Leider hat der Verlag die „Übersicht“ nicht abgedruckt (ein Versehen der Herstellung, wie man mir schreibt), die dem etwas dichten Material orientierende Lichter gab und auch einige gute Formulierungen enthielt, z. B. für das vorletzte (19) Kapitelchen: Matan's grössere Insel. Das „Gespräch über die Macht“ erhalten Sie bald. Ich war eine Stunde auf der Buchmesse in Frankfurt und sah Neske. Er meinte, ich sollte mir für meinen E. J. Beitrag von Klostermann das Recht zu einer Sonderpublikation vorbehalten. Aber ich würde aus einem solchen Beitrag keine Sonderpublikation (ausser etwa üblicher Sonderdrucke) machen. Dagegen hätte ich gern eine grössere Anzahl (200) Abzüge, auf meine Rechnung.
Was Sie über das „Merian“heft schreiben, hat mich besonders gefreut.
Wenn Hans Fleig sich zu dem Buch von Wolfgang Schütz „Die Stunde Deutschlands“ äussert, müssen Sie mich darauf aufmerksam machen; das interessiert mich brennend. Für dieses Wochenende hat sich Friedhelm Kemp[207] angemeldet, der eine Däubler-Auswahl von 600 Seiten im Kösel(!)-Verlag gemacht und schon gedruckt hat. Das Thema Däubler ist ein schöner Anlass, die Zeit von 1910–1934 aufzurollen. Darüber müssen wir einmal sprechen. Woher die Invasion aus der Habsburgischen Monarchie ins Reich, an deren Anfang Hofmannsthal und an deren Ende Hitler steht? oder heute als posthumer Sieger Kafka?

Der Deutsche hat jetzt keine Zeit,
Er muss jetzt Kafka lesen.
Er strengt sich an und ist bereit
An Kafka zu genesen.

Ich freue mich auf Ihren nächsten Brief und grüsse Sie alle drei herzlich als Ihr

alter
Carl Schmitt.

207 Friedhelm Kemp, Jahrgang 1914, Schriftsteller, bekannt durch seine brillanten Übersetzungen aus der romanischen Literatur, für C. S. wichtig als besonderer Kenner von Däubler und Konrad Weiß.

Nr. 145
DS

[o. O., 4/10 54]

Carl Schmitt, „Gespräch über die Macht und den Zugang zum Machthaber" [mit der Widmung:]

Meinem lieben
Arminius Mohler
von seinem alten
C. S.

4/10 54.

„Unermessliches berge ich noch, denn ich
gebe aus Vorsicht
Immer Gelinderes nur; ewig Verschwiegenes
ruht"

Nr. 146
B/hs

Plettenberg,
7/10 54

Mein lieber Arminius,

Dank für den Brief vom 4/10 und alle guten Wünsche für eine schnelle Besserung Ihrer Gesundheit!
Steinbömer sollten Sie auf das falsche n im „Unversuchten Rundungstraum" aufmerksam machen. Übrigens sagte mir Friedhelm Kemp bei seinem Besuch letztes Wochenende, dass es auch eine gedruckte – offenbar fehlerhafte – Veröffentlichung mit n gibt! Er (Steinbömer) könnte sich also herausreden. Tut er das, so läuft das Maß allerdings über. Kemp hat sich grossartig in Däubler hineingelesen. Die Auswahl wird sehr interessant (Kösel-Verlag!!). Er wollte den Hymnus an Nietzsche weglassen; ich sagte ihm, das sei ganz unmöglich. Nun bin ich gespannt, was er macht. Die Auswahl soll 6–800 Seiten Dünndruckpapier stark werden!
Hielscher[208] ist mir ziemlich inkommensurabel. Seine Beziehungen zu Popitz kann ich

208 Friedrich Hielscher (1902–1991), promovierter Jurist, in den 20er und 30er Jahren einer der führenden Nationalrevolutionäre. „Tarnmeisterschaft": Hielscher lebte im Dritten Reich von einer Rente Himmlers und stellte sich nach 1945 in einer Autobiographie als Widerständler vor.

nicht kontrollieren. An seinen „Rationalismus“ glaube ich nicht; auch nicht an seine juristische Genialität. Seine Tarnmeisterschaft ist mir unbehaglich.
Arndt Morkel ist ein Studienfreund Animas aus Heidelberg; promoviert zur Zeit bei Prof. Rehm in Freiburg*; war im August einige Tage in Plettenberg zu Besuch; ein ruhiger, sehr philosophischer, mir sehr sympathischer junger Badener, dem ich auf seine Frage, wer denn schon einige Beiträge zur Ipsenstein-Sammlung geschickt habe, Ihren Namen nannte, den er nur als „Eckermann Jüngers“ kannte. Das ist nun mal für einige Zeit Ihr Stigma!

*[Nachtrag am Rand:] mit einer Arbeit über den Schauspieler bei Nietzsche!

Sehr richtig: auch die Strudlhofstiege und Doderer selbst gehören zur Habsburgischen Invasion! Aber auch Kelsen und Sigmund Freud! Und Husserl!!
Heute schicke ich Ihnen endlich das „Gespräch über die Macht“. Haben Sie Zeit, ihm eine halbe Stunde der Ruhe und lauter Lektüre (ich meine mit lauter, gesprochener Stimme) zu widmen? Hören Sie gelegentlich den Tonfall von Anima? Und in den Antworten meinen Tonfall? Wir haben das Tonband vorigen Sonntag Friedhelm Kemp vorgeführt (Anima ist noch in Düsseldorf); es hat mich beinahe gerührt. Kemp, der Rundfunk-Fachmann ist (am Münchener Rundfunk) fand es als Hör-Denkspiel beinahe vollkommen.
Aber wie dem auch sei: bitte lesen Sie es in einer halben Stunde der Sammlung und Ruhe, und sagen Sie mir Ihre Meinung; auch die Ihrer Frau. Das Wort „dämonisch“ kommt nicht vor. In den deutschen Zeitungen stehen grosse Berichte über einen Vortrag, den Ihr grosser Landsmann Carl Burckhardt[209] in Düsseldorf über den „in Deutschland noch ganz unbekannten“ Tocqueville gehalten habe. So etwas wie eine Aufforderung zum Totschweigen eines Deutschen lassen sich die Deutschen nicht zweimal sagen! Burckhardt veröffentlicht etwas über Tocqueville im Koehler-Verlag Stuttgart; dort sitzen oder sassen: Gustav Radbruch, Erich Kaufmann und Frau Professor Wilhelm Grewe!
Werden Sie bald wieder gesund und schreiben Sie mir bald wieder einige Zeilen! Viele Grüsse Ihnen, Ihrer Frau und Gert!

Stets Ihr alter

Carl Schmitt.

209 „Carl Burckhardt“ = Carl J(acob) Burckhardt (1891–1974), der Diplomat. Nach Basler Ritus läuft unter „Carl Burckhardt“ (1878–1923) der oben bereits erwähnte neoklassische Bildhauer.

*Nr. 147*
*B/ms*

*Bourg-la-Reine (Seine), 10. 11. 54.*

*Mein lieber Herr Professor,*

*<...> In diesen Tagen lernte ich Michel Mourre kennen, der 1950 als Dominikaner verkleidet auf die Kanzel von Notre Dame stieg und in den Ostergottesdienst hinein rief: „Gott ist tot!“ Die Autobiographie des 26jährigen („Malgré le blasphème“) ist nun als „Gott ist tot“ deutsch bei Herold in Wien erschienen. Mourre schrieb mir ins Gästebuch:*

> *„Les Dieux vont revenir? Le vieux Bloy, au coin de la rue*, n'en attend qu'un seul ... et les Cosaques! D'ailleurs, qu'importe les Dieux? Le peuple souverain saura bien les convaincre de crimes de guerre.“*

** Bloy liegt 150 Meter von meinem Häuschen begraben.*
*Gern möchte ich Ihnen einmal von der Begegnung mit Mourre erzählen. Er kann nicht begreifen, warum die Deutschen Kniébolo[210] völlig vergessen haben (oder vergessen zu haben scheinen). <...>*

Nr. 148
B/ms

Plettenberg I,
13. 11. 54

Mein lieber Arminius,

Ihr Schreiben vom 10. November hat mich elektrisiert und zwar wegen der Mitteilung über Michel Mourre. Sein Buch lasse ich mir gleich kommen; allerdings hätte ich es lieber auf französisch gelesen statt in deutscher Uebersetzung. Die Druckprobe für die Festschrift finde ich gut. Die Darlegung liest sich gedruckt weit besser und glatter als im Manuskript. Ich brauche übrigens nicht 300 Abzüge sondern nur die Hälfte. Warum fehlt eigentlich Margret Boveri unter den Mitarbeitern? Ich finde sie so sympathisch.

---

210 „Kniébolo“ ist ein von Ernst Jünger erfundenes Pseudonym für Hitler, das von den Jünger-Lesern aus der Kriegsgeneration vor allem aus lautmalerischen Gründen übernommen wurde.

Die Autobiographie von Blüher habe ich längst gelesen und die Darstellungskraft ihres Verfassers bewundert. Anima freilich hat das Buch wütend in die Ecke geworfen. Fragen Sie sie selber, weshalb. Die Adresse von André Germain[211] habe ich an sie nach Heidelberg weitergeschickt. (Anima's Adresse: Hdlbg. Werderstr. 30 III bei Oswald)

Ich habe Ihnen noch nicht einmal für Ihren Aufsatz über Bronnen gedankt. Auch nicht für die Zusendung der Hans Fleig'schen Besprechung der Machtgespräche, über die ich mich unendlich gefreut habe, die aber vermutlich doch einen Sturm in der Redaktion entfesselt haben muß. Offenbar ist der Gegensatz zur Feuilleton-Redaktion typisch für die Gegenwart. Auf der Buchmesse in Frankfurt erschien der Feuilleton-Redakteur der Hamburger „Zeit", ein gewisser, mir nicht persönlich bekannter Dr. Paul Hühnerfeld, am Stand des unschuldigen Neske und drohte den Stand zu zerschlagen, weil dort eine Neuerscheinung von C. S. – eben jenes Machtgespräch – ausgestellt war. Ein bekannter Frankfurter Buchhändler erzählte mir von der Szene, als ich vorige Woche in Frankfurt war.

Wie ganz anders der Feuilleton der FAZ! Der Aufsatz von Nicolaus Sombart über Benito Cereno hätte einen ungeheuerlichen Krach hervorgerufen, wenn er nicht durch die Plazierung im Feuilleton neutralisiert und verharmlost wäre. Ich bekam aus Paris wieder eine Karte von W. Wessel. Hat er Sie auch dieses Mal wieder besucht?

Der NWDR (Köln) will das Macht-Gespräch am Montag, den 22. Nov. abends 22.10 Uhr noch einmal senden.

Die Zeitschrift „Der Monat" hat den Verlag Neske gebeten, ein Besprechungsexemplar an Golo Mann zu schicken. Ich weiß nicht, auf wessen Anregung, aber es wäre natürlich für mich ein großes Ereignis, wenn Golo Mann sich wirklich damit befassen würde.

Sagen Sie über Martini was Sie wollen: er hat mit großem Mut das Komplott der deutschen Totschweiger und Beseitiger –

> Goethe, wie Sie wissen: die lieben Deutschen kenn ich schon; erst schweigen sie, dann mäkeln sie, dann beseitigen sie, dann bestehlen und verschweigen sie (seit 1945 fangen sie gleich mit Beseitigen an) –

gestört und einen Strich durch die Rechnung gemacht. Ich habe seinen Brief an Dolf Sternberger noch nicht gelesen und nur durch Weinreichs Zeit-Archiv davon gehört. Sie können garnicht ermessen, wie das auf einen Autor wirkt, der 10 Jahre lang so unverschämt ausgeplündert worden ist wie ich, ohne dass sich auch nur ein einziger Kollege gefunden hätte, der ein Wort zu dem offenkundigen Skandal zu sagen wagte.

---

211 André Germain (geb. 1883), ein französischer Germanophiler, der in jenen Jahren einen Großteil der deutschen Intelligenz und Kunst in eine schöne Villa in einem Olivenhain oberhalb von Florenz einlud. Er konnte sich diesen Luxus leisten, weil er der Gründerfamilie des Crédit Lyonnais entstammte (daher sein Spitzname „le dernier soupir du Crédit Lyonnais" – der letzte Seufzer dieser großen Bank). Er schrieb auch deutschfreundliche Bücher, so 1933 das Buch „Hitler oder Moskau?" (Er war eher für das erstere.)

Sin molestar más su atención –
herzliche Grüsse und Wünsche für Sie und Gert und Ihre verehrte Frau, die ich bitte, für mich ein Blümlein auf das Grab von Léon Bloy zu bringen.

Immer Ihr alter und getreuer

Carl Schmitt.

Nr. 149
PK/hs

[Plettenberg, 27/XI 54]

M. l. A. ich denke so:

C. S. geb. 1888 in Plettenberg (Westfalen), studierte in Berlin, München und Strassburg, habilitierte sich 1916 in Strassburg, verlor infolge des Ausgangs des ersten Weltkrieges seine Dozentur; von 1921–1945 ordentlicher Professor des öffentlichen Rechts in Greifswald, Bonn, Köln und Berlin; 1933 Preussischer Staatsrat; verlor 1945 infolge des Ausgangs des zweiten Weltkrieges seinen Lehrstuhl und lebt seit 1947 in Plettenberg (Westfalen). Drei Hauptwerke: Die Diktatur 1921; Verfassungslehre 1928 (Neudruck 1954); Der Nomos der Erde 1950.

Ich denke das genügt; die 3 Bücher können Sie streichen. Doch finde ich ihre Erwähnung nicht schlecht. Die Identität mit dem Schicksal Deutschlands, die Einheit von wissenschaftlichem Beruf und Schicksal wird deutlich genug in diesen Daten.[212] – Tausend Dank für 2 Briefe, die ich bald beantworten werde; herzlichsten Dank Ihrer Frau, dass sie am 1. Adventstag zum Grabe Léon Bloy's geht und meiner verstorbenen Frau gedenkt. – Zu Max Ry's Benehmen[213]: C'est une infériorité qui s'avoue. – Auf den Druck der E. J. Beiträge freue ich mich auch sehr. – Was sagen Sie zu R. Hinder? Er ist sehr jung (27), Hesse, ernst und ehrlich. – Die Sendung meines Gesprächs im NWDR wurde von Carl Linfert eingeleitet, mit vielen Entschuldigungen, als käme jetzt etwas, was Gott verboten hat. – Warnachs „Morgen" (Gedicht bei Neske erschie-

---

212 Wie alle anderen Beiträger der Jünger-Festschrift hatte AM auch C. S. um Formulierung seiner Personalnotiz gebeten. Die obenstehende Version ist allerdings im Buch selbst ersetzt durch: „CARL SCHMITT: geb. 11. 7. 1888 in Plettenberg/Westfalen; ordentlicher Professor des Öffentlichen Rechts in Greifswald, Bonn, Köln und Berlin; lebt in Plettenberg." Der Verleger, Vittorio Klostermann, hatte sämtliche Autoren um kürzere Personalnotizen gebeten.

213 „Max Ry's Benehmen": bezieht sich auf einen solennen Krach in der Redaktion der „Tat" in Zürich: der Feuilleton-Redakteur Max Rychner beschimpfte den Auslands-Redakteur Fleig, weil dieser Schmitts „Gespräch über die Macht und den Zugang zum Machthaber" (1954) im Blatt sehr positiv besprochen hatte.

nen) ist dem Dominikaner P. Reszwaski gewidmet, der Novizenmeister war, als M. Mourre Novize war. – Ihre Gliederung der Aufsätze in der Festschrift finde ich sehr gut. – Schicken Sie mir Ihre Hielscher-Besprechung!
Ohne mehr für heute!

Immer Ihr alter

C. S.

27/XI 54

Nr. 150
B/ms

Plettenberg, 5. 1. 1955

Mein lieber Arminius!

Ihre Neujahrswünsche erwidere ich aufs herzlichste für Sie, Ihre verehrte Frau und Gert. Ich hoffe, daß Sie alle drei in bester Gesundheit und Zufriedenheit in dieses Jahr 1955 eingetreten sind und daß es uns einmal zu einer schönen Begegnung und einem guten Gespräch zusammenführt.
Die Korrekturen für die E. J. Festgabe habe ich Klostermann zurückgeschickt. Es handelte sich nur um kleine, ja minimale Aenderungen. Jetzt bin ich auf den weiteren Verlauf und das weitere Schicksal dieser Festschrift sehr begierig. Mit meinem Beitrag bin ich zufrieden. Die Rolle des Nicht-Konvertiten im Zeitalter der allgemeinen Konvertibilität ist schwer, aber ehrenvoll.
Ich füge die Abschrift eines Briefes von Ernst Jünger über das Machtgespräch bei, mit dem Bemerken, daß der Brief handschriftlich ist.[214]
Ueber die Aufsätze, die Sie mir geschickt haben, freue ich mich immer noch. Großartig ist besonders, wie Sie den wichtigsten Satz aus dem Buch de Gaulle's hervorgehoben haben. Daraus habe ich für die innere Situation Frankreichs mehr gelernt, als aus der Lektüre ganzer Bücher. Aber auch für die innere Lage Deutschlands läßt dieser Satz analoge Uebertragungen zu.
Damit nähern wir uns dem Thema Martini[215]. Ich habe an Hans Fleig darüber geschrieben, weil er mich ausdrücklich danach gefragt hatte, ob das Buch meinen Segen

---

214 Zu Schmitts permanenten Sticheleien gegen Ernst Jünger gehörte, daß dessen Briefe keine echten (persönlichen) Briefe seien – J. mache stets Durchschläge von seinen Briefen, um deren Text auch anderswo publizistisch verwenden zu können.

215 „Das Thema Martini“: es geht um den politischen Erfolgsschriftsteller Winfried Martini (1905–1991). Seine Bedeutung läßt sich auf die Formel bringen, daß er zwei Bücher geschrieben hat, welche als Korsett der Bundesrepublik Deutschland gedient haben: 1954 „Das Ende aller Sicherheit / Eine Kritik des Westens“ und 1960 „Freiheit auf Abruf / Die Lebenserwartung der

habe. Mich interessiert an dem Buch nur der gedankliche Inhalt und die Fülle treffender Beobachtungen und ausgezeichneter Formulierungen. Das Gutachten Martinis über Mathilde Ludendorff[216] kenne ich nicht. Die Front, die sich von Mathilde Ludendorff her für mich ergeben könnte, sehe ich nicht. Diese Frau ist für mich in keiner Weise eine Orientierung. Sie hat sich nach 1945 mit typisch 45er Argumenten bemüht, auf die andere Seite der Barrikade zu gelangen und hat in ihrem Blatt auch meine bescheidene Person als Sündenbock zu verwerten gesucht. Infolgedessen interessiere ich mich nicht für das, was Herr Martini in seinem Gutachten gesagt haben könnte.
Das Bild des Ministers Da Cunha, in dem Sie eine „erstaunliche Aehnlichkeit“ mit mir finden, betrachte ich seit Ihrem Schreiben vom 15. November ununterbrochen und unermüdlich, wobei meine Aufmerksamkeit leider öfters auf das entzückende Gesicht seiner Gattin abgleitet. Ich habe natürlich auch Anima um ihre Meinung gefragt. Sie gab die orakelhafte Antwort: Ich weiß, was Arminius damit meint. Ich ahne natürlich auch, was Sie meinen. Ich habe sogar ein Photo, das vor einigen Wochen bei einem nächtlichen Weintrinken mit Blitzlicht überraschend gemacht worden ist, und auf dem ich noch viel ähnlicher bin. Ich gebe es wegen der allzugroßen Aehnlichkeit nicht gern aus der Hand, aber ich zeige es Ihnen bestimmt einmal.
Vergessen Sie im neuen Jahr nicht, mir von Zeit zu Zeit einen Ihrer oder Hans Fleigs Aufsätze zu schicken. Sie wissen, daß ich hier auf dem Meeresboden lebe und zur Kiemen-Atmung übergehe.
Allen drei Mohlers herzliche Grüsse und Wünsche

von Ihrem alten
Carl Schmitt.

[PS am Rand hs:]

Warum sehen Sie sich nicht meinen einzigen wahren Freund, Mme Ponceau an? Sie hat mir zu Neujahr einen geradezu wunderbaren Brief geschrieben; sie ist jetzt Directrice de l'Institut d'Etudes Humanistes, 24, rue de Civry, Paris 16$^{e}$, Tel. Anteuil 48–78.

---

Bundesrepublik“. In ihnen entwickelte Martini die beiden Grundprinzipien der Bundesrepublik: die unbedingte Westbindung und den ebenso unbedingten Antikommunismus. – Vor 1945 Tätigkeit für das Auswärtige Amt, während des Krieges Auslands-Korrespondent in Stockholm, nach der Niederlage erneut nachrichtendienstliche Tätigkeit.

216 „Das Gutachten Martinis über Mathilde Ludendorff“: Fleig und AM hielten es für würdelos, als Mitglied einer geschlagenen Nation den Siegern Material über Mitbürger zu liefern – und das hatte in beider Augen nichts damit zu tun, ob der einzelne Bürger einer solchen Solidarität würdig sei. Die deutsche Nachkriegsgeschichte ist voll von Selbstreinigungen auf Kosten Dritter.

Nr. 151
AK[217]/hs

PL. 6. I. 55.

Mein lieber Arminius, ich habe in meinem gestrigen Brief vergessen, Ihnen wegen der Kürzung der biographischen Bemerkung plein pouvoir zu geben und Sie zu bitten, nach Herzenslust zu streichen, was Sie wollen. Schliesslich genügt: C. S. geb. 1888, weisser Rabe, der auf keiner schwarzen Liste fehlt. Mir ist das ganz egal. Von der umstehenden Burg (die wir hoffentlich einmal zusammen besuchen) stammt Theodor von Neuhoff, 1736 König von Korsika, über den es auch in französischer Sprache einige Romane gibt. Dieses meldet mit Heimat-Stolz Ihr alter

Carl Schmitt.

Nr. 152
B/hs

Plettenberg, 24/2 55
während der aussenpolitischen
Debatte im Bundestag.

Mein lieber Arminius,

ehe die Zahl meiner Items ins Uferlose schwillt, will ich versuchen, mein Konto einigermassen abzutragen oder wenigstens einige gutgemeinte Versuche in dieser Richtung zu unternehmen. Namentlich für die schöne Photographie von Ihnen und Claire-Louise Schmitt[218] muss ich mich gleich bedanken, um nicht allzu indolent zu erscheinen. Ich finde Claire-Louise sehr pariserisch im Erscheinungsbild. Mit grosser Freude begegne ich Ihren Aufsätzen in der „Zeit“[219] und in den „Texten und Zeichen“ von Andersch. Für die Einleitung zu der E. J. Auswahl Denker u. Deuter bei Stalling (mit „Dezisionismus“) besten Dank; sie ist vorzüglich. Nur verstehe ich nicht, warum Sie Paetels Bibliographie nicht nennen, mag sie auch schlecht sein. Die „Zeit“ nennt meinen Namen nicht, was ich ihr nicht übel nehme. Für die R. Borchardt-Gesellschaft kommt meinesgleichen nicht in Frage (ich schreibe während der Übertragung der Bundestagsdebatte zur Aussenpolitik, daher fortwährend gestört; auf Hans Fleig's

217 AK von der Burgruine Pungelscheid in der Nähe von Plettenberg.

218 Claire-Louise Schmitt: Nichte von C. S., promovierte Juristin, verheiratet mit dem Staatsrechtler Prof. Klaus Kröger.

219 Zusätzlich zu seiner Tätigkeit für die „Tat“ ist AM von 1955 bis 1960 auch Pariser Korrespondent der Hamburger „Zeit“.

Kommentar bin ich sehr gespannt). Dass Max Rychner einen C. S. Aufsatz durchgehen lässt, ist empörend. Aber: Quandoque dormitat et bonus Rychnerus. Umso interessanter die beiliegende Schilderung, die Franz Blei 1930 von seinem eigenen Tode gegeben hat. Den Aufsatz Martinis zur Judenfrage gebe ich mit vielem Dank zurück; ich finde ihn äusserst intelligent. Das ist immer erquicklich; vor allem wegen des offenen Urteils über die Assimilation. Der Vortrag Martini's im Rhein-Ruhr-Club war sehr gut. In der Diskussion haben auch Schacht und ich gesprochen (F.A.Z. 22/1 55). Seien Sie unbesorgt um mich, lieber Arminius; an mir zerschellt jeder fremde Gedanke.
Die E. J. Festschrift scheint also pünktlich zu erscheinen. Vgl. anl. Abschrift eines Briefes von V. Klostermann. Wie ich höre, wird Prof. Gadamer eine Collingwood-Arbeit[220] veröffentlichen. Schön, dass nicht der Eindruck entsteht, als wäre ich durch ihn auf Collingwood aufmerksam geworden.
Ich suche verzweifelt eine Dissertation über den indo-europäischen Wortstamm NEM, die ein gewisser Clarence Paschall vor nicht allzu langer Zeit an der California Universität gemacht haben soll. Halten Sie es für möglich, dass Ihr Freund Golo Mann deswegen einmal dort anfragt? Der Strassburger Indogermanist Laroche, der ein Buch über den Stamm NEM geschrieben hat, lehnt ihn ab; ich bin aber der Meinung, dass NEMEIN und NEHMEN dasselbe Wort ist. Darüber werde ich Ihnen aufregende Entdeckungen mitteilen können.
Zur Zeit arbeite ich an einem Dialog über den Gegensatz von terraner und maritimer Existenz[221]; der Frankfurter Sender will ihn im April senden.
Animа erwarte ich dieser Tage von Heidelberg. Ihrer verehrten Frau und Gert viele Grüsse! Ich bleibe stets Ihr alter und getreuer

Carl Schmitt.

PS 1) Sava Klickovič[222] war in Burma; im April kommt er wahrscheinlich wieder zu den Darmstädter Gesprächen. Ich freue mich gewaltig. Kommen Sie auch, Arminius?

---

220 Für den englischen Philosophen Robin Collingwood (1889–1943) interessiert sich C. S. wegen dessen Ablehnung jedes platonisch-aristotelischen Denkens. Die Question-Answer-Logik von C. faßte C. S. für seine Schüler in eine seiner „Kurzvorlesungen“: „Jedes Wort ist eine Antwort / Jede Antwort kommt aus einer Frage / Jede Frage kommt aus einer Situation.“ (Brief AM an Fleig vom 17. 12. 51.)

221 Dieser Text von C. S. ist unter dem Titel „Gespräch über den Neuen Raum“ der 1994 im Akademie Verlag wieder aufgelegten Schrift „Gespräch über die Macht und den Zugang zum Machthaber“ angefügt worden.

222 Sava Klickovič: dieser fast akzentfrei deutsch sprechende, höchst temperamentvolle Serbe, wegen seiner kaufmännischen Tätigkeit auch unter Tito mit West-Reiseerlaubnis versehen, nahm unter den Schmittianern dank seiner Herkunft eine Sonderstellung ein. Schmitts Aufsatz „Illyrien“ (in „Hochland“, September 1923) macht am ehesten spürbar, weshalb dieser nördliche Teil des Balkans (aus dem auch die zweite Gattin von C. S. stammte) im Herz Schmitts einen Rang einnahm wie bei vielen Deutschen das klassische Griechenland.

2) Eigentlich müsste irgendwo zum 80. Geburtstag von Thomas Mann (Juni d. J. !) der Joh. Negelinus-Sketch[223] abgedruckt werden!

— — — — — —

1. [Eine Kopie der Seite 494, darüber steht hs:] „Erzählung meines Lebens“ von Franz Blei, Leipzig (1930 List-Verlag)

Blei schildert – vorwegnehmend – seinen eignen Tod (der erst 1942 eingetreten ist) [zu „die drei“ am Rande hs:] die drei: Blei's Frau (Mutter) Sohn und Tochter

2. Abschriftl. Auszug eines Briefes von Ernst Jünger an C. S. vom 17. 12. 54 [eine ms Seite]
[E. J. schrieb diesen Brief nach der Lektüre von „Gespräch über die Macht und den Zugang zum Machthaber“ und sagt darin u. a.:] „<…> manche dieser Gedanken und Maximen werden Schule machen, gleichviel ob man sich auf den Autor beruft, oder ob sie sich infiltrieren, indem man ihn verschweigt. Das letztere ist ja der sicherste Weg der Gedanken, und der mächtigste – spiritus flat ubi vult. Daß Sie so ganz ohne Macht sind, wie Sie auf p. 7 vorwegnehmen, glauben ja weder Sie noch ich.“

3. Ms-Abschrift eines Briefes von Vittorio Klostermann / Frankfurt am Main an C. S. vom 9. 2. 1955 [zehn Zeilen]
[Der Brief betrifft den C. S.-Beitrag zur Festschrift Ernst Jünger; Klostermann erinnert sich der Kollegs, die er 1922 in Bonn bei C. S. hörte, und schließt:] „Es ist mir eine Freude, daß ich nach so langer Zeit einen Beitrag von Ihnen der Öffentlichkeit übergeben darf.“

Nr. 153
AK/hs

[Plettenberg,] 8/3 55

M. l. A. Vielen Dank für Ihre Karte aus Basel! Wir (Anima und ich) sind traurig, dass Frau Edith krank ist. Ich habe vorige Woche einen Brief mit vielen Anlagen nach Bourg la Reine geschickt; aber nichts Eiliges. Carl Alexander habe ich zum Geburtstag (9/3) gratuliert; er wird jetzt volljährig. Werden Sie am 29/3 in W.[224] sein? Ich arbeite an einem Gespräch über Land & Meer (Sendung 12/4). Wann erscheint die Festschrift? Haben Sie selber nichts dazu geschrieben? Wessel, den ich gestern traf, fährt

223 Die „Schattenrisse“ werden seit der Erstausgabe von 1913 wieder erscheinen: Ingeborg Villinger legt sie 1995 kommentiert im Akademie Verlag vor.

224 D. h.: Werden Sie am 29. 3. (60. Geburtstag von Ernst Jünger) in W(ilflingen) sein?

Ende der Woche nach Paris, zu der Ausstellung die er organisiert hat. Können Sie in Basel den Borghese[225] kaufen (Milano, Nr. 900 4/3[?]); entzückend. Ist Ihre Frau in Basel? Anima möchte ihr schreiben. Klickovič kommt Ende April wieder nach Darmstadt. Klostermann können Sie von mir grüssen. Alle guten Wünsche Ihres alten

Carl Schmitt.

*Nr. 154*
*B/ms*

*Mein lieber Herr Professor,* *Basel, 10. 3. 55.*

*Claire-Louise ist wohl recht böse, dass ich Ihnen den Schnappschuss aus der rue de Belleville geschickt habe. Nachdem diese Foto bereits nach Plettenberg abgegangen war, schrieb sie mir nämlich, dass sie eine Hälfte ihres Exemplars vernichtet habe, es sei eine grässliche Foto. Zur Rache schickte sie mir Ausschnitte über - - Eckermann.*
*Klostermann hatte bei mir insistiert, dass ich als Herausgeber auch in der Festschrift vertreten sein müsse. Erinnern Sie sich nicht mehr, dass ich Sie ungefähr im letzten Frühsommer fragte, ob ich für meinen Beitrag die Konfrontation C. S. – E. Jünger verwenden dürfe, die ich Ende 1953 geschrieben und Krauss als möglichen Nachtrag zur Festschrift C. S. geschickt hatte? Doch musste ich dann von Krauss erfahren, dass in absehbarer Zeit keine Druckmöglichkeit bestehe. Sie schrieben mir damals, dass es Ihnen recht sei, wenn ich das in die Festschrift E. J. herüberrette. Unter dem Gesamttitel „Begegnungen bei Ernst Jünger" habe ich daran eine Konfrontation Hielscher – E. Jünger angeschlossen, woraus sich eine Darstellung der drei möglichen Denkformen geschichtliches Denken – mythisches Denken – abstraktes Denken ergibt (wobei der negative Akzent deutlich auf den Abstraktionen von Hielscher liegt). Ich hoffe, dass die Sache nicht zu pedantisch geraten ist. Klostermann fand es anschaulich und der Gefahr der Schematisierung nicht unterliegend. Die Festschrift als Ganzes scheint mir recht anständig geraten zu sein. <...>*
*Titel FREUNDSCHAFTLICHE BEGEGNUNGEN. Festschrift E. J. zum 60. Geburtstag gewidmet. Beiträger (in der Reihenfolge der Beiträge): Heidegger, Pater Becher, Müller-Schwefe, Prof. Loose, Prof. Plard, Gräfin Podewils, Carl Schmitt // Benn, Sieburg, General Speidel, Mohler, F. G. Jünger.*
*Von Margret Boveri hatte ich ja leider einen Korb erhalten: seit ihren komplizierten Erfahrungen mit der Festschrift Heuss hat sie sich geschworen, nie mehr an einer Festschrift mitzuarbeiten.... <...>*

225 Anspruchsvolle italienische Zeitschrift für Intellektuelle, halb politisch, halb Kultur.

Nr. 155
B/hs

Plettenberg,
4/4 55, Montag

Mein lieber Arminius,

erst einmal drei Glückwünsche, nämlich erstens zu Ihrem Geburtstag am 12. April, Osterdienstag! Zweitens zum Osterfest, mit besonderen Wünschen für das Befinden Ihrer lieben Frau. Drittens zur Festschrift für E. J. die ein fruchtbares Ärgernis erregt. Ich konnte und musste nach dem Empfang der „Schleife" heute morgen, noch einen vierten Glückwunsch für dieses wie mir scheint wohlgelungene Buch hinzufügen.
Ich staune über Ihre Arbeitskraft und kann einige Anwandlungen von Sorge nicht unterdrücken. Wo finden Sie das innerste Asyl? Das beste ist tiefer, traumloser Schlaf. Das ist nicht das Sein, aber der Weg zum Sein, oder Seyn, oder, wie Sie wollen.
Über die Festschrift habe ich mir soviele Notizen gemacht, dass dieser vorliegende Brief wahrscheinlich gar nicht zur Absendung kommen würde, wollte ich hier alles darlegen. Ich finde, dass die „Säulen" das Ganze gut tragen. Der Aufsatz von Friedrich Georg J.[226] ist wunderschön; er hat mir den langgesuchten ersten Zugang zu ihm vermittelt. Ich schicke Ihnen den Durchschlag eines Briefes von Frau M. Boveri. Wie schade, dass sie nicht in der Festschrift dabei ist. Der Aufsatz über E. J. und T. E. Lawrence in der FAZ hätte, erweitert doch einen sehr schönen Beitrag bedeutet. Ihre – A. M. – Kategorien: mythisch, historisch, abstrakt, sprengen zu sehr den bescheidenen Raum von 10 Seiten. Können Sie in Paris den Frankfurter Sender hören? Er bringt im Abendstudio, Osterdienstag, den 12. April, abends 22.20 zu Ihrem Geburtstag ein Gespräch von mir[227] mit 3 Partnern: Herr Altmann /60/ hat den 6. Sinn (das ist der Geschichtssinn; Herr Neumeyer /50/ ist naturwissenschaftlich gebildet; MacFuture /50/ im Aufbruch in den Kosmos. Dauer: 55 Minuten. 5 Akte, dazu ein Biblisches Vorspiel mit etwas Entmythologisierung, und ein Goethischer Schluss. Die Rundfunkleute finden es „funkisch" hervorragend. Schade, dass Sie es wahrscheinlich nicht hören können.
Anima will heute Abend von Heidelberg kommen, dann aber nach Holland fahren, wohin Dieter Köllen sie eingeladen hat. Ihr Vaterhaus in Plettenberg ist für sie nur noch Tankstelle und Reparaturwerkstätte.
Ende Februar, während Sie in Basel waren, habe ich Ihnen einen Brief mit mehreren Anlagen nach Bourg-la-Reine geschickt. Haben Sie ihn erhalten?
Den Rundfunkvortrag Jürgen Rausch[228] über die Festschrift (29/3, nachm. 3 Uhr, Südwestfunk) fand ich sehr gut. Karl Korn's Jugendstil-Entdeckung (vgl. Schleife, S. 125,

226 F. G. Jünger schrieb für die Festschrift seines Bruders Ernst eine „Erinnerung an die Eltern".
227 Es handelt sich um das „Gespräch über den Neuen Raum", das C. S. in Nr. 152 angekündigt hatte.
228 Jürgen Rausch, Jahrgang 1910, einer der brillantesten Essayisten der Nachkriegszeit. (So 1951 seine Schrift „Ernst Jüngers Optik".)

Zeile 6 von oben) als Geburtstagspräsentchen war nicht adäquat. Wer ist Thilo Koch (Zeit), offenbar ein Pseudonym. Seit August 1954 streicht die „Zeit“ meinen Namen, und sind mir die dortigen Interna undurchdringlich. Ob die Dönhoff[229] gesiegt hat? Gibt es eine Möglichkeit, dass wir uns im Sommer sehen? Ich möchte Sie vieles fragen. Heute nur alle guten Wünsche und herzliche Ostergrüsse für Sie, Ihre Frau und den kleinen Gert!

Ihr alter und getreuer
Carl Schmitt

Der Beitrag Müller-Schwefe ist für mich sehr wertvoll. Sehen Sie nicht, dass alle diese verschiedenen Arten des „Erkennens“ Arten des Nehmens sind? Nehmen, Teilen, Weiden? Begreifen, erfassen, comprendere, saisir, etc! καὶ νόμον ἔγνω. – Separata habe ich noch nicht (bin nicht ungeduldig).
An die S. 83 der Schleife erwähnte Begegnung mit Hugo Fischer in Leipzig (Okt. 32) erinnere ich mich sehr gut. Ich war aus Anlass des Prozesses vor dem Staatsgerichtshof dort und ass mit H. F. am Bahnhof.

*Nr. 156*
*B/ms*

*B-l-R 5. 4. 55*

*Mein lieber Herr Professor,*

*<...> Mich freut sehr, dass Sie an den beiden Festgaben für J. Freude haben. Wie ich vermutet hatte, spitzt sich bei den „Freundschaftlichen Begegnungen“ die Diskussion ganz auf Ihren Beitrag und den Heideggers zu. <...>*
*Die Gleichung Jünger = Jugendstil stammt von Bense[230], auf ihn bezieht sich auch die Boshaftigkeit auf jener Seite 125 der „Schleife“. <...>*
*Thilo Koch ist kein Pseudonym, aber ein reiner Radioliterat (Berlin), der nur selten die schlechter bezahlte Tätigkeit des Zeitungsschreibens auf sich nimmt. <...>*

229 C. S. schreibt statt dessen ausnahmslos – auch in späteren Briefen – „Döhnhoff“.

230 Der 1910 geborene Physiker und Mathematiker Max Bense erregte 1950 Aufsehen mit einer Streitschrift „Ptolemäer und Mauretanier“, in der er Ernst Jünger als „veraltet“ vom Dichterthron stürzte und Gottfried Benn als „modern“ draufsetzte.

Nr. 157
B/hs

Plettenberg
20/4 55

Mein lieber Arminius,

Allerherzlichsten Dank für das entzückende Photo unseres kleinen Gert! Wir haben uns alle sehr darüber gefreut und grüssen ihn und seine verehrte Mutter vielmals.
Auch für die Karte von der Reise besten Dank! Wie ist der Vortrag verlaufen? Was hören Sie sonst von der Wirkung der Festschrift und der Schleife? Ich habe inzwischen meine Sonderdrucke (150) erhalten und etwa 40 bereits verschickt. Soll ich Hans Fleig einen schicken?
Schade, dass Sie Frankfurt nicht in den Sender bekommen. Das Gespräch ist schön, es wird grossartig vorgetragen (u. a. spricht Hansgeorg Laubenthal eine Partie!), die Frankfurter haben sich grosse Mühe gegeben. Am Mittwoch, 27/4, abends 20.00, wird die Sendung auf UKW wiederholt.
Ich füge noch eine Ballade bei. Roman Schnur[231] hat mir dieser Tage geschrieben.
Anima lässt vielmals grüssen; sie geht gerade zur Post und nimmt diesen Brief mit.
Freuen Sie sich mit den Ihrigen des schönen Frühlings an der Seine und schreiben Sie bald

Ihrem alten
Carl Schmitt.

Soll ich Ihnen auch einen
Sonderdruck meines Beitrages
schicken?

— — — — — —

DIE SUB-STANZ UND DAS SUB-JEKT[232]

Ballade vom reinen Sein

Anfang

Die Substanz und das Subjekt
Liegen müßig hingestreckt

231 Roman Schnur, Jahrgang 1927, Ordinarius des öffentlichen Rechts erst in Bochum, dann in Speyer und Tübingen, hat einen angemessenen Vornamen: er ist im engeren Kreis der Schmittianer der intimste Kenner der französischen Geschichte und des französischen Rechts. Die 1962 von Schnur zusammen mit Ernst-Wolfgang Böckenförde gegründete Zeitschrift „Der Staat" gilt bis heute als die Schmitt-naheste Zeitschrift.

232 Diese Ballade wurde noch im selben Jahr veröffentlicht, zunächst in: Civis, 2. Jahrg., Nr. 9 unter Pseudonym Erich Strauss, sodann – aber anonym – in: „Texte und Zeichen", Eine literarische

Die Substanz kaut an der Prosa
Eines Benedikt Spinosa
Das Subjekt liest nur noch Hegel
Und benimmt sich wie ein Flegel
Jeder hofft den jeweils Andern
Mit sich selbst zu unterwandern.

Ent-Subung

Plötzlich sehn sich aufgeschreckt
Die Substanz und das Subjekt
Die Substanz – wieso denn die?
Das Subjekt – wieso denn das?
Schlimme Frage: Wo und Wie?
Schlimme Frage: Wer und Was?
Fragen die das Sein erhellen
Und zugleich in Frage stellen
Angst erfaßt sie jetzt und Grauen
Wenn sie sich konkret beschauen
Beiden wie ein dicker Schlauch
Hängt ein SUB vor ihrem Bauch
Hängt dort wie ein dicker Ranzen
Eines völlig fremden Ganzen
Hängt dort wie ein altes Hemd
Allogen und wesensfremd
SUB vor STANZ und SUB vor JEKT
Wer hat sowas ausgeheckt?

Beide fühlen sich befleckt
Beide faßt ein tiefer Haß
Gegen diesen SUB-Defekt
Gegen dieses fremde SUB
Jeder gibt sich einen Schub
Nicht Subjekt mehr nicht Substanz
Nicht Substanz mehr nicht Subjekt
Nein mit einem starken Stoß

---

Zeitschrift, 1. Jahrg., Heft 4, 1955. Außerdem 1958 unter Pseudonym Erich Strauss in: Die Neue Gesellschaft. – Bemerkungen zum Zeitbewußtsein (eine Sammlung bedeutender Beiträge aus der eingestellten Zeitschrift Civis, hrsg. von Rüdiger Altmann und Johannes Gross; Fr. Vorwerk Verlag Stuttgart o. J.).

Reißt sich Stanz und reißt sich Jekt
Jeder von dem SUB sich los
Und die neue Stanz-Jekt-Zweiheit
Wagt den Sprung ins Reich der Freiheit

Die Entflechtung ist vollbracht
Die Entzerrung ist gemacht
Die Ent-Subung ist perfekt
Jeder steht in reinem Glanz
Nur noch Stanz und nur noch Jekt
Nur noch Jekt und nur noch Stanz
Reines Sein und nicht mehr scheinend
Nicht mehr seiend nur noch seinend
Ohne jeden SEINS-Defekt

Tief entbunden und entsprerrt
Ganz entworren und entzerrt
Voll entlastet und entfleckt
Schreiten beide Stanz und Jekt
Stanz sich stanzend jektend Jekt
Schreiten beide in der Richtung
Ihrer neuen Daseins-Lichtung

Sub-Widerstand

STANZ ist Nichts-als-Stanzität
Während JEKT aus Jektität
Höhnisch seine Nüstern bläht
Beide seinend transparent
Die zwei SUB dagegen liegen
Wie zwei dicke tote Fliegen
Ungestanzt und ungejekt
Hylisch chthonisch und verdreckt
Im kompakten Element.

Doch sie bleiben konsequent
Sie begreifen voller Wut
Was sich da im Kosmos tut
Sie vernichten durch die Tat
jedes weitre Prädikat
Sie beschließen voller Hohn
Eine Unterwelt-Aktion

Soll die Welt in Stücke gehn
Submundan bleibt sie bestehn
Wenn sich alles andre normt
Bleiben wir zwar ungeformt
Aber dafür um so dichter
Aufs Vorhandensein erpichter.

Wenn die Welt zugrunde geht
Blüht die Sub-Subjektität
Jedes SUB was es auch sei
Birgt in sich ein Weltenei
Um die Oberwelt zu reinigen
Brauchen wir uns nur zu einigen
Und das Unterwelt-Bewußte
Sprengt die Oberwelten-Kruste
Sehet er bewegt sich schon
Unser alter Acheron!

Sub-Revolte

Ja wahrhaftig seht in Haufen
Alle SUBS zusammenlaufen
Unwahrscheinlich viele SUBS
Drängen in massierten Trupps
Sublunar und subterran
Submarin und subcutan
Schwer suspekte Subsistenzen
Sieht man subromantisch glänzen
Räudige Subparasiten
Die die Subheit unterbieten
Weichliche Subdominanten
Apokryphe Sub-Trabanten
Denen Subsidiarität
Auf der Stirn geschrieben steht
Diesen folgen Legionen
Krasser Substitutionen
Schließlich auch die Sublimierten
Die sich zwar noch etwas zierten
Immerhin sie münden ein
In den großen Sub-Verein.

Diese Riesenmasse SUB
Gründet einen wilden Klub
Der sich ziemlich ungeniert
Zur Materie integriert
Völlig antiperspektivisch
Schamlos offen subtraktivisch
Eine wahre Unterwelt
Die sich prima unterhält
Deren Orgien wüst erschauern
Und bis in den Morgen dauern

Re-Subung

STANZ und JEKT erscheckt das Tosen
Ihre reine Ur-Seinsstrahlung
Wird zur unglaubhaften Prahlung
Und ist nur noch Übermalung
Alles um sie ringsherum
Wird zu einem Vakuum
Ängstlich sind sie wie Mimose
Sie verlieren ihre Hosen
Und entsubten Angesichts
Taumeln sie von Nichts zum Nichts
Seinend auf der eignen Spur
Seinen sie sich nur zu Tode
Ihre Sozial-Struktur
Kommt allmählich aus der Mode
Hilflos zittert ihre Hand
Was heißt unten? Was heißt oben?
Während dess im Sub-Verband
Ihre wilden Brüder toben

Diese werden immer rüder
STANZ und JEKT dagegen müder
Immer müder immer später
Sind sie nur noch SUB-Verräter
Und im Grunde kriminell
Man rückt ihnen auf das Fell
Schluß mit ihrem blöden Strahlen!
Schluß mit ihrem dummen Prahlen!
Laßt sie büßen und bezahlen!

Doch die Zeit macht auch den Saul
Zur Verfolgung schwach und faul
Schließlich siegt die Sub-Kultur
Und man sagt sich: laß sie nur
Trotz des reinen Seins-Getuns
Bleiben sie verwandt mit uns

Sub- und Restitutionen
Schließen Revolutionen
Selbst der schlimmste SUB vergißt
Wenn nichts mehr zu plündern ist
Die Re-Subung ist beendet
Wendung in sich selbst verwendet
Mitleid faßt die einst so Rüden
Mit den beiden reinen Müden
Man erlaubt den müden Reinen
In dem Sub-Klub zu erscheinen

Und sieh da! die müden Reinen
Eilen sich dort zu erscheinen
Jeder ist im grunde gern
Mal ein wenig subaltern
Jeder wird einmal gewahr
Daß wir alle sublunar

In dem großen Omnibus
Kommt dann alles wie es muß
Jekt reicht frech und unverwandt
Einem SUB die Bruderhand
Stanz läßt sich nicht lange quälen
Und mit einem SUB vermählen
Der heroischen Ent-Mischung
Folgt jetzt die Total-Verwischung

Schluß

Und am Ende der Ballade
Ist denn alles wie es war
Doch der Umweg war nicht schade
Er macht alles offenbar
Er vollzieht die Fragestellung
In subtiler Seins-Erhellung

Die Substanz ist wieder die
Freilich voller Ironie
Das Subjekt ist wieder das
Aber nur zum eignen Spaß
Die erneuerte Substanz
Kaut die Werke Thomas Manns
Doch zugleich ist sie bei Wi[e]chert
Gegen Ironie versichert

Das Subjekt liest Maritain
Und benimmt sich sehr mondän
Doch es fragt sich: cui bono?
Und hält sich zugleich an Giono
Thomas Mann mit Wackel-Schalter
Garantiert für höchstes Alter

Was bisher verfeindet war
Küßt sich brüderlich polar
Alles tut sich boshaft gütlich
Alles haßt sich urgemütlich
Alles pendelt unterschichtig
Keiner nimmt sich allzu wichtig
Frieden herrscht und Harmonie
Doch gewürzt mit Ironie

Müßig liegen hingestreckt
Die Substanz und das Subjekt

(Bert Ibsenstein, 1955)

*Nr. 158*
*B/ms*

*Bourg-la-Reine (Seine), 25. 5. 55.*

*Mein lieber Herr Professor,*

*<...> Das letzte Mal schrieb ich Ihnen vor meiner Abreise nach Oesterreich. Das Wichtigste an dieser Fahrt waren für mich die drei Tage Wien, die ich in Gesellschaft Heimito von Doderers verbrachte. Das war für mich eine in manchem erstaunliche Begegnung, von der ich Ihnen mündlich erzählen müsste. Am zweiten Abend nahm mich Doderer ins Café Rebhuhn mit und stellte mich dort seinem Meister Gütersloh*

*vor, der reizend zu mir war. Die Rede kam auch auf Sie, und Gütersloh sagte dem Sinne nach (die wörtliche Formulierung habe ich nicht behalten): Wenn ich mit C. S. politisch auch nicht immer einig ging, so besteht doch für mich kein Zweifel, dass er zu den ganz wenigen Köpfen gehört, auf die es ankommt. Und zu Dabeisitzenden, die von Ihnen eine wenig plastische Vorstellung hatten, warf er in wenigen, aber erstaunlich „sitzenden“ Sätzen eine Charakterisierung Ihres Opus hin, die die Leute aufhorchen machte. Er erzählte mir dann von einem Essay, den er Ihnen gerne nach der Veröffentlichung dedizieren möchte, um Ihnen seine Verbundenheit auszudrücken. Wollen Sie ihm nicht Ihr Machtgespräch schicken? Seine Anschrift wird Ihnen wohl bekannt sein (Wien III, Salesianergasse 1 B/II/IV/Tür 15.)*
*<...> Von Ihrer Funk-Sendung berichtete mir Giselher Wirsing, mit dem ich eine schöne Fahrt nach Vaux-le-Vicomte und zum Mauerring von Provins machte. Er sagte, er möchte ein Stück daraus in „Christ und Welt“ bringen. Ist das erschienen?*
*Nachdem ich in der „Zeit“ regelmässig schrieb, hörte ich von dort plötzlich nichts mehr. Seit etwa zwei Monaten. Ist Ihnen bekannt, was da vorgegangen ist? Ich weiss es nicht. <...>*

Nr. 159
B/hs

Plettenberg
2/6 55

Mein lieber Armin Mohler,

Pfingsten bin ich von einer 10tägigen Reise Plettenberg-Heidelberg-Reichenhall-Heidelberg-Plettenberg hierher zurückgekehrt, von Anima begleitet, die inzwischen schon wieder nach Heidelberg zurückgekehrt ist. Ihr Brief hat uns grosse Freude bereitet, mit seinen Nachrichten über Ihre Familie und Ihrem beruhigenden Beschluss zum Panisken-Dasein, dem Anima lebhaft applaudierte und den sie mir als Vorbild empfahl. Aber dergleichen ist nur noch in Frankreich möglich, nicht in der überfüllten Bundesrepublik. Die Sache Blei-Broch ist sehr interessant, wundert mich aber nicht. Ich glaube, dass Sie das Richtige getroffen haben. In der von Franz Blei und Max Scheler herausgegebenen „Summa“ (1915–1918) hat Broch mehrere Aufsätze veröffentlicht. Die Zeitschrift Summa, Wien 1933, kenne ich nicht.
An Gütersloh schicke ich das Machtgespräch. Doderers erste grössere Veröffentlichung (1919?) ist, soviel ich mich erinnere, ein Buch mit dem Titel „Das dritte Reich“[233] (oder ähnlich) welches dritte Reich hier Russland ist. Einen Sonderdruck

233 Heimito Doderer (Adelsprädikat damals in Österreich verboten): „Das Geheimnis des Reichs. Roman“ (Wien 1930, Saturn-Verlag); auf dem Umschlag der Untertitel: „Roman aus dem russischen Bürgerkrieg“; vom roten Hintergrund erhebt sich der Kopf Lenins über strammstehende russische Soldaten.

meines Aufsatzes aus der E. J. Festschrift schicke ich heute gleichzeitig als Drucksache. Wegen des Fotos von Claire-Louise habe ich Anima das Weitere überlassen. Von Andersch habe ich lange nichts mehr gehört; ob er die „Ballade vom reinen Sein“ versteht? Hans Fleig habe ich einen Sonderdruck geschickt. Der beiliegende Brief von Frau Meerwein/Basel interessiert Sie vielleicht (Bitte um Rückgabe; E. J. schickte ihn mir.). Mit G. Wirsing sprach ich telefonisch von Heidelberg aus; er will das Rundfunkgespräch vom April tatsächlich in Christ und Welt veröffentlichen.
Ich habe einige höchst interessante Briefe von Alexandre Kojève erhalten, besonders über Nehmen/Teilen/Weiden; sein schnelles „Ver-Nehmen“ ist fabelhaft. Ferner bin ich in eine Korrespondenz mit R. Polin geraten, der ein sehr gutes Buch über Hobbes veröffentlicht hat; er ist an der Faculté des Lettres in Lille, wohnt aber in Paris.
Mit der „Zeit“ habe ich keine Verbindung mehr. Die Gräfin Dönhoff ist im August unter grossem Krach ausgeschieden und hat Tüngels Hinweis auf mein Macht-Gespräch als Vorwand benutzt; sie verschickt „Material“ gegen mich.

Da werden Gräfinnen zu Hyänen.

Über den internen Machtkampf um die Anteile an der „Zeit“ bin ich nicht unterrichtet. Die heutige Nummer bringt eine Karikatur zum Falle Schlüter[234], gegen den die Göttinger so heldenhaft kriegen (Jeder Zoll eine Göttinger Sieben!). Was die „Zeit“ veranlasst, diese Lokalsache in den Mittelpunkt zu stellen und zu einem Weltskandal aufzubauschen, durchschaue ich nicht.
Geniessen Sie Ihre rue du Panorama-Idylle und grüssen Sie Ihre Frau und Gert herzlich von uns! Ich freue mich, dass Ihnen die Ballade vom Reinen Sein gefällt. Die Verse

Thomas Mann mit Wackel-Schalter
Garantiert für höchstes Alter

würden Andersch zu sehr schockieren. Ich schicke Ihnen noch eine Marburger Studenten-Zeitung, in der Sie den Aufsatz über die Frankfurter Hefte und über Heliopolis (von Rüdiger Altmann[235]) lesen müssen.

Stets Ihr alter

Carl Schmitt.

---

234 Die Kampagne gegen den Göttinger Verleger Leonhard Schlüter und seine Ernennung zum neuen Kultusminister des Landes Niedersachsen im Jahre 1955 war eine der ersten großangelegten antifaschistischen Aktionen neuen Stils in der Bundesrepublik.

235 Rüdiger Altmann, Jahrgang 1922, brachte das diplomatische Kunststück fertig, anerkannter „Schmittianer“ zu sein und zugleich als stellvertretender Hauptgeschäftsführer des Deutschen Industrie- und Handelstages (DITH), Berater von Kanzler Erhard und Mitarbeiter der FAZ dem Establishment anzugehören.

*Nr. 160*
*B/ms*

*Bourg-la-Reine (Seine), 4. 6. 55.*

*Mein lieber Herr Professor,*

*ist Ihnen Dr. Hans Buchheim, ca. 32jährig, ein Begriff? Er ist ein Sohn des Prof. Karl Buchheim, doch eine wesentlich erfreulichere Erscheinung als dieser. Unter den verschiedenen Leuten im Münchner „Institut für Zeitgeschichte" (früher: für Geschichte des Nationalsozialismus) schätze ich ihn nach dem Tode von Mau am höchsten. Er ist zwar bewusster Katholik, aber keineswegs Antifa, sondern ein sehr um Gerechtigkeit bemühter Mensch. Nach seinem Buch über die Kirchenpolitik im Dritten Reich arbeitet er nun seit Jahren an einem grossen Buch über die SS, von dem ich mir einiges verspreche. Führende SS-Leute von früher wie Best, Steiner, Riedweg u. a. sind ihm dabei behilflich. <...>*
*Weshalb ich Ihnen von ihm schreibe: Durch mein Porträt von Ihnen in der Jünger-Festschrift wurde er dazu angeregt, mich bei Ihnen um eine Vermittlung zu bitten. Mitte Juni fährt er nach Norddeutschland rauf (er wohnt München, Widenmayerstrasse 13) und würde Ihnen bei dieser Gelegenheit sehr gerne seine Aufwartung machen. Er kennt die politischen unter Ihren Büchern seit langem, und er würde Ihnen auch gerne einige (keineswegs indiskrete) Fragen zur inneren Struktur des Dritten Reiches stellen. Ich glaube, dass er ein Besucher wäre, dessen Empfang ich Ihnen guten Gewissens empfehlen kann. <...>*

Nr. 161
PK/hs

[Plettenberg, 6. 6. 1955]

Denken Sie an, mein lieber Arminius, eben lese ich in der Fischer(sic)-Bücherei das Bändchen Hegel, mit der Einleitung von Friedrich Heer, Numero 86, 1955, auf Seite 8 wörtlich: ..."dann die bisweilen tragischen Hegel-Schwärmer, von denen der unglückliche Christoph Steding keiner der schlechtesten war". Sic, wörtlich: Steding[236], kei-

236 Christoph Steding (1903–1938) ist Verfasser eines posthum erschienenen Wälzers „Das Reich und die Krankheit der europäischen Kultur", 820 Seiten stark und voller Redundanz, der im November 1938 veröffentlicht wurde. C. S. muß dieses Buch für wichtig gehalten haben, denn er widmete ihm unter dem Titel „Neutralität und Neutralisierungen" eine 25 Seiten lange Rezension im April-Heft 1939 von „Deutsche Rechtswissenschaft", die er dann 1940 in seine Aufsatzsammlung „Positionen und Begriffe" aufnahm. Das sich auf Hegel berufende Buch eines schwer

ner der schlechtesten, das in einem „guten Buch für Jedermann“, das ist die re-education of Carl Schmitt, das ist restitucion. Versorge sich also jeder rechtzeitig mit einem Wackel-Schalter à la Thomas! Es ist Sonntag abend, ich habe eine Flasche Ruwer-Wein getrunken, und irgendein Spiritus familiaris drückt mir die Feder in die Hand, um Ihnen diese Mitteilung zu machen, bevor mir diese unerwartete Wiederbegegnung mit Steding Wort und Schrift verschlagen hat. Dem Wirtschaftswunder stellen sich Geisteswunder an die Seite. Damit löst sich das Bewaffnungsproblem.

Wirtschafts- und Geisteswunder hamwer in unserer Geschicht',
Auf Wunder der Tapferkeit leisten wir Verzicht!

Getreulich Ihr alter C. S.
Am Abend des Dreifaltigkeits-
Sonntag 1955

PS. Auf dem Wege nach Werdohl (grosse Feier des 70. Geburtstages meines Freundes und Nachbarn Peterheinrich Kirchhoff, MdB[237], den Sie ja mit Erhard Hürsch einmal besucht haben): eben kommt Ihr Brief vom 4/5; schreiben Sie Herrn Dr. Hans Buchheim, dass ich sehr gern mit ihm sprechen würde; er soll sich nur einen oder zwei Tage vorher anmelden, damit ich nicht gerade unterwegs bis, wenn er kommt.

Alles Gutes Ihnen, Ihrer Frau und Gertchen! Invariabiliter
C. S.

*Nr. 162*
*B/ms*

*Bourg-la-Reine (Seine), 20. 6. 55.*

*Mein lieber Herr Professor,*

*<...> Die Broch-Blei-Geschichte ist noch viel einfacher: Brochs Erzählung steht in Summa / III. Viertel / 1918. (nicht 1930!) Ich konnte Summa I.-IV. Viertel (1917–18) erwerben – ist das vollständig? So besitz ich nun von Ihnen „Recht und Macht“, „Die Sichtbarkeit der Kirche“ und die herrlichen Buribunken!*

---

einordbaren Einzelgängers ist ein Angriff auf den Liberalismus – jedoch aus einer neuartigen Position. In unzähligen Beispielen aus der Kultur- und Geistesgeschichte wird eine Krankheit „Neutralisierung“ rekonstruiert, welche das Deutsche Reich entpolitisiert und handlungsunfähig gemacht habe. C. S. schätzte übrigens auch Stedings Dissertation sehr: „Politik und Wissenschaft bei Max Weber“ (Buchausgabe 1932 bei Korn, Breslau ).

237 C. S. schreibt „BdM“.

*Doderers „Geheimnis des Reiches“ (1930) besitze ich – mir fehlen von ihm nur noch seine Erstlinge, ein Gedichtband und ein expressionistischer Roman von 1923/24. Bei der „Zeit“ bin ich plötzlich wieder Mitarbeiter geworden. <...>*

Nr. 163
B/hs

Plettenberg
22/6 55, nachm – 5 Uhr

Der Sommer fängt gut an, lieber Arminius: eben kommt Ihr Eilbrief. Ungeheure Freude und Erwartung. Auf jeden Fall komme ich Dienstag/Mittwoch (28/29 Juni) nach Köln. Ich mache aber den Vorschlag, dass ich Sie (Mittwoch oder vorher) mit nach Plettenberg nehme, wo Sie bei uns übernachten und am andern morgen oder mittag ohne Mühe nach Vlotho weiter fahren können, mit guten Anschlüssen, Mittags in Vlotho.[238]
[Hier folgt eine Faustskizze der Bahnstrecken Köln-Wuppertal-Hagen-Plettenberg und Plettenberg-Hagen-Hamm-Vlotho.]
Ab Paris: 8.06
in Köln: 17.00 –> hier würde ich Sie z. B. am Zuge in Köln
ab Köln: 17.18 abholen; mittwochs, oder schon dienstags!
in Pl. 19.20

Es ist nicht anstrengend. Aber ich bleibe natürlich auch in Köln, wenn Sie lieber wollen. Claire-Louise bestellen wir an die Bahn. Anni ist ganz begeistert. Ich auch! In Erwartung Ihrer Entschlüsse und Nachrichten mit herzlichen Grüssen an Sie, Ihre Frau und Gert

stets Ihr alter

Carl Schmitt.

238 Der junge Ehemann AM mußte damals seine Deutschlandreisen durch Vorträge über Frankreich in Volkshochschulen, evangelischen und katholischen Akademien und anderen Bildungsstätten finanzieren; die Termine suchte er so zu legen, daß er dazwischen seine Freunde besuchen konnte.

Nr. 164
PK/hs

[Plettenberg,] 23/6 55

M. l. Arminius, ich werde Sie Dienstag, 28/VI, in Frankfurt, 15.26, auf dem Bahnsteig erwarten. Wenn Sie es einrichten können, dass wir dann zusammen nach Plettenberg fahren, umso besser; es ist kein grosser Umweg nach Vlotho; sonst bleiben wir in Frankfurt oder Umgebung. Hauptsache: dass wir endlich wieder ein Wort miteinander sprechen. Alles Gute! Ihr

Carl Schmitt.

*Nr. 165*
*AK/hs*

*B-l-R 4. 8. 55.*

*Mein lieber Herr Professor,*

*Anima ist gestern abend gut angekommen und wir haben schon viele Stunden verplaudert. Heute abend treffen wir vor Animas Abfahrt Kojève in den „Deux Magots"*[239]. <...>

*Nr. 166*
*PK/hs*

*B-l-R 5. 9. 55.*

*Mein lieber Herr Professor,*

<...> *Kojève war impressionnant. Seine Herkunft war mir nicht ganz deutlich – er kann auch normaler Russe sein. Auf jeden Fall: der ideale Gesprächspartner für Sie! Er ist von der Einfachheit des Geistes, die aufs höchste anspannt.*
*Hat der „Lamennais" von Michel Mourre Sie gut erreicht?* <...>

---

239 Kojève hatte Anima, die ihm einen Brief von ihrem Vater zu übergeben hatte, in das Intellektuellen-Café „Deux Magots" gegenüber der Kirche Saint-Germain-des-Prés bestellt. AM wurde von Anima gebeten, sie dorthin zu begleiten. (Über diese Begegnung berichtete AM in seinem Beitrag „Lehre und Leere des Liberalismus" in der von V. Beismann und Markus Klein herausgegebenen Festschrift für Hans-Joachim Arndt, „Politische Lageanalyse", Limburg a. d. L. 1993. Der Verlag dieses Wälzers heißt nicht zufällig „San Casciano Verlag", vgl. Anm. 261.)

Nr. 167
PK/hs

[Plettenberg,] 8/9 55

M. l. A. tausend Dank für die Karte mit den merkwürdigen Synonymen! Anima dürfte inzwischen in Portugal sein, ich warte ungeduldig auf Nachricht. Von Jacob Taubes erhielt ich einen Brief und einige aufregende Sonderdrucke. Der Lamennais von Michel[240] ist eingetroffen, seit Wochen lese ich wie besessen darin herum und überlege einen Brief an ihn. Kann er Deutsch? Sehen Sie ihn gelegentlich? Dann erklären Sie ihm bitte meine Langsamkeit. Die Feder fällt mir aus der Hand. Der ganze Komplex gegen den pouvoir direct wird wach. Ich arbeite an einem Hamlet-Vortrag für Düsseldorf (Ende Oktober). Auf ein Gespräch mit Kojève freue ich mich sehr. Anni will (vielleicht) im Oktober Anima besuchen und lässt herzlich grüssen. Was macht Gert? Alle guten Wünsche für Sie, Ihre verehrte Frau und Gert von Ihrem alten

Carl Schmitt.

*Nr. 168*
*AK/hs*

*B-l-R 10. 9. 55*

*Mein lieber Herr Professor,*

*Schreiben Sie Michel Mourre (Paris VIII^e, 3 rue Quentin-Bauchart) ruhig deutsch – er liest diese Sprache, und ich kann ihm bestimmte Feinheiten, die einem Franzosen nicht sogleich zugänglich sind, zum mindesten umschreiben. Ich sehe ihn mindestens einmal die Woche, denn wir sind Freunde geworden, und es gibt für mich keinen anderen Franzosen, mit dem ich mich so gut verständigen kann. Kommen Sie nach Paris! Ausser Kojève wartet auch Michel Mourre auf ein Gespräch mit Ihnen. Wenn Frl. Anni über Paris zu Anima fährt, muss Sie bei uns Station machen! Unbedingt! Viele herzliche Grüsse auch an Frl. Anni*

*Ihr Arminius.*

240 Michel Mourre, „Lamennais / ou l'hérésie des temps modernes" (375 Seiten stark, 1955 bei Amiot-Dumont in Paris erschienen) – Die Problematik, daß man religiös konservativ sein kann und politisch das Gegenteil, hat der katholische Priester und große theologische Schriftsteller Félicité Robert de Lamennais (1782–1854) exemplarisch vorgelebt. Er ist damit der Vater des südamerikanischen Befreiungskatholizismus geworden (als der fälschlicherweise Karl Marx gilt). Diese Problematik hat Mourre selbst durchlebt, und natürlich mußte sie C. S. faszinieren.

Nr. 169
B/hs

Pl. 9/10 55

Mein lieber Arminius,

was ich hier eigentlich tue und wie und wieso ich lebe, das wissen die Götter selbst vergebens. Jedenfalls habe ich einen schönen Aufsatz über Hamlet fertig, den ich am 30/10 in Düsseldorf vortrage, wozu ich Sie hiermit herzlich einlade. Auch Michel Mourre, mit dem ich unbedingt bald sprechen muss. Ich habe ihm zuviel mitzuteilen, als dass ich ihm, ohne ihn gesehen zu haben, einen Brief schreiben könnte.[241] Er soll mir das nur ja glauben, und ich bitte Sie nochmals, es ihm zu sagen. Das Thema Lamennais ist viel tiefer, als er weiss oder wissen will und mit dem konformistischen Kurzschluss „Disziplin" nicht gelöst. Ich habe die FAZ abbestellt, nachdem ich dort den Aufsatz eines gewissen Leo gelesen habe, der ein amerikanisch-christlich-rationalistisch optimistisches à la Caux-Credo predigt; „Aufsatz" ist übrigens zu euphemistisch für diese dummdreiste Kapuzinade. Was aber soll man abonnieren? Die „Tat", natürlich, aber sie kommt 2 Tage später hier an und ärgert mich dann – nach den Lichtblicken Ihrer Korrespondenzen und der Artikel von Hans Fleig – mit dem Lokalgeknatsch der Kantone und dem noch faderen Bildungsmuckefuck Ihres preisgekrönten Rychner. Jedoch nichts über diesen unschuldigen Epigonen! Nihil nisi bene! Ich werde ihm zum nächsten Preis einen Strauss aus seinen Reimen binden. Es wird Sie freuen, dass Hielscher in einer neuen, soeben bei Schlüter (!) in Göttingen erschienenen Schrift von Otto Koellreutter[242] rühmend zitiert ist; Hielscher hat bei Koellreutter promoviert. Ich werde Koellreutter auf Ihren E. J. Beitrag aufmerksam machen.
Von E. J. erhielt ich, mit der Widmung „Herzlichen Dank für die freundschaftliche Begegnung" ein Exemplar des Sarazenenturms[243]. Ich las es mit Behagen und stutzte nur bei dem Satz S. 145 „Das ist die wahre Landnahme". Sollte das eine Entgegnung auf die Begegnung sein? Wohl kaum, denn es ist nicht zu vermuten, dass Jünger so etwas liest. Ich hatte ihn (in der Korrespondenz über die Verdeutschung des Rivarol'schen Satzes: l'obscurité protège mieux que la loi) auf den Unterschied der zwischen Theo-

241 Dieser Brief ist für AM außerordentlich aufschlußreich für das Wesen von C. S.

242 Otto Koellreutter (1883–1972), Ordinarius des öffentlichen Rechts, zuletzt in München. Er gehörte im Dritten Reich zu den Juristen, denen C. S. zu wenig „national" und „völkisch" war; nach 1945 nahmen zwei gleichermaßen Verfolgte wieder diplomatische Beziehungen auf.

243 Es handelt sich um Ernst Jüngers damals erschienenes Buch „Am Sarazenenturm" (1955). Ein in dieser Flut von Bildern verwendetes Wort mit seiner Verwendung als Leitbegriff bei der Konstruktion einer Geschichtsphilosophie zu vergleichen, dürfte doch recht gewaltsam sein. Ein in Jüngerscher Bilderflut akzentuierendes Wort ist das eine – die Verwendung desselben Wortes als Leitbegriff bei der Konstruktion einer Geschichtsphilosophie ist das andere.

logie und Technik oszillierenden deutschen und der moralisch-juristisch entscheidenden französischen Sprache hinzuweisen versucht und ihn gebeten, zu dem Wort „Gesetz“ eine kurze Stelle aus meinem Nomos (S. 39 Mitte) zu lesen, die das Ergebnis einer fünfzigjährigen Erfahrung ist. Aber das ist ihm wohl noch unangenehmer als Musik.

Neske ist offenbar böse. Er antwortet einfach nicht mehr. Er verlangt eine klare Option zwischen Ihnen und ihm. Welch eine Idee! Mich, einen bald 70jährigen Mann, vor Optionen zu stellen, die er aus seiner Situation heraus formuliert! Es ist mir unverständlich. Ich vermute, dass die Hetze gegen das Macht-Gespräch ihn kopfscheu gemacht hat und er nur einen besser-motivierten Absprung sucht.

Anima ist in Madrid gelandet. Anni hat ihr die Wintersachen gebracht und kommt wohl bald zurück, ich nehme an Mitte Oktober; sie will über Paris zurückreisen und Ihrer Einladung folgen. Dann werden Sie viel erzählt bekommen. Ihnen und Ihrer Frau wird das unbeschwerte Heidenkind viel Freude machen, wie ich zuversichtlich hoffe.

Haben Sie Jüngers Sarazenenturm da? Dann setzen Sie bitte auf Seite 59/60 statt Badoglio: Hitler. Das wäre ein lehrreicher Test, auch für Jünger selbst und diejenigen, die E. J. heute tolerieren.

Hier im Sauerland ist es jetzt herrlich. Jeden Vormittag taucht das Land neu aus dem Meer auf. Anadyomene. Ich würde Ihnen gern, auf einem Spaziergang nach Ohle, das alles genau erklären. Bewaldete Berge tauchen aus dem Meer auf.[244]

Ich wünsche Ihnen, Ihrer verehrten Frau und dem – hoffentlich – braven Gert einen schönen bunten Herbst, Glück und Gesundheit und grüsse Sie drei herzlich als Ihr alter

Carl Schmitt.

1) Sagen Sie Anni, sie soll meinetwegen den Aufenthalt in Paris nicht abkürzen, sondern vielmehr ausnutzen!
2) Ihr Vorurteil gegen das „Theater“ mag begründet sein; es rechtfertigt aber nicht Ihre Interesselosigkeit gegenüber dem Thema „Hamlet“.
3) Zeigt sich die rächende Gerechtigkeit, die alles an den Tag bringt, nicht darin, dass Gustav Hillard den Nachruf auf Thomas Mann schreiben wird? Alles findet sich!!
4) Nicolaus Sombart schreibt zu dem Vers: T. M. mit Wackelschalter
T. M. habe doch ein Vacuum hinterlassen! Finden Sie das?
5) Ich las den Aufsatz von Michel Mourre „Au plaisir de la guerre“ in La Parisienne. Für mich aufregend. Kennt er eigentlich den „Nomos“ oder ist das zuviel verlangt?

6)–600) folgen!!!

244 Das ist nicht bloße Poesie. Wenn man mit C. S. einen Gang durch das meist feucht verhangene Sauerland machte, wußte er einem recht suggestiv beizubringen, daß man sich unter dem Meeresspiegel bewege. Die Gespräche erhielten dadurch eine Aura von Unentrinnbarkeit.

*Nr. 170*
*B/ms*

*B-l-R 23. 10. 55.*

*Mein lieber Herr Professor,*

*<…> Jünger äusserte sich übrigens sehr erfreut darüber, dass er mit Ihnen in letzter Zeit in eine so fruchtbare Korrespondenz gekommen ist. <…> Der Satz mit der Landnahme ist gewiss nicht gegen Ihren Festschrift-Beitrag gerichtet – ich las ihn im Manuskript, ehe er die Festschrift zu Gesicht bekam. Ihren Beitrag in der Festschrift hat er aber gelesen; wir sprachen darüber, und er weiss, dass dieser Beitrag einer von den beiden ist, die dem Buch sein Gewicht geben. Er billigte meine damalige Linie, lieber die Festschrift auffliegen zu lassen als einem Manöver gegen Sie nachzugeben, und er beglückwünschte mich dazu, dass ich einen zur Mitarbeit Geladenen wieder ausgeladen habe, als er sagte, er wolle nicht neben Ihnen veröffentlichen.*[245]

*Übrigens berichtete ich Jünger von Ihrer Anmerkung zu der Badoglio-Stelle, und er lächelte verschmitzt: „So was merkt eben nur ein C. S. Ich habe nicht viele Leser wie ihn.“ <…>*

Nr. 171
B/hs

Plettenberg
22/11 55

Mein lieber Arminius, wenn Sie wüssten, was Sie dadurch angerichtet haben, dass Sie und Ihre Frau Ihren Gast Anni in Paris so gastfreundlich aufgenommen und verwöhnt haben! Den ganzen Tag bekomme ich nichts anderes mehr zu hören als: Paris. Die Anziehungskraft des Sauerlandes, die trotz der genialsten Konstruktionen von Land und Meer bei Anni niemals sehr stark gewesen war, ist tief unter den Nullpunkt gesunken. Mir bleibt nichts übrig, als hilflos die Hände zu ringen und tiefgebeugt und gottergeben die weitere Entwicklung abzuwarten.

---

245 Das in diesem Satz Gesagte widerspricht nicht dem in Nr. 120 Gesagten. AM hat nach diesem Brief doch noch jemanden eingeladen, als ihm bewußt wurde, daß kein „Mauretanier“ – so nannte E. J. seine nationalrevolutionären Kameraden – unter den Beiträgern zur Festschrift war. Er hielt Friedrich Hielscher für geeignet, diese Lücke zu füllen, erhielt jedoch die Antwort: „Entweder Carl Schmitt oder ich!“ Ernst Jünger wurde dies erst nach Überreichung der Festschrift bekannt; er billigte jedoch die Entscheidung, keiner Forderung nach irgendeiner „Ausgrenzung“ nachzukommen.

Es rührt mich tief, dass Sie beide sowohl Anni wie Anima so freundlich aufgenommen haben, und wir hoffen alle drei, dass wir unsere Dankbarkeit einmal betätigen und Ihrer Frau diesen Teil von Deutschland zeigen können, den sie wohl noch nicht kennt. Werden Sie über Weihnachten und Neujahr nach Basel fahren? Was haben Sie sonst für Pläne?
Ich habe meinen Vortrag über Hamlet in Düsseldorf gehalten (30/10), sehr schön, etwa 200 Zuhörer. Die Drucklegung ist noch ein Problem. Der Verlag Bertelsmann wollte von mir eine kurze Einführung in die Rechtswissenschaft; ich habe aber schliesslich – trotz sehr hohen Honorarangebotes – abgelehnt. Die Aussicht, dass der Staatssekretär Walter Strauss, einer meiner betriebsamsten Verfolger und caracter-assassinators, 2. (evangelischer) Parteivorsitzender der CDU werden soll, bedeutet für mich, dass wieder ein kleines Rückzugsgebiet von mir geräumt werden muss. Die evangelische Akademie in Herrenalb rühmt sich jetzt sogar jener Tagung von 1953, bei der ich rücklings und meuchlings herausgeworfen wurde, als ihrer bisher schönsten Tagung (Rhein. Merkur, Aufsatz über Evangelische Akademien). Was tat ich auch bei den Evangelischen? Deren religiöse Führer Erich Kaufmann und Walter Strauss sind?
Ich hätte Ihnen längst geschrieben und mich für die Zusendung der sehr guten und bedeutenden Aufsätze von Hans Fleig bedankt (über Nationalismus und Europäismus) die ich mit hellem Entzücken gelesen habe. Aber irgendetwas beunruhigt mich, ob es nun an meinem körperlichen Zustand liegt oder an dem Max-Ernst-Aspekt[246] der deutschen innenpolitischen Situation. Morgen (Mittwoch, 23/11) will ich mit einem Lüdenscheider Nachbarn nach Düsseldorf fahren und mir dort im Rhein-Ruhr-Club Herrn Winkelheide anhören, der die Christlichen Gewerkschaften neu beleben will, dabei aber von der CDU im Stich gelassen wird. Der arme Winkelheide tut mir leid. Potestas indirecta. Versteht Michel Mourre dieses Stichwort? Ich bin gespannt, wer das Publikum in Düsseldorf sein wird. Kardinäle und Prälaten, die per Mercedes Apostolorum kommen, sind bestimmt nicht dabei.
Was sagen Sie dazu, dass Andersch die Ballade vom Reinen Sein in Texte & Zeichen abgedruckt hat? Von Hans Buchheim (der mir sehr sympathisch ist) erhielt ich einen Aufsatz aus Wort und Wahrheit „Die Chiffren des Dritten Reiches", sehr gut, aber mehr eine Mahnung darüber, wie man die Chiffren lesen soll als dass sie nun wirklich entziffert würden. Unter den Heimkehrern der letzten Wochen befand sich auch mein Freund Bernhard von Mutius (1934/35 mein Adjutant), worüber ich sehr glücklich bin.

---

246 Es ist keine leichte Aufgabe, zu entziffern, was mit dem „Max-Ernst-Aspekt der deutschen innenpolitischen Situation" gemeint ist. Ist es eine Anspielung darauf, daß Max Ernst (1891–1976), der führende Surrealist der deutschen Kunstgeschichte, nie eigene Mal-Ideen hatte, sondern stets vorhandene Kunstwerke paraphrasierte oder travestierte? Oder meint der Vergleich mit der rheinischen Mal-Frohnatur, daß auch in der deutschen Innenpolitik alles Lebendige zerstückelt wird, um es zu künstlichen Wesen zusammenzumontieren, die alles Leben verloren haben?

Am nächsten Sonntag (1. Advent) erwarte ich Oberheid und Frau zu Besuch in Plettenberg.
Für Ihre Mitteilungen über Ernst Jünger danke ich Ihnen sehr. Das Buch „Silhouetten“[247] habe ich mir bestellt, aber noch nicht erhalten. Dass Neske es nicht schickt, verstehe ich jetzt, nachdem er sich aus begreiflichen Gründen distanziert; aber dass Frau Jünger es nicht schickt, ist mir ebenso unbegreiflich wie die Beantwortung oder vielmehr Nicht-Beantwortung meines Geburtstagsgeschenkes an Carl Alexander. Die narzissistische [sic] Selbstgerechtigkeit dieser wohllebenden Herrschaften ist stärker als ihr Sinn für Höflichkeit und für das Minimum von menschlichen Beziehungen, das trotz aller Missverständnisse und Gegensätze bleibt, wenn überhaupt jemals eine menschliche Beziehung vorgelegen hat. Aber das wird alles eine bittere Betrachtung. Ich höre also auf. Viele Grüsse für Sie und Ihre Frau und den kleinen Gert, von dem Anni mir schön erzählt hat und herzliche Wünsche Ihres alten

Carl Schmitt.

Bestellen Sie sich (Bad Godesberg, Römerstr. 11) Heft 8/9 von Politik & Gemeinschaft (Der Soldat im Atom-Krieg) Etwas auch für Hans Fleig!) S. 63, der Aufsatz eines gewissen Ernst van Loen, „Zur Metaphysik der Lage“. Fabelhaft; Sie werden daraus ersehen, dass die Deutschen ein Volk von Hegelianern sind! Auch heute noch!!

Nr. 172
B/hs

[Plettenberg, 1/12 55]

Mein lieber Arminius, hoffentlich trifft dieses Päckchen noch zu Weihnachten bei Ihnen ein, um unsere Grüsse und Wünsche zum Weihnachtsfest und für das Neue Jahr zu übermitteln. Ich muss mich bei Ihnen noch bedanken für die Aufsätze Fleig's (die an Brentano[248] weitergegeben wurden und zu denen er sich geäussert hat; darüber nächstens mehr) und Ihren Marokko-Bericht mit der Feststellung, dass den Marokkanern meine Definition der Souveränität sozusagen von Natur geläufig ist. Vielen Dank also! Inzwischen habe ich auch Frau Jüngers Silhouetten gelesen, mit dem Nachruf auf Duška[249], in welchem ich unter den Tisch falle, was auch vorsichtiger ist, heutzutage.

---

247 „Silhouetten“ ist eines der Büchlein, mit denen die 1960 verstorbenen erste Frau von Ernst Jünger, Frau Gretha Jünger, beweisen wollte, daß sie mehr als nur die Frau eines berühmten Mannes sei.

248 Heinrich von Brentano, der von 1955 bis 1961 Außenminister der Bundesrepublik Deutschland war; ein Kettenraucher, welcher in Anwesenheit seines Bundeskanzlers, Konrad Adenauer, nicht rauchen durfte.

249 Frau Duška Schmitt, die 1950 verstorbene Frau von Carl Schmitt, die von allen, die sie kannten, respektiert und von vielen unter ihnen auch verehrt wurde.

Also bald hoffentlich mehr. Anni drängt zur Post mit dem Päckchen. Ich sage Ihnen allen Dreien Glückauf! für das kommende Jahr und bleibe Ihr alter und getreuer

Carl Schmitt.

1/12 55

Nr. 173
B/hs

Plettenberg
14/1 56

Mein lieber Arminius,

Ihr Brief mit den entzückenden Photos von Gert hat hier umso grössere Freude hervorgerufen, als er lange erwartet war. Vielen Dank Ihnen und Ihrer Frau!
Ihr Rundfunk-Gespräch habe ich nicht gehört, obwohl wir auf unserm alten Mendes-Plettenberg den Hamburger Sender gut hören können. Oder ist es noch nicht gesendet? Und wann soll Eschenburg über mich sprechen? Eschenburg hat soeben eine sehr mutige Schrift „Herrschaft der Verbände" veröffentlicht, die dasselbe besagt, was in meinem Hüter der Verfassung von 1931 steht. Und was sich in Frankreich abgespielt hat, kennen wir ja auch schon lange. Ebenso die Praktiken der Wahlgesetze. Auf der Reise nach Wiesbaden (wo ich Hans Freyer, Roman Schnur und einige andere Freunde traf) kaufte ich mir natürlich gleich die Tat, fand aber weder von Ihnen noch von Fleig etwas darin. Bleiben Sie bei Ihrer menschenfreundlichen Praxis und schicken Sie gelegentlich einen Ausschnitt als Drucksache.
Ich füge einen Abschnitt über Hielscher[250] bei. Mit dem Wort „Jauche" erkauft er sich die Zulassung zur Tribüne. Ein übelriechender Preis. Ich füge 2) die Abschrift eines Schreibens bei, das 3 deutsche Studentinnen[251] in Madrid der FAZ geschickt haben (interessiert wohl auch Fleig?) Ich füge 3) die Abschrift aus einem Briefe bei, den Konrad Weiß mir 1922 (1922 !!!) von München nach Bonn geschrieben hat; wichtiges Dokument zum Thema: Katholischer Konservativismus. Ich füge 4) die Abschrift einer kurzen Besprechung bei, die ich von dem Buch Griewank über den Begriff der Revolution geschrieben habe; sie erscheint im Hist. Pol. Buch, Zeitschrift der Ranke-Gesellschaft.

---

250 Friedrich Hielscher hatte zehn Jahre nach Hitlers Tod in einer Diskussion im Rundfunk das Wort an sich gerissen, indem er sagte, mit dem Nationalsozialismus sei die „Jauche" in Deutschland hochgekommen – was etwas penibel wirkte bei einem, der das Dritte Reich in der Deckung des SS-"Ahnenerbes" verbrachte, dessen Reichsgeschäftsführer sein Schüler W. Sievers war.

251 Eine Aktion von Anima Schmitt, die ihren Allerwelts-Familiennamen nutzte, um mit zwei Freundinnen zusammen die Linie ihres Vaters zu verteidigen.

In Frankfurt traf ich Joh. Winckelmann, der nach unendlichen Mühen die 4. Ausgabe von Max Webers grosser Soziologie (Wirtschaft & Gesellschaft) in kurzem bei Mohr herausbringt. Ein toller Skandal. Gegenüber den bisherigen (1922–56, also über 30 Jahre) unbeanstandet erschienenen Ausgaben über 1000 Text-Berichtigungen. Beispiele:

Es muss heissen: Höfe, statt (wie bisher) Hilfe;

| | | | |
|---|---|---|---|
| Protest, statt | | „ | Prozess; |
| Kinder, | „ | „ | Kunden; |
| Honoratioren | „ | Bondamenden (sic !!!) | |
| Universitätsprofessoren | „ | Kommunalvivilisten (sic !!!) | |
| Quirites | „ | Feuites (!) | |
| spezifisch | „ | periodisch | |

hunderte von Fehlern, zum Totlachen. Was sagen Sie zu dieser deutschen Universitäts-Wissenschaft? Das Verzeichnis der Berichtigungen (zum Glück hat Winckelmann es durchgesetzt, dass es mitabgedruckt wird!) umfasst 20 grosse Druckseiten mit über 50 Zeilen pro Seite. Es ist eine Fundgrube der Komik und zugleich der Blamage für unsern Wissenschafts-Betrieb.

Mit Ernst Jünger korrespondiere ich über die Verdeutschung von „obscurité“. Die Rivarol-Übersetzung[252] erscheint schon im Februar.

Viele Grüsse und Wünsche für Sie, Ihre Frau und den wackeren Gert! Auch Anni lässt herzlich danken und grüsst und will bald schreiben.

Stets Ihr alter und getreuer

Carl Schmitt

— — — — — —

1. Manuskriptkopie der Buchbesprechung von C. S.: Karl Griewank: ‚Der neuzeitliche Revolutionsbegriff, Entstehung und Entwicklung‘. Aus dem Nachlaß herausgegeben von Ingeborg Horn. Hermann Böhlhaus Nachfolger, Weimar 1955.[253]
2. Abschrift des o. gen. Briefes der 3 Studentinnen aus Madrid an die Redaktion der FAZ vom 8. 1. 1956
3. Abschrift aus einem hs Brief von Konrad Weiß (München) an C. S. vom 21. Okt. 1922

252 Ernst Jünger hatte als Besatzungsoffizier in Paris begonnen, die Aphorismen des Erzvaters der französischen Konservativen, Antoine Rivarol (1753–1801), zu übersetzen. Die Übersetzung erschien samt Jüngers Kommentar 1956 unter dem lapidaren Titel: Ernst Jünger, „Rivarol“.

253 Diese Besprechung ist erschienen in: Das Historisch-Politische Buch (Musterschmidt-Verlag, Göttingen, Berlin, Frankfurt), 4. Jahrg., Heft 4, 1956.

4. Kopie eines Zeitungsausschnitts aus der Hochschullehrer-Ztg. vom Dez. 1955 mit der Überschrift „‚Sie wissen nicht, was ein Kollege ist.‘ Eine rechtsnotwendige Ergänzung.“ [eine Kolumne. Es geht darin um eine Verleumdungsklage im Zusammenhang mit der Veröffentlichung des Buches „Fünfzig Jahre unter Deutschen“ von Friedrich Hielscher, um das inzwischen rechtskräftige Urteil und die Konsequenzen für Verlag und Autor.]
5. Abschrift eines Briefes von Margret Boveri an C. S. vom 28. 11. 55 [eine ms Seite]. Von C. S. am linken Rand die hs Notiz: „ich hatte Frau B. die erste Seite der Druckfahne* geschickt als Dank für eine ihrer Zusendung (ihren Beitrag für die Festschrift Walter Boveri).“

* des Aufsatzes zum „Gordischen Knoten“

*Nr. 174*
*B/ms*

*Bourg-la-Reine (Seine), 24. 1. 56*

*Mein lieber Herr Professor,*

*gestern abend war ich an obigem Gespräch*[254] *in der Sorbonne. Ich war nicht besonders erstaunt, als beide deutsche Redner durch ausdrückliche Distanzierung von C. S. gleich zu Anfang die Pässe vorwiesen. Beim Giftzwerg Gablentz war die Distanzierung heftiger: er verdammte ausdrücklich Ihre Lehre vom Politischen. Und als ihn in der Diskussion der sehr überlegene Duverger wegen des Moralismus auf die Schippe nahm, sagte Gablentz stolz, dass man nur mit solchem Moralismus dem Nazismus entrinnen könne. Im Mittelpunkt der politischen Wissenschaften müssen der Mensch, die Person stehen etc. etc. Die beiden Franzosen wiesen noch ein wenig darauf hin, dass die Deutschen alles so genau wüssten. Aber es nützte nichts. Die Ablehnung durch Heydte war nicht so heftig – hier hiess es immerhin, C. S. sei so etwas wie „der illegitime Vater der politischen Wissenschaft in Deutschland“. Aber Sie hätten zu sehr Staat und Macht identifiziert. Dann wurde (von Gablentz) das Lob von Max Weber und von Alfred Weber und von Hermann Heller und von Eduard Heimann und von Dolf Sternberger gesungen. Kurz, es war schön. <...>*

*Ist das Stück „Die Kinder erzählen“ von Konrad Weiss in „Neue Deutsche Hefte“ Nr. 21 (Dezember 1955) von Ihrem Konrad Weiß? <...>*

---

254 Betrifft den auf den Brief geklebten Zeitungsausschnitt über die „Deuxième conversation franco-allemande“ in der Sorbonne mit Maurice Duverger und Alfred Grosser auf der französischen Seite und zwei Adligen auf der deutschen: dem Politologen Otto Heinrich von der Gablentz und dem Juristen (und Ritterkreuzträger als Fallschirmjägerkommandant) Friedrich August Freiherr von der Heydte.

Nr. 175
B/hs

Plettenberg
13/2 56

Mein lieber Arminius, dass ich Ihnen nicht schon längst geschrieben und mich bei Ihnen für Ihre Sendungen bedankt habe, liegt hauptsächlich daran, dass ich in den letzten Wochen das Manuskript meiner Hamlet-Abhandlung satzfertig machen und einen Titel suchen musste. Das ist jetzt erledigt. Nun trifft heute auch noch Ihr Zollinger-Aufsatz[255] ein, den ich mit dem tiefen Durst nach Versen verschlang, den Sie an mir kennen. Infolgedessen scheint heute wenigstens ein Versuch eines Briefes zustande zu kommen. Danken muss ich Ihnen zunächst und vor allem für die Fotos aus Paris, die zwar nicht für mich sondern für Anni bestimmt sind, die sie mir aber voller Stolz gezeigt hat. Dann für Ihren Brief vom 24/1, mit dem Bericht über die v. d. Gablentz-v. d. Heydte-Diskussion an der Sorbonne; wahrscheinlich hat es seinen Sinn, dass diese Kümmerlinge gerade heute als deutsche Wissenschaft herausgestellt werden. Ferner habe ich Ihre Poujade-Aufsätze mit grossem Gewinn gelesen; auch dafür besten Dank! „Die Kinder erzählen“ von Konrad Weiss kenne ich nicht. Von dem Nachwort zu Rivarol habe ich von E. J. nur eine Fahnenseite (über l'obscurité protège mieux) erhalten, die mir sehr gut gefällt. Zollinger hat mich lebhaft beeindruckt; das Gedicht „Italiener singen durch die Nacht“ ist wunderbar, trotz Däubler-Anklängen durchaus originell, kosmisch, nicht rein paniskenhaft, und leider nur durch die törichten Schlussverse, die ich einfach streiche (Schluchzend bin ich aufgewacht, Italiener singen durch die Nacht) um seine grosse Wirkung gebracht.
Die Hamlet-Abhandlung wird ein Büchlein von 80–100 Oktav-Seiten. Als Titel wollte ich unbedingt: Hamlet oder Hekuba nehmen, aber der Verleger sträubte sich. Es stellte sich heraus, dass kein Mensch in Deutschland mehr weiss, was Hekuba ist*. Ein hochgebildeter evangelischer Theologe, angesehner Pfarrer in Bielefeld (!), meinte, das wäre ein alttestamentlicher Name. Da habe ich kapituliert. Jetzt will ich sagen „Einbruch der Zeit in das Spiel / Eine Hamlet-Deutung von C. S.“ Was sagen Sie dazu? Der Text wird Ihnen wahrscheinlich Freude machen; aus vielen Gründen; das Ms. ist schon in Satz gegeben. Die Sache hat mir unendlich viel Arbeit aber auch viele Genugtuung verschafft. Über Einzelheiten später.

* [am linken Rand:] wohl deshalb, weil ihnen heute <u>alles</u> Hekuba ist!

Anima hat lange nicht mehr geschrieben; hoffentlich hat sie sich nicht in einen Studenten-krawall in Madrid verwickelt. Tierno hat mein Hamlet-Ms schon übersetzt; es erscheint im März in Condes Revista auf Spanisch. Der deutsche Text ist umfassender

255 AM hat sich immer wieder für den frühverstorbenen Dichter Albin Zollinger (1895–1941) eingesetzt, weil ihm dieser Landsmann eine Widerlegung der Behauptung war, die deutschschweizerische Dichtung habe sich bloß episch, nicht aber in der Lyrik ausgezeichnet.

und enthält zwei Exkurse: Hamlet als Thron-Erbe und: Über den barbarischen Charakter von Shakespeares Drama. Schade, dass Sie behaupten, mit Sh. und Theater nichts anfangen zu können; ich bin sicher, die Lektüre dieser Hamlet-Abhandlung wird Sie etwas erkennen lassen, was Ihnen an dieser Sache bisher entgangen ist.
Für den 23/2 habe ich in Göttingen ein Colloquium mit Studenten angenommen. Sollte es gestört werden, ist es auch nicht schlimm. Thema: Geschichtliche Erfahrungen mit der Weimarer Verfassung. Diesen Donnerstag (16/2) will Bernhard von Mutius kommen; er ist als Spätheimkehrer mit den letzten im November aus Workuta zurückgekehrt. Ich freue mich, ihn wiederzusehen, denn wir waren seit 1934 Freunde. Er war zuletzt bei Dertinger[256] Adjutant und ist in dieser Eigenschaft plötzlich verhaftet und nach Sibirien gebracht worden.
Hier regt sich alles auf über den Streich, den die jungen Leute der FDP[257] dem alte Konrad in Düsseldorf gespielt haben. Die Wirkung ist katastrophal, selbst wenn am 20/2 die Sache nicht klappt, weil es tatsächlich auf eine einzige Stimme ankommt und die naturleicht unschwer abgedreht werden kann. Inzwischen singt man den Kölner Faschings-Schlager:

Herr Konrad sass am Moskwa-Strand,
Trank Wodka für sein Vaterland.

Ich dagegen gehe jeden Abend um 1/2 9 zu Bett und trinke milden Hessen-Wein. Ich kenne meine Oppenheimer.
Sagen Sie bitte Ihrer lieben Frau meine herzlichsten Grüsse und die von Anni und streicheln Sie den wackern Gert! Aus Paris bekam ich (im Auftrag von Mme Ponceau) la table ronde[258] mit nachgelassenen Notizen von Amedée Ponceau, die mir gut gefallen. Den Katalog von Finkler[259] kennen Sie sicher. Klickovič schrieb aus Belgrad und schickte ein grossartiges Gedicht, das er beim Flug über die Wüste (in Mittel-Asien) gemacht hat, deutsch!

Stets Ihr alter und getreuer

Carl Schmitt.

---

256 Georg Dertinger, 1949–1953 Außenminister der DDR, als Vertreter der Blockpartei CDUD (Christlich-Demokratische Union Deutschlands) verdächtig, zeitweise in Haft, dann in eine Ecke gestellt.

257 Gemeint ist der Mitte der 50er sich zuspitzende Aufstand der nationalliberalen „Jungtürken" in der FDP, denen Adenauer zu „europäisch" war.

258 „La Table Ronde" war in Frankreich längere Zeit die erfolgreiche Zeitschrift einer mondänen Rechten; geblieben ist der gleichnamige Verlag in Paris.

259 Vielleicht ist – der Kontext macht es wahrscheinlich – der Pariser Buchhändler Flinker, ein deutscher Emigrant, gemeint.

Nr. 176
AK/hs

[Göttingen,] 26/2 56

M. l. A. Viele Grüsse aus Göttingen, wo ich im Colloquium Historicum über die Weimarer Verfassung und ihre Lehren gesprochen habe, mit interessanter Diskussion. Ich habe im Lande Hellweges[260] viel an Sie gedacht und hatte mehrere gute Gespräche, vor allem mit dem Prof. Josef Klein über Christentum, Kirche und Konservativismus; mein früherer Adjutant B. v. Mutius besuchte mich in Plettenberg und war von Ihrem Buch über K. R. sehr beeindruckt. Meine Hamlet-Schrift beginnt mit dem Druck. Morgen reise ich nach Pl. zurück. Ich freue mich auf Nachricht von Ihnen und bleibe mit herzlichen Grüssen für Sie, Ihre Frau und Gert Ihr alter

Carl Schmitt.

Nr. 177
PK/hs

[Plettenberg-San Casciano[261], 9/3 56]

Mon cher Arminius, in grösster Eile; ich bin im Umbruch mit meiner Hamlet-Abhandlung und müsste schnellstens Lucien Goldmann, le Dieu caché, étude sur la vision tragique dans les Pensées de Pascal et Racine (Gallimard) haben. Könnten Sie es gleich schicken? Und mir schreiben, wie ich das regeln soll?
Tausend Dank für Ihren Brief! Ich beantworte ihn bald ausführlich. Anima erwarte ich für Ende März, 30/3 in Bonn, zur Zeit ist sie in Cordoba und Granada. Ich hatte Besuch aus Spanien; Sie sind dort sehr berühmt; Kronzeuge sozusagen. Riv. von E. J.[262] ist sehr schön; ich habe Frau K. E. Gass geschrieben.

Bald mehr! Dank und Gruss Ihres alten

Carl Schmitt

Plettenberg – San Casciano
9/3 56

260 Heinrich Hellwege, Ministerpräsident von Niedersachsen 1955–1959, Gründer der Niedersächsischen Landespartei, die er 1947 zur bundesweiten Deutschen Partei umformte. Sie war die einzige eindeutig konservative Partei, im alten Sinne des Wortes und von ins Gewicht fallender Größe, die es in der Bundesrepublik gab. Hellweges Art – patriarchalisch, nüchtern und volksnah – war der Nachkriegssituation und diesem Stamm angemessen.

261 San Casciano hieß der Ruhestandssitz von Machiavelli, nachdem er bei den Herren von Florenz in Ungnade gefallen war. C. S. bediente sich des Namens zur Kennzeichnung seiner Existenz nach der Rückkehr aus Berlin in seine Vaterstadt Plettenberg.

262 „Riv(arol") von E(rnst) J(ünger).

Nr. 178
AK/hs

Plettenberg, 24/3 56

M. l. A. Cette jeune fille ravissante de Appenzell[263] est chargée de transmettre mes meilleurs souhaits pour Pâques à Vous, Mme Mohler et Gert; zugleich mit meinem Dank für Lucien Goldmann, der gestern eingetroffen ist. Was haben Sie ausgelegt und wie sollen wir es verrechnen? Ich habe Goldmann noch in einer Bemerkung meines Hamlet-Buches erwähnen, aber nicht mehr behandeln können; er ist mir sehr wichtig. Anima erwarte ich am 30/3 in Bonn. Im Mai muss ich wahrscheinlich nach Spanien reisen. Bald schreibe ich mehr. Diese schöne Appenzellerin stammt noch von Frau Schmitt, die eine grosse Liebe für solche Trachten und Menschen hatte. Was macht eigentlich Fleig? Über Zollinger und Däubler hoffentlich einmal mündlich! Bernhard von Mutius ist ein Neffe von Gerhard von Mutius; das Buch erscheint bei Kiepenheuer und Witsch; Vorabdruck eines Kapitels in Civis, folgt gleichzeitig als Drucksache. Schreiben Sie bald Ihrem alten

C. S.

Nr. 179
AK/hs

Plettenberg-San Casciano
29/3 56

Liebe und verehrte Frau Edith Mohler, dieses schöne Thoma-Bild[264] soll Ihnen unsere Ostergrüsse und Wünsche übermitteln. Hoffentlich haben Sie alle ein schönes Osterfest. Ich fahre morgen (Karfreitag) abend mit Anni nach Bonn, um Anima abzuholen, die um 9 Uhr mit dem Studenten-Autobus von Barcelona eintreffen soll. Wir sind sehr gespannt, sie nach 3/4 Jahren Spanien wiederzusehen. Arminius danke ich vielmals für das Buch von Goldmann (15 M sind an Osiander überwiesen); wenn er ohne Mühe Burdeau, t. 6 des Traité de Science politique, Librairie Général de Droit et de Jurisprudence, Titel: La Démocratie gouvernante, besorgen könnte – in gleicher Weise – wäre das für mich ein grosser Dienst. Über den Brief an Nicolaus S.[265] habe ich mich <u>sehr</u> gefreut; der Aufsatz ist tatsächlich ausserordentlich und müsste einen Sturm entfes-

263 Auf der Bildkarte: eine Appenzellerin in Festtagstracht.

264 „Hühnerfütterndes Mädchen".

265 Nicolaus Sombart, Jahrgang 1923, Sohn des Nationalökonomen Werner Sombart. „Nico" ist der Paradiesvogel unter den Schmittianern. Er hatte das Glück, schon als Schüler von C. S., der Freund des Hauses war, auf lange Grunewald-Spaziergänge mitgenommen zu werden.

seln, wenn hier nicht allen alles Hekuba wäre. Mein Hamlet-Buch ist umgebrochen; erscheint in 3–4 Wochen; schön gedruckt, mit Diederichs bin ich zufrieden. Ich habe den Aufsatz Dr. H. Joachim Arndt[266] gegeben, der jetzt in Düsseldorf bei der im September erscheinenden neuen Wochenzeitung ist; ein kluger Junge. Bald mehr! Alle guten Wünsche

Ihres alten Carl Schmitt.

Nr. 180
AK/hs

Pl. 10/4 56

Viele Glückwünsche, mein lieber Arminius, zu Ihrem diesjährigen Geburtstag! Am gleichen Tage haben Ernst Hüsmert aus Plettenberg und Josef Kaiser (jetzt Professor in Freiburg) Geburtstag. Feiern Sie den Tag mit einem schönen Fest und grüssen Sie Ihre verehrte Frau und den kleinen Gert herzlich von uns allen – Anima, Anni und mir. Anima erzählt viel von Spanien. Ende des Monats fährt sie nach Heidelberg. Wegen des Burdeau brauchen Sie sich keine Mühe zu machen. Die Hamlet-Abhandlung erscheint in [..?..] Tagen. Interessanter Skandal: in der neuen Walter-Benjamin-Ausgabe ist mein Name gestrichen, die von mir übernommenen Stellen aber unverändert beibehalten. Ein Ex-Marxist mag keinen … leiden, doch seine Ideen klaut er gern. Stets Ihr

alter Carl Schmitt.

Nr. 181
DS

[o. O., 1/5 56]

Carl Schmitt, „Hamlet oder Hekuba“ [mit der Widmung:]

Arminius Mohler
herzlich von
1/5 56 C. S.

266 Hans-Joachim Arndt, ebenfalls Jahrgang 1923, Marine-Offizier, dann Ordinarius für Politische Wissenschaft in Heidelberg. Er schrieb eines der großen politischen Bücher seiner Generation: „Die Besiegten von 1945“ (Berlin 1978) – eine Abrechnung mit der deutschen Nachkriegspolitologie, die zunächst amerikanisch, dann marxistisch war.

Nr. 182
B/hs

Plettenberg-San Casciano
15/7 56

Mein lieber Arminius, vielen Dank für die schöne Karte aus dem Hegau und vor allem für Ihren Geburtstagsbrief! Es hat mich tief gerührt, daß Sie mich nicht vergessen haben. Ich hoffe, daß es Ihnen, Ihrer lieben und verehrten Frau, Gert und seinem künftigen Weggenossen allen recht gut geht und daß Sie sich nicht überarbeiten.
Ich habe dieser Tage an Hans Fleig geschrieben, unter dem ungeheuren Eindruck seines DDR-Aufsatzes. Er teilte mir mit, daß er sich ein Haus gekauft hat und meinte, ich hatte mich niemals mit Rußland abgegeben. Welches Unrecht angesichts der Seiten 38/40 von Ex Captivitate Salus.
Die letzte Nr. 19 der Civis (18 haben Sie als Drucksache inzwischen wohl erhalten) ist aufregend interessant, besonders ein Aufsatz über den SPD-Parteitag und einer über die Russische Sphinx. Können Sie nicht veranlassen, daß Hans Fleig das liest?
Anima war zu meinem Geburtstag nach Plettenberg gekommen, zu meiner großen Freude; Anni hat uns fabelhaft bewirtet, sodaß wir ein schönes Fest gefeiert haben, mit Kirchhoffs aus Werdohl, die sich daran erinnerten, daß Sie 1952 mit Hürsch zum Geburtstag hier waren. Herr Kirchhoff sang sehr schön die Ode von Klopstock: Die frühen Gräber. Anni verreist nächste Woche nach England. Ich bin einsam und allein.[267]
Die Nachricht vom Tode Gottfried Benns und Giovanni Papini hat mich über meine Lage belehrt.
Die große Däubler-Auswahl (durch Fr. Kemp) 900 Seiten Dünndruckpapier, erscheint bestimmt im Herbst bei Kösel. Kemp hat gleichzeitig Péguy und Simone Weil l'Enracinement auf deutsch herausgebracht; welch eine perplexio oppositorum!
Ich füge eine Diskussions-Eröffnung bei, zu der Sie vielleicht der eine oder andere Satz interessiert.
Wann machen Sie Ferien und wann sehen wir uns wieder? Kojève bin ich noch einen Brief schuldig. Zeigen Sie ihm die Diskussions-Eröffnung! Meine Bemühungen, einen Vortrag für ihn beim Rhein-Ruhr-Club in Düsseldorf zu bewirken, liefen erst gut an; dann scheint ein Querschuss gekommen zu sein.
Geben Sie bald wieder Nachricht Ihrem alten

Carl Schmitt.

---

267 Die Klage von C. S., er sei einsam: er entwickelte viele seiner Ideen (nach Meinung einzelner sogar alle seine Ideen) im Gespräch. Auch darin war er der Antipode des schweigsamen Ernst Jünger.

— — — — — — —

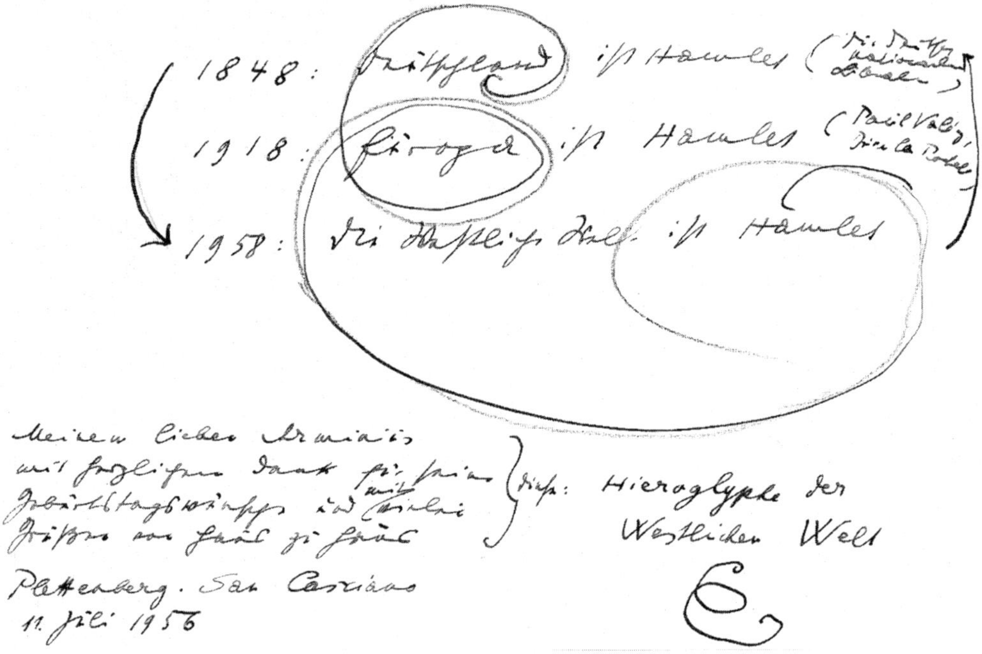

1. 1848: Deutschland ist Hamlet (die deutsch nationalen Liberalen)

1918: Europa ist Hamlet (Paul Valery, Drieu la Rochelle)

1958: Die Westliche Welt ist Hamlet

Meinem liebem Arminius<br>mit herzlichem Dank für seine<br>Geburtstagswünsche und mit vielen<br>Grüßen von Haus zu Haus } diese: Hieroglyphe der Westlichen Welt[268]

Plettenberg-San Casciano<br>11 Juli 1956

268 Die „Hieroglyphe", die hier wiederholt ist und mit der oben die drei Daten verschlungen und verbunden sind, ähnelt in der Form einem rund ausgezogenen, unten überdehnten großen E.

2.
[hs] Eröffnung eines Diskussionsabends im Hause Eugen-Diederichs, Düsseldorf 12/6 56

[und weiter ms]

Was habe ich getan?[269]

Ich habe ein kleines Buch veröffentlicht: Hamlet oder Hekuba, der Einbruch der Zeit in das Spiel (Eugen Diederichs-Verlag, Düsseldorf).

Was ich damit getan habe, wird mir jetzt allmählich klar, nachdem ich die Besprechung von Walter Warnach in der Frankfurter Allgemeinen Zeitung vom 2. Juni, und den Aufsatz von Rüdiger Altmann in der Studentenzeitschrift Civis vom Juni 1956 gelesen habe.
Ich erfahre jetzt den Sinn des Goetheschen Orakels:
Und was du tust, sagt erst der andre Tag.

(1)

Was habe ich also getan? Auf den ersten Blick etwas Gutes oder doch Einwandfreies. Ich habe ein Buch über Hamlet geschrieben. Hamlet ist ein sehr beliebtes Thema. Zehntausende einwandfreier Menschen haben über Hamlet geschrieben. Ich befinde mich also in einer einwandfreien Gesellschaft. Vor kurzem noch ist ein Roman von Alfred Döblin erschienen mit dem Titel „Hamlet". Noch vor wenigen Tagen, am 9. Juni 1956, ist im Studio Oberhausen ein Stück von Stefan Andres aufgeführt worden, „Tanz durchs Labyrinth", in dem ein Hamlet Europa vorkommen soll. Ich habe das Stück nicht gesehen, aber ich erinnere mich, daß Paul Valéry nach dem ersten Weltkrieg, 1918, gesagt hat: Europa ist Hamlet.[270] Im Jahrhundert davor, vor 1848, hieß es bei den deutschen liberalen Revolutionären: Deutschland ist Hamlet. Eine merkwürdige Entwicklung von Deutschland nach Europa, die einen als Deutschen tiefsinnig machen kann und als Europäer bedenklich.
Was auf den ersten Blick gut und einwandfrei schien, wird auf einmal bedenklich. Offensichtlich habe ich etwas Unvorsichtiges getan. Ich habe mich auf das uferlose Meer der Hamlet-Deutung begeben. Ich bin in das undurchsichtige Dickicht der Shakespearologie geraten. Ich habe die Don-Quichotterie begangen, mich einer ganzen Armee von Steckenpferd-Reitern zu stellen, deren neueste Crew bereits amerikanisiert, das heißt: motorisiert ist. Ich habe mit gefährlichen Rechthabern angebunden. Allmählich

269 Dieser Text wurde erstmalig veröffentlicht von P. Tommissen in: Dietsland-Europa, 1957.
270 An dieser Stelle hs nachgetragen: „Und 1958*", dazu am Ende der Seite die hs Anmerkung: „* Siehe die Hieroglyphe der Westlichen Welt!"

wird mir klar: meine Sache steht nicht gut. Ich habe leichtsinnig gehandelt. Ich habe etwas Unvorsichtiges getan.

(2)

Irgendwie muß ich das beim Schreiben des Buches von Anfang an geahnt haben. Deshalb habe ich mich um einen Halt im Objektiven bemüht. Ich wollte dem Übermaß subjektiver Ein- und Auslegungen entgehen. Ich suchte alle Psychologie, Psychopathologie und Psychoanalyse beiseite zu lassen. An das Theaterstück selbst, an den Text, wie er uns vorliegt, an das objektive Geschehen selbst suchte ich mich zu halten. Ich ahnte die Richtigkeit des Ausspruches von Erich Franzen: Von allen Kennern des Hamlet ist Shakespeare der Wahrheit am nächsten gekommen.

So habe ich denn die Handlung des Stückes genau betrachtet, die Fabel, die Story, oder was Aristoteles die Synthesis des Tatsächlichen nennt, den Mythos. Das griechische Wort Mythos bezeichnet nämlich nicht nur den Mythos als Quelle des Dramas, sondern auch die Handlung des Dramas selbst, das objektive Geschehen. Das Drama ist Nachahmung einer Wirklichkeit, Mimesis wie man das nennt, und es gibt hier keine zwei Wirklichkeiten, sondern nur eine.
Nun ist auch das objektive Geschehen, das dem Zuschauer und Zuhörer des Hamlet vorgeführt wird, voller Rätsel und Brüche. Der erste Teil ist ein Rachestück. Das Geschehen kommt in Gang und wird weitergetrieben durch den Befehl des Geistes: Räch seinen schnöden, unerhörten Mord! Im zweiten Teil verschwindet der Geist spurlos. Es ist, als wäre er nie gewesen. Das Stück wird ein Nahkampf auf Leben und Tod, mit einer unwahrscheinlichen Fülle von Ereignissen und Moritaten. Dem rätselhaften Helden des Stückes stehen zwei ziemlich eindeutige Aktivisten gegenüber: Claudius und Laertes. Das Rätselhafteste aber ist die Mutter des Helden, die Königin. Ihre Schuld oder Mitschuld an der Ermordung ihres Gatten bleibt im Dunkeln. Sie ist weder eine Klytemnästra, noch eine Agrippina, noch eine nordische Walküre, noch einfach das animalische, alle ihre Liebhaber überlebende Weib, das Georg Britting aus ihr macht.
Das Ergebnis meiner Betrachtung des objektiven Geschehens ist folgendes: Das Stück ist nur aus der Situation seiner Entstehungszeit (1600) zu verstehen. An zwei entscheidenden Punkten bricht eine damalige Gegenwart durch, in der Rücksicht auf Maria Stuart, die Mutter Jacobs von Schottland, die den Mörder ihres Mannes geheiratet hat, und in der Rücksicht auf Jacob selbst, dessen problematischer Charakter die eigentliche Hamletisierung des Helden ergibt. Das eine nenne ich das Tabu der Königin, das andere die Abbiegung der Figur des Rächers. In beidem – Tabu der Königin und Abbiegung der Figur des Rächers – geht das Spiel nicht auf. Durch die Masken hindurch wird eine zeitgeschichtliche Gegenwart sichtbar. Das nenne ich den Einbruch der Zeit in das Spiel.
Was habe ich getan, als ich mit dieser Methode objektiver Betrachtung des Geschehens zu diesem Ergebnis kam? Etwas sehr Unangenehmes. Hamlet geht die Literaturhistoriker an, Jacob und Maria Stuart ist Sache der politischen Historiker. An diese Ar-

beitsteilung des wissenschaftlichen Betriebes haben wir uns gewöhnt. Wer das nicht beachtet, stört eine gut eingespielte Arbeitsteilung und das reibungslose Funktionieren des Forschungsbetriebes. Mit meinen Thesen vom Tabu der Königin und der Abbiegung des Rächertyps bin ich zum Störenfried geworden. Der Störenfried ist bekanntlich immer der Aggressor.

(3)

Aber die Sache wird noch viel schlimmer. Es gibt ein starkes Tabu des autonomen Kunstwerkes, das von seiner geschichtlichen und soziologischen Entstehung losgelöst, ein Tabu der absoluten Form, das echte Tabu einer idealistischen Philosophie, ein Reinheits-Tabu, tief eingewurzelt in der Tradition deutscher Bildung. Dieses Tabu erlaubt es nicht, von Einbrüchen der Zeit in das Spiel zu sprechen.
In einem Brief, den Gustav Hillard mir schrieb, heißt es: „Die Urbilder erfahren durch den Dichter eine solche Umformung, daß sie für den Leser und Hörer unwichtig werden; ja, ihre Kenntnis ist bedenklich und verwirrend“. Stefan George (den Gustav Hillard nicht zitiert, den ich infolgedessen auf Seite 35 meines Büchleins zitiert habe) sagt: „Das Erlebnis erfährt durch die Kunst eine solche Umformung, daß es für den Künstler selbst bedeutungslos wird, und für jeden anderen ist ein Wissen um dieses Erlebnis eher verwirrend als erlösend.“
Hier haben wir die beiden Stichworte: einerseits Umformung, andererseits verwirrend. Hamlet ist ein Kunstwerk; ein Kunstwerk gilt in einer Welt des schönen Scheins und des reinen Spiels. Wer in einer Erörterung des Hamlet von Jacob und Maria Stuart spricht, stiftet Verwirrung und tastet die Reinheit eines Kunstwerkes an. Indem ich von dem Tabu der Königin Maria Stuart sprach, habe ich selber ein Tabu verletzt.

(4)

Schließlich wird die Sache sogar gefährlich. Walter Warnach und Rüdiger Altmann nennen beide den Namen Georg Lukács. In das Vacuum, das die Kunstphilosophie des deutschen Idealismus mit Bezug auf die geschichtliche Wirklichkeit des Kunstwerkes herbeiführt, ist triumphierend die Kunstbetrachtung des dialektischen Materialismus eingezogen. Ihr Erfolg mußte – angesichts der Hilflosigkeit ihres Gegners – ganz außerordentlich sein. Der dialektische Materialismus identifiziert seine Analysen der Klassen-Situation des Künstlers und der Entstehungszeit des Kunstwerkes mit der geschichtlichen Betrachtung überhaupt. Auf diese Weise hat er sich ein Monopol der geschichtlichen Kunstbetrachtung verschafft. Wer das Monopol gefährdet, ist Reaktionär und Klassenfeind. Zwischen Diamat und schönem Scheine, bleibt dem Deutschen nur die bange Wahl.
Meine Art, den Hamlet geschichtlich zu sehen, gefährdet dieses Monopol der dialektisch-materialistischen Kunstgeschichte. Ich habe am eigenen Leibe erfahren, was das praktisch bedeutet.

(5)

Unversehens gerate ich in die Rolle des Arbeitsstörers, Tabuverletzers und Monopolgefährders. Und das nicht etwa redensartlich und im Spaß, sondern in einer Zeit flagranter Kriminalisierungen. Nichts kennzeichnet unsere heutige Lage mehr, als die Konstruktion immer neuer Delikte: neue Verkehrsdelikte wie Alkoholgenuß, neue Wirtschaftsdelikte wie Abwerbung, von den hochpolitischen neuen Delikten lieber ganz zu schweigen. Erfahrung und Verstand sagen mir, daß Arbeitsstörung, Tabuverletzung und Monopolgefährdung sich für eine Kriminalisierung ganz besonders eignen. Auch ist mir bekannt, daß die Inhaber des dialektisch-materialistischen Kunstbetrachtungsmonopols entschlossene Kriminalisierer sind.
Was bleibt einem alten Mann in dieser Lage übrig? Das beste ist unbeirrte Erkenntnis und offenes Geständnis. Dieses lege ich hiermit unumwunden ab. Davon abgesehen muß ich mich dem inneren Sinn meines Denkens überlassen. Mein Büchlein über Hamlet ist nicht gezielt und kaum geplant. Es ist sogar, im Gedanken wie in seiner Schrift, ungewollt und nur getreu. Darum darf ich diese Bemerkungen, die ich mit einem Goetheschen Orakel begonnen habe, mit einem anderen Orakel schließen, indem ich zwei Verse von Konrad Weiß zitiere:

> Ich tue was ich will und halte was mich trifft,
> Bis was ich nicht will tut mit mir ein Sinn wie Schrift.

12. Juni 1956 Carl Schmitt

*Nr. 183*
*B/ms*

*Bourg-la-Reine (Seine), 19. 7. 56.*

*Mein lieber Herr Professor,*

*zuvor ein Spruch, der Ihnen Freude machen wird. Gestern lernte ich einen der bekanntesten internationalen Militärfachleute kennen. Im Gespräch sagte er mir: „Wissen's, ich sag immer zu meinen Freunden: Ich bin kein Demokrat, mit mir kann man reden …“*
*Gestern abend habe ich Ihre Einleitung des Gesprächs im Hause Diederichs gelesen. Gut, Sie haben nichts „gewollt“ mit der Hamlet-Schrift. Aber auch ohne solchen Willen kann eine Schrift dieser Art als Geschoss wirken. In einer Welt, wo alles treibt, wirkt als Geschoss, wer ruht. <…>*

Nr. 184
B/hs

[o. O., 2/9. 56]

Mein lieber Arminius, wie geht es dem kleinen Wulf und Ihrer lieben Frau? Anima und ich grüssen herzlich, auch Anni, die noch auf Juist in Urlaub ist; wir würden uns über eine Zeile sehr freuen.
Ich habe mich noch nicht für die Drucksache mit dem Aufsatz über Bücher die die Welt veränderten bedankt. Ferner wollte ich Sie noch nach der Adresse der Zeitschrift „Wort in der Zeit" fragen, mit dem sonderbaren Gedicht von Britta Eisenreich. Kennen Sie die Zeitschrift? hat es Sinn, dass ich ihr eine Zeile schreibe?
Den „Spiegel" mit dem Hamlet-Aufsatz werden Sie gesehen haben.
Anbei ein Blümlein von dem Strauss.[271]
Peter Schneider's Buch soll mit einem unanständigen Waschzettel erscheinen.
Wie ist Ernst Kern's[272] Pariser Adresse? Ich kann sie auf der Karte beim besten Willen nicht entziffern. 1.. heisst das: 12 oder 13 oder 15 oder 17 oder 19? Unglaublich. Ich möchte ihm aber schreiben; auch Kojève.

Incondicionablemente Ihr

Carl Schmitt.

— — — — — —

[ms]

Erich Strauss [hs] seinem lieben Arminius
zum Sedan-Tag 1956

Einst waren wir die Dichter und die Denker
Dann wurden wir Vernichter und Versenker
Und galten als verruchte Menschenbildbeschmutzer:
Jetzt sind wir biedere Kanalbenutzer
und fleißige Monadenfensterputzer.

---

271 „Erich Strauss": Pseudonym für C. S., mit dem er seine Gedichte zeichnete, so auch in Nr. 252 bei der „Romanze in der Art Quevedos". (Vgl. auch Anm. 232)

272 Dr. Ernst Kern, Wirtschaftsdiplomat, mit C. S. schon vor 1945 bekannt. Die Bonner Regierung schickt ihn im Rang eines Regierungsdirektors in den 50er Jahren nach Paris, wo er Chef de Division Secrétariat in der OECE (Organisation Européenne de Cooperation Économique) wird. Später wird er in die Bundesrepublik zurückkehren und dort die Leitung des Instituts übernehmen, welches die Kader für die Führungsposten in der Großindustrie ausbildet.

Doch die Leibniz'sche Monade
Hat bekanntlich keine Fenster
Diese Fenster sind Fassade
Und die Putzer sind Gespenster:
Unbezweifelbar real
Ist dagegen der Kanal.

2/9. 56

*Nr. 185*
*PK/ms*

*[30. 9. 56]*

*Britta Eisenreich (geb. 1928 in Linz; lebt seit 1951 in Paris; Soziologin u. Journalistin) veröffentlicht in der Zeitschrift „Wort in der Zeit" (Graz), 2. Jg. Folge 7, Juli 1956, folgendes Gedicht:*

*Nomos*
*Wir nahmen die Welt in Besitz,*
*wir teilten die Felder,*
*wir meinten zu weiden,*
*was unser.*
*Sie aber nahm uns, sie*
*teilte das Erbe:*
*sie weidete uns.*

*Die Verfasserin ist mir nicht bekannt. In dem erwähnten Heft stiess ich zum ersten Mal auf ihren Namen. Ob mit dem österreichischen Schriftsteller Herbert (?) Eisenreich verheiratet oder verwandt? <...>*

Nr. 186
B/hs

[o. O.,] 25/11 56

Mein lieber Arminius,

adventistisches Schweigen beherrscht unsere gegenseitigen Beziehungen. Ich unterbreche es nur, erstens um mich für mehrere Aufsätze aus der „Tat" zu bedanken, die Paul Weinreich mir schickte; zweitens um Sie zu fragen, ob Sie die grossartige Däu-

bler-Auswahl von Kemp besitzen, andernfalls schenke ich sie Ihnen als Weihnachtsgeschenk, glücklich, ein überaus passendes zu haben; drittens um Ihnen den Entwurf einer Antwort auf eine Umfrage in „Christ und Welt" zu schicken, die am 6. Dezember erscheinen soll und Sie zu fragen, ob Margret Boveri nicht böse sein wird mit Ruth Fischer in einem Atem genannt zu werden.
Die zahllosen weiteren Items um derentwillen ich Ihnen schreiben müsste lasse ich aus. Heute nur dieses Zeichen! Das Buch Ihres grossen Landsmannes und Compatrioten Peter Schneider ist immer noch nicht erschienen. Se moque-t-il de nous? Neske macht Prominenten-Betrieb mit dem armen Eugen Gottlob Winkler[273], den Warnach unter vielen Mühen gratis herausgegeben hat. Hühnerfeld, Ihr Schulter-an-Schulter-Kollege von der „Zeit" hat dieser Ausgabe eine grosse Resonanz verschafft; es ist derselbe Hühnerfeld, der auf der Buchmesse 1954 in Frankfurt die Anwesenden aufforderte, das Machtgespräch von C. S. aus der Messe heraus zu werfen und den Verlag, der solche Nazi-Schweinereien publiziere „am Boden zu zerstören".
Ohne mehr für heute! Herzliche Grüsse Ihnen, Ihrer lieben Frau, und den beiden Jungens! Auch Anni grüsst herzlich. Anima ist in Heidelberg und macht dieser Tage eine Exkursion nach Strassburg.

Unveränderlich Ihr
Carl Schmitt.

— — — — — —

[hs] Entwurf Antwort auf eine Umfrage von Christ und Welt.

[ms]
Ich nenne
1. Theodor Däubler, Dichtungen und Schriften, herausgegeben von Friedhelm Kemp, im Kösel-Verlag zu München;
2. Margret Boveri, Der Verrat im XX. Jahrhundert (Nr. 23/24 von Rowohlts deutscher Enzyklopädie) und Ruth Fischer, Von Lenin zu Mao, Kommunismus in der Bandung-Aera, Eugen Diederichs Verlag Düsseldorf-Köln.

Zu 1. Theodor Däubler ist eine Monade im unendlich deutschen Sinne des Wortes: er spiegelt das Universum. Aber sein Werk schien verschollen, kolossalisch und molluskenhaft zugleich. Jetzt hat er einen Herausgeber von ungewöhnlicher Klugheit und wunderbarer Sensibilität gefunden, der ihn zu einem herrlichen Panorama zusammengefaßt hat. Jetzt wächst er wie ein Riese, der im Schatten zeitgenössischer Berühmt-

---

273 Eugen Gottlob Winkler (1912–1936): von diesem Frühverstorbenen, dessen essayistische Begabung aufhorchen ließ, gab Warnach 1949 die „Briefe 1932–1936" und 1956 bei Neske den Sammelband „Dichtungen, Gestalten und Probleme" heraus.

heiten verschwunden war, plötzlich über die Prominenten seiner Zeit hinaus und stellt sie nun in seinen Schatten. Das ist das aufregende Schauspiel dieses neuen Däubler-Buches.

Zu 2. Die deutsche Monade spiegelt das Universum, aber sie hat kein Fenster zur politischen Gegenwart. Sie hat einen Kosmos, aber keinen Nomos. Wo ist heute ein Zeichen politischer Vernunft und Gerechtigkeit, die ein Fenster öffnen könnte? Wo ein Lichtschimmer menschlichen Maßes, der die Finsternis gegenseitiger Kriminalisierungen durchbricht? Ich fand ihn in diesen beiden Büchern von zwei Frauen, die in allem – nach Herkunft und persönlichem Stil, nach ihrem Geschichtsbild und ihrem persönlichen Schicksal – so fundamental voneinander verschieden sind, daß es gefährlich scheint, sie in einem Atem zu nennen. Ich wage es trotzdem. Denn es wäre wirklich eine Zerstörung der Vernunft, wenn wir dem Schimmer dieses Himmelslichtes unsern Gruß verweigern wollten, weil es uns anderswo begegnet als dort, wo wir es bequem für uns vereinnahmen können.

24. November 1956 Carl Schmitt

Nr. 187
AK/hs

[Plettenberg,] 29. 10. 56
[Poststempel: 29. 11. 56]

M. l. A. Merci mille fois de votre lettre! Schreiben Sie mir bitte, wann und wohin ich das Däubler-Buch schicken soll! Ich bin sehr glücklich es Ihnen zu schenken. Pannwitz hat einen grossen Aufsatz darüber im Merkur veröffentlicht. Wird es in der „Tat“ besprochen? Wann erscheint denn das Buch von Peter Schneider? Der Streich mit dem SD[274] ist perfide, gleichgültig ob bona oder mala-fide. Aber der arme Mann muss doch schliesslich auch was dafür tun, dass er so schnell Ordinarius geworden ist; er ist nicht der Erste, der sich auf meine Kosten aufwertet. An Margret Boveri habe ich geschrieben. Sehr gespannt, ob C u W meine Antwort bringt. Herzliche Grüsse und Wünsche Ihrer Frau und den beiden Junioren. Stets Ihr alter

Carl Schmitt

274 Zum „Streich mit dem SD“: Schneider hatte in der Oktobernummer der „Vierteljahreshefte für Zeitgeschichte“ etwas praktiziert, was man im Fachjargon der Publizistik das „Amalgam“ nennt. In seinem Beitrag gibt er Dokumente zum SD (dem Sicherheitsdienst Himmlers) heraus, zitiert jedoch in seinem Geleitwort Carl Schmitt, obwohl kein logischer Zusammenhang dieses Zitats mit dem Thema sichtbar ist. Die Methode ist: es bleibt immer etwas hängen.

An Michel Mourre (Nouveau Régime) habe ich ein Exemplar des Hamlet-Hekuba-Buches schicken lassen; meinen Sie, dass ihn das Exposé Was habe ich getan? interessiert?

*Nr. 188*
*B/ms*

*Bourg-la-Reine (Seine), 5. 12. 56.*

*Mein lieber Herr Professor,*

*am letzten Sonntag ging ich mit Gert auf den Friedhof und grub dort mit seiner Hilfe ein Töpfchen Myrthen in Bloys Grab ein, zum Andenken an Ihre Gattin. Die Schnittblumen, die ich sonst dort niederlegte, sind zu schnell welk.*[275]
*Mit Michel Mourre sprach ich. Er war sehr erfreut über den HAMLET. Das sei ein Deutsch, das er leicht lesen könne. Darum wird es ihm auch Freude machen, Ihr „Was habe ich getan" dazu zu erhalten. <...>*

Nr. 189
B/hs

Plettenberg
15/12 56

Mein lieber Arminius,

gestern habe ich die Däubler-Auswahl als Päckchen an Sie nach Bourg-la-Reine geschickt. Hoffentlich kommt es gut an und trifft Sie, Ihre liebe Frau und die beiden Jungens in bestem Befinden und ungestörter Weihnachtsstimmung an.
Ich wollte das Buch erst als Drucksache schicken; dann ergab es sich bei der Post, wo großer Andrang war, daß ich es als Päckchen aufgab. Die eigentliche Widmung ist infolgedessen mit dieser Sendung nicht mitgekommen. Ich füge jetzt einen Zettel bei, den Sie in das Exemplar hineinlegen können.
Vermutlich haben Sie jetzt viel Arbeit und wenig Zeit. Ihre Erinnerung an den 1. Adventssonntag hat mich tief gerührt. Es ist wunderbar, wie stark und verbreitet diese Er-

275 Der große Mystiker Léon Bloy (1846–1917), der für Carl Schmitt und Ernst Jünger gleich bedeutsam ist, lebte in Bourg-la-Reine und ist dort gestorben. Sein Grab, mit einem großen Kelten-Kreuz, ist wenige Schritte von dem Pavillon entfernt, in dem AM damals mit seiner Familie wohnte.

innerung bleibt; jetzt, sechs Jahre nach dem Tode[276], haben mir noch zehn Bekannte geschrieben – natürlich nicht Frau Jünger. Ihre Nachbarschaft zum Grabe Léon Bloys ist ein geheimnisvolles Omen; sie tröstet mich darüber, daß Jacques und Raïssa Maritain den Namen Bloys akkapariert haben. Mit Michel Mourre muß ich einmal sprechen. Ich hätte ihm wegen seines Lamennais längst geschrieben, aber ich suche noch das Buch des Freundes von Bernanos, Robert Vallery-Radot über Lamennais, „Prêtre malgré lui". Ich muß mit Michel Mourre über die 3 Probleme sprechen, deren Aktualität er zu unterschätzen scheint: Entziehung des Kelches; Zölibatäre Bürokratie; potestas indirecta. Ein Buch über Lamartine[277] muß zu jeder dieser drei Fragen explicite Stellung nehmen. Ich bin aber sicher, daß das Gespräch mit Michel Mourre von selbst kommt, sobald es fällig und die Zeit reif ist.

Das Buch Ihres vornehmen Landsmannes und Kompatrioten Peter Schneider habe ich immer noch nicht gesehen. De qui se moque-t-on ici? Qui trompe-t-on? Von Kojève erhielt ich einen Brief, daß er im Januar nach Düsseldorf kommt. Ich freue mich sehr darauf. Leider weiß ich nicht, ob es noch gelingt, bis Mitte Januar im Rhein-Ruhr-Club einen Vortrag für ihn zu organisieren. In den Antworten auf die Umfrage von Christ und Welt wird Ihnen auffallen, daß ich – unter 13 – der einzige bin, der ein politisches Buch nennt, und außerdem auch der einzige, der Bücher von Frauen nennt. Bruno Brehm hat mir einen schönen Brief geschrieben, er scheint sehr verbittert zu sein. Von Britta Eisenreich, (die erst sehr nett geschrieben hatte, Paris 16$^{e}$, Avenue Kléber 59) höre ich plötzlich nichts mehr; wahrscheinlich hat sich ein Emigrant dazwischen geschaltet. Neske hat mit der G. Winkler-Ausgabe Warnachs großen Erfolg. Anima kommt erst am 23. Dezember. Anni läßt herzlich grüßen und schöne Weihnachten wünschen. Feiern Sie mit Ihrer Familie ein schönes Fest und denken Sie an uns wie wir an Sie denken.

Immer Ihr alter und getreuer

Carl Schmitt.

---

276 „Sechs Jahre nach dem Tode": von Frau Duschka Schmitt im Dezember 1950.

277 Lamennais oder/und Lamartine? In dem handschriftlichen Brief entpuppt sich der Name Lamennais im dritten Absatz als eine die ursprüngliche Schreibung „Lamartine" überdeckende Korrektur. Drei Sätze weiter, jedoch auf der zweiten Seite, liest man den Namen Lamartine von neuem. Allem Anschein nach müßte es auch hier Lamennais heißen – der Text paßt wirklich nur auf den geistlichen Schriftsteller Lamennais, nicht den Romantiker Lamartine mit seinem Menschheitspathos. Vermutlich wurde die lautmalerisch verständliche Verwechslung der beiden Namen C. S. erst beim nochmaligen Lesen bewußt, und er übersah, daß sich ja auch auf der zweiten Briefseite ein Lamartine eingenistet hatte, den zu tilgen er vergaß.

— — — — — —

neujahrsgruss
1957

| links: | rechts: |
| --- | --- |
| jetzt ist die zeit gekommen<br>die alles unrecht heilt<br>es wird nicht mehr genommen<br>es wird nur noch geteilt | wie ist mein herz beklommen<br>wie sind wir eingekeilt<br>es wird nicht mehr genommen<br>es wird nur noch geteilt |

Für Arminius
siempre suyo
25/12 56 Don Capisco

Nr. 190
B/hs[278] [o. O., 5.1.57]

Mein lieber Arminius, die 4 Folgen Ihres Aufsatzes „Französische Selbstkritik 1956“ habe ich mit großer Spannung und vielem Gewinn gelesen. Herzlichen Dank für die Zusendung! Es ist mir gelungen, den Vortrag Kojève zustande zu bringen; ich freue mich sehr auf den Abend, bei dem viele Freunde von mir erscheinen werden.
Anima ist gestern nach Freiburg Br. zur Kindtaufe gereist. Für Ihren Neujahrsbrief Ihnen, Frau Edith, Gert und Wulf besonderen Dank. Den Neurohr[279] sehe ich mir gelegentlich an. Das Däubler-Buch ist unerschöpflich; es kann einen sein Leben lang begleiten; ich freue mich daß es Ihnen gefällt. Bald mehr! Grüße von Anni!

Stets Ihr alter
Carl Schmitt.

Bonald[280] ist großartig wenn er nicht systematisiert; seine konkreten Aperçus sind glänzend; er spricht auch, schon vor 1800 von prolétaires. Ich besitze die 3 Bände der

---

278 Als Briefpapier dient hier die bedruckte Seite des Programms des Rhein-Ruhr-Clubs, auf dem für den 16.1.57 ein Vortrag von Alexandre Kojève zum Thema „Kolonialismus in europäischer Sicht“ angekündigt ist.

279 Jean Neurohr, „Der Mythos vom Dritten Reich / Zur Geistesgeschichte des Nationalsozialismus“ (Stuttgart 1957). Eine der seriöseren Gesamtdarstellungen der Konservativen Revolution, von einem französisch-elsässisch-jüdischen Autor während des Krieges in der Emigration geschrieben. Liegt nur in deutscher Sprache vor.

280 Bonald: von den beiden großen Theoretikern des französischen Traditionalismus hatte es Louis Gabriel Ambroise Vicomte de Bonald (1754–1840) immer etwas schwer neben dem weit genialeren Joseph Marie Comte de Maistre (1753–1821): Bonald hütete die Schafe, der andere stürzte sich in den Kampf mit dem Drachen Revolution.

Théorie du pouvoir: von 1796 (Basel! damals gleich beschlagnahmt). Die Logis de Léon Bloy lese ich mit Anteilnahme; die Wohnung in Bourg la Reine besteht wohl nicht mehr.

C. S.

Wann wird das Däubler-Buch in der „Tat" besprochen?

[Am Ende des in der Anm. gen. Programms finden sich Vorankündigungen, darunter die eines geplanten Vortrags von Peter Nellen. Diese Mitteilung versieht C. S. mit zwei Ausrufezeichen und dem Hinweis:] Vgl. Papst-Ansprache Weihnachten 56!
[Zum Namen P. Nellen selbst der Hinweis:] kath. Kriegsdienstverweigerer

Nr. 191
[B/ms]

[o. O., Januar 1957]

gesang des alten mosellaners 1957

die menschheit wird jetzt integriert
die mosel wird kanalisiert
das sakrament bleibt umgebogen
dem laien bleibt der kelch entzogen

verborgen bleibt der liebe gott
die ganz welt wird melting pot
die automatik wird global
dem laien reicht man veronal

Januar 1957

M/l Arminius

C. S.

[danach hs]
Kojève meinte:
der Laie habe
sowieso zuviel
Blut!

Nr. 192
DS

[o. O., Frühjahr 1957]

Voranzeige der J. G. Cotta'schen Buchhandlung Nachfolger, Stuttgart: Jean F. Neurohr, Der Mythos vom Dritten Reich. Zur Geistesgeschichte des Nationalsozialismus – mit einer 7seitigen Leseprobe. [Auf dem Titelblatt hs von C. S.:]

Ist das wert, zur Kenntnis genommen zu werden?

*Nr. 193*
*B/ms*

*Bourg-la-Reine (Seine), 2. 3. 57.*

*Mein lieber Herr Professor,*

*Sie fragten mich vor einiger Zeit nach Jean Neurohr, dem elsässischen Verfasser des „Mythos vom Dritten Reich" (Cotta). Hier ein Brief von ihm, in dem u. a. von Ihnen die Rede ist. Ich hatte Neurohr geschrieben, dass mein erster Test bei einem Buch dieser Art sei, ob über C. S. in der üblichen Weise hergezogen werde. Dass bei ihm das nicht der Fall sei, habe mich sofort für ihn eingenommen. Worauf er Beiliegendes antwortete. – Können Sie mir den Brief bald zurückschicken? Ich muss ihn noch beantworten, kam bisher nicht dazu.*
*Hat Sie Ihr Treffen mit Kojève befriedigt? Wird es zu einer Pariser Fahrt führen?* <…>

Nr. 194
B/hs

Plettenberg
19/3 57

Lieber Arminius,

die letzten Monate ging es mir schlecht; mein altes Rückenleiden vom 1. Weltkrieg (Verletzung des 10. Wirbelknochens) wurde seit Jahrzehnten wieder akut und lähmte mein Interesse. Der Vortrag Kojève (16/1) im Rhein-Ruhr-Club in Düsseldorf ist noch sehr gut verlaufen; doch war K. im Vortrag selbst und in der Diskussion sehr vorsich-

tig, wegen seiner amtlichen Stellung am Quai d'Orsay. Die Gespräche waren fabelhaft. Ich werde Ihnen gelegentlich mündlich ausführlich berichten. Hoffentlich können wir uns in Deutschland bald wiedersehen. Wenn Sie vom 25/3 bis Ostern in Basel sind, könnte sich doch wohl einmal eine Möglichkeit ergeben.
Was arbeiten Sie denn jetzt in der Bibliothek? Den Brief von Neurohr gebe ich mit vielem Dank zurück. Hätte es Zweck, Neurohr z. B. ein Exemplar des Hamlet-Hekuba-Buches schicken zu lassen? Er gefällt mir gut, insofern mir diese Elsässer verwandt sind.
Das Buch Ihres Landsmannes Peter Schneider[281] ist endlich erschienen. Es fragt nach dem „Arcanum" von C. S. (Seite 86 oben). Was bedeutet das? Ist das esoterisch gemeint? Das Buch ist ein Symptom und ein Symbol für eine Situation, aber von Situation weiss Peter Schneider nichts. Ohne Unterschied der Entstehungszeit oder =Situation zieht er als schicksalloser junger Mann einen schicksalbelasteten Alten vor sein Forum; unter der Flagge „C. G. Jung" und „Anthropologie".
Voriges Wochenende habe ich im Philosophischen Institut von Prof. Joachim Ritter[282] in Münster über den Nomos der Erde gesprochen. Ein Überblick über den systematischen Anmarsch zum Vortragsthema liegt an.
Morgen fahre ich nach Köln und Bonn, um Warnach, Rolf Schroers und Rudolf Fischer (dieser jetzt Pressechef bei Seebohm) zu treffen.
Wie geht es eigentlich Hans Fleig? Ich höre und sehe nichts. Ernst Niekisch hat wieder ordinär in Richtung auf mich gespuckt; in dem Blättchen von Max Bense; wohl ein Stück aus seinen Memoiren, für die er einen Verleger sucht.
Anima ist in Madrid; sie will Ende April oder Anfang Mai über Paris zurückkommen. Ich weiss nicht, ob ich sie dann in Paris treffen kann, weil sich für Anfang Mai ein Besuch aus New York angemeldet hat, George Schwab[283], der ein Buch über mich schreiben will.

---

281 Peter Schneider, „Ausnahmezustand und Norm / Eine Studie zur Rechtslehre von Carl Schmitt" (Stuttgart 1957).

282 Der Münsteraner Ordinarius für Philosophie Joachim Ritter (1903–1974), Autor eines vielbeachteten Buches „Hegel und die französische Revolution" (1957), war keineswegs um die Schaffung einer auf ihn eingeschworenen „Schule" bemüht. Es ging ihm vielmehr darum, seine Schüler mit den verschiedensten Philosophien bekannt zu machen, auch mittels der Einladung von Gastrednern. Den nach Schülern dürstenden C. S. lud er besonders oft in sein Seminar, und dieser fand dann auch dort eine Reihe von Adepten, die sich als „linke Schmittianer" vorstellten, z. B. Hermann Lübbe (geb. 1926). Allerdings mußten diese Schützlinge Joachim Ritters, als in den 70er Jahren echte linke Schmittianer die Bühne betraten, sich mit dem Label „liberale Schmittianer" begnügen.

283 C. S. dürstete besonders nach dem Kontakt mit jüdischen Intellektuellen, die für ihn viel aufregender und anregender waren als nichtjüdische. (Das Etikett „Antisemit" paßt nicht auf C. S. – man müßte eher von einer Haßliebe sprechen, auch in umgekehrter Richtung.) Dieser Wunsch wurde ihm 1957 nicht nur mit Kojève erfüllt, sondern auch mit dem amerikanischen Studenten George Schwab, der eine Dissertation über C. S. im Dritten Reich schreiben wollte. Er fand sich

Dass Sava Klickovič einige Tage hier in Plettenberg zu Besuch war, habe ich Ihnen wohl schon geschrieben. Er sprach viel von Ihnen. Er hat in New York einen herrlichen Vortrag über Benito Cereno gehalten und wurde daraufhin zum Ehrenmitglied der Melville-Gesellschaft ernannt. Von Ernst Jünger erhielt ich den Oltener Druck San Pietro; diese ruhige Schilderung gefällt mir gut.
Mein Freund Camille Almuly musste Alexandrien (wo er maître des Conférences an der Universität A. war) verlassen und lebt jetzt in Paris, Hôtel Nouvel Orléans, 25 avenue du général Leclerc. Er musste Ägypten im November Hals über Kopf verlassen, in der Suez-Krise. Ich habe ihn nach Deutschland eingeladen, aber er ist an einem Gymnasium (Lakanal?) beschäftigt und scheint wenig Zeit zu haben.
Anni stickt ein Deckchen für Ihre Frau mit der Inschrift: ce que femme veut, Dieu le veut; sie hat gut französisch gelernt und hofft auf eine Reise nach Paris oder Lausanne; sie lässt Sie, Ihre Frau und die Kinder herzlich grüssen.
Auch ich grüsse alle herzlich und hoffe auf ein Gespräch mit Ihnen. Ich bleibe stets Ihr alter und getreuer

Carl Schmitt

Kennen Sie das Buch: Severin Reinhard, Spanischer Sommer, Die abendländische Wandlung zwischen Ost und West
Aehren Verlag, Affoltern a. A.

— — — — — —

[ms]

<u>Übersicht</u>
<u>über das konkrete Problem des heutigen Nomos der Erde</u>

Heutiger Nomos der Erde ist der Art. 4 der Truman-Doktrin vom 20. Januar 1949; Einteilung der Erde in industriell-entwickelte und unentwickelte Gebiete (undeveloped areas).
Erster Fragenbereich: Einheit (One World) d. h. <u>ein</u> Entwickler;
oder Zweiheit (Dualismus von Ost und West als vorläufiger Dauerzustand der Ko-Existenz von <u>zwei</u> Entwicklern;

deshalb in den folgenden Jahren öfters zu Spaziergängen durchs Sauerland ein. – C. S. war nicht zufrieden mit der 1970 bei Duncker & Humblot in Berlin erschienenen Schwab-Dissertation „The Challenge of the Exception / An Introduction to the Political Ideas of Carl Schmitt between 1927 and 1936“. Jacob Taubes gegenüber hatte Schwab über C. S. geäußert, er sei nicht sicher, ob „his mind clear and his hands clean“ seien. Diesen Geist glaubte C. S. auch in der Dissertation zu verspüren.

oder Vielheit (mehrere Entwicklungsräume mit einem Gleichgewicht der neuen Großräume).

Zweiter Fragenbereich unter dem Aspekt der Elemente:

Osten: Land/terran – Haus/Oikos – soziomorph;
Westen: Meer/maritim – Schiff/entfesselte Technik – technomorph;

Möglichkeit neuer Elemente als Umwelt des Menschen (Luft und Feuer: Sinn der Phantasien vom Aufbruch in den Kosmos; vgl. Festgabe für Ernst Jünger 1955 bei V. Klostermann in Frankfurt/Main).

Dritter Fragenbereich: Das auf Europa lastende Odium des Kolonialismus

1) Universalität dieses Odiums: Antikolonialismus in USA und USSR, in Asien und Afrika und in Europa selbst;
2) Europäische Herkunft dieses Odiums
   a) antispanische Propaganda des 16/17. Jahrhunderts (leyenda negra);
   b) humanitäre Aufklärung des 18. Jahrhunderts;
   c) egalitäre Menschenrechte des 19. und 20. Jahrhunderts;
   d) Ergebnis: Europa als Weltaggressor (Toynbee);
3) Das Odium des Kolonialismus ist das Odium des Nehmens; es stammt aus einer tiefen Wandlung sozial- und wirtschaftsethischer Begriffe.

Dieser letzte Punkt 3 ist das Thema meines heutigen Vortrages.

Münster/Westf. den 9. März 1957

Carl Schmitt

[am Rande hs:] 10 Minuten Überblick als Anmarsch zum Thema!

Nr. 195
AK[284]/hs

[Plettenberg, 12. 4. 57]

Vivat, floreat, crescat! Zum Geburtstag der drei heterogenen aber alle gleich bewährten (und bewehrten) drei Musketiere vom 12. April[285], herzliche Glückwünsche und viele Grüsse von Haus zu Haus (und Schiff zu Schiff) Ihres alten und getreuen

Carl Schmitt

Plettenberg/Westf.
12/4 57

Anni grüsst und gratuliert ebenfalls.

Nr. 196
B/hs

Plettenberg
31/5 57

Mein lieber Arminius,

Ihre Aufsätze lese ich mit brennendem Interesse; es ist die einzige vernehmenswerte Information über Frankreich, die ich erhalte. Neulich habe ich mir sogar eine Nummer des Konformisten-Blättchen „Die Zeit" des Herrn Bucerius gekauft, in heroischer Überwindung meines Widerwillens, der durch die Lektüre des Schiedsspruches in Sachen Tüngel[286] sehr gross geworden war, und las Ihren Aufsatz „Wer stürzt Mollet?" Nun ist er doch gestürzt. Der Aufsatz aus dem Tag, ebenso der von Fleig, wurde mir von Weinreich getreulich übersandt. Vielen Dank!
Es hat mir leid getan, dass Sie im April in Frankfurt waren, ohne mich zu besuchen oder nach dort zu rufen. Inzwischen ist seit 1. Mai ein junger Amerikaner, George Schwab, von der Columbia-Universität hier. Er hat sich für 2 Monate im Hôtel Ostermann einquartiert; wir machen fast täglich grosse Spaziergänge: Sein Buch wird etwas anderes als das Ihres Landsmannes Peter Schneider, der sich inzwischen bewogen gefühlt hat, mir ein Exemplar mit einer sehr reservierten Widmung („Herrn Prof. Dr.

284 Das Bild auf der Karte zeigt einen alten Chinesen mit Schreibutensil in der Hand und ist von C. S. untertitelt: „Dieser alte Schriftsteller gratuliert dem jungen."

285 „Drei Musketiere": Prof. Joseph H. Kaiser (heutiger Nachlaßverwalter von C. S.), Ernst Hüsmert und AM haben alle am 12. April Geburtstag.

286 Im März 1957 wird die „Zeit" unter Bucerius und Gräfin Dönhoff endgültig linksliberal. Tüngel muß gehen (vgl. Anm. 197).

C. Schmitt mit den verbindlichsten Grüssen und in vorzüglicher Hochachtung") zu übersenden. Die schwierige Aufgabe, auf solche Höflichkeiten mit der ganzen Milde meines hohen Alters würdevoll und freundlich zu antworten, habe ich durch den in Abschrift beiliegenden Brief zu lösen versucht.
Es bleibt aber das flagrante Faktum, dass ein entzückender junger Mann aus New York den Weg nach Plettenberg findet, während uralte Bekannte mich hier versauerländern lassen. Im „Civis" wird übrigens eine kurze Besprechung des Buches von Peter Schneider erscheinen, rasend intelligent, und von einer unbeschreiblich grausamen Schnoddrigkeit (gezeichnet -0).*

* [Nachtrag am oberen Rand:] Beispiel: „... während unser Autor (P. S.) unermüdlich schrebernd seine Lesefrüchte pflückt, schwindet die Hoffnung, dass er schliesslich den Baum der Erkenntnis noch findet" etc. ... Gegen Ende des Buches entwindet sich unser Autor endgültig der Faszination des Bösen etc.

Der „novio"[287] aus Santiago wird Anfang August erscheinen. Anima ist fleissig mit ihrer Aussteuer beschäftigt. Anni war mit ihr für 10 Tage in England, wo sie natürlich ebenfalls fleissig eingekauft haben. Ich habe ihnen als Vorbild den alten Felix Dahn zu empfehlen versucht, der etwa 1880 einer Bekannten von uns, die ihn auf ihrer Hochzeitsreise in Breslau besuchte, mit einem gerührten Blick auf seine alte Lebensgefährtin sagte: „Als wir heirateten hatten wir nichts als ein Hemd und eine Harfe."
Ihnen, lieber Arminius, Ihrer lieben und verehrten Frau und den beiden Jungens viele herzliche Grüsse und Wünsche von Anima, Anni und Ihrem alten

Carl Schmitt.

Ganz besonderen Dank für Ihren Wilhelm-Lehmann-Aufsatz und den Rundfunkvortrag, den ich gehört habe (leider war es nicht Ihre Stimme!).

— — — — — —

[ms]

Abschrift

Plettenberg, den 20. Mai 1957

Sehr geehrter Herr Professor Schneider,

ich habe Ihre Sendung vom 2. Mai erhalten und danke Ihnen vielmals sowohl für das wertvolle Buch wie auch für Ihre Widmung und das freundliche Begleitschreiben. Für Ihre schwierige, an spezifischen Sach- und Darstellungsproblemen reiche Aufgabe ha-

287 „Novio" ist das spanische Wort für Bräutigam: Anima Schmitt wird in diesem Jahr die Gattin des jungen Professors der Rechte Alfonso Otero und heißt von nun an Anima Schmitt de Otero.

ben Sie mit Hilfe C. G. Jung'scher Kategorien eine Lösung eigenen Stils gefunden, die mich auch in ihrer menschlichen Seite sehr beschäftigt und deren mühereiche Durchführung jedenfalls Ihr Verdienst ist. Freilich wird ein grosser Teil der Benutzer Ihres Buches weniger auf dieses Ihr Verdienst achten und sich lieber einfach an das ohne weiteres vollstreckbare Endergebnis: Feind des Rechtsstaates halten.
Für mich als den Gegenstand Ihrer Vivisektion oder genauer (wenn ich mir eine solche Wortbildung erlauben darf): Arcanoskopie, bleibt jetzt nur noch übrig, das Buch eines jungen Amerikaners abzuwarten, der das gleiche verfassungs- und völkerrechtliche Material in der Weise behandeln will, wie die Theorien von Harold J. Laski in dem 1955 erschienenen Buch von Prof. Deane, Columbia Universität New York behandelt worden sind. Vielleicht wird mir, wenn ich dann noch genug Kraft und Antrieb habe, ein Vergleich der beiden Bücher zum Anlass werden, meinem Lebenswerk einen Epilog – d'outre tombe – nachzusenden.

Mit bestem Dank

Ihr

gez. Carl Schmitt

*Nr. 197*
*B/ms*

*Bourg-la-Reine (Seine), 9. 7. 57.*

*Mein lieber Herr Professor,*

*nun naht wieder Ihr Geburtstag, und mir wird schmerzlich bewusst, dass ich Sie im abgelaufenen Jahr nie sehen konnte. Als ich im April für einen Tag in Frankfurt war, habe ich Ihnen nicht berichtet, weil Sie imstande gewesen wären, nach Frankfurt zu kommen – dabei liegt mir immer noch auf der Seele, dass Sie einmal meinetwegen die beschwerliche Fahrt nach Frankfurt gemacht haben. Wir leben ja in einer verkehrten Welt, aber dass ein zweites Mal der Meister dem Adepten entgegenreist – das wäre doch auch für diese Welt zu verkehrt. So hoffe ich denn, dass ich im Herbst für etwas längere Zeit in die Bundesrepublik kommen kann, um dann nach Plettenberg zu fahren. <...>*

Nr. 198
B/ms

[o. O.,] 25/7 57

Mein lieber Arminius:

für den Geburtstagsgruss, den Sie und Ihre Frau mir geschickt haben, danke ich Ihnen herzlich, vor allem für das schöne Photo mit den beiden Söhnen, das Anima gleich requiriert und in ihr Album eingeklebt hat, und für die schöne Karte von Tiepolo. Wir haben den Geburtstag schön gefeiert. Walter Warnach und Rolf Schroers waren überraschend gekommen. Schroers hat spät nachts noch eine Rede gehalten, die ganz fabelhaft war, an die sich aber am andern Tag niemand mehr erinnern konnte. Schroers[288] selbst war in aller Frühe nach Hause zurückgefahren, wo ihn die Nachricht erwartete, dass während seiner Abwesenheit sein ältester Sohn durchgebrannt war, um das Heidelberger Schloss zu sehen.

Ihre Frankreich-Aufsätze sind grossartig. Es ist die beste Information, die ich mir vorstellen kann, und ich bitte Sie, mit der Zusendung nicht aufzuhören, denn das gehört zu dem Wenigen, was mich noch wirklich interessiert. Ich will Ende September vor einigen Studenten im Kloster Ebrach[289] bei Würzburg über den neuen Nomos der Erde sprechen und will Sie dabei verwerten. Eben habe ich im letzten Heft des Monat (Nr. 106) einen hervorragenden Aufsatz von Herbert Lüthy[290] (den Sie anerkennend zitieren) gelesen, Ruhm und Ende der Kolonisation. Die Gedanken dieses Aufsatzes berühren sich so frappant mit meinen Thesen, dass ich mich frage, ob Lüthy sie vielleicht kennt und ob es Sinn hat, ihn mit Land und Meer oder dem Nomos der Erde oder dem Aufsatz aus der Ernst-Jünger-Festgabe bekannt zu machen. Vielleicht ist der Aufsatz aus der Ernst-Jünger-Festgabe besonders geeignet, nicht nur weil ich noch mehrere Exemplare habe, sondern auch deswegen, weil Lüthy sich in seiner Kritik des Jünger'schen Rivarol-Buches aufs hohe wissenschaftliche Ross geschwungen hat und

288 Rolf Schroers (1919–1981). Unter den Schmittianern der liberalste (vgl. seine Schilderung durch van Laak, op. cit.). Er leitete von 1965 bis zu seinem Tode die Theodor-Heuss-Akademie in Gummersbach und gab die Zeitschrift „liberal" heraus – beides Institutionen der FDP.

289 Die „Ebracher Seminare" in dem oberfränkischen Zisterzienserkloster Ebrach wurden 1957 von dem Heidelberger Verwaltungsrechtler Professor Ernst Forsthoff (1902–1974) gegründet. Forsthoff war der angesehenste C. S.-Schüler und seinem Alter nach eine Brücke vom Meister zu den jüngeren Schmittianern der Nachkriegszeit. So wurden diese Herbsttagungen in Ebrach zum wichtigsten Treffpunkt all jener, die näher oder ferner mit C. S. zu tun hatten. Carl Schmitt war schon beim ersten Treffen im Herbst 1957 der Ehrengast.

290 „Lüthy": der schweizerische Historiker Herbert Lüthy (geb. 1918) war in der Öffentlichkeit durch sein Buch „Frankreichs Uhren gehen anders" bekannt; für die Fachleute galt er als bester Kenner der protestantischen Finanzoligarchien in der französischen Geschichte.

durch die Lektüre meines Aufsatzes auf eine taktvolle Weise darüber belehrt werden könnte, dass erstklassige Wissenschaftler zu Jüngers nächsten Freunden gehören.
Ich habe Ihnen als Drucksache das Heft Nr. 30 des Civis geschickt. Das Heft müsste Aufsehen erregen, wenn wir heute in der Bundesrepublik noch so etwas wie Öffentlichkeit hätten. Der Fall Theimer ist doch ein ganz unglaublicher Skandal; die Peter Schneider-Besprechung eine kleine Sensation; und der Aufsatz über Thomas Mann und Felix Krull brillant und überlegen; dazu kommt eine bedeutende Auseinandersetzung mit Lukács, Aufstand der Vernunft. Dass dergleichen in einer CDU-Studentenzeitschrift steht, ist ein Symptom wichtigster Art und man sollte sich einmal fragen, was es bedeutet, wenn hinter der Fassade muffigsten Honoratiorentums solche beunruhigenden Intelligenzbestien ihr Wesen treiben. Sind das nun Kuckuckseier? Oder sind es Basiliskeneier? Ist es ein Trojanisches Pferd und wer sitzt darin? Kurzum, eine bemerkenswerte Angelegenheit. Hat es Sinn, dass ich Hans Fleig ein Exemplar dieses Heftes schicke?
Ende des Monats reise ich nach Wiesbaden, wo Hans Freyer seinen Geburtstag feiert. Im Kurhaus findet eine Veranstaltung statt, bei der Arnold Gehlen eine Rede über Soziologie und Geschichte halten wird. Ich bin von Christ und Welt um eine Äusserung zum 70. Geburtstag Freyers gebeten worden und konnte mich der freundschaftlichen Verpflichtung nicht entziehen. Die Äusserung sollte in der Nummer vom 25. 7. gedruckt werden. Ob sie es tatsächlich drucken werden, weiss ich noch nicht. Ich kann den heutigen obligatorischen konformistischen homo-homini-homo-Ton einfach nicht treffen.
Vielen Dank für Ihren Brief vom 9. Juli und die Beilage, die ein Dokument für die von der Zeit ausgeübte Art von Zensur ist. Ich werde dieses traurige Bucerius-Blättchen nicht mehr kaufen. Die Lektüre des Schiedsspruches, nach welcher Tüngel mit 1 Million DM abgeschoben ist, hat mich tief deprimiert. So endet also eine Journalisten-Laufbahn! Früher dachte man, auch beim Geld gäbe es einen Punkt, an welchem die Quantität in die Qualität umschlägt und bei 1 Million wäre dieser Punkt jedenfalls erreicht. Wie kommt es, dass in diesem Fall die Million eher den gegenteiligen Eindruck macht? Hätte man ihm wenigstens einen leitenden Posten bei Rundfunk oder Television auf den Tisch gelegt. Aber nichts als bares Geld, das ist doch zu traurig.
Seien Sie mit Ihrer Frau und Ihren Kindern herzlich gegrüsst und schreiben Sie bald einmal wieder

Ihrem alten

Carl Schmitt.

— — — — — —

Abschrift eines Gedichtes von Hans Freyer, „Aegäis“, das er 1955 in das Gästebuch des archäologischen Museums in Izmir eingetragen hatte.

Nr. 199
AK/hs

Plettenberg, 12/9 57

Muchas grazias, mein lieber Arminius, aber sehr schade, dass wir uns nicht sehen. Ich war eine Woche schwer krank, kann aber nächste Woche wieder reisen und fahre in die Gegend von Würzburg (Kloster Ebrach) wo Heidelberger Studenten eine Tagung über den „Nomos der Erde“ veranstalten. George Schwab begleitet mich. Besonderen Dank für Ihre Fr. Aufsätze aus der „Tat“; Sie können kaum ahnen, was das für mich bedeutet. Hat Ihnen Hans Fleig auch die von Däubler gepflückte Anemone vom Hymettos gezeigt, die ich der kleinen Jutta zur Begrüssung auf diesem Planeten übersandt habe? Den Nomos schicke ich Ihnen für Lüthy nach Paris. Auf Ihre nähere Mitteilung über meine Jugendsünde[291] von 1916(!!) bin ich begierig. Die Nachrichten über das Auftreten Ihres Freundes H. H. Jahnn[292] in Bonn haben mir weh getan. que diable allait-il faire dans cette galère? Alle bewundern das fabelhafte Foto von Ihnen und Gert in Paris. Stets Ihr alter

Carl Schmitt.

Nr. 200
B/hs

Plettenberg
10/3 58

Mein lieber Arminius,

wie weit ist denn nun Ihr neues Buch über Frankreich? Ich stelle Sie mir in Ihrer Entrückung vor und wage kaum, das Wort an Sie zu richten. Vor einigen Wochen hörte ich einen höchstinteressanten Rundfunkvortrag über die keltische Bewegung und dachte mir, dass Ihr Buch wahrscheinlich sehr bedeutend wird. Aber man muss für ein Buch Zeit haben, d. h. sich Zeit NEHMEN. Hoffentlich haben Sie das gründlich getan.

---

291 „Jugendsünde von 1916“: das Däubler-Buch von C. S., das AM nach langer Suche hatte finden können.

292 „Ihr Freund Hans Henny Jahnn“: kaum versteckter Tadel, daß AM zwar zu einer Tagung mit Jahnn an den Rhein kam, aber nicht nach Plettenberg weiterfuhr.

Ich schicke Ihnen den Brief von J. Drexel wunschgemäss zurück. Dass Sie der Unwahrheit so tapfer entgegentreten, tröstet mich sehr. Ich fange an zu resignieren. In der neuen Brief-Publikation von Hugo Ball[293] (Einsiedeln bei Benziger) wo einige Briefe Balls an mich abgedruckt sind, werden meine „glänzenden Schriften“ meiner Zeit vor dem Sündenfall (theologisch nennt man das supralapsarisch) daraus erklärt, dass ich „aus der Schule von Hans Kelsen“ komme. Wenn man diesen frechen, aber keineswegs unbedachten Unsinn liest, muss man allerdings resignieren.

Ich habe mich bei Ihnen noch nicht einmal für die wunderbaren W. Lehmann-Aufsätze bedankt. Immer hoffe ich, dass wir darüber sprechen können. Über den Brentano-Aufsatz bin ich ganz entzückt. So kann nur ein grosser Dichter über den andern sprechen.

Wie geht es bei Ihnen? Wie trägt Ihre gute Frau das schwere Schicksal, einen Bücherschreiber zum Mann zu haben? Was machen die Jungens?

Anima scheint es am Cap Finisterre sehr gut zu gehen. Alfonso gefällt mir täglich besser. Im Mai denke ich dorthin zu reisen. Der Winter war für mich sehr schwer.

Wissen Sie vielleicht die jetzige Adresse von P. Tommissen? Vossstr. 42 Borgerhout ist als unbestellbar zurückgekommen. Prof. Barion hatte ihm wegen der 2. Aufl. der Bibliographie geschrieben. Die letzte Nachricht, die ich von ihm habe, ist von Weihnachten. Er schrieb, dass er einen Job in Brüssel annehmen werde.

Ich habe eine Sammlung von 21 verfassungsrechtlichen Aufsätzen zurechtgemacht, mit vielen Bemerkungen. Duncker und Humblot hat das angeregt und will es bald herausbringen. Die Umbruchskorrektur ist schon gelesen. Über 500 Druckseiten! Eine Heiden-Arbeit, diese Ausgabe von Äusserungen aus den Jahren 1924–54! Aber ich konnte mich ihr nicht entziehen, obwohl sie mir nur neue Verfolgung und Gemeinheiten einbringen wird.

Haben Sie Buchheim eine Abschrift Ihres Briefes an Drexel geschickt? Das wäre ganz gut, damit er über den Helden seines Niekisch-Aufsatzes auf dem Laufenden bleibt.

Haben Sie eine Abschrift des Rundfunk-Vortrages von Walter Warnach (Stuttgart, Oktober 57) über das Buch von Peter Schneider erhalten? Ich möchte sie Ihnen besorgen, weil mir daran liegt, dass Sie ihn kennen.

Ernst Jünger schrieb eine Karte aus Washington. Von Fleig höre ich nichts. Die „Tat“ sehe ich nicht mehr, weil ich keine Reisen mehr mache. Für jedes Stück Brot bin ich Ihnen dankbar.

Anni wartet auf die Reisezeit und lässt herzlich grüssen. Ich grüsse ebenfalls alle Pariser Mohlers und bleibe Ihr alter

Carl Schmitt.

---

293 Hugo Ball (1886–1927), vom Dadaisten zu einer Art von weltlichem Mönch geworden, begann 1923 die Bücher von C. S. zu studieren. An Schmitts besitzergreifender Art (er wollte Ball ummodeln) zerbrach die Beziehung der beiden. Der Streit setzte sich nach Balls Tod fort, denn dessen Witwe Emmy Ball-Hennings war ebenso besitzergreifend. Natürlich ist die Ernennung Kelsens zum Lehrer von C. S. grotesk, kann aber durchaus auf Unkenntnis beruhen – Kelsen und

Nr. 201
B/hs

Plettenberg
Ostersonntag 1958

Mein lieber Arminius,

ich hatte im Stillen gehofft, Ihnen zu Ihrem Geburtstag ein Exemplar meiner „Verfassungsrechtlichen Aufsätze“ überreichen zu können. Das wäre das richtige Geschenk gewesen. Aber es wird wohl Mai werden, ehe das Buch fertig auf dem Tisch liegt. Deshalb bitte ich Sie, für heute mit meinen schriftlichen Geburtstagswünschen zufrieden zu sein und zugleich für Sie und die Ihrigen meine herzlichsten Ostergrüsse und =Wünsche entgegenzunehmen.
Vielen Dank für die schöne Hieronymus-Bosch-Karte aus Brügge! Es hat mir leid getan, dass Sie in Deutschland waren, ohne mich besuchen zu können. Ich weiss noch nicht, wann und wie ich zu Anima nach Spanien reise. Jedenfalls möchte ich meinen Geburtstag nicht in Plettenberg und nicht in Deutschland begehen. Vielleicht fahre ich dann im Juni/Juli an das Cap Finisterre und nach La Coruña. Anima schreibt sehr fröhliche Briefe. Ich bin gespannt, wie weit sie zur Spanierin wird.
Meine Einsamkeit wird grösser und immer grauer. Die Edition der verfassungsrechtlichen Aufsätze (mit einem wohldurchdachten Sachregister) war nur eine sehr äusserliche Ablenkung. Das Buch ist 517 Seiten stark geworden. Die Ausbalancierung der neuen „Bemerkungen“ mit dem alten Text war ein schwieriges Problem, für dessen Bewältigung ich kein Vorbild hatte. Es scheint mir tatsächlich ein neuer Typus von Buch entstanden zu sein. Das Licht, das auf die Tage vor der Ernennung Hitlers zum Reichskanzler (30/1 33) fällt, ist sensationell und wird meine Verfolger provozieren. Mir ist es allmählich gleichgültig geworden, wer hier auf meine Kosten Selbstaufwertung treibt.
Ich füge noch Ihren Brief an Drexel vom 27/2 58 bei, den ich neulich vergessen hatte. Weiss eigentlich Dr. Buchheim, der Verfasser des Niekisch-Aufsatzes, von diesem Briefwechsel? Niekisch'ens Lebenserinnerungen sollen im Herbst bei Kiepenheuer & Witsch erscheinen.
Die Auflage der C. S. Bibliographie von Piet Tommissen ist erschöpft; Barion betreibt eine 2. Auflage. Wie steht es mit Ihrer Schrift über die „Rechte“? Hat Lüthy sich zum „Nomos der Erde“ geäussert? Hat es Sinn, ihm den Ost-West-Aufsatz aus Ernst Jüngers Festschrift zu zeigen?

---

C. S. amteten zeitweise in Köln nebeneinander. Über die Vorgänge informiert der materialreiche Katalog zur Jahrhundert-Ausstellung in Balls Vaterstadt Pirmasens: Ernst Teubner (Hrsg.), „Hugo Ball (1886–1986) / Leben und Werk“ (Berlin 1986, Publica-Verlagsgesellschaft).

Anni lässt herzlich grüssen und gratulieren; sie freut sich auf ihre Sommerreise. Ernst Hüsmert, Ihr Geburtstagskollege, hat das beiliegende Gedicht gemacht; er wohnt jetzt in Essen, Margaretenhöhe, als Betriebsberater bei Krupp.

Stets Ihr alter und getreuer

Carl Schmitt.

— — — — — —

[hs]

Regen tackt in der Nacht
Gegen den Turmuhrenschlag
Sirius blinkt und versinkt.
Schatten verdingt
Mich schon dem folgenden Tag.

Heute hatte gebracht
Beute mit Tränen verseucht
Was ich wollte gelang.
Was für ein Zwang
Hält mich nach rückwärts gebeugt?

Dieses Gedicht von Ernst Hüsmert ist hier für Armin Mohler zum 15. April 1958 aufgeschrieben von

Carl Schmitt.

Nr. 202
B/ms+hs

[San Casciano 25/5/58]

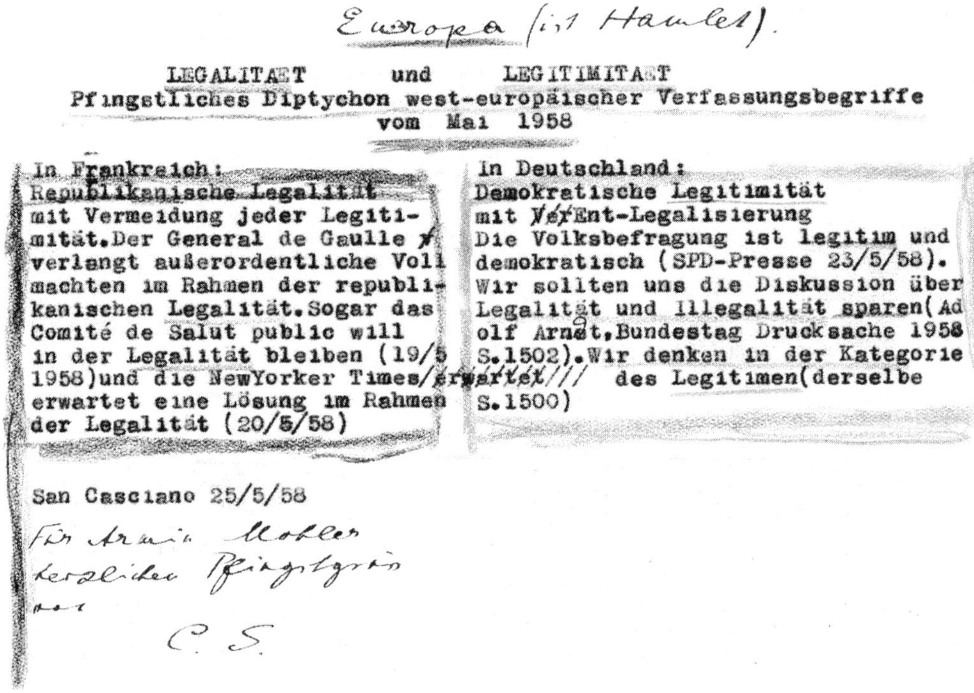

Europa (ist Hamlet).

LEGALITAET und LEGITIMITAET
Pfingstliches Diptychon west-europäischer Verfassungsbegriffe
vom Mai 1958

In Frankreich:
Republikanische Legalität
mit Vermeidung jeder Legiti-
mität. Der General de Gaulle
verlangt außerordentliche Voll
machten im Rahmen der republi-
kanischen Legalität. Sogar das
Comité de Salut public will
in der Legalität bleiben (19/5
1958) und die NewYorker Times/
erwartet eine Lösung im Rahmen
der Legalität (20/5/58)

In Deutschland:
Demokratische Legitimität
mit Ent-Legalisierung
Die Volksbefragung ist legitim und
demokratisch (SPD-Presse 23/5/58).
Wir sollten uns die Diskussion über
Legalität und Illegalität sparen(Ad
olf Arndt, Bundestag Drucksache 1958
S. 1502). Wir denken in der Kategorie
des Legitimen(derselbe
S. 1500)

San Casciano 25/5/58
Für Armin Mohler
herzlichen Pfingstgruss
von
C. S.

[hs] Europa (ist Hamlet)

[ms] LEGALITAET und LEGITIMITAET
Pfingstliches Diptychon west-europäischer Verfassungsbegriffe
vom Mai 1958

In Frankreich:
Republikanische Legalität
mit Vermeidung jeder Legitimität. Der General de Gaulle verlangt außerordentliche Vollmachten im Rahmen der republikanischen Legalität. Sogar das Comité de Salut public will in der Legalität bleiben (19/5 1958) und die New Yorker Times erwartet eine Lösung im Rahmen der Legalität (20/5/58)

In Deutschland:
Demokratische Legitimität
mit Ent-Legalisierung
Die Volksbefragung ist legitim und demokratisch (SPD-Presse 23/5/58). Wir sollten uns die Diskussion über Legalität und Illegalität sparen (Ado lf Arndt, Bundestag Drucksache 1958 S. 1502). Wir denken in der Kategorie des Legitimen (derselbe S. 1500)

San Casciano 25/5/58

[hs]
Für Armin Mohler
herzlichen Pfingstgruss
von

C. S.

Nr. 203
B/hs

von der Reise zum
Flughafen Frankfurt
(von da nach Madrid
& Santiago) 10/6 58

Lieber Arminius,

Ihr Eilbrief kam genau in dem Augenblick, in dem ich das Haus verliess, um zum Bahnhof zu gehen. Der Däubler-Aufsatz von Georg Schlocker hat mich bis Frankfurt gefesselt (4 Stunden), obwohl ich ihn in 1/4 Stunde gelesen hatte. Das ist eine bedeutende klare Sache, mit aller Grausamkeit der Jugend im Allgemeinen und der heutigen im Besonderen; oder sage ich statt „Jugend" besser „das Neueste"? Der springende Punkt: Weltgedicht ohne Welt ist fabelhaft getroffen. Dazu ist viel zu sagen. Es würde mich sehr interessieren, wer der Verfasser ist.
Jetzt müssen Sie natürlich die „Aufsätze" bald haben. Soll ich sie nach Bourg-la-Reine schicken lassen? Über das Echo in der „Tat" habe ich mich unendlich gefreut. Es ist aufgenommen und weitergegeben worden (siehe FAZ vom 3/6 und Spiegel vom 11/6!)[294]
[Fortsetzung auf einem anderen Blatt:]
Vielen Dank für den Bericht von Ihrer Harzreise! Ich bin auf Ihren Vortrag gespannt; schicken Sie ihn nach Santiago! Die „Verfassungsrechtlichen Aufsätze" tot zu schweigen, wird schwer werden. Gut, dass das (dem Andenken von Popitz gewidmete) Buch

294 Dieser Brief wird belebt durch Schmitts Freude, daß er für einige Zeit seine „Einsiedelei" in Plettenberg verlassen und seinen 70. Geburtstag in Spanien verbringen kann. Die ersten beiden Absätze des Briefes schrieb er auf das Titelblatt einer Voranzeige seiner „Verfassungsrechtlichen Aufsätze" (1958). Der Rest des Briefes setzt sich auf einem anderen Blatt fort. Das Titelblatt enthält einen Teilabdruck aus dem Vorwort des Verfassers, darin den Satz „Bonn ist bekanntlich nicht Weimar" (Fritz René Allemanns Bestseller „Bonn ist nicht Weimar" von 1956 trug die Formel durch die Lande). Dieser Satz ist von C. S. unterstrichen und am Rande mit der Bemerkung versehen: „Bonn ist nicht einmal Bonn selbst, Bonn ist Karlsruhe".

da ist. Für den Winter 1958/59 ist nämlich eine Erinnerungsgabe für Popitz geplant. Zu dem Buch habe ich einige sehr schöne Briefe bekommen, von Forsthoff, Heinrich Popitz, Victor Leemans[295] (s. Anlage), u. a.; leider noch nicht von George Schwab. Hans J. Arndt besuchte mich Pfingsten.
Der Zug schwankt zu sehr, sodaß ich mit dem Schreiben aufhöre. Herzliche Grüsse Ihnen, Ihrer Frau und den Jungens! Anni fährt nach England, zu ihrer Freundin; sie besucht auch Veale, der ein neues Buch veröffentlicht hat. Ich schreibe von Spanien aus mehr! Stets Ihr alter

C. S.

Don Capisco = auf Deutsch: Kannitverstan.

Wo bleibt denn das Büchlein über die Rechte im Isarverlag[296]? oder ist das dasselbe?

— — — — — —

1. Der o. gen. Brief des belgischen Senators Dr. Victor Leemans vom 17. Mai 1958. [Darin heißt es u. a.:]

<…> „obwohl ich im Wahlkampf sitze, habe ich Abends, die letzten Tage, immer aufs neue in Ihren „Verfassungsrechtlichen Aufsätzen" gelesen. Sie gehören zum Aktuellsten, was ich heute erleben kann. Sie liegen öfters 25 Jahre zurück, doch sprechen sie zu unserer Zeit, als ob sie heute geschrieben wären. Wir leben nicht so schnell wie wir öfters meinen, und die Wiederkehr ist vielleicht eine noch größere Präsenz als die sogenannte „heutige" Situation. Einsicht und Begriff der Erscheinungen haben wohl, wie Ihre Aufsätze zeigen, eine größere Transzendenz. Ihre juristische Analyse erklärt die sinngemäßen Strukturen einer Zeit … Ihr Buch ist mir ein „livre de chevet". <…>

2. Weitere Blätter des Verlagsprospekts, und zwar zwei Seiten mit dem Abdruck des Inhaltsverzeichnisses der „Aufsätze" und ein Blatt mit einer Anzeige der anderen im Verlag erschienenen Werke von C. S.

---

295 Zur Stimmung des Briefes paßt gut das beigelegte Schreiben Victor Leemans' vom 17. 5. 58 – es sagt in wenigen Sätzen, was den Charme der „Verfassungsrechtlichen Aufsätze" ausmacht.

296 Das Büchlein aus dem Isarverlag: eine Schrift über „Die französische Rechte" von AM für die von Hans-Joachim von Merkatz herausgegebene „Konservative Schriftenreihe", erschienen im Herbst 1958.

*Nr. 204*
*B/ms*

*Bourg-la-Reine (Seine), 28. 6. 58.*
*bis 5. Juli: Basel, Rigistrasse 86.*

*Mein lieber Herr Professor,*

*in Eile nur die Nachricht, dass ich gestern mit Jacob Taubes nach elf Jahren Wiedersehen gefeiert habe. Von der ersten Sekunde an verstanden wir uns wieder wie früher. Den grössten Teil der Zeit sprachen wir von Ihnen. Nach Spanien kann Taubes nicht fahren. Aber wenn Sie im August oder vorher in Paris Halt machen würden, würde er, um Sie zu sehen, nach Paris kommen. Könnten Sie mir eine Zeile darüber nach Bourg-la-Reine schreiben, wo ich in einer Woche wieder sein werde? – Um den 14. Juli rum kommt Taubes, der z. Zt. in Zürich ist, ein erstes Mal nach Paris.*
*Ueber einen Teil des Gesprächs muss ich Ihnen doch berichten. Wir kamen auf Schw. zu sprechen. Ich: „Ist Schw. eigentlich Jude?“ JT schaute mich interessiert an: „Wie kommst du darauf?“ Ich: „Nun, jedesmal, wenn die Rede auf die Juden kommt, fragt Schw., ob es das überhaupt gäbe ...“. Darauf lächelt JT und sagt: „Das sollte einem Armin Mohler eigentlich schon alles gesagt haben.“ <...>*

Nr. 205
AK/hs

[o.O./Spanien,] 2.7.58

Für 2 inhaltreiche Sendungen, lieber Arminius, muss ich mich bedanken: vom 14/6 (mit dem Hinweis auf das Buch des Grafen von Krockow[297]) und vom 28/6 (aus Basel, Gespräch mit JT[298]). Ich bin seit 14 Tagen hier bei Anima und Alfonso, in wunderbarer Ruhe; leider regnet es furchtbar; ich erhalte eine lehrreiche Lektion zu dem Thema „Land und Meer“. Ob ich über Paris zurückreisen kann, ist leider fraglich, obwohl ich den heftigsten Wunsch habe, Sie endlich wiederzusehen. Aber 70 Jahre ist für einen nicht-verjüngten Greis ein hohes Alter. Bald schreibe ich mehr und schicke ein schönes neues Gedicht von Ernst Hüsmert. Santiago ist überwahrscheinlich schön; wer es nicht kennt, sollte nicht von Europa reden.

---

297 Christian Graf von Krockow, „Die Entscheidung / Eine Untersuchung über Ernst Jünger, Carl Schmitt, Martin Heidegger“ (Stuttgart 1958). In einer Zeit, in der für den aufmerksamen Beobachter Jünger und Carl Schmitt auseinandertrifteten, von Heidegger ganz zu schweigen, packte der Politologe Krockow sie alle drei unter dem Allerwelts-Stichwort „Dezisionismus“ in die gleiche Schublade.

298 J. T. = Jacob Taubes.

Anima und Alfonso grüssen herzlich.
Sagen Sie J. T. meine besten Grüsse; es wird sich schon einmal fügen, dass wir uns sehen.
[Am Rande der Karte unterschreibt – mit persönlichem Gruß – Alfonso Otero; es fehlen Grußformel und Unterschrift von C. S.]

Nr. 206
B/hs

[o. O./Spanien,] 6. 7. 58.

Mein lieber Arminius, ich würde mit grösster Freude im Juli oder August zu Ihnen nach Paris kommen, und die tausend Items erörtern, die sich im letzten Jahre bei mir angehäuft haben. Auch die gemeinsamen Freunde, besonders Ernst Kern, möchte ich sehen und Jacob Taubes kennen lernen. Aber meine Schwer-beweglichkeit ist grenzenlos; meine Phobie vor Reisen kaum überwindlich, und ich fürchte, diese Reise war meine letzte, jedenfalls die letzte, die ich ohne Begleitung mache. Von dem Flug Frankfurt-Madrid (am 11. Juni) mußte ich 8 Tage in Madrid ausruhen. Am liebsten bliebe ich einfach da liegen, wo ich gerade bin, sofern das einigermassen erträglich ist. Seien Sie mir also nicht böse, wenn ich nicht nach Paris komme. Ich würde es gern tun. Und verweisen Sie mich nicht an Vorbilder wie Adenauer und Churchill, die noch mit 80 Reisen machen, oder gar an den Heiligen Vater in Rom, der im letzten Jahr den Rekord von 400000 persönlichen Audienzen geschlagen hat.
A propos solcher Rekorde füge ich das neue Gedicht von Ernst Hüsmert bei, das (provisorisch) die Überschrift „Vergreisung“ trägt. Zeigen Sie es auch Jacob Taubes.
Den Dank für Ihre Briefe, den ich Ihnen auf einer Karte geschrieben habe, wiederhole ich nochmals. Die Sammlung meiner Verfassungsrechtlichen Aufsätze ist hoffentlich inzwischen bei Ihnen eingetroffen. Die Wirkung dieses Buches kann ich nicht beurteilen. In Deutschland wird man es plündern und totschweigen. „Die lieben Deutschen kenn’ ich schon: erst schweigen sie, dann mäkeln sie, dann beseitigen sie, dann bestehlen und verschweigen sie“. Ich habe Ihnen diesen Satz Goethes aus dem Jahre 1816 öfters zitiert. Jetzt, anlässlich dieser Publikation und meines 70. Geburtstages, drängt er sich mir von neuem auf, als Quintessenz meiner Lebenserfahrung.
Soll ich deshalb auf meinen alten Tag emigrieren und hier in diesem wunderbaren Lande bei Anima und Alfonso bleiben? Die beiden schlagen es mir vor; ich „hesitiere“ noch.
Meinen 70. Geburtstag feire ich jedenfalls hier, in einem schönen, alten Pfarrhaus, mit riesigen Räumen, das dem Vater Alfonsos gehört, mit meinem Kind und meinem hijo politico, dem Rektor der Universität Santiago, einem Spezialkollegen vom Völkerrecht, und einigen anderen Gallegos. Dieses Land ist noch weit mehr als das Sauerland ein Bereich der Auseinandersetzung zwischen Land und Meer, zugleich zwischen Nor-

den und Süden. Das müssten Sie wirklich einmal erleben, lieber Arminius. Santiago de Compostela ist zweihundert Jahre lang abwechselnd von den Arabern und den Normannen geplündert worden. Das ist Sizilien auch, aber Sizilien ist Mittelmeer, und hier ist der Atlantische Ozean in ungeheuerlichster Kraft.
Alfonso ist auf Le Monde abonniert, sodass wir einiges von Ihrem jetzigen Ambiente ahnen können. Wissen Sie vielleicht, was aus René Capitant[299] geworden ist? Er war Verfassungsberater von de Gaulle, hat sich aber längst von diesem getrennt und vor einem oder anderthalb Jahren gegen die Algerienpolitik oder -praxis des Militärs protestiert. Aber manches, was ich über die Verfassungsreform lese, sind seine Ideen. Die Parallele: de Gaulle/Capitant-Schleicher[300]/C. S ist frappant. Ich hätte Lust, ihm meine Aufsatz-Sammlung zu schicken. Wohin könnte man das adressieren? Lesen Sie in der Sammlung besonders S. 350 und 450! Wer mag der Graf von Krockow sein? Und wer Kurt Marko, der in „Wort und Wahrheit“ (Mai 1957) einen jung-marxistisch-musilisch-kafkanisch-katholischen Aufsatz über mein Hamlet-Hekuba-Buch veröffentlicht hat, in dem er meine „Europäisierung des Hamlet-Problems“ als „abschiednehmend und provozierend zugleich“ bezeichnet, was nicht falsch ist. Von George Schwab höre ich nichts; vielleicht schreibt er mir zum Geburtstag. Die Äusserung von JT[301] ist sehr interessant und für mich sehr wichtig. Ich bin Ihnen sehr dankbar für die Mitteilung. H. J. Arndt hat mich im Juni in Plettenberg besucht. Was macht Mme Ponceau? Viele Grüsse und Wünsche für Sie, Ihre verehrte Frau und die Jungens! Anima und Alfonso grüssen ebenfalls herzlich. Die Bilder von Gilles entfalten in dieser Atmosphäre eine unerhörte neue Strahlungs- und Leuchtkraft. Sehen Sie sich das doch einmal an! Und schreiben Sie bald einmal wieder Ihrem alten

Carl Schmitt

---

299 Die Capitants. Es gibt in Frankreich zwei Capitants, die Juristen sind und mit den öffentlichen Angelegenheiten zu tun hatten. Der ältere, Henri Capitant (1865–1947), hat es in der Wissenschaft weiter gebracht: er war Professor an der juristischen Fakultät von Paris und nahm hohe Ränge in der komplizierten Wissenschafts- und Erziehungsadministration ein. Der jüngere, René Capitant (1901–1970), war ebenfalls habilitiert, machte aber Karriere in der Politik, wo er es erst zum Erziehungsminister, später zum Justizminister brachte. Er hat sich nie von de Gaulle „getrennt“, sondern gehörte in der diffusen gaullistischen Bewegung stets zu den minoritären, aber einflußreichen „Linksgaullisten“, die auf Distanz zur rechten Majorität hielten (der General liebte das Spiel mit verschiedenen Bällen). Kritik am Kolonialismus der Armee war in den 50er Jahren keineswegs ein Votum gegen de Gaulle – dieser General war es gerade, welcher das französische Kolonialreich liquidierte. René Capitant war Ideologe einer „Assoziation von Kapital und Arbeit“. Er verkehrte noch um 1935 mit C. S. und führte nach dem Kriege schmittistische Elemente in die gaullistische Verfassung ein (ein von der Wissenschaft bisher nur flüchtig behandeltes Thema).

300 „Schleicher“: gegen Ende der Weimarer Republik suchte C. S. im Gefolge von General Kurt von Schleicher (1882–1934) Politik zu machen, als dieser Reichswehr-Minister und später Reichskanzler wurde. (Sch. wurde am 30. Juni 1934 ermordet.)

301 JT = Jacob Taubes.

— — — — — —

[ms]

Gealtert und reif
Spritzt ihm Hormon in die Adern
Fordert sein Herz Rotation

Motorisiert
Treibt ihn die Jugend von Tieren
Erscheint ihm die Rast als der Tod

Ab vom Betrieb
Sieht ihm wer sterben darf zu

Nichts ist passiert
Als nur die Rätsel vermehrt

Ein sterbender Krieger sieht muntere Greise
Und fragt ob ihr Himmel die Erde schon ist

gez. Ernst Hüsmert

[Randbemerkung von C. S. neben der 1. Strophe, hs:]
Titel provisorisch „Vergreisung“
(Spritzt ist hier intransitiv!)

*Nr. 207*
*B/ms*

*Bourg-la-Reine (Seine), 10. Juli, 1958.*

*Mein lieber Herr Professor,*

*heute abend sitzen wir – Jacob Taubes, Hans-Joachim Arndt, D. W. (ein deutscher Student, der hier eine Dissertation vorbereitet), Edith und ich – hier zusammen und gedenken Ihrer*[302]*. Eben sprachen wir von Ihrem Verhältnis zur Geschichte. Und wir blättern in Ihren „Verfassungsrechtlichen Aufsätzen“, die ich hier bei meiner Rückkehr zu meiner Freude vorgefunden habe! Es ist schade, dass Sie sich nicht zum Weg über Paris entscheiden können – aber wir verstehen Ihre Gründe. Weissen Saumur ha-*

302 Dieses Treffen fand am Vorabend des 70. Geburtstages von C. S. statt.

*ben wir auf Ihr Wohl getrunken, und hoffen, in Ihrem neuen Lebensjahrzehnt bald einmal wieder Ihnen gegenübersitzen zu können.*

*Gute, herzliche, dankbare Wünsche – Ihr Arminius.*

*Sehr verehrter Herr Professor – es ist nicht nur Ihr Festtag, der Sie unter uns Fünf heute sehr stark anwesend sein läßt. In dem Kreise ist kein Gespräch mit unserem Gast aus Amerika möglich, das nicht über Meer und Land die Verbindung zu Ihnen knüpft. – Ich wünsche Ihnen noch gute Wochen bei Alfonso und Anima – die ich herzlich zu grüßen bitte –; ich hoffe, Sie in Ihrem neuen Lebensjahrzehnt bald wiederzusehen. – Im westlichen Deutschland? –*

*Alle guten Wünsche, Gesundheit und Kraft*

*Ihr sehr ergebener*

*Hans-Joachim Arndt*

*Lieber Herr Professor, am Tage unserer Abreise brachte Georg Schwab Ihre „Verfassungsrechtlichen Aufsätze" und wir verbrachten die letzten Stunden im Gespräch über C. S. – und Kojève. In den ersten Pariser Stunden im Hause Mohlers blättere ich wieder in den Aufsätzen und das Gespräch kreist um C. S. So schließt sich der Kreis. Das Wort schlägt Kreise, schlägt Ringe – auch wenn's die offiziellen Stellen nicht wahrhaben wollen. Auf Ihre Flaschenpost wartet immer jemand am anderen Ufer – auch wenn er schweigt.*

*Ihr Jacob Taubes*

*Sehr verehrter Herr Professor!*

*„Benjamin" in jeder Hinsicht – kann ich nur staunend und dankbar zugleich den Gesprächen folgen – deren lebendiger Mittelpunkt Sie geworden sind. Zu Ihrem hohen Festtage alle guten Wünsche.*

*Ihr D. W.*

Nr. 208

AK[303]/hs

[o. O./Spanien,] 26. 7. 58

Dieser wunderbare Daniel vom Portico de la Gloria in Santiago soll Ihnen, mein lieber Arminius, und Ihrer verehrten Frau den Empfang Ihrer Geburtstagssendung – mit der Gratulation von Jacob Taubes, H. J. Arndt und …[304] bestätigen, damit meine Antwort nicht zu lange ausbleibt. Auch der Brief mit dem Zeit-Archiv ist gut angekommen.

303 Eine Detailaufnahme aus dem Portico de la Gloria der Kathedrale von Santiago de Compostela.

304 Hier ließ C. S. eine Lücke im Text, sicherlich um darin dann den Namen des ihm persönlich unbekannten fünften Gratulanten (D. W.) nachzutragen.

Von Deutschland aus schreibe ich im August mehr. Alfonso und Anima lassen herzlich grüssen. Ich wünsche Ihnen und den Ihrigen einen schönen Sommer (hier ist er herrlich) und bleibe Ihr alter und getreuer

Carl Schmitt

*Nr. 209*
*PK/ms*

*[Poststempel Paris,] 23. 9. 58.*

*Mein lieber Herr Professor,*

*heute habe ich Ihnen ein Exemplar von Niekischs Erinnerungen geschickt – Sie können es behalten, wenn Sie das Buch noch nicht kennen. Es findet sich drin endlich eine Berichtigung in Sachen Leers. <...>*

Nr. 210
PK/hs

[Poststempel Plettenberg]
[29. 9. 58]

M. l. A. ich wollte Ihnen nicht früher schreiben, weil ich mir dachte, dass Sie bis zum 28/9 zuviel Arbeit hätten. Vielen Dank für Ihre Sendungen, insbesondere auch die gewagten Lügen von E. N. Seine Richtigstellung ist unredlich, ohne Offenheit und ohne Verständlichkeit für den Leser; eine elende Drückebergerei: ich hätte E. Kaufmann eine Schrift gewidmet; oder die Verf.lehre wäre Hugo Preuß gewidmet etc. etc. Sein Missverhältnis zur Wirklichkeit ist anscheinend organisch; seine Selbstgerechtigkeit grotesk; sein Dilettantismus ist keine Entschuldigung. Lassen wir das; es ist ein hoffnungsloser Fall; er bildet sich ein, den letzten Weltbürgerkrieg gewonnen zu haben; das ist unheilbar.
Auf die „Welt“ werde ich achten; ich habe mir in den letzten Wochen sogar die „Zeit“ gekauft, um von Ihnen zu hören und in Gedanken mit Ihnen ein Gespräch zu führen.
Jaspers, Ihr Heimatgenosse aus Basel, sprach in seiner gestrigen Predigt in der Paulskirche von einem „grimmigen Lachen“, das einem Deutschen bleibt. Das ist wohl das Gelächter Gelimers[305]?

305 „Gelimers Gelächter“: Gelimer (eig. Geilamir) ist der letzte König der Vandalen; er wurde 553 von dem Byzantiner Belisar geschlagen und kam in kleinasiatische Gefangenschaft. Das bittere Gelächter Gelimers war eine der von C. S. am häufigsten zitierten geschichtlichen Parabeln.

E. J. neuestes Tagebuch habe ich noch nicht erhalten.
Anima geht es in Santiago gut. Anni (die am 1. Oktober zwanzig Jahre bei uns ist, lässt Sie alle herzlich grüssen. Von H. Fleig höre ich nichts mehr. Aber bestimmt hat er keine Zeit; auch Sie, lieber Arminius, werden keine Zeit haben; heutzutage hat niemand mehr Zeit ausgenommen nur

Ihr alter Carl Schmitt.

Herzliche Grüsse und Wünsche Ihrer lieben Frau und den beiden Jungens; auch von Klickovič viele Grüsse, der voriges Wochenende in Plettenberg erschien; H. J. Arndt traf ich in Heidelberg, er erzählte mir auch von D. W. Über Ihre „Fr. Rechte" – ein fälliges Buch – hoffentlich bald mehr. Michel Mourre muss ich eines Tages sehen, wenn mir noch soviel Lebenszeit vergönnt ist.

Nr. 211
AK/hs

4/10 58
[Poststempel Hamburg]

Mon cher Arminius, je mène la vie d'un simple Plettenbourgeois. De temps à temps je me rends en train à Francfort, Düsseldorf ou Hambourg pour me soulager de la pléonexie du miracle économique. Mon conformisme reconnait pas de bornes. J'espère que la constitution de Bonn sera revisée pour la prolongation de la durée des fonctions de notre chef d'État. Je suis heureux que le miracle économique est couronné par un miracle Kierkegaardien (celui-ci consiste dans le fait qu'on a donné le prix de librairie[306] à un disciple et imitateur de Kierkegaard, et à un Bussprediger, vu la thèse du vieux Kierkegaard: für einen Bussprediger gibt es nur einen einzigen Beweis, dass er kein Schwindler ist, nämlich: totgeschlagen zu werden. Ich werde ihm diesen Beweis nicht liefern.)

Votre vieux C. S.

Nr. 212
B/hs

[o. O., 11. 11. 58]

Lieber Arminius, zu den vielen Unwahrheiten, Schiefheiten und Verbiegungen in Niekischens Selbstbiographie Stellung zu nehmen, ist für mich sehr ermüdend. Es ist fast alles falsch, was er von mir erzählt, weil er mich in toto überhaupt nicht verstehen kann und heute wohl auch nicht mehr verstehen will. Das kommt davon, dass ich mich

306 Gemeint ist der Friedenspreis des Deutschen Buchhandels an Karl Jaspers.

mit diesem Typ eingelassen habe. Die Wiedergabe dessen, was ich über internationale Prozesse gesagt haben soll, ist einfach albern. Wenn er hervorhebt, ich habe mich damals, als ich ihn kennen lernte Schmitt-Doritič genannt, erklärt sich das nur aus dem subalternen Bestreben, sich informiert zu zeigen; ich habe in den ersten Jahren nach dem 1. Weltkrieg, 2 Bücher (Pol. Romantik 1919, Diktatur 1921) als Privatdozent, unter dem Namen Schmitt-Dorotič[307] veröffentlicht; also mich nicht allgemein so genannt. Seit 1921 (seitdem ich Ordinarius geworden war) habe ich alles nur mit Carl Schmitt veröffentlicht; auch die 2. Auflage der Pol. Romantik (1925) und der Diktatur (1926). Erst 1930 habe ich N. kennen gelernt. Warum schreibt er also: C. S. der sich damals noch Schmitt-Doritič nannte? Ich erwähne das als Beispiel dieser unsachlichen Aufwutzereien, denen ich nicht weiter nachlaufen kann. Ebenso ist es mit den „antisemitischen" Äusserungen, die er mir heute ankreidet. Ist es „Antisemitismus", wenn ich etwa sage, dass Heines Campagne gegen Platen eine Schweinerei war? Die Judenfrage ist viel zu ernst, als dass sie mit einem Stichwort wie „Antisemitismus" verwirrt werden dürfte. Lesen Sie einmal den Widerstand von Niekisch selbst, z. B. erinnere ich mich einer Glosse „Hier Cohn!" Aber nochmals, lieber Arminius, ich will mich nicht in diesen Dreck halbgebildeter Piefkes begeben; an der Art und Weise, wie N. die Unterstellung von Leers'scher Äusserungen widerruft, sehen Sie, dass er nicht fair ist. Also lieber Vorsicht! Diese Lügenpisserei geht ja ewig weiter und kann nur noch schlimmer werden. Lassen Sie mich also aus der weiteren Niekisch Diskussion heraus. Mir ekelt vor solchen Ehrabschneidern, die mit einem Wein trinken und nachher „Berichte" über die Gespräche frisieren, um sich mit „Begegnungen" interessanter zu machen als sie sind.

Schluss! Ihr alter C. S.

307 Peinlichkeiten um Carl Schmitt. – Man braucht nicht alle Empörungen von C. S. mitzumachen. Manchmal sind sie ungerecht, öfters übertrieben – und zuweilen merkt man, daß sie bloß rhetorisch gemeint sind. Aber man versetze sich in den Ärger dieses Mannes, wenn die Reaktion auf sein komplexes Werk das endlose Repetieren von drei, vier auswechselbaren Platitüden ist. Man hält sich dieses Werk vom Leibe mit dem Zitat „Der Führer schützt das Recht". Hätte C. S. 1934 schreiben sollen: es ist des Führers verdammte Pflicht und Schuldigkeit, das Recht zu wahren? Ebenso töricht ist die Reduktion des Schmittschen Werkes auf einen sogenannten „Dezisionismus" im Sinne eines alles plattwalzenden Panzers – ein solches „Entscheidungsdenken" im Husaren-Stil hat C. S. nirgends verfochten. „Dezision" war ihm das Komplement zum Normativismus, und dieser Falle sollte das von ihm entworfene „konkrete Ordnungsdenken" ein Ende machen. Die törichteste aller Platitüden ist aber, sich darüber lustig zu machen, daß C. S. zwei Bücher mit Schmitt-Dorotič zeichnete. Was ist töricht daran, wenn ein junger Mann mit dem Allerweltsnamen Schmitt dem noch den Namen seiner Gattin anhängt? Die Adreßbücher sind voll von solchen Doppelnamen. War Dorotič etwa zu exotisch? Daß diese Ehe bald in die Brüche ging, war des jungen Mannes Pech. Es war nicht sein Unglück, denn er wurde mit seiner zweiten Gattin, mit ebenso exotischem Namen, glücklich bis an ihr Lebensende. Die professionellen Anti-Schmittianer tun so, als ob das ein weiteres Verbrechen von C. S. sei. Oder huldigen sie der billigsten aller Freuden – der Schadenfreude?

Nr. 213
B/hs

Plettenberg-San Casciano
11/11 58

Mein lieber Arminius, Ihr Brief war für mich eine besondere Wohltat: er unterbrach auf eine wirksame Weise mein unruhiges und ungeduldiges Warten auf ein Telegramm aus Santiago. In diesen Tagen soll nämlich das grosse Ereignis eintreten. Bisher scheint es Anima sehr gut zu gehen. Aber ich bin der Rolle des Grossvaters noch nicht gewachsen und lasse mich deswegen von der Sorge überrollen. In diesem Zustand traf mich Ihr Brief und warf mich in die Bahnen eines menschenwürdigen Gesprächs und einer philosophischen Ataraxie zurück.
Ich weiss, dass heutzutage niemand mehr Zeit hat und bin Ihnen für Ihr Schreiben um so dankbarer. Die Erzählung von dem antisemitischen Franzosen hat etwas Kafkeskes; wir leben ja heute alle in Kafkanien. Man müsste die Technik der Verfremdung mehr üben; das gäbe aufschlussreiche Einblicke in die Wirklichkeit der wissenschaftlich gewordenen Welt.* Den Brief des Herrn von Schrenck-Notzing schicke ich nach Lektüre anbei zurück. Besten Dank für die Zusendung! Sie können ihm schreiben, dass meine Bibliothek von 1945 bis 1952 von den Amerikanern beschlagnahmt war und dann freigegeben wurde, dass ich sie dann 1954 an das Antiquariat Kerst verschleudern musste, weil ich keinen Platz für sie hatte, kein Lagergeld bezahlen konnte und niemandem damit lästig werden wollte. Die Stempel Library C. Sch sind inzwischen zu wertvollen historischen Dokumenten geworden.[308] Schrencks (an sich ganz intelligente) Alternative: Diebsgut oder Verkauf durch CS? erfasst nicht das Ganze der konkreten Situation; übrigens ist sie (diese alternative Frage) ein hübsches Beispiel für die Abhängigkeit der Antwort von der Fragestellung; sie könnte einem jungen Historiker als guter Ubungsfall dienen und ihn Sorgfalt lehren.

* [am Ende der 1. Seite:] Arnold Gehlen praktiziert das virtuos.

Sie werden es verstehen, lieber Arminius, dass ich infolgedessen auch auf die Frage, ob ich unter KR zu begreifen sei, nicht so einfach antworte. Eric Voegelins[309] Der autoritäre Staat (Wien 1936) ist tatsächlich stark von meinen Gedanken beeindruckt.

308 Die Amerikaner versahen die Schmittschen Bücher mit zwei Stempeln: „Legal Division U. S. Group, CC, (Germany)“ und „Prof. Carl Schmitt Library“.

309 Der politische Philosoph Eric Voegelin (1901–1985) – in Köln geboren, in Wien aufgewachsen, 1938 in die USA emigriert, nach dem Kriege teilweise in Westdeutschland lehrend, in Amerika gestorben – ist beinahe so umstritten wie C. S. Voegelins Frühwerk ist von C. S. beeinflußt, und er hat noch nach dem Krieg freundschaftlich in Plettenberg verkehrt. Kein Wunder bei einem Mann, der schon früh ein Buch über „Die politischen Religionen“ (1938) verfaßte. Aus ihm ist Voegelins unvollendetes Hauptwerk „Order and History“ (fünf Bände 1956–1987) hervorgegangen.

Vielleicht darf man das heute aber nicht mehr aussprechen, sonst habe ich einen Verfolger mehr in München, wo sich schon sowieso ganze Schwarze Messen des Ruf- und Charaktermordes abspielen. Ich hatte gedacht, Hans Buchheim würde sich zu meinen „Verfassungsrechtlichen Aufsätzen" wenigstens brieflich äussern; denn was in diesen Aufsätzen allein auf Seite 350 und 450 steht, ist „zeitgeschichtlich" (welch ein Begriff!) wichtiger als das meiste der bisherigen Literatur; aber er folgt wohl lieber der Parole des Tot-Schweigens.
Was Niekisch heute zum Begriff des Politischen von sich gibt, ist allerdings toll. Ich füge die Abschrift eines von ihm an mich gerichteten Briefes vom September 1933 (!) bei, dessen Original ich hier in Plettenberg neulich gefunden habe. Rüdiger Altmann meint, „Niekisch ist doof" (Altmann hat das Manuskript der Niekisch-Erinnerungen im vollständigen Text gelesen und kennt die weggelassenen Stellen). Ernst Jüngers Jahre der Okkupation enthalten tatsächlich einige Treffer. Das Ganze ist aber durch seinen unmöglichen Begriff von „Tagebuch" verstellt; vgl. seine Kontroverse mit Léautaud (wenn ich mich recht erinnere Seite 118 oben), wo er mit einer seinem Alter nicht gemässen Naivität das Recht in Anspruch nimmt, zu „formen und zu beschneiden". Léautaud's Standpunkt ist mir ganz selbstverständlich. Vielleicht ist das Ihnen und auch Jünger zu „juristisch". Aber der Effekt auf heutige Leser jüngerer Jahrgänge ist leider der, dass diese Jüngers Okkupationsbuch auf einer Ebene mit der Selbstbiographie von Niekisch (Niekischens Mein Kampf) einfach als Entlastungs-Literatur rubrizieren. Doch ich sehe, lieber Arminius, der Brief wird viel zu lang; ich breche also ab. Herzliche Grüsse und Wünsche für Sie, Ihre verehrte Frau und die Jungens! Auch Anni lässt vielmals grüssen.

Stets Ihr Carl Schmitt

Michel Mourre muss ich sehen. In der Frankfurter Neuen Presse stand am 4. Oktober ein langer Besprechungsaufsatz über Niekisch, in dem es tatsächlich hiess: N. erzähle, ich (C. S.) verdanke ihm (Niekisch) meine Professur; und ich (C. S.) habe den Widerstand denunziert etc.

Waren Sie Allerseelen wieder am Grabe von Léon Bloy? Ich füge 2 Blümchen aus unserm Garten für ihn bei.

— — — — — —

Abschrift eines Briefes von Ernst Niekisch an Carl Schmitt vom 25. 9. 1933

Nr. 214
AK[310]/hs

[Plettenberg]
Dienstag, 18/11 58

Vielen Dank, lieber Arminius, für die beiden sehr guten Aufsätze („Wahlmonarchie")! Ich schreibe heute in einiger Aufregung: gestern nachmittag traf das Telegramm aus Santiago ein: eine Tochter Beatriz ist angekommen; Einzelheiten folgen. Ich bin sehr froh und frei von patriarchalischen Velleitäten. Allerdings auch von pasternakischen, obwohl ich Hans Fleig's Aufsatz sehr schätze; er ist das Beste und Anständigste, was ich in diesem ganzen Schwindelbetrieb zur Sache gelesen habe; ich wusste es aber gleich: Rilke! Malte Laurids Brigge[311]! Das sollen wir heute – 1958 – fressen! Gespenstersonate! Viele Grüsse an Sie und Ihre Familie auch von Anni die über den „Sputnik" jubelt.

Ihr alter C. S.

Nr. 215
B/ms/hs

[Dezember 1958]

18. Juni 1923

1923 1) Aus einem Brief von Ludwig Feuchtwanger (damals Geschäftsführer des Verlages Duncker & Humblot, München) über seine Gespräche mit Ernst Bloch und Joachimsen, betreffend die Politische Romantik und den Parlamentarismus von C. S. Ergebnis wörtlich: „er weiß zuviel."

1958 2) Kurz-(oder vielmehr Blitz-)Geschichte aus der Prärie: Drei Männer reiten durch die Prärie. Einer fragt den zweiten: wieviel ist 2 x 2? Dieser antwortet: 2 x 2 ist 5! Daraufhin erschießt der erste den zweiten. Der dritte fragt: warum hast du ihn erschossen? Antwort: er wusste zuviel!

Dezember 1958
[hs]
Für Arminius
zu Sylvester 1958

Don Capisco

310 Mit einem Bild von W. Gilles „Uralte Felsen".
311 Rilkes Tagebuchroman „Die Aufzeichnungen des Malte Laurids Brigge" (1910).

Nr. 216
B/hs

Plettenberg-San Casciano
8/1 59

Mein lieber Arminius,

endlich blühte bei mir eine Aloë[312], in natura zu Weihnachten 1958! Ich habe eine der Blüten an Ernst Jünger geschickt, doch hat das keinen Eindruck auf ihn gemacht. Jetzt ist keine mehr da, was mir leid tut, denn Ihren Brief vom 5. Januar, den ich eben erhielt, hätte ich gern mit einer solchen Blume beantwortet. Es war das erstemal in meinem Leben, dass ich den Vers von Johann Christian Günther an einer wirklichen Aloë verifizierte. Ein erstaunliches, fast bestürzendes Ereignis. Jedenfalls erstaunlicher als Mond- und Sonnen-Raketen der entfesselten Techniker und des amerikanisch-sowjetischen Wettlaufs. Für diesen ist mir Ihr Bild von Paris ein wunderbares Symbol. Wo ist das Original? Die Fotos ihrer beiden Jungens sind entzückend. Ich wünsche Ihnen allen, besonders auch Ihrer Frau, von Herzen Glück und Gesundheit im kommenden Jahr. Was Sie mir von einer guten Ehe schreiben, hat mich tief berührt. Ich weiss, was das bedeutet, auch was ich sage, wenn ich von einer „konkreten Ordnung" spreche. An Michel Mourre hatte ich ein Exemplar von Altmanns Neuer Gesellschaft schicken lassen, mit einem Sylvester-Gruss von mir. Sagen Sie ihm von mir, ich hätte ebenfalls schlimme Dinge und Dostojewskische Drangsale erlebt, ehe es richtig wurde. Am liebsten würde ich ihn zu mir einladen, aber wie sollte man es wagen, einen Pariser nach Plettenberg zu bitten, und das noch im Winter?
Sie beklagen sich über Hans Fleig, der nicht schreibt. Ich habe mich einige Jahre ebenso über ihn beklagt, und siehe da, gestern erhielt ich von ihm einen so hinreissenden Sylvester-Brief, dass ich ganz glücklich war und mir mit meinen bisherigen Vorwürfen kleinlich vorkam.
Was Ihren Aufsatz über Altmanns Buch angeht, so wundert mich in diesem Punkte nichts mehr an der „Tat". Ist der Text Ihres Aufsatzes nicht mehr zugänglich? Im übrigen könnte ich Ihnen viel von der phantastischen Treibjagd erzählen, die sich (wohl anlässlich der geplanten Festgabe zum 70. Geburtstag und um sie zu verhindern) seit November abspielt: die Lügen des Niekisch-Buches als Anlass für die „Gegenwart" (Ernst Jünger wird dabei, ob er es will oder nicht, im Falle Niekisch in die Rolle des Bürgen gebracht); offener Brief von Prof. Erich Kaufmann[313] in der Deutschen Rund-

312 C. S. spielt an auf eines der großen Trostgedichte der deutschen Lyrik: auf die „Trostaria" von Johann Christian Günther (1695–1723).

313 C. S. wußte zu hassen, und man gab ihm dies zurück. Die intensivste Haßbeziehung war wohl diejenige zwischen ihm und dem Rechtsgelehrten Erich Kaufmann (1880–1972), der sowohl 1927 bis 1933 wie auch 1950 bis 1958 Rechtsberater der jeweiligen deutschen Regierung war.

schau an Ernst Forsthoff gegen „C. S. und seine Schule“ (fad und unverschämt flach, aber eben deshalb ein Symptom); Salin in seinem Baseler Seminar über den Begriff des Politischen; usw. usw. bis schliesslich sogar unser greises Staatshaupt, der verehrungs- (und verlängerungs-) würdige Professor Heuss in seiner Bundestagsrede über Menschenrechte am 10/12 57 (vgl. FAZ. 17/12 58) als Schlusseffekt noch einmal in Richtung Plettenberg Signale gab.
Alles Gute für Ihre publizistischen Pläne! Von Anima, Alfonso und Beatriz (sie heisst zu meiner Freude auch Dusanka!) habe ich gute Nachrichten. Anni lässt Sie alle 4 herzlich grüssen. Hoffentlich sehen wir uns dieses Jahr!

Ihr alter Don Capisco

René Capitant soll eine Schrift über die neue Verfassung veröffentlicht haben. Können Sie (oder Michel Mourre) sie mir besorgen. Ich habe hier einen sehr schönen und wichtigen Aufsatz von Capitant aus der Zeitschrift „Politique“ vom März 1932 über meinen Hüter der Verfassung von 1931 und das Präsidialsystem!

Nr. 217
AK/hs

Plettenberg, 7/4 59

Alle guten Wünsche zum Geburtstag, mein lieber Arminius! Anima, Alfonso und Beatriz schliessen sich an; sie waren Ostern 14 Tage in Plettenberg zu Besuch, zu meiner grossen Freude. Auch Anni grüsst herzlich, sie hat gerade grossen Hausputz. Ich habe lange nichts von Ihnen gehört; offenbar lässt Ihnen die „Zeit“ keine Zeit für mich. Wie geht es Michel Mourre? Die Neue Gesellschaft, die ich ihm schickte ist mit dem postalischen Vermerk „Inconnu“ zurückgekommen. Werden wir uns in diesem Jahre sehen? Es wäre gut. Der Tod Suhrkamps geht mir näher als Sie ahnen können. Ihnen, Ihrer verehrten Frau und den beiden Jungens herzliche Grüsse

Ihres alten Carl Schmitt.

[PS auf der Bildseite – es ist ein Bildnis L. van Beethovens – :]
Ich lese mit Interesse 2 Saarländer[314]: 1) Schellenberg, Memoiren (erscheinen demnächst bei Kiep & W) und 2) Gustav Regler, Ohr des Malchus (ebenda erschienen)

---

Die beiden haben sich gut gekannt; nach Kaufmanns Emigration nach Holland wurde ihm, infolge einer Demarche von C. S., seine Pension weiterhin ausgezahlt.

314 C. S. manifestiert gerne eine Affinität zu deutsch-französischen Grenz- und teilweise auch Mischgebieten: Lothringen zunächst, woher die Mutter (eine Steinlein) stammt, dann der ganze Lauf der Mosel. 1957 stellt er sich vor in einem elegischen Spottgedicht „gesang des alten mosellaners“(vgl. Nr. 191). Noch mit 74 Jahren, als ihm das Reisen recht lästig geworden war,

Nr. 218
B/hs

Plettenberg
14/4 59

Wehe, wehe Ihnen, mein lieber Arminius, wenn es jetzt, anlässlich Ihrer Reise nach Münster in Westfalen, nicht zu einem Wiedersehen mit Ihnen kommt, nachdem Sie mir mit Ihren Frankreich-Aufsätzen den Mund nach einem Gespräch so wässerig gemacht haben! Für Ihren Besuch in Basel die herzlichsten Wünsche, Ihnen und Ihrer verehrten Frau. Auch Anni freut sich auf Ihrer beider Besuch; sie bedauert nur, dass der fabelhafte Austin, den sie sich in England gekauft hat, dann (Ende April) schon wieder nach England zurückgebracht ist. Momentan kutschiert sie stolz durchs Sauerland. Sagen Sie Hans Fleig, er möge sich doch einmal in die Seele eines 71jährigen Spezialisten des Präsidialsystems versetzen, der die Sprünge des originellen Kandidaten Konrad mitansehen muss, ohne Entschädigung dafür verlangen zu können! Ich schrieb Ihnen schon vorigen Sommer: Bonn ist nicht nur nicht Weimar, Bonn ist nicht einmal Bonn; Bonn ist Rhöndorf! Er soll auch gelegentlich die letzte Glosse zu dem Aufsatz über die „Stellvertretung des Reichspräsidenten" lesen; ahnungsvolle Hinweise zum Thema Stellvertretung im Behinderungsfalle, welches Thema bei einem 83jährigen Mann wahrhaftig nahe liegt, (ohne den Fortschritt der modernen Naturwissenschaften leugnen zu wollen).
Hoffentlich also auf ein gutes, baldiges Wiedersehen! Wenn Sie soviel Zeit haben, versuchen Sie einmal den Doktoranden von Prof. Germann in Basel, Ottmar Ballweg (Lörrach, Stetten, Zwischen den Wegen 20) zu sprechen, der mich im vorigen Herbst besucht hat und der Ihnen viel Interessantes erzählen kann.

Ihr alter
Carl Schmitt.

    4
Das 2 X 2 auf der Sondermarke Adam Riese möge Sie daran erinnern,
    4
dass man „zuviel weiss", wenn man weiss, dass 2 x 2 auch 5 sein kann.

---

sucht er in Vic-sur-Selle, im Department Moselle, noch Verwandte seiner Mutter auf. Auch das Saarland gehört zu dieser heimatlich empfundenen Zone und das Saargebiet, die Rheinpfalz (aus der Hugo Ball stammt) und nicht zuletzt auch das untere Elsaß, wo er an der Universität Straßburg, die damals noch deutsch war, seine berufliche Karriere begann.

Nr. 219
B/hs

[Plettenberg, 20/4 59]

Eben trifft Ihre Karte ein (Montag morgen); das ist grossartig, mein lieber Arminius; Ihre Frau soll so früh wie möglich kommen und solange wie möglich bleiben; wir haben viel Platz; teilen Sie nur die Ankunft pünktlich mit, damit wir sie abholen können (eventuell D Zug in Altena oder Finnentrop, wenn sie keinen guten Eilzug findet). Anni ist hocherfreut. Alles Gute für Ihre weitere Reise! Auf ein gutes Wiedersehen! Immer Ihr alter

20/4 59 Carl Schmitt.

Ein Lüdenscheider Freund will Ihnen noch schnell in Lüdenscheid einen Vortrag organisieren; auch wenn es nicht mehr geht, müssen Sie wissen, dass es gut gemeint ist und Ihren hiesigen Aufenthalt womöglich noch etwas verlängern soll.

Nr. 220
DS

[Plettenberg, 30/4 59]

Carl Schmitt, „Gespräch über den neuen Raum“[315], Separatum aus: Estudios de Derecho International. Homenaje al Profesor Camilo Barcia Trelles, Universidad de Santiago de Compostela, [mit der Widmung:]

Für
Arminius Mohler
meinen Plettenberger Gast
30/4 59 C. S.

*Nr. 221*
*PK/ms*

*Mein lieber Herr Professor,* *B-l-R 12. 6. 59*

*in der eben erschienenen Nummer VII/6/1959 des „Historisch-politischen Buches“ suche ich Krockow abzufertigen. Belege erhielt ich leider noch nicht. – Heute kam mit*

315 Vgl. Anm. 221 und Anm. 227.

*der Post Kestings Buch; das von Koselleck erwarte ich. Der „Schmittismus" trage seine Früchte, hat ein Bekannter von mir lächelnd festgestellt.*
*Wie geht es Ihnen? Seit unserer Rückkehr ersaufe ich in Arbeit. Vorgestern rief George Schwab kurz an, der über Wien nach Plettenberg reisen will. Heute soll Arndt hier eintreffen.*
*Dies nur als Lebenszeichen <...>*

Nr. 222
B/hs

[Plettenberg, ca. Mitte Juli 1959]

Herzlichen Dank, mein lieber Arminius, allen Mohlers für die freundlichen Geburtstagswünsche! Sehr schade, dass Sie nicht dabei waren; wir haben mit viel badischem Wein (Ihringer) schön gefeiert, die Ode (die frühen Gräber) gesungen und uns gut unterhalten: Oberheid und Frau, Peterheinrich Kirchhoff und Frau, ein halbes Dutzend Nachbarn, Ernst Hüsmert (der Dichter des Gedichtes an Anni: mir blieb dein Lächeln; dir mein Unverstand) und George Schwab, der allen gut gefiel. Am Sonntag vorher hatte Prof. Barion die Festschrift zum 70. Geburtstag[316] überreicht. Alle die vielen boshaften Widerstände und Störungen haben schliesslich nur dazu geführt, dass sie im richtigen Verlag (Duncker & Humblot, und nicht bei Kohlhammer) in einer würdigen, vorbildlichen Ausstattung erschienen ist. Sie bekommen bald ein Exemplar und müssen mir Ihren Eindruck mitteilen. Zwei Aufsätze sind geradezu sensationell: der von Barion und der von Forsthoff. Der Aufsatz von R. Schnur ist spannend und voller Aktualität. Die Bibliographie endlich ist jetzt bedeutend verbessert. Aber Sie werden das Buch ja sehen.
Ihre Besprechung des Buches von Krockow mit dem treffenden (und mutigen) Hinweis auf eine bestimmte Art von Soziologie habe ich einigen Kennern gezeigt; sie hat den richtigen Eindruck gemacht. Ich habe für das Hist. Pol. Buch eine kurze Besprechung von Koselleck[317] geschrieben. Für Ihre Warnung vom Juni herzlichen Dank! Ich habe sie wohl verstanden und wunschgemäss behandelt. Seien Sie unbesorgt:

316 „Festschrift für Carl Schmitt zum 70. Geburtstag dargebracht von Freunden und Schülern, herausgegeben von Hans Barion, Ernst Forsthoff, Werner Weber" (1959). Außer von den Genannten Beiträge von Hans Freyer, Joseph H. Kaiser, Günther Krauss, Ernst Kern, Hans Schneider, aus Spanien Alvaro d' Ors und der Rektor der Universität von Santiago de Compostela, aus Griechenland Themistokles Tsatsos, aus Belgien Piet Tommissen mit der Fortsetzung seiner C. S.-Bibliographie. Die Festschrift kommt mit einem Jahr Verspätung; einige große Namen, die man erwartet hatte, fehlen.

317 Reinhart Koselleck, „Kritik und Krise / Ein Beitrag zur Pathogenese der modernen Welt" (Freiburg i. Br. 1959).

Wir kehren wieder, wir sind nicht tot,
Wir kehren wieder aus Qual und Not.

Was macht eigentlich Ihre Zeitschrift? Joh. Gross ist jetzt (erfolgreich) bei der Deutschen Zeitung (Köln). Was bedeutet es, dass Kluke nicht mehr Generalsekretär des Instituts für Zeitgeschichte ist? In der Z. f. Politik (Grabowsky) erscheint Niekisch als Richter über alle, lobt den Krockow, schont Ernst Jünger und wirft mir vor, dass ich mich nicht für den Bolschewismus entschieden habe.
Ich hatte und habe in diesen Wochen viel Besuch; deshalb schreibe ich nicht viel. Dass Heinrich Popitz als Professor nach Basel gekommen ist, werden Sie gehört haben. Ernst Kern hoffe ich bald hier im Sauerland zu sehen. Ich habe grosse Sehnsucht nach Santiago; ich wäre lieber Baby-Sitter in Santiago als Staatsrat in der Bundesrepublik. Ihnen und Ihrer verehrten Frau viele Grüsse, auch von Anni und alles Gute für die beiden kleinen Arminiusse! Besonderen Dank für den Aufsatz über den Gaullisme! Sie werden noch erleben, was die légalité républicaine bedeutet!

Stets Ihr alter Carl Schmitt.

George Schwab bleibt bis Mitte oder Ende August in Plettenberg. Von dem Zoologen Prof. Adolf Portmann Basel erhielt ich eine aufregende kleine Schrift über Tiefseefische; kennen Sie Portmann? ich kannte ihn bisher nur aus Büchern

Nr. 223
AK/hs

[Plettenberg,] 21/7 59

Der Para-Aufsatz, lieber Arminius, ist aufregend; die Lethargie, mit der man auf ihn reagieren wird, ebenso. Mein Lieblings-Zitat der letzten Jahre wird Goethes Ausspruch von 1795: „Leider muss man meistenteils verstummen, um nicht, wie Kassandra, für wahnsinnig gehalten zu werden, wenn man ausspricht, was schon vor der Türe ist." Ich habe Ihnen einen Brief nach Paris geschrieben; auch die Denkschrift zum 70. Geburtstag (die wie alles Grosse erst nach wütenden Widerständen erschienen ist) ist dieser Tage an Ihre Pariser Adresse geschickt worden. Wir haben grossen Haus-Besuch von Sava's Frau und ihren beiden entzückenden Töchtern Jelena und Gordana. Alle grüssen herzlich, nämlich Ihr alter

C. S. [es folgen die Unterschriften der
drei oben genannten Damen und Frl. Annis.]

[Die Ansichtskarte zeigt das Freiligrath-Haus in Soest, dazu schreibt C. S.:]
Freiligrath: Deutschland ist Hamlet

Nr. 224
B/hs

Plettenberg
10/12 59

Mein lieber Arminius,

alles schreibt Bücher, die im Frühjahr erscheinen sollen: Sie, Rüdiger Altmann, Winfried Martini. Ich freue mich darauf, etwas Gutes zu lesen, und will Ihnen heute nur sagen, dass ich über das Blümchen vom Grabe Léon Bloys sehr gerührt bin. Hoffentlich bekomme ich auch den braven Gert einmal zu sehen und kann einen Spaziergang mit ihm machen.
Am 1. Adventssonntag war Barion bei mir zu Besuch. Wir sind zum Grabe Duškas gegangen und haben die Kerzen eines Adventskranzes angezündet. Dieses Jahr hatte ich viel Besuch, aber auch viele Todesfälle, darunter Egon Vietta[318], der sehr anhänglich war. Wegen der Festschrift wird eine üble Hetze betrieben. Ich schweige dazu, auch die Herausgeber wollen schweigen. Einen Beleg schicke ich gleichzeitig als Drucksache.
Der Spiegel schickte mir seine Reichstagsbrand-Nummern und fragte mich, ob mich das interessiert und ob ich mich dazu äussern wolle. Ich lege eine Abschrift meiner Antwort bei. Die Behauptung, ich hätte die Weimarer Verfassung zerstört, steht auf einer Stufe mit der Behauptung, Göring hätte den Reichstag in Brand gesteckt. Mir ist rätselhaft, wie Historiker, die mit solchen Behauptungen Ordinarien geworden sind, die Spiegel-Enthüllungen überleben können; aber die Macht der Lüge war nie so gross wie heute. In dem Aufsatz der Juristen-Zeitung müssen Sie darauf achten, dass das verfassungsrechtlich entscheidende Ereignis, das Ermächtigungsgesetz vom 24. März 1933, unterschlagen wird.

Von Anima habe ich gute Nachrichten. Ich grüsse Sie alle, auch von Frl. Anni, herzlich und bleibe

Ihr alter

Carl Schmitt.

Das beiliegende
Original-Gedicht
können Sie in Ihr Exemplar der Festschrift kleben!

318 Egon Vietta (1903–1959), Schriftsteller, war ein Meister der Vermittlung. Sein größter Erfolg ist denn auch das Buch „Die Seinsfrage bei Martin Heidegger" (Stuttgart 1950); es vermittelte mehreren Generationen die Überzeugung, Heidegger verstanden zu haben.

— — — — — —

1. [ms]

Was böser Menschen Haß erfand,
Dies Buch zu unterdrücken,
Das machte Gott der Herr zuschand,
Er ließ die Festschrift glücken.

Jetzt greifen sie aufs Neue an,
Doch Gott geht seine eigne Bahn
Und meistert ihre Tücken.

Einfältigen Herzens gedichtet
und sorgfältig aufgeschrieben

[hs] für
Arminius Mohler
von Carl Schmitt
1. Adventstag
1959

2. [ms] Abschrift

Prof. Dr. Carl Schmitt

Plettenberg/Westfalen
den 19. November 1959

An die Redaktion des Spiegel[319]
in Hamburg 1

Ihr Zeichen:
Ky/dt 9/11/59

Sehr geehrter Herr Kayser,

Vielen Dank für Ihre Sendung vom 9. November! Daß ich an dem Thema Reichstagsbrand von 1933 und Ihrer Darstellung interessiert bin, versteht sich von selbst. Die Nummern des Spiegel, die Sie freundlicherweise beigefügt haben, hatte ich mir natürlich schon gekauft. Ich gebe sie jetzt weiter an den englischen Juristen Mr. F. J. P. Veale in Brighton, den Verfasser des Buches „Crimes discreetly veiled", von dem soeben eine deutsche Ausgabe erschienen ist. Veale behandelt Ereignisse wie Katyn, die

319 Die Schmittsche Absage an die Aufforderung des „Spiegel", sich zum Streit über den Reichstagsbrand von 1933 zu äußern, muß dadurch ergänzt werden, daß C. S. seit den späten 40er Jahren a) öfters von Rudolf Augstein besucht oder zu Gesprächen abgeholt wurde und b) damals auch öfter für die Rechtsabteilung des „Spiegel" Gutachten erstellte.

Ermordung Mussolinis, den Dr. Petiot, den unglücklichen Major Reder und andere Fälle mit solcher Meisterschaft, daß ich ihn zum wahren und zeitgemäßen Pitaval unserer durchpolitisierten Gegenwart ernennen möchte. Man sollte ihn auch zu Ihrem Thema Reichstagsbrand um seine Meinung bitten.
Auf die Frage allerdings, ob ich mich dazu äußern möchte, antworte ich: Nein. Heute haben andere Typen das große Wort, nicht die Betrachter der geschichtlichen Vergangenheit, sondern ihre Rückverfertiger, wie Herr Professor Bracher. Das ist die Lage. Hoffen wir, daß Sie, der Spiegel, stark und konsequent genug sind, um etwas daran zu ändern.[320]

Mit bestem Gruß
gez. Carl Schmitt

3. [ms Auszug aus:] Carl Joachim Friedrich, „Demokratie als Herrschafts- und Lebensform", Verlag Quelle und Meyer, Heidelberg, 1959, 124 S. Band I der Reihe: „Studien zur Politik. – Veröffentlichungen des Instituts für politische Wissenschaft an der Universität Heidelberg" – [Abschrift der auf ihn, C. S., bezogenen Anmerkungen auf S. 120–122.]

Nr. 225
B/hs

Pl. 19/1 1960

Mein lieber Arminius,

das Foto mit den 4 guten Freunden und besonders der Anblick der beiden schönen Kinder tröstet mich sehr; dass Sie und Ihre Frau in dieser Zeit so fest und konkret da stehen, tut mir gut. Es hagelt jetzt von allen Seiten auf mich los.* Auch die Schweizer Juristen-Zeitung (Prof. Hans Huber, Bern) hat sich in die Poliakov-Schüle-Front begeben. Andrerseits kommen so seltsame „Konservative Fronten" ein Dokument aus Tübingen beifüge.[321] Wer ist denn dieser Herr Karl-Marcel Hepp[322]? Und was bedeutet

320 Zum Inhalt des Briefes an den „Spiegel": C. S. nützte die Gelegenheit, um in der Person von Mr. Veale einen der ersten „zeitgeschichtlichen Revisionisten" bekannt zu machen. Jüngere Jahrgänge werden nicht mehr wissen, wer Dr. Pétiot war: ein französischer Arzt, der den Ausnahmezustand der deutschen Besetzung von 1942 bis 1944 zu 27fachem Mord an Zivilisten mißbrauchte. Diese Verbrechen wurden erst nach Kriegsende aufgedeckt.

321 Dieser syntaktisch heillose Satz wurde originalgetreu übernommen.

322 Die „Katholische Front", später „Konservative Front", war ein Werk der Brüder (Karl) Marcel Hepp (1936–1970) und Robert Hepp (geb. 1938) aus dem oberschwäbischen Dorf Langenenslingen (zu dem verwaltungsmäßig auch Wilflingen gehört). Es handelt sich um eine 1959 an der

das? Ich habe Prof. Barion gebeten, sich zu informieren; er fährt Anfang Februar nach Tübingen. Auf einem Flugblatt, das in der Tübinger Universität verteilt wird heisst es: Konservative Front ist ein Pseudonym für Katholische Front. Dort steht auch der Vers:

Lest euren Nietzsche, Nihilisten,
da steht die letzte Konsequenz.
Die Gegenlosung für die Christen
ergibt sich aus der Pfingstsequenz:
sine tuo nomine
nihil est in homine.

Alles sonderbar. Vielleicht finden Sie sich eher darin zurecht als ich.

* [Am Ende der 1. Seite:] Ihre Warnung von Juni 59 war nur allzu berechtigt!
Ich mache mir viele Gedanken darüber, was Sie jetzt tun. Wird Ihr Buch fertig? R. Altmann war voriges Wochenende hier; er will noch vor Ostern eine Schrift „Das Erbe Adenauers" veröffentlichen; der Anfang ist spannend. Auch auf W. Martinis Buch bin ich gespannt. Von Jünger höre ich nichts. Muss man „an der Zeitmauer"[323] wirklich lesen? Karl Korn scheint man in Frankfurt halten zu wollen, trotz des Angriffs in der Deutschen Zeitung.
Was treibt eigentlich einen Schweizer Bourgeois wie diesen Hans Huber-Bern, den ich nie gesehen habe, zu seinem Verfolgungs-Eifer? Es ist mir alles rätselhaft. Aus Santiago habe ich zum Glück gute Nachrichten. Ich lese das (gegen die Legende von Santiago gerichtete) Buch von Amerigo Castro; es enthält ungeheuerliches Material (wider Willen). Darüber müsste ich wirklich einmal in Ruhe mit Ihnen sprechen; das wäre sehr wichtig.
Herzliche Grüsse, lieber Arminius, Ihnen und Ihrer Frau, und alle guten Wünsche für Sie beide und die Jungens. Schreiben Sie bald einmal eine Zeile an Ihren alten

Carl Schmitt

Anni lässt vielmals grüssen!

---

Universität Tübingen gegründete rechte Studentenbewegung, die sich im gleichen Jahr auf Druck des Bischofs von Rottenburg aus einer „Katholischen" in eine „Konservative Front" umwandeln mußte. Aufsehen erregte sie mit ihren sehr „sophisticated" angelegten Flugblättern; die von den Hepps erfundenen Strategien wie „Sit-in" und „Teach-in" wurden später von den linken Studentengruppen übernommen. Der Druck der Examina ließ gegen Ende der 60er Jahre die K. F. erlahmen. Marcel Hepp wurde nach seinem zweiten juristischen Staatsexamen 1965 zum persönlichen Referenten von Franz-Joseph Strauß ernannt – seine steile politische Karriere wurde jedoch durch eine unheilbare Krankheit brutal abgebrochen.

323 Ernst Jüngers Buch „An der Zeitmauer" (1959 im Stuttgarter Verlag Klett, der seit 1957 Jüngers Leib-Verlag ist) entwirft Jüngers Geschichtsphilosophie. Sie ist optimistisch und beruht auf der Hoffnung, „daß höhere Geisteskräfte die gewaltige Bewegung zügeln und sich ihrer wohltätig bemächtigen". Damit läßt Jünger den „heroischen Realismus" hinter sich zugunsten eines Neoplatonismus, der C. S. fremd ist.

Wenn Sie das ganze Heft des Hist. Pol. Buches (in dem Sie die Schoeps-Festschrift besprochen haben) nicht besitzen und es gern hätten, schicke ich es Ihnen gern (mit meiner Koselleck-Besprechung und einem Fijalkowski-Ber. von Scheuner)

Nr. 226
BK/hs

[o. O., 23/1 60]

Herzlichen Dank, mein lieber Arminius, vor allem für die vernünftige Antwort an Hepp. Ich füge Ihnen einen 1. nicht abgeschickten Entwurf einer Antwort bei. Die Sache hat mich so überrascht, vor allem durch ihre intellektuelle Stosskraft, dass ich erst eine Provokation von der Lukács Seite her vermutete. Aber jetzt sehe, dass deren Intelligenz-Epoche vergangen ist. Im übrigen, lieber Arminius: bevor ich dieses Zeitliche segne möchte ich Ihnen die Fragen der Karte Hepps mündlich beantworten. Im übrigen hagelt es mächtig. Wie konnte Max Weber, 1920, seiner Frau ein Buch widmen mit den Worten: bis ins pianissimo des höchsten Alters? Von piano merke ich nichts; im Gegenteil. Was hat sich der alte nationalliberale Kämpe dabei gedacht. Das neue Buch von Wolfgang Mommsen „Max Weber u. die deutsche Politik 1890–1910“ entlarvt ihn als „indirekten“ Wegbereiter Hitlers und geistigen Vater von C. S. Sie müssen es lesen. Bei Mohr erschienen. Aber in Tübingen geht es ja schön zu; Herr Poliakov – Schüle etc. Bei den Stuttgarter Nachrichten (oder Stuttg. Zeitung?) spuckt ein R. Haerdter (früher: Gegenwart) Gift und Galle gegen Forsthoff.

Immer Ihr alter
C. S.
23/1 60

1) Sie schreiben nicht über meine Frage ob Otfried Eberz[324] Sie interessiert; die Frage ist nicht unwichtig.
2) Fragen Sie Hepp einmal, ob Charles Péguy das war, was er einen „praktizierenden Katholiken“ nennt?
3) Forsthoff ist von Türken u Griechen einmütig als Präsident des Verf. Gericht Zypern vorgeschlagen.

324 Otfried Eberz: C. S. fragt nach ihm als dem Verfasser von „Vom Aufgang und Niedergang des männlichen Weltalters / Gedanken über das Zweigeschlechterwesen“ (Breslau 1931; seither weitere Auflagen). Das Buch ragt aus der Flut der einschlägigen Literatur deutlich hervor.

[Die o. angekündigte Anlage ms:]

Sehr geehrter Herr Hepp, Sie wissen:

Der Feind ist unsre eigne Frage als Gestalt.

Aber in dieser Front – neben Wenger und Maritain – erkenne ich mich nicht wieder. Offensichtlich sind die Tips des Verfassers aus zweiter oder noch späterer Hand; die Zentrale, von der er sie hat, sollte ihre Kartothek mal etwas entrümpeln. Aber Sie waren – zum Unterschied von den meisten Andern Ihrer Front – höflich genug, um mir Ihre Kundgebung mitzuteilen. Demgemäß: besten Dank und Gruß!

18/1/60

[Dieser Entwurf ist – z. T. auch über den Text hinweg – diagonal überschrieben:]
Entwurf nicht abgeschickt wollte vorher bei Ihnen anfragen
nicht abgeschickt – erste, spontane Reaktion (Misstrauen, Befürchtung einer Provokation von links, weil zu intelligent! )

[Randbemerkung zu dem unterstrichenen „Ihrer":] Dieses Ihrer sollte die Möglichkeit einer Linkssteuerung andeuten.

Nr. 227
PK/hs

[Plettenberg, 27/1 1960]

M. l. A. um den 8. Febr. herum, vorher, nachher, bin ich hier in Plettenberg und wäre über Ihren Besuch glücklich. Ich will versuchen, meinen Freund Rainer Specht in die Hamb. Diskussion zu schicken. Über H.[325] bin ich jetzt psychologisch vollkommen im Bilde; vielen Dank für die erstklassige Information! Auch für den 2. Brief. Alles weitere hoffentlich mündlich!
Stets Ihr alter

C. S.

27/1 1960

Brief (Zuschrift an Südd. Ztg.) Schr. N. möchte ich vor Rückgabe noch in Ruhe lesen. Bracher agiert schon als „Bewältiger" vgl. FAZ von heute (27/1 60) Seite 3, statt auf den Spiegel 11/11 59 (Reichstagsbrand) zu antworten.

325 H. = Marcel Hepp

Nr. 228
B/hs

[Plettenberg, 1/2 60]

Empfangsbestätigung für 2 Briefe (29/1 60)
Mein lieber Arminius, der Aktendeckel: „Arminius Besuch Februar 1960" schwillt an; die beiden Rückgabe-Briefe (Schrenck-Notzing und Hepp) liegen ebenfalls darin; aber noch viel mehr; kommen Sie nun oder kommen Sie nicht; das hängt von de Gaulle ab; ich weiss; aber ich bin doch ungeduldig. <…>
Wenn Sie dieses Wochen-Ende kommen, wäre das besonders gewinnreich. Von Samstag (6/2) nachmittag bis Montag (8/2) mittag ist nämlich Prof. Hans Barion hier, die grosse Leuchte des Kanonischen Rechts. Sie müssten ihn schon deshalb kennen lernen, weil er meiner Frau zu einem Begräbnis auf dem katholischen Friedhof verholfen und die Beerdigung vorbildlich zelebriert hat; und weil er Anima in der Schloßkirche in Heidelberg mit einer langen lateinischen Rede (für Alfonso, der kein Deutsch kann, während Barion kein Spanisch kann) getraut hat, und noch aus andern persönlichen Gründen; aber auch um den Verfasser der die Kirche betreffenden Artikel im Grossen Brockhaus kennen zu lernen (ists die Kirche, geh zu Brockhaus), sowie der Artikel in dem grossen Lexikon „Religion in Geschichte und Gegenwart" (RGG).
Schreiben Sie Ihrem eifrigen Hepp, er solle lieber meinen Nomos-Aufsatz[326] in der Festschrift für P. Przywara gründlich studieren (bei Glock & Lutz in Nürnberg).
Ganz besonderen Dank für den grossartigen Aufsatz über die H. K. Welle aus französischer Perspektive! Auch für jede Zeile von Ihnen zur Lage in Frankreich. Ich bin aufs intensivste daran beteiligt; auch wegen meines neuen Freundes Julien Freund.
Beiliegend eine wichtige Sache; das Meiste mit unsichtbarer Schrift geschrieben; hier, bei Max Weber (nach dem Urteil Ihres grossen Lehrers Jaspers der grösste deutsche Gelehrte des letzten Jahrhunderts), möchte ich zu weiteren Positionen ansetzen, wenn ich mich auf Zeitgeschichte einliesse. Warum schweigt Herr Dr. Hans Buchheim zu solchen Dingen? Und zu der Schrift von Heuss über „Hitlers Weg"? Und vor allem: zum Ermächtigungsgesetz vom 24. März 1933? Was ist denn das für eine Verschwörung des Schweigens? Warum veröffentlicht niemand die Liste der Namen der Ermächtiger Hitlers, die heute in der Öffentlichkeit stehen? Der Vorsitzende der CDU-Fraktion im Bundestag, Krone, ist auch dabei! Nicht nur der vorbildliche Heuss, und der lautlose Widerstandskämpfer Reinhold Maier, und andere, die unter Denkmalsschutz stehen.
Schön, lieber Arminius. Kommen Sie wenn es eben geht nach Plettenberg zu Ihrem alten

Carl Schmitt

1/2/60

326 C. S., „Nomos – Nahme – Name", 1959.

Müsste W. Mommsens Buch nicht Hans Fleig interessieren?

Ich lese Tag und Nacht Amerigo Castro über Spanien und zum Trost Quevedo (1580–1645). Das ist einfach grossartig; moderner als Bert Brecht. Hören Sie eine Strophe aus dem Lied einer Hafenkneipen-Hure:*

Si dicen que tengo amigos
eso mi sirve de loa,
que nunca es bueno que tengan
enemigos las personas

d. h. wenn sie mir nachsagen ich hätte
(zuviele) Freunde
dann gereicht mir das nur zum Lobe
denn es ist niemals gut wenn
(man) (hat)
Personen Feinde haben
(d. h. ein anständiger Mensch hat nur Freunde, keine Feinde)
(ich muss eine adäquate Übersetzung überlegen; im Spanischen ist es auch rhythmisch hinreissender als eine Strophe von Bert Brecht im Deutschen)

Für Arminius
aufgeschrieben von
Carl Schmitt
1/2/1960

* etwa hundert[327] Jahre vor der Drei-Groschen-Oper

PS [328] De Gaulle sagt manchmal
Légalité (Freitag abend, 29/1 60
Rundfunkrede
gegen Schluss die nationale
Legalität, die ich seit 20
Jahren verkörpere)
sagt er wirklich

327 Gemeint ist bestimmt „dreihundert".

328 Zum Postskriptum: AM hatte die zitierte Rundfunkrede de Gaulles gehört und konnte deshalb am 3.2. C. S. brieflich mitteilen, daß der General sich, wie immer, auf die légitimité nationale berufen hatte – auf die légalité nationale hat er sich nie berufen, weil das ein widersinniger Be-

dann (nach FAZ)
Légitimité

Légalité nationale?

Mir fehlt der
originale
französische
Text!

L. A.
wenn Sie nebenbei darauf
achten könnten, wäre mir das
sehr wertvoll. C. S.

— — — — — —

[ms]

Manuskript-Kopie der Besprechung des Buches von Wolfgang J. Mommsen: „Max Weber und die deutsche Politik 1890–1920", J. C. B. Mohr (Paul Siebeck), Tübingen.- [eine ms Seite A4][329]

Nr. 229
DS

[Plettenberg, 6/2 60]

Carl Schmitt, „Land und Meer. Eine weltgeschichtliche Betrachtung", Reclam-Verlag Stuttgart, 2. Aufl., 1954, [mit der Widmung:]

Du, Erde, warst auch diese Nacht beständig.

Für Arminius
den Plettenberger Gast

6/2 60 C. S.

griff wäre. Man kann sich bloß auf die légalité allein berufen. C. S. hatte nicht damit gerechnet, daß höchstens jeder zweite Pariser Korrespondent wußte, daß Legitimität und Legalität nicht dasselbe sind. (Bei Rousseaus Begriffen „la volonté de tous" und „la volonté générale" dürfte allenfalls jeder zehnte gewußt haben, daß das zwei verschiedene Sachen sind …)

329 Diese Besprechung von C. S. ist erschienen in: Das Historisch-Politische Buch, 8. Jahrg., Heft 6, 1960, S. 180–181.

*Nr. 230*
*B/ms*

*Bourg-la-Reine (Seine)*
*15. 2. 60*

*Mein lieber Herr Professor,*

*ich bin wie Freund Fleig sehr beschämt über den – glücklicherweise, immerhin, plumpen – Angriff auf Sie, der Naht an Naht mit einem Artikel von mir in der „Tat“ erschienen ist. Es ist schlimm, dass uns unser Status als Schreibsklaven nicht erlaubt, so etwas mit dem Rücktritt zu beantworten …*
*Wollen Sie den Angriff mit Schweigen beantworten? Fleig schreibt mir, dass er eine Entgegnung aus Ihrem Freundeskreis von sich aus, ohne zu fragen, als „Brief an die Tat“ veröffentlichen würde. Der Brief wäre an seine Privatanschrift: Dr. H. F., Wolfgrabenstrasse 27, Langnau am Albis, Kt. Zürich zu richten. Besprechen Sie es doch mit Barion. <…>*[330]

Nr. 231
B/hs
Pl. 26/2 60

Mein lieber Arminius,

wegen der Kinder-Kritzelei in Ihrer „Tat“ vom 13/2 brauchen Sie sich keine Sorge zu machen. Ich höre, dass Sie Donnerstag 3/3 in Wuppertal bei Schelz sprechen, und komme mit Ernst Hüsmert hin, wenn Sie nichts dagegen haben. In der Deutschen Zeitung vom 24/2 steht eine witzige Erledigung der Glosse von Schüle etc. Ernst Jünger schrieb dazu aus Brixen: difficile, satiram non scribere. Der „Spiegel“ ist wütend, dass er das Goldstein-Interview nicht selber gehabt hat; die Sensation ist unbeschreiblich. Die Sudelwellen-Reiter machen dumme Gesichter und schweigen verlegen; insbesondere FAZ. Das Weiss-Buch der Regierung über „die antisemitischen und nazistischen Vorfälle“ wirkt wie ein Witz.
Ich freue mich, Ihren Vortrag zu hören und grüsse Sie und die Ihrigen herzlich. Auch Anni lässt vielmals grüssen.

Stets Ihr alter Carl Schmitt.

330 C. S. notierte am 17. 2. auf dem Rand dieses Briefes: „Ich denke, wir ehren uns mit Schweigen!“

Nr. 232
DS

[o. O., 20/3 60]

Carl Schmitt, „Die Tyrannei der Werte. Überlegungen eines Juristen zur Wert-Philosophie", Privatdruck bei Kohlhammer, Stuttgart 1960, [mit der Widmung:]
m/l Arminius

20/3 60 C. S.

p. 15

Nr. 233
B/hs

Pl. 22/3 60

Mein lieber Arminius, mit vielem Dank schicke ich hier Hans Fleig's Brief an Sie zurück. Mir ist es schrecklich, soviel Wut und Hass zu erregen und noch schrecklicher, meinen Freunden zu schaden. Jetzt haben 6 Professoren wegen Schüle an die Deutsche Zeitung geschrieben; eine dünkelhafte Bande, die sich gegenseitig immer tiefer in ihre „Selbst-Reinigung auf Kosten anderer" hineintreibt. Sie werden wohl bald näheres darüber hören. Die Sudel-Wellen-Reiter schäumen. Eine Abschrift eines Briefes von H. Fleig an Dr. Kuhn habe ich nicht erhalten; sie würde mich aber begreiflicherweise sehr interessieren. Ich habe Ihnen dieser Tage eine Drucksache geschickt, aber ich weiss wohl, wie sehr Sie in Anspruch genommen sind. Besonderen Dank für den Sauge[331]-Artikel, den Weinreich mir schickte. Vorigen Sonntag war Schelz aus Wuppertal hier, der noch von Ihrem Vortrag schwärmte. Rüdiger Altmanns Buch (Das Erbe Adenauers) wird glänzend; es soll im Mai erscheinen; er ist ein bedeutender Intellekt, dieser Altmann. Kennen Sie ihn eigentlich?
Anni lässt herzlich grüssen und plant Tag und Nacht die grosse Spanien-Reise über Paris. Ich fahre wahrscheinlich mit (um den 9. oder 10. Mai herum) und hoffe Sie alle in guter Gesundheit anzutreffen, auch Michel Mourre kennen zu lernen. Ich habe Ihnen eine Fotokopie von Theodor Lessings Schrift über Eugen Dühring bestellt und freue mich darauf, sie Ihnen bald zu schicken. Dann habe ich aber noch ein weiteres,

331 Georges Sauge, ein aus den kommunistischen Jugendverbänden zum katholischen Integrismus konvertierter französischer Politiker. 1956 gründete er nach kommunistischen Mustern eine Kaderschule zum Kampf gegen den Kommunismus. Sie hieß CESPS (Centre d'études supérieures de Psychologie Sociale) und hatte insbesondere in der Armee Massenerfolge zu verzeichnen.

grösseres Geschenk für Sie: ein alter Nachbar, Studienrat und Eugen-Dühring-Verehrer (Berliner) schenkt Ihnen sein lange gehütetes Exemplar von Dührings „Geistige Grössen der deutschen Literatur". Vorläufig lese ich noch darin herum; erstaunlich in seiner Treffsicherheit, aber auch seinem hoffnungslosen naturwissenschaftlichen Positivismus. Ich bringe Ihnen das (dicke, sehr schön eingebundene) Buch mit.
Joh. Gross[332], von der DZ ist zum Chruschtschow-Besuch in Paris. Er war mit Altmann vorigen Sonntag hier; er ist frech, witzig und eifrig; vielleicht bekommen Sie ihn in Paris einmal zu sehen. Gross und Altmann haben die Wut über den Verleger Vorwerk. Anima schreibt sehr vergnügt aus Santiago.
Ich schließe für heute und bleibe mit vielen Grüssen und Wünschen für Sie, Ihre verehrte Frau, Gert und Wulf immer Ihr alter

Carl Schmitt.

— — — — — —

[ms]

GROSSES PREISRAETSEL

Mit Wirtschafts-Bauch und Küsel-Hirn
Und harter Kollektiv-Scham-Stirn
Erscheint die Allgemeine
Doch ist auch etwas Frank dabei
Und etwas Furt – nun einerlei:
Jetzt sagt mir, was ich meine

Auf die richtige Lösung dieses Rätsels sind hohe Preise ausgesetzt, darunter zum Beispiel ein Lehrstuhl für Zeitgeschichte und eine Aussenstelle im Beirat der Innenstelle für zwischenplanetarische Bewältigung der Vergangenheit, Gegenwart und Zukunft.

---

332 Johannes Gross, Jahrgang 1932, ging nach der ersten juristischen Staatsprüfung mit 22 Jahren in die Medien und kehrte von dort nicht mehr zurück. Daß er jeden Winkel der Medienwelt kennt und all ihre Treppen nach oben mit Erfolg erklommen hat, ist bekannt. Aus dieser Karriere sei bloß festgehalten, daß er Ressort-Chef Politik der „Deutschen Zeitung" war, als dieses Blatt C. S. gegen Adolf Schüle zu Hilfe kam.

Nr. 234
B/hs

Plettenberg
10/4 60

Lieber Arminius,

hier bricht der Frühling aus und alles jubelt: erstens zu Ihrem übermorgigen Geburtstag (der zweite Widder kommt morgen nach Plettenberg, nämlich Prof. Joseph Kaiser aus Freiburg; der dritte, Ernst Hüsmert, wird sich wohl erst in den Ostertagen bei uns zeigen), für den das dicke Geschenk (Eugen Dühring Literaturgeschichte) hier für Sie bereitliegt;
und zweitens in Erwartung der grossen Pilgerfahrt zum Grabe des heiligen Jakobus in Santiago de Compostela, via Paris-Orleans-Irún-Bilbao etc. die am 7. oder 9. Mai beginnen soll. Wir wollen im Wagen von Anni's englischer Freundin fahren, die grossartig fährt, ab Versailles zu viert: Anni, Rosemary, Leni (eine Freundin Anni's) und ich als Krönung; so, wie es schon in Mozart's unsterblicher Zauberflöte besungen und gesungen wird:

Drei Damen jung, schön, hold und weise
Begleiten mich auf meiner Reise.

Ich komme gerade aus Heidelberg zurück, wo die einzige Tochter Ernst Forsthoffs am 7. April getraut worden ist, wobei ich anwesend sein musste und auch gerne war, denn es war eine sehr schöne Feier und Forsthoff, den die ganze Wut der Festschrift-Ausradierer trifft, ist durch den Tod seiner Frau (Ende Februar) und jetzt die Heirat seiner Tochter mit einem Italiener aus Florenz, sehr einsam. Einer seiner 3 Söhne, Heinrich Forsthoff, ist übrigens im Verlag Kohlhammer; er erzählte auch von dem Bruder[333] Ihres Freundes Schrenck; aber so, wie ein junger Mann von dem in den Höhen schwebenden Chef erzählt.
Ich füge einen Zeitungsausschnitt bei, dessen Inhalt Sie wohl schon durch das Zeit-Archiv kennen. Ich finde die Antwort der Redaktion auf die 6 Festschriften-Verfolger glänzend; obwohl sie das Entscheidende nur andeutet, hat sie alles zum Schweigen gebracht. Das Entscheidende ist die Groteske: eine Selbst-Reinigungsaktion mit Tu-quoque-Verbot, d. h. auf Kosten anderer.
Das dicke Geburtstagsgeschenk bringen wir mit. Nun aber unser Plan und unsere Fragen oder Bitten:

1) Hôtel in Versailles vgl. Anlage 2
2) Können und mögen Sie uns (<u>drei</u> von Deutschland) kommend an der Gare du Nord abholen, nachmittag 17.44, und zwar spätestens <u>Montag, den 9. Mai</u>, oder; wenn Ihnen das besser passt: <u>Sonntag, den 8. Mai</u> (Samstag wäre ein schlechter Reisetag)?

---

333 Kohlhammer: Der damalige Chef dieses Verlagshauses war nicht ein Bruder, sondern ein Onkel von Caspar von Schrenck-Notzing.

3) Können Sie uns (gleich nach Ankunft) nach Versailles begleiten in das von Ihnen ausgesuchte dortige Hôtel?* Eventuell mit Frau und Michel Mourre; sodass wir uns dort noch unterhalten können? Wie kommen wir am besten mit dem Gepäck (3 Koffer etc.) von der Gare du Nord nach Versailles?

* Hotel-Bestellung für Prof. Schmitt; falls schon Sonntag:
1 Doppelzimmer, 1 Einzelzimmer ohne Garage; für Montag:
1 Doppelzimmer, 2 Einzelzimmer mit Garage
Wir wollen nicht in Paris wohnen![334]

Die Engländerin kommt erst Montag (9. Mai) abend (gegen 8) mit dem Wagen (von London aus) in Versailles an; Dienstag (10. Mai) früh, Abfahrt im Wagen nach Spanien; unabdingbarer Termin, weil wir (wegen der Ferien der Engländerin) gleich weiter fahren müssen.

Können Sie uns gleich Nachricht geben (den beil. Hotel-Zettel mit Antwort zurückschickend), damit wir der Engländerin rechtzeitig Nachricht geben können? Michel Mourre würde ich sehr gern bei dieser Gelegenheit sehen; ich [bin] aber sehr schwer beweglich und ermüde sehr schnell. Sagen Sie ihm bitte: diese Karwoche wäre die schrecklichste meines Lebens; die Karwoche im Gefängnis in Nürnberg, April 1947, wäre eine wohltuende Exerzitie gewesen im Vergleich zur jetzigen; schon deshalb müsste ich ihn sehen. Anni, vor Reisefieber bebend, schliesst [sich] meinen Fragen und Bitten [an]; sie freut [sich] auf das Wiedersehen mit Ihnen und Ihrer Frau. Für heute nur noch die herzlichsten Wünsche zum Osterfest für Sie, lieber Arminius, Ihre verehrte Frau, Gert und Wulf.

Stets Ihr alter

Carl Schmitt.

— — — — — —

DZ vom 23. März 1960 aus der Spalte „Die Aussprache“

„Anmerkung der Redaktion: Gegenüber den Zuschriften zu der Glosse ‘Schüle und Schmitt’ in DZ Nr. 46 sei daran erinnert, daß es in diesem Beitrag nicht darauf ankam, neue Namen in die Debatte zu werfen, oder gar darauf, die Reinigung der Justiz auf die Universitäten und Fakultäten zu erstrecken. Am allerwenigsten sollte die voluminöse, bereits viele Bücher und Aufsätze umfassende Diskussion über Carl Schmitt noch weiter vermehrt werden. Es handelte sich ausschließlich um die Glosse von Herrn Professor Schüle, und zwar um drei einfache Tatsachen: Erstens hat Professor Schüle[335] noch im Jahre 1937, also nach den von ihm inkriminierten Aufsätzen, selber

334 Diese Hotelbestellungswünsche stehen in schmaler Spalte am linken Briefrand.

335 Schüle: gemeint ist der Staatsrechtler Professor Adolf Schüle (1901–1967), von 1927 bis 1938 im Institut für ausländisches öffentliches Recht und Völkerrecht in Berlin, dann Wirtschaftsjurist, 1945 bis 1954 Hauptgeschäftsführer der IHK Mannheim, ab 1954 Professor in Tübingen.

eine Abhandlung mit nationalsozialistischem Inhalt publiziert; zweitens hat er diese Tatsache seinen Lesern vorenthalten; drittens hat er angenommen, diese Vorenthaltung bliebe seinen Lesern entweder unbekannt oder wäre für sie uninteressant. Die erste Tatsache, die Publikation einer nationalsozialistischen Abhandlung, mußten wir beim Namen nennen. In der zweiten Tatsache erblicken wir einen Mangel an Takt. Hinsichtlich der dritten sprachen wir von einem Mangel an Klugheit. Das ist alles.
Der Sachverhalt ist in sich selbst so klar und einfach, daß kein tu quoque am Platze ist. Eine Ausdehnung der Diskussion auf unabsehbare weitere Probleme war nicht beabsichtigt.“

Nr. 235
B/hs

Plettenberg
Mittwoch 13/4 60

M. l. A. schönste Ostergrüsse für Sie und Ihre verehrte Frau! Auch Anni grüsst lebhaft, in heftigstem Hausputz- und Reise-Fieber zugleich. Vielen Dank für Ihren Karten-Brief aus Ammerland und gute Erholung (und Arbeit am Buch!) Ich habe Ihnen vorgestern zu Ihrem Geburtstag nach Bourg-la-Reine geschrieben; dass wir am 7. oder 8. Mai nach Paris kommen (die englische Freundin Anni's, die uns nach Santiago fährt, kommt Montag 9. Mai von London nach Versailles): wir wären froh, wenn Sie oder Michel Mourre uns in Paris an der G. d. N.[336] abholen und nach Versailles begleiten könnten; näheres im Brief, den Sie bei Ihrer Rückkehr in B. l. R. vorfinden werden. Diese Karwoche ist die schrecklichste meines Lebens; die Karwoche im Gefängnis in Nürnberg war eine erholsame Exerzitie dagegen; vgl. die damals entstandene „Weisheit der Zelle“ in Ex Captivitate Salus! Heute: Tenebrae factae sunt. Ich habe Sehnsucht nach einem Gespräch mit Michel Mourre. Ein Rundfunkgespräch das ich Freitag abend hörte (Warnach, Spaemann, Anton Böhm, Nyssen) war deprimierend; der auf Radio-Wellen verkündete „Widerstand gegen den Totalitarismus“ im „Klösterlichen Hinterland der Konsumgesellschaft“ – das ist ja schon beinahe der Waldgang[337] auf holzfreiem Büttenpapier!
Gestern war Ihr Geburtstag, hoffentlich haben Sie ihn schön gefeiert. Ernst Hüsmert war bei mir, mit einem neuen Gedicht. Joseph Kaiser aus Freiburg (der 3. Con-Natale des 12. April) kam zu einem Vortrag nach Lüdenscheid, wo wir uns trafen.

336 G.d.N. = Gare du Nord.
337 Waldgang: gemeint ist natürlich das Buch „Der Waldgang“ (1951) von Ernst Jünger.

Kaufen Sie sich die letzte Nummer der Deutschen-Soldaten-Zeitung (1. April Nr. 7), mit einem Aufsatz über Ernst Jünger, in dem Sie mit einer (gegen Sie!) kritischen Bemerkung figurieren; Verfasser: Bernward Vesper-Triangel[338] (mir bisher nicht bekannt). Sin mas por hoy!

Herzlich Ihr alter
Carl Schmitt.

1) Martini's Buch (Lebenserwartung der Bundesrepublik) ist schon im Satz; Altmann (Das Erbe Adenauers) wird Anfang Mai fertig.
2) Verschaffen Sie sich noch einige Stücke des Goldstein-Interview's der DSZ (München-Pasing-Spiegelst. 6); Stück 10 Pfg.
3) Ich stosse soeben auf einen Satz von Theodor Haecker; in einem fauchenden „Nachwort" zum Begriff des Auserwählten von Kierkegaard (bei Hegner 1917!) Seite 384, Zeile 1, oben sagt er: wenn Christus heute wieder erschiene, würden ihn die Liberalen einladen, wörtlich: „bei Ullstein, bei Fischer, bei Müller, bei Kösel, es ist alles einerlei, einen christlichen Almanach herauszugeben." Sic! Heute erscheinen Haeckers Ges. Werke bei Kösel!! Entlarvter Entlarver! Thema für eine Karwochen-Betrachtung 1960. Oder machen die Christen heute Gesamtausgaben mit ausradierten Christen-Kreuzen?

Nr. 236
B/hs

Pl. 2/5/60

Mein lieber Arminius, hier herrscht Jubel und grosse Dankbarkeit für Ihre Vorschläge und Ihre Hilfe. Mit allem sind wir einverstanden. Dass wir die Jungens sehen müssen, versteht sich von selbst; wir dachten, Sonntag abend näheres zu vereinbaren, weil wir Ihre Tages-Einteilung nicht kennen. Auch das Grab von Léon Bloy möchte ich gerne besuchen. Ich habe mir den ganzen Montag frei gehalten. An Ernst Kern schreibe ich gleichzeitig kurz die Daten (Ankunft, Abfahrt) und die bisherigen Verabredungen. Bei mir entwickelt sich immer entschiedener eine bedingungslose Phobie vor Menschen,

338 Bernward Vesper-Triangel (1938–1971) war Sohn des völkischen Schriftstellers Will Vesper (1882–1962) in Triangel. AM lernte B. V. kennen, als dieser noch die politischen Meinungen seines Vaters teilte und beleidigt war, wenn man die Bücher von Vesper-Senior nicht rezensieren mochte. Er kam als Korrespondent einer bürgerlichen Zeitung nach Paris und interviewte auch AM über die Bürgerkriegssymptome in Frankreich. Die menschlich angenehmen Begegnungen mit ihm hörten allerdings auf nach einer gemeinsamen Autofahrt im Schwäbischen mit seiner Freundin und späteren Terroristin Gudrun Ensslin. Sie weigerte sich, mit einem Rechten zu sprechen, schaute mich bloß teils böse, teils höhnisch an.

die keine Zeit haben, und Kern sitzt doch tief in der Maschine drin. Meine Sympathie für ihn bleibt unverändert. Ausserdem hat er jetzt den Caracter indelebilis eines Mitarbeiters der Festschrift.
Vielen Dank für die Abschrift der Stellungnahme Ernst Jüngers! Er macht es einem wirklich schwer, denn er begründet seine Ablehnung der Angriffe gegen die Festschrift damit, dass er die Festschrift als eine angeregte Familienangelegenheit privatisiert und bagatellisiert. Das ist nicht schön. Werner Weber schrieb mir soeben: „Das Nachspiel zu der Festschrift hat meine Genugtuung darüber, dass wir mit dieser Festschrift <u>ein Zeichen gesetzt haben</u>, noch beträchtlich vermehrt.“ Es ist lehrreich, diese beiden Stellungnahmen zu vergleichen. Aber das nur à propos! Die Hauptsache ist, dass wir uns in einigen Tagen sehen.
Grüssen Sie Ihre liebe und verehrte Frau und die beiden Jungens, auch Michel Mourre und Ernst Kern, und auf ein gutes Wiedersehen am Sonntag 17.44 an der Gare du Nord! Auch Anni lässt herzlich grüssen. Ich danke Ihnen nochmals für Ihre beiden Briefe und die Karte vom 29/4, die heute (Montag) Morgen eintraf!

Ihr alter Carl Schmitt.

— — — — — —

[ms]

1. Teilabschrift eines Briefes (24.4.1960) von Werner Weber an C. S. zu den Auseinandersetzungen über die Festschrift für C. S. [C. S. hat das Wesentliche daraus schon oben in seinem Brief zitiert.]

2.
9 Hebg. Wie ist des Mondes Halbgewicht von Nichts und wieder
Nichts so schwer beladen
Es fliegt ein Vogel auf den Baum um sein Gesicht am
Mondlichtsaum zu baden
8 Hebg. Der Vogel spricht: wozu ich lebe weiß ich nicht – warum –
weshalb
Der Baum spricht nicht: sein Laub erlaubt das Mondlicht nicht
darum – deshalb
7 Hebg. Ein Wagen kommt und ist mit Unglückstracht zu schwer
beladen
Der Motor zagt als könnte Zeitverlust die Fracht begnaden

6 Der Vogel spricht: um Glück zu bringen bin ich nicht
Der Baum spricht nicht; viel zu belaubt ist sein Gesicht

5 Nun wird die Welt mit Wolken voll geladen
Bald ist der Himmel zugerückt
Der Mond – verglüht zu Nachtgebälk und Nebelschwaden –
Hat einmal noch ein Licht gezückt

4 Der Vogel spricht: weh, das Gericht
Der Baum spricht nicht: sein Laub ist dicht

3 Da bricht durch Blatt und Flaum
Geblitztes Donnerlicht

2 Jetzt spricht der Baum
Der Vogel nicht.

Gründonnerstag 1960 Ernst Hüsmert

*Nr. 237*
*PK/ms*

*Mein lieber Herr Professor,* *B-l-R 3. 5. 60*

*<…> Ernst Jünger tun Sie Unrecht – so hatte er es nicht gemeint, vor allem weil er ja die Festschrift gar nicht kennt. Was er sagen wollte, war doch, dass eine solche Festschrift zunächst einmal Angelegenheit eines geschlossenen Kreises sei. Wenn Sie von vornherein ein negatives Vorzeichen vor alles setzen, was von EJ kommt, so wird er gewaltsam zum Bösewicht gemacht …*
*Also, gehen wir am Montag dann zum Grabe Bloys hier in Bourg-la-Reine! Die Einzelheiten können wir am Sonntagabend besprechen – wir freuen uns sehr aufs Wiedersehen! <…>*

*Nr. 238*
*B/ms*

*Bourg-la-Reine (Seine)*
*4. 5. 60*

*Mein lieber Herr Professor,*

*heute morgen rief mich Kern an. Das ist eine glückliche Idee, dass er Sie von der Gare du Nord in Paris direkt zu Ihrem Hotel in Versailles führen will! Das macht alles viel einfacher. Damit wir nicht zu viel sind und da Sie ja, wie Kern mir bestätigt, wirklich am Ende des Nachmittags (und nicht am Vormittag) ankommen, werde ich Michel*

*Mourre bitten, den Montagnachmittag für Sie frei zu halten. Wir könnten dann zusammen zu Bloys Grab in Bourg-la-Reine gehen – Michel Mourre ist dazu eher legitimiert als ich …*
*Also: Kern und ich werden am Sonntag an der Gare du Nord sein und Sie und die Damen nach Versailles geleiten. Michel Mourre dann am Tag darauf. Kern möchte Sie gerne auch ausführlich sprechen. Wir sehen dann, wie es sich ergibt. Ich könnte mich dann am Sonntag in Versailles früh zurückziehen, damit Sie Zeit für Kern haben. Er will auf jeden Fall Sonntag und Montag für Sie freihalten – für Sie hat er also noch Zeit. Ihn zu mir nach Bourg-la-Reine raus einzuladen, scheue ich mich ein bisschen – erstens ist es hier klein und eng, zu viel Personen fasst das Häuschen nicht; zudem ist Kern doch recht bürgerlich und würde sicher Mühe haben, die Schockiertheit über unseren etwas bohèmehaften Lebensstil zu verbergen …*

*In grosser Vorfreude!*
*Ihr Arminius.*

*Lieber Herr Professor,*
*ich freue mich sehr, Sie und Frl. Stand bald wieder zu sehen. Unsere Buben bitte ich nun täglich, sich doch ja anständig aufzuführen … Hoffentlich müssen wir uns nicht zu sehr blamieren mit unseren Erziehungskünsten.*

*Auf bald!* *Herzlich grüsst Sie*
*Ihre Edith Mohler*

Nr. 239
PK/hs

[Plettenberg, 5/5 60]

M. l. A. es heisst Sonntag, 8. Mai<br>
17.44 (also 5 Uhr 44 nachmittags);

Verzeihung, dass ich ungenau geschrieben habe! Auch die Bemerkung über E. J. dürfen Sie mir nicht übel nehmen. Hauptsache, dass wir uns nun Sonntag und Montag sehen und sprechen können. M. M.'s Buch über Lamennais habe ich ad hoc noch einmal gelesen.
Auf ein gutes Wiedersehen in Paris! Ihnen allen herzliche Grüsse von Anni und von Ihrem alten

C. S.

Plettenberg
5/5 60

Nr. 240
BK/ms/hs [Paris, Mai 1960]

Keines Schüle
trübe Schwüle
teile sich der reinen Kühle
dieser Festschrift störend mit
Merke Leser, Leserin fühle:
Was dir hier entgegentritt
ist fürwahr kein Adolf Schüle
sondern schlecht und recht

Carl Schmitt.

Meinem lieben
Arminius
für sein Exemplar der Festschrift!
Paris, Mai
1960 Carl Schmitt

Nr. 241
AK[339]/hs

Le Muret, 11/5 60

Herzliche Grüsse von unserer schönen Reise, lieber Arminius! In Angoulême sind wir in der Erinnerung an Ihren guten Rat auf dem Rempart spaziert. (Mir fiel dabei aufs Gemüt, dass ich vergessen habe, Ihnen die 30 NF Hotel-Bürgschaft zurückzugeben, die 3 Damen werden es auf der Rückfahrt nicht vergessen). Ich setze unser Gespräch in Gedanken fort und bleibe diesseits und jenseits der Pyrenäen Ihr

alter Carl Schmitt

Grüssen Sie Ihre Frau, Gert und Wulf von uns; auch Michel Mourre.

[Es folgen mit Grüßen die Unterschriften der drei Damen der kleinen Reisegesellschaft.]

339 AK: Die Kathedrale von Angoulême.

Nr. 242
AK[340]/hs

Comillas, 13/5 60

Diese Höhle von Altamira müssen Sie in natura sehen; das lohnt eine lange Reise und ist eine Vorbereitung für den Besuch des Grabes des Apostels Jakobus in Santiago. In dankbarer Erinnerung an unsere Begegnung

Carl Schmitt.

[Es folgt eine Reihe Grüße und Greetings u. a. von Anni Stand und Helene Vieregge.]

Nr. 243
AK[341]/hs [o. O.,] 24.5.60

M. l. A. Ihren Brief mit der Abschrift des Schreibens an Grf. D.[342] habe ich mit der Gewissheit gelesen, dass dadurch der erste défi seit 45 ausgesprochen worden ist. Die überzeitliche objektive Bedeutung und Wirkung findet sich von selbst, „findet sich und kündet sich", wie Konrad Weiß sagt. Am liebsten ging ich mit Ihnen und Michel Mourre zu diesem Portico; das würde sich an den Besuch am Grabe Léon Bloy's ohne Umwege anschliessen. Viele Grüsse auch von Anima und Alfonso und Beatriz für Sie, Ihre verehrte Frau, Gert und Wulf und herzlichen Dank für Ihren Brief. Stets Ihr

Carl Schmitt.

Nr. 244
AK[343]/hs [o. O., 31. 5. 60]

Wenn Sie ahnten, lieber Arminius, was hier an laut redenden Geheimnissen offen an der Strasse steht, würden Sie sich aufmachen und hierher kommen. Ich bin noch ganz benommen von der unglaublichen Fülle dieser präzisen Aussagen über unsere Vergangenheit und unsere Gegenwart. Anima, Alfonso, Beatriz und ich schicken Ihnen, Ihrer lieben und verehrten Frau, Gert und Wulf herzliche Pfingstgrüsse und -wünsche. Anima liest täglich – allerdings mit 3 Tagen Verspätung – Le Monde; ich staune über ihre politische Anteilnahme; sie selber meint, das läge daran, dass Le Monde ein so gut geschriebenes Blatt ist. Im Alkazar (Falangistisch) erschien ein Aufsatz über Ex Captivitate Salus, in dem Ernst Jünger el mas grande maestro de Europa (der grösste Meister

340 Mit dem Bild eines Bisonte galopando y mugiendo aus der Höhle von Altamira.

341 Detailaufnahme vom Pórtico de la Gloria der Kathedrale in Santiago de Compostela.

342 Grf. D. = Gräfin Dönhoff.

343 Wiederum eine Aufnahme des Portico de la Gloria.

Europas) genannt wurde. Das Potential Spaniens ist unwahrscheinlich; aber darüber darf ich ja nicht mitreden, weil ich durch die kleine Beatriz daran beteiligt bin. Schreiben Sie gelegentlich wieder Ihrem alten

und getreuen

Carl Schmitt.

Nr. 245
AK[344]/hs [o. O., 24. 6. 60]

Mein lieber Arminius, ich habe dieses Foto des lächelnden Daniel (aus dem Jahre 1180) machen lassen; er trägt noch Spuren der ursprünglichen Farbe; die Augen sind blau! Sein Lächeln soll Sie trösten, wenn Sie einmal so trostbedürftig sind wie ich. Mein Schreiben von Ende Mai/Anfang Juni hat sich mit Ihrer letzten Sendung (Besprechung des Roman von Geissler = Flagellant) gekreuzt. Von Prokop werde ich Ihnen aus Deutschland eine Fotokopie der Gelimer-Stelle (griechisches Original, mit englischer Übersetzung) schicken. ... propos Dönhoff dürfen Sie nie vergessen, was sie sich im August 1954 geleistet hat, als Tüngel herausgeboxt wurde. In Le Monde las ich, dass Céline einen Roman Nord bei Gallimard veröffentlicht. Den Aufsatz des Thersites Habermas im Merkur (über Kesting und Koselleck) habe ich noch nicht gelesen. In einigen Tagen fahre ich (im Flugzeug) über Madrid-Frankfurt nach Plettenberg zurück; traurigen Herzens, denn es ist wunderbar hier in Santiago, bei Anima, Alfonso und Beatriz. Wir alle grüssen Sie, Ihre liebe und verehrte Frau, Gert und Wulf herzlich. Ich bleibe Ihr alter und

24. 6. 60 getreuer Carl Schmitt.

Nr. 246
B+AK[345]/hs [Plettenberg, 13/7 60]

Mein lieber Arminius, Ihr Telegramm begrüsste mich hier zu meiner Rückkehr aus Spanien; vielen herzlichen Dank, Ihnen und Ihrer lieben und verehrten Frau, sowie den beiden Jungens. Anima hat inzwischen einen Sohn zur Welt gebracht, der Carlos heissen soll. Den Bösewichtern, die alle Auswirkungen von C. S. vertilgen wollen, bleibt allmählich nur noch der Versuch eines bethlehemitischen Kindermordes übrig. Ich bin von der Reise und dem Klima-Wechsel noch ganz erschöpft und völlig heiser, doch tröstet und belebt mich die Lektüre von Altmanns Erbe Adenauers, das einen Riesen-Erfolg hat. Sie müssen mir bald schreiben, was Sie jetzt arbeiten, ob Sie zu Christ und Welt gegangen sind (ich bekam einen besonders herzlichen Brief von

344 Es ist der gleiche Daniel wie auf der AK Nr. 208, aber aus anderer Perspektive.

345 Es ist das gleiche Bild des „lächelnden“ Daniel wie in Nr. 245.

G. Wirsing[346]) und wie die böse Dönhoff reagiert hat. Für mich ist der Gedanke, dass Sie nicht mehr in dem hässlichen Müll-Eimer der „Zeit"[347] stecken, eine wahre Befreiung. Dieser lächelnde Daniel wird Sie erfreuen; die Fotokopie der Prokop-Stelle füge ich bei; das Foto habe ich eigens für meine Freunde herstellen lassen; die Skulptur (Granit) ist im Original polychrom, natürlich verblasst, aber die Augen sind noch leuchtend blau.

Herzlich Ihr alter Carl Schmitt. 13/7/60

In Madrid konnte ich mich von dem echten Erfolg der spanischen Ausgabe von Ex Captivitate Salus überzeugen; das war für mich die grösste Genugtuung; jetzt können die deutschen Verfolger neue Vertilgungsmittel erfinden.
Anni, die herzlich grüssen lässt, fragt, ob die 30 NF angekommen sind (die sie auf der Rückreise in Paris vor Pfingsten an Sie geschickt hat; in einem Brief).

— — — — — —

[Kopie der Seiten 268 und 269, auf beiliegendem Zettel hs]
Procopius von Caesarea,
Geschichte der (Goten-) Kriege Buch III/IV: der Vandalen-Krieg. Loeb Classical Library Nr. 81, t. II (translated by H. B. Dewing) Harward University Press 1953 (London, Heinemann)

346 Giselher Wirsing (1907–1975) war 1948 Mitbegründer und seit 1954 Chefredakteur von „Christ und Welt". Er kam aus dem Tat-Kreis, übernahm aber dann im Dritten Reich Funktionen, die ihn nach der Niederlage erpreßbar und unbeständig werden ließen.

347 AM arbeitete während seines Frankreichaufenthaltes (1953–1961) für die Zürcher „Tat". Als „deutsche Zweitzeitung" ersetzte er im Sommer 1960 die Hamburger „Zeit" durch die Stuttgarter Wochenzeitung „Christ und Welt". AM kündigte der „Zeit" nicht aus politischen Gründen, denn seine Frankreich-Berichterstattung wurde inhaltlich nie beanstandet. Es hieß jedoch: „Der Mohler schreibt zu wissenschaftlich – den muß man ein bißchen aufkeschern …" Diese Feuilletonisierung bei gleichzeitiger Unkenntnis Frankreichs machte die Pariser Berichte ungenau. Mit „Christ und Welt" wurde schriftlich festgelegt, daß die Berichte nicht umgeschrieben werden dürften.

Nr. 247
BK/ms

[o. O.,] 31. August 1960

Der Geist Kierkegaards zum Fall Jaspers[348]
(Stimme aus dem Jenseits):

Wie hat sein Bußgerede mich empört!
Wie ekelt mir vor seinen faulen Fischen!
Jetzt ist er endlich wo er hin gehört:
Im Spiegel und der Deutschen Telewischen.

[Statt des Absenders C. S. steht auf dem Briefumschlag:] Expédié par Sören Kierkegaard d'outre tombe

Nr. 248
B/hs

Pl. 13/10/60

Mein lieber Arminius,

ich war 14 Tage in Ebrach (über Bamberg) wo Prof. Forsthoff, bevor er nach Zypern geht, ein herrliches Ferien-Seminar abhielt, von dem alle, Professoren wie 40 ausgesuchte Studenten, begeistert waren. Den allerneuesten Bert Brecht (von Schr. N.)[349]

348 Zum „Fall Jaspers“: der besitzergreifende Geist von C. S. gegenüber seinem Schüler manifestierte sich u. a. darin, daß er frühere Lehrer des Schülers vom Sockel zu stoßen versuchte. AM hatte kein Hehl daraus gemacht, daß er in seiner Jugend geprägt worden war durch die Filiation Nietzsche-Spengler-Ernst Jünger, zu der auch der junge Niekisch (bis zur „Dritten imperialen Figur“ von 1935) gehörte. An seinem Respekt für den frühen Niekisch konnten weder die schlechten Bücher, die er nach seiner Befreiung aus dem Gefängnis schrieb, noch sein Verhalten im Fall C. S.-von Leers etwas ändern. C. S. konnte das nie verstehen – dies kommt noch im letzten Brief von C. S. an AM, im Jahr 1980, zum Ausdruck. Ähnlich stand es mit Jaspers, der bei der Promotion von AM sogleich den ihm fremden Geist erkannte, es jedoch nicht zum Gesinnungsprozeß kommen ließ. Obwohl der Doktorand in seiner Dissertation die Nietzsche-Deutung von Jaspers angegriffen hatte, rettete dieser dem naseweisen Studenten seinen Doktortitel. Das war eine alt-liberale, heute seltene Lektion, die AM nie vergessen hat.

349 „Allerneuester Bert Brecht (von Schr. N.)“: Caspar von Schrenck-Notzing verfaßte politische Spottverse, die von Hand zu Hand gingen. Gezeichnet waren sie meist (in Anspielung auf seinen Wohnsitz) „Nepomuk Seegeist“.

konnte ich gut anbringen. Der Spiegel-Aufsatz über Forsthoff hat Sava's Empörung erregt; er kommt dieses Wochenende nach Plettenberg und schrieb (von München aus): diese Leute bringen es fertig, eine nationale Ehre in eine nationale Schande zu verwandeln. Einen Leserbrief-Entwurf von Ernst Hüsmert lege ich bei.
Das 1. Heft des „labyrinth" habe ich mit grosser Erregung gelesen. Kurt[350] v. Hammerstein gibt die konkrete Interpretation zu der allzu hohen Reichstheologie des Herrn Trott zu Solz[351]: Kein früherer Nationalsozialist darf Offizier in der Bundeswehr sein. Sie haben recht: Dieser neue Dom (angeblich cluniazensisch) verwandelt sich in eine Adolf-Hitler-Gedächtniskirche. Walter Warnach spricht S. 23 sehr schön von mir als seinem „verehrten alten Freund"; aber den heilsamen Exorzismus, meinen Namen zu nennen, wagt er doch nicht konkret zu praktizieren.
Toll ist das „Ende der Parteien 1933" von Matthias-Morsey. Da lösen sich kostbare, unter dem Zwang zum Alibi produzierte Legenden der Versager von 1933 in schlechten Dunst auf. Der Prälat Kaas[352] bleibt auf der Strecke. Vielleicht ist dieses „Ende der Parteien von 1933" auch ein Symptom des Endes ihrer Restauration von 1945. Was sagt Ihr Allemann dazu? Ihr heutiger Aufsatz in Christ und Welt ist herrlich; unerschöpflich; für mich eine kostbare Information und eine grosse Freude (so traurig der zugrundeliegende Sachverhalt ist) an Ihrer publizistischen Entfaltung. Barbara Klie will mich bald besuchen, bevor sie nach Spanien (zur Velasquez-Ausstellung in Madrid) fährt.
Anima schreibt sehr vergnügt aus Santiago. Alfonso hat sein Piloten-Examen glorreich bestanden und (allein in einem kleinen Flugzeug) einen Probeflug nach Oporto ausgeführt, „con acostumbrada maestría", mit gewohnter Meisterschaft, wie die Santiagoer Zeitungen berichten.
Ihnen, lieber Arminius, Ihrer verehrten Frau, Gert und Wulf herzliche Grüsse, auch von Anni!

Immer Ihr

Carl Schmitt.

350 C. S. schreibt statt dessen „Kunrat".

351 Werner von Trott zu Solz (1902–1965, Bruder des 1944 als Widerständler hingerichteten Diplomaten Adam v. T. z. S.) vertrat in seiner 1960 gegründeten Zeitschrift „Labyrinth" (vgl. Anm. 150) eine etwas verstiegene Reichsideologie. Adel und Arbeiterschaft sollten eine Allianz gegen die Spießer bilden, um Marx und Nietzsche zu versöhnen. Vgl. Wolfgang M. Schwiedrzik, „Träume der ersten Stunde" (Berlin 1991).

352 Prälat Dr. Ludwig Kaas (geb. 1881 in Trier, gest. 1952 im Vatikan) war für C. S. die Verkörperung dessen, was ihn an der katholischen Kirche ergrimmte. Kaas habe 1933 die von ihm geführte Zentrums-Fraktion im Reichstag für das Pro-Hitler-Ermächtigungsgesetz stimmen lassen, um sich dafür von Hitler die Zustimmung zum Reichskonkordat einzuhandeln. Dies habe Kaas um das Recht gebracht, sich nach der Niederlage Hitlers als demokratischer Sittenrichter aufzuspielen.

— — — — — —

Der oben erwähnte Leserbrief-Entwurf von Ernst Hüsmert, in dem er am Beispiel des Forsthoff-Artikels Kritik übt an den journalistischen Praktiken des „Spiegel“.

Nr. 249
AK/hs

[Plettenberg, 17. 10. 60]

M. L. A. Ihr Telegramm hat grosse Freude erregt. Wir grüssen Sie alle herzlich und malen uns ein schönes Wiedersehen aus. Immer Ihr alter

Carl Schmitt.

[Den verbleibenden Platz auf der Karte füllen Grüße von Sava Klickovič und Anni Stand.]

Nr. 250
AK/hs

[Plettenberg, 4. 11. 60]

L. A. j'ai bien reçu le curieux „W. T[?]“. Merci beaucoup! J'ai écrit à W. Warnach; vous aurez une copie. Merci aussi de l'admirable photo de l'église de Saint-Quay[?]-Porticus (Côté du Nord)!
Und vor allem das fabelhafte Gedicht vom Seegeist, das ich leider nicht ganz verstehe. Inzwischen entwickelt sich meine Lage im Sinne der umstehenden Lage-Schilderung[353]; der Meute hat sich jetzt auch F. Pringsheim[354] (Freiburg) angeschlossen. Konrad Weiß: Das was uns die Ehre wegnimmt gibt uns Ehre. Ihnen, Ihrer verehrten Frau, Gert und Wulf herzliche Grüsse Ihres alten C. S. Frl. Anni lässt ebenfalls herzlich grüssen.

353 Auf der Bildseite: „Christus unter dem Schutz Gottes“, eine bildliche Darstellung zu Psalm 90 (91) 5–7; der lateinische Bibeltext steht ober- und unterhalb des Bildes. – C. S. versieht den Text der Karte mit der Ergänzung: „Staatshäupter (verlängerte sogar) spucken mich an.“

354 Fritz Pringsheim (1882–1967), romanistischer Jurist (griech., hellen., röm. und byzantinisches Recht), 1929–35 Professor in Freiburg, dann Emigration nach Oxford, seit 1946 wieder in Freiburg. Schwager von Thomas Mann.

Nr. 251
B/hs

[Plettenberg, 18/11/60]

Allerherzlichsten Dank für die Nepomuk Starnberger[355] Poesie; tut mir gut; habe ich nötig, wie Sie aus Beilage ersehen, lieber Arminius! Marcuse ist entzückend. C. S. Reuma[?] geradezu divinatorisch. Gleichzeitig schicke ich eine Drucksache; Briefwechsel 1933 zwischen Prof. Pringsheim (Schwager von T. Mann) und Staatsrat Prof. Carl Schmitt (meine Wenigkeit); Zèro-Vers hatte ich wohl verstanden; wöchentliche Begegnung mit Ihnen in Christ & Welt tröstlich. Vorbereitung der mit Eichmann-Prozess einsetzenden Sturzwelle spürbar auch in C & W. Ist Ihre Poliakov-Besprechung eigentlich erschienen? (Im Hi-Po-Buch); Ungekürzt? Erhalten Sie die FAZ regelmässig? Sie druckt jetzt als Feuilleton-Roman Franz Blei, Erzählung eines Lebens; der Roman ist 1930 erschienen; auf der letzten Seite erscheine ich mit Rychner zusammen am Sterbebett Bleis; ob die FAZ das abdruckt? oder unterschlägt? Beides wäre interessant. Heute (18/11) haben sie etwa 1/5 des Buches abgedruckt; sodass Ende Dezember der Groschen fallen müsste. Achten Sie evtl. darauf! Kennen Sie meinen F. Blei-Aufsatz in der Frk. Ztg. 1930?

Invariablement Ihr alter

C. S.

18/11/60

L. A. es wäre mir aus einem bestimmten Grunde wichtig zu wissen, wie meine damalige (Dez. 1933) Antwort auf des (mir persönlich nicht bekannten) Prof. Pringsheim Fragen heute auf Sie wirkt[356]. Es sind ja nur 2 Zeilen. Schreiben Sie mir die unmittelbare Wirkung bei der Lektüre! Vielen Dank!

C. S.

Seiner Zeit erhielt Nepomuk Starnberger von mir die Schrift „Staatsgefüge u. Zusammenbruch" 1934 geliehen; er soll sie doch endlich zurückgeben; oder treibt ihn der Seegeist, sie zu behalten? Ich brauche sie sehr nötig.

Ich gebe die Sendung schleunigst zur Post, sonst wird dieser Zettel noch länger!

355 Auch mit diesem Namen ist wie mit „Seegeist" Caspar von Schrenck-Notzing gemeint.
356 Im Original steht „wirken".

— — — — — —

[ms]

1. Abschrift eines Briefes von Prof. F. Pringsheim an den Greven-Verlag Köln vom 26. 3. 1951 [15 Zeilen], in dem er sein Befremden darüber ausdrückt, daß der Verlag ankündigt, drei neue Schriften von Carl Schmitt auf den Markt zu bringen. – Am Ende der Abschrift der hs Vermerk von C. S.: „Hier die Rache für Briefwechsel 1933!"

2. Buß- und Bettag November 1960 Entwurf; nicht abgeschickt

Nicht weniger als dreimal hat der Bundespräsident Professor Heuss meine streng wissenschaftliche Abhandlung über den Begriff des Politischen in der besonders großen Öffentlichkeit, über die er verfügt, angegriffen und herabgesetzt:

am 8. Februar 1951 in der Universität Tübingen, anläßlich der Verleihung eines Ehrendoktors der Evangelisch-Theologischen Fakultät;

am 10. Dezember 1958 im Plenarsaal des Bundestages in Bonn anläßlich der Feier des 10. Jahrestages der Erklärung der Menschenrechte;

am 28. Oktober 1960 in der Freien Universität Berlin, anläßlich der Feier des 100. Geburtstages von Hugo Preuß.

Bei dem letzten Anlaß, am 28. Oktober 1960, hat er auf meine Hugo-Preuß-Rede vom 18. Januar 1930 Bezug genommen und mich, mit Namensnennung, als eine „jener peinlichen Figuren" bezeichnet, die dem Unrecht, je nach Tagesbedarf der Macht, juristische Formeln liefern.

Das Stichwort „peinlich" ist aber schon viel früher und zwar von ganz anderer Seite sogar im Komparativ, mit Bezug auf mich lanciert worden. Die Wochenzeitung der SS, „Das Schwarze Korps", hat im Jahre 1936, am 10. Dezember 1936, einen Großangriff gegen mich veröffentlicht, der ebenfalls auf meine Hugo-Preuß-Rede vom 18. Januar 1930 hinweist und die fettgedruckte Überschrift trägt:

Es wird immer noch peinlicher!

Ich bin in meinem mehr als 70jährigen Leben in mehrere sehr verschiedene Regime hineingeraten und habe sie schlecht und recht überlebt. Aber keinen Augenblick habe ich meine Abhandlung über den Begriff des Politischen oder die Hugo-Preuß-Rede vom Januar 1930 verleugnet. Ich richte an alle etwaigen Interessenten die dringende Bitte, beides sorgfältig zu lesen, ehe sie sich ein Urteil darüber erlauben. Jede der beiden Schriften ist Satz für Satz durchdacht. Es ist ein schweres Unrecht am Geist der wissenschaftlichen Forschung, Formulierungen, im strengsten Rahmen einer methodisch-klaren Erörterung gefunden, auf die Straße zu werfen und in Tagesmythen und Massen-Slogans zu verwandeln.

Für meine persönlichen Freunde füge ich ein Klagelied bei, aus dem sie meine private Reaktion auf jene öffentliche Herabsetzung meiner Gedanken und meiner Person entnehmen mögen.
Allen aber, Gut und Bös, wünsche ich eine gnadenreiche Adventszeit.

Plettenberg/Westfalen
Buß- und Bettag 1960 Carl Schmitt

3.

Klage
eines alten Mannes im Sauerlande

Ich bin fürwahr ein alter Mann,
Mich spucken Präsidenten an,
Alt-Bundes-Präsidenten.
Und nicht nur in dem alten Bund,
Nein, auch im Aller-Neusten Bund
Bin ich nur noch ein toter Hund
Für alle Prominenten.

Ich darf fürwahr nicht länger ruhn,
Ich muß wahrhaftig mal was tun
Und mich ein bischen wehren.
Drum wend ich von Professor Heuss
Mich an den Weltenvater Zeus
Und singe ihm ein Klagelied,
Das leise durchs Gemüte zieht –
Altvater Zeus zu Ehren.

Lied – Altvater Zeus zu Ehren

Zeus, du Allmächtiger,
Höre mich an!
Heuss, der Ermächtiger
Gibt bei uns an!
Immer noch kleinlicher
Geht es hier zu,
Erdenrest, peinlicher,
Wird zum Atout.
Damals Ermächtiger,
Heute Entmächtiger,
Setzt er mir zu.
Hilf mir, Allmächtiger,
denn den Ermächtiger
und den Entmächtiger
Schützt ein Tabu –
Retten, Allmächtiger,
Könntest nur Du.

Für Arminius!

18/11/60
C. S.

4. [Fotokopie:]

Ein Brief des Chefredakteurs der „Salzburger Nachrichten“ und Univ.-Dozenten Dr. Marcic an Dr. Roman Schnur [eine ms Seite].
[Darauf Vermerk hs von C. S.:] „betr. Loewenstein,Verfassungslehre‘“

5. [Fotokopie:]

Aus „Die Sammlung“, Oktober 1960, Göttingen: „Die Haltung der Freiburger Studenten in den Jahren 1933–1935“, ein Beitrag von Fritz Pringsheim [7 Druckseiten], darin u. a. der Briefwechsel Pringsheim–C. S. von Nov./Dez. 1933.

Nr. 252
B/hs

Pl. 7/12/60
Mittwoch

Mein lieber Arminius: heute morgen traf Ihre Sendung zugleich mit einem Brief von Anima hier ein. Ich bin sehr gerührt über das Blümlein, das ein Bote d'outre tombe ist, und danke Ihnen und den beiden braven Jungens herzlich. Mein Wunsch, Sie alle vier bald wiederzusehen, ist dadurch wieder heftig aufgeflammt. Zum Glück habe ich wöchentlich Nachricht von Ihnen über Christ und Welt. Schomerus schrieb mir sehr nett zu dem Glaubensbruder-Gedicht; Barbara Klie will mich vor ihrer Spanien-Reise im Januar besuchen. Anima schrieb wegen der Schallplatten, von denen sie ganz begeistert ist; sagen Sie mir nun, auf welches Konto oder an welche Adresse ich das Geld überweisen soll; ich würde gern noch mehr schicken lassen. Anni fragt immer noch, ob die 30 fr damals angekommen sind.
Schrenck hat das Buch zurückgeschickt, mit einem netten Brief und einem Ausschnitt aus einem Schweizer Antiq. Katalog, der die Korrekturbogen von Hugo Ball's Aufsatz über C. S.'s Pol. Theologie (Hochland 1924) – 9 Blätter – mit 20 DM anbietet. Sava Klickovič ist in New York mit George Schwab zusammen, dem man an der Columbia Univ. grosse Schwierigkeiten wegen seiner C. S. Dissertation macht. Freitag hatte ich Besuch von Rolf Schroers; Samstag von Walter Warnach.
Das Werner-Gilles-Buch ist erschienen; sehr schön, obwohl die schönsten Bilder (nämlich meine bezw. Animas) fehlen; aber Duška gegenüber korrekt. Wenn es Sie interessiert, schenke ich Ihnen 1 Expl. zu Weihnachten. Oder haben Sie lieber F. Blei? Haben Sie die Spiegel-Nummer De Gaulle gesehen? Die FAZ hat die Biographie von Franz Blei nur zur Hälfte gedruckt und gestern Schluss gemacht, ohne das eigentliche Finale, Schilderung seines eigenen Todes, abzudrucken; sehr schade; denn dort erscheine ich am Sterbebette Blei's mit Musil, Paul Scheffer, Max Rychner! etc.

Was macht eigentlich Michel Mourre? Sehen Sie Ernst Kern noch gelegentlich? Arndt schrieb (unzufrieden) aus Düsseldorf. Schreiben Sie bald wieder Ihrem alten

Carl Schmitt.

Anni grüsst herzlich und ist schon tief in den Weihnachtsarbeiten.
> Ein Gedicht im Quevedo-Stil liegt an.<

[Dieses Gedicht ist dem Brief in zwei Fassungen beigelegt. Die zweite, überarbeitete Fassung unterscheidet sich nicht wesentlich und wird darum hier nur in den geänderten Teilen wiedergegeben.]

|| Ali-Bibi ||
Romanze in der Art Quevedos
von Erich Strauss
Dezember 1960

Dieser Mr. Schmitt
scheint das Alibi
général der Deutschen
zu sein
Leserzuschrift an FAZ
Nr. 168 21. 7. 60

Wer bist du? Tu, quis es?

Ich bin nicht der große Ali-Baba
Nein, ich bin der ganz ganz kleine Ali-Bibi,
Dennoch ist mein sozialer Stellenwert enorm.

Ali-Baba schuftete mit vierzig Räubern
Während sich an mir wohl tausend Schufte säubern,
Tausend die sich intensiv an mir verfremden
Bis sie blütenweiß dastehn in Westen oder Hemden,
Alles durchwegs feine bessre Leute,
Die ihr Alibi an mir montieren – heute,
Wo sie's gestern fanden weiß vielleicht die Zeitgeschichte,
Wo sie's morgen finden wissen Götter selbst vergebens,
Aber heute, heute finden sie bei mir, dem kleinen Ali-Bibi
Ihr ganz großes Alibi total und général.

Ali-Baba war ein kleiner Räuberhauptmann,
Ali-Bibi ist ein großer General.

[PS am Rande unten:]
Vielen Dank für die
Bemerkung zu Pringsh.!

[Zweite Fassung des Gedichtes, soweit abweichend von der ersten:]

Ali Bibi
Wer bist du? Tu quis es? Nun hör mal zu:
Romanze (Jácara) in der Art des Francesco Quevedo:

Ich bin nicht der große Ali Bába
Nein, ich bin der ganz ganz kleine Ali Bíbi.

Leserzuschrift
an FAZ Nr. 168 vom
21. 7. 1960 aus Paris:
„Dieser Carl
Schmitt scheint das
Alibi général
[etc. wie oben]

[etc. wie oben, nur die sechstletzte Zeile lautet abweichend:]
Wo sie's gestern fanden weiß vielleicht die Sonderchronik ihres Lebens
[und wie „gestern", so ist in den beiden folgenden Versen „morgen" und „heute" unterstrichen, und in der letzten Zeile heißt es jetzt „Général" statt „General".]

*Nr. 253*
*B/ms*

*Bourg-la-Reine (Seine)*
*10. 12. 60*

*Mein lieber Herr Professor,*

*heute erhielt ich einen Brief aus dem Jenseits. Zur Post gegeben in Tübingen, ohne Absender. Drin ein drei Seiten langes Schreiben von Gretha Jünger vom Mai 1959, in dem sie mit mir „abrechnet". Wie viele haben wohl noch ein solches Schreiben erhalten? Ich überflog meine Sündenliste kurz – es figurierte auch drauf, ich hätte sie mit C. S. auseinandergebracht – und vernichtete den Brief dann, denn Edith und ich hatten Frau Jünger in den letzten Jahren anders in Erinnerung. Was ist der Tod, wenn in seinem Angesicht noch „abgerechnet" wird, auf Heller und Pfennig ...*[357] <...>

357 Der Brief von Frau Gretha Jünger war, wenn auch getippt, offensichtlich echt und traf in Paris ungefähr zehn Tage nach ihrem Begräbnis ein. Sie hatte ihn, mit anderen derartigen Briefen, bei Freunden deponiert, mit der Auflage, ihn nach ihrem Tode zu versenden. Ernst Jünger wußte nichts von diesen Briefen. (Ob C. S. damals auch einen solchen Brief erhalten hat, weiß AM nicht mehr – er hat den unangenehmen Vorfall wohl verdrängt.)

Nr. 254
B/hs

[Plettenberg,] 15/1/61

Mein lieber Arminius:

Ihre entzückende Marte-Venere-Karte mit den Neujahrsgrüssen von Ihnen, Ihrer verehrten Frau, von Gert und Wulf und Nepomuk habe ich gut erhalten; herzlichen Dank und Gegengruss!
Ich habe eine auf meine Massstäbe umgerechnete wahre Weltreise hinter mir: Mainz und Heidelberg. In H. habe ich mit prof. Forsthoff (der für einige Tage aus Zypern gekommen war) und Prof. Tsatsos (der aus New York gekommen war, Vertreter Griechenlands in der Uno, der sich rühmt die eine Stimme abgegeben zu haben, die die Uno-Kontrolle über die Algerien-Abstimmung verhinderte) Sylvester gefeiert; ferner Koselleck und Kesting getroffen (Kesting ist ab 2/1 61 Redakteur bei der Frankfurter Neuen Rundschau).
Schicken Sie Anima an Schallplatten, um was sie Sie bittet, und teilen Sie mir Ihr Konto in Deutschland mit. Wann kommen Sie nach Dortmund? Es wäre wunderbar. Kann ich etwas tun (bei Schelsky? oder Papalekas?).
Eben las ich Ihren Bericht: Grosser Tag oder Schwarzer Tag. Sehr spannend. Aber Sie sehen: er ist schon von dem Nessus-Hemd der Legalität überwältigt. Ihren E. J. Bericht[358] las ich in Weinreichs Zeit-Archiv. Was oder wer treibt ihn eigentlich zu solchen Selbst-Desavouierungen? Lockt ihn der Traum, Nobelpreisträger und Nachfolger Pasternaks zu werden? Im Zeitalter der totalen Motorisierung geht alles schnell, und von den Stahlgewittern zum Waldspaziergang ist kaum noch ein Schritt.
In der Blei-Auswahl müssen Sie den Fackel-Kraus lesen; ganz von mir.

Herzlichst Ihr

Carl Schmitt.

Anni lässt vielmals grüssen!

358 Die zehnbändige Ausgabe der „Werke" von Ernst Jünger, die 1960 im Ernst Klett Verlag zu erscheinen begann (und 1965 abgeschlossen vorlag) wurde von E. J. mit der Feststellung begleitet, der Autor brauche nicht sein eigener Archivar zu sein. Als bekannt wurde, daß damit nicht nur stilistische Verbesserungen gemeint, sondern Frühwerke inhaltlich verstümmelt worden waren, kam es zum Murren von Jünger-Lesern, die sich um ihre Vergangenheit geprellt fühlten. Auch AM entschied sich (vgl. „Die Tat" 7. 1. 61) für das Frühwerk, das längst ein Teil der deutschen Geschichte geworden sei (und fiel damit beim Autor in Ungnade). Immerhin entschieden sich die Herausgeber dann, die am Ende der „Werke" eingeplanten Juwelen der Frühzeit, die Erstfassung von „Das abenteuerliche Herz" (1929) und „Der Arbeiter" (1932) unangetastet abzudrukken.

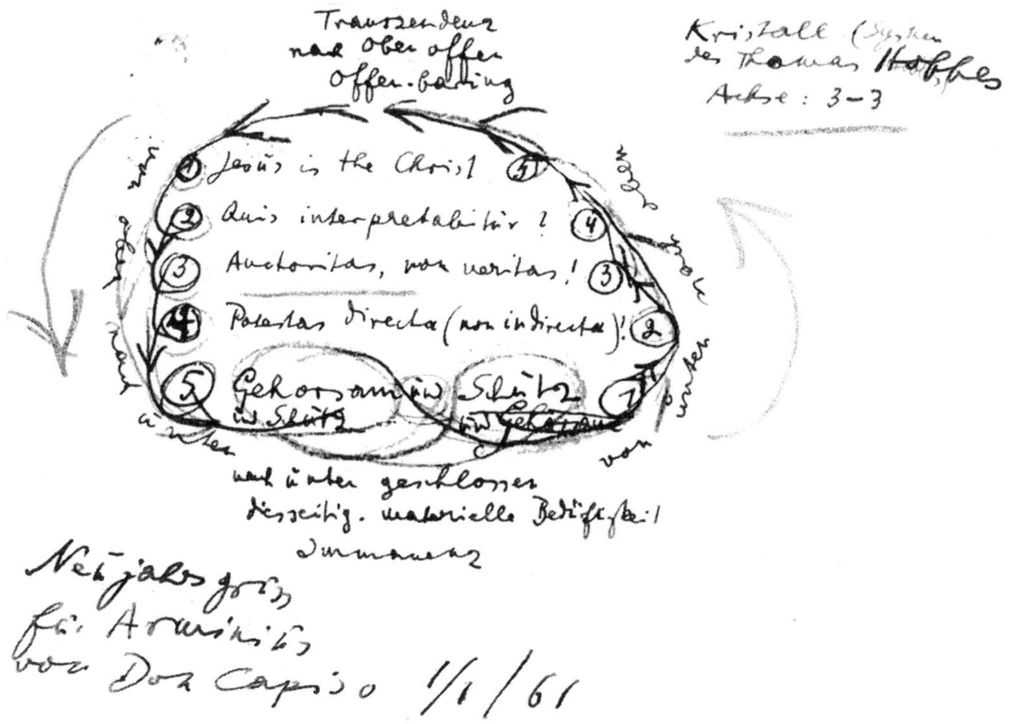

1. Die im Original z. T. farbige Handzeichnung des von C. S. erarbeiteten Hobbes-Kristalls.

Transzendenz
nach oben offen
Offen-barung

Kristall (System)
des Thomas Hobbes
Achse: 3 – 3

(1) Jesus is the Christ (5)
(2) Quis interpretabitur? (4)
(3) Auctoritas, non veritas! (3)
(4) Potestas directa (non indirecta) (2)
(5) Gehorsam und Schutz (1)
und Schutz und Gehorsam
nach unten geschlossen
diesseitig-materielle Bedüftigkeit
Immanenz

Neujahrsgruss
für Arminius
von Don Capisco 1/1/61
[Vertikal, und zwar halbkreisförmig zu diesem Text, steht links: „von oben nach unten“ und rechts: „von unten nach oben“.]

[Der Wortlaut dieses Textes ist nicht in allen Punkten identisch mit dem von C. S. 1963 in „Der Begriff des Politischen", S. 122, veröffentlichten Fassung. – C. S. sagt dort von seinem „Hobbes-Kristall", er sei „die Frucht einer lebenslangen Arbeit an dem großen Thema im ganzen und dem Werk des Thomas Hobbes im besonderen".]

2. [ms]

privat; nicht
zur Verbreitg

Januar 1961

das ist das Land Persilien
die wunder-republik
in modernen Senilien
vollzieht sich ihr geschick
es wimmelt von Fossilien
der tod sitzt im genick –

doch oben sitzt ein greis
der sich zu helfen weiss –
sich und ein paar Familien.

Nr. 255
B/hs

Pl. 15/2/61

Mein lieber Arminius: die traurige Affäre E. J.[359] ist kein Thema für eine schriftliche Erörterung. Ich male mir aus, dass wir bald einmal in aller Sammlung mündlich darüber sprechen. Dass es für Sie eine bittere Erfahrung ist, kann ich mir wohl denken. <…> Früher ging man unter sein Niveau, wenn man sich selber kommentierte; heute geht man drüber, wenn man es in Form von korrigierenden Änderungen tut. Das Heraklitische „Eine Wahrheit ist nur einmal wahr" kann so eine Verehrerin doch nicht begreifen; statt dessen redet sie von „Kunstwerk". Les hommes ne se comprennent plus. Die Zeichnung des kleinen Gert ist einfach genial; auch in der Art, wie er Worte und Begriffe verarbeitet. Ich habe mich mächtig gefreut und freue mich auf mehr. Von meinem Nachbarn in Werdohl, dem deputado[360], soll ich Sie grüssen und Ihnen sagen, dass er in Bonn einen Vortrag von Grosser gehört und im Anschluss daran mit Gr. über Sie gesprochen hat; Gr. habe Sie mit den höchsten Vokabeln für einen der bedeutend-

359 Affäre E. J.: betrifft den Abbruch der Beziehungen mit AM von seiten Ernst Jüngers.
360 Der deputado: gemeint ist der Bundestagsabgeordnete Kirchhoff.

sten Publizisten erklärt. Dass mein Brief an Schelsky prompt gewirkt hat, ist gut; wenn ich sonst etwas tun soll, geben Sie mir bitte einen Wink; ich wäre so glücklich, wenn Sie bald in meine Nachbarschaft kämen, dass mich eine Art antiken Aberglaubens ängstlich und vorsichtig macht.
Im Zeit-Archiv werden Sie (Anfang Februar) den langen Auszug aus dem Hochland-Aufsatz von Ernst-Wolfgang Böckenförde[361] bemerkt haben. Das ganze Heft (das auch noch einen Nachruf auf den Konvertiten Prof. Peterson[362], durch den Konvertiten Prof. Schlier, mit christlichen Gehässigkeiten gegen mich enthält) ist für Sie nicht so sensationell wie für die aus ihren kostbaren Alibis aufgescheuchten deutschen Katholiken. Ich schicke es Ihnen aber, wenn Sie es wünschen. Könnten Sie nicht einige Bekannte darauf aufmerksam machen. Es ist eine tolle Illustration zum Thema: politischer Katholizismus und potestas indirecta; so erstaunlich, dass es wohl nach dem alten Rezept behandelt wird:

erst schweigen sie;
dann mäkeln sie;
dann beseitigen sie.

Vielen Dank für den Gruss aus dem Luftraum über dem Sauerland. Schönes Gefühl, dass nicht nur Feinde über meiner Mütze fliegen! Dass Ihnen die Blei-Auswahl gefällt, dachte ich mir. Paris Gütersloh hat übrigens 1946 einen Roman „Eine sagenhafte Figur" veröffentlicht, dessen Held als „konservativer Revolutionär" avisiert wurde. Besonderen Dank für Ihre Schallplatten-Hilfe nach Santiago! Anima schreibt sehr fröhlich. Ich will am 8. Juni über London-Vigo nach dem Cap Finisterre fahren und dort den Sommer verbringen. Anima hat schon ein Haus am Atlantischen Ozean in einer Piraten-Ecke gemietet. Anni ist natürlich begeistert. Was machen Sie im Sommer? In Le Monde 4/2/61 stand ein grosser Bericht über die neue anti-anti-semitische Literatur, in der sich ein Mr. Blumenkranz auszeichnet, der 1946 in Basel promoviert hat, mit einer Arbeit über den Heiligen Augustinus als Antisemiten. Wenn das Kennwort Antisemitismus für Personen und Vorgänge vor dem Jahr 1877 verwandt wird, bin ich schon im Bilde. Kennen Sie vielleicht diesen Blumenkranz, oder kennt Taubes ihn?

---

361 Ernst-Wolfgang Böckenförde, Jahrgang 1930, Ordinarius des öffentlichen Rechts (vor allem Verfassungsrecht und Rechtsgeschichte) in Heidelberg, Bielefeld, zuletzt Freiburg i. Br., Mitglied der SPD. Seine Bedeutung im Kreis um C. S. läßt sich daran ablesen, daß er von diesem als sein Nachlaßverwalter eingesetzt wurde. Dieses Amt hat B. 1983 nach seiner Wahl zum Bundesverfassungsrichter aus staatspolitischen Erwägungen an Prof. Joseph H. Kaiser weitergegeben. Der ältere Bruder Werner Böckenförde, Jahrgang 1928, gehört auch zum Kreis um C. S. Er ist Jurist und Theologe, Kirchenrechtsprofessor und Domkapitular zugleich; beim Begräbnis von C. S. hat er als der Geistliche geamtet.

362 Erik Peterson (1890–1960), erst evangelischer, dann katholischer Theologe, zuletzt an den päpstlichen Hochschulen in Rom. Er enervierte C. S. damit, daß er, Erfinder einer in sich geschlossenen Geschichtstheologie, die „Erledigung jeder politischen Theologie" verkündete.

Ich habe mir (des Materials wegen) das Buch bestellt. Für Michel Mourre lege ich die Abschrift aus einem französischen Brief bei – oder interessiert ihn das nicht?
Herzliche Grüsse und Wünsche für Sie, Ihre sehr verehrte Frau, für den kleinen Picasso und seinen Bruder von

Ihrem alten Carl Schmitt.

Anni lässt ebenfalls herzlich grüssen!

L. A.

Ihr „non usé“ hat mich sehr beruhigt! Provoqué, intoxiqué – das ist alles heilsam, wenn es nicht zermürbt und den „Über-blick“ nicht trübt. Unsere Väter starben 80jährig an hygienisch unterdrückten Kinderkrankheiten. Lieber mit der Atom-Bombe leben als mit Albert Schweitzer.
Das Schnabel-Gedicht ist famos; ich habe es EW. Böckenförde vorgelesen, der seine demnächst erscheinende Abhandlung „Verfassungsgeschichtliche Forschung des deutschen 19. Jahrhunderts; zeitgebundene Fragestellungen und Leitbilder“ Schnabel (und Otto Brunner) gewidmet hat.

— — — — — —

[ms]

Sept. 1960

Antwort von Ernst Hüsmert:

Der Geist Heinrich Heines tröstet den Geist Kierkegaards im Falle Jaspers
(Stimme aus dem Fegefeuer)

Laß doch das Fernsehen interviewen
Wer immer sich um jeden Preis
Gemogelt aus den Abfalltruhen
In unsern Bundesbüßerkreis.

Sieh an! Es lebt in Freiheitstrancen
Geängstigt von dem Bismarckreich
Und von verpassten Resistancen
Ein Existenzialisten-Scheich

(Man sieht: Trost ist in der kleinsten Hölle!)

[C. S. hs:] (haben Sie das schon?) Antwort von Ernst auf meine Verse von August 60 (Stimme Kierkegaards zum Jaspers in der Telewischen)

Nr. 256
B/hs [Plettenberg, Frühjahr 1961]

Mein lieber Arminius,

seit langem warte ich auf weitere Nachricht von Ihnen, über Sie und über Fleig. Ich habe Ihnen lange nicht geschrieben, weil ich an argen Rücken- und Rippenschmerzen leide.
Gerts Zeichnung des abstürzenden Flugzeuges ist grossartig und drängt einem unheimliche Betrachtungen auf.
Ich wünsche Ihnen ein schönes Osterfest und grüsse Sie alle, Ihre verehrte Frau und die beiden Jungens herzlich. Fragen Sie einmal Michel Mourre ob er die Karfreitags-Liturgie im Einzelnen wirklich kennt. Da spielt sich heute etwas ab.
Gegen E. W. Böckenförde wird infam geschossen. Sie haben mir noch nichts über seinen Hochland-Aufsatz geschrieben. Alles was unter dem Zwang zum Alibi sich eine nette Legende konstruiert hatte, kreischt vor Empörung, besonders Prof. Hans Peters in Köln. Ich füge ein Gedicht von Ernstchen bei und bitte um eine Zeile, damit ich weiss wie es Ihnen geht.

Ihr alter Carl Schmitt.

— — — — — —

[ms]

Karfreitag 1961

An Worte klammern sich noch Damen
Im letzten Amen stirbt die Zeit
Die Liebe starb in Kosenamen
An ihrer Nullunendlichkeit

Raketen singen ihr Falsett
Zu Gipfeln aus entthronten Zahlen
Es wird der Mond zum Lazarett
Für Wünsche ohne Traum und Qualen

Der Schatz der Welt ist aufgebraucht
Der höchste Berg ist längst erstiegen
Das tiefste Meer ist abgetaucht
Die Sieger hören auf zu siegen

Ernst Hüsmert

Nr. 257
B/hs

[Plettenberg,] 10. April 1961

Mein lieber Arminius,

herzliche Glückwünsche zum 12. April! Wenn Sie den Geburtstag mit Ihrer Familie feiern, müssen Sie wissen, dass ich Ihrer in alter Treue gedenke.
Inzwischen werden Sie meinen Osterbrief mit dem Karfreitag-Gedicht von Ernst (der ebenfalls übermorgen Geburtstag hat; der dritte ist Joseph Kaiser in Freiburg) erhalten haben. Ich bin auf Ihre Mitteilung sehr gespannt, auch auf Nachricht über Hans Fleig. In der Deutschen Zeitung steht am 8/4/61 ein unerwartet mutiger Aufsatz von Hans Hellwig zum Eichmann-Prozess; unwahrscheinlich. Dieselbe Deutsche Zeitung führt eine entzückende Diskussion zum Karlsruher Fernseh-Urteil.

In Karlsruh wächst ein Gummibaum;
Leitbilder schlürfen durch den Raum.

Malt Gert noch so aufregend aktuelle Bilder? Wie sind Sie mit Christ & Welt zufrieden? Ich bin es nicht mehr. In einer solchen Firma muss der eine Compagnon (Christ) den andern (Welt) betrügen, oder umgekehrt. Ich erwarte übermorgen Besuch von Veale (Advance to Barbarism) aus England. Meine Hauptsorge ist, bis Juni reisefähig zu werden.
Ihnen, Ihrer verehrten Frau, Gert und Wulf herzliche Grüsse von Anni und von Ihrem alten

Carl Schmitt.

— — — — — —

Kopie der ersten Seite der „Deutschen Zeitung“ vom 8./9. April 1961 mit einem Aufsatz von Hans Hellwig „Eichmann und wir“ [zwei ganze Spalten].

Nr. 258
B/hs

[Plettenberg, 17/4/61]

Mein lieber Arminius,

ich hatte schon grosse Sorge um Sie, weil der beil. Brief zurückkam. Vielen Dank für Ihr Schreiben vom 13. 4! Ich schreibe bald mehr. Seit Donnerstag habe ich Besuch aus England. Mr. Veale (Verfasser von Advance to Barbarism und Crimes discreetly veiled) aus Brighton, ein sympathischer, sehr englischer Typ. Mit Voe[363] geht es mir ähn-

363 Voe = Eric Voegelin.

lich wie Ihnen. Schelsky ist mir ganz undurchsichtig, bei aller seiner Höflichkeit. Papalekas[364] hat einen Ruf an die Bergakademie Clausthal angenommen. Der Aufsatz von Baring ist sehr bedeutend; sagen Sie ihm meinen herzlichen Dank. René Capitant kennt meinen Hüter der Verfassung sehr genau
ohne mehr für heute! Ihr alter

C. S.

17/4/61 An Fleig schreibe ich bald!

— — — — — —

[Kopie eines Manuskripts von Dr. Ivo Schütz, Bonn, vom 6. April 1961:]

Unantastbarkeit des Bundesverfassungsgerichts.
[Diese Überschrift ist von C. S. durchgestrichen und statt dessen darübergeschrieben:]
„Bonn ist nicht Bonn“
[Der letzte Satz des Artikels lautet:] „Man muß sich endlich daran gewöhnen, daß Bonn nicht Weimar ist, aber auch nicht Bonn, sondern eben Karlsruhe.“
[Darunter von C. S. hs:] Abgedruckt Deutsche Zeitung, Montag 17/4/61 (in „Aussprache“).

Nr. 259
B/hs

Pl. 18/5/61

Mein lieber Arminius,

beinahe hätte ich geschrieben: Armilus, soviel Blumenkranz habe ich intus. Seit Wochen überlege ich, was ich auf Ihre Frage antworten soll, ob Stuttgart oder München[365], jetzt erhalte ich (mit Gert's fabelhaftem Marterpfahl) Ihre Nachricht, dass Sie

---

364 Johannes Chr. Papalekas (geb. 1924 in Athen), nach Habilitation in Innsbruck Karriere in der Bundesrepublik, die ihn, über Joachim Ritters Begabten-Kreis in Münster, zuletzt auf ein Ordinariat für Soziologie in Bochum führt. Voll assimilierter Deutscher mit der einen Ausnahme, daß ihm der aufrechte Gang stets selbstverständlich war (deshalb Zielscheibe der Linken Rabauken).

365 AM war des Tagesjournalismus müde und suchte einen Weg zurück nach Deutschland. Im Frühjahr 1961 hatte er die Wahl: Giselher Wirsing bot ihm die Feuilletonredaktion von „Christ und Welt“ in Stuttgart an und das Haus Siemens die Leitung der Carl Friedrich von Siemens Stiftung in München, die eine Brücke zur Wissenschaft werden sollte. AM wählte das letztere, obwohl mit ihm die Auflage einer Habilitation bei Eric Voegelin in München verbunden war. Aber das

sich für M. entschieden haben. In dem Verhältnis von Christ & Welt betrügt immer der Christ die Welt und die Welt den Christen. Andrerseits ist mir Voegelin völlig undurchsichtig; Schnur ist besser informiert als ich. Bei der Tafelrunde war ein guter Bekannter von Ihnen, Dr. Küntzel, Bonn; wenn er noch dabei ist, können Sie ihn von mir grüssen. Bei Voegelin soll ein Dr. Laufer gegen mich ein Buch schreiben. Voegelin hat in seiner Antrittsvorlesung Hegel und Marx als „Gottesmörder" bezeichnet. Seit dieser Zeit fällt mir zu Voegelin nichts mehr ein. Ich erhielt ein Heft des Deutschen Verw. Blattes mit einem Aufsatz über die Verfassung der V. Republik von A. Baring; inzwischen habe ich Baring kurz geschrieben und ihm eine Fotokopie des Aufsatzes von R. Capitant über den Hüter der Verfassung von 1932 geschickt; dieser Aufsatz ist das Verbindungsglied zwischen meinem Hüter der Verfassung und der Verfassung de Gaulle. Kennen Sie Baring[366]? An Hans Fleig habe ich Mitte April geschrieben, aber keine Antwort erhalten. Ich hatte ihn noch um ein Exemplar der NZZ vom 8/4 (zur Eröffnung des Eichmann-Prozesses, Riesenpastete über C. S.) gebeten; vergebens. Inzwischen habe ich ein Exemplar von meinem Solon[367] in Werdohl erhalten, dem es Furler mit hochgezogenen Augenbrauen unter dem Tisch gegeben hatte; beide sahen mich schon im kugelsicheren Glaskasten. Nach einer Reuter-Meldung vom 28/4 gähnt Eichmann in seinem Glaskasten. Am gleichen Tag stotterte Globke vor dem Fernsehschirm. Das muss man synchronisieren. Die Hetze gegen E. W. Böckenförde geht weiter. Inzwischen ist sein neues Buch (Franz Schnabel und Otto Brunner gewidmet) erschienen. Die Deutsche verfassungsgeschichtliche Forschung des 19. Jahrhunderts. Für mich sehr interessant.

Über die Pfingsttage hat sich Besuch in Pl. San Casciano gemeldet: Sava Klickovič, Gustav von Schmoller etc. etc. Am 7. Juni beginnt unsere (Anni's und meine) Spanienfahrt zu Anima und Alfonso, über London-Vigo.

Ihnen, Ihrer verehrten Frau, Gert und Wulf wünsche ich ein fröhliches Pfingstfest. Wenn Sie in München sind, sehen wir uns hoffentlich öfters. Ihre Informationen über Frankreich lese ich gierig in Christ und Welt. Schade, dass das jetzt aufhört. In einem Anfall von Gelimerianismus habe ich einige Zuschriften an die DZ veröffentlicht; es hat aber nicht den geringsten Zweck. Alger ist die Ecke, aus der das Gelächter Gelimers heute kommen muss.

Im Rheinischen Merkur stand ein Nachruf auf Paul Adams; mein Schutzengel hat nicht versagt, sodass mein Name darin nicht vorkommt, dafür um so nachdrücklicher

---

strahlende München und die Befreiung vom täglichen Zeitungsartikel waren übermächtig. Die Habilitation allerdings mußte er sich, nach Turbulenzen, spät (1967) und im fernen Innsbruck holen.

366 Arnulf Baring, Jahrgang 1932, ab 1969 Ordinarius für Zeitgeschichte und Politikwissenschaften an der FU Berlin, setzte 1960 bis 1962 auf seinen Dr. iur. noch ein postgraduate-Studium drauf – und tat das klugerweise in Paris, in der Fondation Nationale des Sciences Politiques.

367 Solon in Werdohl: ebenfalls der Abgeordnete Kirchhoff.

Gurian, über den mir der Zufall, den es bekanntlich nicht gibt, einen wunderbaren Brief von Carl Muth in die Hand spielte.
Sie haben keine Zeit, lieber Arminius; also jetzt Schluss. Herzliche Grüsse auch von Anni. Stets Ihr alter

Carl Schmitt.

1) Habe ich Ihnen von dem Besuch von Veit Rosskopf (Ende März) erzählt?
2) Extra-Wünsche Ihrer Frau für den Umzug!

Nr. 260
AK[368]/hs

[12. 6. 61]

[mit Stempel POSTED ON THE HIGH SEAS und Poststempel aus VIGO]

Vielen Dank, lieber Arminius, für den (aufregenden) Aufsatz von Hans Fleig über die Nord-Süd-Achse (statt Ost-West)! Wir waren einige Tage in der tiefsten englischen Provinz (Surrey); eine beunruhigende Idylle! Jetzt sind wir unterwegs und gehen morgen (13.6.) bei Vigo an Land, wo Anima und Alfonso uns erwarten. Ihnen, Ihrer lieben und verehrten Frau, dem grossen Zeichner Gert und Wulf die herzlichsten Grüsse und Wünsche Ihres alten

Carl Schmitt.

Nr. 261
AK/hs

[ o. O.,] 24/7/61

Herzlichen Dank, lieber Arminius, für den schönen Geburtstagsgruß, mit der Zeichnung von Wulf (die Anima gleich in der Diele unserer Sommer-Wohnung angebracht hat) und die Abschrift des Briefes von Hans Fleig, der mich aufs Tiefste gerührt hat. Für den Umzug nach München unsere besten Wünsche! Hoffentlich sehen wir uns nun bald wieder; ich habe vor, mit Anni Ende August nach Plettenberg zurückzufahren. Hier ist es problemlos sommerlich schön, das Meer ist ganz herrlich, die Bucht hinreissend. Alles Gute für die neue Verortung, Ihnen und Ihrer Frau, Gert und Wulf!

Stets Ihr alter
Carl Schmitt

368 Mit Bild der „AMAZON“ der Royal Mail Lines.

Nr. 262
AK/hs

[Cabo de Cruz, 14. 8. 1961]

Herzliche Wünsche, lieber Arminius, Ihnen, Ihrer verehrten Frau, Gert und Wulf für die neue Wohnung und den Aufenthalt in der Stadt „vom Gift[369] noch nicht verseucht"!

Cabo de Cruz
14. August 1961

Ihr alter
Carl Schmitt.

Ende August bin ich wieder zu Hause und freue mich auf Ihre ersten Nachrichten.
H. Laufer hat seine Dissertation nach Pl. geschickt.

Nr. 263
B/hs

[Plettenberg,] 19/9/61

Mein lieber Arminius: endlich ein Zeichen von Ihnen! 3.80 DM!! Ein langer Brief über Ihre neue Situation wäre mir wichtiger gewesen, vgl. die beil. Dokumente. Herr <…> möchte sich mit dem Opfer seines Ruf-Mord-Versuches „unterhalten". Caracter-Assassination as one of the fine arts! Dem Opfer wird vom Mörder bescheinigt, dass seine Situation „tragisch" ist! Ich fürchte nur, dass Sie sich exponieren; tun Sie das bitte nicht wegen meiner bescheidenen Person; das ist nicht der Mühe wert; daher die beil. Dokumente zur Information über die Lage! In Spanien war es herrlich. Alfonso und Anima lassen vielmals grüssen. Alle guten Wünsche für Ihren neuen Tätigkeitsbereich Ihnen, lieber Arminius, Ihrer lieben Frau, Gert und Wulf (die sich hoffentlich nun austoben können) von Ihrem alten

Carl Schmitt.

In der neuen Encyklika „Mater et Magistra" (von Mai/Juni 1961, zur 70-Jahr-Feier von Rerum Novarum) ist Ordo bonorum des lateinischen Textes, im italienischen Text mit Gerarchia dei Valori (!) wiedergegeben. Was ist nun die Sprache der Römischen Kirche? Jetzt spricht sie die Börsensprache der Wert-Philosophie! Gott ist also jetzt höchster Wert (früher summum bonum)

369 Stefan George (auch eine der geschätzten Gestalten von der Westgrenze!) wird von C. S. aus dem Gedächtnis falsch zitiert. In der Tafel „Muenchen" im „Siebenten Ring" heißt der zitierte Vers: „Boden vom doppelgift noch nicht verseucht." Gehört zum katholischen Erbe von C. S., daß ihm das oft umrätselte „doppelgift" zu einem einzelnen wird?

— — — — — —

1. [Abschrift eines Briefes ms]

Sehr geehrter Herr <…>,

Sie schreiben mir, daß Sie mich besuchen wollen, um sich mit mir, wie Sie sagen „über das eine oder andere Problem aus meinen Schriften zu unterhalten". Für mich bedeuten die Probleme meiner Schriften, insbesondere die Frage der Unterscheidung von Freund und Feind, etwas anderes als Unterhaltung. Ich bitte Sie deshalb, mich nicht zu besuchen. Das mir übersandte Exemplar des Manuskriptes Ihrer Dissertation erhalten Sie an Ihre Münchner Adresse zurück.

Mit bestem Dank C. S.

19/9/1961

2. [Abschrift eines zweiten Briefes ms:]

Plettenberg/Westfalen
den 13. September 1961

Lieber Herr Dr. <…>,

ich habe versucht, Ihre Dissertation zu lesen, aber Ihr Stil der seitenlangen Zitate erschwert die Lektüre, und Ihrer Methode einer Ausbombung durch pausenlosen Nietzsche-Einsatz fühle ich mich nicht recht gewachsen. Nietzsche war Impressionist; ich bin es nicht, den Christlichen Epimetheus schweigen Sie tot, und daß es auch einen nicht-perspektivischen Raum gibt, haben Sie nicht bemerkt. Das wichtigste Corollarium zum „Nomos", den Beitrag zur Festschrift für P. Erich Przywara von 1959, ignorieren Sie ebenfalls. Sehr schade.
Aber um Böses mit dreifach Gutem zu vergelten schicke ich Ihnen hier 1) den genannten Beitrag zur Przywara-Festschrift (leider in einer schlechten Not-Vervielfältigung, weil der Verlag – Glock und Lutz in Nürnberg – mir keine Sonderdrucke macht); 2) einen Privatdruck über „Perspektivismus" von 1960; 3) die Fotokopie eines Briefes Ihres Onkels <…>, vom November 1927.

Mit bestem Dank und Gruß

C. S.

[Notiz neben „Perspektivismus":]
(= Tyrannei der Werte)

Nr. 264
B/hs

[Plettenberg, 21/9/61]

Mein lieber Arminius, im Nachgang zu meinem gestrigen Schreiben: <…> hat mir auf mein Schreiben (dessen Abschrift ich Ihnen beifügte) einen Eilbrief geschrieben, der mich veranlasste, ihn dieser Tage zu empfangen. Behandeln Sie also den Fall vertraulich; ich muss den persönlichen Eindruck abwarten.

Herzlich Ihr alter

21/9/61 Carl Schmitt.

*Nr. 265*
*B/ms*

*Mein lieber Herr Professor,* *München, 21. 9. 1961*

*<…> München lieben meine Frau und ich schon heiss, und die Bayern haben wir ins Herz geschlossen. Ich habe innerlich meinen alten Spöttereien über dieses Volk Abbitte geleistet, seit ich unter ihm lebe. Nach acht Jahren Frankreich ist es schon ein erwärmendes Erlebnis, unter Leuten zu leben, die Humor haben. Die Schwaben lagen mir lange nicht so – aber auf die sind wir Alemannen ohnehin allergisch.*

*Die Stiftung hat schöne Seiten; die andern bestehen in etwas Leerlauf und viel gesellschaftlichen Verpflichtungen. Aber die Hauptsache ist, dass ich genügend Zeit zu eigener Arbeit haben werde, wenn ich einmal eingearbeitet bin. Wir führen hier in einem Kavaliershaus von Nymphenburg eine Existenz abseits der grossen Gebäudekomplexe von Siemens, die in anderen Stadtteilen, anderen Städten liegen.*

*Von der Universität sah ich noch nicht viel. Ich hatte ein erstes Gespräch mit Voegelin, der dann in die Ferien fuhr. Zwei konkrete Fragen stellte ich ihm. Die erste war, ob er von mir erwarte, dass ich die Ideen der New Science of Politics, mit der ich noch nicht ganz zu Rande gekommen bin, bis in jede Einzelheit teile. Er antwortete, dass er von mir nur eines erwarte: dass ich wissenschaftlich arbeite. Zweitens sagte ich ihm, dass ich Ihnen freundschaftlich verbunden sei und in Ihrem Hause stets wie ein Sohn aufgenommen worden sei. Ich wisse nicht, wie er zu Ihnen und wie Sie zu ihm stünden – auf jeden Fall wolle ich niemandem meine Wertung von Ihnen aufzwingen, könne mich andrerseits aber auch keiner irgendwie gegen Sie gerichteten Manifestation anschliessen. Darauf antwortete Voegelin, dass ich in diese Gefahr schon deswegen nicht komme, weil Sie bei ihm nicht vorkämen. <…>*

Nr. 266
AK/hs

[Plettenberg,] Montag, 25/9/61

Mein lieber Arminius, diese Karte[370] stammt aus Portugal, wo ich sie mit Alfonso und Anima bei meinem Besuch in Coimbra (17/19 August 1961) in der Nähe von Coimbra entdeckte. Kommentar überflüssig. Heute war Heinz Laufer[371] bei mir in Plettenberg und ich wollte Ihnen nur schnell sagen, dass er mir gut gefallen hat, trotz seiner Anpassungen an den völlig unmöglichen von der Heydte. Vielen Dank für Ihr Schreiben vom 21/9! Ist vielleicht Dr. Küntzel, Bonn-Berlin, Gerling-Konzern, Tafelrunde, in Ihrem Bereich? Was hat Christ und Welt gegen Hans Fleig? Rosskopf schreibt aus Dänemark. Ich möchte Sie bitten (zum xtenmale[372]) K. Weiß über Konservative Revolution zu lesen; (Christl. Epimetheus p. 83/94); K. Weiß kommt in Ihrer Dissertation nicht vor!

Ihr alter
Don Capisco

Zum Tode Ihres Vaters: ich habe alle Vorsichtsmaßnahmen gegen diese infamen Lebensverlängerungen getroffen; vgl. Ex Captivitate Salus p. 88: auch der letzte Sprung wird mir gelingen; komm, geliebter Tod!

Nr. 267
PK/hs

[Plettenberg, 3. 11. 61]

L. A. Höchst merkwürdige Coincidenz: zugleich mit Ihrem Ultras-Aufsatz (ich sage Ihnen: es bleibt bei meiner Prognose von Pfingsten 1958: Ch. bleibt in die republikanische Legalität verstrickt) und dem Interview erhielt ich Nr. 22 der (mir sonst fremden) Illustrierten: Kristall, mit einem Interview mit Prof. Forsthoff in Zypern und so herrli-

370 Fotografische Wiedergabe eines Mosaiks aus den römischen Ruinen von Coimbriga (in der Nähe Coimbras) mit dem Symbol des linksgeflügelten Hakenkreuzes.

371 Heinz Laufer, Jahrgang 1933, Dr. iur., seit 1969 Professor für Politikwissenschaft an der Universität München.

372 Seit einiger Zeit wird C. S. dringlicher, ungeduldiger bei der „Modellierung" seines Schülers, der inzwischen die Vierzig überschritten hat und sich beruflich hart durchsetzen muß. AM vermag nicht mehr jeder Aufforderung aus Plettenberg nachzukommen, bestimmte Bücher zu lesen oder die nette alte Witwe eines verstorbenen Freundes von C. S. aufzusuchen. Sich in Frankreich mit seiner von Deutschland grundverschiedenen Struktur, mit seinen maghrebinischen und afrikanischen Verflechtungen zurechtzufinden, ist ein full-time-job. Als solcher entpuppt sich recht bald auch die Arbeit in der Siemens Stiftung: der größte deutsche Konzern ist auch eine völlig neue Welt für den Intellektuellen, der mithelfen soll, daß nicht alle Intellektuellen den Boden unter ihren Füßen verlieren …

chen Fotos von ihm, dass ich Sie bitten möchte, sich diese Nr. 22 zu beschaffen, was in München nicht schwer sein wird. In der Kölner Zeitschrift für Soziologie (Herausgeber René König) 1961, Heft 2, müssen Sie die Max-Weber-Diskussion oder vielmehr = Disgregation lesen, insbesondere aber Seite 287/88 (Max Weber als Ahnherr des plebiszitären Führerstaates). Ich bin gespannt auf eine Nachricht von Ihnen, aber auch von Hans Fleig und eine Zeile über Ihren Start in Schwabing. Vom S. Geist[373] erhielt ich ein interessantes Indien-Buch; von R. Schroers den „Partisan" (wo ich als „geschichtlicher Mittäter" eingestuft werde). Herzliche Grüsse und Wünsche Ihnen und den Ihrigen (wie finden denn Gert und Wulf sich zurecht?) von Ihrem

C. S.

Nr. 268
PK/hs

[z. Zt. Iserlohn, 14. 12. 61]

M. l. A. Am 4/12 haben sie mir hier in Iserlohn die prostata ektomiert. Tant mieux. Die Nachbehandlung ist lästig, aber man versichert mir, ich wäre Weihnachten wieder zu Hause in Plettenberg. Dies die Lage. Clemenceau pflegte zu sagen: dies oder dies c'est aussi superflu comme la prostata.
Unendlichen Dank für Ihren ersten Brief! Dann für die R. Hepp-Karte, und jetzt für die Grotte mit dem (genial) eingezeichneten W. W. Auf wen zielt er denn?
Haben Sie den Almanach des Insel-Verlages gelesen? Was ist in Dolf St.[374] gefahren? Jetzt bin ich nicht mehr diabolisch-dialektisch, sondern Provinzlerisch, Romantisch, Historist! Fortschritt in den Methoden des Charaktermordes; René König ist noch bei „charakterlos und unredlich"! Üb immer Treu und Redlichkeit in Königs Seminar!
Weinreich schrieb, dass E. J. in Hamburg war, um dort die Patenschaft des neulich geborenen jüngsten Sohnes von E. v. Salomon zu übernehmen.
Besagten König über Kons. Rev. zu hören, ist ein faschistischer Genuss. Die zwanziger Jahre bei Kohlhammer.
Wie entwickeln sich Gert und Wulf? Ihnen, Ihrer Frau und den Jungens Adventsgrüsse Ihres alten

C. S.

Mir sehr wichtige Frage: kennen Sie Dr. Hermann Schmidt (München), hat im letzten Heft Philos. Rundschau einen wichtigen Aufsatz über Peter Schneider Ausnahmezustand und Norm veröffentlicht.

---

373 „S. Geist" (= Seegeist): gemeint ist der Erstling von Caspar von Schrenck-Notzing, „Hundert Jahre Indien. Die politische Entwicklung 1857–1960. Eine Einführung" (Stuttgart 1961). Er ging nicht nur wegen des farblosen Titels daneben – vor allem war es ein Buch gegen die Westbindung.

374 Dolf St. = Dolf Sternberger (1907–1986), Publizist. 1979 Erfinder des Begriffs „Verfassungspatriotismus".

Nr. 269
B/hs

[Plettenberg,] 29/12 61

Mein lieber Arminius,

der Aufsatz über Ernst Jünger[375] ist einer der bedeutendsten und zugleich (für einen Beteiligten) ergreifendsten Aufsätze, die ich in meinem Leben getroffen habe, und die mich in meinem Leben getroffen haben; eine restlose Kenntnis des „Gegenstandes"; eine fast schmerzliche und respektvolle Sachlichkeit, nichts verschwiegen und nichts hinzugesetzt; jetzt muss Jünger sich daran bewähren.
Vielen Dank für Gerts famose Zeichnungen; später muss er einmal „Land und Meer" illustrieren! Der Chateaubriand ist unwiderstehlich. Warum Sartre ausgerechnet auf Chateaubriands Grab pisst, kann ich nicht begreifen. Vielleicht weil Ch. heute so wehrlos ist. Fr. Kemp, von dem ich jahrelang nichts gehört hatte, schickte eine (sehr gute*) neue vollständige Ausgabe der Gedichte von Konrad Weiß (Kösel). Um den „Christlichen Epimetheus" schleichen sie herum wie die Katze um den heissen Brei; Wolfgang Böckenförde wird noch einmal auf K. Buchheim antworten (wahrscheinlich Februar Hochland). Er schenkte mir das Buch über den Rabbi Goldstein[376]; in diesem Buch ist auch unser Plettenberger Erlebnis mit ihm (März 1960) verewigt: Wolfg. Rolf Schroers, W. Schulte (Lüdenscheid) waren dabei. Wir brauchen uns um Dokumentation nicht mehr zu bemühen. Das besorgt der Weltgeist von sich aus.
Es geht mir noch nicht gut. Daraus folgt aber nur, dass ich viel Zeit zum Brief= und sonstigen Lesen habe und Ihnen für jede Zeile dankbar bin.
Feiern Sie ein schönes Sylvester-Fest und seien Sie, Ihre Frau, Gert und Wulf vielmals gegrüsst von Ihrem alten

Carl Schmitt.

* trotz kleiner Retuschen auf meine Kosten![377]

---

375 Aufsatz über Ernst Jünger: Armin Mohler, „Ernst Jünger", in: Christ und Welt, 29.12.1961.

376 Rabbi Goldstein: Isaak Goldstein (geb. 1896 in Budapest, gest. 1962 in Berlin), im Ersten Weltkrieg Feldrabbiner der österreichisch-ungarischen Armee, während des Zweiten Weltkrieges in Rumänien. Als es 1959 zu der Aufregung über die Hakenkreuz-Schmierereien im Rheinland kommt – heute wissen wir, daß der KGB sie gelenkt hat –, reagiert Goldstein mit einer Kampagne für die deutsch-jüdische Freundschaft. Seine Losung heißt dabei: „Meine Rache ist die Versöhnung … Ein großes Volk wie das deutsche wird leben." Er wird von Fanatikern zusammengeschlagen. Nach Meinung seiner Freunde starb er 1962 als „zum Tode Gehetzter".

377 Retuschen: bei einem Konrad-Weiß-Gedicht, das bisher immer zusammen mit der Widmung an C. S. gedruckt wurde, ist diese Widmung in Kemps Sammlung weggelassen.

Nr. 270
B/hs

[o. O., 16/1/62]

Mein lieber Arminius: was schreiben Sie Briefe an die Verteidiger Ernst Jüngers! Inzwischen geht die Welt weiter. Ich wollte Sie fragen, ob Sie die „Écrits de Paris“ kennen, die mir ein französischer Vetter schickt. Ich möchte Ihnen nämlich, wenn Sie sie nicht kennen, das letzte Heft (Januar 1962) schicken; dort habe ich einige Stellen angestrichen; zu höherer Leistung bin ich noch nicht wieder fähig.
Verlieren Sie keine Zeit mehr mit der E. J. Diskussion! Er gehört zu Ernst Niekisch. Ich verstehe nicht, warum die Bundesrepublik Ernst Niekisch die Pension verweigert; er hat doch nichts Besseres verdient. Und E. J. hat sein BV Kreuz[378] doch auch verdient. Das ist doch alles dasselbe; der Ermächtiger Heuss dekoriert. Leider erhalte ich Christ & Welt nicht mehr. Ist Ihr Faul-Aufsatz erschienen? Ich habe mir das Buch von Faul bestellt, aber noch nicht erhalten.
Sie schreiben nichts von dem Kaltenbrunner-Bericht[379] (Spiegel einer Verschwörung); erstaunlich besonders die Beichten der Katholiken (Frhr. von Leonrod). Aber Sie haben wohl keine Zeit. Niemand hat Zeit, excepté votre vieux

C. S.

16/1/62

Nr. 271
B/hs

[Plettenberg, 8. 3. 62]

Mein lieber Arminius, ich kann vor Schmerzen (im rechten Oberarm) kaum schreiben, möchte mich aber vor der Abreise nach Spanien noch bei Ihnen bedanken für den Aufsatz über den Konservativismus (zu schade für den „Monat“, das ist die einzige „Blässe“) für das saftvolle Zirkus-Leo-Gedicht, und die Sonderdrucke der Faul-Talmon[380]

378 BV Kreuz = Bundesverdienstkreuz.

379 Ernst Kaltenbrunner (1903–1946, Hinrichtung als Kriegsverbrecher) Österreichischer SS-General, der nach Heydrichs Tod alle Polizeidienste übernimmt. Gegen Ende des Krieges bemüht er sich um einen Separatfrieden mit dem Westen, gegen die Sowjetunion. Der von ihm hinterlassene „Kaltenbrunner-Bericht“,1961 unter dem Titel „Spiegelbild einer Verschwörung“ veröffentlicht, wurde u. a. gegen die katholische Kirche ausgespielt.

380 Erwin Faul, Jahrgang 1923, Professor für Politische Wissenschaft in Bochum. Sein Buch „Der moderne Machiavellismus“ (1961) zeugt für Eigenwilligkeit – z. B. darin, daß bei ihm C. S. mit Respekt behandelt wird. – Jacob Laib Talmon, „The Origins of Totalitarian Democracy“ (London 1952), gefolgt von „Political Messianism / The romantic phase“ (New York 1960). Die

Besprechung. Ich reise Sonntag früh (11/3), treffe Alvaro d'Ors in Paris (er holt mich um 6 nachm. an der Gare du Nord ab, so wie Sie und Ernst Kern vor 2 Jahren) fahre Montag bis Irún, wo Anima und Alfonso mich abholen; dann Pamplona (Colloquium in der Päpstlichen Universität, an der Alvaro jetzt catedrático ist) dann Zaragoza (Vortrag über den Partisanen auf der Cátedra Palafox; kennen Sie übrigens H. v. Kleist's Gedicht „An Palafox" (1809)? Der Vortrag hat mich sehr beschäftigt) dann Madrid wo sie mich zum Ehrenmitglied des Instituto de Estudios Politicos ernannt haben). Ich kann trotz meines Zustandes die Reise nicht mehr verschieben. In Gottes Namen also; Unternehmen „Palafox"! Im Sommer oder Herbst müssen wir uns sehen; zum Schreiben ist es zu viel. Heute also nur diesen Gruss, mit herzlichem Dank und allen guten Wünschen für Sie, Ihre Frau, Gert und Wulf! Ich füge ein Foto des Portraits meiner Frau bei. Immer Ihr alter

Carl Schmitt.

1) Haben Sie George ein Expl. der Faul-Talmon-Besprechung geschickt?
2) Sava liegt krank (Beinbruch, Gipsverband) in Srem-Mitrovica (Jugosl)
Lole Robora 33
3) In dem Palafox-Gedicht[381] von Kleist kommt auch Armin vor!
4) Rosenstiel müssen Sie für Ihr Institut bestellen! Ganz erstaunlich; gegen den Integrations-schwindel (une nation integrée est une nation effacée, hat de Gaulle gesagt, aber das wollen sie ja: s'effacer!) Die préface von Julien Freund[382] wird hoffentlich nicht im letzten Augenblick gestrichen!

— — — — — —

1. Die zweiseitige Vorankündigung des Werkes LE PRINCIPE DE „SUPRANATIONALITÉ" von Francis A. Rosenstiel[383] von den Éditions A. Pedone. Darauf mehrere Unterstreichungen von C. S. und der Hinweis: „mit préface von Julien Freund!" und

deutsche Übersetzung „Die Ursprünge der totalitären Demokratie" (Opladen 1961) ist ein Erfolg: man konnte, gestützt auf einen jüdischen Autor, die Demokratie kritisieren.

381 José de Palafox y Melei (1775–1844), spanischer General, Herzog von Saragossa. Er verteidigte Saragossa 1808–09 heldenhaft gegen die Franzosen, mußte schließlich doch kapitulieren, war bis 1813 kriegsgefangen. Eine Identifikationsfigur für C. S.

382 Julien Freund (1921–1993) ist nach dem Zweiten Weltkrieg der wichtigste französische Schüler und Freund von C. S. Sein Hauptwerk „L'essence du politique" (1965 erste Fassung, eine um ein längeres Nachwort ergänzte dritte 1986) zeugt davon. Es öffnet ihm den Weg zu einer Professur als Politologe in Straßburg.

383 Francis A. Rosenstiel (geb. 1937), Schüler von Julien Freund, der für die Buchausgabe von Rosenstiels Straßburger Dissertation von 1961, „Le principe de ‚supranationalité' / Essai sur les rapports de la politique et du droit", die Einleitung schreibt. Rosenstiel wird später hoher Funktionär des Europa-Rates in Straßburg. Weitere Forscher kommen hinzu, so daß man sagen kann, Straßburg, wo C. S. 1910 seine Karriere begann, sei ein Halbjahrhundert später zum Schwerpunkt der französischen C. S.-Forschung geworden.

neben dem von ihm unterstrichenen Satz „… et opte pour la tradition du droit contre le conservatisme scientifique“ die Worte: „sic! hochinteressant!“

2. Ein Foto des gerahmten Porträtgemäldes von Frau Schmitt und der Widmung auf der Rückseite:

Für Arminius Mohler
zur Erinnerung an
Duška Schmitt
8/3/62 C. S.

Nr. 272
AK/hs

[Paris,] 12/3 [62]

Vielen Dank für Ihr Telegramm, lieber Arminius, ich habe mich sehr darüber gefreut. Jean-Pierre hat mich nach Paris gebracht; von dort bringt mich Alvaro d'Ors nach Irún und Pampl.
Alle guten Wünsche Ihres alten

Carl Schmitt

Nr. 273
AK[384]/hs

[Santiago, 8. 4. 62]

Ihres Geburtstages vom 12. April gedenken in alter Freundschaft mit herzlichen Grüssen und Wünschen für Sie. Ihre Frau, Gert und Wulf
1) Ihr alter
Carl Schmitt

[2) und 3) schließen sich Tochter und Schwiegersohn den Wünschen und Grüßen an.]

Haben Sie vom Instituto de Estudios Politicos die Rede des Direktors erhalten? Fabelhafte Rede.
Bis Ostern bleibe ich hier. Das schönste Hotel der Welt.

384 Die Ansicht eines Hotels in Santiago de Compostela.

Nr. 274
AK/hs

[Plettenberg,] 4/5/62

M. l. A. ich bin wieder in Pl. und würde mich über eine Nachricht von Ihnen freuen. Alfonso und Anima lassen herzlich grüssen, auch Anni. Wie geht es Ihnen, Ihrer Frau und den beiden Jungens? Soll ich Ihnen den C. S. Vortrag des Direktors des Instituto de Est. Pol. und meinen Vortrag schicken, oder interessiert das Sie nicht, weil es spanisch ist? Wenn ein Sr. Jesus Fueyo Sie wegen Ihrer Kons. Rev. fragt, schicken Sie ihm bitte auf meine Rechnung ein Expl. ein guter und wichtiger Mann, der auch E. V.[385] von Santander her kennt. Interessiert Sie mein Vortrag über den Partisanen (in Saragossa und Pamplona)? Was arbeiten Sie?

Ihr alter C. S.

*Nr. 275*
*AK/hs*

*München, Pfingstmontag*
*[11. 06. 62]*

*Mein lieber Herr Professor,*
*ich führte Jacob Taubes zu Marées und zum Apoll von Tenea. Bei mir sah er die C. S. [-Sammlung] an. Herzlich*
*Ihr Arminius*
*Jakob liest jetzt in Berlin. A.*

*Lieber Herr Professor,*

*ob in Paris oder München mein Gespräch mit Arminius führt auf C. S. und ich darf einsehen in die arcana seiner Mss. Hier wird Geschichte zum hohen Gericht*
*herzlich j. t.*

385 E. V. = Eric Voegelin.

Nr. 276
B/hs

Plettenberg-San Casciano
den 15. Juli 1962

Mein lieber Arminius: Ihr Geburtstagsbrief aus Baden-Baden hat mich tief gerührt. Jetzt muss ich Sie aber bitten, nicht nochmals aus Rücksicht auf mich Ihren Briefstreik zu brechen (Streikbruch ist im Arbeitsstaat das ärgste Verbrechen; eigentlich das einzige, denn eigentlich kann man nichts anderes mehr „brechen", da Ehe, Treue und anderes ja nicht mehr arbeitsstaatliche Bindungen[?] sind. Im Ernst: Sie haben keine Zeit und ich werfe meine Zeit zum Fenster hinaus. Es ärgert mich, dass ich das Juni-Heft des Monat immer noch nicht bekommen habe. Buchhändler, junge Freunde wie Böckenförde, alte Bekannte haben versprochen, es mir zu besorgen. Aber es soll wohl nicht sein. Im rechten Moment kommt es dann von selbst. Zehrer möchte ich sowieso nicht mehr lesen; wohl Schrenck-Notzing. Vielen Dank für Ihre Karte aus München mit dem Gruss von Jacob Taubes (und der einen Weintrinker beglückenden Meer-Fahrt des Dionysos) und die Karte aus dem Sachsenwald! Heinz Laufer hat mir die umfangreiche Festgabe für Voegelin zum Geburtstag geschickt: ich hatte mich gerade bei ihm (mit der Übersendung von Heft 1 der neuen Zeitschrift Der Staat) bedankt, als Ihr Geburtstagsbrief eintraf. Ich finde in seinem Aufsatz Homo homini homo in der 1. Hälfte doch einen wesentlichen Fortschritt gegenüber der Dissertation. Sehr wichtig für mich ist die fleissige (gegen mich freilich sehr schnöselige) Arbeit von Jürgen Gebhardt[386] über Bruno Bauer und Karl Marx; hier kann ich ja nun wirklich mitreden; werde mich aber hüten.
Ich finde meinen Rousseau-Aufsatz[387] für Fleig ganz gut, kann aber in meinem Alter nicht mehr beurteilen, ob ihn noch jemand versteht. Die Aussagen sind aber doch sehr einfach und klar; das hat mit der „Confusion" von Schroers nicht zu tun. Sie haben keine Zeit, solche Alterswerke zu lesen; ihre Einfachheit wird als „Verschlüsselung" empfunden (so ein Manfred Kuhn in einer Zuschrift an die Zürcher Woche „der unbewältigte C. S."); aber Sie müssen wissen, dass der ganze Aufsatz sich um eine Achse richtig „dreht", nämlich um den Satz, der vor dem Beginn der Darlegung steht (vor dem Abschnitt: der letzte Mensch):

386 Jürgen Gebhardt, Jahrgang 1943, Professor der Politischen Wissenschaft in Erlangen/Nürnberg. Daß er ein Voegelin-Schüler ist, zeigt schon sein erstes Buch „Politik und Eschatologie" (1963).

387 Rousseau-Aufsatz: Presse-Skandal um Fleig. Nachdem er mit Krach die „Tat" verlassen hatte, war er in die „Zürcher Woche" als Redakteur aufgenommen worden. Auf der ersten Seite dieser biederen Zeitung veröffentlicht er einen Leitartikel von C. S. über J. J. Rousseau. Die schweizerische Presse schreit auf vor Wut – als hätte der Teufel in Person in dem Blatt geschrieben. Von nun an schlägt Fleig nur noch selbstzerstörerisch um sich und setzt so einen Ausgrenzungsmechanismus in Gang, dem er nicht mehr entrinnen kann. Das von Freunden, von Margret Boveri und anderen angebotene Ausweichen nach Westdeutschland lehnt er ab.

Dabei lassen wir es offen, ob nicht auch umgekehrt von dem so gewonnenen Rousseau-Bild her ein Licht auf diese neue deutsche Partisanenlehre zurückfällt.

Heute versteht einen jeder, wenn man sagt: Kleist war ein Partisan. Man staunt über die Witterungen eines Rudolf Borchardt, der das Gedicht Kleists An Palafox in seinen Ewigen Vorrat deutscher Dichtung aufgenommen hat. Mein Vortrag auf der Cátedra Palafox passt nicht ins heutige Deutschland; vielleicht zeige ich Ihnen einmal in dem deutschen Entwurf den Exkurs über die preussisch-deutsche Armee, den ich dem Andenken des Generals Erich Marcks widmen möchte. Auf Schroers und Sell musste ich eingehen, weil mich H. J. Sell in Madrid getroffen hat, um mir zu sagen, Schroers habe den Titel Partisan von ihm (Sell) plagiiert; ich kann mich in den Streit nicht einmischen. Der „Splitterer" in der Basler Nationalzeitung schrieb: H. Fleig hat sich für einen Rousseau-Aufsatz den berüchtigten Carl Schmitt geholt. „Ausgerechnet, möchte man sagen, wenn der Aufsatz nicht so brillant wäre."

Carlo[388] Serer ist Opus Dei (das aber viele „Grade" hat); vgl. Roegele, Hochland, Juni 1962 Seite 432 über Calvo.
Dem Direktor des Instituto de Estudios Politicos, Don Manuel Fraga Iribarne, müssten Sie eine Zeile des Dankes schreiben (Madrid 13, Plaza de la Marina Española, 8).

Herzlichen Gruss Ihrer Frau und Ihren Jungens und viel Glück in der anti-gnostischen Kampffront!

Ihr alter Carl Schmitt.

Lieber Arminius, Theodor Haecker, Satire & Polemik, ist (1961) bei Kösel neu gedruckt; lesen Sie unbedingt Seite 153!!

— — — — — —

[ms] SEIN und ZEIT[389]

Gesang zu Zweit / Juni 1962

betreffend 1) Charlie Chaplin, Ehrendoktor Oxford University
(SEIN)
2) Marion Gräfin Dönhoff, Ehrendoktor Smith College
(ZEIT)

Gesang: Bass und Sopran

---

388 C. S. schreibt versehentlich „Carlo", gemeint ist sicher Rafael Calvo Serer.

389 Marion Gräfin Dönhoff: der Haß gegen sie wird bei C. S. zu einer Obsession, die nur verständlich ist aus den Hoffnungen, welche Schmitt in eine von Tüngel geführte nationalliberale „Zeit" gesetzt hatte – er wollte wenigstens eine der großen Zeitungen nicht gegen sich haben.

Strophe A

Bass: Die Jräfin döhnt in alter Weise
mit neu-atlantischem Jefiehl,
und praktiziert auf jeder Reise
denselben hoch-scharmanten Stil.

Sopran: Ihr Anblick gibt dem Westen Stärke
und dem Atlantik-Großraum Mut;
der Lohn für ihre hohen Werke
ist jetzt ein Ehren-Doktor-Hut.

Strophe B

Bass: Natürlich kann die so Jeehrte
nicht Doktor gleich von Oxford sein;
so hoch stuft man im Reich der Werte
nur einen Charlie Chaplin ein.

Sopran: Doch ist es immerhin ein Hütchen,
ein Sozial-Prestige-Pfand,
ein kleines Geistes-Rittergütchen –

Beide: für eine Gräfin allerhand.

*Nr. 277*
*B/ms*

*München, 18. Juli 1962*

*Mein lieber Herr Professor,*

*<...> Machen Sie es sich nicht zu leicht mit Mohler, der „keine Zeit hat“. Wenn ich kaum Briefe schreibe, kaum gesellschaftlichen Umgang pflege, dann eben – weil ich Zeit haben will. Und auch habe. Davon können Sie sich überzeugen, wenn Sie hierher kommen. Ich würde Sie diesen Sommer gerne wieder einmal ausführlich sprechen. Fahren Sie einmal gegen Süden? Ich kann kaum bis ins Sauerland rauf, da ich wegen unseres Einrichtens hier keine materielle Freizügigkeit habe, nur Spesenreisen machen kann ...*
*<...> Zum Aufsatz in der „Zürcher Woche“ – ich kann meine Meinung nicht ändern, dass Sie zu sehr in Andeutungen sprechen und zu sehr voraussetzen, dass der Leser bei*

*jeder Andeutung merkt, was dahinter steht. Für Ihre Freunde ist der Aufsatz ein Genuss. Für einen der erstmals auf C. S. stösst bei der Gelegenheit, muss er verwirrend wirken (insbesondere nach Flgs Vorspann), und sicher sind da sehr viele zum ersten Mal auf C. S. gestossen ... <...>*

Nr. 278
PK/hs

[o. O., 27. 7. 62]

L. A. Auf der Reise nach Trier: ich kaufe mir die Zeit und lese R. W. Leonhardt über Theodor Litt: welch ein Würstchen, dieser RWL[390]! Und mit dem hatten Sie eine Polemik!

Jeder brave Mann fühlt mit
was der arme Theo litt

Aber der Seegeist im Juniheft des Monat ist belebend. Ich habe das Heft erst jetzt auf der Reise bekommen. Glänzend.
Herzlichen Dank für Ihren Brief! Lesen Sie gleich: Silberner, Sozialisten zur Judenfrage, Colloquium Verlag Berlin! Unwahrscheinlich.
Die nächsten 14 Tage bin ich
c/o Mr. André-Marie Steinlein[391]
Frankreich Notaire
Vic-sur-Seille (Moselle)

Stets Ihr
alter C. S.

Nr. 279
AK/hs

[Vic-sur-Seille,] 3/8/62

Merci beaucoup, mon cher Arminius, de votre carte du 30/7 de Ammerland! Pfenningers Aufsatz in der NZZ kenne ich noch nicht. H. F. hat wohl absichtlich provoziert. In der FAZ soll Robert Held sich anlässlich des neuen Inf. Ministers Fraga Iribarne geäussert haben. Hier herrscht tiefste Ruhe, unbeschreiblicher Friede, ich lese la jument verte von Marcel Aymé[392]; das sagt alles. Hoffentlich haben auch Sie einen schönen Sommer! Ihnen, Ihrer verehrten Frau, Gert und Wulf herzliche Grüsse Ihres alten

C. S.

390 Im Original steht statt dessen – sicher versehentlich – EWL.
391 Steinlein = die Familie der Mutter von C. S.
392 Marcel Aymé (1902–1967): eine literarische Kost aus Frankreich, die Nichtfranzosen nicht leicht zugänglich ist. Winfried Engler (Kröners Lexikon d. frz. Literatur) trifft mit dieser Definition ins Schwarze: „Der Romancier A. mischte ins provenzal. Ländliche, das von Giono u. den

Nr. 280
B/hs

San Casciano
27/8/62

Mein lieber Arminius: „reicher um eine Erfahrung“ schreiben Sie. Ich kann da etwas ahnen, wüsste aber gern etwas mehr. Eigentlich sollte ich vom 20.–25. August in Murnau bei Frau von Schnitzler sein, doch konnte ich mich nicht entschliessen, von Strassburg aus nach München zu fahren. Ob ich im September reise, weiss ich noch nicht. Doch treibt mich der Wunsch, mit Ihnen zu sprechen, in dieser Richtung.
Schroers begegnete mir (mit Frau) zufällig in Vic! Merkwürdiger Zufall. Er erzählte mir von Ihrer Besprechung in C u W und schien es für möglich zu halten, dass ich der ältere Herr sei, der den Ausspruch von Hitlerjunge + Gegenwartsleser getan habe. In Kolbsheim[?] war ich 2 Tage bei Nicolaus Sombart. In Strassburg bei Julien Freund. Das Buch Supranationalité, von Francis Rosenstiel müssen Sie lesen, besonders auch die Vorrede von Julien Freund die sich in einer für den Begriff „Konservative Revolution“ wesentlichen Erörterung des heutigen Begriffs „Revolution“ bewegt. Dass in Frankreich dergleichen gleichzeitig mit Old[?]-Pfenningers Ladenhütern erscheint, spricht für Frankreich. Hans Fleig habe ich nicht in Zürich besucht, was ihn offenbar sehr enttäuscht hat. Aber ich war einen Monat auf Reisen gewesen. „Dann zieh ich fort von guten Leuten“

Dann kräht der Hahn,
Dann mot ik gan.

Hoffentlich nimmt er es mir nicht übel. Noch ein Hinweis (für den Fall, dass Ihnen die unwahrscheinliche Publikation entgangen sein sollte): Edmund Silberner (Professor in Jerusalem) Sozialisten zur Judenfrage, Colloquium Verlag Berlin, 1962; und schreiben Sie mir eine Zeile darüber! Ich habe den Text der Rede, die E. Salin in Basel zur Emeritierung von Karl Barth gehalten hat. Interessiert Sie das? Abendroth hat im Augustheft der Gewerkschaftlichen Monatshefte eine aufschlussreiche Besprechung Fijalkowskis geschrieben[393]. Die Zeichnung Gerts („jeder stellt jedem eine Frage“) ist phantastisch. Grüssen Sie Ihre Frau und die Kinder herzlich! Stets

Ihr alter
Carl Schmitt

---

Felibrige-Dichtern in idyll. Licht getaucht worden war, gall. Humor in allen Spielarten, der dem Anspruch sittl. Normen auf Erfüllbarkeit Resignation entgegensetzt.“ Das paßt gut zu C. S.

393 Jürgen Fijalkowski, „Die Wendung zum Führerstaat / Ideologische Komponenten in der politischen Philosophie Carl Schmitts“ (Köln 1985). Wolfgang Abendroth (1906–1985) war ein als Kommunist geltender Politologe und Staatsrechtler, der diese Einstufung immer wieder durch kluge Urteile Lügen strafte.

Nicolaus S.
meinte, es handle
sich heute nicht um den
letzten Menschen, sondern
um den letzten Butler

Nr. 281
AK/hs

San Casciano, 4. 9. 62

Herzlichen Dank, lieber Arminius! Leider muss ich erst einmal nach Iserlohn, zur Nachuntersuchung. Die Beilagen des letzten Briefes schicke ich bald zurück. Ist Ihnen Le Principe de la Supranationalité schon begegnet, die préface befasst sich mit den Begriffen konservativ und revolutionär (von Julien Freund). Ist die Dissertation Ihres Freundes M. R. schon erschienen? Ich würde sie gern lesen. Von Pfenninger schreibt Julien Freund: Ah, que cet homme est méchant! Heureusement qu'il ne sait pas écrire, car il mêle torchons et serviettes, sinon il vaudrait la peine de lui répondre.

Stets Ihr alter
Carl Schmitt

Nr. 282
B/hs

Pl. 14/9/62

Mein lieber Arminius, ich habe eine Woche an einer Termin-Arbeit gesessen (Forsthoff, 60 Jahre alt) über den Partisanen; aufregendes Thema, über das ich gern mit Ihnen spräche. Jetzt muss ich übermorgen nach Ebrach (Forsthoffs Ferienseminar). Trotzdem habe ich Rassems[394] Diss. überflogen; frappant, unwahrscheinlich; ich werde sie Wolfgang Böckenförde zu lesen geben; die Überlegenheit ist toll (z. B. betreffend Monarchie); offenbar: das tut uns Europäern nicht nur gut, sondern ist nötig, um aus der Oxford-Tübingen-Dummheit und Eingebildetheit herauszuspringen. In Eile nur diese Notiz. Und nur noch die wiederholte Bitte: lesen Sie die préface von Julien

394 Mohammed Rassem, 1922 in München als Sohn eines Ägypters und einer Bayerin geboren. Erst Ordinarius in Saarbrücken, dann in Salzburg, und zwar in einem Fach, das er „Allgemeine Kulturwissenschaft" nennt. Unter Intellektuellen fällt R. durch zweierlei auf. Zum einen durch die gelassene Unbefangenheit seines Denkens. Secundo durch den Hang zu „ausgefallenen" (d. h. von anderen übersehenen) Themen.

Freund zu F. Rosenstiel, principe de la Supra-Nationalité (Paris, (5), Presses Universitaires, 13 Rue Soufflot; machen Sie auch W. Martini darauf aufmerksam; es ist gerade für ihn sensationell; und es erhebt sich für jeden Noch-nicht-Verdummten die bange Frage, ob es den auf ihren Lügen festsitzenden Nutzniessern nicht doch gelingt, das einfach totzuschweigen. Obwohl Francis R. der Neffe des FAZ-R. aus New York ist.

Vor allem, vielen Dank für Rassem! Ich nehme ihn mit nach Ebrach und reiche ihn herum. Ende September bekommen Sie ihn zurück.

Ihr alter
Carl Schmitt

Hans Fleig hat sehr nett geschrieben; es hat sich gelohnt, die Zürcher Presse so zu decouvrieren –

— — — — — —

Abdruck eines Auszuges – 18 Zeilen – aus dem Schreiben von Julien Freund, aus dem C. S. schon im Brief Nr. 281 zitierte.

Nr. 283
B/hs

[Ebrach, 20. 9. 62]

Mein lieber Arminius, Ihr Eilbrief hat mich hier erreicht, herzlichen Dank für den G. Benn Aufsatz (den ich für sehr gut halte) und Ihre Einladung. Ich bin im Augenblick so erkältet, dass ich kaum noch sprechen kann und so schnell wie möglich nach Hause zurückkehren muss. Es ist eine Plage mit dem Alter. Die Reise nach München muss ich wieder vertagen. Den Monat habe ich mir bestellt, alles ist erstaunt. Aber: eine Rechte die schweigt ist den Andern weniger unheimlich als eine die redet. Hier haben Sie eine Probe aus dem Buch von Francis Rosenstiel. Ihre Weisungen (bez. Rassem, Voegelin) werden genau befolgt.[395] Von Plettenberg aus mehr. Stets Ihr alter

Carl Schmitt

---

395 In seinem Brief vom 17. 9. 62 schrieb AM: „Geben Sie Rassem nicht an Böckenförde weiter …" Er kann nicht mehr rekonstruieren, um welche Schrift von Rassem es sich handelte und weshalb sie nicht an Böckenförde weitergegeben werden sollte. „Ihre Weisungen" ist von C. S. ironisch zu verstehen – in der Eile hatte AM vergessen, „bitte" zu schreiben. Hingegen schreibt AM zwei Sätze weiter: „Bitte sagen Sie niemandem etwas über Voegelin und mich. Alles noch sehr wirr." Es ging darum, ob eine Habilitation Mohlers bei V. möglich sei. Dieser wich aus auf das Angebot eines Lehrauftrages – um Siemens halben Weges entgegenzukommen.

EW. Böckenförde
lässt bestens grüssen!

— — — — — —

Eine Kopie – zwei Seiten – aus [hs:] Préface zu Francis Rosenstiel Le principe de Supranationalité, Paris 1962, von Julien Freund.

Nr. 284
B/hs

San Casciano
28/9/62

Mein lieber Arminius,

der „Monat" war bisher nicht aufzutreiben, weder in Würzburg, noch in Fulda, noch in Siegen! Ich habe aber das ganze Ebracher Ferienseminar mit der (beil. dankend zurückgereichten) Abschrift begeistert, insbesondere auch Prof. Forsthoff. In die Diss. von Rassem hat er nur hineinschauen können; mangels Zeit. Schade. Auch Wolfgang Böckenförde habe ich interessiert; doch ist er wegen Rassem weniger enthusiastisch als ich. R. hat mir einen interessanten Sonderdruck geschickt, den ich gestern abend hier vorfand; vielen Dank. Ihr Aufsatz über Benn hat mich natürlich sehr erfreut. Ich war leider erkältet und musste nach Hause zurück. Die Zeit der festen Reisepläne ist für mich vorbei.
Im Ferienseminar war ein Ulrich Hegel, Physiker, Ururenkel des grossen Hegel; 1946/7 war ich in Lichterfelde im amerikanischen Camp mit seinem Vater zusammen, der jetzt Patentanwalt in Hamburg ist; dieser Ulrich H. geht jetzt von der Physik („deren Fascination zu Ende ist", wie er sagt) zur Physiologie und Biochemie über.
Leider habe ich Sava, der in Frankfurt war, verfehlt; er siedelt mit Familie von Belgrad nach Hamburg um.
Können Sie mir nicht einiges über Ihre Habil. Pläne andeuten?
Meine schlechte Handschrift müssen Sie mir nachsehen; oder, wie die FAZ sagen würde „Verständnis dafür haben"; aber dieses letztere „Verstehen" fürchte ich etwas: tout comprendre c'est tout prendre.

Invariablement Ihr alter
Carl Schmitt.

Nr. 285
Tel

[Plettenberg, 20. X. 62]

HOCHERFREUT ZIMMER IM DEUTSCHEN HAUS UNMITTELBAR BAHNHOF RESERVIERT ERWARTE SIE SONNTAG MORGEN NACH DEM FRUEHSTUECK HERZLICH = IHR CARL SCHMITT +

Nr. 286
PK/hs

[Plettenberg, 24. 11. 62]

L. A. Ich komme eben aus Freiburg nach San Casciano zurück. Herzlichen Dank für das (wirklich geniale) Aquarell „Mann in einem immer enger werdenden Gang"; unheimlich genial! Ferner für Foto und die Fotokopie des Raum-Aufsatzes und die Bergedorfer Protokolle (die Sie wohl veranlasst haben)! Haben Sie die Préface zu Rosenstiels Supranationalité gelesen? Auf der Reise kaufte ich mir E. J. Rivarol, als S. Fischer-Buch, mit einer sprachlich peinlich verunglückten Kennzeichnung auf der letzten (Aussen)Seite des Umschlags. Allerdings:

Die Knabenlehrerknaben traben
Schon längst nicht mehr im Schützengraben.

Aber zum Waldgang auf solchem Boden schüttelt der Wald sein herbstbelaubtes Haupt. Ferner kaufte ich mir die Spiegel-Nr. (vom General[?]–[..?..]

Ach, du armes Abendland!
Heydte wird gesteinigt!
Doch er bleibt Repräsentant
für den Hochschullehrerstand
der sich selbst gereinigt.

Fragen Sie gelegentlich Herrn Rassem, ob er Dr. Odenheimer von Basel her kennt, der eine interessante Arbeit über den „christlich-kirchlichen Anteil an der Ver[..?] der mittelalterlichen Rechts-Struktur" geschrieben hat. Und haben Sie den neuen Krockow gesehen? Fortschritt im Bewusstsein der Halb-Informiertheit. Alles Gute

Ihr alter Don Capisco.

*Nr. 287*
*B/ms*

*München, 27. 12. 62*

*Mein lieber Herr Professor,*

<...> *Seit Mitte Monat sitze ich in Arbeitsklausur; an der Buchfassung meiner Arbeit über die „Fünfte Republik", die nächstes Jahr bei Piper erscheinen wird. Gestern schrieb ich lange, warum man die Fünfte Republik nicht von ihrer Verfassung her verstehen kann, und ich überlegte mir, was Sie wohl dazu sagen werden. An der Knacknuss der republikanischen Legitimität, die Sie mir aufgegeben haben, nage ich aber noch rum.*
*Vor etwa anderthalb Monaten rief mich in der Stiftung Ihr Zögling an, der nun in München bei Siemens arbeitet. Das Haus war jedoch voll von Gästen; ich bat ihn nur schnell um seine Anschrift und wollte ihn später anrufen. Nun finde ich aber den Zettel nicht mehr. Könnten Sie mir seinen Namen und seine Anschrift sagen? Und hatten Sie mir einen Auftrag für ihn gegeben? Es dreht sich alles ein wenig bei mir; es gehen mir nur französische Worte im Kopf rum, Mongénéral, Madame de Maintenant, Ratons, Harkis und solche Dinger.*
*Uebers Neujahr gehen wir zu Schrenck raus, der nicht mehr dichtet. Vielleicht, weil er verliebt ist? Aber ich nehme meine Schreibmaschine mit und tippe dort weiter. Debré, classes moyennes, assimilation, comités ...*

Nr. 288
B/hs

Pl. 21/2/63

Mein lieber Arminius,

hier erhalten Sie den spanischen Vortrag über den Partisanen (Cátedra Palafox 17. März 1962 in Saragossa). Ich habe Lust, ihn einem Ihrer jungen Landsleute zu schikken, aber nach den Anrempelungen in der Helvetischen Öffentlichkeit würde man das als Anbiederung missdeuten. Es handelt sich um einen Jürg H. Schmid von Hedingen, ZH und Zürich, der 1957 bei W. Kägi in Zürich promoviert hat, mit einer Dissertation „Die völkerrechtliche Stellung der Partisanen im Kriege." Wissen Sie vielleicht etwas von ihm? Die Dissertation ist im Verlag P. G. Keller in Winterthur 1957 erschienen; fleissig, patriotisch, in miserablem Deutsch (dieses Stilkriterium hat sich bei Ihrer Diagnose Trott zu Solz bewährt; Warnach hat keine Beziehungen mehr zu ihm).
Das Ms. meiner ausgearbeiteten deutschen Abhandlung habe ich vor 14 Tagen an den Verleger geschickt, aber noch keine Antwort. Es hat mir leid getan, dass Sie bei Ihrem

Besuch keine Zeit hatten, den Abschnitt über Salan zu lesen, der das Problem der Legitimität gegen (republikanische) Legalität am Falle Salan behandelt. Es ist aber nicht wichtig; ich veröffentliche die Arbeit nur weil ein Neudruck des „Begriffs des Politischen" geplant ist, dem ich diese neue Publikation als gleichzeitige aber getrennte Begleitung mitgeben möchte, um zu demonstrieren.
Sehen Sie eigentlich gelegentlich Heinz Friedrich[396], oder Winfried Martini? Sava schrieb mir vor einigen Wochen aus Hamburg, dass er Sie in München besuchen wolle. Dann wird er Ihnen von meinem (leider nur sehr kurzen) Weihnachtsbesuch in Hamburg erzählt haben. Vorigen Samstag hat man in Rom die Tonband-Aufnahme über das Round-Table-Gespräch über Francis Rosenstiels Principe de la Supranationalité gemacht: Julien Freund, Altmann, Mössinger, Schwartzkopf (in Vertretung des erkrankten Johannes Gross). Francis Rosenstiel war mit Urlaub aus Mers el-Kebir[397] gekommen. Nach Plettenberg konnten die beiden Franzosen nicht kommen; der Schnee ist zu hoch. Kiepenheuer & Witsch wird eine deutsche Ausgabe herausbringen.
Über Altmanns Aufsatz in der „Zeit" wo er den Paragraphen-Hinterlader auf eine für meinen Geschmack dilettantische Weise abknallen lässt, habe ich mich geärgert. Ich habe ihm das auch geschrieben. Und das als Sekundant des kindlichen Leit-Aufsatzes der Dönhoff, die mit alberner Hofdamen-Arroganz im Smith-College-Stil politisiert. Angesichts des ersten Friedens, den de Gaulle den armen Deutschen angeboten hat, um sie aus dem weiterlaufenden (durch posthume Verdammung Stalins den dummen Yankees schmackhafter gemachten) infamen Roosevelt-Stalin-Bündnis heraus zu eisen! In den de Gaulle-feindlichen Ecrits de Paris hat ein Mann wie Bernard Faÿ[398] einen unerhörten Artikel über Roosevelt veröffentlicht. Mein Freund Veale schreibt in der Nationalzeitung über dasselbe Thema. Ganz Europa weiss Bescheid, nur in Kafkanien frisst man noch Pasternak oder Jejuschok[399] oder wie der jeweilige Knabe sich nennt.
Von Gerhard Nebel höre ich Böses. Er denunziert mich als unheilbaren Faschisten. Was er von Ihnen verbreitet, können Sie sich denken. Ich hoffe, dass es Ihnen nicht schadet, und bei mir ist sowieso alles egal.
Es hat mich empört, dass Hans Zehrer das 30jährige Jubiläum benutzt, um mich endlich – eine Zähre im rechten Auge – zu begraben. Aus diesem Anlass wollte ich Sie um eines bitten: versäumen Sie keine Gelegenheit, auf meinen Aufsatz über Legalität und

396 Heinz Friedrich, Jg. 1922, Schriftsteller, Verleger. Schaffte sich eine Machtstellung im Kulturleben durch den erfolgreichen Aufbau des 1960 gegründeten Deutschen Taschenbuchverlages. Berühmt für sein Landhaus in der Nähe von München, das vom Keller bis zum Dach mit Büchern gefüllt ist.

397 Im Original statt dessen „Mesel Kebir".

398 Bernard Faÿ, geb. 1893, bedeutender Historiker, 1933 bis 1945 im Collège de France, sein großes Thema: die Rolle der Freimaurer in der französischen (Revolutions-) Geschichte. Während des Vichy-Staates leitet er die Nationalbibliothek. Nach Kriegsende lebte er einige Zeit in der welschen Schweiz, bis sich die jakobinischen Stürme gelegt hatten.

399 Hier scheint es sich um eine bewußte Verballhornung des Namens „Jewtuschenko" zu handeln.

Legitimität in Zehrers Täglicher Rundschau vom 19. Juli 1932 hinzuweisen. Es ist unglaublich, wie alle diesen Aufsatz unterschlagen. Sie kennen ihn doch (leider hat Tommissen ihn in der Bibliographie nicht genannt).
Ohne mehr für heute Ihnen und Ihrer lieben Frau, sowie den beiden kleinen Mitspielern im Münchener Kindergarten herzliche Grüsse

Ihr alter C. S.

— — — — — —

1. Ein Sonderdruck der Defensa Nacional III, S. 327–359, (Universidad de Zaragoza MCMLXII) mit [hs:] Vortrag Cátedra Palafox, Saragossa 17/3/1962
[und mit der Widmung:] für Arminius
C. S.
20/2/63 p. 330

2. [ms] neujahr 1963

mit allen diesen krisen
soll keiner uns vermiesen
die wunder-republik

laßt konrad weiter kochen
dann kommen sie gekrochen –
das ist die beste politik.

Nr. 289
AK/hs

[Plettenberg,] 10. 4. 63

M. l. A. vielen Dank für den wohltuenden Aufsatz zu Pross u. Buchheim! Vor allem: herzliche Glückwünsche zum Geburtstage, den Sie, wie ich hoffe, mit Ihrer Familie und Ihren Freunden in ungestörter Freude feiern können. Ich habe mir von den beiden interessanten Briefen, die Gottfried Benn mir im November 1943 geschrieben hat, Fotokopien machen lassen; interessiert Sie das? Wie heisst der Herausgeber von Benns vollständigen Werken? Soll man sich H. P. Schwarz[400] über den Herrn von und zu

400 Gemeint ist der spätere Kölner Ordinarius für Politologie Hans-Peter Schwarz (geb. 1934) mit seiner zwar kritischen, aber unvoreingenommenen Dissertation „Der konservative Anarchist / Politik und Zeitkritik Ernst Jüngers“ (1962). Schwarz ist 1985 mit dem eigenwilligen Buch „Die gezähmten Deutschen / Von der Machtbesessenheit zur Machtvergessenheit“ aufgefallen.

Phantasia kaufen? Diese Karwoche ist ja phantastisch instrumentiert; Sie sehen: die grosse Parallele bleibt aktuell. Ein frohes Osterfest trotzdem wünscht Ihr (immer noch nicht ent[?]ter)

Carl Schmitt

Nr. 290
B/hs

Pl. 22/5/63

Mein lieber Arminius, seit Wochen will ich Ihnen auf Ihr Schreiben vom 14. April und Ihr Telegramm zu dem Aufsatz von Hermann Schmidt danken, aber ich bin wie gelähmt, nicht im Denken aber im Schreiben. Was mich plötzlich dazu treibt, allen Lähmungen zum Trotz an Sie zu schreiben, ist nichts anderes als die Lektüre von Fabre-Luce[401] „Haute Cour". Das Buch elektrisiert mich; fast macht es mich melancholisch, dass ich nicht in einem Lande lebe, wo solche Bücher geschrieben und gelesen (und ausnahmsweise sogar beschlagnahmt) werden. Bei uns macht sich das Würstchen Hochhuth[402] mit irrealen Bedingungssätzen wichtig und bekommt dafür Literaturpreise. Wie traurig ist das alles! Erinnern Sie sich des beil. Ulks von 1951? (1) In diesem Lande vergeht einem die Lust am Sammeln, am Witz und an der Ironie. Vor soviel Sur-Irrealismus, Sühne-Gesuhl; Kollektiv-Scham-Konjunktur. Als Jurist in einem solchen Klima zu leben, ist ein Martyrium.
Wie weit sind Sie mit Ihrer Fünften Republik? Haben Sie Francis Rosenstiel gelesen? Leider war die Sendung im Deutschlandfunk vom 17/3 (2) allzu improvisiert. Ich füge einen Abdruck bei, für den Fall, dass es Sie interessiert.
Schade, dass Sie damals in Plettenberg keine Zeit hatten, den Passus über Salan zu lesen, den ich in die Schrift über den Partisanen aufnehmen wollte. Heute, nachdem ich Fabre Luce Haute Cour gelesen habe, fühle ich mich viel sicherer. In Ihrem „Standpunkt eines Gaullisten" (ist er inzwischen veröffentlicht? Ich bekomme Christ und

401 Alfred Fabre-Luce (1898–1983) ist für den gebildeten Franzosen der „Saint-Simon des 20. Jahrhunderts". Dieser Vergleich gilt nicht dem Sozial-Utopisten Henri Graf de Saint-Simon (1760–1825), sondern dem Louis Herzog von Saint-Simon (1675–1755), dessen „Memoiren" vom Hof Ludwigs XIV., des Sonnenkönigs, zur Weltliteratur zählen. So weit wird man bei Fabre-Luce nicht gehen – schließlich läßt sich der Hof von Versailles nicht mit Vichy vergleichen. Immerhin sind die vier Bände des von Fabre-Luce von März 1939 bis zur Libération von 1945 geführten Tagebuches „Journal de la France" eine erstaunliche Mischung von scharfem Blick, von Humor und von politischer Klugheit. Hier waren C. S. und Ernst Jünger sich einmal einig: beide lasen Fabre-Luce mit Vergnügen.

402 C. S. schreibt hier und auch weiterhin stets „Hochhut".

Welt nicht mehr) finde ich die Unterscheidung von äusserer und innerer Souveränität besonders gut. Aber Sie sollten Francis Rosenstiel doch lesen. Dieser ist übrigens jetzt nicht mehr in Mers el-Kebir sondern im Marine-Ministerium in Paris.
Von Altmann höre ich nichts mehr. Die Zeit nehme ich nicht mehr in die Hand. Zehrers Artikel war in der Nummer 22 vom 27/1 veröffentlicht. Ich füge ihn der Einfachheit halber bei (3)
Wellershoff kenne ich nur aus Ihrem Aufsatz „Die grossen Ruhestörer sterben aus" vom Sept. 62. Dort haben Sie auch mich auf diesem Aussterbe-Etat genannt. Offenbar mit Recht. Neulich schrieb ich Robert Hepp (anlässlich einer neuen Erlanger Dissertation von Hasso Hofmann, in der ich als unzeitgemäss und 19. Jahrhundert abgetan werde, und anlässlich einiger Fragen, die er wegen seiner eigenen Dissertation gestellt hatte: Was wollen Sie mit solchen Fragen? Das Ergebnis steht doch fest und gehängt wird doch! Worauf er prompt erwiderte: Sie sind ja längst gehängt!
Also herzlichen Gruss aus dem Jenseits! Sollte mein Geist noch umgehen, so bleibt diesem armen Kerl nichts als das was jedem solchen Geist noch bleiben kann: Räch seinen schnöden, unerhörten Mord!

Ihr alter Carl Schmitt

— — — — — —

1. Der gleiche Aufruf, der auch schon dem Brief vom 17. 10. 1951 beigelegen hatte, aber erweitert um die Ortsangabe „Burg Ohle bei Plettenberg i. Westf.", und anstelle des Signums C. S. erscheint jetzt (hs und ms) der Name „Bert Ibsenstein, MMA". Und zu dem alten Datum, September 1951, schreibt jetzt C. S.: „1963: Alles von den irrealen Bedingungssätzen eines Hochhuth überboten! Es bedarf nur eines Hochhuths!"
2. Vom Deutschlandfunk, Abteilung Politik, das Manuskript [32 ms Seiten A4]: Rundgespräch über das Buch „Le Principe de la Supranationalité", Verfasser: Francis Rosenstiel
3. Kopie des im Brief genannten Artikels in der „Welt" vom 26./27. 1. 63 von Hans Zehrer „Kann es wieder geschehen?" [2 1/2 Spalten]
4. Kopien der schon im Brief Nr. 289 genannten Benn-Briefe; auf dem dazugehörigen Deckblatt von C. S. hs: „2 handschriftliche Briefe von Gottfried Benn an Carl Schmitt (vom 28/3 43 und 1/9 43)"
Am oberen Rand des ersten Briefes von C. S. hs: „An Prof. Carl Schmitt in Berlin-Dahlem (über 'Land und Meer')" und auf dem zweiten Brief: „an Prof. Carl Schmitt in Plettenberg (1. 9. 1943, kurz nach meiner Ausbombung)" – [Dazu vgl. Anlage zum Brief Nr. 327.]

*Nr. 291*
*B/ms*

*München, 9. Juli 1963*

*Mein lieber Herr Professor,*

*nun steht er also bevor, Ihr fünfundsiebzigster Geburtstag! Ich hoffe, Sie erleben ihn froher als Ihre letzten Briefe klangen ... Haben Ihnen an Pfingsten die Ohren geklungen? Es gab bei Schrenck in seinem Haus am See ein Colloquium, das ausser dem Hausherrn Rassem, Papalekas, die beiden Brüder Hepp (sehr ungezogen), Mackensen, Klages, Baier*[403] *und mich vereinigte. Da wurde oft Ihrer gedacht, und auch Ihres kommenden Festes. Ich weiss nicht, ob Sie sich vorstellen können, wie oft weit herum Ihrer gedacht wird in solchen selbständig denkenden Gruppen. Da ist Ihr Name ein Schlüssel, der die erst zögernd Sprechenden einander näher bringt.*

*Wir sprachen vor allem von dem erstaunlichen Aufsatz von Hermann Schmidt*[404] *im „Staat". Ich finde, dass das eine der schönsten Gaben auf Ihrem Geburtstagstisch ist: dass ein Philosoph plötzlich merkt, da hat ein Mann neben uns gedacht und Jahr um Jahr einen Stein an den andern gefügt, und plötzlich steht eine Philosophie da, die aus den aristotelischen und den existenzialistischen Sackgassen herausführt. Natürlich ist es schade, dass Schmidts Sprache noch von den Lehren geprägt ist, aus denen er herkommt – aber grad in dem Mühen, das Besondere Ihres Denkens zu übersetzen in seine Sprache, wird – scheint mir – das Einzigartige Ihres Ansatzes sichtbar. Mir scheint, dass Sie etwas ungerecht sind gegen die Welt: überall gehen Saaten auf, die Sie gestreut haben, und dass diese Saaten von Ihnen stammen, weiss man gerade deshalb, weil Sie tabuisiert sind. Sie sind gar nicht so allein, wie Sie oft zu meinen scheinen ...*

*Aber vielleicht lächeln Sie nur über diese umgekehrte Fastenpredigt von Arminius... Ich bin seit heute früh eine Last los: das Manuskript der „Fünften Republik" ist bis auf Bibliographie und Register abgeliefert, und ich kann nun wieder freier atmen. Seit gut einem Jahr habe ich jedes Wochenende gearbeitet, an diesem sogar bis in den Morgen des Montag (04.30) hinein, es war hell in Ammerland draussen, als ich ins Bett ging, um noch drei Stunden zu schlafen und dann nach München zurückzufahren.* <...>

---

403 Rainer Mackensen, Jahrgang 1927, später Ordinarius für Soziologie, mit Gewicht auf Regionalplanung und Bevölkerungslehre, an der TU Berlin. – Helmut Klages, Jahrgang 1930, später Ordinarius für Soziologie an der Hochschule für Verwaltungswissenschaften Speyer. – Horst Baier, Jahrgang 1933, Dr. med. (allerdings nie praktiziert), noch in den 60er Jahren auf linksliberale, moralisierende Positionen abgedriftet (also auch kein Linksschmittianer). Später Ordinarius der Soziologie in Konstanz, mit besonderem Gewicht auf Sozialmedizin.

404 Hermann Wilhelm Schmidt, geb. 1928, Philosoph, war damals Privatdozent an der Universität München und Professor an der PH Stuttgart. Er erregte die Aufmerksamkeit der Kenner mit einem Aufsatz „Der Nomos-Begriff bei Carl Schmitt" (Der Staat, Bd. 2, Heft 1, 1963). Zwischen 1961 und 1971 intensive Korrespondenz mit C. S.

Nr. 292
PK/hs

[Plettenberg, 30/7/63]

M. l. A. herzlichen Dank für Ihre Karte vom 25/7! Über Ihren Geburtstagsgruss habe ich mich besonders gefreut. Den Partisanen und den Neudruck des Begriffs des P. haben Sie nur deshalb noch nicht erhalten, weil ich Sie in den Ferien und nicht zu Hause vermutete. Ich schreibe jetzt gleichzeitig an den Verlag. Anima ist vorgestern mit den Kindern wieder nach Hause gereist (über [..?..], Vigo); es war ein herrlicher Monat. Von Joh. Winckelmann erhielt ich einen Brief; er wird jetzt wohl Honorarprofessor. Ob er auf der Max-Weber-Tagung im April 1964 spricht? Das scheint ein grosses Ferkelstechen zu werden, diese Jahrhundertfeier. R. König[405] wetzt schon die Messer. Haben Sie in der FAZ den Aufsatz der M. Boveri über den „Losen Vogel" gelesen (14/7)? Auf Ihre „Fünfte Republik" bin ich sehr begierig, zumal ich Leser der Ecrits de Paris bin. Haben Sie Haute-Cour inzwischen gelesen (von Fabre-Luce); fabelhaft! Julien Freund und Francis Rosenstiel haben mir jeder einen Aufsatz zum 75. Geburtstag gewidmet. Prof. Ritter will mich nächste Woche hier besuchen. Wann kommen Sie?
Neulich war auch Peter Scheibert (von Marburg aus) bei mir. Haben Sie Hermann Schmidt inzwischen persönlich kennen gelernt? Aber ich will lieber nicht zuviele Fragen an Sie richten, sondern Ihre momentane Inanspruchnahme respektieren. Demgemäss: herzliche Grüsse und guten Erfolg!

Stets Ihr alter C. S.

Ganz im Sinne de Gaulle's:
30/7/63 W. Fredericia[406], Europa Traum oder Drohung, Köln (eben erschienen)

---

405 René König (1906–1992), empirischer Soziologe, ab 1937 Emigration in die Schweiz, 1949 Ordinarius in Köln. Wird zum König der westdeutschen Soziologie. Die von ihm 1955 bis 1985 herausgegebene „Kölner Zeitschrift für Soziologie und Sozialpsychologie" gibt den Ton an; außerdem war K. Mitbegründer der „International Sociological Association", die er 1962 bis 1966 präsidierte.

406 Walter Petwaidic/Pseudonym: W. Fredericia, geb. 1904, gestorben in der zweiten Hälfte der 70er Jahre, Publizist. Schon 1946 veröffentlichte er eine Schrift, welche die späteren Zeitgeschichtler sich hätten zu Herzen nehmen sollen: „Die autoritäre Anarchie / Streiflichter des deutschen Zusammenbruchs" (bei Hoffmann und Campe). Die Schrift „Europa – Traum oder Drohung" (Köln 1963, Verlag Wissenschaft und Politik) war eine der seltenen deutschen Publikationen, welche den Kern des Gaullismus begriffen hatten: Äquidistanz zu Moskau und Washington.

Nr. 293
PK/hs

[Plettenberg, 8/8/63]

M. l. A. Gestern besuchte mich Prof. J. Ritter (aus Münster) und erzählte viel von seinem Besuch bei Ihnen, zu meiner grossen Freude. Teilen Sie mir bitte mit, ob Sie die beiden Sachen (Begriff des P. und Theorie des Part.) erhalten haben; ich habe sie schon lange für Sie angefordert; und lesen Sie unbedingt die NZürZ. vom 6/8 mit dem Aufsatz „Guerilla mit Atomwaffen" von einem BR. Iffmark (wer mag das sein?); beschränken Sie also Ihr Interesse an meinem Partisanen nicht auf das Salan-Kapitel! Ich habe für die Zusendung Ihre Münchener Adresse angegeben; lassen Sie sich nicht in Ihrer Ferien-Erholung stören; das geht vor. Eine solche Altersschrift wie diese Th. d. P. darf man nur in voller Ruhe und Sammlung zu sich nehmen. Ihnen und den Ihrigen herzliche Ferienwünsche Ihres alten
8/8/63 Carl Schmitt

Nr. 294
B/hs

[Plettenberg, 17/11/63]

Mein lieber Arminius: ich erwarte Sie mit grosser Freude; also Sonntag, den 24. November. Wenn ich den Fahrplan richtig gelesen habe, können Sie um 17.39 in Finnentrop sein

| | | |
|---|---|---|
| | ab München | 8.42 DZ |
| | in Frankfurt | 13.48 |
| | ab Frankfurt | 14.23 DZ |
| Geben Sie mir Nachricht; | in Finnentrop | 17.39 |

in Finnentrop würde ich Sie abholen,
wenn Sie mit dem DZug von Frankfurt kommen, und würde für Nachtquartier in Plettenberg sorgen. Bis Wuppertal ist es dann nicht mehr weit.
Hoffentlich strengt Sie die Reise nicht zu sehr an. Bringen Sie Ihr neues Frankreich-Buch mit; ich bin sehr gespannt. Herzliche Grüsse Ihnen, Ihrer verehrten Frau und den Jungens von Ihrem alten

17/11/63 Carl Schmitt

*Nr. 295*
*B/hs*

*München, 28. 3. 64*

*Mein lieber Herr Professor,*

*Samstag, den 21. 3. hat Winfried Martini in seinem Wochenkommentar von meinem Besuch bei Ihnen nach der Ermordung Kennedys gesprochen. Hat er Ihnen den Text geschickt? <...>*

Nr. 296
B/hs

plettenberg
den 10. April 1964

Mein lieber Arminius:

zum 12. April meine herzlichsten Geburtstagswünsche!
Vielen Dank für die Zeichnungen von Gert und Wulf (das lässt tief blicken) und die Funk-Signale vom Seegeist! Ich würde gern ausführlicher schreiben, aber ich winde mich vor Rücken- und Rippenschmerzen, das alte Leiden. Den Partisanen-Aufsatz von J. Gross in der letzten Nummer der DZ[407] werden Sie haben. Ein fabelhaftes Kukkucks-Columbus-Oster- und Schwanen(gesang)-Ei der sterbenden DZ! Letzter Seufzer, Zeugnis auf dem Totenbett, daher doppelt beweiskräftig.
Den Kommentar von Winfried Martini habe ich nicht erhalten. Was hat er denn von uns erzählt?
Was sind eigentlich Ihre jetzigen Pläne? Wie sind Sie mit der Wirkung Ihres Frankreich-de Gaulle-Buches zufrieden? Ich bekomme keine Zeitungen mehr und bin über nichts informiert. Francis Rosenstiel hat in der nächsten Begleitung de Gaulles (im gleichen Flugzeug) die Reise nach Mexiko und den Antillen mitgemacht. Ihr grosser Berner Gent[408] (the Gentleman of Verona) hat bis heute geschwiegen. Man soll es nicht für menschenmöglich halten. Zu dem neuen Basler Hobbes-Buch (Dietrich Braun, Der sterbliche Gott) muss ich mich äussern, irgendwo und irgendwie, ich bin selber neugierig darauf, weil ohne Plan, ohne Willen, ohne Antrieb, ohne Spielraum, aber von Stichworten gepeinigt. Nun fehlt noch, dass Sie – mit Altmann – von mir sagen, ich sei ein Hamlet und der Vorhang fällt.

407 DZ = Deutsche Zeitung.
408 der Berner Gent: gemeint ist wohl der hartnäckigste C. S.-Verfolger unter den schweizerischen Juristen: der 1901 in St. Gallen geborene Staatsrechtler Hans Huber, der 1940 Ordinarius in Bern und 1969 Ehrendoktor der Universität Bonn wurde.

Feiern Sie ein schönes Geburtstagsfest; auch Anni grüsst Sie, Ihre Frau und die Jungens und geben Sie ein Zeichen Ihrem alten

Carl Schmitt.

1) Wir hatten doch einmal den Plan, alle zehn Jahre die 10 (oder weniger) Gedichte zu notieren, die jeweils oben lagen. Vergessen Sie das nicht. Ich fand neulich zu meinem grossen Trost in einer Widmung von Ihnen (Lehmann[409], Antwort des Schweigens, 1952) die Verse

Von nichts als vom Gedicht beschützt
Auf allen meinen Wegen)!

2) Alles ist empört über des Marburger (Matt.) Scheiberts Gift-Helikopter gegen Dieter Gross (die „Links-Schmittianer"); was ist denn los mit diesem Scheibert, der mir rührende Erklärungen schrieb, bis vor einigen Wochen? Hat er seine wahre Natur entdeckt? Will er Dekan werden? Will er mit Schwinge oder gar Ebbinghaus konkurrieren?

[ms] Perlen aus dem Schatzkästlein der Wert-Philosophie

1) „Weltgeschichte wird von Menschen gemacht. Sie ist früher von Menschen gemacht worden und wird heute von Menschen gemacht. Entscheidend ist der Wert dieser Menschen, und irgendwie dem Wert auch noch hinzuzurechnen die Zahl. Der Wert des deutschen Menschen ist ein unvergleichlicher. Ich lasse mir niemals einreden, daß jedes andere Volk mehr Wert haben könnte. Ich bin der Überzeugung, daß unser Volk, besonders heute in seiner allmählichen Besserung, den Höchstwert darstellt, den es zur Zeit überhaupt auf dieser Erde gibt."

(Adolf Hitler, vor der Presse, am 10. November 1938)

2) „Dieser Augenblick (sc. der Begegnung mit der Kaiserin Elisabeth) dürfte unter die höchsten Werte fallen, die das Leben überhaupt zu verrechnen hat".

(Alfred Schuler, mitgeteilt bei Ludwig Klages, Alfred Schuler, Leipzig 1940, Verlag A. Barth)

3) Die Begründung zum Entwurf eines Gesetzes zur Neuordnung des zivilrechtlichen Persönlichkeits- und Ehrenschutzes (Deutscher Bundestag, 3. Wahlperiode (Drucksache Nr. 1237) beginnt – wörtlich! – mit dem Satz:
„In der freiheitlichen Demokratie ist die Würde des Menschen der höchste Wert".

409 Der berühmte lyrische Erstling (1936) von Wilhelm Lehmann (1882–1968), der Beginn des „magischen Realismus" in der deutschen Dichtung.

4) In der Enzyklika „Mater & Magistra“ vom 15. Mai 1961 ist das lateinische Wort „Bonum“ im offiziellen italienischen Text mit „valori“, im deutschen Text mit „Werte“ wiedergegeben.

5) Karl Marx: Die Dinge werden in Waren und die Waren werden in Werte verwandelt.

[ms] Berufung
eines armen, alten Mannes von HEUSS an ZEUS

[Es folgt – mit geringfügigen Änderungen – das Gedicht, das unter anderer Überschrift, nämlich als „Klage eines alten Mannes im Sauerlande“, schon dem Brief Nr. 251 vom 18. 11. 1960 beigefügt war. Statt „Klagelied“ in der drittletzten Zeile heißt es jetzt „frommes Lied“ und statt „Altvater“ in der letzten Zeile jetzt „Weltvater“; zum Vers „Nein, auch im Aller-Neusten Bund“ jetzt die Randglosse/hs: „R. Augstein-Carlo Schmid“.
Das nachfolgende Lied – jetzt dem „Weltvater“ Zeus zu Ehren – ist im Wortlaut unverändert, darunter steht nun: „Januar 1964 San Casciano im Sauerland“.]

— — — — — —

1. [ms] Abschrift eines Briefes von Theodor Heuss an Carl Schmitt
betr. dessen Vortrag über Hugo Preuß vom 18. Januar 1930
(veröffentlicht in der Reihe „Recht und Staat“, Tübingen 1930)
[etwa 3/4 ms Seite A4]

2. Kopie zweier Buchseiten, darauf am Kopf der ersten Seite [ms]: „Aus ‚Memorandum meines Lebens‘, Tagebücher des Grafen August von Platen; herausgegeben von G. von Laubmann und L. von Scheffler Stuttgart 1896–1900, Bd. II, S. 742/43. Eintragung 24. Dezember 1824, München. Platen erzählt, wie er die Bekanntschaft eines alten Bildhauers im ‚Englischen Kaffeehaus‘ gemacht hat und fährt fort“ [Der letzte Satz dient als Überleitung zum anschließenden gedruckten Text.]

3. Seite 32 der Deutschen Zeitung von Ostern 1964, 28./30.3., mit einer von Joh. Gross geschriebenen fast dreispaltigen Besprechung der „Theorie des Partisanen“ von C. S.

4. Abschrift eines Schreibens von Prof. Rudolf Smend an Carl Schmitt, betr. dessen Schrift „Der Leviathan in der Staatslehre des Thomas Hobbes“ vom 10. Juli 1938 [1 1/2 ms Seiten A4]

5. [ms] Abschrift eines Briefes vom 14. 1. 1942 von Carl Schmitt an Prof. Rudolf Smend zu dessen 60. Geburtstag [fünf ms Seiten A4]

Nr. 297
PK/hs

[Plettenberg, 13. 5. 64.]

L. A. Ich habe mich für Ihren Brief noch nicht bedankt, nicht einmal für die beiden fabelhaften Zeichnungen. Seit Wochen habe ich schreckliche Schmerzen; Ende Mai soll die Operation gemacht werden. Ich bin trotzdem nach Tübingen gefahren, aber schon am 2. Tage fluchtartig zurück. Den Privatdruck für Dr. Ulrich H.[410] werden Sie erhalten haben. Eine grosse Bitte: wenn er noch einen Sonderdruck seines von K. H. Ilting Philos. Jahrb. 71, 1. Halbb. 1963, S. 40, Anm. 2, unten zitierten Aufsatzes aus 70. Halb. II, S. 311–343 hat, wäre ich unendlich dankbar dafür. Kelsens (und Voegelins) Äusserung in der Diskussion der Salzburger Tagung, unter Leitung von Schmölz[411], (Das Naturrecht in der polit. Theorie, (Springer 1963) S. 148 (toll) wird er kennen. Joh. Winckelmann hat sich mit René König verbündet. Die folgenden Berichte über die Max-Weber-Tagung Ende April sind irreführende Diffamierungen meiner Person, besonders Christ & Welt. In Stuttgart habe ich Barbara Klie kennen gelernt. Entzükkend.[412] Ihnen, Ihrer Frau, Gert und Wulf wünscht ein schönes Pfingstfest
13. 5. 64. Ihr alter C. S.

---

410 Dr. Ulrich H. = Dr. phil., Dr. iur. Ulrich Hommes, geb. 1932, ab 1967 Ordinarius der Philosophie in Regensburg. Er hatte sich den Privatdruck von C. S. , „Die Tyrannei der Werte“ (1960) erbeten – in der Tat ein Schlüssel zur letzten, endgültigen Wende von C. S. gegen den Kult der „Werte“ als letzte Konsequenz des verhaßten Liberalismus.

411 Pater Franz-Martin Schmölz (geb. 1927 in Fischen/Allgäu), Schüler von Eric Voegelin, 1967 Ordinarius der Politischen Wissenschaft in Salzburg. Weitere Schriften: „Zerstörung und Rekonstruktion der politischen Ethik“ (1963), „Christ zwischen Kirche und Politik“ (1969).

412 Barbara Klie, Redakteurin im Feuilleton von „Christ und Welt“. Wer B. K. kannte und das ihr knapp, aber klar zugeteilte Adjektiv liest, horcht auf. Solche Komplimente sind bei C. S. selten – um so mehr wiegen sie. Nico Sombart hat die Diskretion seines väterlichen Freundes in diesem Intimbereich mißverstanden; er interpretierte sie vielmehr im Sinne seiner kindischen Psychologie, nach der man nur schwul oder Schürzenjäger sein kann. (Vgl. Anm. 503)

Nr. 298
B/hs

Mittwoch
den 3. Juni 1964
im Evangelischen Krankenhaus
in Plettenberg

nachmittags 4 Uhr, in Erwartung der UKW Sendung 16.30 über Frankreich und de Gaulle; bevor es losgeht schreibe ich diese Zeilen, liegend im Bett. Die Operation ist gut verlaufen; Samstag 6. Juni soll ich entlassen werden; Mittwoch 24. Juni möchte ich via Madrid nach Santiago de Compostela fliegen, zu Anima.

1. Herzlichen Dank für den allerdings viel zu kurzen Brief vom 27/5, und herzliche Erwiderung der Grüsse an alle Mohlers;
2. Ein Plettenberger, der mich besuchte und mir Ihren Hoggan-Artikel Ch & W mitbrachte, fragt, ob Herr Dr. Roloff aus Plettenberg noch im Vorstand oder Aufsichtsrat von Siemens in München ist.
3. Beil. Robert Hepp-Opus ist Ihnen vielleicht schon bekannt; es trifft den Kern der Max-Weber-Hundertjahrfeier des Soziologen-Tages Heidelberg April 1964, von dem mir Julien Freund einen schönen Bericht schickte; zeigen Sie es dem Seegeist!

4) Die Max-Weber-Gedächtnisschrift von René König <u>und</u> (!) Joh. Winckelmann[413] (Westd. Verlag Opladen) enthält auf S. <u>190</u> einen geistes- und universitätsgeschichtlich aufhellenden Witz, der die Anschaffung des Buches (29,50) lohnt; ebenso die Heusspropaganda <u>S. 6</u>; und vieles, für Münchener sehr interessante; armer Max Weber!
5) Der Aufsatz Ulrich Hommes über die Neukantianer ist für mich eine unerwartete Bewältigung meiner Vergangenheit; extra-Dank, lieber Arminius;
6) ich sitze (oder liege) an einer Hobbes-Rezension und wiederhole meine Frage: kennt Taubes Herrn Dr. theol. Dietrich Braun (Karl-Barth-Schüler; war auch mal Studentenpfarrer; jetzt Berlin)
7) Kennen Sie: Partisanen im Schwarzwald? Soll ich es Ihnen schicken?
8) Ihr Landsmann Muschg hat neulich (Die Zeit, Ende April) Deutschland ist Hamlet entdeckt; aber mein Hamlet oder Hekuba verschweigt er;
9) Was bedeutet die Hetze gegen Rolf Schroers? Hoffentlich bin nicht ich der Jonas im Schiff?

Da kommt die Sendung „Der Retter“[414], gut (routine) vorgelesen, für mich eine bequeme Vorlesung, aber ich frage mich, was ein normaler Hörer sich dabei denkt; länger als

413 Dr. iur. Johannes Winckelmann (1900–1985), Honorar-Professor der Soziologie der Universität München. Sein hohes Ansehen bei seinen Kollegen verdankte er Leistungen in seiner Studierstube. Er hat einen erheblichen Teil seines Lebens daran gesetzt, nachgelassene Schriften von Max Weber, die nicht sehr sorgfältig aus dem Manuskript transkribiert worden waren, in Neuausgaben so zu publizieren, wie es diesem größten deutschen Soziologen angemessen ist.

414 Die eingangs erwähnte UKW-Sendung über Frankreich und de Gaulle bestand aus einer – Vorlesung aus dem Buch „Die Fünfte Republik“ von AM …

1/4 Stunde kann man nicht folgen. Aber es war doch eine Begegnung mit Ihnen, lieber Arminius. Auf Wiedersehen! Ihr alter Carl Schmitt

*Nr. 299*
*B/ms*

*München, 20. Juni 1964*

*Mein lieber Herr Professor,*

*endlich komme ich dazu, Ihnen zu schreiben – hoffentlich erreicht Sie dieser Brief noch vor der Abreise! Ich freute mich über Ihr Lebenszeichen sehr und darüber, dass die Operation gut verlaufen ist. <…>.*

*Was ist das für eine Rundfunksendung, die Ihnen eine Begegnung mit mir war? Etwa eine neue Sendung meiner Studie über die französische Elite, die ich für den bayrischen Rundfunk schrieb? <…>*

*Meines Wissens ist kein Dr. Roloff mehr aktiv im Vorstand oder Aufsichtsrat von Siemens, zum mindesten nicht bei den Stammfirmen SIEMENS & HALSKE und SIEMENS-SCHUCKERT-Werke. Vielleicht gibts ihn bei einer der Filialfirmen (Siemens-Reiniger, Siemens-Elektro, Deutsche Grammophon usw.). Das ist alles zu gross, ich übersehe es nicht. <…>*

*Ob Taubes Braun kennt, weiss ich nicht – wir schreiben uns nie, warten, bis wir uns irgendwo begegnen. Ich weiss gar nicht, wo Taubes jetzt ist, ob in Berlin oder New York …*

*<…> Ob Muschg „Hamlet und Hekuba" wirklich verschweigt, weiss ich nicht. Wie ich ihn kenne, kennt er vielmehr diese Schrift gar nicht, wird auch kaum von Ihnen wissen ausser den äusserlichen on-dit-s … <…>*

Nr. 300
B/hs

Casalonga
20. Juli 1964

Mein lieber Arminius: zu Ihrer Leserzuschrift in der FAZ habe ich mehrere Zuschriften aus verschiedenen Gegenden bekommen, darunter auch von einem früheren (Wirtschafts-) Redakteur der FZ, Dr. Karl Busemann, Alle haben sich über Ihre Zuschrift gefreut. So ist wenigstens der Abtreibungsversuch Löwiths nicht ohne Widerspruch vor sich gegangen.

Ich schicke Ihnen hier 2 Fotos aus Casalonga (Landhaus der Oteros, 15 km westlich von Santiago). Seit fast 4 Wochen bin ich hier; es ist einfach wunderbar. Anima fährt mich ein- oder zweimal in der Woche nach Santiago. Sonst liege ich hier herum und spiele mit den Kindern. Ich lese gerade Le Chaos et la Nuit von Montherlant, wovon auch Anima begeistert ist. Viele Stellen werden Ihr Entzücken erregen (z. B. p. 139: type Bourbonne[?] – faisant l'exode de 1940 – peinte, bijoutée[?], replète, satisfaite); für jemand, der weiss was eine Corrida (ein Stierkampf) ist, ist der Schlussteil einfach grossartig. Aber ich kann mir nicht denken, dass ein deutsches Publikum das liest. Sollen sie weiter Kafka lesen!
Ich füge eine schöne Anekdote bei, die Ortega besonders liebte (den Lieblingswitz von Max Weber, in der Gedächtnisschrift des Trifoliums René-König-Honigsheim, Hannes Winckelmann p. 190 verewigt, haben Sie hoffentlich inzwischen verifiziert; er ist so schön und so aufschlussreich wie die Fabel von den 3 Ringen).
Dass die Reihe der Führer des Konservatismus in protestantischen Ländern, die bei Disraeli (England) beginnt, in F. J. Stahl (Preussen-Deutschland) sich fortsetzt, heute bei Goldwater (USA) angelangt ist, beschäftigt mich sehr. Welch ein Gefälle! Leider bekomme ich die National-Zeitung nicht. An Veale habe ich geschrieben und ihm Ihren Hoggan-Artikel aus Christ & Welt geschickt (er ist seit langem mit Hoggan befreundet). Ich informiere mich durch die Madrider Millionen-Zeitung A.BC (monarchistisch-konformistisch). Anima ist auf Le Monde abonniert, die mit einigen Ausnahmen regelmässig kommt (einen Tag später). Radio und Television haben wir nicht. (Der „Vortrag" aus Ihrem de Gaulle-Buch im Plettenberger Krankenhaus Radio WD, Ende Mai oder Anfang Juni, war eine Vorlesung einiger Abschnitte Ihres Buches.)
Am 1. August gehen wir alle ans Meer, nach San Genjo (zwischen Pontevedra und La Toja). Ernst Hüsmert kommt mit Frau und Kind am 6. August. Wie schade, dass Sie nicht dabei sind! Was haben Sie vor? Ende August kommt vielleicht auch Ernst-Wolfgang Böckenförde.
Maunz hat mir leid getan. Auf die deutsche Ausgabe des Buches von Francis Rosenstiel (bei Kiepenh. & Witsch) bin ich gespannt; aber Erhard-Schröder werden es erstikken. Kann Strauß es nicht schützen? Haben Sie an Keyserling, Spektrum Europas gedacht? Lassen Sie es durch den Antiquar direkt an Sr. D. Jesús Fueyo, Director del Instituto de Estudios Políticos, Madrid 13, Plaza de la Marina Española 8, schicken; die Rechnung bitte an mich. Jede Zeile von Ihnen, schriftlich oder gedruckt, erfreut Ihren alten Carl Schmitt

Nr. 301
AK/hs

San Genjo, 21. 8. 64

Vielen Dank, lieber Arminius, für Ihre Sendung vom 5/8 mit den beiden Aufsätzen (Einbahn* u. Sieburg) und guten Erfolg für Ihre Arbeit. Wir haben hier Besuch von Ernst Hüsmert mit Frau und Tochter (Ernst hat ein schönes Gedicht gemacht), Unbedingt müssen Sie lesen: Der Tyrann Banderas von Valle-Inclán (DTV, Sonderreihe); das ist grosse Epik und kein Hündisches Buch à la Grass; vor Mussolini und Hitler geschrieben. Ihnen, Ihrer Frau und den beiden Jungens wünschen wir einen schönen Monat September. Ihr alter

C. S.

* „Der Zunftdruck in Geschichtsverbüchern"
(Däubler, Äthiop. Totentanz)
„Eunuchenlust, Berufsgeknarr"

Nr. 302
AK[415]/hs

Sangenjo, 14. 9. 64

Zeit und Meinung gut erhalten, l. A., an diesen Äusserungen ist nichts von Erschöpfung zu spüren; die grossartig formulierten Punkte zu de G. wirken neben dem Gezeter der entaristokratisierten Gräfin wie die zehn Gebote neben einer hundefett (grass) geschmierten Materniade.[416] Vielen Dank! Ende September will ich (zurück ins Ghetto) wieder in Westfalen sein. Immer Ihr alter C. S.

[Es folgen persönlich geschriebene Grußworte von Tochter, Schwiegersohn und E. W. Böckenförde.]

415 Auf dem farbigen Bild: Santiago de Compostela – Ciudad Universitaria Panoramica.

416 Es handelt sich um zwei in der „Zeit" vom 28. 8. 64 gedruckte Antworten auf die Frage „Hat der Gaullismus die richtige Antwort?". Die Antwort der Gräfin Dönhoff war: Nein; die von Armin Mohler: Ja.

Nr. 303
B/hs

plettenberg-San Casciano
den 6. November 1964

Mein lieber Arminius: man hört und sieht nichts von Ihnen. Nicht einmal in den Mitteilungen von der Tagung der Abendl. Akademie (Hirschberg, 23.–26. Okt.) kam Ihr Name vor. Weder Papalekas, noch Julien Freund, noch Francis Rosenstiel sprechen von Ihnen. Also werden Sie wohl tief in der Arbeit sitzen und vielleicht ist dieser mein gutgemeinter Versuch, mich Ihnen brieflich zu nähern, ein Verbrechen gegen das unantastbare Menschenrecht auf ungestörtes Ausbrüten seiner Gedanken, der unabdingbaren Voraussetzung aller Gedankenfreiheit.
Legen Sie also dieses Schreiben beiseite, ohne sich stören zu lassen. Verwenden Sie aber die nächste Arbeitspause dazu, die beil. Briefmarke aus der Serie „Grosse Deutsche“ (beginnend mit Albertus Magnus 5 Pfg, sich steigernd über Dürer (10 Pf[417]); Martin Luther (15 Pf); J. S. Bach (20); Lessing (Nathan der Weise, 40 Pf); Kant, Goethe, Schiller, Beethoven zu den schwindelnden Höhen von 90 Pfennig. Dort ist auf Wunsch und zu Ehren des Bundeskanzlers Erhard dessen genialer Lehrer und Freund

Prof. Franz Oppenheimer (siehe Bild)

in das neo-germanische Pantheon versetzt worden; Franz Oppenheimer, geb. 1864, von 1919–1929 Professor der Nat. Ökonomie und Soziologie an der Universität Frankfurt Main; Verfasser einer Selbstbiographie „Erlebtes, Erstrebtes, Erreichtes“ (1931), von der man nur sagen kann, dass die Erhebung zu den Ehren unserer postalischen Altäre nichts Erlebtes und nicht einmal etwas damals (1931) bewusst Erstrebtes wohl aber etwas heute Erreichtes genannt werden muss. Warum teile ich Ihnen dieses mit und riskiere es, Sie in Ihrer Arbeit zu unterbrechen? Ich wollte Sie bitten, lieber Arminius, die beigefügte Briefmarke auf Seite 75 des „Begriffs des Politischen“ Neudruck 1963, neben der zwischentextlichen (eben unsern grossen deutschen Denker behandelnden) Anmerkung einzukleben. Das wird meinem grau-theoretischen Büchlein einige Farbe geben und zu seiner Verschönerung beitragen. Ja, es legt den Gedanken nahe, eine volkspädagogisch-illustrierte Ausgabe zu veranstalten, mit Bildern von Aristoteles, Voegelin, Helmuth Plessner (p. 60) etc. etc. und Reproduktionen schöner Tierfabeln (p. 59) von Lafontaine. A propos Grosse Denker: Ihr Basler Landsmann Edgar Salin hat in der Festschrift für meinen vergangenen Freund Erwin von Beckerath einen Beitrag veröffentlicht, der Löwith, Loewenstein etc. würdig zur Seite tritt.

417 Statt „Pf“ steht hier und weiterhin im Original die in der Deutschen Kurrentschrift übliche – von d (Denar) abgeleitete – Abkürzung.

Woher nehmen diese Helden den Mut zu ihren Beleidigungen? Diese Frage muss man sich stellen, um die eigene Lage zu erkennen; alles andere ist nicht so wichtig.
Ich bin alt, lieber Arminius; vielleicht brauche ich nur zu sterben.

Herzlich Ihr getreuer
Carl Schmitt.

Nr. 304
DS

April 1965

Für Arminius
mit herzlichen Geburtstags-
wünschen zum 12. April 1965
von Carl Schmitt

„Der Name des Leviathan
wirft einen langen Schatten"

[Dieser Text steht hs auf dem Titelblatt des Sonderdrucks aus:]
DER STAAT, Zeitschrift für Staatslehre Öffentliches Recht und Verfassungsgeschichte, 4. Bd., Heft 1, 1965, Duncker & Humblot, Berlin

[darin S. 51–69:] Carl Schmitt, Die vollendete Reformation.
Bemerkungen und Hinweise zu neuen Leviathan-Interpretationen

[oben auf der Seite 51 hs:]
„‚Es ist für eine Torheit neuerer Zeit zu achten, eine Revolution ohne Reformation gemacht zu haben'
Hegel Encyclopädie
§ 552
1830"

[und mit einem von „Reformation" auf den Titel seiner Arbeit verweisenden Pfeil hs:]
„Hier ist sie"

*Nr. 305*
*B/ms*

*München, 22. April 1965*

*Mein lieber Herr Professor,*

*über Ihren Geburtstagsgruss habe ich mich sehr gefreut – ausserhalb der Familie waren Sie der einzige, der daran dachte. Aber das brocke ich mir ein wenig selber ein; Sie sind halt einer der wenigen, der mir nicht übel nimmt, dass ich oft viele Monate lang nicht schreibe. <...>*

*Also ich sitze an meinem ersten rein politischen Buch. Die drei Teile lauten: Angst vor der Politik – Angst vor der Geschichte – Angst vor der Macht. Der Gesamttitel steht noch nicht fest. Seewald, der Verleger, schlug vor: 3 x Angst in Deutschland. Ich bin eher für*

*Flucht ins Vakuum*
*Von der grossen Angst der Bundesrepublik*

*Es ist ein Buch ganz ohne Anmerkungen und Bibliographie – zum ersten Male bei mir. Das erste Mal auf dem Seil ohne Netz. Bitte halten Sie mir die Daumen ... <...>*

*Auch Schrenck*[418] *sitzt wie ein Schwerarbeiter an seinem eigenen Buch für Seewald, über den amerikanischen Progressismus und seinen Einfluss in der Bundesrepublik. <...>*

*Ich schliesse mich nun mehr an Marcel Hepp an, den vernünftigeren der beiden Brüder. Vor einigen Wochen habe ich ihn im Stab von Strauß untergebracht, und er hat Strauß Vertrauen erworben, der sonst kaum jemandem in diesem Kreis vertrauen kann, <...> Robert hingegen sitzt in Langenenslingen und wütet immer noch in seiner endlosen Dissertation über die politische Theologie rum. Ich war erstaunt, wie sicher sich Marcel Hepp in den politischen Kessel reinfand, ohne drin zu ersaufen.*

*Dies die Dinge, die mich bewegen – <...>*

---

418 Caspar von Schrenck-Notzing schreibt sein Buch „Charakterwäsche", das bereits erwähnt worden ist und 1965 erscheint. Im gleichen Jahr wird von Armin Mohler das Buch „Was die Deutschen fürchten /Angst vor der Politik, Angst vor der Geschichte, Angst vor der Macht" gedruckt. 1968 wird von Marcel Hepp das einzige Buch erscheinen, das ihm sein kurzes Leben erlaubt hat: „Der Atomsperrvertrag / Die Supermächte verteilen die Welt". Die drei Bücher haben den gleichen Verleger: Dr. Heinrich Seewald. Er hat in diesen 60er Jahren den Seewald Verlag in Stuttgart zum Verlag einer „neuen Rechten" gemacht, der unter dem Patronat von Franz Josef Strauß stand (die Bücher seines persönlichen Referenten Marcel Hepp und von Mohler wurden von ihm angeregt). Das Buch, an dem Robert Hepp bis 1967 arbeitet, ist anders angelegt: es ist seine Dissertation, mit der er von Hans-Joachim Schoeps in Erlangen 1967 promoviert wurde: „Politische Theologie und theologische Politik / Studien zur Säkularisierung des Protestantismus im Weltkrieg und in der Weimarer Republik." (Ein wahrlich Schmittsches Thema!) Von ihren 400 Seiten sind nur zwei Kapitel als Beleg, außerhalb des Buchhandels, gedruckt worden.

Nr. 306
PK/hs

[Plettenberg, 6/5/65]

M. l. A.

grossartig! Also Mittwoch 12. 5.! Um welche Zeit, ungefähr? Oder soll ich Sie in Vollmarstein abholen lassen? Und wo und wann?

Fame futura famelicus
(Hobbes, de Homine X, 4)[419]

Ihr alter

C. S.

San Casciano
6/5/65

Nr. 307
AK/hs

[Plettenberg,] 18. 7. 65

Lieber Arminius, wir erzählen uns viel von Ihnen und Ihrer Frau und grüssen Sie beide und die Kinder herzlich. Vielen Dank für die Karte aus Dinkelsbühl und den freundlichen Glückwunsch. Joh. Gross brachte mir sein neues Buch, das ich mit Entzücken lese. Wann erscheint Ihres, und wann das des Seegeistes? Alles ist gespannt. Ich schikke Ihnen als Drucksache den unendlich wichtigen Aufsatz Kirche oder Partei (für Moral!) Stets Ihr alter

C. S.

*Nr. 308*
*B/ms*

*München, 8. August 1965*

*Mein lieber Herr Professor,*

*vor einer Woche habe ich mein Manuskript* WAS DIE DEUTSCHEN FUERCHTEN *in die Druckerei geschickt und bin ein paar Tage nach Berlin und Wien gefahren. <...>*

---

419 AM war beeindruckt von einer Definition des Menschen, die der Erlanger Philosophieprofessor Wilhelm Kamlah (1905–1976) in einen Vortrag eingeflochten hatte. Sie bestand aus drei Aussagen. Erstens sei der Mensch das einzige Tier, das wisse, daß es sterben müsse. Zweitens sei der Mensch das einzige Tier, das seine Großmutter kenne. Drittens sei der Mensch – mit einer Formel von Hobbes – fame futura famelicus: hungrig im Hinblick auf zukünftigen Hunger. AM bat C. S. um Angabe der Fundstelle bei Hobbes.

*Mein Buch möchte ich Ihnen widmen – als Zeichen der Dankbarkeit für die vielen Gespräche, die ich mit Ihnen seit nun fast zwei Jahrzehnten führen durfte. Dr. Seewald, der Verleger, ist sehr einverstanden. Wenn Ihre nahen Schüler sich nicht zu Ihnen bekennen, möcht ich es doch tun, als einer, der erst auf Umwegen zu Ihnen kam.* <...>

Nr. 309
B/hs

Plettenberg-San Casciano
den 10. August 1965

Mein lieber Arminius: ich schreibe Ihnen auf diesem koketten Papier, weil ich kein anderes zur Hand habe und den kostbaren Augenblick des Brief-Impulses nicht vorübergehen lassen darf. Denn seine Wiederkehr ist unsicher. Ihr Schreiben hat mich so erfreut, die Nachricht, dass es Ihrer Frau wieder besser geht, so beruhigt, und die table des matières Ihres neuen Buches so begeistert, dass ich für einige Minuten über meinen Ischias-Anfall triumphiere und diese Zeilen zu Papier zu bringen vermag.
Alles: Aufbau, Disposition, Organisation, Formulierung der einzelnen Stichworte und Überschriften ist glänzend. Der Gesamt-Titel ist dem gegenüber nicht etwa schlecht oder schwach, aber keine Steigerung. Es wäre wohl auch nicht möglich, eine solche zu finden und nichts wäre falscher als hier zu forcieren. Ich stehe noch unter dem Eindruck eines langen Gespräches mit Julien Freund, der mich am 6/7 August in Plettenberg besucht hat (auf der Rückreise von Berlin, wo er in einem „Kyffhäuserbund"[420] gesprochen und diskutiert hat, ferner hat er über seine glänzende soutenance de thèse an der Sorbonne berichtet, summa cum laude, à l'[..?..], Vorsitz R. Aron[421], membres: Eric Weil, Hippolyte, Polin, Grappin[422]; R. Aron sagte: nous connaissons tous le courage physique et moral de notre ami Julien Freund; sa thèse prouve aussi son courage intellectuel; personne d'autre aurait eu le courage, je dirai même la témérité de nommer mon[?] Nom avec le nom controversé de C. S. c'est un honneur; etc.) kurz, ein sehr intensives Gespräch; auch über „le grand débat" von R. Aron; über la Bombinette[423] – Nr. 33 Ihres neuen Buches – wobei Julien die Meinung vertrat: besser die

420 „Kyffhäuserbund" = Abkürzung für „Deutscher Reichskriegerbund Kyffhäuser", nach dem Ersten Weltkrieg gegründeter Traditionsverband der Frontsoldaten, Mitgliederstärke 1930: 3 Millionen. Im Dritten Reich gleichgeschaltet, 1952 neu gegründet.

421 R. Aron = Raymond Aron (1905–1983), Lehrstuhl für Soziologie an der Sorbonne in Paris 1955 bis 1968. Der repräsentative französische Liberale jener Jahre hatte also den Vorsitz bei der mündlichen Prüfung für J. Freunds Agrégation (die ungefähr der deutschen Doktor-Promotion entspricht).

422 C. S. schreibt statt dessen „Grapper".

423 „La bombinette" = das Bömbchen; gemeint ist die von de Gaulle geforderte französische Atomwaffe, die von etwas geringerer Schlagkraft ist als diejenige der beiden Supermächte.

vierte Atommacht sein als verzichten, weil das nächste Stadium der begrenzte Atomkrieg sein wird und darin die kleinen mitspielen, und zwar sehr effektiv. Ich bedaure, dass ich Ihre Übersicht noch nicht kannte.
Eine äusserliche Bemerkung eines alten Buch-Schreibers: ich würde Prolog, Epilog und Anhang nicht durchgehend mit römischen Ziffern versehen, sondern nur die 3 grossen Ängste; vielleicht erscheint Ihnen das schulmeisterlich-begrifflich, vielleicht passt es auch nicht zu Ihrem Stil; aber ich darf es wenigstens aussprechen.
Die Frage der Widmung wollen wir in aller unpersönlichen Sachlichkeit behandeln. Natürlich wäre meine Freude darüber sehr gross; und der unerwartete Erfolg, den Julien Freund in Paris mit seinem Mut gehabt hat, weckt grosse Hoffnungen. Aber wenn ich Protokoll 18 der Bergedorfer Gespräche vom 10. Mai d. J. lese und mir einen Typ wie Mitscherlich (Intimus von Ernst Jünger, Enthüller nächtlicher Gespräche von 1930, Erfinder eines neuen Typs des Weisen von Zion, nämlich den „designer" des Faschismus, Inhaber eines Anspruches darauf, dass ich vor ihm „pater peccavi" sage etc.) vorstelle, weiss ich nicht ob der Moment schon gekommen ist, in dem eine solche Widmung einen Durchbruch bewirken kann und dadurch auch dem Buche nützt – worauf es allein ankommt – statt ihm, wie bisher, in Deutschland nur zu schaden. Das Buch von Francis Rosenstiel ist 100 % totgeschwiegen worden; der Knülch Hallstein kann das bewirken. Inzwischen ist Francis seit 1. Juni secretaire politique des Europa-Parlaments geworden, was ebenfalls in Deutschland totgeschwiegen wird und sein Buch wird (in der deutschen Ausgabe) verramscht. Also, lieber Arminius, überlegen Sie es gut. Mit wem könnte man es besprechen? Mit Johannes Gross? Damit für heute genug. Von Güllich bekam ich einen schönen langen Brief; sollten Sie ihn sehen, sagen Sie ihm mit meinen Grüssen, dass ich ihn im Sommer noch beantworten will. Ende August will Dietrich Braun[424] (der Verfasser des Sterblichen Gott) kommen; sagte ich Ihnen schon, dass er mit einer Baslerin verheiratet ist? Mit dem alten Hood in Durham (dem Verf. des Hobbes-Buches) hat sich eine entzückende Korrespondenz entwickelt. Was bleibt von der ganzen ereignisreichen Epoche 1888–1965 übrig: zwei alte Männer, die es sich erzählen.

Stets Ihr
Carl Schmitt

Anima ist am 23. Juli nach Santiago zurückgeflogen; Anni lässt herzlich grüssen und wünscht Ihrer Frau alles Gute für eine baldige volle Genesung.

[am Rande der ersten Seite:] Wäre das kein schöner Titel: die grosse Angst der Deutschen? oder die grossen Ängste?

424 Dietrich Braun (geb. 1928), evangelischer Theologie-Professor der Freien Universität Berlin. Verbindung mit C. S. durch sein Buch „Der sterbliche Gott oder Leviathan gegen Behemoth / Erwägungen zu Ort, Bedeutung und Funktion der Lehre von der Königsherrschaft Christi in Thomas Hobbes' Leviathan" (1963).

Nr. 310
B/hs

[Pl.,] 10/8/65 abends 1/2 7
in Erwartung des Schoppens
Pfälzer (Edesheimer)

Im Nachgang zu dem
Schreiben von heute morgen.

Mein lieber Arminius,
mich quält der Gesamt-Titel Ihres neuen Buches. Ich kenne aber nicht den Text sondern nur die Einzel-Überschriften. Furcht und Fürchten erscheint mir als Abschwächung vor dem 3fachen „Angst". Das ergäbe den Gesamt-Titel

„Dreifache (oder dreimal) Angst".

Nicht besser als der bisherige Gesamt-Titel. Auch hält mich etwas zurück, im Titel mit Angst von den Deutschen zu sprechen. Einzelne Einzel-Titel sind so grossartig, dass sie als Gesamt-Titel fungieren könnten; aber schliesslich ist dann die sehr gute 3Gliederung (Politik, Geschichte, Macht) gefährdet und das „Gesamt" nicht zum Ausdruck gekommen. „Angst" ist von den Theologen arg verschmiert.

„Angst aus Angst"

wäre überspitzt; „Die große Angst" fände ich gut; dagegen

„Vor lauter Angst"

vielleicht zu witzig, aber nicht schlecht; Ihnen wahrscheinlich zu unwissenschaftlich. Schliesslich kulminiert die Sache doch in Strauß, dessen Abstempelung zum „Scheusal schlechthin" eben aus der ausgebeuteten Angst vor der Macht entspringt. Das ergäbe den Gesamt-Titel

„Angst vor der Macht" (also wieder: die grosse Angst vor der Macht)

Es ist der Hass der Feigen und der Bettnässer gegen den, der keine Angst hat; bei diesem Eunuchen-Hass findet der Appell an die Angst vor der Macht immer ein lautes Echo, ebenso der Appell an den Promiscue-Pluralismus. Das war ja schon die Geschichte der Versager von 1932. Lesen Sie nur mal den Schluss von „Legalität und Legitimität"[425] (Seite 96 des Sonderdruckes von 1932, Seite 343 der Verf.rechtlichen Aufsätze von 1958) mit dem Zitat von Benjamin Constant, dass „Schwäche und Mittelmässigkeit die Macht, die ihnen zufällt, krampfhafter und bösartiger gebrauchen als eine echte Kraft, selbst wenn diese sich von ihrer Leidenschaft hinreissen lässt". Der französische Text von Constant ist zu schön um hier verschwiegen zu werden:

> On se figure toujours la médiocrité comme paisible; elle n'est paisible que lorsqu'elle est impuissante. Quand le hasard réunit beaucoup d'hommes médiocres et les investit de quelque force, leur médiocrité est plus agitée, plus envieuse, plus convulsive dans sa marche que le talent, même quand les passions l'égarent.
> (Cours de politique constitutionelle, 1816, I p. 78).

---

425 C. S. schreibt versehentlich „Legalität und Legalität".

Ich habe im Verfolg des Gespräches, das ich seit heute morgen – seit Ihrer Sendung vom 8. August – mit Ihnen führe und wovon diese Zeilen nur ein sehr sporadischer Niederschlag sind, wieder einen Blick in Kierkegaards Begriff der Angst getan und gesehen, wie politisch das alles ist, wenn es konkret wird: z. B. die Angst vor der Schuld ist die Angst vor der Freiheit; und (fügen wir hinzu) die Angst vor der Macht ist die Angst vor der Freiheit; dann lieber Schuld- und Scham-Flagellantentum als normale, menschliche Politik und Selbstbehauptung.

Saludos cordiales de su siempre amigo

Carl Schmitt

PS (beim Schoppen):
1) Wer ist der Herr Warnik (Warmbronn) von dem Berged. Gespräch vom 10/5/65?
2) Herr Günter Grass
wirft Hunde-Frass,
selbstausgekotzten Hundefrass,
dem Volke vor,
dem deutschen Volke;
er kandidiert
mit Hundefrass
beim deutschen Volke,
und kriegt dafür den Georg-Büchner-Preis;
Schändung Woyzeck's.

3–80 folgen post diem.

Nr. 311
B/hs

[o. O.,] 12/8/65

Lieber Arminius, die Titel-Frage verfolgt mich immer; das eigentliche Movens ist
1) die von Kierkegaard so nachdrücklich introduzierte begriffliche Unterscheidung von Furcht und Angst; und
2) die unterirdische Nachwirkung des Titels von Bernanos' Drumont-Buch La grande peur (des bien-pensants), wobei peur <u>stärker</u> ist als Angst. Titel wie „Vor lauter Angst" sind zu billig; ebenso „Angst – wovor?" Aber ich ermüde allmählich und freue mich, dass der Verleger intelligent und geschmackvoll zu sein scheint. Mit der Widmung hat er recht: nur nicht poetisch! Der Satz C. S. qui non laudatur ab hoste wäre wohl zu provozierend, wenn auch nicht in schlechtem oder auffälligem Sinne poetisch, dafür aber umso politischer; vielleicht gefällt Ihnen das? mir

gefiele es; oder natürlich καὶ νόμον ἔγνω, aber Griechisch ist zu beleidigend für die Un- und Halbgebildeten; Latein wird eher noch toleriert.

Ich verspreche Ihnen jetzt mit Titel-Vorschlägen aufzuhören. Den Satz qui non laudatur ab hoste könnte jeder Sextaner übersetzen*. Übrigens ganz getrennt von Titel- oder Widmungsfragen unter uns, Arminius: wenn schon von mir die Rede ist, muss ich Ihnen einen Satz von Hugo Ball mitteilen, der in dem Geschrei verloren gegangen ist und den ich selber erst nach 40 Jahren in seiner intuitiven Aussagekraft entdeckt und begriffen habe (er steht in dem Hochland-Aufsatz Ball's „Politische Theologie" von 1924, Tommissen Nr. 330): „In der Gewissensform seiner Begabung erlebt er (C. S.) die Zeit."

Ich kam darauf als ich meinen (und ganz unbegründet an solcher Stelle auch Konrad Weiß') Namen in dem Interview mit E. Jünger von Curt Hohoff zitiert fand, das dieser Tage (7/8) in der FAZ erschienen ist und das mir von mehreren Seiten zugeschickt wurde.

Jetzt aber Schluss! Vielen Dank für Ihr Schreiben vom 12/8[426] das heute (Donnerstag) morgen hier einlief.

Stets Ihr
Carl Schmitt.

* er stammt aus dem Moselgedicht des Ausonius (350–400 n. Chr.)

*Nr. 312*
*B/ms*

*München, 12. August 1965*

*Mein lieber Herr Professor,*

*ich bin froh, dass Sie nicht nein gesagt haben! Dass Sie mir noch den Rückweg offengelassen haben, ist lieb von Ihnen: aber Sie unterschätzen meine Sturheit, ich will nun einmal dieses Buch Ihnen widmen. Dass der Verleger auch sofort dafür war, kann Ihre Bedenken mildern.*

*Im Buch selbst spreche ich wenig von Ihnen, verwende auch kaum Ihre termini – mein Stil des Denkens ist ja anders als der Ihre. Nur der Eingeweihte wird merken, wie gross Ihr Einfluss – um die Ecke herum – auf mich war. Ich wollte die Widmung erst formulieren*

426 Hier muß ein Irrtum vorliegen: Beide Daten, dieses und das oben geschriebene Briefdatum, können nicht gleichzeitig stimmen.

*Für Carl Schmitt*

*in Erinnerung an viele Gänge*
*auf dem Grund des Meeres*

*dankbar*

*Aber Seewald findet das a. zu „poetisch“ und b. zu verschlüsselt-privat. Er hätte lieber eine „politische“ Formulierung der Widmung. Wir werden zusammen eine finden, die deutlich ist, ohne Sie zu kompromittieren.*

*Die grosse Angst der Deutschen – daran dachten wir auch, kamen aber davon ab, weil das irreleiten könnte, in Richtung Kafka oder Psychologie. Robert Hepp schlug vor: „Schiss, Schiss und nochmals Schiss“. – Was die Numerierung der Abschnitte betrifft: das leuchtet mir ein; ich will es bei den Fahnen, die heut einzutreffen begannen, so halten. <…>*

*Nr. 313*
*B/ms*

*München, 13. August 1965*

*Mein lieber Herr Professor,*

*zu Ihrem zweiten Brief: mit dem Titel lässt sich nichts mehr machen, der ist schon im Verlagsprogramm und die Reisenden des Verlages haben ihn in ihrem Buchungsblock. Wir haben sehr lange beraten wegen des Titels, und der jetzige ist ein Kompromissprodukt. Lange hatten wir „3 x Angst in Deutschland“, aber erstens ist das ein wenig eine Parodie auf die Piper-Serie „x mal …“, und dann ist alles, was Angst im Haupttitel hat, seltsamerweise zu wenig politisch, es rutscht sogleich ins Psychologisch-Kafkaeske ab. „La grande peur …“ ja, das tönt anders, das ist politisch.*
*Das Buch kulminiert übrigens nicht in Strauß. Ich habe Strauß doch nicht so in den Vordergrund geschoben. Das liegt auch daran, dass ich anderswo anonym ausführlich über ihn geschrieben habe.*[427]
*Barnick*[428] *(nicht Warnik) wurde von mir nach Bergedorf geschleppt. Er ist der einzige Rechte mit Vollbart, den es in Deutschland gibt; etwa mein Alter; schwer einzuordnen;*

427 AM lieferte für einen von der CSU herausgegebenen Dokumentationsband zur Verteidigung von Strauß den Einleitungstext. Er zeichnete diesen Text nicht, um seine Stellung in der Carl Friedrich von Siemens Stiftung nicht zu gefährden: die Siemens-Führung hatte damals die Vorzüge von Franz Josef Strauß noch nicht entdeckt und hielt auf Distanz zu dem Volktribun. (Das änderte sich nach der Verschärfung der Studentenrevolte.)

428 Barnick: Johannes F. Barnick (geb. 1916).

*soeben hat B. bei Seewald sein neues Buch „Deutschlands Schuld am Frieden“ veröffentlicht; er ist etwas verschroben manchmal, dann wieder unheimlich zielsicher; ein Sonderling, lebt irgendwo in einem Dorf im Schwäbischen, ist aber aus Preussen.* <...>

Nr. 314
B/hs

[o. O., ca. 31. 8. 65]

Mein lieber Arminius,

hier schicke ich Ihnen endlich das Buch Lessing – Meyerhof – Nelson zurück; wichtiges Material für den Assimilationsversuch an die bürgerliche Bildung des Wilhelminischen Deutschland. Verzeihen Sie bitte, dass ich solange mit der Rücksendung gebummelt habe.
Ist Herr E. Hieronimus[429] vielleicht mit einem Juristen Rechtsanwalt Hieronimus in Frankfurt M, I.G. Farben in Liquidation, verwandt?
Übrigens sind das keine muscae, wie er in der Widmung sagt.
Wie weit ist die Publikation Ihres Buches und des Schrenck-Notzing-Buches gediehen?
Seewald schickte mir J. Barnick, Deutschlands Schuld am Frieden; für mich sehr bedeutungsvoll obwohl er meine gesamte, umfangreiche Arbeit (sowohl über den Grossraum wie über Staatsgefüge und Zusammenbruch des Zweiten Reiches) konsequent verschweigt; die Frage ist, ob das (überaus wichtige, nützliche, originelle und spannende) Buch nicht doch die historischen Möglichkeiten einer heuristischen Verwertung irrealer Bedingungssätze überzieht? Und sich mit der Bindung an die Erbmonarchie der Hohenzollern in seine Sackgasse verliert (es gibt keine Erb=Monarchen mehr in der vaterlosen Gesellschaft!). Ohne mehr für heute! Ihr alter

Carl Schmitt

Wie geht es Ihrer Frau? Ist sie noch im Wallis? Alle guten Wünsche und Grüsse!

---

429 Ekkehard Hieronimus (geb. 1926), Pastor der Ev.-Luth. Landeskirche Hannover. Ausgedehnte religionsgeschichtliche Studien führen ihn auch zum Problem jüdischer Assimilation in der modernen Gesellschaft; vgl. sein Buch: „Theodor Lessing [1872–1933, Kulturkritiker] – Otto Meyerhof [1884–1951; 1922 Nobelpreis für Physiologie] – Leonard Nelson [1882–1927, Philosoph]. Bedeutende Juden in Niedersachsen“ (Hannover 1964, Niedersächsische Landeszentrale für politische Bildung).

Im letzten „Spiegel“ wird Otto Kirchheimer (der 1927 bei mir promoviert hat), ein alter Marxist, als Schüler von Max Scheler und Carl Schmitt eingeführt. Sein Buch über Politische Justiz kommt an das eigentliche Problem nicht heran. Im gleichen Heft sofort ein Beispiel schauerlichster Art: das Kriegsgerichtliche Urteil in Sachen des Generalobersten von Fritsch: ein preussischer General von „erwiesener Unschuld“. Findet sich in München niemand, der zu dem Problem Stellung nimmt, dass und wie der gerichtliche Prozess die Wirklichkeit verändert?* Erstrebt F. J. Strauß die „erwiesene Unschuld“?

* vgl. Verf. Aufsätze (1958) S. 109: der Prozess verändert seinen Gegenstand!

Wann promoviert denn nun Robert Hepp?

Sozialismus ist nicht viel!
Bundeskanzler ist das Ziel!

Nr. 315[430]

[o. O.,] 18/9/65

[I.] Ein für die Hobbes-Interpretation so wesentliches Buch wie den „Nomos der Erde im jus Publicum Europaeum“ hat er in seinem Rechtfertigungseifer gar nicht bemerkt! Ich lese gerade Roger Peyrefitte, Les Juifs (bei Flammarion) schon über 120000 Auflage!
[III.] Ich schlage vor, eine öffentliche Sammlung zu veranstalten, um auch Minderbemittelten den Zugang zum „Gespräch über den Zugang“ zu ermöglichen.

430 Zu diesem „Brief“ ist zu sagen, daß er sich aus einem Zettel und einer Collage zusammensetzt. Der Zettel ist die Kopie der Schmittschen Rezension des Buches von Peter Cornelius Mayer-Tasch, „Thomas Hobbes und das Widerstandsrecht“ (Tübingen 1965) in Das Historisch-Politische Buch, 13. Jahrg., Heft 7, 1965. (Beigelegt ist dem Brief auch eine Durchschrift des Manuskripts zu dieser Rezension.) Auf der blanken Rückseite [I] der Kopie findet sich eine handschriftliche Anmerkung über dieses Buch sowie über das Buch „Les Juifs“ von Roger Peyrefitte. Die Collage [II] besteht aus drei aufgeklebten Zeitungsausschnitten, welche die gleiche Nachricht variieren – in der Version der Zeitschrift „Civis“ vom September 1965 lautete sie so: „Willy Brandt, SPD-Kanzlerkandidat, versuchte Ende August, in der Bibliothek des Bundeshauses das ‚Gespräch über die Macht und den Zugang zum Machthaber‘ des Staatsrechtslehrers Carl Schmitt auszuleihen. Die Bibliothekare konnten Brandt nicht zur gewünschten Lektüre verhelfen: Das Buch las gerade der CDU-Bundeskanzler.“ (Gemeint ist Kanzler Ludwig Erhard.) Auf der Rückseite [III] dieser Collage zieht C. S. handschriftlich die Konsequenz aus diesen Ausschnitten.

Vielen Dank für die entzückenden Negerlein-Verse!
Auf weiteres höchst gespannt!

Ihr alter

C. S.

18/9/65

— — — — — —

Kopie eines hs Briefes von C. S. an Dr. Seewald vom 11. 9. 65 betr. das Buch „Deutsch-lands Schuld am Frieden" von J. P. Barnick [zwei Seiten A4]

Nr. 316
B/hs

San Casciano
den 26. September 1965

Mein lieber Arminius,
Sie haben sich jetzt zu den 4 Buchwidmungen gesellt, die in der Tommissen-Bibliographie (Festschrift S. 304) unter Nr. 304, 305, 306, 307 genannt sind und repräsentieren dort – neben Australien (Kathleen Murray), Österreich (Franz Blei), Arnold Schmitz (Bundesrepublik Deutschland) und Spanien (Alvaro d'Ors) Ihr Heimatland, die Schweiz.[431]
Eh bien, war mein erstes Wort. Dass es französisch ist erklärt sich nur daraus, dass ich in diesen letzten Tagen die 500 Seiten des neuen Buches von Roger Peyrefitte, Les Juifs, gelesen hatte. Es bedeutet also etwas anderes als das Eh bien! Napoleons, von dem Sie auf S. 233 sagen, dass es „aufreizend" wirke. Mein Eh bien! war sehr deutsch gemeint und nur ein französisch verkleidetes „Ei nun!". Dessen deutsche Intonation können Sie in der Partitur von Richard Wagners Meistersingern nachlesen, I. Akt, vor der Probe, der sich der Ritter Walter bei den Meistersingern stellt; dort sagt der Meister Vogelgesang (oder singt, im Sprechgesang)[432] sachlich aber nicht ohne Sympathie: Ei nun, er wagt's!*) Ich sage es als Freund. Die Widmung hat mir eine ganz grosse Freude bereitet, lieber Arminius; sie ist mutig, klug, unpathetisch und dem Geschrei sehr sachlich überlegen. Warten wir jetzt ab, was die Richterknaben, die Sauren, die Nationalmasochisten, die Zeitgeschichtler, die Tabu-Polypen, die Volkspädagogen, die Buss- und Kollektiv-Scham-Schamanen, kurz, was die Grosse Koalition dazu zu sa-

431 Armin Mohler hat in seinem im September 1965 erschienenen Buch „Was die Deutschen fürchten" auf Seite 5 folgende Widmung gesetzt: „Für Carl Schmitt / von einem der zugibt, / von ihm gelernt zu haben. / A. M."

432 Dazu am Briefrand vier Noten und Text der Partitur gezeichnet.

gen hat, die Einheitsfront der reinen Moral und der reinen Unpolitik, die Bruderschaft des Herder-Verlages mit Mitscherlich's Vater-(Sohn- und Geist-)loser Gesellschaft.

*) [am Ende der 1. Seite:] So haben die „Unzähligen" (S. 162) zu Hitler 1933 gestanden: „ei nun, er wagt's". Wird F. J. Strauß sie soweit bringen?

Es ist ein grosser Genuss ein solches Buch zu lesen, bei dem die publizistische Brillanz nicht auf Kosten der Materialbeherrschung geht sondern, genau umgekehrt, durch die gründliche Schule sorgfältiger Stoffbeherrschung hindurchgegangen ist. Auch das werden die Gesinnungs-Krokowdile[433] wittern und zum Anlass neuer Wutanfälle nehmen. Die Polit(ruk)ologen werden unruhig werden. Man wird Ihnen sogar national kommen, weil Sie einen französischen General für einen Freund, einen politischen Freund halten. (Bei Peyrefitte können Sie schon lesen, dass der alemannische Urgrossonkel de Gaulle's, Kolb, dessen der General sich damals September 1962 rühmte, dass dieser Kolb ein elsässischer Jude gewesen sei, ebenso wie Amschel Meyer Rothschild als Agenten bei Wellington einen Juden namens Schmitt gehabt habe). Schön. Die beiden Bücher – Ihres und die „Charakterwäsche" von Schrenck-Notzing – stossen im gleichen Augenblick in die neue Kabinettsbildung Erhards hinein. Werden sie die Grosse Koalition von Kantorowicz bis Roegele antreiben und das Unheil vergrössern, weil die beiden Bücher vielleicht einen Augenblick zu früh kommen? Wer will das wissen? Ebenso gut kann man der Meinung sein, dass es einige Wochen später schon zu spät gewesen wäre, solche Zeichen zu geben. Sie kennen mein Zitat:

Wer kennt sich selbst? Wer weiss, was er vermag?
Und was du tust, sagt erst der andre Tag

Alle guten Wünsche für einen grossen Erfolg dieses Buches und herzliche Grüsse an Sie, Ihre Frau und Ihre beiden Jungens von Eurem alten, schon fast transzendenten Freund und Lehrer

Carl Schmitt.

*Nr. 317*
*B/hs*

*München, 4. Okt. 1965*

*Mein lieber Herr Professor,*

*ich habe mich sehr darüber gefreut, dass Sie meine Widmung billigten. Nun hoffe ich nur, dass Sie diese Widmung nicht teuer zu stehen kommt: jeder Angriff auf mich wird auch Ihnen gelten – und ich frage mich, ob ich Sie dem aussetzen durfte. Aber ich hatte einfach diese ewige Leisetreterei satt! Und welch eindeutigere Art der Stellungnah-*

433 Hier handelt es sich sicher nicht um einen sog. Flüchtigkeitsfehler, vielmehr wird der Name (von) Krockow Pate gestanden haben.

*me gäbe es heute als das Bekenntnis zu C. S.! – Ein junger Mann der WELT, K. H. Bohrer (der über „Präfaschismus" bei Novalis promovierte) empfing die Widmung wie eine Ohrfeige, als er das Buch öffnete. Als wir eine Stunde später das Café verliessen, wo wir uns getroffen hatten, murmelte er vor sich hin: „Für Carl Schmitt ..." und lachte halb seufzend, halb fragend in sich hinein.*
*Also: Sie müssen es schon tragen, dass ich Sie als eine Art von Steinernem Gast in mein Buch genötigt habe. <...>*

Nr. 318
B/hs

San Casciano
5/10/65

Mein lieber Arminius,
was ich bisher gehört habe, sind Reaktionen von Freunden, die die Widmung grossartig finden; sehr ernste, erfahrene Leute, die imstande sind, die Tragweite Ihres Challenge zu beurteilen. Sie waren von dem Eindruck, den die Lektüre Ihres Buches macht, erschüttert. Im übrigen bin ich es nicht allein, der eine Front gegen Ihr Buch zusammenbringt, sondern es ist 1) ja auch F. J. Strauß dabei, und de Gaulle, und 2) die Einheit (wie Sie richtig sagen) mit Schrenck-Notzing, dessen provozierende Wirkung vor allem darauf beruht, dass er den Beweis liefert: nicht der Sieger, sondern der Besiegte schreibt die Geschichte. Wenn Sie unter diesem Aspekt einmal wieder in Ex Captivitate lesen, werden Sie mich verstehen: wenigstens die Historiographie in Nuce S. 25 – und S. 30; ob es Sinn hat, das Büchlein Ex Captivitate an Schrenck N. zu schikken?
Im „Sonntagsblatt" steht eine lange Verteidigung E. Jüngers; kennen Sie es und interessiert es Sie? Laudabiliter se subjecit. Sonntag (10/10) fahre ich nach Ebrach, wo Forsthoff ein Ferien-Seminar über „Utopie" hält, dort spricht auch Julien Freund. Viele Teilnehmer werden Ihr Buch gelesen haben; das wird sehr spannend werden. Haben Sie ein Expl. an Julien Freund schicken lassen? Sonst schenke ich ihm eins von mir aus.
Grüssen Sie Güllich von mir! Herzlichen Dank für Ihren Brief vom 4. Oktober! Schreiben Sie öfters, wenn auch nur eine Zeile! Die „Zeit" hat ja schon reagiert und Sie mit Zehrer gekoppelt, beide dann wieder mit Hitler; klar; was anderes fällt diesen Wäschereibesitzern ja nicht mehr ein.
Ihnen, Ihrer lieben Frau, Wulf und Gert alle guten Wünsche Ihres alten
Carl Schmitt.

PS
1) Willy Brandt hat einen guten Satz gefunden: Ich bekenne mich zu meinem Lebensweg. Das sollte jeder tun!

2) Piet Tommissen hat doch wohl ein Exemplar erhalten? Er wollte es nicht glauben, dass Jünger in der heutigen Fassung der Totalen Mobilmachung den Satz über die Flamen weggelassen hat. („Ja, wenn wir in Belgien jemand hätten befreien können etc.

Nr. 319
B/hs

pl. 8/10/65

Mein lieber Arminius,
herzlich Dank für die Fotokopie des Tiesler-Briefes; ich habe mich sehr darüber gefreut, umsomehr als er mich überrascht hat. T. ist ein sehr beachtlicher, überaus kenntnisreicher evangelischer Theologe; Pfarrer in Bielefeld, mit grossem Bekanntenkreis. Ich kenne ihn durch Herrn Oberheid; er gehörte auch zur Academia moralis.
Ganz besonderen Dank für Ihre Karte! Das wäre natürlich eine enorme Freude, wenn wir uns in Ebrach treffen könnten. Ich möchte aber, dass es auch wirklich als Begegnung stattfindet, denn sonst hat die Reise für Sie keinen Sinn. Ich bin dort in Ebrach 1) als alter Mann, mit vielen Extrawürsten, die Hälfte der Zeit müde im Bett liegend, kein normaler Gast, und 2) kenne ich die Organisation des Seminars nicht genug, um zu wissen, ob man dort noch jemand unterbringen kann; es sind etwa 30–40 Mann im Klosterbräu Ebrach. Deshalb bitte ich Sie, meine Antwort abzuwarten; ich erkundige mich Sonntag 10. Okt. abend bei meiner Ankunft sofort nach allen Möglichkeiten und telegrafiere Ihnen Montag. Ein durchreisender Besuch ist selbstverständlich immer möglich; doch bin ich meistens benommen von den vielen Gesprächen und fremden Gesichtern und kann nicht so schnell umschalten. Ich möchte nicht, dass Sie von dem Besuch weiter nichts haben als den Anblick eines müden alten Mannes und einer „wankenden Säule eines zerstörten Tempels". Die übrigen Teilnehmer sind meist von ihrem Thema absorbiert.
Ebrach liegt im Steigerwald, zwischen Würzburg und Bamberg, etwa in der Mitte. Meine Adresse ist: Ferien-Seminar Prof. Forsthoff; Klosterbräu, 8602 Ebrach über Bamberg.
Wenn es diesmal nicht klappt, dann hoffentlich bald etwas später. Es sammelt sich viel Gesprächsstoff an.

Herzlich Ihr alter
Carl Schmitt.

Nr. 320
Tel

Ebrach, 11. 10. 1965

SEHR WILLKOMMEN UND ERWUENSCHT HERZLICH = CARL SCHMITT +

Nr. 321
AK[434]/hs

[Ebrach, 14. oder 15. 10. 65]

Mein lieber Arminius, ich möchte mich nochmals bei Ihnen und Marcel Hepp für Ihren Besuch in Ebrach bedanken und Ihnen beiden herzliche Grüsse senden. Die Adresse von Julien Freund ist

Strassburg,
2, Avenue de la Forêt Noire

Sonntag (17/10) fahre ich nach Plettenberg zurück.

Ihr alter C. S.

Nr. 322
PK/hs

[Plettenberg,] 29. 10. 1965

M.l.A. Dank für John Wydman's „Wem gehört die Erde"! Leider kann ich die 3 Worte Widmung nicht entziffern. H. Oberheid schreibt: „Das Buch von Mohler habe ich mit ausserordentlicher Anteilnahme gelesen. Ein mutiger Stich in den Eiterherd, der vielleicht die allgemeine Sepsis noch verhindern kann. Trotz ausgezeichneter Formulierungen sind aber die einzelnen Stücke des Buches nicht gleichwertig. Es ist nicht unwahrscheinlich, dass nach diesem Vorstoss des Schweizers nun auch einige deutsche Politiker, Journalisten oder Gelehrte den Mut finden etc. R. Schroers dagegen scheint mit der Widmung nicht einverstanden, weil sie einen „Vorwurf" enthält, was eine Widmung nicht solle. Warum soll sie das nicht? Julien Freund schrieb mir, dass er Ihr Buch erhalten hat. Hat Piet Tommissen in Vilvorde-Koningslo eins bekommen? Ich habe Sch. N.[435] gebeten, ihm auch die Charakter-Wäsche zu schicken. H. Berger, Staatssekretär im BPräsidialamt hat im Oktoberheft des Hochland den Richter-Knaben

434 AK aus Ebrach/Steigerwald.
435 Sch. N. = C. v. Schrenck-Notzing.

H. Hofmann[436] mit seinen Darlegungen über mich verbunden; ich habe ihm geschrieben, dass seine Aufsicht dadurch nicht gewonnen habe und Hugo Ball's Satz (Hochland Juni 1924) mehr Gewicht behalte als das Geschrei meiner Verfolger. Les êtres destinés à périr sont de coeur avec leurs ennemis.
Stets Ihr alter
C. S.
Was sagt Hans Fleig zu seinem Widmungsgenossen (Kons. Rev.)? Mit Vergnügen las ich wieder Ihre Schnittmuster aus der Festschrift von 1953.
[PS am Rande:] Rias vom 14. Sept. 1965 bedeutende Sendung über Partisanen von Marianne Regensburger

*Nr. 323*
*B/ms*

*München, 30. Oktober 1965*

*Mein lieber Herr Professor,*

*<...> In Kindlers Literatur-Lexikon, Bd. I; A-Cn, eben erschienen, ist von einem R. Rr. (= Rudolf Radler, wer ist das?) ein durchaus anständiger Artikel von anderthalb Kolumnen über „(Der) Begriff des Politischen“ (Lexikon nach Werken alphabetisch), der mit folgenden Sätzen endet:*

> *... Der Vorwurf, Schmitt habe seinen „diktatorischen Dezisionismus“ nach 1933 zu einem „konkreten Ordnungsdenken“ gewandelt (K. Löwith) und sich den Nationalsozialisten zur Verfügung gehalten, trieb dann die theoretischen Diskussionen in den Bereich der Auseinandersetzungen um das Verhalten der deutschen Rechtslehrer während des Dritten Reiches. Damit verkürzte sich der Theorienstreit zur tagespolitischen Polemik so dass die weiterreichenden Perspektiven dieser Theorie gegenwärtig aus dem Blickfeld der Diskussion verschwunden sind. R. Rr.*

*Vorausgeht eine einigermassen gerechte Wiedergabe des Inhaltes. Uebrigens ist der Artikel, wie ich sehe, zwei Spalten lang, denn es folgt ja noch eine halbe Spalte Bibliographie. Mehr kann man eigentlich nicht verlangen.*

*Was unser Rasputin Oberheid über mein Buch sagte, ist interessant. Es sagten auch andere schon, das Buch sei ungleich. Aber jeder meinte einen anderen Teil. Welchen meinte er denn? Ich wäre gespannt darauf, das zu wissen. – So, Schroers fühlt sich betroffen? – Tommissen hat direkt von Seewald ein Exemplar meines Buches mit Kärt-*

436 „Richterknabe“ war damals ein Schimpfwort, das auf junge Leute zielte, welche es sich mit ihrem Urteil über die ältere Generation etwas zu leicht machten. C. S. zielt mit ihm auf Hasso Hofmann, Verfasser von „Legitimität gegen Legalität / Der Weg der politischen Philosophie Carl Schmitts“ (Neuwied 1964, Luchterhand-Verlag).

*chen von mir bekommen. – Mit Hans Fleig ist der Kontakt fast völlig abgerissen; ich habe nur noch mit meinem Patenkind Jutta Fleig, nun 16 Jahre, Kontakt.*

*In der WELT*[437] *vom Samstag hatte ich mein erstes Ei: „Darf man Bücher verbrennen?" Ich hatte gesetzt: „Sollen wir Bücher verbrennen?" Nepomuk Seegeist sagte: „Falscher Titel – es müsste heissen: Welche Bücher sollen wir verbrennen?" ... <...>*

Nr. 324
B/hs[438]

[o. O., 26/11/65]

Lieber Arminius:

Herzlichen Dank für die schöne Karte aus Aussee mit dem Gruss von Bruno Brehm!
Und herzliche Grüsse und Wünsche Ihres alten Carl Schmitt
Ich hatte Besuch von Jean-Pierre Paganelli[439], der sich grossartig entwickelt hat und Sie alle vielmals grüssen lässt.
26/11/65

*Nr. 325*
*B/ms*

*München, 1. Dezember 1965*

*Mein lieber Herr Professor,*

*ich hatte eben ein längeres Gespräch mit dem Gesandten a. D. Dr. Paul K. Schmidt („Paul Carell"), dem Freund von Petwaidic und Martini, der Berater von Axel Springer ist und mich dort unter seine Fittiche genommen hat. Da er Ihnen nicht persönlich bekannt ist, bat er mich, für Springer und ihn zunächst auf diesem informellen Wege eine Bitte vorzutragen.*

---

437 Zweitberuf (neben der Siemens Stiftung) für AM: Hans Zehrer, Chefredakteur der WELT (Hamburg) verpflichtet ihn vertraglich zu ständiger Mitarbeit (Politik/Kultur).

438 Dieser Text steht auf dem Einladungsprogramm der Evangelischen Akademie Berlin zur Tagung vom 26. bis 28. November 1965 im Tagungshaus am Kleinen Wannsee 19 mit dem Thema „Feind – Gegner – Konkurrent / Antagonismen in Politik und Gesellschaft" (zwei Seiten A4). – Eines der Vortragsthemen lautete: „Feindschaft – Grundbegriff des Politischen? / Carl Schmitt und das Freund-Feind-Modell", Referent: Dr. Hasso Hofmann von der Universität Erlangen.

439 Jean-Pierre Paganelli, aus Korsika stammender Wirtschaftsjournalist in Paris, Ehegatte der C. S.-Nichte „Uschi" Schmitt.

*Axel Springer hätte gern ein Gutachten zu der Frage, ob die Bundesregierung aufgefordert werden könnte, nach Berlin überzusiedeln. Wäre das vom völkerrechtlichen, staats- und verfassungsrechtlichen Zustand her überhaupt möglich? Welchen Einfluss hätte darauf die Tatsache, dass die DDR-Regierung bereits unangefochten in Ost-Berlin sitzt? Gedacht wäre zunächst an eine Skizze von etwa 4–6 Seiten, die selbstverständlich honoriert würde und von der aus dann zu überlegen wäre, ob die Abfassung eines umfassenden Gutachtens sinnvoll wäre. Springer und Schmidt sind der Meinung, dass Sie der Jurist wären, der eine solche Frage gültig beantworten könnte. Und die beiden Herren wären glücklich, wenn Sie sich entschliessen könnten, die Frage für sie zu beantworten. Ich weiss, dass ich Ihnen diese Bitte nicht in einem glücklichen Augenblick unterbreite. Die Zeit um den ersten Advent ist ja für Sie und Ihre Freunde von den Gedanken an Ihre Gattin überschattet.*

*Aber Sie wissen ja auch, welche Bedeutung diese Frage heute hat. Von Springers Seite würde Ihnen alle Diskretion zugesichert, und die beiden Herren würden auch Sie bitten, die Angelegenheit vorerst ganz vertraulich zu behandeln. (Auch das ist ein Grund dafür, dass die Bitte zunächst über mich vorgetragen wird.) Auch ich wäre sehr glücklich, wenn Sie sich zu einem Ja entschliessen könnten. Dass man Sie fragt, gerade Sie fragt, ist für mich nur eine Bestätigung mehr für die Schlüsselstellung, die Sie einnehmen – und an die Sie oft nicht glauben …* <…>

Nr. 326
B/hs

Pl. San Casciano
den 3. Dezember 1965

Mein lieber Arminius: heute morgen trafen zwei Sendungen von Ihnen hier ein. Es hat mich tief gerührt, dass Sie den Todestag meiner Frau nicht vergessen. Seit mindestens einer Woche überlege ich ein ausführliches Schreiben an Sie. Wenn ich heute endlich zu einem commencement d'exécution gelange, so liegt das an jeder Ihrer beiden Sendungen, nicht nur an der zweiten, die das Berlin-Problem betrifft. Ich will aber mit der Antwort zu diesem Thema beginnen.

Ihre Frage lautet: ob die Bundesregierung aufgefordert werden könne, nach Berlin überzusiedeln. In dieser Form lässt sich die Frage überhaupt nicht beantworten. Erste Gegenfrage: wer soll sie auffordern? Die sog. Öffentlichkeit, Presse etc? Oder eine Gruppe, ein Komitée (Schütz?)? einer der 20 Träger oder Mitspieler des pluralistischen Spiels (System ist das nicht)? Eine Partei oder eine parlamentarische Gruppe, Fraktion etc?

Zweite Gegenfrage: mit welchen Methoden oder in welchem Verfahren? Geschrei? Treibjagd? Parlamentarisches Fragerecht? Strategisch geplante und durchgeführte Aktion oder einer der zahllosen bereits gehabten und vergessenen Spritzer?

Dritte Gegenfrage: ist man sich darüber klar, wozu im Ernst aufgefordert werden soll? Soll die B Reg. Bonn sofort räumen (statt neue Gerstenmeiereien zu finanzieren) und mit Sack und Pack nach Berlin „übersiedeln" (um dort neue Gerstenmeiereien zu finanzieren)? Die völkerrechtliche Lage bleibt dadurch bestimmt, dass wir noch keinen Friedensvertrag haben und das Potsdamer Abkommen die Basis bleibt. Das „Recht auf einen Friedensvertrag" (das hätte konstruiert werden können und müssen) ist praktisch verscherzt (auch wenn es unverwirkbar wäre), verscherzt d. h. ver-wirtschaftet (buchstäblich). Bedeutet die „Aufforderung nach Berlin zu übersiedeln" also nur eine Aufforderung, mit den Partnern des Potsdamer Abkommens zu „verhandeln"? Das geschieht doch seit 16 Jahren und ist doch gerade die spezifische Methode des „Provisoriums" und der Aufrechterhaltung eines nicht-anerkannten Status quo geworden! Und verfassungsrechtlich? O Gott, o Gott, da fällt einem die Feder aus der Hand.
Ich kann in Ihrer Anfrage nur dann einen konkreten Sinn erblicken, wenn der modus procedendi gut durchdacht wird. Eine juristische Stellungnahme von meiner Seite aus kann nicht der Anfang, sondern nur der Schluss einer wirksamen Aktion sein.
Dies als allererste Antwort. Ich danke Ihnen herzlich dafür, lieber Arminius, dass Sie in diesem Zusammenhang an mich gedacht haben, und weiss es auch zu schätzen, dass Springer und Paul K. Schmidt an mich gedacht haben. Meine Lage ist aber die, dass ich den Mund nicht öffnen darf, um mich in die Geschäfte der Bonner Professionellen einzumischen und von ihnen beleidigen zu lassen (wie sie jetzt wieder den anständigen Schelsky beleidigt haben, ein Fall, der doch interessenmässig harmlos ist im Vergleich zu dem ernsthaft betriebenen Plan einer Übersiedlung der Bundes-Regierung nach Bonn). Soll ein neues Komité gegründet werden? Ein neuer Ombudsmann (diesesmal für eine rasche Niederkämpfung der Widerstände gegen eine sofortige Übersiedlung der BR nach Berlin) geschaffen werden?
Nun aber zum zweiten Teil. Von R. Schroers habe ich lange nichts mehr gehört. Seine Besprechung Ihres Buches hat er mir nicht geschickt. Ich will ihm dieser Tage (oder Wochen) schreiben. Dass das Buch (nur Sie, Arminius, haben das Recht, es „unser" Buch zu nennen, denn mein Verdienst an dem Zustandekommen ist nicht bedeutend genug, und mein Lohn, nämlich die Freude an dem: doceo, et non frustra, ist für mich beglückend) also das Buch seinen Weg nimmt, ist ein gutes Zeichen. Es hat übrigens auf Oberheid einen sehr grossen Eindruck gemacht; ich habe ein paar Tage in Düsseldorf mit ihm darüber gesprochen; stärker als das Buch von Schrenck-Notzing, das er zu „eilig" gearbeitet findet. Doch will ich lieber von mir selbst erzählen und eine Bitte anbringen: kann ich über Sie 5 Exemplare durch Seewald zum Netto-Preis beziehen? Ich habe dann 5 sinnvolle Weihnachtsgeschenke.
Ihr Aufsatz über das Fernsehen als Hilfsorgan der Polizei muss auf einen gelernten und erfahrenen Lehrer des öffentlichen Rechts buchstäblich wie ein Warnungsschrei wirken. Sie haben den Nerv unserer Problematik berührt: die Öffentlichkeit im pluralistischen Spiel; Entkernung des Pudels „Staat" durch Verpudelung des politischen Kerns. Vor 4 Jahren, im Frühjahr 1961, als das BVerfGericht in Karlsruhe die wirkliche Verfassung gab – als Antwort auf die Pantschereien Adenauers, der keine bessere

Antwort verdiente, vielleicht im Grunde auch nicht einmal wollte – also vor 4 Jahren haben H. Hellwig, Petwaidic und Gross mich in der damaligen Deutschen Zeitung darüber zu Wort kommen lassen; wenn Sie wissen wollen, wie ich darüber denke, und zugleich in welcher klandestinen Weise ich mich zu äussern gezwungen worden bin (damals schrieb der BVerfRichter Willi Geiger: C. S. ist mit solchen Ideen ein Feind des Rechtsstaates) so lesen Sie bitte im Neudruck des „Begriffs des Politischen" von 1963 die Anm. auf S. 123 unten zu der Frage, wo denn Bonn heute liegt; eine Frage die mir Otto Friedrich (jetzt Mitinhaber des Flick-Konzerns) 1959 gestellt hat; ich wollte in der gedruckten Anmerkung seinen Namen nicht nennen. Dafür dass der deutsche Staat im Dorf bleibt garantiert die Kirche in Rom.
Haben Sie eigentlich Julien Freund, L'Essence du Politique bekommen; mit dem fabelhaften Index des Noms und dem noch fabelhafteren Index des Matières? Sie müssen es sich besorgen und besprechen! Schade, das W. Martini kein Französisch liest; sonst müsste er es ebenfalls signalisieren. Versäumen Sie nicht, lieber Arminius, alle Bekannten auf dieses epochale Buch hinzuweisen, oder noch besser: alle mit der Nase darauf zu stossen.
W. Martinis Kolumne zu Sch.N. Charakterwäsche (in Kristall) finde ich meisterhaft; überlegen, seriös, seigneurial. Ich füge – mit der Bitte um Rückgabe – ein Schreiben von Herrn Dr. Dieter Conrad bei, der längere Zeit in Delhi war, und mit dem ich in Ebrach über Sch.N. sprach. Conrad ist Forsthoff-Schüler; erstklassiger Jurist (bedeutende Arbeit über Arbeitsrecht und Grundrechte).
Ausserdem füge ich eine Abschrift meiner Antwort an Herrn Barnick bei, die der unerwarteten Güte Annis ihre Entstehung verdankt (und Annis Vorliebe für Sie, sonst macht sie keine Abschriften mehr).
Haben Sie Nic. Sombarts „Krise und Planung" (Europa Verlag, Wien-Frankfurt-Zürich) gelesen? („Feind ist, wer den Plan einer One World verhindert").
Eine beschauliche Adventszeit wünscht Ihnen, Ihrer lieben Frau und den beiden Jungens Ihr alter

Carl Schmitt.

Das Buch der Boveri „Wir lügen alle" lese ich mit grossem Interesse, besonders die letzten Jahre von Paul Scheffer in den USA; nicht zu beneiden. „Das Interview ist beendet".

Die Frau von Dietrich Braun (Karl Barth-Schüler, Verfasser der Leviathan Arbeit „Der sterbliche Gott") heisst Reichardt. Vater Theologe in Basel.

[Notiz am Rande: ] Anl. 1: Schreiben Conrad
Anl. 2 Abschrift (an Barnick)

— — — — — —

[Die Anlage 1 liegt heute dem Brief nicht mehr bei, auf Anlage 2 oben die hs Vorbemerkung von C. S.:]
von Anni nachträglich für Arminius
angefertigte Abschrift eines hand-
schriftlichen Briefes! Für weitere Ab-
schriften hat sie keine Zeit (vor Weihnachten!)
[In dem Brief dankt C. S. für ein von J. Barnick erhaltenes Schreiben und bekundet sein Interesse an einigen „Thesen und Darlegungen" in dessen Buch „Deutschlands Schuld am Frieden".]
Als weitere Anlage eine Kopie der beiden Titelseiten und einer Textseite des Kap. VII, 99 aus: Julien Freund, l'essence du politique, Paris: Edition Sirey 1965.

Nr. 327
B/hs

[o. O.,] Sylvester
31/12/65

Mein lieber Arminius,

alle meine guten Vorsätze, Ihnen zu Weihnachten oder in den Tagen nach Weihnachten einen ganz ausführlichen Brief zu schreiben, wurden durchkreuzt; hauptsächlich durch Besuche: Ernst Hüsmert (Ihr Geburtstagsgenosse vom 12. April) mit seiner entzückenden 8jährigen Tochter Nicola; Ernst-Wolfgang Böckenförde aus Heidelberg mit seinen Anliegen als geschäftsführender Redakteur und ähnlichen Sorgen; Rüdiger Altmann und Johannes Gross (die formierte Gesellschaft), Nachbarn und junge Leute etc. etc. Jetzt, am Sylvester Abend scheint es ruhig zu bleiben – unberufen – und so greife ich denn zur Feder.
Das klingt, wie der Anfang eines altmodischen Romans und erweckt unzutreffende Erwartungen hinsichtlich der folgenden Zeilen, die weiter nichts sind, als einige Notizen. Was mich ein bischen erleichtert, ist das beigefügte Tiré-à-Part aus den „Etudes Germaniques" mit den beiden Briefen von Gottfried Benn. Diese Briefe scheinen mir ein gutes Beispiel seiner kompakten Brief-Kunst zu sein. Tommissen hat sich viel Mühe damit gegeben. Vergessen Sie ihn nicht bei etwaigen, für sein Archiv in Betracht kommenden Zusendungen! Ausser Tommissen möchte ich Ihnen noch Veale (den Sie erwähnt haben) ans Herz legen. Hat er schon ein Exemplar Ihres Buches oder soll ich ihm eins von hier aus schicken? Julien Freund hat eins von Ihnen erhalten. Vergessen Sie nicht, dass seine „Essence du Politique" ein unerschöpfliches Material enthält und mit einem fabelhaften Index des Noms mit einem ebensolchen Index des Matières versehen ist; jede Bibliothek braucht dieses grossartige Buch.

Von Ihrem Deutschen-Buch habe ich inzwischen 2 x 5 = 10 Exemplare zum Netto-Preis bezogen. Vielen Dank für die Vermittlung bei Seewald! 6 Exemplare sind bereits verteilt; das 7. geht heute an den General Staedke (in Tübingen) ab, den man in den Flensburger-Reinefahrt[?]-Prozess verwickelt hat, was ihn begreiflicherweise empört. Die Diskussion um Ihr Buch betraf in den letzten zwei Wochen hauptsächlich den Aufsatz von Sethe in der „Zeit" unter der Fragestellung: ist das eine anständige Besprechung oder nicht? Einer fand sie „gehässig" (Peterheinrich Kirchhoff in Werdohl) ein anderer (prominenter, dessen Namen ich Ihnen mündlich sage) „infam"; Altmann und Gross meinten, ein alter Deutsch-Nationaler wie Sethe könne überhaupt nicht unanständig sein. Ich finde, alle haben recht, indem nämlich ein anständiger Mensch in einem unanständigen Ambiente von diesem gestempelt wird.[440]
Ein weiteres Exemplar wird der französische Oberst Kleinmann (Baden-Baden) erhalten, der Generalstabschef der in Deutschland stationierten französischen Truppen, ein aussergewöhnlich intelligenter Offizier (Saint-Cyr), auf dessen Urteil ich besonders gespannt bin. Ich kenne ihn aber noch nicht persönlich; Herr Wilhelm Schulte (Lüdenscheid) wird die Zusendung übernehmen.
Herzlichen Dank für Ihren Brief vom 29/12 mit dem Aufsatz über Gesinnungsverbrechen, der mir natürlich besondere Freude bereitet hat. Hoffentlich geht es Ihrer lieben Frau bald wieder gut und können Sie beide sich im kommenden Jahr 1966 Ihrer beiden Jungens erfreuen. Ich habe Sie alle lange nicht mehr gesehen; die Jungens kann ich mir überhaupt nur noch als Kinder von Bourg-la-Reine vorstellen. Von Anima erhalte ich anschauliche Schilderungen ihrer Kinder. Carlos hat seine „conducta deficiente" ein wenig verbessert. Jorge, der Kleinste, ist ein Berserker, Visigodo, wird Alarico II genannt (obwohl dieser nur Ostgote war; dafür aber hat er Rom geplündert). Ich bin sehr glücklich, dass Anima in Spanien verheiratet ist, und nicht in unserm Wirtschaftswunderparadies.
Zu Ihrer Mitteilung über E. J. kann ich nur sagen: capisco – capisco et obmutesco. Er hat nun einmal für Klett & Heuss & Heuss & Klett optiert.
Anni lässt Sie alle herzlich grüssen und ihre Wünsche für das kommende Jahr übermitteln. Möge es sich ergeben, dass wir uns in diesem Jahre alle in guter Gesundheit wiedersehen! Oft bedaure ich, dass wir unsern Wilflinger Plan, alle 10 Jahre die 10 „schönsten" Gedichte zu nennen, nicht ausgeführt haben. Vom Problem des Reimes her (und der Frage, warum er seit 1945 verschwunden ist) bin ich seit einem Jahr auf Paul Gerhardt als meinen Trost-Dichter gestossen, ein Lutheraner natürlich (ebenso wie Rudolph Sohm, die eigentliche Quelle von Max Webers Charismatischer Legitimität, Lutheraner ist). Ich schliesse also mit meinem jetzigen Trost-Reimer und singe:

---

440 Paul Sethe (1901–1967). Publizist, war 1949 einer der fünf Gründungsherausgeber der F.A.Z. Er wurde jedoch 1955 aus ihr verdrängt wegen „nationalistischer" Kritik an der Westbindung des Blattes. AM fand Sethes Rezension „grundanständig"; mehr konnte S. nicht tun in der „Zeit", der AM einige Jahre zuvor die Mitarbeit gekündigt hatte, um in ein nationaleres Blatt umzusteigen.

O frommer Christ,
wer du auch bist,
sei gutes Muts und lass dich nicht betrüben!
(Und auch nicht betrügen, muss ich hinzufügen)

und bleibe allezeit
Ihr getreuer
Carl Schmitt

Neujahrsspruch 1966
für Fern(Seh=Television-)Behandelte:

1) Dummes aber vors Auge gestellt
Hat ein magisches Recht,
weil es den Sinn gefesselt hält,
wird der Geist ein Knecht.
(der alte Goethe)

drum:

2) Herr gib uns blöde Augen
Für Dinge die nichts taugen,
Und Augen voller Wahrheit
Für alle deine Klarheit.
(von wem mag das sein?)

— — — — — —

Sonderdruck der „Etudes Germaniques“, Okt.–Dez. 65, mit den hier S. 373–376 von Piet Tommissen herausgegebenen und kommentierten zwei Briefen von Gottfried Benn an C. S.
Auf dem Titelblatt hs von C. S.:

Meinem lieben
Arminius
als Neujahrsgruss 1966
Carl Schmitt.
31/12/1965

Nr. 328
B/hs

[o. O.,] 12/1/66

Mein lieber Arminius,
als erste Reaktion auf Ihr Schreiben vom 6. Januar diese Beilagen hier. Vielen Dank für die Information über Sethe! Ich finde M. Boveri's Aufsatz über Ihr Buch irgendwie sympathisch[441]. Haben Sie eigentlich den Privatdruck „Die formierte Gesellschaft" erhalten, den der Seewald-Verlag „seinen Freunden" schickt? Dazu gehören Sie doch! Alfonsos Diagnose ist glänzend. Im übrigen: conducta deficiente wie beim kleinen Carlos und Jorge. Zu den Beilagen: 1) den Brief des Colonel Kleinmann erbitte ich zurück; ich muss ihn noch beantworten
2) Boveri mit vielem Dank zurück.
3) Abschrift Brief Schulte an Klei[..?] zu Ihrer Information; ebenfalls zurück erbeten; Ich höre, dass Herr Manfred Friedrich (Institut für Politische Wissenschaft in Frankfurt M.) sich von der Überschrift über seine Hasso-Hofmann-Besprechung in der „Welt" distanziert; die Redaktion habe diese, mit dem Inhalt nicht kongruente Überschrift ohne sein Wissen als Titel erfunden („Die gefährlichen Lehren des Juristen Carl Schmitt)
Bitte: notieren Sie beim 1. Benn-Brief in den Etudes Germaniques am Rande zu Seite 48: jetzt Seite 40 oben! Tommissen will mich Ostern besuchen
Forsthoff findet die Benn-Briefe grossartig (für die Atmosphäre des Jahres 1943; bezeichnend für Benn sei auch die Korrektheit, mit der er nachträglich für den Besuch der Vorlesung um Indemnität bitte; das sei bei ihm keine façon de parler.
Ohne mehr für heute

herzlich Ihr alter Don Capisco

[PS am Rand:]
Ich möchte zum 6/6/66 ein „Manifest der politischen Gesellschaft" apokryph edieren. Wir waten ja sowie in Apokryphen, Privatdrucken, Pseudo-Öffentlichkeiten (vgl. Brief H. Habe an Augstein etc.

441 Margret Boveri (1900–1975) war in Deutschland vom Kriegsende bis zu ihrem Tode die „Grande Dame" der politischen Publizistik und Schutzengel für viele Anfänger in diesem Beruf, so auch für AM. Allerdings fand sie dessen Zeitungsartikel besser – weil lebendiger – als seine Bücher …

Nr. 329
AK[442]/hs

[o. O., ca. 1. März 1966]

Mein lieber Arminius, ich gratuliere Ihnen herzlich zur Taschenbuch-Ausgabe Ihres Deutschen-Buches! Vielen Dank für die schöne Karte von Karl dem Kühnen! Was den Privatdruck des Seewald-Verlages „Die formierte Gesellschaft" angeht, so stammt er nicht von mir, ist aber so spritzig und konzentriert (nur in Pillen-form zu nehmen, täglich 3–4 Pillen; 22 Seiten, pro Seite 3–4 Pillen, vor Gebrauch von links und rechts zu schütteln) dass er eine Art Manifest unseres multiplen Gruppen-Pluralismus darstellt (Sozialismus ist nicht viel, süsses Leben ist das Ziel), sozial-aktiv und autoritäts-förderlich, dient der Entschlackung soziologischer Chimären und entlastet die empfindlichen Rechtswege. Der Seewald-Verlag hat es „seinen Freunden" zu Neujahr gewidmet; schreiben Sie ihm doch gleich; ich besitze nur noch mein Hand-Exemplar. Mit unbeschreiblichem Vergnügen habe ich den Brief der Gräfin Dönhoff in der Beilage zur Zeit vom 18/2 gelesen, mit dem unbezahlbaren: Wenn ein Mann wie C. S. erscheint, dann – ja, was dann? – „hats geklingelt". In der Grosswäscherei des Handelsmannes Bucerius ist sie die rüstigste der Wäscherinnen. Das umstehende Foto von Däubler habe ich für einige Freunde vervielfältigen lassen; ich schicke es bald auch an Fleig. Was arbeiten Sie denn jetzt? Ihr alter C. S.

Nr. 330
B/hs

[o. O., 9/3/66]

Dank an Arminius für die Gedichte von Werthmüller[443] (ich gebe sie an Frau Sylvia Altmann-Veltheim weiter); sie haben mich sehr belebt; besonders das vom 12. Juli (bei mir 11. Juli) S. 36. Wer ist der Autor? Gut, dass er nicht mehr reimt.

Das Reimen hört von selber auf,
wer heute reimt, der schleimt sich rauf

442 AK mit dem Bild Däublers und den aufgedruckten Texten: „Der bekannte Dichter Theodor Däubler, der seit einigen Jahren in Griechenland lebt, wird 50 Jahre" und: „August Der Welt-Spiegel Nr. 32".

443 Hans Werthmüller – C. S. schreibt „Wehrmüller" – (geb. 23. 6. 1912 in Burgdorf/Kt. Bern), in Basel lebender Lyriker. Der „11. 7." ist der Geburtstag von C. S. In den uns zur Verfügung stehenden Gedichtbänden von W. findet sich nichts, was die Assoziation von C. S. aufhellen würde.

in eine falsche Dimension;
den alten Trick, den kennt man schon.
wer heute reimt, der klebt und leimt
und wenn der Reim auch abgefeimt
wie einst bei Rainer Rilke keimt,
der jenen Trick schon kannte
und sich Maria nannte

9/3/66 C. S.

Näheres über
Gruppe „Maria“
erbetend.

Nr. 331
B/hs

[o. O.,] 10/4/66

Mein lieber Arminius:
ob diese Epistel pünktlich zu Ihrem Geburtstag eintreffen wird, erscheint mir fraglich; sie gerät mitten in den österlichen Zeitraum von Feiertagen, in deren Begehung alle Träger unseres multiplen Gruppen-Pluralismus miteinander wetteifern. Ich versuche es jedenfalls und bitte es mir nicht zum Vorwurf zu machen, dass Ihr Geburtstag dieses Jahr auf den 2. Ostertag fällt.
Ihnen (und Ihren beiden Con-Natalen: Joseph Kaiser in Freiburg und Ernst Hüsmert in Herscheid) herzliche Glück- und Segenswünsche, die sich also dieses Jahr mit den Osterwünschen für Sie und Ihre verehrte Frau und für Ihre beiden Jungens in Eins verbinden!
Ich muss mich bei Ihnen noch für die Fotokopie des Briefes von W. Bauer (dem Marburger Buchhändler) bedanken. Was er sagt, trifft zu. Soweit ich noch Antennen habe, höre ich von allen Seiten dasselbe über Ihr Buch von den Deutschen. Ist die Taschenbuchausgabe schon erschienen?
Von Altmann lege ich Ihnen eine Besprechung des Boveri-Buches[444] bei; Sie können sagen was Sie wollen, lieber Arminius; ich finde die Besprechung nach Inhalt und

444 Margret Boveris Buch „Wir alle lügen“ (1965) war in der Mitte der 60er Jahre eines der umstrittensten politischen Bücher. – Zwei Jahrzehnte nach Kriegsende war das Wirtschaftswunder gelungen, und die Deutschen hatten eine Atempause, in der sie einen Blick zurück wagen konnten. Was „die“ Boveri zum Schreiben ihres Buches nötigte, war ihr Erstaunen über die Phantasie, mit der so viele ihrer Landsleute sich unverfroren für die Zeit des Dritten Reiches imaginäre Lebens-

Form glänzend. Vielleicht interessiert Sie auch noch ein Postscriptum I, das Julien Freund einem Brief vom 24. März 1966 angefügt hat und das ich in einer Fotokopie beilege.

Das handschriftliche Postscriptum II betrifft meinen Freund Fritz Kiener[445], dem jetzt die Stadt Strassburg eine Strasse nahe der Universität gewidmet hat; in der Bu-Re-Pu-W (Christlich auch noch dazu) würde die Gräfin Dönhoff den Elsässer, der einen solchen Antrag gestellt hätte, sofort von Amerika (Melting-Pot USA) als Nazi-Schwein abgeschossen haben.

Sehen Sie, lieber Arminius, das ist die Welt in der ich – als ein von Edgar Salin Verfehmter – lebe;[446] aber in der Sie selber, und der Herr Springer auch leben –

Und dennoch und trotzalledem – tout-de même – herzliche Ostergrüsse! Er ist erstanden, trotz alledem.

Ihr alter und getreuer

Carl Schmitt.

---

läufe zurechtlegten, welche sie mit ihren eigenen Erfahrungen nicht zur Deckung bringen konnte. Diesem Wirklichkeitsverlust wollte sie entgegensteuern – und zwar nicht durch Predigt, sondern durch das freimütige Offenlegen ihres keineswegs heldenhaften, sondern eher „anpasserischen" Verhaltens in jener Zeit. Frau Boveri holte sich ihre ersten publizistischen Sporen im „Berliner Tageblatt", das seit seiner Gründung 1872 die führende liberale Zeitung war. Diese Tageszeitung konnte sich unter ihrem letzten Chef Paul Scheffer immerhin bis 1939 halten. Frau Boveri macht jedoch kein Hehl daraus, daß sie von ihrem verehrten Lehrmeister Scheffer auch lernte, welche Konzessionen man den Machthabern gegenüber machen mußte, wenn man nicht den Helden spielen wollte. Dieser Aufruf zu Bescheidenheit und Ehrlichkeit im Hinblick auf die eigene Vergangenheit vermochte nur eine Minderheit zu erreichen – die Mehrheit der Deutschen strickte beharrlich an ihren neuen Lebensläufen weiter.

445 Fritz Kiener (1874–1942), den C. S. als seinen Freund bezeichnet, war Professor für elsässische Geschichte in der Faculté des Lettres der Universität Straßburg. Daß ihm 1966 eine Straßburger Straße gewidmet wurde, hat Kiener wohl auch seiner Rolle als Heimatschriftsteller zu verdanken.

446 Aus dem Abstand von 1995 hören sich für AM dieser und der folgende Satz, mit ihrem inquisitorischen Unterton, recht ambivalent an. War dies das erste Bröckeln einer Schüler-Meister-Bindung, das er damals noch übersehen hatte? Beim Zurückblättern stellt er fest, daß er Mitte der 60er Jahre des öftern auf dringliche Empfehlungen von C. S. nicht reagiert hatte – am auffälligsten war wohl das Desinteresse gegenüber dem nach französischem Muster liberal aufgeweichten „Carl Schmitt", wie ihn sich, nach Meinung von AM, Julien Freund und dessen Schüler Rosenstiel zurechtgeputzt hatten. Der Abweichler wird über Nebenschauplätze eingekreist. Salin verfemt C. S., aber AM verfemt Salin nicht – kann es nicht tun, weil Salin und Jaspers ihn 1949 im Doktorexamen retteten (obwohl sie dazu wirklich keinen Anlaß hatten). Noch abstrakter wird es zwei Absätze weiter. Dort lautet, unter der Parole „Das Wichtigste hätte ich beinahe vergessen", der Vorwurf von C. S., in Mohlers Dissertation fehle ein Aufsatz aus der Deutschen Rundschau – wo doch dieser sich mühte, die wichtigsten Bücher der „Konservativen Revolution" vorzustellen. Sich auch noch mit einzelnen Aufsätzen zu befassen, war unmöglich. Der Vorgang hört sich an wie eine Vorahnung der „politischen Korrektheit" von heute …

P.S. Lesen Sie die Briefe von Emmy Hennings an Hugo Ball, in der Sammlung der 1930 bei Fischer (mit Vorwort von H. Hesse) erschienenen Briefe: herrlich, diese Emmy; sie sagt dem Hugo Ball (der die 2. Auflage seiner Kritik der deutschen Intelligenz in eine Schrift: Folgen der Reformation umge-strichen- hat): der alte Pilatus hat immer gewackelt, aber ich habe doch Respekt vor ihm, weil er gesagt hat: quod scripsi, scripsi; Du aber streichst in Deinen geschriebenen Enuntiationen herum! Sic die arme Emmy Hennings; ich denke an die arme Frau Jünger!

Das Wichtigste hätte ich beinahe vergessen: in Ihrem Buch von der „Konservativen Revolution" fehlt der Aufsatz von Moeller van den Bruck aus dem Jahre 1921(!) Deutsche Rundschau; über Däublers Nordlicht; Sie glauben nicht, was darin alles steht!

[zu 1921 am Rande:]
zwei Jahre bevor Adolf zur Feldherrnhalle marschierte!!

— — — — — —

1. Kopie der zwei o. gen. Postskripta aus einem Brief von J. Freund an C. S. vom 24. 3. 66.

2. Kopie der Buchbesprechung von Rüdiger Altmann zu M. Boveri, Wir lügen alle. Aus Merkur, März 1966, S. 295–297.

Nr. 332
AK[447]/hs

[o. O.,] Ostersonntag 11. 4. 66

M.l.A. ich habe gestern etwas vergessen: nach dem Neudruck Ihrer Kons. Rev. zu fragen, in die ich mich neulich aus konkretem Anlass wieder vertieft habe. Es ist eine erstklassige Arbeit. Wer bringt das heute noch zustande? Der konkrete Anlass: ist es nicht möglich, zu Moeller van den Bruck (Jungkonservativ; „Gründer"; Wahlpreusse) seinen Aufsatz Theodor Däubler Die Idee des Nordlichts (D. Rundschau 192) zu nennen? Das ist etwas sehr Wichtiges. Auch über H. Ball wollte ich etwas erzählen. In der Revue de l'Association pour l'Etude de Mouvement Dada Okt. 1965 steht ein Aufsatz über ihn. Anni will Ihnen auch noch gratulieren.
Herzlich Ihr alter C. S.

447 AK: „Fauststadt Staufen – Marktplatz".

Nr. 333
BK/hs

[o. O., Mai 1966]

Surrealistische Collage,
entstanden im Mai 1966
während der Arbeit an der
Einkommen-Steuer-Erklärung
Don Capisco

[auf der anderen Seite:
Zeichnung (Kopie?) mit dem gedruckten(!) Text: „…la circulation monétaire.“ und hs „Höchste Werte!“, dazu hs:]

Grimmelshausen, der abenteuerliche Simplizissimus, Buch III, cap 6: „…dem ward sein Geld entfremdet.“ Frage: kann Geld enteignet werden, wenn 1) Enteignung = Zweckentfremdung 2) der Zweck des Geldes die Zirkulation, und 3) die parl. Steuer- und Ausgabenbewilligung nicht mehr die Bewilligung aus der eigenen Tasche, sondern Verteilung des Sozialprodukts geworden ist?
oder: der Begriff
der eigenen Tasche bei Selbstkontrolle der Geld-Zirkulation und Ausgaben-Bewilligung in die eigene Tasche.
Wie formiert man diese Gesellschaft?

Nr. 334
AK[448]/hs

Staufen, 6/6/66 (kabbalistisch geladen!

Mein lieber Arminius, Ihre beiden Karten wurden mir hierher in die Nähe von Breisach nachgesandt, wo ich Pfingsten bei Joseph Kaiser verbracht habe (Kaiser ist jetzt Mitherausgeber der sehr wichtigen neuen Zeitschrift Europa-Recht* bei Beck). Ich war glücklich, endlich ein Wort von Ihnen zu hören, hoffe, dass Ihre Grippe bald restlos geheilt ist und gratuliere zu dem Erfolg der fürchtenden Deutschen[449]. Güllich

448 AK: „Wandgemälde und Inschrift am Gasthaus zum Löwen, ‚historische Fauststätte‘ in Staufen im Breisgau“.

449 AM hatte C. S. mitgeteilt, daß nach den zwei gebundenen Auflagen von „Was die Deutschen fürchten“ im Seewald Verlag nun im November im Ullstein Verlag eine Taschenbuch-Ausgabe (ungekürzt, inklusive der Widmung an C. S.) in einer Auflage von 25 000 Stück erscheinen werde.

schrieb mir eine herrliche Pfingstbotschaft. Panorama werde ich mir besorgen. Alle guten Wünsche Ihnen, Ihrer verehrten Frau und den beiden Jungens!

Semper et ubique
Ihr alter
Carl Schmitt.

*Joseph Kaiser wird Ihnen ein Exemplar zusenden

Nr. 335
B/hs

[o. O.,] 26/10/66

Mein lieber Arminius,
endlich erhalte ich eine Nachricht von Ihnen, und dazu noch eine erfreuliche, in Gestalt der 2. Auflage Ihres Deutschen-Buches! Vielen Dank! Ich konnte bemerken, wie heftig von bestimmter Seite gegen dieses Buch gearbeitet wird; umso grösser meine Freude über diesen Erfolg. In einen Vergleich dieser zweiten mit der ersten Auflage werde ich mich noch vertiefen. Im Augenblick haben wir das Haus voll von Besuch: Jean-Pierre Paganelli, seine Frau und die zwei kleinen Kinder (1 1/2 Jahre und das zweite noch nicht ein halbes Jahr) sind seit einigen Tagen hier und lassen herzlich grüssen. Ich war August und September in Nordwestspanien, bei Alfonso und Anima; die 3 Kinder wachsen schnell heran, sind gesund und übermütig und machen viele Arbeit; zum Glück hat Anima noch eine muchacha. Diese Monate in Nordspanien waren herrlich. Dann war ich im Oktober 10 Tage in Ebrach, in Forsthoffs Ferienseminar, wo u. a. EW. Böckenförde, Koselleck, Spaemann und Ballerstedt sprachen und einige lebhafte Diskussionen stattfanden, bei denen ich Sie und Marcel Hepp sehr vermisste. Thema: Funktionalisierung. Hubert Schrade, der auch da war, hat mir seinen Siemens-Stiftung-Vortrag (Bilderverehrung) geschickt.
Die „Welt" (Herr Rechtsanwalt Hans Schneler[?][450]) schlug mir eine Stellungnahme zum Thema „Bundesverfassungsgericht – politische Gewalt" vor; ich kann aber gerade in diesem Augenblick (wo alles auf das Umsatzsteuer- und Organschaft-Urteil wartet, das am 20. Dezember verkündet werden soll) unmöglich auf die Bühne springen. Schade. In den Glossen zu meinen „Verfassungsrechtlichen Aufsätzen" von 1958 steht genug, um noch einige Jahre die Diskussion mit Ideen zu nähren.
Ich lese Rivarols Journal politique national, in 10/18 (Nr. 196/7) der Taschenbuch-Ausgabe der Union Générale des Editions. Unerschöpflich. Edmund Burke hat nicht übertrieben, als er das mit Tacitus in einem Atem genannt hat.
Die Striche in der beil. Fotokopie des Besprechungsaufsatzes von Julien Freund sind nicht von mir.
Ich grüsse Sie, lieber Arminius, Ihre verehrte Frau und Ihre beiden Jungen herzlich und bleibe Ihr alter

Carl Schmitt.

450 Oder vielleicht „Schoeler"?

— — — — — —

Kopie der Rezension von Julien Freund zu Mathias Schmitz, Die Freund-Feind-Theorie Carl Schmitts, erschienen in: Der Staat Bd. V, Juli 1966.

Nr. 336
B/hs

[o. O.,] 19/12/66

Mein lieber Arminius, Sie machen mir Sorge wegen Ihrer Mitteilungen über Ihre Gesundheit. Primum vivere. Ich habe in den letzten Wochen die mir zugänglichen Lebenszeichen mit grossem Interesse verfolgt, insbesondere Ihren Aufsatz über Franz-Joseph Strauß, den ich an Anima weitergereicht habe. Das alles erregt in mir grosse Erwartungen, die durch Ihre Andeutungen von einem „Examen" noch gesteigert werden. In der „Zeit" las ich gestern einen kostbaren Aufsatz „Der Feind steht rechts", vermutete dort einen Bombenwurf gegen Sie, doch fehlte Ihr Name, während Martini und Studnitz genannt waren; dieser Aufsatz bereichert übrigens das Vokabularium jener Zeit-geistvollen Gruppe um die Zeit-geistkonforme Prägung von der in Bayern „aufstinkenden Rechten", ein Wort so ganz nach dem Herzen der Gräfin Dönhoff und ihrer Zeit-Freunde, Duft der grossen Welt.
Von unserm Hans Fleig las ich einen erstaunlichen Aufsatz: USA als Sheriff der Welt, in Panorama. Wie lange wird man ihm das durchgehen lassen? Ich kann meine Freundschaft für Hans Fleig nicht aufgeben, möchte ihm aber auch nicht schaden. Oft wünsche ich mir ein Gespräch mit ihm, aber wie wäre das zu organisieren? Trotzdem: alle Wünsche gehen in Erfüllung.
Die Ullstein-Ausgabe Ihrer „Deutschen" macht mir grosses Vergnügen. Vielen Dank für die Zusendung und beides: die zur gedruckten Widmung hinzugefügte schriftliche Widmung! Ich lese diese Taschenausgabe ebensogern wie die Original-Ausgabe. Es ist ein sehr gediegenes Buch und wäre eine ideale Grundlage für „politologische" Übungen. Die Auswahl der den einzelnen Kapiteln vorausgeschickten Motti ist glänzend und steigert sich beim Kapitel „Angst vor der Macht" zu einem Höhepunkt. Könnte man nicht einfach diese 3 Epigramme (auf S. 141 der Ullstein-Ausgabe, S. 193 der Seewald-Ausgabe) als Aphorismen unter der Überschrift „Grosse Koalition" noch einmal in der „Welt" abdrucken? In der letzten Nummer der „Zeit" steht auch ein Vorabdruck des angekündigten Buches von Johannes Gross: „Die Deutschen". Das abgedruckte Stück ist sehr gut, und schiesst – unter der dummen, offenbar von einem ahnungslosen Redakteur hineingepfuschten Zwischenüberschrift: Adenauer contra Schäffer – mitten in die aktuelle Problematik des „Staatsministers" im Kanzleramt hinein. Das Problem Globke war aber ein Problem des Zugangs zum Machthaber. Der Zugang zu Kiesinger ist etwas anderes. Geht der Baron Guttenberg tatsächlich an die-

sen labilen Punkt des Gleichgewichtssystems? Und weiss er was er tut? Was soll ich Ihnen als Dank für das Buch „Was die Deutschen fürchten“ zu Weihnachten schenken, lieber Arminius? Es hat mich sehr gerührt, dass Sie sich auf diese Adventszeit und Ihre Erinnerungen an meine Frau noch besinnen. Und wann sehen wir uns wieder? Paris war 1610 eine Messe wert. Berlin ist 1966 (wie uns Werbeplakate versichern) eine Reise wert. Bonn ist weder eine Messe, noch eine Reise wert. Und München?
Ihnen, Ihrer lieben und verehrten Frau und Ihren beiden Jungens herzliche Grüsse und Wünsche

Ihres alten Carl Schmitt.

*Nr. 337*
*B/ms*

*München, 23. Dezember 1966*

*Mein lieber Herr Professor,*
*morgen ist Heiliger Abend, da soll ein Gruss an Sie noch rausgehen, auch wenn er Sie wohl erst am Stephanstag erreicht. Bei uns geht alles etwas drunter und drüber, es bahnen sich Änderungen an <...>*

*Zunächst steht mir im Frühjahr eine Operation bevor. Habe ich Ihnen schon gesagt, dass ich mir eine Niere herausnehmen lassen muss? Schlimm ist das an sich nicht; sie funktioniert schon seit gut zwanzig Jahren nicht mehr, die andere ist gesund und wird ungestörter arbeiten. Eine solche Operation ist eine Routine-Sache, und man kann neunzig werden mit nur einer Niere. Die Operation muss ich bis Anfang März rausschieben, weil ich am 28. Februar noch auf den Beinen sein muss. Da gibt es eine seltsame Feier, über die ich Ihnen später berichte. Und jetzt operieren geht nicht, da das Fernsehen im Januar über mich einen einstündigen Film drehen will für eine Serie „Aussenseiter der Bundesrepublik“. Der Redaktor war hier, ein Dr. Venohr*[451]*, gesamtdeutscher Idealist, Schüler von Margret Boveri und Sethe. <...>*

*Dann habe ich in Innsbruck bei Bundesjustizminister Klecatsky*[452] *habilitiert. Bitte behalten Sie es noch ganz bei sich: es ist noch nicht rechtskräftig, da ich am 10. Janu-*

451 Wolfgang Venohr (geb. 1926), im Krieg Panzer-Offizier, nach dem Zusammenbruch Studium der Geschichte, Promotion mit einer Dissertation über Ludendorffs Kriegführung, dann tätig als Schriftsteller und Filmemacher. Venohrs Leben wird von der preußischen Tradition bestimmt (wozu bekanntlich auch Tauroggen gehört).

452 Hans Klecatsky (geb. 1920), Ordinarius für öffentliches Recht und Politikwissenschaft der Universität Innsbruck, 1965 als ÖVP-Mitglied österreichischer Justizminister. Selbstverständlich hat AM damals in Innsbruck nicht „bei Professor Klecatsky habilitiert“, sondern bei der Rechts- und Staatswissenschaftlichen Fakultät als Ganzem. Aber die Aufforderung zur Habilitation (und zwar der ersten in dem in Österreich neueingeführten Fach der Wissenschaft von der Politik) war von K. gekommen.

*ar noch eine Probevorlesung halten und dann das Ministerium in Wien zustimmen muss. Aber die Hauptschlachten sind geschlagen, als Habilschrift wurde „Die Fünfte Republik" von allen drei Referenten mit Lob akzeptiert. Letzten Samstag war das Kolloquium vor der Fakultät, das ich ohne Gegenstimme bestand. Sogar der Strafrechtler Nowakowski*[453]*, Sohn eines kk Generals, der als bester Mann der Fakultät gilt und ganz links, links von der SPÖ, steht, war für mich. Er fand mutig, was ich in seiner Gegenwart gesagt habe – aber ich hatte nicht mehr dran gedacht, es war ja neun Uhr früh, da schlafe ich noch. Was man für Ruhe hielt, war ganz einfach Schlaf.* <...>

*In der „Welt" geht alles drunter und drüber. Bin über die Festtage in die schönsten Verwicklungen dort verwickelt. Und sonst braucht, nein braut sich auch einiges zusammen. Manchmal wäre ich froh, schon in der Klinik zu sein. Ich lag Anfang Monat einige Tage dort, es war schön ruhig. Ich habe mir die Raabe-Ausgabe für die Klinik bestellt. Und von Gotthelf die von Muschg bereinigte Textausgabe. Mein Lehrer Muschg, der mich wohl von allen meinen Lehrern am meisten beeinflusste innerhalb der Universität, der mich dann aber grimmig verfolgte. Nun ist er dieses Jahr in einem Basler Postamt tot umgefallen, am Schalter. Man schloss die Post für eine halbe Stunde. Vor seinem Tode hatte ich mich noch mit ihm versöhnt, nach seinen ersten Herzanfällen.* <...>

*Wie geht es Ihnen? Mögen Sie Raabe und Gotthelf? Raabe habe ich erst jetzt entdeckt, vorher war ich wohl zu jung dazu. Ich begreife nun, warum es Mode ist, Raabe zu Gunsten von Fontane abzuwerten.*

*Die idola ...*

*Nun wünsche ich Ihnen und Frl. Anni*
*ein schönes Fest, ein glückliches neues Jahr,*
*auch von meiner Frau –*
*Ihr Arminius.*

Nr. 338
B/hs

[o. O.,] 24. 12. 66

Mein lieber Arminius: ich habe noch ein Neujahrsgeschenk für Sie; die elenden Buchladenverhältnisse in diesem Heinrich-Lübke-Land haben mich so reduziert, dass ich um Frist bitten muss. Um jedoch die Termine – 25. Dezember; 31. Dezember; 1. Januar – nicht zu versäumen, übersende ich dieses zeitkonforme Gedicht unseres gemein-

453 Friedrich Nowakowski (geb. 1914), Ordinarius für Strafrecht der Universität Innsbruck. Die politische Einstufung von Nowakowski ist voreilig; schon ein halbes Jahr später hatte AM ein differenzierteres Bild von diesem außergewöhnlichen Professor, einem gläubigen Katholiken und abgeklärten Mann.

samen Freundes Ernst. Inzwischen hat das „Neue Deutschland" (via Frankfurter Rundschau) mein armes San Casciano entdeckt und mit Giftgas belegt; siehe ND 17/12/1966, erste Seite, fettgedruckte Überschrift: „Kiesingers brauner Berater". Achten Sie bitte auf das 3. Programm des Westdeutschen Rundfunk vom 3. Januar 1967, und teilen Sie mir die Adresse von Robert Hepp mit, der ebenfalls einen ersten Abzug des Ernst 'Hüsmert' Gedichtes verdient; ebenso Schrenck-Notzing.
Ihnen, lieber Arminius, Ihrer lieben und verehrten Frau Edith, den beiden Jungens und allen Münchner Freunden zum Weihnachtsfest und zum Neuen Jahr herzliche Grüsse und Wünsche Ihres alten und unveränderlichen

Carl Schmitt.

Am 3. Januar 1967 will der Westd. Rdf (Köln) im 3. Programm eine Äusserung von mir zu Art. 48 Weim. Verf. senden.

[hs] Neujahr 1967

[ms] Pack ihn
wie sagt man doch
am Schlips
er trägt gar keinen
und er ist
infolgedessen nicht zu fassen

Jetzt trägt er einen
doch er ist
nun, was er ohne war, nicht mehr

Und wer ihn fasst
der hat den falschen

Ernst hüsmert

Nr. 339
B/hs

San Casciano 2/2/67

Mein lieber Arminius:

die Mitteilung von der gut verlaufenen Nieren-Operation hat mich sehr erleichtert; bleiben Sie jetzt noch einige Zeit geduldig; dann geht alles wieder glänzend und Sie können sich Ihres neuen akademischen Status erfreuen und Ihre Freunde auch. Ich

habe den Erfolg (ohne etwas von Habilitation zu verraten) gestern abend gleich gefeiert, mit Ihrem Con-Natalen Ernst Hüsmert (mit Ihnen und Joseph Kaiser in Freiburg gehört er zu dem Triumvirat des 12. April) und Hubertus Bung[454], der auf der Fahrt von Duisburg nach Berlin hier 2 Tage verweilt, einem bewährten Freund, der Ihnen als Vorbild dienen kann, weil er seit 7 Jahren dieselbe Operation hinter sich hat wie Sie und ein Bild glänzender Gesundheit und unverminderter Lebensfreude ist.
Ihr Gekritzel hat mich tief gerührt. Geben Sie mir gelegentlich wieder Nachricht, auch von dem Augenblick, in dem man von Ihrer Innsbrucker Sache offen sprechen darf.
Soll ich Ihnen etwas zum Lesen schicken? Vielleicht die Taschenbuch-Ausgabe der Reihe 10/18, Journal politique national, présenté par Willy de Spens[455]? Wunderbar, dieses Journal!
Anni lässt herzlich grüssen und gute Gesundung wünschen! Ich bleibe stets

Ihr alter

Carl Schmitt.

Nr. 340
B/hs

San Casciano
9/2/67

Mein lieber Arminius: bisher habe ich in abergläubischer Vorsicht niemandem auch nur eine Andeutung Ihrer Habilitation gemacht (Sie wissen: primum habilitari, deinde philosophari), aber jetzt erhalte ich aus Heidelberg von Ernst Forsthoff (dem die Studenten einen grossartigen Fackelzug gebracht haben) einen Brief, aus dem hervorgeht, dass Ihre Habilitation in Innsbruck dort stadtbekannt ist. Wenn Sie mir so strenge Weisungen geben, müssen Sie mich auch auf dem Laufenden halten. Das Gleiche gilt für den Ende Februar zu erwartenden Vorgang[456]. Ohne das Geringste zu wissen oder zu

454 Hubertus Bung (1908–1981), Rechtsanwalt, einer der treuen Vasallen, noch aus der Berliner Zeit.

455 Willy de Spens (1911–1989) war ein Schriftsteller von Rang, dessen Romane und subtile Bearbeitungen geschichtlicher Stoffe in den französischen Nachschlagewerken nur selten erwähnt werden: de Spens wurde nach dem Rückzug der Deutschen aus Frankreich als „incivique" geächtet. 1985 hat de Spens seine Erfahrungen zwischen 1940 und 1945 unter dem Titel „La Loi des Vainqueurs" herausgegeben (Paris, Éditions La Table Ronde).

456 Das „dritte Ereignis" für AM in diesem Jahr 1967 ist, daß er am 28. Februar in der Aula der Münchner Universität aus der Hand von Konrad Adenauer den ersten Adenauer-Preis für Publizistik entgegennehmen darf. (Es war das letzte öffentliche Auftreten des Alt-Bundeskanzlers vor seinem Tode am 19. April desselben Jahres.) Gleichzeitig gehen zwei weitere Adenauer-Preise an den Soziologen Ludwig Freund (für Wissenschaft) und an Bernt von Heiseler (für Dichtung). Da es sich seit 1945 um die ersten großen Preise handelt, die auch an Konservative vergeben werden sollen, bricht am Tag der Preisverleihung ein Medien-Sturm los, der bis zum Ende des

ahnen, hatte Anni (die herzlich grüssen lässt) schon seit Beginn des Jahres für Sie enormes Glück vorausgesagt, einfach weil Sie „Widder" sind. Nun war auch noch Joseph Kaiser (ebenfalls 12. April) 3 Wochen in der Klinik und ist gut geheilt worden; ergo! Da haben Sie den Beweis! Der dritte vom 12. April, Ernst Hüsmert, ist dieser Tage nach Rom gereist, aber nicht, um dort Busse zu tun und Ablassgeld abzuliefern, sondern um einen Freund zu besuchen, der dort bei der Unescu als Spezialist für Vieh-Statistik in unterentwickelten Ländern arbeitet.
Ich schicke Ihnen hier den Rivarol, eine grossartige Sache, ein Beleg meiner These: der grosse Historiker ist erstens Zeitgenosse der von ihm „geschriebenen" Zeit, und zweitens Besiegter, wie Thukydides, Polybius, Tacitus, Otto von Freysing, Machiavell und Tocqueville. Der Hinweis auf S. 254 betrifft die Gemeinschaftsarbeit Heidegger-E. Jünger zu diesem Aphorismus (in Jüngers Rivarol). Seit über 4 Monaten lese, stöbere, wühle ich in diesem unerschöpflichen Buch, unerschöpflich wie die Geschichte des Jahres 69 (mit 5maligem Regime-Wechsel) in den Historien des Tacitus.
Ihnen, lieber Arminius, herzliche Grüsse und die besten Wünsche für Ihre schnelle und gründliche Genesung. Ihrer lieben und verehrten Frau und den beiden Jungens ebenfalls alles Gute von

Ihrem alten
Carl Schmitt

Anni lässt vielmals grüssen!

Nr. 341
AK[457]/hs

[o. O.,] 10. 4. 67

Herzliche Glückwünsche, lieber Arminius, zu Ihrem Geburtstag, vielen Dank für Ihren Brief und die Fotokopien und viele Grüsse Ihnen, Ihrer verehrten Frau und den beiden Jungens! Inzwischen werden die Schakale wohl andern Zielen nachheulen. Ist der Ba-

Jahres andauert. Da Freund, 1898 in Mühlheim/Ruhr geboren, jüdischer Emigrant war und von Heiseler Junior (1907–1969) sich nie in politische Händel gestürzt hatte, konzentrierte sich dieser Sturm auf Mohler, dem nach „Was die Deutschen fürchten" (mit Widmung an Carl Schmitt) das Schweizer Ticket nichts mehr half. Für ihn war es die erste Hexenjagd, und sie erreichte ihr Ziel: seit 1967 zählt AM zu den sogenannten „Ausgegrenzten". (Vgl. Mohlers „Der Nasenring", zweite Fassung 1991, S. 126ff.)

457 AK vom Kantonsspital St. Gallen, darauf der auf ein angekreuztes Fenster bezogene Hinweis von C. S.: „In diesem Sommer war meine Frau 3 Monate (1929)." [Heißen sollte es doch wohl: „In diesem Zimmer ..."]

seler Nationalökonom Georg Landmann[458] der Schwiegervater von S. L.? Ich habe ihn oft bei Werner Sombart gesehen, lange nächtliche Gespräche mit ihm gehabt und manche Flasche Burgunder mit ihm getrunken. W. Martini hat mir einen schönen Brief geschrieben. Unbedingt sich ansehn müssen Sie: Heft 1, 1967, der Zeitschrift „Neue politische Literatur“ (Europ. Verlagsanstalt Frankfurt) mit dem Aufsatz von Prof. Ridder: „Schmittiana I“; Kronzeuge Niekisch; in der Festschrift für Abendroth ein Beitrag „Ex oblivione malum“ (Parodie auf Ex Captivitate Salus). Auf Ihre ersten Dozentenerfahrungen bin ich gespannt. Frl. Anni gratuliert ebenfalls.
Stets Ihr alter

C. S.

Nr. 342
AK[459]/hs

[17/5/67]

M. l. A. die Pfingsttage habe ich bei Prof. Jos. Kaiser in Staufen (Breisgau) verbracht. Wir haben viel von Ihnen gesprochen. Jetzt müssen Sie eisern auf der akademischen Ebene bleiben. Alle guten Grüsse und Wünsche Ihnen und den Ihrigen von Ihrem alten

C. S.

17/5/67

458 Bei dem „Basler Nationalökonomen“, mit dem C. S. oft bei Sombart sen. lange Gespräche führte, kann es sich nur um Julius Landmann (1877–1931) handeln, aus jüdisch-galizischer Familie, der 1910 auf den ersten schweizerischen Lehrstuhl für Finanzwissenschaft, an der Universität Basel, berufen wurde und zuletzt das deutsche Ordinariat, in Kiel, erhielt. Seine Frau Edith, eine geborene Kalischer aus Berlin (1877–1951), machte sich dadurch in der Schweiz unbeliebt, daß sie den einzigen schweizerischen Nobelpreisträger für Literatur (1919), den Mythendichter Carl Spitteler, kritisch zerzauste. Sie habe das getan, um den Weg für Stefan George freizumachen, der regelmäßiger Gast im Haus des Professors am Basler [nicht: Baseler!] Rheinufer war. Der ältere Sohn, der Altphilologe Georg Peter Landmann (1905–1994), hat sich später der historisch-kritischen Ausgabe des Werkes von George angenommen. Der jüngere Sohn, Michael Landmann (1913–1984), war zuletzt Kulturphilosoph an der FU Berlin. Salcia Landmann, geb. Passweg 1913, Gattin von Michael Landmann, ist heute wohl die bekannteste jüdische Publizistin deutscher Sprache.

459 AK mit Bild des Rathauses von Freiburg/Breisgau.

Nr. 343
B/hs

Pl. 26/5/67

Mein lieber Arminius: gut, dass Sie mir Ihre 13 Thesen (Bayern-Kurier 21/5) geschickt haben[460]; auch die Fotokopie des Lexikon Archiv-Artikels! Hier im Sauerland spricht alles mit Begeisterung von Ihrer Fernseh-diskussion, die ich leider nicht gesehen habe. Herr Kirchhoff (Werdohl) fand sie „grossartig"; ebenso alle Nachbarn die Fernsehn haben. Das gehässige Gezeter des Herrn Lindemann hat hier allgemeinen Ekel hervorgerufen. Wie man mir erzählt, haben Sie sogar das Wort „Amnestie" nicht gefürchtet. Das war sehr kühn. Vergleichbar etwa der Lutherischen Leugnung des Fegefeuers auf die damaligen Buss- und Ablass-Prediger. Die Tetzels von 1967 sind noch „engagierter" als die von 1917[461].
Das darf man aber beim Bayern-Kurier nicht sagen! Oder doch?
Ich habe Sie, glaube ich schon einmal, darauf aufmerksam gemacht, dass die französischen Verfassungen von 1814 und 1830 ausdrücklich einen „oubli du passé" vorschreiben;

Charte 4. Juni 1814 (Praeambel): que jamais avenu souvenir amer se trouble la securité etc; art 11: „Toutes recherches des opinions et votes émis jusqu'à la restauration sont interdites. Le même oubli est commandé aux tribunaux et aux citoyens. (dazu amnistie des Gesetzes vom 12/1 1816) Charte 1830 (Louis Philippe) art. 10: „Toutes recherches des opinions et des votes émis etc. wörtlich wie vorher: le même oubli

Ich habe 1949/50 dazu einiges publiziert; vgl. Tommissen Bibliographie (1959) Nr. 216; sehr interessant. Nennen Sie aber blos nicht meinen Namen. Prof. Ridder[462]

460 Marcel Hepp, 1965 (auf Vorschlag von AM) zum persönlichen Referenten von Franz Joseph Strauß ernannt, übernahm bald zu seinen übrigen Aufgaben auch die de facto-Chefredaktion (de iure war das F. J. St. selbst) des „Bayern Kurier", der Wochenzeitung der CSU (Christlich Soziale Union in Bayern). Mit furiosem Schwung machte er aus dem bis dahin nur parteiintern gelesenen Blatt (zum mindesten in seinem politischen Teil) ein international beachtetes Organ (mit Hepps Tod 1970 fiel der BK wieder in bloß lokale Bedeutung zurück). Am 20. 5. 1967 erschienen ganzseitig im BK „13 Thesen über Politik und Vergangenheitsbewältigung. Zur Diskussion gestellt von Armin Mohler. Ein Schlüssel deutscher Politik". Dazu in petit der stets den Appetit anreizende Vermerk „Die Meinung des Kolumnisten muß nicht unbedingt mit der Meinung des Herausgebers übereinstimmen". Weiter war für Hepps Redaktionsstil kennzeichnend, daß die Seite mit einem H. Hubmann-Foto aus der Trümmerwelt von 1945 geschmückt war – es zeigte die kaputtgeschossenen Säulen eines staatlichen Gebäudes, an die ein Plakat „Nicht sprengen – der Keller ist bewohnt!" geheftet war. Parallel dazu hatte Marcel Hepp eine Fernseh-Diskussion eingefädelt, in der AM seine Thesen zu verteidigen hatte.

461 Hier hat sich C. S. verschrieben; heißen soll es statt dessen sicher 1517.

462 Helmut Ridder (geb. 1919), Ordinarius für öffentliches Recht an der Universität Frankfurt/M. (Hartnäckiger Widersacher von C. S. in der Vereinigung der Deutschen Staatsrechtslehrer.)

hat bereits einen wilden Artikel in der Neuen Politischen Literatur veröffentlicht: Schmittiana I, und einen weiteren angekündigt, in der Festschrift zum 60. Geburtstag von Abendroth, unter dem Titel

Ex oblivione malum

(parodie zu Ex captivitate salus);

machen Sie sich also auf etwas gefasst; Sie sind ja auch, wie ich in dem Munzinger Artikel lese, Mitarbeiter dieser Neuen politischen Literatur!

Ex Captivitate Salus ist verramscht; besitzen Sie noch ein Exemplar? Das Stück: Antwort an Karl Mannheim ist eine gut durchdachte Sache und unverändert aktuell. Man müsste eine „Soziologie der Festschriften" schreiben!

Die 13 Thesen sind sehr gut; eine Art Manifest, das nicht mehr so leicht totzuschweigen ist, wie Panorama sich das denkt. Aber von der sog. wissenschaftlichen Seite (Fakultäten, Universitäten, Hochschule) ist die Forschung einfach(X) blockiert und kein strebsamer Assistent wagt es, sich der Pflicht zum reumütigen Kuschen zu entziehen. Auf die Dauer trocknet dann jeder Anlauf zur Freiheit ein.

Gott schütze Sie, lieber Arminius!

Ihr alter

Carl Schmitt.

[(X) Die durch dieses Kreuzchen angekündigte Fußnote fehlt im Brief; vielleicht wird sie ersetzt durch den Text auf einer beigefügten Karteikarte:]

„Arguments seldom work on men of wit and learning, when they have once engaged themselves in a contrary opinion"

Thomas Hobbes (postscriptum zur Auseinandersetzung mit John Bramhall).

Frage (und Bitte): könnte ich nicht von solchen Fernseh-Sendungen wie der vom 22/5 benachrichtigt werden? Dann sehe ich sie mir bei einem Nachbarn an.

Hinweis auf Michael Oakeshott in der Reihe Politica Nr. 25 (Luchterhand) über Konservativismus; müssten Sie besprechen; lohnt sich zum Thema Konservativ = vernünftig

Dank für den Aufsatz von H. D. Sander (Hamburg) über den Mythos der Roten[?] sehr interessant.

Nr. 344
B/hs

San Casciano
1/6/67

Mein lieber Arminius: Brief (28/5) und 7 Expl. Ihrer 13 Thesen sind gut angekommen; vielen Dank.
Die Nachricht vom Tode Ihrer 80jährigen Mutter erfüllt mich mit aufrichtiger Teilnahme; dass sie den grossen Tag in München noch persönlich erlebt, ist für uns alle ein Grund zu grösster Genugtuung; dieser Vorgang der Verleihung des Adenauer-Preises, wird immer bedeutungsvoller; er trägt sein Licht auf dem Rücken: letztes öffentliches Auftreten Adenauers, die Anwesenheit Ihrer 80jährigen Mutter, der Wutausbruch der Ablassprediger und schliesslich Ihre 13 Thesen[463]. Eben war mein alter Freund und Plettenberger Nachbar Emil Langenbach bei mir und bat um ein weiteres Exemplar Ihrer Thesen; er meinte, sie müssten, wie damals Luthers Thesen, öffentlich angeschlagen werden. Was macht H. D. Sander[464] jetzt weiter? Hat es Sinn, mit Zehm zu sprechen?
Haben Sie im letzten (April-Mai-Heft) des „Hochland" die Erinnerungen von Prof. Hermens (der Mehrwahlrechts-Hermens) aus dem „Dritten Reich" gelesen? Das Gespräch mit mir, von dem er berichtet, hat tatsächlich stattgefunden (am 2. Februar

---

463 Daß C. S. von AM als sein Lehrer bezeichnet wird, ist keine Koketterie. Mohler schrieb erst historische und weltanschauliche Bücher. Von Carl Schmitt lernte er fasziniert die Anatomie einer politischen Situation. Die Zerlegung der Vergangenheitsbewältigung in 13 säuberlich begründete Thesen war sein Gesellenstück, und er kann heute mit Genugtuung feststellen, daß die Auseinandersetzungen um die VB (Vergangenheitsbewältigung) sich noch immer nach diesem Muster abwickeln. Die 13 Thesen – ganz nackt, ohne ihre Begründungen – sind: 1) Die VB ist das zentrale Problem der heutigen deutschen Politik – 2) Jede Aussage zur VB hat politische Folgen – 3) Die VB wird zum politischen Hebel, der nicht nur von außen, sondern auch vom Betroffenen selbst angesetzt wird – 4) Die VB trübt das Verhältnis zur Geschichte und erhöht dadurch die politische Unsicherheit – 5) Das Recht ist unteilbar – oder es ist nicht – 6) Ein „Aufrechnen" der Schuld wäre zu einfach; es dürfte nur <u>einen</u> Sinn haben: aufzuzeigen, was an verbrecherischen Möglichkeiten in <u>jedem</u> Menschen steckt – 7) Sündenböcke sind gefährlich, weil sie das Übel voreilig lokalisieren – 8) Die VB droht von der unangenehmen Gegenwart abzulenken – 9) Ulbricht bewältigt nicht – 10) Die VB ist der Flut und Ebbe der Weltpolitik unterworfen – 11) Die VB hat sich im Ausland weitgehend den traditionellen antideutschen Ressentiments aufgepfropft – 12) Auch in der Bundesrepublik ist die VB längst zur Routine erstarrt – 13) Die VB ist keineswegs ein Problem, das sich mit dem Aussterben einer Generation von selbst erledigt.

464 Sander/Zehm: nach den Brüdern Hepp kommen nun auch andere Vertreter einer neuen Rechten in den Gesichtskreis von Carl Schmitt, denen weder der „Gärtner-Konservatismus" (im Stile von Burke) noch der „Demuts-Konservatismus" der frühen Nachkriegsjahre genügen. Sowohl Hans-Dietrich Sander (Jahrgang 1928) wie auch Günter Zehm (Jahrgang 1934) sind durch die Gefängnisse der DDR gehärtet. Zwischen C. S. und Sander wird es zu näherer Beziehung kommen.

1933); kleine Unrichtigkeiten (zum Beispiel: ich bin in diesen Tagen nicht – wie Hermens erzählt – mit Schleicher, sondern mit dem Pressechef Schleichers, dem Major Marcks, spazieren gegangen) und die obligaten Gehässigkeiten (Unterstellung ehrgeiziger Motive) und ex-post-Selbst-Aufwertungen stören etwas; der Kern der Sache stimmt.
Seit langem wollte ich Sie fragen, was Robert Hepp jetzt eigentlich macht. Wird er nicht bei Schoeps promovieren? Wenn er noch mit dem Thema „Politische Theologie“ befasst ist, möchte ich doch einmal mit ihm sprechen.
Sehen Sie die Zeitschrift „Der Staat“? Im letzten Heft (Heft 2 1967) steht eine grossartige Hobbes-Übersicht von B. Willms mit einem Zitat von Oakeshott über Spinoza, das Sie überraschen wird (auf Seite 228 unten); diese Zeitschrift müssen Sie für Ihr Büro abonnieren; dort auch ein wichtiger Aufsatz über Partei und Bürokratie*
Ein Wort des Dankes muss ich noch nachholen: was Salcia Landmann zu dem Basler Heldenspieler geäussert hat, beruhigt einen über Basel. Michael Landmann hat jetzt Gespräche mit Ernst Bloch veröffentlicht; auch ein sehr feiner Herr, dieser Bloch.
Lassen Sie sich aber nicht in Ihrer vielen Arbeit unterbrechen, lieber Arminius! Grüssen Sie Wilfried Martini, wenn Sie ihn sehen und seien Sie selber mit allen Ihrigen herzlich gegrüsst von Ihrem alten

Carl Schmitt.

* und ein herrlicher Vortrag von Ernst Forsthoff zum 100. Geburtstag von Gerhard Anschütz (Jan. 1967)

Nr. 345
B/hs

Plettenberg,
den 16. Juli 1967

Mein lieber Arminius: Ihre „Zeichen“ fand ich hier vor, als ich gestern von Düsseldorf zurückkehrte, wo ich meinen Geburtstag bei Oberheid mit Barion zusammen gefeiert hatte. Oberheid ist einer Ihrer aufmerksamsten Leser und aufrichtigsten Bewunderer.
Ich muss Ihnen herzlich danken: 1) für den Glückwunsch zum Geburtstag (ich hätte die Sendung über den Aussenseiter der Gesellschaft gern gehört oder gesehen), 2) das wundervolle Dschingis-kohn-Portrait (zu dem ich nur den Vers finde:

progress, progress,
von Karlo Marx
zu Moses Hess!!*

3) die Karte, die Ihre Frau „spediert“ hat (vielen Extra-Dank an sie!) und 4) den Bericht über die Seminar-Übung vom 13/7, der mich besonders gefreut hat als Zeichen Ihrer Fuss-Fassung an der Universität. Was die Wirkungs-Möglichkeiten des Begriffs des Politischen angeht, so wird der Wille zur Beseitigung immer stärker (Ridder ist

nur ein pathologischer Fall), aber auch die Überlegenheit über diesen Willen. Sehen Sie sich doch einmal in der interessanten Zeitschrift „Atomzeitalter"** (Heft 6, Juni 1967) den Aufsatz von Eike Hennig (Kassel) an! Ich glaube, das könnte auch Ihren Referenten vom 13. Juli interessieren! Wo lag denn der Schwerpunkt seines Referates? im Völkerrecht? In der politischen Theorie (Feindschaft als Folge der Exklusiv-Wirkung jeder Elite? Ja, jedes Establishment?) oder wo?

* [am Briefrand:] Moses Hess, der erste National-Sozialist!

** Frankfurt, Europ. Verlagsanstalt, Metzlerstr. (derselbe Verlag wie Neue Pol. Literatur)

Wo werden Sie Ihre Sommerferien verbringen? Ich werde dieses Jahr erst Ende August nach Spanien fahren und bis Oktober bleiben, sodass ich Ihren Vortrag in Lüdenscheid (September) leider nicht hören und diese Gelegenheit, Sie wiederzusehen, nicht wahrnehmen kann. Hoffentlich bietet sich aber bald eine andere!

Ich wüsste zu gern Näheres über Ihre Arbeits-Pläne und die Richtung Ihrer wissenschaftlichen Interessen. Tommissen hat in Brüssel an der (kath.) Wirtschaftshochschule „mit höchster Auszeichnung" promoviert (über Pareto). Die Forsthoff-Festschrift (Sept. 1967) ist fertig gedruckt; sie enthält u.a. einen geradezu exorbitanten Beitrag von Barion „Das konziliare Utopia", das Vollkommenste an Festschriften-Beitrag, was mir in meinen 80 Lebensjahren begegnet ist.

Die Hitze ist drückend; ich kann nur noch Aristophanes lesen. Aber diese Zeilen meines Dankes für Ihre „Zeichen" durfte ich doch nicht vertagen.

Ihnen, Ihrer lieben und verehrten Frau, und den beiden Jungens (jetzt sehe ich, woher Gerd seine zeichnerische Begabung hat) herzliche Grüsse und Wünsche Ihres alten

Carl Schmitt.

<u>Zeichen</u> für<br>
<u>Arminius</u>: streng vertraulich<br>
aufsehen-erregende<br>
<u>Funde</u><br>
in Cistercienser-Klöstern<br>
der <u>Ost-Zone</u>: alte (aber<br>
neue im Sinne der bisherigen<br>
Versionen) Verse der<br>
Malachias-Prophezeiungen:<br>
z. B.<br>
<u>Johannes bleibt Johannes</u><br>
et XXIII manet XXXIII<br>
(betrifft die Reblaus (phyloxera)[?] im<br>
Weinberg des Herrn,<br>
die Reblaus wurde erst im<br>
19. Jahrhundert aus Nordamerika<br>
nach Europa importiert)

Nr. 346
AK[465]/hs

[o.O.,] 13. 9. 67

Herzliche Spätsommergrüsse, lieber Arminius von Anima, Alfonso und meiner Wenigkeit für Sie, Ihre verehrte Frau und die beiden Jungen. Hier ist alles sehr gesund und weit entfernt von Herbert Marcuse. Für Ihren Vortrag in Lüdenscheid meine besten Wünsche; grüssen Sie auch Herrn W. Schulte bestens von mir! Mitte Oktober werde ich wahrscheinlich in Ebrach sein (Forsthoff hat heute 65. Geburtstag). Auf ein gutes Wiedersehn in Deutschland! Stets Ihr alter

Carl Schmitt.

Nr. 347
AK[466]/hs

[o. O., 12. 10. 67]

Mein lieber Arminius, vielen Dank für den Eilbrief, alle guten Wünsche für Ihre Gesundheit und den Vortrag, Grüsse an Herrn und Frau Schulte und auf Wiedersehn in Ebrach! Ich bin bis nächste Woche (16,17/10) hier.

Ihr alter
Carl Schmitt

Nr. 348
B/hs

San Casciano
25/10/67

Mein lieber Arminius, wir hatten Sie alle in Ebrach erwartet und waren sehr traurig über Ihr Telegramm. Warum haben Sie nicht telefonisch angerufen; wir hätten Sie von Ebrach aus in Würzburg abgeholt. Inzwischen hat Marcel Hepp sich verheiratet; mit wem? Es war für mich eine besondere Freude, die beiden Brüder einen Tag in Ebrach zu haben.

465 AK aus Verin: „Barrio de San Lázaro“.

466 AK: „Ebrach im Steigerwald. Fassade der Abteikirche mit der berühmten got. Fensterrose um 1280“.

Es war gut, dass Sie Schulte-Lüdenscheid kennen gelernt haben. Für mich ist er jetzt zu anstrengend geworden. Aber mein Schicksal bleibt mir treu: die beiliegende Abhandlung gerät sofort wieder in die brennendste Aktualität, so dieser Beitrag, denn wer sieht nicht, dass es sich bei dem Unternehmen eines Sondertribunals gegen Axel Springer um das Problem des rechtsstaatlichen Verfassungsvollzuges handelt? Mein Stern bleibt mir treu. Mit dem Bucerius-Stern dagegen habe ich nicht gern* zu tun. Doch sehe und höre ich mir die beiden von Ihnen introduzierten jungen Leute gerne an.
Von H. D. Sander erhielt ich einen interessanten Aufsatz (im Manuskript) über „Dekadenz & Revolte); was macht er jetzt eigentlich?

* Achten Sie auf die Reime: Springer Presse, halt die Fresse; Adolf Springer in den Zwinger; Klaut die Bücher, diese Viecher, etc.

–

In Frankfurt erzählte mir ein Augenzeuge der Vorgänge auf der Buchmesse, dass die Tschechen und die Polen dem Springer-Stand eine Art Asyl angeboten haben.

–

Gute Nacht, lieber Arminius; grüssen Sie Ihre Frau Edith und Ihre beiden Jungens; ich bleibe Ihr alter

Carl Schmitt.

S. 45: jetzt ist es ein Wert: melden Sie das Ihrem Lehrer Karl Jaspers; jetzt ist es ein Wert.

— — — — — —

C. S., „Die Tyrannei der Werte" in: Sonderdruck aus SÄKULARISATION UND UTOPIE, Ebracher Studien, Ernst Forsthoff zum 65. Geburtstag, Kohlhammer Verlag, Mainz 1967. [Auf dem Titelblatt hs von C. S.:]

(Adolf ist
ein Wert.)

Für Arminius:
jetzt ist es ein Wert
p. 45)
alles was Adolf gemacht hat, war
nur ein Un-Wert; der
Un-Wert ist der höchst-
verwertbare Wert,
Theodor Heuss hat
das begriffen

*Nr. 349*
*B/hs*

*München, 25. 12. 67*

*Mein lieber Herr Professor,*

*ich melde mich spät in diesem Advent. Wenigstens auf Neujahr soll Sie ein Gruss erreichen. Dieses Jahresende bin ich etwas müde, dermatscht, wie man hier sagt. Es war viel, dieses Jahr für mich: der Tod des zweiten Elternteils, die Habilitation, der [Adenauer-] Preis und sein Rummel, die Niere. In Innsbruck habe ich, des Kleinkriegs müde, die Vorlesungen eingestellt. Das Ministerium blockt meinen Lehrauftrag. <...>*
*Nun bin ich froh, auf Einladung des „Adlei Stevenson Institute of Foreign Affairs" nach USA gehen zu können <...> Jetzt möchte ich in Ruhe ein paar Jahre arbeiten <...>*

Nr. 350
B/hs

Pl. 28/12/67

Mein lieber Arminius: Ihr Neujahrsgruss scheucht mich auf aus meiner Lethargie. Ich antworte sofort, um Ihnen vor Ihrer U.S.A. Reise womöglich noch meinerseits einen solchen Gruss zu schicken, in Gestalt des beiliegenden Clausewitz-Aufsatzes. Dass Sie Zeit haben, ihn zu lesen, ist eine andere Frage; jedenfalls, nehmen Sie ihn wohlwollend entgegen! mit allen meinen Wünschen für Sie, für Ihre verehrte Frau und für Ihre beiden Jungens. Auch für die Fahrt nach Amerika und den dortigen Erfolg alles Gute!
Ihre Enuntiation zur „Hexenjagd" ist sehr gut. Die Rauferei hat Ihnen gut getan. Der Stil ist fester, sodaß der fremde Zusatz (der – sc. G. Schumann – zwar an Hitler glaubte, aber (!!) persönlich (!!) ein humaner(!!) Mensch!! war) sofort auffällt. Hoffentlich ist es mir vergönnt, Ihr nächstes Buch noch in der Hand zu halten.
Die Nachricht von dem glücklichen Erfolg Robert Hepp's hat mich sehr erfreut. Auch Sander will bei Schoeps promovieren. Mein Clausewitz-Aufsatz (dessen Unter-Titel lautet: die Ehre Preussens) wird Schoeps nicht interessieren.
Mein alter junger Freund Bruno Bender, bei Siemens in München Daten-Verarbeiter, hat einen Vortrag von Ihnen gehört und war sehr begeistert. Das erzählte er mir bei seinem Weihnachtsbesuch in Plettenberg, sodaß ich wenigstens auf diesem Wege etwas über Sie erfuhr.

Ins Unbekannte geht die Fahrt,
weiss keiner Ziel und Zeiten.

Machen Sie's also gut, lieber Arminius und seien Sie herzlich gegrüsst von Ihrem alten
Carl Schmitt.

— — — — — —

Sonderdruck aus DER STAAT, 6. Bd., 4. Heft, 1967:
C. S., Clausewitz als Politischer Denker. [hier hs:] oder : die Ehre Preussens (p. 501)
Bemerkungen und Hinweise.
siehe vor allem p. 491

[auf dem Titelblatt hs von C. S.:]
Neujahrsgruss für 1968
an Arminius von
Carl Schmitt

„le combat spirituel est plus
brutal que la bataille des
hommes" (p. 502)

Nr. 351
AK[467]/hs

[o. O., April 1968]

Lieber Arminius: Geburtstagsgrüsse und -wünsche verbinden sich heute mit Ostergrüssen und Wünschen für Sie, Ihre liebe und verehrte Frau und Ihre beiden Söhne. Aus Ihren Zusendungen, für die ich vielmals danke, entnehme ich, dass Sie sehr in Anspruch genommen sind. Das kann ich mir denken und deshalb will ich Sie nicht noch mehr in Anspruch nehmen. Das wichtigste ist, dass Sie Ihre Überlegenheit behalten und in Ruhe weiterarbeiten. Ich habe den Winter mit Mühe überstanden und bereite mich jetzt auf die Spanien Fahrt (Juni) vor, mit unendlicher Langsamkeit. Joh. Barnick bat um eine Empfehlung an Duncker & Humblot; ich zweifle aber, ob das der richtige Verlag für ihn ist. Von H. D. Sander erhielt ich einen sehr bedeutenden Brief über Hugo Ball. Interessiert Sie die Walter-Benjamin-Kontroverse? (Merkur 238 und ff)?

467 AK mit der Zeichnung „Der Tod Kleists" von Werner Heldt.

Haben Sie ein wissenschaftliches Thema, das Sie jetzt besonders beschäftigt? Ich bleibe mit herzlichen Wünschen stets Ihr alter

Carl Schmitt

*Nr. 352*
*B/hs*

*München, 6. 7. 68*

*Mein lieber Herr Professor,*

*in fünf Tagen ist Ihr grosses Fest*[468]*. Ich werde dann in Gedanken bei Ihnen sein, wie so viele andere, die von Ihnen berührt wurden und seither ausserhalb der vorgeplanten Wege gegangen sind. Mein altes Thema ist ja, dass Sie sich zum Einzelgänger machen wollen. Dabei sind Sie das Haupt der einen jener beiden einzigen Schulen von Belang im Deutschland dieses Jahrhunderts, Heidegger und C. S. Nun, die Ihre ist, wie Sie wissen, auch mir lieber, und dass es eine richtige Schule ist, sieht man schon daran, dass es Linksschmittianer*[469] *und Rechtsschmittianer und Zentralschmittianer gibt, die sich unter Berufung auf ihren Meister fröhlich streiten. Wie es Ihnen wohl vorkommt, wenn Sie nun von acht Jahrzehnten her auf das zurückblicken? Wir auf jeden Fall blicken mit Dankbarkeit zu Ihnen auf als solche, die von Ihnen irritiert, elek-*

468 Der Brief geht nach Santiago de Compostela, wo C. S. im Kreis seiner Familie seinen 80. Geburtstag feiern wird.

469 „Schmittianer“ und „Schmittisten“ sind nicht dasselbe. Die ersteren identifizieren sich mit Teilen des Werkes von Carl Schmitt oder auch mit diesem Werk als Ganzem – so, wie sie es verstehen. Das hat zur Folge, daß es recht verschiedene Fraktionen von „Schmittianern“ gibt, von denen jede glaubt, den Meister richtig verstanden zu haben; sie zanken sich deshalb gerne untereinander, versteckt oder offen. Das erste von Helmut Quaritsch veranstaltete internationale Carl-Schmitt-Symposium fand eineinhalb Jahre nach dem Tode des Meisters, vom 1. bis 3. Oktober 1986, in der Verwaltungshochschule Speyer statt. Über ihren Bericht von dieser Tagung setzte die Zeitschrift „Criticón“ (1986, S. 265) den Titel „Links-Schmittisten, Rechts-Schmittisten und Establishment-Schmittisten“. Das war insofern verwirrend, als man sich gewöhnt hat, die Bezeichnung „Schmittisten“ für jene immer zahlreicher werdende Schar von Gelehrten zu verwenden, welche, ohne jede Identifikationslust, sich von außen kritisch mit C. S. befassen. Unter den -ianern wird im Bericht erst noch unterschieden zwischen zwei großen Blöcken von Rechts-Schmittianern: den „Schwarzen“, für die C. S. nichts anderes als ein Katholik ist, und den Nationalkonservativen, welche annehmen, daß C. S. auf seinem abschließenden Gang zum „konkreten Ordnungsdenken“ viel Katholisches über Bord geworfen habe.

*trisiert und immunisiert worden sind. Mein Geburtstagspräsentchen steckt in der Festschrift*[470]*. Meine Wünsche kommen von Herzen als*

*Ihr dankbarer*
*Arminius*
*(vom linken Flügel*
*der Rechtsschmittianer)*

*Nr. 353*
*BK/hs*

*München, 13. 7. 68*

*Mein lieber Herr Professor,*

*wegen dieses Artikels (M = Merkur = Armin Eichholz) gab's einen Riesenkrach im „Münchner Merkur". Da die Politik sich weigerte, am 11.7. etwas zu bringen, zog am 12. 7. die Kultur (Redaktion: Armin Eichholz) nach. Darauf Explosion aller bien-pensants in dem Blatt ...*

*Herzlich*
*Ihr Arminius*

*Höhepunkt der Verdächtigungen unter den Redaktoren: M sei Mohler ...*

Nr. 354
PK/hs

[o. O., 18. 7. 68]

Mein lieber Arminius, vielen Dank für Ihre Glückwünsche und für den M. Aufsatz, den ich mit ungeheurem Vergnügen gelesen habe, als der ideale Leser, nicht nur als der Gegenstand einer genialen Diatribe. Ich habe den Geburtstag in der Reichweite des umstehend abgebildeten Geigenspielers würdig (wie ich glaube) gefeiert, unter Aus-

470 Die erste Festschrift für C. S., im Jahr 1953 zum 65. Geburtstag, war bloß ein symbolischer Akt: ein Druck war nicht möglich; das einzige Exemplar, aus lauter Original-Manuskripten bestehend, wurde dem Gelehrten überreicht. Die zweite, 1959 mit einem Jahr Verspätung zum 70. Geburtstag herausgebracht, war schon ein richtiges Buch. Die dritte nun, mit dem Titel „Epirrhosis" (Ermutigung) und wie die zweite im Verlag Duncker & Humblot in Berlin erschienen, war schon so umfangreich, daß sie auf zwei Bände verteilt werden mußte: „Der zweite Teilband enthält die Beiträge der Autoren, die nach 1945 in eine wissenschaftliche oder persönliche Beziehung zu Carl Schmitt getreten sind." (Der erwähnte Beitrag von AM: „Der Weg der ‚Technokratie' von Amerika nach Frankreich.")

schluss jeder manipulierten Öffentlichkeit; Forsthoff hat eine herrliche Rede gehalten; im Correo Gallego erschien ein grossartiger Artikel des hiesigen, jungen Ordinarius für politisches Recht. Forsthoff hat mir viel Gutes von Ihnen und München erzählt. Anima und Alfonso lassen Sie und die Ihrigen herzlich grüssen. Nächste Woche kehre ich nach Deutschland zurück, dann schreibe ich mehr, wenn es meine bescheidenen Kräfte erlauben. Bleiben Sie stark und gesund und grüssen Sie Ihre liebe und verehrte Frau und Ihre

beiden Jungens von mir. Ich bleibe
Ihr alter Carl Schmitt, qui non
18. 7. 68 laudatur ab hoste

Nr. 355
B/hs

[o. O.,] 26/8/68

Mein lieber Arminius,
was sagen Sie dazu, dass die Preussen wiedereinmal in Prag stehen[471]? Vielleicht nehmen Sie Ihren Zupfgeigenhansl[472] zur Hand und singen dazu das Lied auf Seite 133: Als die Preussen marschierten vor Prag, vor Prag, die schöne Stadt.
Ich weiss, dass Sie keine Zeit haben[473]; wenn ich Ihnen trotzdem ein Exemplar des beil. Begrüssungsaufsatzes vom 11. Juli 1968[474] schicke, so geschieht das mit der Bitte, trotz Ihrer Inanspruchnahme, eventuell im Urlaub, diesen Zeilen eine Viertelstunde zu widmen und namentlich die Stelle zu bedenken (S. 2 unten), die von dem „zerbrochenen Spiegel" spricht. In Deutschland ist es gelungen, den Spiegel zu zerbrechen.
Ihnen, lieber Arminius, Ihrer lieben und verehrten Frau und Ihren beiden Jungens alle guten Wünsche

Ihres Carl Schmitt.

471 Zur Niederschlagung des „Prager Frühlings" marschierten am 21.8.1968 Truppen des kommunistischen Warschauer Paktes (darunter auch Einheiten der DDR) in die Tschechoslowakei ein.

472 Der „Zupfgeigenhansl" (1908) war das berühmte Liederbuch der deutschen Jugendbewegung, zusammengestellt von Hans Breuer (geb. 1885, gefallen 1918 bei Verdun).

473 Auf seiten von C. S. mehren sich die Gereiztheiten, weil AM den Aufforderungen aus Plettenberg nicht mehr im gleichen Maße wie früher nachkommen kann. Im Aufwind der „Kulturrevolution" wird AM doppelt in Anspruch genommen: beim Ausbau der Siemens Stiftung und beim Schreiben seiner Bücher, die sich nun mit einer neuen, aus dem Wohlstand entsprungenen Form von „Revolution" auseinanderzusetzen haben.

474 Gemeint ist die Begrüßungsrede, welche der junge Professor für Staatsrecht an der Universität von Santiago, J. A. González Casanova, am 11. Juli 1968 zur Feier des 80. Geburtstages von Carl Schmitt in Santiago de Compostela gehalten hat.

1) Geben Sie, wenn Sie es für sinnvoll halten, Armin Eichholz[475] die beil. Abschrift des Ali-Bibi-Songs, als Zeichen meines Dankes

2) Wie mir Duncker & Humblot mitteilt, ist die Festschrift gedruckt und umgebrochen. Ich freue mich auf Ihren Beitrag.

3) Haben Sie Karl Newman (Köln 1968) Wohin treibt etc.[476] gegen Jaspers gelesen; N. will anscheinend Ihren Lehrer J. gegen Sie auf die Palme bringen.

— — — — — —

[Der o. gen. „Begrüßungsaufsatz“:]

[hs] Acceso a Carl Schmitt concretamente
Correo Gallego 11. Juli 1968
[ms] J. A. Gonzáles Casanova (Professor für Staatsrecht an der
Universität Santiago) [vier ms Seiten A4]
[C. S. weist in seinem Brief besonders auf die Stelle S. 2 u. hin, die von dem „zerbrochenen Spiegel“ spricht: Der ganze Absatz ist überschrieben „Ex Captivitate Salus“, und nach dem Zitat einiger als „persönliche Bekenntnisse ersten Ranges“ bezeichneten Sätze aus dieser Schrift fährt der Redner S. 2 u. fort:]
Wenn sich ein Mensch in dieser Seelenverfassung befindet, so meine ich, daß man ihm glauben muß. In seinen Worten nur eine sich entschuldigende Sophisterei zu sehen, das ist etwas, das mehr ist als Haß: es bedeutet, den aufrichtigsten Spiegel zerbrechen, der uns beunruhigt und der uns die Unmöglichkeit zeigt, das Leben zu beurteilen.

*Nr. 356*
*B/ms*

*München, 12. Oktober 1968*

*Mein lieber Herr Professor,*

*seit ich Ihren Brief bekommen habe, war ich in Island. Das war ein alter Jugendtraum von mir – Sie werden lächeln*[477]*. Ich war vorher gewarnt worden – so überraschte es mich denn nicht, dass die Germanen nicht mehr da waren. Glücklicherweise haben sie*

475 Armin Eichholz (geb. 1914), Feuilletonredakteur des „Münchner Merkur“ und Theaterkritiker.

476 Professor Karl J. Newman (geb. 1913 in Böhmen), Emigration in England, 1964 Professor für Politologie in Köln. Seine Schrift von 1968 „Wer treibt die Bundesrepublik wohin?“ ist eines der Gründungsmanifeste der Kulturrevolution. „Ihr Lehrer Jaspers“ ist eine der genannten Gereiztheiten von C. S.: AM lernte J. erst kennen, als er ihm seine fertige Dissertation vorlegen mußte.

477 Über den anti-nordischen Affekt von C. S. vgl. S. 134 in Helmut Quaritsch (Hrsg.), „Complexio Oppositorum“ (1988; vgl. Bibliographie C. S.).

*ihre Landschaft da gelassen. Die Isländer selber kamen mir wie Schweizer vor – bloss haben sie nicht wie diese das Glück, von Geschichte zum mindesten umgeben zu sein. Reykjavik ist eine Budenstadt wie Kaiserslautern, bloss ohne Bars (es herrscht dort Prohibition). Alles Menschenwerk ist nur Komik. Dafür aber eine Landschaft, wie ich sie noch nie gesehen habe: eine reine Landschaft ohne jedes Zubehör, ohne Bäume, ohne Weglein, alle halbe Stunde mal ein einsames Pony oder ein paar Schafe. Die Ebenen unendlich weit, die Seen tiefe schwarze Augen zwischen kahlen Lavahängen, die Strassen bloss aufgeschüttete Lavabrocken, sodass sie sich gleich verlieren, die Gletscher wie vereistes Meer, bloss an der Krümmung zu erkennen. Eine Landschaft, in die man sich zum Sterben zurückziehen kann. Ein ganzes Jahr lang würde ich sie wohl nicht ertragen; jedes Jahr ein paar Wochen, das würde zu manchem Abstand geben. Schön auch, dass ich die Sprache nicht verstand – so brauchte ich mich mit niemandem auseinanderzusetzen. Fürs Praktische genügen ja ein paar Brocken der lingua franca (Englisch).*

*Ein paar Tage nach meiner Rückkehr riefen mich dann Marcel Hepp und seine Frau spöttisch an: „Weisst Du, dass die Brüder Jünger dieses Jahr zusammen nach Island gefahren sind? ...“ Ich war recht verdutzt. Heute setzte es für mich einen ähnlichen kleinen Schock ab, als ich in der Staatsbibliothek einer Rezension entnahm, dass seit dem Abschluss meines Aufsatzes für Ihre Festschrift in USA die erste kritische Geschichte der Technokraten-Bewegung erschienen ist*[478]. <...>

*Gestern erhielt ich ein Vorausexemplar meiner neuen Schrift*[479] *– sobald ich weitere Exemplare habe, sende ich sie Ihnen.* <...>

---

478 Die Technocracy-Bewegung der ausgehenden 20er Jahre in den USA und in Kanada ist etwas völlig anderes als das, was sich damals (und heute noch) in Europa als „technokratisch“ bezeichnet. Gleichwohl war es für AM eine gute Lösung, als ihm ein Amerikaner mit der ersten, grundlegenden Monographie über diese so interessante wie kuriose Bewegung zuvor kam (Henry Elsner Jr., „The Technocrats / Prophets of Automation“, Syracuse/N. Y., 1967). Nach der Konservativen Revolution war AM ein zweites deutsches Thema, die Vergangenheitsbewältigung, so wichtig geworden, daß es nur noch eines Anstoßes von außen bedurfte, um eine erste Buchveröffentlichung zu diesem neuen Arbeitsbereich zu schreiben. Er kam von einem Bonner Ministerium.

479 Armin Mohler, „Vergangenheitsbewältigung“ (1968). Diese 100-Seiten-Schrift ist ein allgemeinverständliches Handbüchlein, das von der im Vorfeld des Verteidigungsministeriums arbeitenden „Studiengesellschaft für Zeitprobleme e. V.“ angeregt worden war. Laut Klappentext schärft sie „den Blick dafür, daß es zur beliebten Tarnung des neuen, linken Totalitarismus gehört, durch unablässiges Hinweisen auf einen toten Totalitarismus von sich selber abzulenken. Der Verfasser demonstriert, welche Waffe eine verfälschte Vergangenheitsbewältigung in den Händen der kommunistischen Subversion ist. Er weist warnend darauf hin, daß die manipulierte Vergangenheitsbewältigung, die Manipulierung anständiger Gefühle, nur Verstockte zeugt und – zum erstem Mal seit 1945 – eine breite Basis für einen neuen Rechtsradikalismus zu schaffen droht.“ Von den 50 Thesen Mohlers handelt die Nummer 45 von dem in Frankreich nach Regime-Wechseln geübten „oubli du passé“ (Vergessen der Vergangenheit). Die Studiengesellschaft verlangte von AM die Streichung des Hinweises, daß er von Carl Schmitt auf diesen

*Die schöne Rede von J. A. Gonzáles Casanova habe ich gleich gelesen, als Sie sie mir schickten. Ob die Rede vom nächsten Samstag dem standhalten wird? (Ich weiss nicht, wer sie halten wird.) Auf jeden Fall freue ich mich sehr auf die Feier*[480]*!* <...>

*Nr. 357*
*B/ms*

*München, 23. Oktober 1968*

*Mein lieber Herr Professor,*

*ich habe mich über die zwei Tage, die ich mit Ihnen und Ihren Freunden verbringen konnte, sehr gefreut. Ein solcher Kreis stärkt, wenn man aus stetem Heckenschützenkrieg hergefahren kommt. Die Festschrift habe ich noch nicht, und ich hoffe, sie lässt nicht zu lange auf sich warten, denn ich bin recht gespannt darauf.*

*Besonders dankbar bin ich Ihnen, dass Sie mich in die Werner Heldt-Ausstellung mitgenommen haben. Bisher schon ahnte ich, dass das ein grosser Maler ist. Sicher aber weiss ich es erst, seit ich in Düsseldorf einen erheblichen Teil des Werkes an einem Fleck sah*[481]. <...>

---

„oubli" hingewiesen worden sei – bei Nennung dieses Namens könne sie die Verteilung des Büchleins an alle mit Erziehung befaßten Institutionen nicht durchsetzen. Nach längerer Überlegung entschloß sich AM, in diesem Punkt nachzugeben. Er war der Meinung, daß C. S. auch seine Meinung teilen werde, daß Persönliches zurückzustehen habe, wenn sich die Chance ergebe, eine größere Zahl von Köpfen mit einer unbequemen Sicht der Lage bekannt zu machen. Zudem hatte Mohler ja in der Widmung seines letzten Buches („Was die Deutschen fürchten") an Carl Schmitt bereits in aller Öffentlichkeit festgestellt, daß er von diesem Mann gelernt habe.

480 Heinrich Oberheid hatte AM auf den 19. Oktober in sein Düsseldorfer Haus eingeladen, um dort in kleinem Freundeskreis mit Carl Schmitt zusammen verspätet dessen Geburtstag zu feiern.

481 An dieser Stelle des Briefes folgt eine längere Betrachtung über die Kunst von Werner Heldt. Dann Gruß und Punkt. Der Brief wahrt die Formen. An der Nachfeier vom 19. Oktober in Düsseldorf war erstmals eine Mißstimmung zwischen C. S. und AM spürbar geworden. Der Meister nahm den Gruß des Schülers frostig entgegen und wandte sich anderen Gästen zu. Der ratlose AM wurde von einem der Gäste darauf hingewiesen, daß im Haus Oberheid seine neue Schrift „Vergangenheitsbewältigung" geöffnet auf dem Flügel lag – es waren die Seiten mit dem „oubli du passé", als Anklage sozusagen. Verteidiger hatte AM allerdings auch. AM erspart dem Leser die Details. Wesentlich ist, daß die Beziehung zwischen Meister und Schüler ihre Unbefangenheit verloren hatte. (In allen Fassungen seines abschließenden Buches zur Vergangenheitsbewältigung, „Der Nasenring", hat AM dann im Abschnitt 2.21 festgehalten, daß er durch Carl Schmitt in den Komplex „oubli du passé" eingeweiht wurde – das war in diesem Buch möglich, weil es von einem freien Schriftsteller, ohne ministerielle Bevormundung, geschrieben worden war.)

Nr. 358
B/hs Plettenberg,
27/3/69

Mein lieber Arminius,
für Ihre beiden Schreiben (29/12/68, und 11/3/69) sowie für die Mitteilung des Napoleon-Prospekts mit der Nachricht vom Tode Kojèves) vielen Dank! Über Rassem habe ich mich herzlich gefreut; die Nürnberger Winkelried-Glosse[482] ist ebenfalls erfreulich; zu dem Affen-Film[483] (Ihr Schreiben vom 29/12) müssen Sie unbedingt lesen: Ardrey, Adam kam aus Afrika (Verlag Molden, Wien). Ferner die Zeitschrift „Theater Heute“ Märznummer 1969, über Brecht und die Intellektuellen, sowie Dürrenmatts Strindberg-Stück. Martinis Büchlein über die NS-Prozesse[484] habe ich nicht erhalten. In Schrenck-Notzings[485] Zukunftsmacher hat mich die üble Behandlung von Hugo Ball entsetzt; auch das Wortspiel „Ballspriester“. Von Günther Krauss erhielt ich eine Einladung zu Ihrem Vortrag in Köln 12. April d. J. Also an Ihrem Geburtstag! Ich habe in den Osterferien Besuch von meinem Enkel Carlos und bin leider nicht reisefähig. Könnten Sie nicht für ein Gespräch, das nötig wäre, in Plettenberg vorbei kommen? Aus Frankreich werde ich auf ein Buch über Jünger und Heidegger aufmerksam gemacht, das diese Beiden reinwasche sur mon dos. Ich habe es noch nicht gesehen. Kennen Sie es? Was arbeiten Sie jetzt? Mir hat der Winter arg zugesagt[486]; bald wird es wohl hageln, denn Epirrhosis heisst „Stärkung“ und nach unserer Epirrhosis, die ei-

482 Edgar Traugott, Chefredakteur der „Nürnberger Zeitung“ (Nr. 44, 1969), unter dem Titel „Winkelried“ über Mohlers Büchlein „Vergangenheitsbewältigung“: „Winkelried ist unter den Schweizern immer noch nicht ausgestorben. Das beweist Armin Mohler, indem er die feindlichen Speere nicht etwa für seine Landsleute, sondern von den Deutschen für die Deutschen – auf seine Brust zieht.“

483 AM hatte über den Besuch des Films „Planet der Affen“, einer negativen Utopie, mit seinen beiden Söhnen berichtet.

484 Winfried Martinis Schrift „Die NS-Prozesse im ost-westlichen Spannungsfeld“ (Pfaffenhofen a. d. Ilm 1969) war einer der frühesten Hinweise auf die „Instrumentierung“ der Vergangenheitsbewältigung durch den Kommunismus. Es ist kennzeichnend für die langsam sich verengende Situation der Medien, daß selbst ein Bestseller-Autor wie WM ein solches Thema nur in einer kleinen Klitsche im Vorfeld des Bundesnachrichtendienstes von General Reinhard Gehlen (1902–1979) behandeln konnte.

485 Caspar v. Schrenck-Notzing, „Zukunftsmacher / Die neue Linke in Deutschland und ihre Herkunft“ (Stuttgart 1968, Seewald Verlag). Auch dieses Buch von Sch. ist eine Pionierleistung: als eines der ersten weist es auf eine Linke hin, die nicht aus Moskau, sondern aus dem Wohlstand kommt, aus der Schickeria. C. S., der in dem Buch nicht vorkommt, fühlt sich gleichwohl persönlich getroffen durch diesen Satz über Hugo Balls Rolle als Gründer des „Dadaismus“ (90): „Die intellektuellen Balls-Priester sahen in der deutschen Niederlage, auf die sie hinarbeiteten, den Anbruch des lichten Zeitalters“ (was S. 88f. reichlich mit Zitaten belegt wird). Daß C. S. die um ihn herum sich bildende „permissive Gesellschaft“ nicht mehr wahrnimmt, ist nicht zu übersehen.

486 So wörtlich der Text.

nen sehr grossen Eindruck macht, fühlen auch die „Andern“ ihrerseits das Bedürfnis nach einer Stärkung. Bracher[487] als der Schnellst-Historiker hat schon bei Kiepenheuer & Witsch geschossen, besonders in einem noch schleunigst angefügten Schlusskapitel.
Ich hoffe, dass Sie alle bei bester Gesundheit sind und den Frühling fröhlich begrüssen. Ich bin Ihnen noch eine Aufklärung über den Ausfall Joachim Kaisers schuldig, der März 1967 im „Monat“ Seite 94 stand; am besten mündlich.
Herzliche Grüsse und Wünsche Ihres alten

Carl Schmitt

*Nr. 359*
*B/hs*

*München, 9. 7. 69.*

*Mein lieber Herr Professor,*

*eben habe ich bei Oberheid gefragt, wo Sie dieser Brief erreichen kann – in Plettenberg oder in Santiago ... Ich habe Sie in Spanien geglaubt, das mir jetzt viel näher ist, seit ich wenigstens Madrid, den Escorial, das Valle des los Caidos, Toledo und Barcelona gesehen habe. Ich wollte nicht 50 werden, ohne Spanien gesehen zu haben ... Und dort habe ich viel an Sie gedacht. Es ist ja auch ein eigenartiges Erlebnis, in einem Land zu sein, wo selbst die Augen liberaler Gelehrter aufleuchten und Achtung zeigen, wenn Ihr Name fällt. So ging es mir mit einem Kunstgeschichtsprofessor der Universität Madrid (Velasquez Institut), der mit Jurisprudenz begonnen hat und Prados heißt. <...>*

Nr. 360
DS

April 1970

Rüdiger Altmann, Kokelores. Privatdruck Seewald, Stuttgart 1969. 13 S.

[Darin von C. S. auf der Titelseite hs:]

487 Dr. iur. Karl Dietrich Bracher (geb. 1922), seit 1959 Ordinarius für politische Wissenschaft in Bonn. Gemeint ist sein Buch „Die deutsche Diktatur“ von 1969, das in der Bundesrepublik zu einem Standardwerk der offiziösen Politologie geworden ist.

Diesen Sylvester-Gruss 1969/70[488]
als verspäteten und verdrehten
Ostern-im-Schnee-Gruss
– Schnee-Rätsel-Tier-Gruss –

meinem lieben Arminius
Mohler
zum 12. April 1970
mit vielen herzlichen Grüssen
und Wünschen für ihn und
die Seinigen von seinem alten
San Casciano
April 1970
Carl Schmitt
(vgl. p. 10)

[hs Randbemerkungen von C. S., Seite 7:]
dagegen vgl. Baron Schrenck-Notzings „Balls-Priester"

[und Seite 10:]
vgl. Seite 7 Trotzki im Exil, dort Peter Weiss Arm in Arm mit Schrenck-Notzing gegen Ball (Emmy Hennings)

*Nr. 361*
*B/ms*

*München, 4. Juli 1970*

*Verehrter, lieber Herr Professor,*[489]

*von gemeinsamen Freunden höre ich, Sie hätten sich in der Presse von mir distanziert, höre auch, daß man Sie zu bewegen sucht, mir in dieser Sache zu schreiben. Aber ich möchte Ihnen doch gleich schreiben, daß Sie sich mir gegenüber nicht verpflichtet zu*

---

488 Das Klima in der Post von C. S. ändert sich. Als einziges in diesem Jahr der traditionelle Gruß zum Geburtstag; aus dem „lieben Arminius" wird versachlichend der „liebe Arminius Mohler" – die sibyllinischen Sprüche verdicken sich – „Schrenck-Notzing" wird zum „Baron Schrenck-Notzing" gedehnt – Altmanns Privatdruck als Schreibunterlage dient dazu, in dem gedruckten Text Altmanns ein Lob für Hugo Ball handschriftlich mit Schrencks Formel von den „intellektuellen Balls-Priestern" zu konfrontieren – AM wird ausgerechnet in diesem Geburtstagsgruß für die Sprüche seines Freundes in Sippenhaftung genommen …

489 Das „Allgemeine Deutsche Sonntagsblatt" vom 28. 6. 70 weist auf das Fernseh-Gespräch „Ist der Parlamentarismus noch zu retten?" hin, das Rüdiger Altmann und der prominente „68er"

*fühlen brauchen. Wenn ich in Zeiten, wo die Altmanns vorsichtig in Deckung gingen oder sich allenfalls zu einem „Ja, aber" durchrangen, mich ohne jede Reservationen zu Ihnen bekannt habe, so tat ich das um der Sache und auch um meiner Selbstachtung willen. Es verpflichtet Sie zu nichts. Und ich bin Ihnen unwandelbar dankbar für das, was ich von Ihnen und bei Ihnen gelernt habe.*

*In diesem Sinne möchte ich Ihnen zu Ihrem bevorstehenden Geburtstag von Herzen alles Gute wünschen!*

*Ihr dankbarer*
*Arminius.*

Nr. 362
DS

[Plettenberg, 24. Oktober 1970]

Carl Schmitt, Politische Theologie II, [mit der Widmung:]
für Arminius Mohler,
mit herzlichem Dank für die

---

Jens Litten mit C. S. im Norddeutschen Rundfunk führen werden. Die Ankündigung wird begleitet von einem Bericht Littens über ein Gespräch mit C. S., das allerdings nur in indirekter Aussage wiedergegeben wird. Man liest dort unter anderem folgende Gedanken Littens: „Ob er ein Konservativer sei, frage ich ihn, und der Schüler, der dieses Gespräch ermöglicht hat, Rüdiger Altmann, lächelt. Schmitt sieht für die Konservativen keinen Platz mehr in unserer Gesellschaft. Er zieht einen deutlichen Trennungsstrich etwa zu einem Armin Mohler." Damit findet Altmann seine langersehnte Rache an AM, dem er die Buchwidmung „Für Carl Schmitt, von einem, der zugibt, von ihm gelernt zu haben" nie verziehen hat. AM kannte den Text aus dem Sonntagsblatt noch nicht, als er den Brief vom 4. 7. schrieb. Er war jedoch über einen Protest von Ernst Forsthoff und Hans Barion (als Ebenfalls-Konservativen) informiert, die von Schmitt einen klärenden Brief an AM forderten. C. S. antwortete jedoch nicht auf dessen Brief vom 4. 7. – das war die von AM erhoffte Wirkung seines Briefes; es wäre ihm peinlich gewesen, von seinem Meister eine Art von „Entschuldigungsbrief" zu erhalten. Barion und Forsthoff wurden von AM gebeten, nicht weiter zu insistieren. Am meisten bewegten AM drei Briefe von Günther Krauss (von 4., 6. und 11. August 1970), aus denen Paul Noack in seiner C. S.-Biographie (S. 293) zitiert hat. Ihr Grundton war, daß AM um der Sache willen nichts übrig bleibe, als die Pille zu schlucken. Erst später erfuhr AM von anderer Seite, welch bittere Pille Günther Krauss 1936 hatte schlucken müssen: damals hatte ihm sein Meister (und erst recht dessen Gattin) die Schuld an jenen Angriffen des „Schwarzen Korps" zugeschoben, welche Schmitts Karriere im Dritten Reich ein Ende machten. (Nach Auskunft von Piet Tommissen hatte Frau Schmitt Günther Krauss nach 1945 immer noch nicht verziehen.) So stand 1970 Mohler seinem Meister bei dessen Techtelmechtel mit den „Achtundsechzigern" im Wege, die Carl Schmitt wohl mit Recht für eine effektivere Waffe gegen das vor allem anderen verhaßte liberale Establishment der Bundesrepublik hielt.

Zusendung des Nachrufs Marcel Hepp
und in aufrichtiger Erwiderung seiner
Grüsse
Plettenberg 2, den 24. Oktober 1970
Carl Schmitt

Dieu s'en va,
la Théologie reste.

Nr. 363
DS

[Plettenberg-Pasel, 5/1/1972]

Sonderdruck aus DER STAAT, 10. Bd., Heft 3, 1971, mit einer Buchbesprechung der „Epirrhosis / Festgabe für Carl Schmitt" (1968) und der Widmung:

für Arminius Mohler
in herzlicher Erwiderung
seiner Wünsche für das Jahr 1972,
mit vielem Dank für die interessanten
Informationen über technocracy-Bewegung
und für den de-Gaulle-Aufsatz, hocherfreut
über die Nachricht von der bevorstehenden
neuen „Konservativen Revolution in Deutschland"
als Handbuch
Carl Schmitt
(vgl. S. 407)

Plettenberg-Pasel
5/1/1972

Nr. 364
AK[490]/hs:

Plettenberg, [15. 8. 73]

San Casciano[491] (der Schutzpatron der verfolgten Schullehrer; im Missale Romanum erscheint er am 13. August)

490 AK: Carl Schmitts Haus „San Casciano" in Plettenberg-Pasel.

491 Nach einem Schweigen von fast zwei Jahren nimmt Carl Schmitt die Korrespondenz mit Armin Mohler wieder auf – wenn auch auf Sparflamme. Das alte Vertrauensverhältnis ist nicht wieder herzustellen. Äußerlich hat sich einiges verändert. In der Zwischenzeit hat C. S. das für ihn ge-

Herzlichen Dank, lieber Arminius Mohler! Dass Sie sich meiner an meinem 85. Jahrestag erinnern hat mich umso tiefer gerührt, weil ich die Geburtstage meiner Freunde vergesse. Doch „behalte" ich jeden Beweis der Freundschaft, vor allem den, an den H. D. Sander in seinem Aufsatz Die Welt 11/7/73 erinnert hat. Ihnen und Ihrer Frau wünsche ich gute Gesundheit und Freude an der Arbeit; die beiden Söhne sind wohl schon emanzipiert. Frl. Anni Stand lässt Sie beide vielmals grüssen.
Ihr alter
Carl Schmitt.

Nr. 365
DS

[o. O., 29/9/73]

Johannes Gross, Lesegedanken – Lesefrüchte / für Carl Schmitt zum 11. Juli 1973 / Daniel, Cap. 12, V. 3
[mit der Widmung:]

Wir, die wir Schatten Wesen einst verliehen
sehn Wesen jetzt als Schatten von uns ziehen
(1842)
für Arminius Mohler zur Erinnerung
an den Abend in San Casciano

29/9/73 Carl Schmitt

baute Gartenhaus in Pasel, einem Vorort von Plettenberg, bezogen. Er nennt den schlichten, einstöckigen Bau „San Casciano". Der Bau erspart ihm das Treppensteigen. C. S. hat hier auch zum ersten Male seit seiner Rückkehr in die sauerländische Heimat ein Telefon, das er häufig benützt. Im Herbst 1973 erster Besuch von AM im neuen Heim. Außer einer Bemerkung von C. S., es habe sich um ein Mißverständnis gehandelt, wird über die Vorgänge von 1970 nicht gesprochen. (Jahre später erfuhr AM von Piet Tommissen, daß auch er das Opfer von Gefühlsschwankungen von Carl Schmitt wurde. Er fügte jedoch hinzu, daß C. S. bei einer späteren Begegnung tat, als ob es keine Entfremdung gegeben habe.)

Nr. 366
B/hs

597 Plettenberg-Pasel 11 a
3. Dezember 1973

Lieber Armin Mohler,
Ihr Aufsatz[492] mit der mich tief bewegenden Widmung bedeutete für mich ein sehr lebendiges Gespräch. Ich staune über Ihre Kenntnis der Sache, auch wenn ich oft protestiere. Schriftlich kann ich keine Diskussionen mehr führen. Der kalte Winter und die groteske Situation de l'espèce humaine setzen mir arg zu. Das Problem des Valle de los Caidos nicht weniger. Meiner Gläubiger sind viele; Gläubige habe ich nie gemocht und nie gehabt.
Ich habe eine kleine persönliche Bitte: Anliegend ein Zeitungsausschnitt, angeblich aus Rosenheim. Wer könnte diese E. sein? Mir läge daran, das zu wissen. Die Notiz strotzt von Anzüglichkeiten und sous-entendu's; ein grosses Vergnügen.
Herzliche Grüsse und Wünsche für Sie und Ihre Frau. An Ihren Besuch erinnere ich mich gern. Auch Anni lässt vielmals grüssen und schickt Adventsgrüsse. Mit ihrem Kachelofen hat sie durch die Öl- und Energie-Krise einen fabelhaften Triumph errungen, den sie stolz geniesst.

Ihr alter
Carl Schmitt.

— — — — — —

Zeitungsartikel aus „Oberbayrisches Volksblatt"/Rosenheim vom 3. 12. 73:
„Es darf wieder nach dem Staat gefragt werden.
Verurteilt, umstritten und wieder interessant: der 85jährige Staatsrechtslehrer Carl Schmitt"

[am Ende von C. S. hs:] Wer könnte dieser E. sein?

492 Es handelt sich wohl um einen Text über den spanischen Bürgerkrieg von 1936 bis 1939. AM hatte von C. S. erfahren, daß Franco und die Falange auch die Gebeine gefallener Anarchisten und Kommunisten in die große unterirdische Kathedrale im „Tal der Gefallenen" überführen wollten. Sie mußten darauf verzichten, weil sonst die katholische Kirche die Kathedrale nicht geweiht hätte.

*Nr. 367*
*B/ms*

*München, 7. Dezember 1973*

*Mein lieber Herr Professor,*

*bei dem Artikel aus dem OBERBAYRISCHEN VOLKSBLATT (Rosenheim) handelt es sich um eine Übernahme aus dem Kopfblatt MÜNCHNER MERKUR. „E“ ist der Feuilletonchef Armin Eichholz selber. Er sagte mir später, er sei zwar kein Fachmann in Jurisprudenz, aber er habe den Artikel selber schreiben wollen, damit nicht einer der üblichen Schmäh-Artikel auf seinem Schreibtisch lande. <...>*

Nr. 368
B/hs

[Plettenberg, 16/6/74]

Mein lieber Arminius, im unergründlichen Verlies meiner Papiere ist diese Karte vom 22/6/68 mit angeklebtem Zettel irgendwo stecken geblieben. Ich entdeckte sie soeben – 1. Sonntag nach Trinitatis, vormittags gegen 11 Uhr – und brachte es nicht über mich, sie mit altem Papier als Abfall zu behandeln. Auch der handschriftliche Zusatz zu dem „Gedicht“ vom 12/5/68 ist unverändert vom 22/6/68.* Ich übersende dieses kleine Dokument so wie es hier ist unverändert nach 6 Jahren an seinen Destinatär als Ihr alter

Pl. Pasel
16/6/74

Carl Schmitt
Quod scripsi scripsi.

*Der „Schreihals“ kann also nicht Korff sein; soviel Zeit habe ich heute nicht mehr.

— — — — — —

Ak/hs

[mit einem Brief von Joan Miró: Chien aboyant à la lune]

Mein lieber Arminius: vielen Dank für Ihre Drucksachen (Zeilen kann man hier leider nicht sagen); ich schreibe in Eile, weil Prof. Forsthoff Montag 24/6 in München bei Ihnen spricht und George Schwab am gleichen Tag nach München kommt. Ich habe ihm (und seiner entzückenden Frau) Ihre Adresse gegeben; hoffentlich meldet er sich rechtzeitig,* sodass er den Vortrag von F. vielleicht noch hören und mit Forsth. sprechen kann, was sehr wichtig wäre, aus einem akuten Anlass; trotz Ridder, Grass und Teufel; daher dieser eilige Brief. Ich werde am 5. Juli nach Santiago fahren. Herzliche Grüsse Ihnen und Ihrer lieben und verehrten Frau, und alle guten Wünsche für Sie beide und die Jungens! Stets Ihr alter

Carl Schmitt

22/6/68

* ich weiss nämlich nicht,
wo er in München wohnt.

[Auf angeklebtem Zettel ms + hs:]
Lyrische Antwort an einen
Schreihals:
Ich wollte mich versöhnen
doch da bellt ein Hund.
Was bellt der Hund?
Er bellt: homo homini homo.
Mensch, meide Reime,
reime lieber Mensch auf Hund,
[hs] statt Mensch auf Mensch und lass die
Hunde bellen

12. Mai 1968 C. S.
[hs] Sonntag Cantate

Nr. 369
B/hs

San Casciano
den 18. September
1974

Lieber Armin Mohler, Ihr Buch „Von Rechts gesehen"[493] hat mich Seite für Seite gefesselt. Der Nachruf auf Marcel Hepp ist ein würdiger „Tymbos". Ich würde Ihnen gern ausführlicher dazu schreiben, aber ich höre schon die ungeduldigen Rufe, mit denen mein neuer Freund Charon von seinem Nachen aus zur Eile treibt. Ein Gespräch zum Thema „Konservativismus" würde ich bei dem Schluss meines Aufsatzes über „Donoso Cortés in Berlin" (S.65, über „die besonderen Schwierigkeiten einer konser-

493 Armin Mohler, „Von rechts gesehen" (1974), eine Sammlung von Aufsätzen. Erster deutscher Buchtitel seit 1945, in dem das Wort „rechts" positiv gemeint ist (wohl daher der etwas grimmige Blick).

vativen Politik") ansetzen. Neulich besuchten mich Ernst Jünger mit Frau, und mit Carl Alexander von Paderborn aus. Anni lässt Sie und Ihre Frau herzlich grüssen. Das Foto auf dem Umschlag Ihres neuen Buches finden wir beide zu sehr nach „uns kann keener"; sonst sind wir selten einer Meinung. Wie geht es Winfried Martini? In seinem Nachruf auf Ernst Forsthoff in der „Welt" (Mitte August) spricht er zuviel von mir; doch bleibt der Nachruf verdienstlich und dankenswert im Vergleich zu der schnöden Verabschiedung in der FAZ und der missglückten Anstrengung in der Deutschen Zeitung. In Ihrem neuen Buch kommt Forsthoff ja nur „im Galopp" vor. Das Problem liegt Ihnen zu fern, obwohl es zum Schicksal der deutschen Universität gehört, auch dem Ihrer Heimat-Universität Basel.

Ihr alter
Carl Schmitt.

Ist es möglich, noch ein Exemplar von Christoph Steding's Dissertation über Max Weber (1939) aufzutreiben; sie wird total totgeschwiegen (vgl. Positionen und Begriffe, 1940 Seite 272, mein Exemplar ist abhanden gekommen).

Nr. 370
B/hs

[o. O.,] Freitag 22/11/74

Lieber Armin Mohler,
Herzlichen Dank für Ihr neues Buch![494] Ich habe es schon gelesen; eine vorbildliche Information. Absage an Illusionen: es gibt nämlich keinen Konservatismus mehr, sondern nur noch „Das Konservative", analog: das Religiöse, oder das Kirchliche; das Politische etc. etc. Hans Fleig schickte mir gleichzeitig die NZZ vom 15. November; wissen Sie wer dort der Verfasser des Berichtes über einen Vortrag über „Legalität und Legitimität" im Feuilleton ist? Er zeichnet Mey?
Notizen lagen Ihrer Sendung an mich nicht bei. Sava Klickovič erzählte mir von seinem Besuch bei Ihnen. Sie, lieber Arminius im Strahlenscheine des Herder-Verlages zu erblicken, erfüllt mit Hoffnungen das Herz Ihres alten

Carl Schmitt

494 Keineswegs ein Buch von AM, sondern der Sammelband von Gerd-Klaus Kaltenbrunner (Hrsg.), „Die Herausforderung der Konservativen / Absage an Illusionen" (Band 3 der Herderbücherei INITIATIVE, Freiburg i. Br. 1974). Darin ein Beitrag von AM: „Deutscher Konservatismus seit 1945". – In dem „Strahlenscheine des Herder-Verlages" kommen die Schmittschen Vorbehalte gegen den institutionellen Katholizismus, so auch dieses publizistische Mammut-Unternehmen, zu Tage.

— — — — — —

[ms]

Julio Caro Baroja (Neffe von Pio Baroja, ein auch ins Deutsche übersetzter baskischer Romanschriftsteller)
Los Judíos en la España moderna y contemporanea, 3 Bände (jeder 500 Seiten!) Madrid, Edición Aríon, 1962
Bd. 3 Seite 244:
Ein Rothschild reist in Spanien und besucht als gebildeter Mensch viele Kirchen. In einer dieser Kirchen führt ihn der Küster vor das Bild einer wundertätigen Madonna.
Rothschild fragt:
„Wieso ist sie wundertätig? Was für Wunder tut sie?"
Der Küster:
Sie weint, wenn sie einen Juden sieht!
Rothschild wartet auf das Wunder, das ausbleibt. Schliesslich gibt er dem Küster ein Trinkgeld und sagt:
„Eure wundertätige Madonna ist ein grosser Schwindel! Sie hat nicht geweint, und ich bin Jude!"
Darauf der Küster:
Pst! Nicht so laut! Auch ich bin Jude!

Nr. 371
B/hs

Pl. Pasel, 4/1/76

Lieber Armin Mohler,
vielen Dank für Ihre beiden Aufsätze aus Criticon und für den interessanten Vortrag über den „Traum von den Urkulturen"[495]. Diesen erwähne ich für meine Empfangsbestätigung besonders, weil ich auf der Verlust-Liste der von mir noch nicht erledigten Aufgaben (neben Th. Däubler, neben Donoso etc.!) auch noch den Namen Bachofen stehen habe (vgl. das Vorwort meines „Nomos der Erde"). Bei der Lektüre Ihres Aufsatzes über Giselher Wirsing[496] überwog Kritik und Protest; den zweiten Aufsatz habe ich mit grossem Gewinn gelesen.

495 In der von AM herausgegebenen THEMEN-Reihe wurde eine Auswahl der in der Carl Friedrich von Siemens Stiftung gehaltenen Vorträge als Privatdrucke veröffentlicht; so als Nr. 22 (1974): Pastor Ekkehard Hieronimus, „Der Traum von den Urkulturen".

496 Unter dem Titel „Deutsche Nachkriegspresse und Vergangenheitsbewältigung" zeigte AM am Beispiel von Giselher Wirsing (Criticón Nr. 32) und Karl Korn (Nr. 34), wie Presse-Könige sich durch Verbiegung ihrer Lebensläufe erpreßbar machten.

Ihrem Wunsche betr. Ihre Briefe[497] folge ich gern; ich habe ihn aber nicht genau verstanden. Mein „Nachlass“ ist in einem fürchterlichen Zustand; ein Teil ist schon in einem Archiv (das ich nicht öffentlich ausposaunen will <...>) in Sicherheit – [Einfügung am Rand:] aber noch nicht geordnet und registriert – ; ein anderer Teil liegt noch auf dem Ihnen bekannten Speicher am Brockhauserweg; ein dritter Teil bei mir; ich werde gleich dort suchen; leider bin ich ohne Hilfe und meine Sehkraft ist sehr geschwächt. <...>
Viele meiner zahllosen Briefe sind in aller Welt verstreut. Kopien habe ich nur ausnahmsweise. Wer Lust hat, mich jetzt schon einzubalsamieren und mir vorher noch schnell die Hufeisen abzureissen, mag es versuchen. <...>
Ihnen und Ihrer verehrten Frau herzliche Wünsche für das kommende Jahr 1976; auch von Frl. Anni! Ihr alter

Carl Schmitt

*Nr. 372*
*B/ms*

*München, 7. Januar 1976*

*Mein lieber Herr Professor,*

*über Ihren langen Brief vom 4. Januar habe ich mich sehr gefreut! Wegen der Briefe gab es ein Missverständnis: es geht nicht um meine Briefe an Sie, die sind unwichtig; es geht um Ihre Briefe an mich. Es sind sehr viele, und die meisten davon wird es nur in diesem handschriftlichen Exemplar geben. Deshalb möchte ich sie durch Fotokopieren sichern. Meine Frage war einfach: an welches Archiv soll ich die Fotokopien geben? <...>*
*An Wirsing habe ich nicht kritisiert, dass er sich Hitler anschloss, sondern, dass er nach jedem Umsturz bei den Siegern sein wollte und jedesmal 200%ig abschwor. <...>*

497 AM hatte angefragt, wo er Fotokopien der in seiner Hand befindlichen (und meist handschriftlichen) Briefe von C. S. an ihn deponieren solle, da die Originale ja einem Unglück zum Opfer fallen könnten.

Nr. 373
AK/hs

[Plettenberg,] 10/5/76

Lieber Armin Mohler, beide Sendungen – Criticon mit Ihrer Karl-Korn-Hinrichtung, und der Antiq.Katalog – haben mich sehr interessiert; sonst kommt so leicht keiner auf die Idee, mir etwas zu schicken. Wie finden Sie das Buch von Mlle Steinhauser „Ecrits et Lettres“[498]? Sollte ein solches Dokument im allgemeinen Stumpfsinn des etablierten „Status quo – was sonst?“ untergehn? Das würde mir leid tun. Muss eine Französin Kiesinger ohrfeigen, um in der DDR gefeiert zu werden? In dem Antiq.Katalog steht bei Nr. 572 (Pol. Theol) „vgl. Abbildung“; bezieht sich das auf einen andern Katalog? Im gleichen Katalog habe ich keine solche Abb. gefunden. A propos Clausewitz: ein Parallelfall zur Neu-Edition W. Benjamins durch Adorno findet sich in der Neu-Selbst-Edition (oder Selbst-Neu-Edition) von Willy Haas (Herausgeber der Literarischen Welt, später bei der „Welt“); lesen Sie Epirrhosis Seite 721 (Mitte), wegen der Tri-Konfiguration: Clausewitz – Carl Schmitt – Lenin doppelt beziehungsreich (Anm. 59); ein guter Fund von Tommissen. Im übrigen bin ich neugierig auf die Art von hundertjähriger Geburtstagsfeier, die Theodor Däubler (17. 8. 76) bevorsteht. Alle guten Wünsche Ihnen und Ihrer Frau!

Ihr alter C. S.

Nr. 374
B/hs

[Plettenberg,] 16/7/76[499]

Lieber Armin Mohler,
herzlichen Dank! Und herzliche Erwiderung Ihrer Grüsse, für Sie und Ihre Frau, auch von Anni! Die Hitze hat selbst im kühlen Sauerland alles gelähmt und den schönsten Garten ausgetrocknet.
Mit dem Abdruck der Sorel-Abschnitte bin ich einverstanden, wie Sie es vorschlagen. Es freut mich zu hören, dass Julien[500] mit seinem Vortrag bei Ihnen Anklang gefunden hat.

---

498 Die in der Straßburger Universität als „maître de conférences“ tätig gewesene Germanistin Marie-Louise Steinhauser (geb. 1924), eine Elsässerin, übersetzte den „Begriff des Politischen“ ins Französische und gab 1976 bei Gallimard eine kommentierte Auswahl von Clausewitz-Texten heraus: „Carl von Clausewitz de la Révolution à la Restauration / Ecrits et Lettres“.

499 Der Brief – vom Autor mit dem 16.7.76 datiert – ist mit einem Poststempel vom 15. 7. 76 versehen.

500 Julien Freund hat in der Carl Friedrich von Siemens Stiftung in München einen Vortrag über Georges Sorel gehalten, der in der bereits genannten Schriftenreihe THEMEN erscheinen soll. AM

Ihr Fund in dem Pariser Katalog[501] macht mich abergläubisch. Die Briefe von Pierre Linn und seiner Frau sind ein kostbares Konvolut; die Zeitgeschichtsschreibung in Mainz ist grotesk; sie machen dort aus Waldemar Gurian den Haupthelden des deutschen Katholizismus und lassen sich das viel Geld kosten; doch wird das Sie nicht interessieren. Mich würde interessieren, ob Sie die Sendung im Bayer. Nachtstudio, vom Donnerstag 10. Juni 1976 22.17–23.00 Uhr/B 2 gehört haben, über Max Weber als „Psychopathen und „kaputten Menschen"; eigentlich müssten Sie das und rennt meine Frage offene Türen ein. Das wäre bei meiner totalen Isolierung kein Wunder, vielleicht auch kein Schaden.
Ein Pferd aus dem Stall Carlo-Schmid-Graf Krockow (Frankfurt) ist kavalleristisch schwer gerüstet gegen meine bereits 20 Mal endgültig vernichtete Unperson zum 21. Male angetreten (Ingeborg Maus; Bürgerliche Rechtstheorie, etc. Verlag Wilhelm Fink in München); gleichzeitig erscheint ein neuer Otto-Kirchheimer-Band bei Suhrkamp (Edition S. Nr. 821), mit alten Sachen, darunter auch ein Auszug aus der Dissertation abgedruckt, mit der Kirchheimer in Bonn mit mir als Referenten 1928 promovieren konnte; man sieht: der Liberalismus ist Sache der Starken und nicht der Schwachen; die Schwachen gehen daran zugrunde und sollten besser nicht damit anfangen, denn sie können es sich nicht leisten.
Gute Erholung für diesen kommenden Monat!

Stets Ihr alter
Carl Schmitt.

2 kleine bibliographische Hinweise

(1)[502] der jetzt durch das amerikanische Buch über die Schwestern Richthofen von Martin Green berühmt gewordene Anarchist Otto Gross, ist von mir schon in Pol. Theologie I (1922) mit Selbstverständlichkeit sachgemäss genannt (in der unveränderten 2. Aufl. von 1934 auf Seite 72)

---

bat um die Erlaubnis, in der auf den Vortragstext folgenden Dokumentation die wichtigsten Stellen über Sorel aus Carl Schmitt, „Die geistesgeschichtliche Lage des heutigen Parlamentarismus", 2. Auflage von 1926, drucken zu dürfen. Damit, mit Texten über Sorel von Ernst Wilhelm Eschmann und Thomas Niederreuther und mit markanten Szenen aus dem Leben Sorels im Anhang der Broschüre wollte AM dem lauen Sorel von Julien Freund ein härteres Bild dieses Urvaters der Konservativen Revolution entgegenstellen.

501 AM hatte berichtet, er habe aus einem Pariser Antiquariats-Katalog die ihm noch fehlende Erstauflage von Schmitts „Völkerrechtliche Großraumordnung mit Interventionsverbot für raumfremde Mächte" (1939) erwerben können. In dem Band habe eine Postkarte gelegen, die C. S. 1929 an Madame Pierre Linn in Paris geschrieben habe. Die Karte stamme aus Rom und zeige den Vatikan, mit Pius X. in einem Medaillon. Pierre Linn war ein mit C. S. befreundeter Bankier und Philosoph aus dem Kreis um Maritain und ist den Schmittisten bekannt durch die mehrfache Erwähnung in Schmitts „Glossarium" (1991).

502 Diese und die folgenden Ziffern sind im Original nicht eingeklammert, sondern eingekreist.

Das ist aber nur einigen extremen Anarchisten aufgefallen, die es auch ausposaunt haben. Normale deutsche Leser merken nichts.

(2) Die 1. Aufl. der Parlamentarismusschrift ist ebenfalls 1923 (die Sorel-Stelle dort (unverändert) Seite 53ff erschienen).

(3) George Schwab organisiert eine Tagung für Oktober; in New York; seine Übersetzung des Begriffs des Politischen soll nun endlich erscheinen

(4) Sehr bedeutend: Koselleck, über asymmetrisch-negative Begriffe (in der Sammlung Poetik & Hermeneutik, Bd. VI, Positionen der Negativität, (bei Wilhelm Fink, Verlag, München, 1975) Seite 104

(5) Am 17. August 1976 ist die 100. Geburtstags-Feier Theodor Däublers fällig. Die Riesen-Applaudier-Maschine wird ihn nicht bemerken. In meiner Schrift vom Jahre 1916 könnten Sie die Stelle über Richard Wagner nachlesen.

*Nr. 375*
*B/ms*

*München, 18. November 1976*

*Mein lieber Herr Professor,*

*in meinem heutigen Nico Sombart-Verriss in der Welt wurde der letzte Satz des 5. Absatzes gestrichen;*

> *zu Frauen hielt. Ebenso gewaltsam ist es, wenn Sombart, um einen Knüller für den Schluss seiner langen Abhandlung zu haben, auch noch den Staatsrechtler Carl Schmitt, der schon zu so viel hat herhalten müssen, in das Richthofen-Weber-Drama einfädeln will, mit dem dieser wirklich nichts zu tun hat.*

*Ich bat die Redaktion ausdrücklich, nichts zu streichen – es hat nicht genützt …*
*Seit einiger Zeit liegt bei mir das Buch von Richard Faber: DIE VERKÜNDIGUNG VERGILS, das wohl als der Beitrag von Jacob Taubes zur C. S.-Literatur anzusehen ist. <…>*

— — — — — —

Der Zeitungsausriß: Anton Madler, Zeitschriftenkritik: Merkur: „Münchens Mütter wider Preußens Väter“, in DIE WELT, 18. 11. 1976. (AM schrieb die Kolumne „Zeitschriftenkritik“ nach redaktioneller Vereinbarung unter dem Pseudonym „Anton Madler“.)

*Eigentlich hatten wir zum letzten Heft (Nr. 341) der Monatsschrift Merkur gegriffen, weil es, mit Beiträgen von Sternberger, Habermas, Erich Heller und Hans Jonas, eine Gedenknummer an Hannah Arendt ist. Wir wurden aber durch den weniger philosophischen Reiz zweier anderer Damen auf Abwege gebracht. In dem Heft ist nämlich auch von den Schwestern Richthofen die Rede, von Frieda Lawrence und Else Jaffe, deren Charme so weitreichende Wirkungen auf die deutsche und die englische Geistesgeschichte dieses Jahrhundert hatte.*
*Nicolaus Sombart, Sohn des großen Nationalökonomen und Public-Relations-Mann beim Europarat in Straßburg, berichtet über das zu Jahresbeginn auch auf deutsch erschienene Buch „Else und Frieda, die Richthofen-Schwestern" des englischen Kulturpsychologen Martin Green. Sombart scheut sich nicht, dieses von Skandalgeruch umwitterte Buch „eine der scharfsinnigsten Analysen der deutschen Sozial- und Geistesgeschichte der letzten hundert Jahre" zu nennen.*
*Den Skandalgeruch hatte das Buch vor allem daher, daß es die von den Betreuern der Weber-Legende vertuschte Liebesgeschichte des späten Max Weber mit der schönen Else publik machte. Dieser Seitensprung des Propheten des protestantischen Ethos war für Green zusammen mit Friedas „Erweckungstätigkeit" an David Herbert Lawrence, ihrem Mann, das Hauptargument für die These seines Buches. Green sieht in Frauen wie den Richthofen-Schwestern, der Gräfin Franziska von Reventlow oder etwa Lou Andreas-Salomé nicht nur die Heroinnen der Frauen-Emanzipation, sondern zugleich die Priesterinnen einer erotischen Revolution: Hier habe sich um die Jahrhundertwende von Schwabing her sozusagen die „Große Mutter" gegen den Paternalismus von Berlin-Bismarck-Preußen aufgebäumt.*
*Green verwendet das Instrumentarium der Psychoanalyse, doch mit einer (zum mindesten für diese Art von Forschung) relativen Diskretion. Er verliert die konkreten Menschen nie ganz aus den Augen. Die faustdicke Generalisierung über den Gräbern von Frieda und Else vollzieht erst Nico Sombart, und zwar in einer dahergehudelten Weise, die nicht nur in einer einst so disziplnierten Zeitschrift wie dem „Merkur", sondern auch angesichts von Sombarts Intelligenz überrascht.*
*Mit der an ihm gewohnten Selbstsicherheit nimmt Sombart jun. in dieser Sache eine spezielle Kompetenz in Anspruch, und die gesteht man ihm nicht nur in Sachen Ödipuskomplex zu. Aber es dürften ihm Vereinfachungen wie diese, daß „der Matriarchatsmythos wesentlich eine Sache von schwulen Männern" sei, nicht unterlaufen. Bachofen schockierte seine puritanischen Baseler Mitbürger sehr, als er als würdiger Professor noch ein um Jahrzehnte jüngeres, bildhübsches Mädchen heiratete. Hingegen war sein Antipode Jakob Burckhardt, der gar nichts mit Matriarchat im Sinne hatte, ein Hagestolz, der sich stets auf Distanz zu Frauen hielt.*
*Das tollste Stück ist jedoch, wenn Sombart von den Richthofen-Schwesten her gleich das ganze Dritte Reich samt Hitler erklären will. Da er an dem Schema paternalistisch-diktatoriales Berlin contra erotisch-freiheitliches München stur festhält, muß er natürlich auch Hitler auf der „guten" Seite einordnen. Als Brücke dieser Konstruktion dient der Mystiker der „Blutleuchte" Alfred Schuler, der um 1900 in Schwabing resi-*

*dierte und später ungefähr gleichzeitig mit Hitler im Salon der Frau Bruckmann verkehrte.*

*Aber so kühn ist Sombart auch wieder nicht, Hitler bis ans Ende seines Essays auf der guten Seite zu belassen: „Hitler – das muß man doch sehen – ist nicht der Nachfolger Bismarcks, sondern sein absoluter Gegenspieler. Sein oberstes Ziel war die Demontage Preußens. Er hat seine Mission in dem Augenblick verraten, in dem er den sozialrevolutionären Flügel der ‚Bewegung' den Ansprüchen der Reichswehr opferte, als er ‚Staats'-Chef wurde und damit in die Zwänge der Vatergesellschft eintrat." Es stört den Mini-Marcuse Nico Sombart offensichtlich nicht, daß der sozialrevolutionäre Flügel der NSDAP gerade unter eindringlicher Berufung auf Preußen und zusammen mit der Reichswehr den Augiasstall München ausmisten wollte. Werner Sombart, der Vater, stellte auch zuweilen kühne Thesen auf. Aber die waren doch historisch besser abgesichert.*[503]

ANTON MADLER

Nr. 376
PK/hs

[Plettenberg, 20. 1. 76]

zu Ihrem Schreiben 18/11/76

L.A., Vielen Dank; ich weiss nichts von der Welt; ist es so schwer, mir 1 Expl. zu schicken? Ich sehe, Sie können sich keine Vorstellung von meiner Isoliertheit machen. Nicolaus Sombarts 3facher Vatermord ist ein Ritualer Vorgang und war wohl längst fertig. Der Initierte tötet seinen Initiator – aber jeder kann jeden töten, das heisst nämlich: homo homini homo.

Ihr alter
C. S.

---

503 Diese Auseinandersetzung macht wohl verständlich, weshalb in den 70er Jahren die Mehrheit der Schmittianer gegenüber Nicolaus Sombart auf Distanz gingen, und zwar unabhängig vom obligaten Streit um die Auslegung des so verwirrend komplizierten Schmittschen Werkes. Die Exzentrik von „Nico" war bekannt. Aber die Art, wie er mit einer Vulgär-Psychoanalyse die deutsche und die Weltgeschichte umzuspaten versuchte, ging doch den meisten zu weit und galt als unseriös. Und diejenigen, welche C. S. schon vor dem Zweiten Weltkrieg kannten, konnten nur den Kopf schütteln über Sombarts halsstarrige Manie, C. S. zu einem Frauenverächter zu stilisieren. Als dann Nico Sombart seinen frühen väterlichen Lehrer in einem ganzseitigen Pamphlet in der „Zeit" (17. 1. 1992) einen „Giftzwerg" nannte, hatte er seine letzten Fürsprecher im alten Freundeskreis verloren.

Nr. 377
B/hs

Pasel, 7/3/77

Herzlichen Dank, lieber Armin Mohler. Der muralismo-Artikel[504] ist glänzend. Seit Erich Matthias habe ich nichts so Gutes über Mexiko gelesen; und seit dem Buch von Eberhard Straub über die Briefe des Hernan Cortés an Karl V. Die „weissen Götter" (dioses blancos) von heute sind blamiert; dagegen ist kein Nobel-Preis gewachsen und keine Anstrengung des strebsamen Völkchens der Nobel-Preis-Träger und nun erst noch der N. P. Kandidaten! Ich erwarte einen Bericht von Peter Scheibert über Mexiko; hoffentlich erlebe ich den noch; Scheiberts Jahres-Rundbrief Ende 1976 war grossartig.
Grüssen Sie Ihre Frau herzlich, auch von Anni. Anima will im Juni kommen. Ob ich das erlebe? Glück auf zur Übersetzung = Einspeichelung Ihrer K. R. in die babylonische Welt-Einheits-Sprache! Wird sie das überstehen?

Ihr alter

C. S.

*Nr. 378*
*AK[505]/hs*

*München, 31. 5. 77.*

*Mein lieber Herr Professor,*

*der verlorene Sohn Jacob Taubes ist zurückgekehrt, und wir denken an Sie*
*Ihr Armin Mohler*

*Der Benjamin-Brief an Sie steht in der Mitte der Diskussion*
*Freundlich Jacob Taubes*

*– auch die Ortlosigkeit des Marxismus, des Judentums*
*Herzlich Ihr Hans-Dietrich Sander*

504 Armin Mohler, „Im Land der ‚institutionalisierten Revolution'" (in Criticón, Jg. 1977, Nr. 39). Im Muralismo Mexicano, der mexikanischen Wandmalerei, entdeckte AM den Gegenpol zur Tafelmalerei des Liberalismus, vom Impressionismus bis Picasso.

505 AK mit einer Transfiguration von Gerard David: Brügge um 1500.

*In der Erinnerung an das Zusammensein in den Jahren 1934/35 im Hause von Dr. Schranz:*

*Joh. Ludwig Döderlein*[506]

Nr. 379
B/hs

[o. O.,] 30. 8. 77

Mein lieber Armin: lassen Sie doch diesen kümmerlichen D<...> sich zum Teufel scheren; soviel klein-politisches Gruppen-Engagement steht doch jenseits von Gut und Böse, auch von bona oder mala fides. Lesen Sie lieber den Vorabdruck aus der für November angekündigten W. Rathenau-Ausgabe in

Neue Rundschau 88, 1977
Seite 386 ff

und warten Sie auf dieses Buch!
Was Capitant[507] von mir hielt, und von meinem verfassungsjuristischen Oeuvre, weiss ich selber am besten. Ich besitze auch noch seine Empfangsbestätigung für meinen „Leviathan" von 1938, aus Strassburg vom Juli 1938.
Auch J. P. Faye[508] ist übel; warum Jobst Siedler ihn jetzt druckt, weiss ich nicht. Habe ich Ihnen s. Z. eine Abschrift meines Antwort-Briefes an Faye von 1960 geschickt? das heute zu lesen scheint mir interessanter als den alte Narrativitäten[509] von wegen „Nazi", d.h. die Angst vor der Einsicht, dass alles das, was die Euro-Sozis oder Euro-

---

506 Diese von vier Männern sehr verschiedener Prägung gezeichnete Postkarte nach Plettenberg zeugt dafür, daß die enigmatische Gestalt von Carl Schmitt in jenen Jahren immer wieder recht konträre Köpfe im Gespräch vereint. Neu in dieser Runde ist J. L. Döderlein, Nachfahre von Hegel, Besitzer eines Teils von dessen Nachlaß, ausgebildet in der „Leipziger Schule" der Soziologie, linker Kopf mit rechtem Herz. Am selben Abend trug sich ein nach langen Jahren wieder Aufgetauchter so in das Gästebuch von AM ein: „Wiederkehr des Verdrängten: Jacob Taubes".

507 Nochmals das bereits behandelte Thema (C. S.-Brief Nr. 206), ob der französische Justizminister René Capitant bei dem Entwurf der gaullistischen Staatsverfassung von C. S. beeinflußt sein könnte. Auch ein französischer Politologe wurde von der bei Begegnungen mit C. S. so häufigen Berührungsangst befallen.

508 Jean Pierre Faye (geb. 1925), französischer Poet und Essayist, hat 1972 in zwei Büchern („Langages totalitaires" und „Théorie du Récit") die Diskussion um die Konservative Revolution in die semiologische Fachsprache übersetzt. Wen wundert es, daß das in der Bundesrepublik mit bemühtem Respekt aufgenommen wurde?

509 „den alte Narrativitäten": Hier sind bei allen drei Wörtern die Endungen nicht mit voller Sicherheit zu entziffern. – Durch Einschübe und nachträgliche Umstellungen ist auch das Ende dieses Absatzes unklar: Möglicherweise ist auch zu lesen: „ist Faschismus = Stalinismus"; ein Satzzeichen am Ende fehlt.

Bolschis heute machen, den Namen National-Sozialismus verdient; die strenge Sprachregelung Nazi = Faschist stammt von Stalin; ist Stalinismus = Faschismus
Ihr „Criticon" hat sich da mit einem Adam-Müller-Galvanisierungs-Versuch einen weiteren Anti-Schmittianismus geleistet. Ernst Bloch, sein rhetorischer Lobredner Walter Jens, und Adam Müller (das deklarierte Idealbild dieses W. Jens) das sind 3 Redner: Redendes Reden (Kierkegaard ist schweigendes Reden); die Natur der Alten ist Mythos redendes Schweigen; unser Nicolaus ist ein Kaspar Hauser, der aber nicht Chevau-léger werden will (was anständig wäre und seine Rettung) sondern Euro-Eurotiker.
Trauriger Lebensabend (dies alles mitansehn zu müssen)

Ihres alten
Carl Schmitt

Nr. 380[510]

[o. O., 22. 10. 77]

Sonder-Meldung durch Kurier(in)

Lieber Armin Mohler,
die Sache mit Capitant ärgert mich besonders; Capitant war vor 1933 und nach 1933 oft bei mir in Berlin, auch in meiner Wohnung, mit stundenlangen Gesprächen. Den engen Kontakt von art 48 Weimar mit art 16 de Gaulle (Hüter der Verfassung „gardien de la Constitution") kann niemand bestreiten; es hat aber heute – Oktober 1977 – keinen Sinn, darüber zu sprechen. Schändlich ist die Besprechung von Faye's Einführung (bei Suhrkamp) in FAZ (11. Oktober 1977), die nicht einmal das bemitleidenswert miserable Deutsch dieser Übersetzung bemerkt hat, Semiotik!!
Also Dank für 2 Zusendungen von zwei Büchern Faye; der Vergleich mit dem deutschen Text ist eine Fundgrube für antifaschistische Semiotik und Dramaturgie !! (Ich schicke die Bücher bald zurück.)
Kennen Sie die Negelinus Schattenrisse von 1913? (Aufsatz von H. Muth Beiheft Hist. Z. 1971)
hierfür wichtig: Prof. Schulin (Freiburg Br.) Ausgabe der Werke W. Rathenaus erscheint im November d. J 1977 (bei Suhrkamp)

Abs. C. S. „enjoué"

510 Am Rande dieses Briefumschlages steht der ms Hinweis von AM: „dieser Umschlag, enthaltend das 2. und 3. Blatt eines C. S. Briefes an J. P. Faye, wurde von Anima am 22. Oktober 1977 nach München gebracht." Der „Brief"-Text von C. S. an AM steht auf dem Umschlag – ohne ersichtliches Ordnungssystem „irgendwie" um die Adresse herumdrapiert.

— — — — — —

[hs] Abschrift, vgl. J. P. Faye, Theorie der Erzählung [..?..] Übersetzung Suhrkamp 1977, S. 72, 88, 158

[ms]
Prof. Dr. Carl Schmitt

Plettenberg/Westfalen,
den 5. September 1960

Monsieur, (Jean Pierre Faye, Paris)

il y a eu trop de temps je n'avais rien entendu de mon ami Nicolaus Sombart. Me voilà maintenant très heureux de lire son nom dans votre lettre. Le problème de votre thèse me préoccupe beaucoup et ses détails continuent à me hanter. Je m'empresse d'essayer une réponse à vos trois questions.

Erstens: Die Formel „totaler Staat" war vor meinem Buch „Der Hüter der Verfassung", 1931, in Deutschland nicht geläufig, weder im allgemeinen Bewußtsein, noch in der wissenschaftlichen Fachliteratur. Ich selber bin durch juristische Beobachtungen und Erwägungen zu der Formel gekommen, und zwar auf dem Weg über die Formel „totaler Krieg". Diese ergab sich aus zwei völkerrechtlichen Entwicklungen:

a) des Abrüstungsproblems, mit seiner uferlosen Ausdehnung des Begriffs „potentiel de guerre", wobei schließlich alles Kriegspotential werden konnte, und
b) des Begriffs der Konterbande, der sich so ausweitere, daß schließlich alles Konterbande sein konnte. Ich erinnere mich, ein französisches Buch (von Léon Daudet?) aus dem Jahre 1918 zitiert gesehen zu haben, das den Titel „la guerre totale" trug.

Unter dem Eindruck dieser unwiderstehlichen Auflösung überlieferter völkerrechtlicher Unterscheidungen und Grenzen ergab sich für die Auflösung der überlieferten, staats- und verfassungsrechtlichen Unterscheidungen und Trennungen (wie Staat und Gesellschaft, Staat und Wirtschaft, Politik und Kultur usw. usw.) die Formel vom totalen Staat, und zwar als reine Wirklichkeits-Analyse, ohne jedes ideologische Interesse, ohne politische Zielsetzung und ohne philosophisch-metaphysische Implikationen. Sie war auch nicht faschistisch orientiert. Die Unterscheidung von quantitativer und qualitativer Totalität zeigt den rein analytisch-deskriptiven Charakter der Betrachtungsweise.

Vielleicht suchen Sie eine Wortgeschichte der Formel und möchten den Finger auf den Punkt legen, an dem sie zum erstenmal aufscheint, sei es in Deutschland, sei es im faschistischen Italien? Hier bin ich tatsächlich überfragt. Sollten Sie hierfür Genaueres entdecken, so würde mich das sehr interessieren.

Das Problem der logischen Reihenfolge: totaler Feind, totaler Krieg, totaler Staat, und das geschichtliche Verhältnis dieser drei Totalitäten ist in einem Aufsatz des Jahres 1937 behandelt, der in meiner Sammlung „Positionen und Begriffe" (1940) Seite 275 abgedruckt ist. In der gleichen Sammlung „Positionen und Begriffe" finden Sie einen Aufsatz „Völkerrechtliche Neutralität und völkische Totalität" von 1938, der ebenfalls

Äußerungen zum Thema „totaler Staat“ enthält. Auch das Sachregister dieser Sammlung enthält manche Hinweise, ebenso wie das Sachregister der Verfassungsrechtlichen Aufsätze von 1958. Verzeihen Sie, daß ich von meinen eigenen Arbeiten spreche, aber der Hinweis erleichtert meine Mitteilungen.
Zweitens: In Deutschland stieß die Formel vom totalen Staat damals, 1931, auf eine ungeheure metaphysische Erwartung und Bereitschaft, die nur entfesselt zu werden brauchte. Für Hegel ist das Ganze, also das Totale, das Wahre; es gab eine eigene Ganzheitsphilosophie usw. Alles sprang an, als Ernst Jüngers Abhandlung „Totale Mobilmachung“ (also ein Stück des „totalen Krieges“) als selbständige Broschüre erschien, nachdem sie 1930 als Beitrag in der Sammlung „Krieg und Krieger“ erschienen war. Die Hegelianer Binder und Larenz kann man nicht als Bahnbrecher der Formel vom totalen Staat bezeichnen. Binder vertrat vielmehr, in einem Aufsatz der Zeitschrift „Logos“ 1934 ausdrücklich den autoritären Staat. Daß der autoritäre Staat die einzig mögliche Gegenposition gegen den totalen Staat war, wurde kaum bemerkt, obwohl Heinz Ziegler in seiner Schrift „Autoritärer oder totaler Staat“ 1932 die Alternative mit musterhafter Klarheit gestellt hatte. Während ich dieses schreibe, fällt mir auf, daß man damals nicht auf die Formel „totalitärer Staat“ (statt totaler Staat) gekommen ist, und daß es eine interessante Untersuchung für sich wäre, der Entstehungsgeschichte des Begriffs „Totalitarismus“ nachzugehn. Übrigens ist heute deutlich zu sehen, daß die eigentliche Dialektik schon damals, vor 1933, die totale Partei, und nicht den totalen Staat betraf; zu dieser Dialektik bitte ich die Glosse 3 auf Seite 366 der Verfassungsrechtlichen Aufsätze von 1958 zu betrachten.

[Hier links neben den letzten fünf Zeilen vom Autor die hs Randbemerkung:] diese Dialektik, die zur totalitären Partei führt, will er nicht begreifen. 19/10/73[?] C. S.

In Italien war damals viel mehr philosophisches Wissen und Bewußtsein von Hegel verbreitet als im bürgerlichen Deutschland der 30er Jahre, und zwar bei Faschisten wie bei Antifaschisten, wofür die Namen Gentile und B. Croce stellvertretend sind. Aber in Deutschland war, wie gesagt, stimmungsmäßig mehr metaphysische Erwartung und Bereitschaft. Für den Faschismus darf ich hier vielleicht eine persönliche Erinnerung mitteilen. Ich hatte am Ostermittwochabend, den 15. April 1936, im Palazzo Venezia ein längeres Gespräch unter vier Augen mit Mussolini. Das Gespräch betraf das Verhältnis von Partei und Staat. Mussolini sagte mit Stolz und deutlicher Spitze gegen das Nationalsozialistische Deutschland: „Der Staat ist ewig; die Partei vergänglich; ich bin Hegelianer!“ Ich bemerkte: „Auch Lenin war Hegelianer, so daß ich mir die Frage erlauben muß: wo ist denn heute die weltgeschichtliche Residenz von Hegels Geist? In Rom, in Moskau, oder vielleicht doch noch in Berlin?“ Er antwortete mit einem entzückenden Lächeln: „Diese Frage gebe ich Ihnen zurück.“ Worauf ich: „Dann muß ich natürlich sagen: in Rom!“, was er mit einer charmanten, höflich-ironischen Geste quittierte. Die Unterhaltung mit ihm war ein großes, intellektuelles Vergnügen und bleibt mir in allen Details unvergeßlich. Er bezweckte mit einem Gespräch eine Warnung an Hitler, die ich weitergeben sollte, was ich, freilich sehr vorsichtig, auch getan habe, und was mir sehr übel bekommen ist.

Schließlich: Ich weiß nicht, worauf Prof. Hans Rothfels sich stützt, wenn er mit Bezug auf Popitz von „Staatssozialismus“ spricht. Popitz ist niemals von dem klassisch-preußischen Staatsbegriff abgewichen (vgl Glosse 3 Seite 366 der Verf. Aufsätze von 1958). Dieser Staat war eines Totalismus oder gar Totalitarismus weder fähig noch willens, wohl aber intensiver Eingriffe und Kontrollen, besonders in Ausnahme-Situationen, wie Krieg, Krise, Mobil- und Demobilmachung. Nun gibt es allerdings die bekannte, durch Spengler berühmt gewordene Begriffs-Koppelung: Preußentum und Sozialismus. Sollte Rothfels daran gedacht haben? Auch gibt es Amerikaner, für die bereits die Preußischen Staatsbahnen (weil sie, obwohl keine kapitalistisch betriebenen Unternehmen, gut funktionierten und sich sogar gut rentierten) verbrecherischer „Staatssozialismus“ waren. Aber Rothfels gehört doch wohl nicht zu solchen Amerikanern. Man kann, wie Brüning das noch heute tut, Popitz eher den gegenteiligen Vorwurf machen, daß er für die Gesichtspunkte der kapitalistischen Schwer-Industrie zuviel Verständnis gehabt habe.
Soweit für heute meine Antwort. Ich hoffe, da Sie, lieber Herr Faye, Freude und Erfolg mit Ihrer Arbeit und Ihrem interessanten Thema haben und kann, trotz meines hohen Alters, meine intellektuelle Neugierde für Ihre Ergebnisse nicht unterdrücken.

Mit allen guten Wünschen

Ihr
gez.: Carl Schmitt

Nr. 381
AK[511]/hs

[Plettenberg,] 9/11/77

Lieber Armin Mohler, jetzt habe ich von Anima einen schönen langen Bericht (narration? récit?) über die gastfreundliche Aufnahme erhalten, die das Kind bei Ihnen und Ihrer verehrten Frau in München gefunden hat. Dafür möchte ich mich ausdrücklich bedanken. Auch für die beiden französischen Texte (Langages Totalitaires und Theorie du Recit) bin ich Ihnen sehr dankbar; ich schicke sie bald zurück. Die deutsche Übersetzung der „Théorie“ bei Suhrkamp ist einfach schändlich und saudumm; ein wahrer Ulk; von deutscher Sprache weiss aber auch der französische Semantiker dieser Sprach-„Analysen“ nichts wesentliches; weder von dem ductus deutscher Sätze noch von der Aura deutscher Worte. Antifa-Geist ersetzt alles; und das Feuilleton der FAZ (11/10) applaudiert nicht wie damals 1933, sondern ohne jeden Vorbehalt von Herzen

511 AK: Plettenberg/Sauerland, Partie an der Lenne.

laut jubelnd. In meiner Hilflosigkeit hätte ich diese Spitzenprodukte des neuen Euro-Deutsch nicht bemerkt; also ganz besonderen Dank für Ihre Leihe der beiden Bücher!

Stets Ihr Carl Schmitt

Können Sie sich an diese Stelle des Brockhauser Weges noch erinnern?[512]

Nr. 382
B/hs

597 Pl. Pasel, 18/11./77

Lieber Armin Mohler: ich erhalte soeben das lustige Buch „Non nescius nemo" (= Lützeler, Bonn) durch Gerhard Funke in Mainz – dank Ihrer Vermittlung. Dadurch haben Sie mir einen Moment der Erleichterung verschafft. Das weiss ich wohl zu schätzen, in der hoffnungslosen Situation des „docui, sed frustra". Könnten Sie mir eine Zeile informierender introduction über Herrn Funke schreiben? Kennen Sie meinen Beitrag Fackelkrauss in Franz Blei's Bestiar.
Ich schicke Ihnen Ihre beiden J. P. Faye-Bücher bald zurück. Wenn Sie sie (oder eines von den beiden) gleich brauchen, schicke ich es sofort. Diese Begegnung mit einem Franzosen, der aus seinem Missverhältnis zum deutschen Wort und zur deutschen Welt die Tugend des antifaschistischen Heldentums zu machen weiss – mit deutscher Hilfe – das ist kein schönes Alters-Erlebnis[513]. Anima wird Ihnen den Text meines Schreibens an ihn vom Sept. 1960 (!) überbracht haben; er zitiert es (in der „Theorie") zweimal, bemächtigt sich aller meiner Informationen und spuckt einem dann ins Gesicht, hoch auf der antigermanischen Welle des Herbstes 1977 reitend, wie Scheel auf der gelben Postkutsche singend und narrant.
Der Gruss, den Gerhard Funke mir übermittelt hat, tut seine wohltätige Wirkung. Ist inzwischen Christian Meiers „Cäsar" erschienen? Ich hatte zu seiner Einleitung zum Bellum Civile (Der Bürgerkrieg, bei Schünemann, Bremen, Sammlung Dieterich, 1964 Bd 293)[514]; inzwischen schreiben wir 1977, und es wird immer nuklearer und immer totaler; die Normen und Werte aber bleiben bei Louis Philippe. Ich habe 1933 nicht aufgehört zu denken; auch 1945 nicht; ich höre auch 1977 nicht auf; aber – soweit man mich noch erwähnt – sucht man mich auf 1928/29 festzulegen und die fol-

512 Dies ist eine Anspielung auf den „Gang nach Ohle" – 27 Jahre später (vgl. Anm. 70).

513 AM hatte C. S. 1960 dringend empfohlen, nicht an Faye zu schreiben. AM hatte während seines Aufenthalts in Paris persönlich die Erfahrung gemacht, daß dieser Sprößling der „Haute Société Protestante" es nicht bloß für einen Fehler, sondern geradezu für eine Sünde hielt, wenn jemand anders dachte als er.

514 Der Satz ist syntaktisch unvollständig.

gende Gedanken-arbeit als „Nazi-Gedankengut“ zu verschweigen und zu bestehlen .... „erst schweigen sie, dann verschweigen sie“; diese lieben Deutschen.

Ihr alter Carl Schmitt

[Am rechten Rand des Briefes:] Wichtiger Hinweis: Rathenau-Ausgabe (Suhrkamp) durch Prof. Schulin (Vorwort)

Nr. 383
B/hs

[o. O.,] 6/12/77

Lieber Armin Mohler,
heute schicke ich den Band Faye, Langages Totalitaires als Päckchen zurück, mit vielem Dank! Das kleinere Buch „Théorie du Récit“ folgt demnächst. Ich danke Ihnen herzlich für die grosse Hilfe, die Sie mir durch die Überlassung erwiesen haben. Der Fall Faye hat mir das ganze Elend unserer heutigen Art Öffentlichkeit zum Bewusstsein gebracht. Dieser Faye hat keine Ahnung von der Semantik der deutschen Sprache; aber sein antifaschistischer Affekt A-A-Affekt ersetzt ihm Alles, ihm und seinen deutschen Geistes und Narrantenbrüdern. Man könnte ein Buch in deutscher Sprache darüber schreiben. Noch grösser freilich ist der Skandal mit der deutschen Übersetzung der Theorie du Récit (Récit wird dort mit „Erzählung“ verdeutscht; Recit bedeutet aber semantisch etwas ganz anderes nämlich „Bericht“ zum Unterschied von Erzählung narration. Der Suhrkamp-Übersetzer scheint ein per-[515]Ignorant zu sein; aber dergleichen fällt in Deutschland nicht mehr auf.
Ihre „Aufforderung, trotzdem Ernst Jünger zu lesen“ ist eine treffende Art von Besprechung[516]. Ich habe mir inzwischen „Magazine Littéraire“ November 1977 besorgt und ausserdem auch die Besprechung von Sepp Schelz im Allg. D. Sonntagsblatt gelesen. Jüngers Buch selbst kenne ich noch nicht.
Von Prof. Gerhard Funke[517], Mainz, habe ich inzwischen einen deutlicheren Eindruck. Dagegen ist prof. Schulin's Vorwort zur neuen Rathenau-Ausgabe (bei Fischer) noch nicht bis zu mir gelangt. An Taubes habe ich einen Antwortbrief geschrieben, der hoffentlich eine weitere Behandlung des Themas „Leviathan“ und der drei für mich wich-

515 sic: „per-“ steht am Ende einer Seite, die nächste beginnt mit „Ignorant“.

516 Diesen Vorgang vermag AM nicht mehr zu rekonstruieren.

517 AM hatte den Mainzer Philosophie-Ordinarius Gerhard Funke (geb. 1914) gebeten, sein ohne seinen Verfassernamen erschienenes Buch „Non nescius nemo“ an C. S. zu schicken. Es erinnerte ihn an das „Große Bestiarium der modernen Literatur“ (1922) von Franz Blei, an dem C. S. mitgearbeitet hatte. Nach Meinung von AM brauchte sich Carl Schmitt solcher Schülerschaft nicht zu schämen.

tigen Autoren: Leo Strauss, Walter Benjamin und Hermann Cohen ermöglicht; ein Hebraist wie Taubes ist für mich ein wahres Gnadengeschenk der Vorsehung.
Über die gastliche Aufnahme, die Anima bei Ihnen und Ihrer Frau gefunden hat, bin ich immer noch erfreut und beglückt. Ich sage Ihnen heute schon meine herzlichsten Festtagswünsche, denen Anni sich anschliesst, und bleibe Ihr unveränderlicher

Carl Schmitt.

Bei der Beerdigung von Heinrich Oberheid in Düsseldorf-Kaiserswerth am 22. November hat sich weder die evangelische Kirche als solche, noch der internationale Stahl- und Eisenhandel als solcher zu Wort gemeldet. Weder jene noch diesen scheint es „als solchen" zu geben. Dass ein Mann wie Oberheid sang- und klanglos „bestattet" wird ist ebenso signifikant wie der schon längst wieder vergessene Lärm um Ernst Bloch vor einem Vierteljahr. Sie schreiten lärmend ins Imaginäre.

*Nr. 384*
*BK/ms*

*München, 21. Januar 1978*

*Mein lieber Herr Professor,*

*in der ersten Januarhälfte war die Klausur der Redner der Reihe DER ERNSTFALL.*[518] *Am zweiten Tage sagte einer von ihnen: „... Carl Schmitt, der ja unsichtbar hier mit am Tisch sitzt ..."* <...>

Nr. 385
AK/hs

[Plettenberg,]
24/1/78 (Friedrichs-Tag)

Lieber Armin Mohler, Ihre Vortragsreihe für Juni-Juli, ist – den angekündigten Themen und deren Formulierung nach – fabelhaft. Alle guten Wünsche für den Vollzug! Ich las Schroers' Besprechung von Ernst Jüngers Eumeswil im Merkur; das ist aber

518 Die von AM in der C. F. v. Siemens Stiftung (München) im Juni/Juli 1978 durchgeführte Vortragsreihe „Der Ernstfall" – erste Veranstaltung mit diesem Thema in der Bundesrepublik – erschien 1979 als zweiter Band der Schriftenreihe der Stiftung im Propyläen Verlag; ein erheblicher Teil der Vorträge wurde im Rundfunk gesendet. Die Redner waren: Horst Albach, Rüdiger Altmann, Knut Borchardt, Paul Carell, Hellmut Diwald, Robert Hepp, Josef Isensee, Christian Meier, Wilhelm E. Mühlmann, H.-D. Ortlieb. Die Vortragsreihe wurde weitherum als Hommage für Carl Schmitt verstanden.

eine „Illuminierung“ des „Lumurarinus“! Von Alexander Kluge müssen Sie die Veräppelung des „letzten Schmitt-Schülers“ (Edit. Suhrkamp Nr. 819 S. 328/30[519]) und Anima's lesen um zu wissen, wie man sich mit einem „Nomos“ auseinandersetzt und was „kritisch“ heute bedeutet. Mit Taubes bin ich in Kontakt gekommen, aber wie soll ich das weiterführen, angesichts Habermas im gleichen Merkur und vor allem, wie soll Taubes das weiterführen? Ferner: Rathenau-Ausgabe von Schulin, S. 523 (Schattenrisse). Ihr

C. S.

Ihren Faye Théorie du Récit erhalten Sie bald zurück

Nr. 386
B/hs

[o. O., Februar 1978]

Lieber Armin Mohler: diesen Beitrag zum „Nomos der Erde“ (vgl. den Schluss, geschrieben 1945) müssten Sie im Aspekt des „Ernstfalles“ beachten; dazu (eine <u>kostbare</u> Publikation, unwahrscheinlich heute, Februar 1978 zu lesen) ein Beitrag in der Epirrhosis Bd. II 1968 (in der Sie doch auch präsent sind) über „Europäisches Grossraumdenken“ Seite 528 von Joseph H. Kaiser, in Freiburg i. Br. (Institut für Öffentliches Recht, Werthmannplatz. Hat das vielleicht nichts mit „Ernstfall“ zu tun, was sich heute in Äthiopien abspielt Der Aufsatz von Joseph Kaiser ist in jeder Hinsicht: wissenschaftlich, informatorisch (vgl. Times vom 5 April 1939, NZZ von 1940 etc).
Endlich erhalten Sie den Faye-Récit zurück. Kann in dieser verschmierenden Narrativität Récit = Bericht und narration = Erzählung promiscue verwenden. Roman ist occasi[ ?] zu einem <u>Roman</u> (nicht zu einer Fabel! etc)

Unverbesserlich Ihr alter
Carl Schmitt

Ich schreibe gerade ein kurzes Vorwort zur 4. Aufl. unveränderter Neudruck) der Diktatur von 1921.

[Am rechten Rand des Briefes:] Ich bin sicher, dass Joseph Kaiser gern mit Ihnen sprechen würde.

[Am linken Rand des Briefes:]
2 Anlagen:
1 Times [..?..] 7/2/78
1 Buch (Faye Récit)

519 Möglicherweise auch „528/30“ zu lesen.

— — — — — —

Aus der Times vom 7. 2. 78 die Kopie des Artikels „MONROE DOCTRINE FOR AFRICA?“, darüber von C. S. hs: „Der Nomos der Erde ‘Lines have to be drawn’“ und unten „outsider = raumfremde Mächte!“

*Nr. 387*
*B/hs*

*München, 8. 7. 78.*

*Mein lieber Herr Professor,*

*Ihr Geburtstag naht <...> Meine Huldigung besteht in der Vortragsreihe DER ERNSTFALL, in deren Mitte wir stehen und über der, den meisten sichtbar, Don Capisco thront. Sie sind der meistzitierte Mann in dieser Reihe. Natürlich sprach schon Altmann in seiner Eröffnungsrede von Ihnen. Eine Überraschung war Paul Carell alias Paul Karl Schmidt. Er schloss seinen Vortrag mit dem Schluss des „Gespräches über die Gewalt“ und fügte hinzu: „Damit keine Unklarheit besteht: diese Worte sind von Carl Schmitt ...“. Isensee widmete Ihnen in seinem glänzenden Vortrag einen ganzen Abschnitt. <...>*

Nr. 388
DS [o. O.,] 28. 8. 78

Sonderdruck aus DER STAAT, Heft 3, 1978, S. 320–339:
Carl Schmitt, Die legale Weltrevolution. Politischer Mehrwert als Prämie auf juristische Legalität und Superlegalität
[darin S. 321 von C. S. hs:]

An Armin Mohler
in treuer Erinnerung mit herzlichem
Dank und Gruss
28/8/78 Carl Schmitt
Docui, sed frustra.

[S. 325, Anm. zu Z. 11:] Der ganze Aufsatz – einschliesslich dieser Zeilen mit dem Leicht-Zitat – lag am 12. Juli 1978 fertig gedruckt und gebunden (broschiert) vor und wurde mit etwa 20 Exemplaren verteilt / an Gratulanten übergeben.

[S. 339, in Ergänzung des letzten Satzes:] „ – sobald die Gehirnwäsche unrentabel wurde.“

Nr. 389
AK[520]/hs

[Plettenberg,] 23/4/79

zu Ihrer Zusendung (Lexikon-Artikel Carl Schmitt 1910)[521]

Lieber Arminius: fahren Sie so fort! Es wird mir immer fraglicher, wie ein Mensch dazu kommt, nicht Schmidt, oder Schmid oder Schmitt zu heissen. Das kann nur ein verdächtiger Rest faschistischer Reaktion, oder noch Schlimmeres sein. Die Schmiede ist doch die Keimzelle des technischen Fortschritts und der Ausgangspunkt der planetarischen Industrie-Nahme. Trauen Sie keinem, der nicht Schmidt oder Schmid oder Schmitt heisst! Wohlgemeinter Rat Ihres tiefgebeugten

C. S.

Endlich spricht der Tod: Genug.

Nr. 390
B/hs

[Plettenberg,] 20. Oktober 1979

Herzlichen Dank, lieber Armin Mohler, für die Zusendung Ihrer beiden Criticon-Aufsätze und für die freundliche Widmung mit Ihrem Beifall zu meiner Diagnose und dem ihr gemässen Vocabularium! Dieser Tage erhalten Sie die „Tyrannei der Werte“, im Lutherischen Verlags-Haus in Hamburg erschienen[522]. Schelz wird es Ihnen zusen-

520 AK mit Aufnahme der Kath. Michaelis-Kapelle in Plettenberg-Eiringhausen.

521 AM hatte bei einem Antiquar ein lexikalisches Werk „Deutschlands, Österreich-Ungarns und der Schweiz Gelehrte, Künstler und Schriftsteller in Wort und Bild“ (Hannover 1910) entdeckt. Beim Blättern fiel ihm ein Schriftsteller Carl Schmitt, mit Portraitfoto und Bio-Bibliographie auf, mit Geburtsdatum 21. 2. 1872. C. S. erhielt Fotokopien des Titelblatts und der einschlägigen Seiten; der Band wanderte in die C. S.-Sammlung von Günter Maschke. A propos: der Carl Schmitt mit Geburtsdatum 1872 ist ein katholischer Geistlicher, Verfasser frommer und volksnaher Schriften.

522 Die 3. Fassung (1979) von Schmitts „Tyrannei der Werte“.

den. Mein Beitrag zu Oekumen, und zum Pecca fortiter! Ihnen und Ihrer Frau alle guten Grüsse und Wünsche!
Identitäts-Bruch-Einser – das ist die „Elite“.

Ihr alter C. S.

Nr. 391
B/hs

[o. O.,] 30. Juli 1980

Lieber Arminius[523]: zwei kostbare Sendungen habe ich dieser Tage von Ihnen erhalten: die Golo-Fairness-Information, und die Konrad-Weiß-Verwertung. Diese letztere erweckt spannende Erwartungen bezüglich der K. Weiß-Einbutterung in das korrekte C.D.U. Geschichtsbild der Jahre 1930–1940. Doch bin ich ja bereits jenseits der Linie. Mir kann niemand mehr meinen Konrad Weiß masken-bildnerisch verdrehen. Darum noch ein Extra-Dank an den Herrn Madler!
Allerdings höre ich, auf indirekten Wellen, dass Sie Ihren Freund Niekisch im Criticon auf dessen Criticon-Altar gehoben haben. Mehr weiss ich nicht. Das Criticon kommt nicht von selbst nach San Casciano; es wird von ureigenen Impulsen her ganz anders orientiert. Doch macht es mir Freude, Ihnen einmal, wie früher, wieder ein paar Verszeilen aufzuschreiben; diesmal, als der 92-jährige, halb rückwärts, aus dem Nachen des Charon skandierend und den Tod anredend:

(Konrad Weiß vorm Tode): Willst du umsonst gewesen sein,
an das Leben du selig-silberblauer Tag?
Schon dunkelt mir dein Flügelschlag,
dein letzter – lass mich nicht allein!

523 Der letzte Brief von Carl Schmitt an AM. Bei der Fairness von Golo Mann und der „Verwertung“ von Konrad Weiß hat AM die betreffenden Vorgänge nicht zu rekonstruieren vermocht. Um so deutlicher ist ihm der Streit um Niekisch. Als C. S. von Niekisch verleumdet wurde, hat Mohler sich ein Jahr lang für C. S. eingesetzt, bis Niekisch seine Anschwärzungen zurücknehmen mußte. Als AM in der Reihe der Autorenportraits von „Criticón“ Niekisch zu zeichnen hatte, bemühte er sich, neben den offensichtlichen Schwächen dieses Mannes auch seine Verdienste, etwa im Kampf gegen den Versailler Vertrag, hervorzuheben. Ernst Jünger hatte Verständnis für ein solches Abwägen, Carl Schmitt hatte es nicht – für ihn war das Verrat an seiner Person. Das machte den Umgang mit ihm um so schwieriger, je älter er wurde. Versöhnend wirkte allerdings immer wieder, wenn er die Welt mit den Augen des großen Dichters seiner letzten Jahre sah – mit denen von Konrad Weiß.

(Der Tod ihm antwortend)

Warum, wenn jetzt um Dich zerbricht,
Gelind und mild wie nie die Welt,
Willst Du nicht in mein Schattenzelt?
Wer bist Du, den ich kenne nicht?

Grüsse von Haus zu Haus, lieber Arminius Mohler, von Ihrem identischen, uralten
Carl Schmitt.[524]

[Zu „Golo-Fairness“ (Z. 2) die Bemerkung am Rande:]
Dieser Name russisch zu lesen! Holo-Fernes

524 Als Carl Schmitt 1985 begraben wurde, war AM mit seiner Frau in Spanien unterwegs und erfuhr die Todesnachricht erst, als Carl Schmitt bereits begraben war. Es lastet auf ihm, daß er seinen Meister nicht auf dem letzten Weg begleiten konnte.

# Anhang

# Nachwort des Herausgebers

Wer die Aufgabe der Edition eines komplizierten Briefwechsels auf sich nimmt, tut gut daran, sich darüber klar zu werden, was möglich ist, und wo ihm Grenzen gesetzt sind.

Für die Herausgabe eines Briefwechsels bietet sich ein verlockendes Idealmodell an: die totale Entschlüsselung. Sie würde bedeuten, daß jede auftretende Person identifiziert, jede Situation rekonstruiert und jeder zitierte Text aufgestöbert und analysiert wird. Man kann daran zweifeln, ob ein solches Programm zu verwirklichen ist – es sei denn um den Preis eines weiten Hinausschiebens der Veröffentlichung und einer Aufblähung der Mitarbeiterzahl.

Die Skepsis des Schreibenden gegenüber dem Versuch einer Total-Entschlüsselung hat jedoch noch eine weitere Wurzel. Er fürchtet, daß sie in verhängnisvoller Weise die Gewichte verschieben würde. Die Information ist eine nützliche und manchmal sogar erquickliche Angelegenheit. Sie hat aber auch eine unangenehme Seite: sie ist notgedrungen expansiv. Die Information über eine Person, von der wir den Vornamen und den Familiennamen kennen, braucht ein Mehrfaches an Text, um über sie zu informieren. So entstehen dann die Halden von Personenangaben, die sich häufen. Ihnen folgen die Berge von Auskünften über die jeweilige Lage, über die Schauplätze, über die Besorgnisse und Erlebisse dieser Menschen. Das kann recht fruchtbar sein – Walter Kempowski hat das vorgeführt und gespeichert.

Aber unsere Aufgabe ist ja nicht, über Briefe etwas in der Ferne zu finden. Für unser Buch ist der Mann, der diesen Briefwechsel mit einem jungen Mann geführt hat, der Mittelpunkt. Die Außenwelt, die in diesem Film sichtbar wird – gut, sie spiegelt Carl Schmitt auch, aber sie darf ihn nicht verdecken. Aus diesem Grunde hat der Herausgeber dieser Edition ihre Vergewichtung von vornherein festgelegt:

1 Die Briefe von C. S. sind der Kern des Buches – die Fragmente aus Mohlers Briefen sind chronologisch in sie eingeordnet, um die Zusammenhänge sichtbar zu machen.

2 Die Kommentare haben sich den Briefen unterzuordnen; sie finden sich auf der gleichen Seite und sollten in der Regel nicht mehr als ein Viertel der Seite einnehmen. Bei den Erläuterungen zu den Briefen hat sich Armin Mohler des Personen- und Sach-

kommentars und der politischen Anmerkungen angenommen; von Irmgard Huhn stammen die Hinweise und Bemerkungen zu Besonderheiten des Textes oder der Briefform.

3 Um die Blähung der Kommentare zu verhindern, wurden Personen und Institutionen, die im Brockhaus zu finden sind, nicht vorgestellt. AM konzentrierte sich auf die im „Dunstkreis von Carl Schmitt" (und Ernst Jünger) sich bewegenden Personen. Vereinzelte Personen, deren Auftritt fast ein Halbjahrhundert zurückliegt, konnte AM (der nie Tagebuch führte) nicht mehr identifizieren.

4 Die vorliegende Edition wurde von zwei Personen durchgeführt – von der Altphilologin Irmgard Huhn und von Armin Mohler – denen eine Frist von anderthalb Jahren eingeräumt war und die nicht hauptberuflich (d. h. nicht von einem Institut getragen) gearbeitet haben. Sie hatten sich zum Ziel gesetzt, aus diesem Briefwechsel das herauszuholen, was ihr eigentlicher Reiz sein dürfte: an einer von 1948 bis 1980 sich hinziehenden Kette von insgesamt 391 Posteingängen zu zeigen, wie ein großer Gelehrter es trägt, den Rest seines Lebens als Outlaw und Hauptsündenbock für seine Staats- und Völkerrechtler-Kollegen zu verbringen. Carl Schmitt hat ja nicht mehr erlebt, daß er inzwischen rund um die Welt der meistdiskutierte Vertreter seines Faches geworden ist.

5 Irmgard Huhn und der Schreibende sind sich bewußt, daß sie einen nicht unwesentlichen Teil der Inhalte des vorliegenden Briefwechsels nicht bearbeiten konnten: durch den ganzen Briefwechsel Schmitt-Mohler zieht sich eine bewegte Auseinandersetzung mit der Publizistik jener Jahre. Diesen Sektor auch zu bearbeiten, lag nicht nur außerhalb unserer praktischen Möglichkeiten – es hätte auch die nicht nur der Not entsprungene Grundkonzeption gesprengt. Vielleicht unterzieht sich einmal eine spätere Gruppe dieser Aufgabe. Das setzt allerdings voraus, daß die kommenden Schmittisten bereit sind, sich auch zu etwas herablassen, was wir – leicht abgekürzt – die „Carl-Schmitt-Sachforschung" nennen möchten.

6 Professor emeritus Dr. Piet Tommissen, aus Belgien, ist, wie jeder mit C. S. Befaßte weiß, die mahnende Verkörperung dieser Carl-Schmitt-Sachkunde. Er steht mit Recht als Dritter auf dem Titelblatt des Buches, denn er übernahm gegenüber der „Kerngruppe" die segensreiche Funktion des Großen Bruders – und zwar nicht im Sinne von Orwell, sondern im Sinne der guten alten Großfamilie. Obwohl mit unserer Konzeption nicht in allem einig, hat er immer wieder die von der Kerngruppe erarbeiteten Texte geduldig durchgesehen und uns nicht nur auf Fehler, sondern auch auf Lücken hingewiesen. Frau Huhn und ich sind ihm für diese kameradschafliche Hilfe von Herzen dankbar.

7 Einen besonderen Dank bin ich Frau Huhn schuldig. Sie hatte zwei schwierige Aufgaben übernommen: nicht nur die Transkription der handschriftlichen Briefe von Carl Schmitt, sondern auch die Erstellung des gesamten maschinenschriftlichen Manuskripts für diese Edition. Es war ein Glück für unser Unternehmen, daß der schwierigste Teil der Arbeit von einer Altphilologin übernommen wurde, die nicht nur über die sprichwörtliche Präzision dieses Faches, sondern auch über eine erstaunliche Ar-

beitsintensität und ein ebenso erstaunliches Einfühlungsvermögen verfügt. Es fällt mir schwer, die richtigen Worte für den Dank zu finden, den ich Frau Huhn schulde. Ich bediene mich deshalb – es geht ja um Carl Schmitt – der Terminologie des Ernstfalls: hätte ich diese Mitarbeiterin nicht an meiner Seite gehabt, so hätte ich nach spätestens einem halben Jahr den von Professor Joseph Kaiser, dem Nachlaßverwalter von C. S., und von Dr. Gerd Giesler, dem in Plettenberg geborenen Chef des Akademie Verlages, empfangenen Auftrag wieder zurückgeben müssen.

Armin Mohler

# Nachwort zur Transkription der C. S.-Briefe

Die hier veröffentlichten Briefe Carl Schmitts (C. S.) an Armin Mohler (A. M.) lagen uns für die Bearbeitung von Beginn an in Kopien vor. Die Originale sind in einem Banksafe in Basel. Die Bearbeitung konnte so an drei Orten erfolgen: Die Sichtung und Registrierung des Materials und anschließend die Kommentierung übernahm Armin Mohler in München, die Transkription Irmgard Huhn in Berlin, und in Zweifelsfällen konnten die betreffenden Originale in Basel eingesehen und auch versucht werden, durch neue und vergrößerte Kopien den Grad der Lesbarkeit einzelner Briefe oder Karten zu erhöhen. Das Korrekturlesen erfolgte wechselseitig und sukzessiv im Verlauf der Bearbeitung und schließlich en bloc durch eine erfahrene Mitarbeiterin des Verlages. Das hier über die Arbeitsteilung Gesagte gilt mutatis mutandis auch für die A. M.-Briefe, deren Originale im Nordrhein-Westfälischen Hauptstaatsarchiv in Düsseldorf aufbewahrt werden.

Alle erhaltenen C. S.- und A. M.-Briefe sind in der dieser Edition beigefügten Konkordanz aufgeführt. Trotzdem wird der aufmerksame Leser Lücken in der Brieffolge feststellen und hier oder da einen Brief, eine Karte oder auch ein Telegramm in den Aufzeichnungen vermissen. Das gilt z. B. für das Frühjahr 1954: C. S. dankt am 26. 3. u. a. „für alle Ihre Briefe", aber es liegt seit dem A. M.-Brief vom 21. 1., für den C. S. schon am 7. 2. gedankt hatte, bis zum 26. 3. keine A. M.-Post vor. Gleiches gilt für die ersten Monate des Jahres 1959. Auf einen in diese Zeit fallenden Besuch A. M.'s in Plettenberg kann nur aus einer C. S.-Widmung vom 30. 4. und dem späteren A. M.-Brief vom 13. 7. geschlossen werden. – Aus diesen und ähnlichen anderen Fällen wird deutlich, daß nicht alle A. M.-Post von C. S. aufbewahrt wurde oder zumindest nicht in die hier vorliegende Briefsammlung des Nachlasses gelangte.

Als „Briefe" bezeichnet werden hier alle erhaltenen schriftlichen Mitteilungen und Äußerungen von Carl Schmitt an Armin Mohler, neben Briefen (B) also auch Postkarten (PK), Ansichtskarten (AK), Briefkarten (BK), auch Telegramme (Tel) und selbst Drucksachen (DS), sofern auf ihnen Grußzeilen oder Widmungen für A. M. erhalten sind.

C. S. schreibt in der Regel mit der Hand, nur in wenigen Fällen (13mal) sind seine Briefe maschinegeschrieben. Seine Handschrift zeichnet sich bis in sein hohes Alter im allgemeinen durch einen ruhigen, gutlesbaren Duktus aus, nur einige Briefe fallen durch flüchtige, nervöse Schreibweise auf; Probleme der Lesbarkeit gibt es jedoch oft bei nachgetragenen Ergänzungen oder Korrekturen und insbesondere auf Postkarten und mehr noch auf Ansichtskarten, wo er z. T. in minuziös kleiner Schrift Mitteilungen im Umfang eines „normalen" Briefes unterzubringen versteht. Die Lesbarkeit scheint bisweilen auch beeinträchtigt durch die Qualität des damaligen Schreibmaterials (Papier wie Tinte).

Bei unserer Transkription ist Unlesbares ausgelassen und durch [..?..] ersetzt worden; unsicherere, zweifelhafte Lesart ist durch [?] hinter dem betr. Wort gekennzeichnet; offensichtlich flüchtige Auslassungen, die sehr selten sind – so z. B. in Nr. 234 –, sind in eckigen Klammern [ ] ergänzt.

Nicht die Lesbarkeit der Schrift stellt für den Herausgeber das Hauptproblem dar, sondern vielmehr der richtige Umgang mit den Eigenwilligkeiten Carl Schmitts in Schreibweise und Interpunktion. Entscheidend war hier der Gedanke, dem Leser das Persönliche, Eigentümliche, nicht Verwechselbare Schmittscher Briefe zu erhalten. Wie im Druck die graphische Anordnung dem Bild des geschriebenen Briefes angepaßt wurde – nur das Datum ist, auch wenn es woanders steht, oben rechts im Briefkopf ersetzt –, wurde auch auf Eingriffe in den Text möglichst verzichtet. Dabei ist es vor allem der Respekt vor dem Autor, wenn dem Leser zugemutet wird, bei der Lektüre des öfteren von seinen gewohnten Interpunktionsvorstellungen abzusehen und sich auf eine vielleicht dem Schmittschen Sprechrhythmus angepaßte Zeichensetzung einzustellen. Eine Folge seines temperamentvollen Schreibstils mag es sein, daß mehrfach die zweite Klammer oder die abschließenden Anführungsstriche fehlen, manchmal auch die erste Klammer. Fast regelmäßig setzt C. S. den Punkt hinter die Jahreszahl des Datums und nach Grußformel und Unterschrift, am Ende des Satzes dagegen fehlt er manchmal.

Der bei der Interpunktion beachtete Grundsatz, sowenig wie möglich und nur soviel wie unbedingt nötig einzugreifen, galt auch im Hinblick auf die Orthographie. Verschleifungen am Ende oder auch innerhalb des Wortes wurden aufgelöst, eindeutige Schreibversehen und auch Tippfehler wurden „stillschweigend" berichtigt (an Ue statt Ü mag der Leser das Alter der Schreibmaschine erkennen), und bei falsch geschriebenem Namen wurde grundsätzlich die richtige Schreibung – soweit sie bekannt war – in den Text gesetzt.

Abweichungen von der heute üblichen Schreibweise lassen sich in etwa so gruppieren:

C. S. schreibt grundsätzlich ss statt ß (es gibt ganz wenige Ausnahmen), er scheut auch nicht dreifaches s, z. B. Massstäbe (Nr. 245) oder Schlusssätze (Nr. 9), dagegen stehen dann „blos" oder „ein bischen" (Nr. 242 und 317) mit einfachem s.

Darüber hinaus liegen die Abweichungen vom heute Erwarteten vor allem im Bereich des Groß- resp. Kleinschreibens oder des Getrennt- bzw. Zusammenschreibens, und dafür sollen einige Beispiele genügen:

Groß- statt Kleinschreibung: auf dem Laufenden (Nr. 39), aufs Neue (Nr. 217), aufs Tiefste gerührt (Nr. 252), im Allgemeinen (Nr. 42), im Besonderen (Nr. 197), das Gleiche gilt (Nr. 330), das Meiste (Nr. 221), diese Beiden (Nr. 347) u. a. m.; der umgekehrte Fall begegnet seltener: Vieles ... interessante (Nr. 289), nichts wesentliches (Nr. 368); auch Plettenberg oder Prof. finden wir vereinzelt ohne ersichtlichen Grund klein geschrieben (Nr. 287 oder Nr. 369).

Zusammen- statt Getrenntschreibung: sodass (ohne Ausnahme), umso (ebenfalls ohne Ausnahme), umsomehr (Nr. 92), diesesmal (Nr. 316), wiedereinmal (Nr. 344); hier ist das Umgekehrte häufiger anzutreffen, und das insbesondere bei zusammengesetzten Verben: kennen zu lernen, kennen gelernt (Nr. 5), stecken bleiben (Nr. 12), verloren gegangen (Nr. 16), liegen zu lassen (Nr. 18), tot zu schweigen (Nr. 197) u. a. m.

Bei einzelnen Auffälligkeiten, die sich außerhalb der hier aufgeführten Gruppen finden, handelt es sich z. T. vielleicht um eigenwillige Fremdwortbildung oder -schreibung (z. B. lizenziiert, Nr. 2; discriminiert, Nr. 12; Potenzial, Nr. 52, oder Caracter-Assassination, Nr. 254).

Eine Besonderheit, über die im Zusammenhang mit dieser Edition noch etwas gesagt werden muß, ist das Kapitel der Anlagen zu den Briefen.

Nicht alles, was C. S. jeweils als Anlage ankündigt, hat mit den Briefen zusammen die Zeiten überdauert (z. B. in Nr. 79 sind von 6 genannten Anlagen nur noch 2 erhalten). Bei den uns heute vorliegenden ca. 100 Anlagen handelt es sich etwa zu einem Drittel um C. S.-Texte, die in der Regel (ausgenommen anderweitig veröffentlichte Aufsätze, Buchbesprechungen oder selbständige Schriften) in extenso übernommen wurden. Einen weiteren großen Anteil machen Briefkopien aus, die vereinzelt abgedruckt, meist aber mit Rücksicht auf Autorenrechte Dritter nur als Anlage registriert wurden. Unterschiedliche Handhabung ergab sich bei den „Drucksachen" von anderen Autoren (selbständige Veröffentlichungen, Sonderdrucke, Buchbesprechungen u. ä.). C. S. schickte sie mitunter als gesonderte Sendung mit kurzem Begleittext, dann zählt eine solche Sendung in dieser Edition als Brief; oder diese Drucksachen finden sich als Anlagen zu einem Brief, enthalten aber dennoch handschriftliche Anmerkungen von C. S., dann ist dieser C. S.-Text im Rahmen des Anlagenteils wiedergegeben, und es wurde versucht, den jeweiligen Bezug dieser Anmerkungen deutlich zu machen. – Das gleiche Verfahren gilt auch für Auszüge aus wissenschaftlicher oder belletristischer Literatur sowie Ausschnitte aus Zeitungen. – Nichts gesagt wurde hier über die vielen Gedichte in den Briefen und in den Anlagen: aber auch im Hinblick auf die Gedichte von Transkriptionsproblemen zu sprechen, hieße vielleicht, dem Leser den Spaß an der Freude zu nehmen.

Irmgard Huhn

# C. S.–AM-Briefwechsel – Konkordanz*

| | | |
|---|---|---|
| 001 | Mohler an Schmitt, Basel, | 10. 08. 48 / B |
| 002 | Schmitt an Mohler, Plettenberg, | 29. 08. 48 / B |
| 003 | Mohler an Schmitt, Basel, | 07. 09. 48 / B |
| 004 | Mohler an Schmitt, Basel, | 16. 09. 48 / B |
| 005 | Schmitt an Mohler, Plettenberg, | 23. 09. 48 / B |
| 006 | Mohler an Schmitt, Basel, | 05. 10. 48 / B |
| 007 | Schmitt an Mohler, Plettenberg, | 16. 10. 48 / B |
| 008 | Mohler an Schmitt, Basel, | 19. 10. 48 / B |
| 009 | Schmitt an Mohler, Plettenberg, | 04. 12. 48 / B |
| 010 | Mohler an Schmitt, Basel, | 07. 12. 48 / B |
| 011 | Mohler an Schmitt, Basel, | 18. 12. 48 / B |
| 012 | Schmitt an Mohler, Plettenberg, | 22. 12. 48 / B |
| 013 | Schmitt an Mohler, Plettenberg, | 24. 12. 48 / B |
| 014 | Mohler an Schmitt, Basel, | 04. 01. 49 / B |
| 015 | Schmitt an Mohler, Plettenberg, | 17. 01. 49 / B |
| – | Mohler an Schmitt, Basel, | 18. 02. 49 / PK |
| 016 | Schmitt an Mohler, Plettenberg, | 25. 02. 49 / B |
| 017 | Mohler an Schmitt, Basel, | 28. 02. 49 / B |
| 018 | Schmitt an Mohler, Plettenberg, | 05. 03. 49 / B |
| – | Mohler an Schmitt, Basel, | 19. 03. 49 / B |
| 019 | Schmitt an Mohler, Plettenberg, | 24. 03. 49 / B |
| – | Mohler an Schmitt, Basel, | 03. 04. 49 / PK |
| 020 | Schmitt an Mohler, Plettenberg, | 05. 04. 49 / B |
| 021 | Schmitt an Mohler, Plettenberg, | 07. 04. 49 / PK |
| – | Mohler an Schmitt, Basel, | 09. 04. 49 / PK |
| – | Mohler an Schmitt, Basel, | 13. 04. 49 / PK |
| – | Mohler an Schmitt, Basel, | 16. 04. 49 / B |
| 022 | Schmitt an Mohler, Plettenberg, | 22. 04. 49 / B |
| – | Mohler an Schmitt, Basel, | 25. 04. 49 / B |
| – | Mohler an Schmitt, Basel, | 03. 05. 49 / B |
| 023 | Schmitt an Mohler, Plettenberg, | 11. 05. 49 / B |
| – | Mohler an Schmitt, Basel, | 13. 05. 49 / B |
| 024 | Mohler an Schmitt, Basel, | 23. 05. 49 / B |
| 025 | Schmitt an Mohler, Plettenberg, | 31. 05. 49 / B |
| 026 | Schmitt an Mohler, Walberberg, | 07. 06. 49 / AK |
| 027 | Mohler an Schmitt, Basel, | 11. 06. 49 / B |
| – | Mohler an Schmitt, Hüningen, | 17. 06. 49 / B |
| 028 | Mohler an Schmitt, Basel, | 29. 06. 49 / AK |
| 029 | Schmitt an Mohler, Plettenberg, | 02. 07. 49 / B |
| 030 | Mohler an Schmitt, Basel, | 08. 07. 49 / B |
| – | Mohler an Schmitt, Basel, | 12. 07. 49 / PK |
| 031 | Mohler an Schmitt, Basel, | 13. 07. 49 / B |
| – | Mohler an Schmitt, Basel, | 11. 08. 49 / B |
| 032 | Schmitt an Mohler, Plettenberg, | 15. 08. 49 / B |
| – | Mohler an Schmitt, Basel, | 18. 08. 49 / PK |
| 033 | Schmitt an Mohler, Plettenberg | 30. 08. 49 / DS |
| 034 | Schmitt an Mohler, Plettenberg | 30. 08. 49./ DS |
| 035 | Schmitt an Mohler, Plettenberg | 31. 08. 49./ DS |
| – | Mohler an Schmitt, Ravensburg, | 08. 09. 49 / B |
| 036 | Schmitt an Mohler, Plettenberg, | 16. 09. 49 / B |
| 037 | Mohler an Schmitt, Ravensburg, | 19. 09. 49 / B |
| – | Mohler an Schmitt, Ravensburg, | 29. 09. 49 / B |
| 038 | Schmitt an Mohler, Plettenberg, | 03. 10. 49 / B |
| 039 | Mohler an Schmitt, Ravensburg, | 27. 10. 49 / B |
| – | Mohler an Schmitt, Paris, | 31. 10. 49 / AK |
| 040 | Mohler an Schmitt, Ravensburg, | 16. 11. 49 / B |
| – | Mohler an Schmitt, Ravensburg, | 18. 11. 49 / BK |
| 041 | Mohler an Schmitt, Ravensburg, | 28. 11. 49 / BK |
| 042 | Schmitt an Mohler, Plettenberg, | 30. 11. 49 / B |
| – | Mohler an Schmitt, Ravensburg, | 20. 12. 49 / BK |
| 043 | Schmitt an Mohler, Plettenberg, | 20. 12. 49 / B |
| 044 | Mohler an Schmitt, Ravensburg, | 19. 03. 50 / B |
| 045 | Schmitt an Mohler, Plettenberg, | 22. 03. 50 / B |
| 046 | Mohler an Schmitt, Ravensburg, | 02. 04. 50 / B |
| 047 | Schmitt an Mohler, Plettenberg, | 15. 04. 50 / B |
| – | Mohler an Schmitt, Ravensburg, | 24. 04. 50 / BK |
| 048 | Schmitt an Mohler, Plettenberg, | 27. 04. 50 / AK |
| 049 | Schmitt an Mohler, o. O., | 11. 05. 50 / AK |
| 050 | Schmitt an Mohler, Plettenberg, | 21. 05. 50 / B |
| 051 | Mohler an Schmitt, Ravensburg, | 02. 06. 50 / B |

* Nichtnumerierte AM-Briefe wurden nicht übernommen.

| | | |
|---|---|---|
| 052 | Schmitt an Mohler, Plettenberg, | 07. 06. 50 / B |
| – | Mohler an Schmitt, Ravensburg, | 09. 07. 50 / BK |
| – | Mohler an Schmitt, Wilflingen, | 16. 08. 50 / BK |
| 053 | Mohler an Schmitt, Wilflingen, | 21. 08. 50 / B |
| – | Mohler an Schmitt, o. O., | 21. 09. 50 / AK |
| 054 | Schmitt an Mohler, Plettenberg, | 03. 10. 50 / B |
| 055 | Schmitt an Mohler, Heidelberg, | 14. 11. 50 / B |
| 056 | Mohler an Schmitt, Wilflingen, | 20. 11. 50 / B |
| – | Mohler an Schmitt, Wilflingen, | 28. 11. 50 / BK |
| 057 | Schmitt an Mohler, Plettenberg, | 01. 12. 50 / B |
| 058 | Mohler an Schmitt, Wilflingen, | 10. 12. 50 / B |
| 059 | Mohler an Schmitt, Wilflingen, | 17. 01. 51 / B |
| 060 | Schmitt an Mohler, Plettenberg, | 21. 01. 51 / B |
| – | Mohler an Schmitt, Wilflingen, | 23. 01. 51 / B |
| – | Mohler an Schmitt, Wilflingen, | 15. 02. 51 / BK |
| 061 | Schmitt an Mohler, Plettenberg, | 05. 03. 51 / B |
| 062 | Schmitt an Mohler, o.O./Spanien | – 05. 51 / AK |
| 063 | Schmitt an Mohler, Plettenberg, | 15. 06. 51 / B |
| – | Mohler an Schmitt, Wilflingen, | 27. 06. 51 / PK |
| 064 | Schmitt an Mohler, Plettenberg, | 30. 06. 51 / PK |
| 065 | Schmitt an Mohler, Plettenberg, | 30. 06. 51 / PK |
| 066 | Schmitt an Mohler, Plettenberg, | 04. 07. 51 / AK |
| – | Mohler an Schmitt, Wiesbaden, | 13. 07. 51 / AK |
| 067 | Schmitt an Mohler, Plettenberg, | 17. 07. 51 / B |
| 068 | Schmitt an Mohler, Plettenberg, | 25. 08. 51 / B |
| 069 | Schmitt an Mohler, Plettenberg, | 03. 09. 51 / B |
| 070 | Mohler an Schmitt, Wilflingen, | 10. 09. 51 / B |
| 071 | Schmitt an Mohler, Plettenberg, | 17. 10. 51 / B |
| – | Mohler an Schmitt, Wilflingen, | 17. 10. 51 / BK |
| 072 | Mohler an Schmitt, Wilflingen, | 19. 10. 51 / B |
| – | Mohler an Schmitt, Luzern, | 24. 10. 51 / AK |
| 073 | Mohler an Schmitt, Wilflingen, | 09. 11. 51 / B |
| 074 | Schmitt an Mohler, Plettenberg, | 12. 11. 51 / B |
| 075 | Mohler an Schmitt, Wilflingen, | 16. 11. 51 / B |
| 076 | Mohler an Schmitt, Wilflingen, | 06. 12. 51 / B |
| 077 | Schmitt an Mohler, Plettenberg, | 26. 12. 51 / B |
| 078 | Mohler an Schmitt, Siena, | 16. 01. 52 / B |
| – | Mohler an Schmitt, Settignano, | 18. 01. 52 / PK |
| – | Mohler an Schmitt, Wilflingen, | 24. 01. 52 / PK |
| – | Mohler an Schmitt, Wilflingen, | 28. 01. 52 / B |
| 079 | Schmitt an Mohler, Plettenberg, | 02. 02. 52 / B |
| – | Mohler an Schmitt, Wilflingen, | 07. 02. 52 / B |
| 080 | Mohler an Schmitt, Wilflingen, | 28. 02. 52 / B |
| – | Mohler an Schmitt, Wilflingen, | 18. 03. 52 / PK |
| 081 | Schmitt an Mohler, Plettenberg, | 19. 03. 52 / DS |
| – | Mohler an Schmitt, München, | 02. 04. 52 / PK |
| 082 | Mohler an Schmitt, Wilflingen, | 07. 04. 52 / B |
| – | Mohler an Schmitt, Wilflingen, | 12. 04. 52 / PK |
| 083 | Schmitt an Mohler, Plettenberg, | 14. 04. 52 / B |
| – | Mohler an Schmitt, Wilflingen, | 17. 04. 52 / PK |
| 084 | Schmitt an Mohler, Plettenberg, | 04. 05. 52 / AK |
| 085 | Schmitt an Mohler, Plettenberg, | 10. 05. 52 / PK |
| – | Mohler an Schmitt, Wilflingen, | 13. 05. 52 / B |
| – | Mohler an Schmitt, Wilflingen, | 17. 05. 52 / B |
| – | Mohler an Schmitt, Wilflingen, | 21. 05. 52 / BK |
| – | Mohler an Schmitt, Wilflingen, | 28. 05. 52 / PK |
| – | Mohler an Schmitt, Wilflingen, | 11. 06. 52 / PK |
| 086 | Schmitt an Mohler, Plettenberg, | 13. 06. 52 / AK |
| 087 | Schmitt an Mohler, Plettenberg, | 14. 06. 52 / AK |
| 088 | Mohler an Schmitt, Wilflingen, | 25. 06. 52 / B |
| 089 | Schmitt an Mohler, Plettenberg, | 29. 06. 52 / B |
| – | Mohler an Schmitt, Wilflingen, | 09. 07. 52 / PK |
| 090 | Schmitt an Mohler, Plettenberg, | 15. 07. 52 / AK |
| – | Mohler an Schmitt, Wilflingen, | 15. 07. 52 / BK |
| 091 | Schmitt an Mohler, Plettenberg, | 18. 07. 52 / B |
| – | Mohler an Schmitt, Wilfingen | 19. 07. 52 / BK |
| 092 | Schmitt an Mohler, o. O., | 22. 07. 52 / B |
| – | Mohler an Schmitt, Wilflingen, | 23. 07. 52 / PK |
| – | Mohler an Schmitt, Wilflingen, | 29. 07. 52 / PK |
| 093 | Mohler an Schmitt, Wilflingen, | 14. 08. 52 / BK |
| 094 | Schmitt an Mohler, Plettenberg, | 16. 08. 52 / B |
| – | Mohler an Schmitt, Wilflingen, | 03. 09. 52 / B |
| – | Mohler an Schmitt, Wilflingen, | 15. 09. 52 / B |
| 095 | Schmitt an Mohler, Plettenberg, | 19. 09. 52 / PK |
| – | Mohler an Schmitt, Wilflingen, | 10. 10. 52 / PK |
| – | Mohler an Schmitt, Wilflingen, | 11. 10. 52 / PK |
| 096 | Schmitt an Mohler, Plettenberg, | 13. 10. 52 / PK |
| 097 | Mohler an Schmitt, Goslar, | 17. 10. 52 / Tel |
| – | Schmitt an Mohler, Plettenberg, | 17. 10. 52 / Tel |
| – | Mohler an Schmitt, Wilflingen, | 06. 11. 52 / PK |
| – | Mohler an Schmitt, Wilflingen, | 08. 11. 52 / PK |
| 098 | Schmitt an Mohler, Plettenberg, | 04. 12. 52 / B |
| – | Mohler an Schmitt, Wilflingen, | 16. 12. 52 / PK |
| – | Mohler an Schmitt, Wilflingen, | 18. 12. 52 / BK |
| – | Mohler an Schmitt, Wilflingen, | 29. 12. 52 / PK |
| 099 | Schmitt an Mohler, Darmstadt, | 19. 01. 53 / AK |
| 100 | Schmitt an Mohler, Plettenberg, | 01. 02. 53 / B |
| 101 | Schmitt an Mohler, Plettenberg, | 23. 03. 53 / B |
| 102 | Mohler an Schmitt, Wilflingen, | 05. 04. 53 / B |
| 103 | Schmitt an Mohler, Plettenberg, | 09. 04. 53 / B |
| 104 | Schmitt an Mohler, Plettenberg, | 12. 04. 53 / AK |
| 105 | Mohler an Schmitt, Paris, | 22. 06. 53 / B |
| 106 | Schmitt an Mohler, Plettenberg, | 09. 07. 53 / B |
| 107 | Schmitt an Mohler, Plettenberg, | 05. 08. 53 / B |
| 108 | Mohler an Schmitt, Saulgau, | 11. 11. 53 / PK |
| 109 | Mohler an Schmitt, Bourg-la-Reine, | 28. 11. 53 / B |
| 110 | Schmitt an Mohler, Plettenberg, | 02. 12. 53 / B |
| – | Mohler an Schmitt, Bourg-la-Reine, | 05. 12. 53 / PK |
| 111 | Schmitt an Mohler, Plettenberg, | 26. 12. 53 / B |
| 112 | Mohler an Schmitt, Bourg-la-Reine, | 07. 01. 54 / B |
| – | Mohler an Schmitt, Bourg-la-Reine, | 21. 01. 54 / B |
| 113 | Schmitt an Mohler, Plettenberg, | 07. 02. 54 / B |
| – | Mohler an Schmitt, Bourg-la-Reine, | 25. 03. 54 / PK |
| 114 | Schmitt an Mohler, Plettenberg, | 26. 03. 54 / B |
| 115 | Mohler an Schmitt, Bourg-la-Reine, | 20. 04. 54 / B |
| – | Mohler an Schmitt, Bourg-la-Reine, | 21. 04. 54 / B |

| | | |
|---|---|---|
| 116 | Schmitt an Mohler, Baden-Baden, | 24. 04. 54 / AK |
| 117 | Schmitt an Mohler, Plettenberg, | 28. 04. 54 / AK |
| 118 | Mohler an Schmitt, Bourg-la-Reine, | 31. 05. 54 / B |
| 119 | Schmitt an Mohler, Plettenberg, | 03. 06. 54 / B |
| 120 | Mohler an Schmitt, Bourg-la-Reine, | 05. 06. 54 / B |
| 121 | Schmitt an Mohler, o. O., | 13. 06. 54 / B |
| – | Mohler an Schmitt, Bourg-la-Reine, | 15. 06. 54 / PK |
| 122 | Schmitt an Mohler, Plettenberg, | 17. 06. 54 / PK |
| 123 | Mohler an Schmitt, Bourg-la-Reine, | 19. 06. 54 / PK |
| 124 | Schmitt an Mohler, Plettenberg, | 25. 06. 54 / B |
| 125 | Mohler an Schmitt, Bourg-la-Reine, | 26. 06. 54 / B |
| – | Mohler an Schmitt, Bourg-la-Reine, | 26. 06. 54 / PK |
| 126 | Schmitt an Mohler, Plettenberg, | 28. 6.-1.7.54/B |
| 127 | Mohler an Schmitt, Bourg-la-Reine, | 02. 07. 54 / B |
| 128 | Mohler an Schmitt, Bourg-la-Reine, | 15. 07. 54 / B |
| 129 | Mohler an Schmitt, Bourg-la-Reine, | 21. 07. 54 / B |
| 130 | Schmitt an Mohler, Plettenberg, | 26. 07. 54 / B |
| – | Mohler an Schmitt, Bourg-la-Reine, | 30. 07. 54 / B |
| – | Mohler an Schmitt, Bourg-la-Reine, | 30. 07. 54 / PK |
| 131 | Schmitt an Mohler, Plettenberg, | 02. 08. 54 / PK |
| 132 | Mohler an Schmitt, Basel, | 07. 08. 54 / B |
| 133 | Mohler an Schmitt, Bourg-la-Reine, | 24. 08. 54 / B |
| 134 | Schmitt an Mohler, Plettenberg, | 26. 08. 54 / PK |
| 135 | Mohler an Schmitt, Bourg-la-Reine, | 27. 08. 54 / B |
| 136 | Schmitt an Mohler, Plettenberg, | 30. 08. 54 / B |
| 137 | Mohler an Schmitt, Bourg-la-Reine, | 01. 09. 54 / PK |
| 138 | Mohler an Schmitt, Bourg-la-Reine, | 02. 09. 54 / B |
| 139 | Schmitt an Mohler, Plettenberg, | 06. 09. 54 / PK |
| 140 | Mohler an Schmitt, Bourg-la-Reine, | 10. 09. 54 / B |
| 141 | Schmitt an Mohler, Plettenberg, | 18. 09. 54 / B |
| 142 | Schmitt an Mohler, Plettenberg, | 18. 09. 54 / PK |
| – | Mohler an Schmitt, Bourg-la-Reine, | 21. 09. 54 / B |
| 143 | Mohler an Schmitt, Bourg-la-Reine, | 27. 09. 54 / B |
| 144 | Schmitt an Mohler, Plettenberg, | 30. 09. 54 / B |
| 145 | Schmitt an Mohler, Plettenberg, | 04. 10. 54 / DS |
| – | Mohler an Schmitt, Bourg-la-Reine, | 04. 10. 54 / B |
| 146 | Schmitt an Mohler, Plettenberg, | 07. 10. 54 / B |
| – | Mohler an Schmitt, Bourg-la-Reine, | (8.?)10.54 / B |
| 147 | Mohler an Schmitt, Bourg-la-Reine, | 10. 11. 54 / B |
| 148 | Schmitt an Mohler, Plettenberg, | 13. 11. 54 / B |
| – | Mohler an Schmitt, Bourg-la-Reine, | 15. 11. 54 / B |
| – | Mohler an Schmitt, Bourg-la-Reine, | 25. 11. 54 / B |
| 149 | Schmitt an Mohler, Plettenberg, | 27. 11. 54 / PK |
| – | Mohler an Schmitt, Bourg-la-Reine, | 28. 12. 54 / BK |
| 150 | Schmitt an Mohler, Plettenberg, | 05. 01. 55 / B |
| 151 | Schmitt an Mohler, Plettenberg, | 06. 01. 55 / AK |
| 152 | Schmitt an Mohler, Plettenberg, | 24. 02. 55 / B |
| 153 | Schmitt an Mohler, Plettenberg, | 08. 03. 55 / AK |
| 154 | Mohler an Schmitt, Basel, | 10. 03. 55 / B |
| 155 | Schmitt an Mohler, Plettenberg, | 04. 04. 55 / B |
| 156 | Mohler an Schmitt, Bourg-la-Reine, | 05. 04. 55 / B |
| 157 | Schmitt an Mohler, Plettenberg, | 20. 04. 55 / B |
| 158 | Mohler an Schmitt, Bourg-la-Reine, | 25. 05. 55 / B |
| 159 | Schmitt an Mohler, Plettenberg, | 02. 06. 55 / B |
| 160 | Mohler an Schmitt, Bourg-la-Reine, | 04. 06. 55 / B |
| 161 | Schmitt an Mohler, Plettenberg, | 06. 06. 55 / PK |
| 162 | Mohler an Schmitt, Bourg-la-Reine, | 20. 06. 55 / B |
| 163 | Schmitt an Mohler, Plettenberg, | 22. 06. 55 / B |
| 164 | Schmitt an Mohler, Plettenberg, | 23. 06. 55 / PK |
| – | Mohler an Schmitt, Bourg-la-Reine, | 24. 06. 55 / B |
| – | Mohler an Schmitt, Vlotho, | 03. 07. 55 / PK |
| – | Mohler an Schmitt, Worpswede, | 09. 07. 55 / PK |
| – | Mohler an Schmitt, Bourg-la-Reine, | 21. 07. 55 / PK |
| – | Mohler an Schmitt, Bourg-la-Reine, | 25. 07. 55 / PK |
| 165 | Mohler an Schmitt, Bourg-la-Reine, | 04. 08. 55 / AK |
| 166 | Mohler an Schmitt, Bourg-la-Reine, | 05. 09. 55 / PK |
| 167 | Schmitt an Mohler, Plettenberg, | 08. 09. 55 / PK |
| 168 | Mohler an Schmitt, Bourg-la-Reine, | 10. 09. 55 / AK |
| 169 | Schmitt an Mohler, Plettenberg, | 09. 10. 55 / B |
| 170 | Mohler an Schmitt, Bourg-la-Reine, | 23. 10. 55 / B |
| 171 | Schmitt an Mohler, Plettenberg, | 22. 11. 55 / B |
| 172 | Schmitt an Mohler, Plettenberg, | 01. 12. 55 / B |
| – | Mohler an Schmitt, Bourg-la-Reine, | 09. 01. 56 / B |
| 173 | Schmitt an Mohler, Plettenberg, | 14. 01. 56 / B |
| 174 | Mohler an Schmitt, Bourg-la-Reine, | 24. 01. 56 / B |
| 175 | Schmitt an Mohler, Plettenberg, | 13. 02. 56 / B |
| 176 | Schmitt an Mohler, Göttingen, | 26. 02. 56 / AK |
| – | Mohler an Schmitt, Bourg-la-Reine, | 05. 03. 56 / B |
| 177 | Schmitt an Mohler, Plettenberg, | 09. 03. 56 / PK |
| 178 | Schmitt an Mohler, Plettenberg, | 24. 03. 56 / AK |
| 179 | Schmitt an Mohler, Plettenberg, | 29. 03. 56 / AK |
| 180 | Schmitt an Mohler, Plettenberg, | 10. 04. 56 / AK |
| – | Mohler an Schmitt, Bourg-la-Reine, | 19. 04. 56 / B |
| 181 | Schmitt an Mohler, Plettenberg, | 01. 05. 56 / DS |
| – | Mohler an Schmitt, Bourg-la-Reine, | 28. 05. 56 / B |
| – | Mohler an Schmitt, Bourg-la-Reine, | 09. 07. 56 / B |
| 182 | Schmitt an Mohler, Plettenberg, | 15. 07. 56 / B |
| – | Mohler an Schmitt, Bourg-la-Reine, | 17. 07. 56 / PK |
| 183 | Mohler an Schmitt, Bourg-la-Reine, | 19. 07. 56 / B |
| 184 | Schmitt an Mohler, o. O., | 02. 09. 56 / B |
| – | Mohler an Schmitt, Bourg-la-Reine, | 12. 09. 56 / B |
| 185 | Mohler an Schmitt, Bourg-la-Reine, | 30. 09. 56 / PK |
| – | Mohler an Schmitt, Bourg-la-Reine, | 05. 10. 56 / B |
| 186 | Schmitt an Mohler, o. O., | 25. 11. 56 / B |
| – | Mohler an Schmitt, Bourg-la-Reine, | 27. 11. 56 / B |
| 187 | Schmitt an Mohler, Plettenberg, | 29. 10. 56 / AK |
| 188 | Mohler an Schmitt, Bourg-la-Reine, | 05. 12. 56 / B |
| 189 | Schmitt an Mohler, Plettenberg, | 15. 12. 56 / B |
| – | Mohler an Schmitt, Bourg-la-Reine, | 31. 12. 56 / B |
| 190 | Schmitt an Mohler, o. O., | 05. 01. 57 / B |
| 191 | Schmitt an Mohler, o. O., | – 01. 57 / B |
| 192 | Schmitt an Mohler, o. O., | Frühjahr 57/ DS |
| 193 | Mohler an Schmitt, Bourg-la-Reine, | 02. 03. 57 / B |
| 194 | Schmitt an Mohler, Plettenberg, | 19. 03. 57 / B |
| 195 | Schmitt an Mohler, Plettenberg, | 12. 04. 57 / AK |
| 196 | Schmitt an Mohler, Plettenberg, | 31. 05. 57 / B |

| | | |
|---|---|---|
| 197 | Mohler an Schmitt, Bourg-la-Reine, | 09. 07. 57 / B |
| 198 | Schmitt an Mohler, o. O., | 25. 07. 57 / B |
| – | Mohler an Schmitt, Bourg-la-Reine, | 27. 08. 57 / B |
| – | Mohler an Schmitt, Bourg-la-Reine, | 10. 09. 57 / B |
| 199 | Schmitt an Mohler, Plettenberg, | 12. 09. 57 / AK |
| – | Mohler an Schmitt, Basel, | 12. 09. 57 / PK |
| – | Mohler an Schmitt, Bourg-la-Reine, | 05. 01. 58 / B |
| – | Mohler an Schmitt, Bourg-la-Reine, | 08. 01. 58 / B |
| 200 | Schmitt an Mohler, Plettenberg, | 10. 03. 58 / B |
| – | Mohler an Schmitt, Bourg-la-Reine, | 13. 03. 58 / B |
| 201 | Schmitt an Mohler, Plettenberg, | Ostersonntag 58/B |
| 202 | Schmitt an Mohler, Plettenberg, | 25. 05. 58 / B |
| – | Mohler an Schmitt, Bourg-la-Reine, | 08. 06. 58 / B |
| 203 | Schmitt an Mohler, auf der Reise, | 10. 06. 58 / B |
| – | Mohler an Schmitt, Bourg-la-Reine, | 14. 06. 58 / BK |
| 204 | Mohler an Schmitt, Bourg-la-Reine, | 28. 06. 58 / B |
| 205 | Schmitt an Mohler, o. O./Spanien, | 02. 07. 58 / AK |
| 206 | Schmitt an Mohler, o. O./Spanien, | 06. 07. 58 / B |
| 207 | Mohler an Schmitt, Bourg-la-Reine, | 10. 07. 58 / B |
| – | Mohler an Schmitt, Bourg-la-Reine, | 16. 07. 58 / BK |
| – | Mohler an Schmitt, Bourg-la-Reine, | 23. 07. 58 / BK |
| 208 | Schmitt an Mohler, o. O./Spanien, | 26. 07. 58 / AK |
| 209 | Mohler an Schmitt, Paris, | 23. 09. 58 / PK |
| 210 | Schmitt an Mohler, Plettenberg, | 29. 09. 58 / PK |
| 211 | Schmitt an Mohler, Hamburg, | 04. 10. 58 / AK |
| – | Mohler an Schmitt, Bourg-la-Reine, | 09. 11. 58 / B |
| 212 | Schmitt an Mohler, o. O., | 11. 11. 58 / B |
| 213 | Schmitt an Mohler, Plettenberg, | 11. 11. 58 / B |
| 214 | Schmitt an Mohler, Plettenberg,1 | 18. 11. 58 / AK |
| – | Mohler an Schmitt, Bourg-la-Reine, | 01. 12. 58 / BK |
| 215 | Schmitt an Mohler, Plettenberg, | – 12. 58 / B |
| 216 | Schmitt an Mohler, Plettenberg, | 08. 01. 59 / B |
| 217 | Schmitt an Mohler, Plettenberg, | 07. 04. 59 / AK |
| 218 | Schmitt an Mohler, Plettenberg, | 14. 04. 59 / B |
| 219 | Schmitt an Mohler, Plettenberg, | 20. 04. 59 / B |
| 220 | Schmitt an Mohler, Plettenberg, | 30. 04. 59 / DS |
| 221 | Mohler an Schmitt, Bourg-la-Reine, | 12. 06. 59 / PK |
| – | Mohler an Schmitt, Bourg-la-Reine, | 14. 06. 59 / BK |
| – | Mohler an Schmitt, Bourg-la-Reine, | 13. 07. 59 / B |
| 222 | Schmitt an Mohler, Plettenberg, | – 07. 59 / B |
| 223 | Schmitt an Mohler, Plettenberg, | 21. 07. 59 / AK |
| – | Mohler an Schmitt, Bourg-la-Reine, | 22. 07. 59 / B |
| – | Mohler an Schmitt, Bourg-la-Reine, | 06. 12. 59 / B |
| 224 | Schmitt an Mohler, Plettenberg, | 10. 12. 59 / B |
| 225 | Schmitt an Mohler, Plettenberg, | 19. 01. 60 / B |
| 226 | Schmitt an Mohler, o. O., | 23, 01, 60 / BK |
| – | Mohler an Schmitt, Bourg-la-Reine, | 24. 01. 60 / B |
| – | Mohler an Schmitt, Bourg-la-Reine, | 24. 01. 60 / B |
| 227 | Schmitt an Mohler, Plettenberg, | 27. 01. 60 / PK |
| – | Mohler an Schmitt, Bourg-la-Reine, | 29. 01. 60 / B |
| 228 | Schmitt an Mohler, Plettenberg, | 01. 02. 60 / B |
| – | Mohler an Schmitt, Bourg-la-Reine, | 02. 02. 60 / BK |
| – | Mohler an Schmitt, Bourg-la-Reine, | 03. 02. 60 / BK |
| 229 | Schmitt an Mohler, Plettenberg, | 06. 02. 60 / DS |
| 230 | Mohler an Schmitt, Bourg-la-Reine, | 15. 02. 60 / B |
| 231 | Schmitt an Mohler, Plettenberg, | 26. 02. 60 / B |
| – | Mohler an Schmitt, Bourg-la-Reine, | 29. 02. 60 / BK |
| 232 | Schmitt an Mohler, Plettenberg, | 20. 03. 60 / DS |
| 233 | Schmitt an Mohler, Plettenberg, | 22. 03. 60 / B |
| 234 | Schmitt an Mohler, Plettenberg, | 10. 04. 60 / B |
| – | Mohler an Schmitt, Bourg-la-Reine, | 11. 04. 60 / B |
| 235 | Schmitt an Mohler, Plettenberg, | 13. 04. 60 / B |
| – | Mohler an Schmitt, Bourg-la-Reine, | 29. 04. 60 / PK |
| 236 | Schmitt an Mohler, Plettenberg, | 02. 05. 60 / B |
| – | Mohler an Schmitt, Bourg-la-Reine, | 02. 05. 60 / PK |
| 237 | Mohler an Schmitt, Bourg-la-Reine, | 03. 05. 60 / PK |
| 238 | Mohler an Schmitt, Bourg-la-Reine, | 04. 05. 60 / B |
| 239 | Schmitt an Mohler, Plettenberg, | 05. 05. 60 / PK |
| 240 | Schmitt an Mohler, Paris, | – 05. 60 / BK |
| 241 | Schmitt an Mohler, Le Muret, | 11. 05. 60 / AK |
| 242 | Schmitt an Mohler, Comillas, | 13. 05. 60 / AK |
| – | Mohler an Schmitt, Bourg-la-Reine, | 20. 05. 60 / B |
| 243 | Schmitt an Mohler, o.O./Spanien, | 24. 05. 60 / AK |
| – | Mohler an Schmitt, Bourg-la-Reine, | 27. 05. 60 / BK |
| 244 | Schmitt an Mohler, o.O./Spanien, | 31. 05. 60 / AK |
| 245 | Schmitt an Mohler, o.O./Spanien, | 24. 06. 60 / AK |
| 246 | Schmitt an Mohler, Plettenberg, | 13. 07. 60 / B+AK |
| – | Mohler an Schmitt, Bourg-la-Reine, | 22. 07. 60 / B |
| – | Mohler an Schmitt, Bourg-la-Reine, | 07. 08. 60 / AK |
| – | Mohler an Schmitt, Bourg-la-Reine, | 23. 08. 60 / B |
| 247 | Schmitt an Mohler, o. O. | 31. 08. 60 / BK |
| – | Mohler an Schmitt, Etables-sur-Mer, | 19. 09. 60 / AK |
| 248 | Schmitt an Mohler, Plettenberg, | 13. 10. 60 / B |
| 249 | Schmitt an Mohler, Plettenberg, | 17. 10. 60 / AK |
| 250 | Schmitt an Mohler, Plettenberg, | 04. 11. 60 / AK |
| 251 | Schmitt an Mohler, Plettenberg, | 18. 11. 60 / B |
| – | Mohler an Schmitt, Bourg-la-Reine, | 04. 12. 60 / B |
| 252 | Schmitt an Mohler, Plettenberg, | 07. 12. 60 / B |
| 253 | Mohler an Schmitt, Bourg-la-Reine, | 10. 12. 60 / B |
| – | Mohler an Schmitt, Bourg-la-Reine, | 13. 01. 61 / B |
| 254 | Schmitt an Mohler, Plettenberg, | 15. 01. 61 / B |
| – | Mohler an Schmitt, Bourg-la-Reine, | 16. 01. 61 / PK |
| – | Mohler an Schmitt, Bourg-la-Reine, | 18. 01. 61 / B |
| – | Mohler an Schmitt, Bourg-la-Reine, | 28. 01. 61 / B |
| 255 | Schmitt an Mohler, Plettenberg, | 15. 02. 61 / B |
| – | Mohler an Schmitt, Bourg-la-Reine, | 24. 02. 61 / B |
| 256 | Schmitt an Mohler, Plettenberg, | Frühjahr 61/ B |
| 257 | Schmitt an Mohler, Plettenberg, | 10. 04. 61 / B |
| – | Mohler an Schmitt, Bourg-la-Reine, | 13. 04. 61 / B |
| 258 | Schmitt an Mohler, Plettenberg, | 17. 04. 61 / B |
| – | Mohler an Schmitt, Bourg-la-Reine, | 21. 04. 61 / B |
| – | Mohler an Schmitt, Bourg-la-Reine, | 15. 05. 61 / B |
| 259 | Schmitt an Mohler, Plettenberg, | 18. 05. 61 / B |
| 260 | Schmitt an Mohler, Vigo, Spanien, | 12. 06. 61 / AK |
| – | Mohler an Schmitt, Bourg-la-Reine, | 10. 07. 61 / B |
| 261 | Schmitt an Mohler, o. O./Spanien, | 24. 07. 61 / AK |

| | | |
|---|---|---|
| 262 | Schmitt an Mohler, Cabo de Cruz, | 14. 08. 61 / AK |
| 263 | Schmitt an Mohler, Plettenberg, | 19. 09. 61 / B |
| 264 | Schmitt an Mohler, Plettenberg, | 21. 09. 61 / B |
| 265 | Mohler an Schmitt, München, | 21. 09. 61 / B |
| 266 | Schmitt an Mohler, Plettenberg, | 25. 09. 61 / AK |
| 267 | Schmitt an Mohler, Plettenberg, | 03. 11. 61 / PK |
| – | Mohler an Schmitt, München, | 03. 11. 61 / B |
| – | Mohler an Schmitt, München, | 04. 12. 61 / AK |
| – | Mohler an Schmitt, München, | 09. 12. 61 / AK |
| 268 | Schmitt an Mohler, Iserlohn, | 14. 12. 61 / PK |
| – | Mohler an Schmitt, München, | 21. 12. 61 / B |
| – | Mohler an Schmitt, München, | 27. 12. 61 / AK |
| 269 | Schmitt an Mohler, Plettenberg, | 29. 12. 61 / B |
| 270 | Schmitt an Mohler, o. O., | 16. 01. 62 / B |
| – | Mohler an Schmitt, München, | 28. 01. 62 / B |
| – | Mohler an Schmitt, München, | 19. 02. 62 / B |
| 271 | Schmitt an Mohler, Plettenberg, | 08. 03. 62 / B |
| 272 | Schmitt an Mohler, Paris, | 12. 03. 62 / AK |
| 273 | Schmitt an Mohler, Santiago, | 08. 04. 62 / AK |
| 274 | Schmitt an Mohler, Plettenberg, | 04. 05. 62 / AK |
| – | Mohler an Schmitt, München, | 11. 05. 62 / PK |
| 275 | Mohler an Schmitt, München, | 11. 06. 62 / AK |
| – | Mohler an Schmitt, Friedrichsruh, | 01. 07. 62 / AK |
| – | Mohler an Schmitt, München, | 12. 07. 62 / B |
| 276 | Schmitt an Mohler, Plettenberg, | 15. 07. 62 / B |
| 277 | Mohler an Schmitt, München, | 18. 07. 62 / B |
| 278 | Schmitt an Mohler, o. O., | 27. 07. 62 / PK |
| – | Mohler an Schmitt, München, | 31. 07. 62 / PK |
| 279 | Schmitt an Mohler, Vic-sur-Seille, | 03. 08. 62 / AK |
| 280 | Schmitt an Mohler, Plettenberg, | 27. 08. 62 / B |
| – | Mohler an Schmitt, München, | 28. 08. 62 / B |
| – | Mohler an Schmitt, München, | 30. 08. 62 / PK |
| – | Mohler an Schmitt, München, | 02. 09. 62 / PK |
| 281 | Schmitt an Mohler, Plettenberg, | 04. 09. 62 / AK |
| 282 | Schmitt an Mohler, Plettenberg, | 14. 09. 62 / B |
| – | Mohler an Schmitt, München, | 15. 09. 62 / PK |
| – | Mohler an Schmitt, München, | 17. 09. 62 / B |
| 283 | Schmitt an Mohler, Ebrach, | 20. 09. 62 / B |
| 284 | Schmitt an Mohler, Plettenberg, | 28. 09. 62 / B |
| 285 | Schmitt an Mohler, Plettenberg, | 20. 10. 62 / Tel |
| – | Mohler an Schmitt, München, | 07. 11. 62 / B |
| 286 | Schmitt an Mohler, Plettenberg, | 24. 11. 62 / PK |
| 287 | Mohler an Schmitt, München, | 27. 12. 62 / B |
| 288 | Schmitt an Mohler, Plettenberg, | 21. 02. 63 / B |
| 289 | Schmitt an Mohler, Plettenberg, | 10. 04. 63 / AK |
| – | Mohler an Schmitt, München, | 14. 04. 63 / B |
| 290 | Schmitt an Mohler, Plettenberg, | 22. 05. 63 / B |
| 291 | Mohler an Schmitt, München, | 09. 07. 63 / B |
| – | Mohler an Schmitt, München, | 25. 07. 63 / PK |
| 292 | Schmitt an Mohler, Plettenberg, | 30. 07. 63 / PK |
| 293 | Schmitt an Mohler, Plettenberg, | 08. 08. 63 / PK |
| 294 | Schmitt an Mohler, Plettenberg, | 17. 11. 63 / B |
| – | Mohler an Schmitt, München, | 10. 11. 63 / PK |
| – | Mohler an Schmitt, München, | 21. 11. 63 / PK |
| 295 | Mohler an Schmitt, München, | 28. 03. 64 / B |
| 296 | Schmitt an Mohler, Plettenberg, | 10. 04. 64 / B |
| – | Mohler an Schmitt, München, | 12. 04. 64 / B |
| 297 | Schmitt an Mohler, Plettenberg, | 13. 05. 64 / PK |
| – | Mohler an Schmitt, München, | 27. 05. 64 / B |
| 298 | Schmitt an Mohler, Plettenberg, | 03. 06. 64 / B |
| 299 | Mohler an Schmitt, München, | 20. 06. 64 / B |
| 300 | Schmitt an Mohler, Casalonga, | 20. 07. 64 / B |
| – | Mohler an Schmitt, München, | 05. 08. 64 / B |
| 301 | Schmitt an Mohler, Sangenjo | 21. 08. 64 / AK |
| 302 | Schmitt an Mohler, Sangenjo, | 14. 09 64 / AK |
| 303 | Schmitt an Mohler, Plettenberg, | 06. 11. 64 / B |
| – | Mohler an Schmitt, München, | 27. 11. 64 / B |
| 304 | Schmitt an Mohler, Plettenberg, | – 04. 65 / DS |
| 305 | Mohler an Schmitt, München, | 22. 04. 65 / B |
| – | Mohler an Schmitt, München, | 04. 05. 65 / PK |
| 306 | Schmitt an Mohler, Plettenberg, | 06. 05. 65 / PK |
| – | Mohler an Schmitt, München, | 07. 05. 65 / PK |
| 307 | Schmitt an Mohler, Plettenberg, | 18. 07. 65 / AK |
| 308 | Mohler an Schmitt, München, | 08. 08. 65 / B |
| 309 | Schmitt an Mohler, Plettenberg, | 10. 08. 65 / B |
| 310 | Schmitt an Mohler, Plettenberg, | 10. 08. 65 / B |
| 311 | Schmitt an Mohler, o. O., | 12. 08. 65 / B |
| 312 | Mohler an Schmitt, München, | 12. 08. 65 / B |
| 313 | Mohler an Schmitt, München, | 13. 08. 65 / B |
| 314 | Schmitt an Mohler, o. O., | 31. 08. 65 / B |
| 315 | Schmitt an Mohler, o. O., | 18. 09. 65 / B |
| 316 | Schmitt an Mohler, Plettenberg, | 26. 09. 65 / B |
| 317 | Mohler an Schmitt, München, | 04. 10. 65 / B |
| 318 | Schmitt an Mohler, Plettenberg, | 05. 10. 65 / B |
| – | Mohler an Schmitt, München, | 06. 10. 65 / PK |
| 319 | Schmitt an Mohler, Plettenberg, | 08. 10. 65 / B |
| 320 | Schmitt an Mohler, Ebrach, | 11. 10. 65 / Tel |
| 321 | Schmitt an Mohler, Ebrach, | 14. 10. 65 / AK |
| 322 | Schmitt an Mohler, Plettenberg, | 29. 10. 65 / PK |
| 323 | Mohler an Schmitt, München, | 30. 10. 65 / B |
| – | Mohler an Schmitt, Alt Aussee, | 20. 11. 65 / AK |
| 324 | Schmitt an Mohler, o. O., | 26. 11. 65 / B |
| 325 | Mohler an Schmitt, München, | 01. 12. 65 / B |
| 326 | Schmitt an Mohler, Plettenberg, | 03. 12. 65 / B |
| – | Mohler an Schmitt, München, | 29. 12. 65 / B |
| 327 | Schmitt an Mohler, Plettenberg, | 31. 12. 65 / B |
| – | Mohler an Schmitt, München, | 06. 01. 66 / B |
| 328 | Schmitt an Mohler, o. O., | 12. 01. 66 / B |
| – | Mohler an Schmitt, München, | 26. 02. 66 / PK |
| 329 | Schmitt an Mohler, o. O., | ca 1. 3. 66/ AK |
| – | Mohler an Schmitt, München, | 06. 03. 66 / B |
| 330 | Schmitt an Mohler, o. O., | 09. 03. 66 / B |
| 331 | Schmitt an Mohler, o. O., | 10. 04. 66 / B |
| 332 | Schmitt an Mohler, Plettenberg, | 11. 04. 66 / AK |
| – | Mohler an Schmitt, München, | 25. 04. 66 / B |
| 333 | Schmitt an Mohler, Plettenberg, | – 05. 66 / BK |

| | | |
|---|---|---|
| – | Mohler an Schmitt, München, | 30. 05. 66 / PK |
| – | Mohler an Schmitt, München, | 31. 05. 66 / PK |
| 334 | Schmitt an Mohler, Staufen, | 06. 06. 66 / AK |
| – | Mohler an Schmitt, München, | 22. 06. 66 / BK |
| – | Mohler an Schmitt, München, | 10. 07. 66 / B |
| 335 | Schmitt an Mohler, o. O., | 26. 10. 66 / B |
| – | Mohler an Schmitt, München, | 06. 12. 66 / B |
| 336 | Schmitt an Mohler, o. O., | 19. 12. 66 / B |
| 337 | Mohler an Schmitt, München, | 23. 12. 66 / B |
| 338 | Schmitt an Mohler, o. O., | 24. 12. 66 / B |
| 339 | Schmitt an Mohler, Plettenberg, | 02. 02. 67 / B |
| – | Mohler an Schmitt, München, | 07. 02. 67 / B |
| 340 | Schmitt an Mohler, Plettenberg, | 09. 02. 67 / B |
| – | Mohler an Schmitt, München, | 10. 02. 67 / B |
| – | Mohler an Schmitt, München, | 01. 03. 67 / Tel |
| – | Mohler an Schmitt, München, | 30. 03. 67 / PK |
| – | Mohler an Schmitt, Bad Wiessee, | – März 67 / B |
| – | Mohler an Schmitt, Bad Wiessee, | 01. 04. 67 / B |
| – | Mohler an Schmitt, München, | 02. 04. 67 / BK |
| 341 | Schmitt an Mohler, o. O., | 10. 04. 67 / AK |
| 342 | Schmitt an Mohler, Feiburg, | 17. 05. 67 / AK |
| 343 | Schmitt an Mohler, Plettenberg, | 26. 05. 67 / B |
| – | Mohler an Schmitt, München, | 28. 05. 67 / B |
| 344 | Schmitt an Mohler, Plettenberg, | 01. 06. 67 / B |
| – | Mohler an Schmitt, München, | 18. 06. 67 / BK |
| – | Mohler an Schmitt, München, | 10. 07. 67 / B |
| – | Mohler an Schmitt, München, | 11. 07. 67 / PK |
| – | Mohler an Schmitt, München, | 13. 07. 67 / B |
| 345 | Schmitt an Mohler, Plettenberg, | 16. 07. 67 / B |
| 346 | Schmitt an Mohler, o. O./Spanien, | 13. 09. 67 / AK |
| – | Mohler an Schmitt, München, | 11. 10. 67 / B |
| – | Mohler an Schmitt, Frankfurt, | 16. 10. 67 / Tel |
| 347 | Schmitt an Mohler, o. O., | 12. 10. 67 / AK |
| – | Mohler an Schmitt, München, | 20. 10. 67 / B |
| 348 | Schmitt an Mohler, Plettenberg, | 25. 10. 67 / B |
| – | Mohler an Schmitt, Athen, | 13. 11. 67 / AK |
| 349 | Mohler an Schmitt, München, | 25. 12. 67 / B |
| 350 | Schmitt an Mohler, Plettenberg, | 28. 12. 67 / B |
| – | Mohler an Schmitt, München, | 02. 01. 68 / B |
| – | Mohler an Schmitt, München, | 20. 01. 68 / B |
| – | Mohler an Schmitt, München, | 21. 01. 68 / AK |
| – | Mohler an Schmitt, München, | 12. 04. 68 / B |
| 351 | Schmitt an Mohler, o. O., | – 04. 68 / AK |
| – | Mohler an Schmitt, München, | 12. 05. 68 / BK |
| 352 | Mohler an Schmitt, München, | 06. 07. 68 / B |
| 353 | Mohler an Schmitt, München, | 13. 07. 68 / BK |
| 354 | Schmitt an Mohler, o. O., | 18. 07. 68 / PK |
| 355 | Schmitt an Mohler, o. O., | 26. 08. 68 / B |
| – | Mohler an Schmitt, München, | 25. 09. 68 / BK |
| 356 | Mohler an Schmitt, München, | 12. 10. 68 / B |
| 357 | Mohler an Schmitt, München, | 23. 10. 68 / B |
| – | Mohler an Schmitt, München, | 29. 12. 68 / B |
| – | Mohler an Schmitt, München, | 11. 03. 69 / B |
| 358 | Schmitt an Mohler, Plettenberg, | 27. 03. 69 / B |
| – | Mohler an Schmitt, München, | 28. 03. 69 / B |
| 359 | Mohler an Schmitt, München, | 09. 07. 69 / B |
| – | Mohler an Schmitt, München, | 30. 11. 69 / B |
| – | Mohler an Schmitt, München, | 01. 01. 70 / BK |
| 360 | Schmitt an Mohler, Plettenberg, | – 04. 70 / B |
| 361 | Mohler an Schmitt, München, | 04. 07. 70 / B |
| 362 | Schmitt an Mohler, Plettenberg, | 24. 10. 70 / DS |
| – | Mohler an Schmitt, München, | 27. 10. 70 / B |
| – | Mohler an Schmitt, München, | 30. 10. 70 / AK |
| – | Mohler an Schmitt, München, | 01. 01. 71 / B |
| – | Mohler an Schmitt, Toronto, | 04. 07. 71 / B |
| 363 | Schmitt an Mohler, Plettenberg, | 05. 01. 72 / DS |
| 364 | Schmitt an Mohler, Plettenberg, | 15. 08. 73 / AK |
| 365 | Schmitt an Mohler, Plettenberg, | 29. 09. 73 / DS |
| 366 | Schmitt an Mohler, Plettenberg, | 03. 12. 73 / B |
| 367 | Mohler an Schmitt, München, | 07. 12. 73 / B |
| 368 | Schmitt an Mohler, Plettenberg, | 16. 06. 74 / B |
| – | Mohler an Schmitt, München, | 20. 06. 74 / BK |
| 369 | Schmitt an Mohler, Plettenberg, | 18. 09. 74 / B |
| 370 | Schmitt an Mohler, o. O., | 22. 11. 74 / B |
| – | Mohler an Schmitt, München, | 08. 07. 74 / BK |
| – | Mohler an Schmitt, München, | 12. 06. 75 / BK |
| – | Mohler an Schmitt, München, | 19. 12. 75 / B |
| 371 | Schmitt an Mohler, Plettenberg, | 04. 01. 76 / B |
| 372 | Mohler an Schmitt, München, | 07. 01. 76 / B |
| 373 | Schmitt an Mohler, Plettenberg, | 10. 05. 76 / AK |
| – | Mohler an Schmitt, München, | 13. 07. 76 / B |
| 374 | Schmitt an Mohler, Plettenberg, | 16. 07. 76 / B |
| 375 | Mohler an Schmitt, München, | 18. 11. 76 / B |
| 376 | Schmitt an Mohler, Plettenberg, | 20. 11. 76 / PK |
| 377 | Schmitt an Mohler, Plettenberg, | 07. 03. 77 / B |
| – | Mohler an Schmitt, München, | 10. 03. 77 / BK |
| 378 | Mohler an Schmitt, München, | 31. 05. 77 / AK |
| – | Mohler an Schmitt, München, | 06. 06. 77 / BK |
| – | Mohler an Schmitt, München, | 20. 06. 77 / BK |
| – | Mohler an Schmitt, München, | 26. 08. 77 / BK |
| 379 | Schmitt an Mohler, o. O., | 30. 08. 77 / B |
| 380 | Schmitt an Mohler, o. O., | 22. 10. 77 / B |
| 381 | Schmitt an Mohler, Plettenberg, | 09. 11. 77 / AK |
| – | Mohler an Schmitt, München, | 16. 11. 77 / BK |
| 382 | Schmitt an Mohler, Plettenberg, | 18. 11. 77 / B |
| 383 | Schmitt an Mohler, o. O., | 06. 12. 77 / B |
| 384 | Mohler an Schmitt, München, | 21. 01. 78 / BK |
| 385 | Schmitt an Mohler, Plettenberg, | 24. 01. 78 / AK |
| 386 | Schmitt an Mohler, o. O., | – 02. 78 / B |
| 387 | Mohler an Schmitt, München, | 08. 07. 78 / B |
| 388 | Schmitt an Mohler, o. O., | 28. 08. 78 / B |
| – | Mohler an Schmitt, München, | 26. 07. 78 / BK |
| 389 | Schmitt an Mohler, Plettenberg, | 23. 04. 79 / AK |
| 390 | Schmitt an Mohler, Plettenberg, | 20. 10. 79 / B |
| 391 | Schmitt an Mohler, o. O., | 30. 07. 80 / B |
| – | Mohler an Schmitt, München, | 02. 09. 80 / BK |

# Bibliographie

## Abkürzungen der Verlage

AR Verlag der Arche, Zürich
AT Athenäum V., Frankfurt/M.
AV Akademie V., Berlin
BE Beck, München
CH Carl Hanser, München
CR Critcon V., München
DE Drei-Eulen-V., Wuppertal
DH Duncker & Humblot, München, später Berlin
DI Diederichs, Köln
DO Droz, Genf
DR Deutscher Rechtsverlag, Berlin
DÜ Dümmler, Berlin
EC „Eclectica", c/o Economische Hogeschool Sint-Aloysius Brüssel
FR Frundsberg-V., Magdeburg
FS Ferdinand Schöningh, Paderborn
GL Glock & Lutz, Nürnberg
GR Greven, Köln
HA Hanseatische Verlagsanstalt, Hamburg
HC Hoffmann & Campe, Hamburg
HE Heymann, Berlin
HL Heliopolis V., Tübingen
HO Hobbing, Berlin
HÖ Heitz & Höffkes, Essen
HR Hegner V., Hellerau
IS Isar-Verlag, München
IU Internationaler Universitätsv., Tübingen
KA Karolinger V., Wien
KL Klostermann, Frankfurt/M.
KO Kohlhammer, Stuttgart
KT Ernst Klett, Stuttgart
LI Liebmann, Berlin
LM Langen Müller
LV Lutherisches Verlagshaus, Hamburg
MA Marées-V., Wuppertal
MI Mittler, Berlin
MO Mohr/Siebeck, Tübingen
MÜ Georg Müller, München
NE Neske, Pfullingen
OB „Oltner Bücherfreunde", Olten (Schweiz)
PI Piper, München
PR Propyläen V., Berlin
RA Rheinland-Verlag, Köln
RB Rombach, Freiburg i. Br.
RO Walther Rothschild, Berlin
RS Respublica V., Siegburg
SE Seewald, Stuttgart
SI Sinus-V., Krefeld
SK Skiamaten-V., Leipzig
SL Schletter, Breslau
ST Stahlhelm-V., Magdeburg
TE Teubner, Leipzig
UT Ullstein-Taschenbuch V., Berlin
UY de Gruyter, Berlin
VO Friedrich Vorwerk, Stuttgart
VZ Verlag für Zeitkritik, Berlin
WI Wissenschaftliche Buchgesellschaft, Darmstadt

## Carl Schmitt

* = die wichtigeren Bücher

1910 *Über Schuld und Schuldarten.* Eine terminologische Untersuchung (Dissertation der Universität Straßburg / SL)

1912 *Gesetz und Urteil.* Eine Untersuchung zum Problem der Rechtspraxis (LI / heute BE)

1913 (zusammen mit Fritz Eisler unter dem Pseudonym „Johannes Negelinus, mox Doctor“:) *Schattenrisse* (literarische Parodien / SK / heute von Ingeborg Villinger kommentiert AV)

1914 *Der Wert des Staates und die Bedeutung des Einzelnen* (MO / 1917 unverändert als Habilitationsschrift bei HE)

1916 *Theodor Däublers „Nordlicht“.* Drei Studien über die Elemente, den Geist und die Aktualität des Werkes (MÜ / heute DH)

1919 * *Politische Romantik* (2. Aufl. 1925 / DH)

1921 * *Die Diktatur.* Von den Anfängen des modernen Souveränitätsgedankens bis zum proletarischen Klassenkampf (ab 2. Aufl. 1928 mit Anhang „Die Diktatur des Reichspräsidenten nach Art. 48 der Weimarer Verfassung“ / DH)

1922 * *Politische Theologie.* Vier Kapitel zur Lehre von der Souveränität (DH)

1923 * *Die geistesgeschichtliche Lage des heutigen Parlamentarismus* (DH)

1923 * *Römischer Katholizismus und politische Form* (HR / heute KT)

1925 *Die Rheinlande als Objekt internationaler Politik* (Verlag der Rheinischen Zentrumspartei)

1926 *Die Kernfrage des Völkerbundes* (DÜ)

1927 *Volksentscheid und Volksbegehren.* Ein Beitrag zur Auslegung der Weimarer und zur Lehre von der unmittelbaren Demokratie (UY)

1928 * *Verfassungslehre* (DH)

1928 *Der Begriff des Politischen* (erste Fassung / RO)

1930 *Hugo Preuss.* Sein Staatsbegriff und seine Stellung in der deutschen Staatslehre (MO)

1930 *Der Völkerbund und das politische Problem der Friedenssicherung* (ab 2. Aufl. 1934 ohne die drei ersten Worte des Titels / TE / heute KA)

1931 * *Der Hüter der Verfassung* (MO / heute DH)

1931 *Freiheitsrechte und institutionelle Garantien der Reichsverfassung* (HO)

1932 * *Der Begriff des Politischen* (zweite Fassung, heute „gültig“ / DH)

1932 * *Legalität und Legitimität* (DH)

1933 *Der Begriff des Politischen* (dritte Fassung / HA)

1933 *Das Reichsstatthaltergesetz* (HE)

1933 *Staat, Bewegung, Volk.* Die Dreigliederung der politischen Einheit (HA)

1934 * *Über die drei Arten des rechtswissenschaftlichen Denkens* (HA / heute DH)

1934 *Staatsgefüge und Zusammenbruch des Zweiten Reiches.* Der Sieg des Bürgers über den Soldaten (HA)

1934 *Nationalsozialismus und Völkerrecht* (DH)

1938 * *Der Leviathan in der Staatslehre des Thomas Hobbes.* Sinn und Fehlschlag eines politischen Symbols (HA / heute KT)

1938 *Die Wendung zum diskriminierenden Kriegsbegriff* (HA / heute DH)

1939 * *Völkerrechtliche Grossraumordnung mit Interventionsverbot für raumfremde Mächte.* Ein Beitrag zum Reichsbegriff im Völkerrecht (seit 1941 in überarbeiteter und erweiterter Aufl. / DR / heute DH)

1940 * *Positionen und Begriffe im Kampf mit Weimar – Genf – Versailles, 1923–1939* (Sammlung von 36 Aufsätzen / HA / heute DH)

1942 * *Land und Meer.* Eine weltgeschichtliche Betrachtung (Reclams Universal-Bibliothek, Nr. 7536 / heute KT)

1950 *Die Lage der europäischen Rechtswissenschaft* (IU)

1950 *Ex Captivitate Salus.* Erfahrungen der Zeit 1945/47 (GR) Sammelband mit 6 Essays: Gespräch mit Eduard Spranger (Sommer 1945) / Antwortende Bemerkungen zu einem Rundfunk-Vortrag von Karl Mannheim (Winter 1945/46) / Historiographia in Nuce: Alexis Tocqueville (August 1946) / Zwei Gräber (Sommer 1946) / Ex captivitate Salus (Herbst 1946) / Weisheit der Zelle (April 1947) / und ein Gedicht: Gesang des Sechzigjährigen. (Widmung des Bandes: In memoriam Dr. Wilhelm Ahlmann, gest. 7. Dezember 194, Caecus Deo propius.)

1950 *Donoso Cortés in gesamteuropäischer Interpretation.* Vier Aufsätze (GR): Einleitung (Juni 1950) / Zur Staatsphilosophie der Gegenrevolution (de Maistre, Bonald, Donoso Cortés) (1922) / Donoso Cortés in Berlin (1849) (1927) / Der unbekannte Donoso Cortés (1929) / Donoso Cortés in gesamt-europäischer Interpretation (1949)

1950 * *Der Nomos der Erde im Völkerrecht des Ius Publicum Europaeum* (GR / heute DH)

1954 *Gespräch über die Macht und den Zugang zum Machthaber* (NE / heute AV)

1956 *Hamlet und Hekuba.* Der Einbruch der Zeit in das Spiel (DI / heute KT)

1958 * *Verfassungsrechtliche Aufsätze aus den Jahren 1924–1954.* Materialien zu einer Verfassungslehre (DH)

1960 * *Die Tyrannei der Werte.* Überlegungen eines Juristen zur Wert-Philosophie. *Erste Fassung*: 1960 Privatdruck, 16 Seiten (KO). *Zweite Fassung*: 1967 Druck im Buchhandel, erweitert, S. 37–62 in „Säkularisation und Utopie", Festschrift für Ernst Forsthoff zum 65. Geburtstag, Ebracher Studien (KO). *Dritte Fassung:* 1979, erweitert um Beiträge von Eberhard Jüngel und Sepp Schelz, 109 Seiten (LV).

1963 * *Die Theorie des Partisanen.* Zwischenbemerkung zum Begriff des Politischen (DH)

1970 * *Politische Theologie II.* Die Legende von der Erledigung jeder Politischen Theologie (DH)

1991 * *Glossarium.* Aufzeichnungen der Jahre 1947-1951 (posthum hrsg. von Eberhard Frhr. v. Medem / DH)

1994 *Das Internationalrechtliche Verbrechen des Angriffskrieges und der Grundsatz „Nullum crimen, nulla poena sine lege".* (Herausgegeben, mit Anmerkungen und einem Nachwort versehen von Helmut Quaritsch / DH)

Ein ca 750 Seiten starker Band, ein Meisterstück von Günter Maschke, erscheint im Herbst 1995 bei Duncker & Humblot in Berlin und macht einen Teil des Schmittschen Werkes, der nicht mehr in den Buchhandlungen vorhanden war, wieder zugänglich. Wir stellen dieses im Druck befindliche Werk mit dem vollständigen Inhaltsverzeichnis vor:

1995 Carl Schmitt: *„Staat, Großraum, Nomos.* Arbeiten aus den Jahren 1916–1969", hrsg. u. kommentiert von Günter Maschke

*Inhalt:*
*I. Verfassung und Diktatur*
1. Diktatur und Belagerungszustand (1916) / 2. Reichspräsident und Weimarer Verfassung (1925) / 3. Diktatur (1926) / 4. Das Ausführungsgesetz zu Art. 48; sogen. Diktaturgesetz / 5. Der bürgerliche Rechtsstaat (1928) / 6. Konstruktive Verfassungsprobleme (1932) / 7. Starker Staat und gesunde Wirtschaft (1932)

*II. Politik und Idee*
8. Absolutismus (1926) / 9. Machiavelli. Zum 22. Juni 1927 (1927)
10. Der Rechtsstaat (1935) / 11. Was bedeutet der Streit um den „Rechtsstaat"? (1935) / 12. Politik (1936) / 13. Der Staat als Mechanismus bei Hobbes und Descartes (1937) / 14. Dreihundert Jahre Leviathan (1951) / 15. Die Stellung Lorenz von Steins in der Geschichte des 19. Jahrhunderts (1940) / 16. Das „Allgemeine Deutsche Staatsrecht" als Beispiel rechtswissenschaftlicher Systembildung (1940) / 17. Die Formung des französischen Geistes durch den Legisten (1942) / 18. Amnestie oder die Kraft des Vergessens (1949)

*III. Großraum und Völkerrecht (1949)*
19. Führung und Hegemonie (1939) / 20. Raum und Großraum im Völkerrecht (1940) / 21. Völkerrechtliche Großraumordnung mit Interventionsverbot für raumfremde Mächte (Text der 4. Aufl., 1941) / 22. Die Auflösung der europäischen Ordnung im „International Law" (1890–1939) (1940) / 23. Die Raumrevolution (1940) / 24. Das Meer gegen das Land (1941) / 25. Staatliche Souveränität und freies Meer – Über den Gegensatz von Land und See im Völkerrecht der Neuzeit (1941) / 26. Beschleuniger wider Willen oder: Problematik der westlichen Hemisphäre (1942) / 27. Die letzte globale Linie (1943) / 28. Antwort an Kempner (1947) / 29. Maritime Weltpolitik (1949)

*IV. Um den Nomos der Erde*
30. Illyrien – Notizen einer Dalmatinischen Reise / 31. Raum und Rom – Zur Phonetik des Wortes Raum (1951) / 32. Die Einheit der Welt (1952) / 33. Welt großartigster Spannung (1954) / 34. Der neue Nomos der Erde (1955) / 35. Die geschichtliche Struktur des heutigen Welt-Gegensatzes von Ost und West (1955) / 36. Gespräch über den neuen Raum (1955/58) / 37. Nomos-Nahme-Name (1959) / 38. Die Ordnung der Welt nach dem Zweiten Weltkrieg (1962) / 39. Gespräch über den Partisanen – Carl Schmitt und Joachim Schickel (1969)

Aufsätze

(Alles, was C. S. während der Laufzeit dieser Korrespondenz in der Presse oder in Sammelbänden veröffentlicht hat. – Daß ein Teil der Aufsätze anonym oder pseudonym erscheinen mußte, zeigt, wie schwierig es für den von allen Seiten Angegriffenen oft war, selber zu Worte zu kommen.)

1949 *Francisco de Vitoria und die Geschichte seines Ruhmes* in: Die neue Ordnung, 3. Jg., H. 4, S. 289–313 (ohne Verfasserangabe)

1949 *Gegenwartsfragen der Verfassung* in: Der Eisenbahner. Fachzeitschrift für Unterricht und Ausbildung, 2. Jg., H. 3, S. 65–66 (aus zeitgemäßem Grunde zeichnete Dr. Haustein als Verfasser)

1949 *Das Grundgesetz der Bundesrepublik Deutschland* in: Der Eisenbahner. Fachzeitschrift für Unterricht und Ausbildung, 2. Jg., H. 9, S. 194–195; H. 11, S. 241–242; H. 12, S. 266–267 (aus zeitgemäßem Grunde zeichnete Dr. Haustein als Verfasser)

1949 *Maritime Weltpolitik* in: Christ und Welt, 2. Jg., Nr. 40, 6. 10. 1949, S. 9 (ohne Verfasserangabe)

1949 *Amnestie, die Kraft des Vergessens* in: Christ und Welt, 2. Jg., Nr. 45, 10. 11. 1949, S. 9 (ohne Verfasserangabe)

1950 *Das Grundgesetz der Bundesrepublik Deutschland,* in: Der Eisenbahner. Fachzeitschrift für Unterricht und Ausbildung, 3. Jg., H. 1, S. 5; H. 3, S. 55–56; H. 4, S. 105–106 (aus zeitgemäßem Grunde zeichnete Dr. Haustein als Verfasser)

1950 *Das Problem der Legalität* in: Die neue Ordnung, 4. Jg., H. 3, S. 270–275

1950 *Drei Stufen historischer Sinngebung* in: Universitas, 5. Jg., H. 8, S. 927–931 (Authentische Überschrift von Carl Schmitt: Drei Möglichkeiten eines christlichen Geschichtsbildes)

1951 *Justissima tellus – Das Recht als Einheit von Ordnung und Ortung*, in Universitas, 6. Jg., H. 3, S. 283–290

1951 *Recht und Raum* in: Tymbos für Wilhelm Ahlmann, S. 241–251 (UY)

1951 *La unidad del mundo* in: Anales de la Universidad de Murcia, 3. Trimester des Jg. 1950–51, S. 343–355

1951 *Dreihundert Jahre Leviathan* in: Die Tat, 5. 4. 1951, später in: Universitas, 7. Jg., 1952, H. 2, S. 179–181

1951 *Raum und Rom – Zur Phonetik des Wortes Raum* in: Universitas, 6. Jg., H. 9, S. 963–967

1952 *Die Einheit der Welt* in: Merkur, 6. Jg., H. 1, S. 1–11 (nicht identisch mit „La unidad del mundo“, s. o.)

1952 *Zum Gedächtnis von Serge Maiwald.* in: Zeitschrift für Geopolitik, 23. Jg., H. 7, S. 447–448

1952 Vorwort zu L. Winstanley: Hamlet, Sohn der Maria Stuart, aus dem Englischen übersetzt von Anima Schmitt, S. 7–25 (NE)

1952 *Der verplante Planet* in: Der Fortschritt, Nr. 15, 11. 4. 1952, S. 3–4

1953 *Nehmen/Teilen/Weiden – Ein Versuch, die Grundfragen jeder Sozial- und Wirtschaftsordnung vom NOMOS her richtig zu stellen* in: Gemeinschaft und Politik, 1. Jg., H. 3, S. 18–27

1954 *Welt großartigster Spannung* (ein Aufsatz über das Sauerland) in: Merian, 7. Jg., H. 9, S. 3–6

1954 *Der neue Nomos der Erde* in: Gemeinschaft und Politik, 3. Jg., H. 1, S. 7–10

1955 *Der Aufbruch ins Weltall. Ein Gespräch zu dritt über die Bedeutung des Gegensatzes von Land und Meer* in: Christ und Welt, 8. Jg., Nr. 25, 23. 6. 1955 (Auszug aus einer Sendung des Hessischen Rundfunks vom 12. 4. 1955, jetzt vollständiger Text in der vom Akademie Verlag 1994 verlegten Schrift „Gespräch über die Macht ...“, s. u.)

1955 *Die geschichtliche Struktur des heutigen Weltgegensatzes von Ost und West.* in: Freundschaftliche Begegnungen, Festschrift für Ernst Jünger zum 60. Geburtstag, S. 135–167 (KL)

1957 *Was habe ich getan?* in: Dietsland – Europa (Antwerpen), 2. Jg., Nr. 1, S. 7–9

1957 *Die andere Hegel-Linie – Hans Freyer zum 70. Geburtstag* in: Christ und Welt, 10. Jg., Nr. 30, 25. 7. 1957, S. 2

1957 *Gespräch über den neuen Raum.* Festgabe zum 70. Geburtstag von C. Barcia Trelles, Universidad de Santiago de Compostela, S. 263–282. Dieser Text ist der 1994 im Akademie Verlag wieder aufgelegten Schrift „Gespräch über die Macht und den Zugang zum Machthaber“ angefügt worden.

1959 *Nomos – Nahme – Name* in: Siegfried Behn (Hrsg.), Der beständige Aufbruch. Festschrift für Erich Przywara SJ, Glock & Lutz, Nürnberg, S. 92–105.

1960 *Der Gegensatz von Gemeinschaft und Gesellschaft als Beispiel einer zweigliedrigen Unterscheidung. – Betrachtungen zur Struktur und zum Schicksal solcher Antithesen.* in: Festschrift für L. Legaz y Lacambra, Universidad de Santiago de Compostela, S. 165–176

1962 *El Orden del Mundo después de la segunda Guerra Mundial* in: Revista de Estudios Políticos, Nr. 122, März/April, S. 19–36. In deutscher Sprache (übersetzt von Günter Maschke) in Piet Tommissen (Hrsg.): „Schmittiana“. Bd. 2, 1990, S. 12–30

1962 *Dem wahren Johann Jakob Rousseau – zum 28. Juni 1962* in: Zürcher Woche 14. Jg., Nr. 26, 29. 6. 1962, S. 1

1962 *Teorias Modernas sobre el Partisano* in: Defensa Nacional (Publicaciones de la catedra „General Palafox“ de Cultura militar, Universidad de Zaragoza), 3. Bd., S. 327–359 Liegt nicht in deutscher Sprache vor.

1965 *Die vollendete Reformation.* Bemerkungen und Hinweise zu neuen Leviathan-Interpretationen in: Der Staat IV/1, S. 51–69

1967 *Clausewitz als politischer Denker.* Bemerkungen und Hinweise in: Der Staat VI/4, S. 479–502

1970 *Gespräch über den Partisanen* (zwischen Carl Schmitt und Joachim Schickel, 1969) in: J. Schickel (Hrsg.), Guerilleros, Partisanen. Theorie und Praxis, Carl Hanser, München, S. 9–29 (und Anmerkungen dazu S. 207–208)

1970 *Von der TV-Demokratie. – Die Aggressivität des Fortschritts* in: Deutsches Allgemeines Sonntagsblatt, 23. Jg., Nr. 26, 28. 6. 70, S. 8

1978 *Die legale Weltrevolution.* Politischer Mehrwert als Prämie auf juristische Legalität und Superlegalität in: Der Staat XVII/3, S. 321–339)

## Sekundärliteratur

Ausgangspunkt jeder gründlichen Befassung mit C. S. ist das Findbuch des C. S.-Archivs in Düsseldorf:

1993 *Dirk van Laak u. Ingeborg Villinger (Hrsg.): „Nachlaß Carl Schmitt“.* Verzeichnis des Bestandes im Nordrhein-Westfälischen Hauptstaatsarchiv. (Veröffentlichungen der staatlichen Archive des Landes Nordrhein-Westfalen, Reihe C, Bd. 32) 698 S. (RS)

Ebenso unentbehrlich, aber auf vier verschiedene Orte verteilt und nur bis 1978 durchgeführt, ist:

*Piet Tommissen: „Carl-Schmitt-Bibliographie“*, welche der flämische Professor, Emeritus der Economische Hogeschool Sint Aloysius in Brüssel, dankenswerterweise sowohl für die Primär- wie die Sekundärliteratur in Angriff genommen hat.

1959 *I. Teil:* S. 273–330 in Hans Barion u.a. (Hrsg.), „Festschrift für Carl Schmitt zum 70. Geburtstag“ (DH)

1968 *II. Teil:* „Ergänzungsliste zur Carl-Schmitt-Bibliographie von 1959", S. 739–778 in Hans Barion u.a. (Hrsg.), „Epirrhosis / Festgabe für Carl Schmitt" (DH)

1975 *III. Teil:* „Zweite Fortsetzungsliste der C. S.-Bibliographie vom Jahre 1959 (abgeschlossen am 1. Sept. 1975)", S. 127–174 in Piet Tommissen (Hrsg.), „Over en in zake Carl Schmitt" (EC)

1978 *IV. Teil:* „Zweite Fortsetzungsliste der C. S.-Bibliographie vom Jahre 1959 (abgeschlossen am 1. Mai 1978)", S. 187–238 in Festschrift „Miroir de Carl Schmitt" zum 90. Geburtstag von C. S. (DO). (Daß die Obertitel von III und IV gleich sind, ist bedingt durch die Eingliederung von III in IV; Neuaufnahmen sind durch vorangestelltes Sternchen markiert.

Eine Einschmelzung der vier Teile in einem Band, samt Neuzugängen, ist geplant.)

Ergänzt wird die Bibliographie durch eine sehr nützliche Buchreihe über alles, was Carl Schmitt betrifft:

1988 *Piet Tommissen (Hrsg.): „Schmittiana".* Bd. 1, 1988 / Bd. 2,1990 / Bd. 3, 1991 (1–3: EC, in Vertrieb bei AV) / Bd. 4, 1994 (DH). Diese vier Bände enthalten neben vielem anderen eine Anzahl kleinerer Korrespondenzen mit C. S.

Eine schmerzhafte Lücke wurde durch die erste C. S.-Biographie geschlossen:

1993 *Paul Noack: Carl Schmitt / Eine Biographie* (360 S., 16 Tafeln mit 26 Fotos / PR) Es war eine weise Entscheidung des Nachlaßverwalters, das Schmitt-Archiv in Düsseldorf einem liberalen Publizisten zur Abfassung der ersten C. S.-Biographie zu öffnen: Noack fand die richtige Mitte zwischen Verhimmelung und Verteufelung.

Ebenso unentbehrlich ist der erste Versuch einer Wirkungsgeschichte von C. S., was allerdings erst durch den weniger poetischen Untertitel sichtbar gemacht wird:

1993 *Dirk van Laak: Gespräche in der Sicherheit des Schweigens.* Carl Schmitt in der politischen Geistesgeschichte der frühen Bundesrepublik (AV). Der Band enthält u. a. auch ausführliche Porträts folgender „Schmittianer": Ernst Forsthoff, Günther Krauss, Rolf Schroers, Armin Mohler, Rüdiger Altmann, Nicolaus Sombart, Hanno Kesting, Hermann Lübbe, Roman Schnur, Jürgen Seifert.

*Festschriften* hat C. S. viermal erhalten:

1953 I: Epirrhosis für Carl Schmitt (in einem maschinenschriftlichen Manuskript zum 65. Geburtstag am 11. Juli 1953 überreicht: 23 Beiträge und 23 reservierte ‚Plätze')

1959 II: (mit einem Jahr Verspätung) Hans Barion, Ernst Forsthoff, Werner Weber (Hrsg.): Festschrift für Carl Schmitt zum 70. Geburtstag dargebracht von Freunden und Schülern (dritte Aufl.1994 / DH )

1968 III: Hans Barion, Ernst-Wolfgang Böckenförde, Ernst Forsthoff, Werner Weber (Hrsg.): Epirrhosis / Festgabe für Carl Schmitt (in zwei Bänden; Band 2 für Autoren, die nach 1945 in eine wissenschaftliche oder persönliche Beziehung zu C. S. getreten sind / DH)

1978 IV: Julien Freund, Piet Tommissen (Hrsg.): Miroir de Carl Schmitt. Diese Festschrift wurde nur von nichtdeutschen Teilnehmern bestritten; 238 S., Nr. 44 der ‚Revue européenne des sciences sociales / Cahiers Vilfredo Pareto‘ (DO)

Helmut Quaritsch, Ordinarius des Öffentlichen Rechts, des Staats- und Verwaltungsrechts an der Hochschule der Verwaltungswissenschaften in Speyer, hat 1986, ein Jahr nach dem Tod von C. S., das erste internationale Symposion über Carl Schmitt veranstaltet:

1988 *Helmut Quaritsch (Hrsg.): Complexio Oppositorum* / Über Carl Schmitt. Vorträge und Diskussionsbeiträge des 28. Sonderseminars 1986 der Hochschule für Verwaltungswissenschaften Speyer (DH). Dieser Band informiert instruktiv über die verschiedenen „Schulen" der C. S.-Deutung.

Quaritsch hat außerdem die beste „Einführung in C. S." geschrieben, zu der er jedoch den Zugang durch einen ungeschickten Titel blockiert (Schmitts Buch „Positionen und Begriffe" kommt in dem Buch nur unter anderem vor):

1991 *Helmut Quaritsch: Positionen und Begriffe Carl Schmitts.* (Dritte, erweiterte Ausgabe 1995 / DH)

Unter den Schmittianern streitet man gern darüber, wer der zur Zeit führende Carl-Schmitt-Forscher sei – der behutsame Ordinarius Quaritsch oder der furiose freie Schriftsteller Günter Maschke. In der Herausgabe von Texten ihres Meisters sind beide gleich genau und umsichtig. Im übrigen aber ergänzen sie sich aufs fruchtbarste. Quaritsch war der Richtige, um die drei Konstanten in C. S. – den Katholiken, den Etatisten und den Nationalisten – aufzuzeigen. Maschke hingegen war der richtige Mann, ein kräftiges Wort über die maßlos wuchernde und doch stets auf der gleichen Stelle tretende Carl-Schmitt-Streitliteratur zu sagen:

1987 *Günter Maschke: Der Tod des Carl Schmitt / Apologie und Polemik* (mit einem Anhang „Sankt Jürgen und der triumphierende Drache. Anläßlich Habermas' neuestem Angriff auf Carl Schmitt" / KA)

Über die beiden Männer, welche als „Vizekönige" von C. S. die Schmittianer zusammenhielten, Oberheid und Barion, liegen sehr ergiebige Bände vor:

1985 Hans Barion, „Kirche und Kirchenrecht / Gesammelte Aufsätze", hrsg. von Werner Böckenförde. Mit Beitrag von Sebastian Schröcker über Barions Rolle im katholischen Kirchenkampf vor 1945 (S. 25–75, „Der Fall Barion" / FS)

1992 *Heiner Faulenbach:* „Ein Weg durch die Kirche / Heinrich Josef Oberheid" (Schriftenreihe des Vereins für Rheinische Kirchengeschichte, Bd. 105 / RA). Lebendige, auf reiche Quellen gestützte Biographie von Oberheid, mit Schwergewicht auf dessen Rolle im evangelischen Kirchenkampf vor 1945.

## Ernst Jünger
(bis 1985, dem Todesjahr von C. S.)

1920 *In Stahlgewittern.* Aus dem Tagebuch eines Stoßtruppführers (im Selbstverlag / ab 2. Auflage 1922: MI)

1922 *Der Kampf als inneres Erlebnis* (Essay / MI)

1925 *Das Wäldchen* 1925. Eine Chronik aus den Grabenkämpfen 1918 (erschienen Okt. 1924, datiert 1925 / MI)

1925 *Feuer und Blut.* Ein kleiner Ausschnitt aus einer großen Schlacht (FR)

1929 *Das abenteuerliche Herz* (erste Fassung:) Aufzeichnungen bei Tag und Nacht (Essays / FR / heute KT)

1931 *Die totale Mobilmachung* (Essay / VZ)

1932 *Der Arbeiter.* Herrschaft und Gestalt (Jüngers politisches Hauptwerk / HA / heute KT)

1934 *Blätter und Steine* (Sammlung von Essays und Reiseberichten / HA)

1936 *Afrikanische Spiele* (romanhafter Bericht über Jüngers Erlebnisse in der Fremdenlegion / HA / heute KT)

1938 *Das abenteuerliche Herz* (zweite Fassung:) Figuren und Capricios (HA / heute KT)

1939 *Auf den Marmorklippen* (symbolistische Erzählung / HA / heute KT)

1942 *Gärten und Strassen.* Aus den Tagebüchern von 1939 und 1940 (erste Folge der Kriegstagebücher / MI / heute KT)

1945 *Myrdun.* Briefe aus Norwegen (13 Briefe an F. G. Jünger, erst als Feldausgabe / 1948 bei AR / heute KT)

1946 *Der Friede.* Ein Wort an die Jugend Europas. Ein Wort an die Jugend der Welt (seit 1945 diverse illegale Drucke, 1946 erste Buchhandelsausgabe bei AR / heute KT)

1947 *Sprache und Körperbau* (Essay / AR / heute KT)

1948 *Atlantische Fahrt* (Tagebuch einer Brasilienfahrt von 1936, 1947 CVJM-Ausgabe für deutsche Kriegsgefangene in England, 1948 bei AR / heute KT)

1948 *Ein Inselfrühling.* Ein Tagebuch aus Rhodos (AR / heute KT)

1949 *Strahlungen* (zweite Folge der Kriegstagebücher, Febr. 1941–Apr. 1945 / HL / heute KT)

1949 *Heliopolis.* Rückblick auf eine Stadt (symbolistischer Roman / HL / heute KT)

1949 *Ortners Erzählung* (eine „Heliopolis“ entnommene Parabel / HL / heute KT)

1950 *Über die Linie* (Essay / KL)

1951 *Das Haus der Briefe* (symbolistische Erzählung / bibliophile Ausgabe bei OB)

1951 *Der Waldgang* (politischer Traktat / KL)

1951 *Am Kieselstrand* (Reisebericht / als bibliophile Ausgabe bei KL)

1952 *Besuch auf Godenholm* (symbolistische Erzählung / KL)

1953 *Der gordische Knoten* (politischer Traktat in Fortführung des „Waldgang“ / KT)

1954 *Das Sanduhrbuch* (Essay / KL)

1955 *Am Sarazenenturm* (Reisebericht / KL)

1956 *Rivarol* (über den französischen Konservativen und Übersetzungen aus dessen Werk / KL)

1957 *Gläserne Bienen* (symbolistische Erzählung / KT)

1958 *Jahre der Okkupation* (dritte Folge der [Nach-] Kriegstagebücher, Apr. 1945–Dez. 1948 / KT)

1959 *An der Zeitmauer* (Jüngers Philosophie / KT)

1960 *Sgraffiti* (Essay / KT)

1960 *Der Weltstaat.* Organismus und Organisation (politischer Traktat / KT)

1963 *Typus – Name – Gestalt* (Essay / KT)

1964 *Mantra.* Ein Spiel, geleitet von Ernst Jünger und Klaus Ulrich Leistikow („ein Flächen- und Raumdomino, das mit Mantras gespielt wird“, erstmals 1958 als Privatdruck, 1964 im Buchhandel / KT)

1967 *Subtile Jagden* (über Jüngers Passion der Käferjagd / KT)

1970 *Annäherungen.* Drogen und Rausch (Jünger über seine Erfahrungen mit Drogen / KT)

1971 *Alfred Kubin.* Eine Begegnung (PR)

1973 *Die Zwille* (eine in Jüngers niedersächsischer Jugendwelt spielende Erzählung / KT)

1974 *Zahlen und Götter.* Philemon und Baucis. Zwei Essays (KT)

1977 *Eumeswil* (symbolistischer Roman / KT)

1980 *Siebzig verweht I.* (Tagebuch 1965–1970 / KT)

1981 *Siebzig verweht II.* (Tagebuch 1971–1980 / KT)

1983 *Aladins Problem* (symbolistische Erzählung / KT)

1984 *Autor und Autorschaft* (nicht nur Kritisches zur Literatur, sondern auch zur Politik / KT)

1985 *Eine gefährliche Begegnung* (eine im Paris von 1888 spielende Kriminal-Novelle / KT)

## Armin Mohler

1950 *Die Konservative Revolution* in Deutschland 1918–1932 (erste Fassung: Dissertation der Philosophisch-Historischen Fakultät der Universität Basel vom 29. 6. 1949, 288 S. / VO)

1955 *Die Schleife*. Dokumente zum Weg von Ernst Jünger, zusammengestellt von Armin Mohler (AR)

1955 *Freundschaftliche Begegnungen*. Festschrift für Ernst Jünger zum 60. Geburtstag, hrsg. von Armin Mohler (Beiträge von Carl Schmitt, Gottfried Benn, Martin Heidegger u. a. / KL)

1958 *Die französische Rechte* (eine summarische Übersicht / IS)

1963 *Die Fünfte Republik*. Was steht hinter de Gaulle? (PI)

1965 *Was die Deutschen fürchten*. Angst vor der Politik – Angst vor der Geschichte – Angst vor der Macht (mit der Widmung: „Für Carl Schmitt, von einem, der zugibt, von ihm gelernt zu haben" / SE sowie UT)

1968 *Vergangenheitsbewältigung* (erste Fassung / SE)

1972 *Sex und Politik* (RB / 1992 überarbeitet in „Liberalenbeschimpfung")

1972 *Die Konservative Revolution in Deutschland 1918–1932* (zweite Fassung: erweitert zu Handbuch, 584 S. / WI)

1974 *Von rechts gesehen* (Aufsatz-Sammlung / SE)

1978 *Tendenzwende für Fortgeschrittene* (Aufsatz-Sammlung / SE)

1980 *Vergangenheitsbewältigung* (zweite, erweiterte Fassung / SI)

1981 *Wider die All-Gemeinheiten* (drei Rundfunksendungen für den SWF, darunter eine über die Ökomanie / SI)

1989 *Die Konservative Revolution in Deutschland 1918–1932* (dritte Fassung in zwei Bänden, 715 S. / WI)

1989 *Der Nasenring*. Im Dickicht der Vergangenheitsbewältigung (erste Fassung, 256 S. / HÖ)

1990 *Liberalenbeschimpfung*. Drei politische Traktate: Sex und Politik – Der faschistische Stil – Gegen die Liberalen (HÖ)

1991 *Der Nasenring*. Die Vergangenheitsbewältigung vor und nach dem Fall der Mauer (zweite, um die „Stasibewältigung" vermehrte Fassung, 360 S. / LM)

Aufsätze

Im Briefwechsel wird über Mohlers Beschäftigung mit der US-amerikanischen Erweckungsbewegung „Technocracy Inc." berichtet; dazu seine Aufsätze:

1968 *Der Weg der „Technokratie" von Amerika nach Frankreich* (S. 579–597 in: Epirrhosis, Festgabe für Carl Schmitt, hrsg. von Hans Barion u.a. / DH)

1974 *Howard Scott und die „Technocracy"*. Zur Geschichte der technokratischen Bewegung II (S. 249–297 in: Standorte im Zeitstrom, Festschrift für Arnold Gehlen zum 70. Geburtstag, hrsg. von Ernst Forsthoff u. a. / AT)

Im Dienst der Siemensstiftung

Zwischen 1961 und 1985 hat Mohler 13 Bücher der „Schriftenreihe der Carl Friedrich von Siemens Stiftung" sowie (von Nr. 5 ab) 42 Broschüren ihrer Reihe „Themen" herausgegeben. Beide Reihen machen mit den Vortragsreihen der Stiftung bekannt. Hervorgehoben sei bloß eine der Vortragsreihen, die 1978 in der Öffentlichkeit als eine „Ehrung von Carl Schmitt" empfunden wurde:

1979 *Der Ernstfall* (Vorträge von Horst Albach, Rüdiger Altmann, Paul Carell, Hellmut Diwald, Robert Hepp, Josef Isensee, Christian Meier, Wilhelm E. Mühlmann, Heinz-Dietrich Ortlieb; Mentor der Reihe war Knut Borchardt / PR)

## Nachtrag

In diesem Buch wird an der flutartig anschwellenden Literatur über Carl Schmitt beklagt, daß in ihr die Produktion von Luftblasen weit häufiger vertreten ist als seriöse historische Arbeit. Kurz vor Redaktionsschluß erreicht uns die umfangreiche Münsteraner Dissertation eines Politologen des Jahrgangs 1963, die – ob man nun ihre Schlußfolgerungen teilt oder nicht – als die bisher gründlichste historische Aufarbeitung des Themas „Carl Schmitt in seiner politischen Umwelt" ( bis 1945) angesehen werden muß:

Andreas Koenen: „Der Fall Carl Schmitt. Sein Aufstieg zum ‚Kronjuristen des Dritten Reiches'", Darmstadt 1995, Wissenschaftliche Buchgesellschaft, X+979 S., ISBN 3-534-12302-6.

# Personenregister

Das Register erfaßt die bis zur Seite 427 genannten Namen, soweit sie Personen betreffen, die zweifelsfrei gelebt haben oder noch leben. Auf Figuren der Dichtung und des Mythos wird verzichtet. Desgleichen entfallen Personennamen, die nur noch der Benennung von Institutionen (Verlage, Vereine u. a.) dienen.

Auch so umfaßt dieses Register eine beträchtliche Zahl von Namen. Carl Schmitts „konkretes Ordnungsdenken" äußerte sich unter anderem auch darin, daß er sowohl positiv wie negativ gewertete Vorgänge in konkreten Personen verkörperte, deren Namen er unermüdlich zu wiederholen, ja einzuhämmern liebte. Da wir jedoch C. S. ungekürzt zu Wort kommen lassen, haben wir alle diese Anrufe im Register verzeichnet. Der Herausgeber hat versucht, die Vorgänge um eine Reihe von Personen gerafft darzustellen; diese Anmerkungen sind im Register durch Kursivdruck der jeweiligen Seitenzahl hervorgehoben.

Die Angehörigen der Familien Schmitt, Jünger, Mohler wurden nur dann ins Register aufgenommen, wenn sie außerhalb der Dankes- und Grußformeln im Brieftext erscheinen. Das mag ungerecht erscheinen gegenüber den beiden Frauen, die C. S. ihr Leben lang getragen haben: Seine Frau Duschka und seine Tochter Anima. Carl Schmitt hat jedoch in diesen Bereich seines Lebens niemanden eingelassen. Von seiner Tochter berichtete er allenfalls mit zärtlichem Spott. Animas Name taucht zwar in diesem Briefwechsel recht oft auf, wir haben jedoch nur die wenigen Briefstellen genannt, an denen man sich, von außen, ein gewisses Bild von diesem außergewöhnlichen Mädchen und dieser späteren Familienmutter in Spanien machen kann.

# Inhalt



## Briefe



## Anhang